首任校长郭沫若塑像

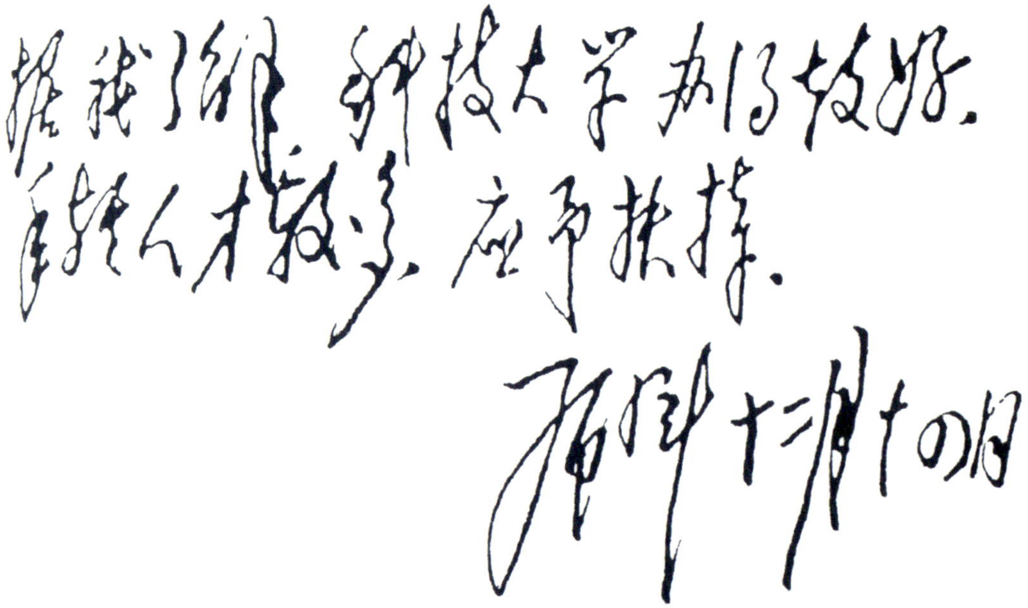

1983年12月，邓小平同志为中国科大题词

2016年4月，习近平总书记考察中国科大，与同学们亲切交流

校党委书记　舒歌群

校长、中国科学院院士　包信和

2022年9月2日，人力资源和社会保障部部长周祖翼（右三）视察中国科大

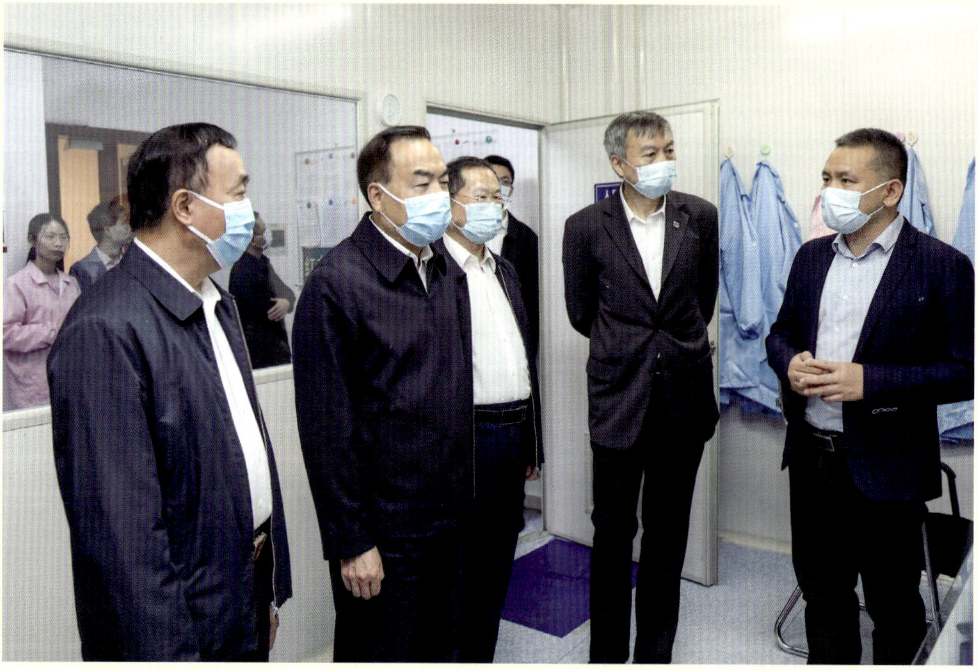

2022年5月13日，安徽省政协主席唐良智（左二）视察中国科大

2022年5月27日，学校召开中央巡视整改落实情况“再总结”工作部署会议

2022年10月27日，学校召开传达学习党的二十大精神大会

2022年1月22日，碳中和研究院成立

2022年12月13日，学校与四川省人民政府签署战略合作协议

2022年3月9日，学校主导的国家重大科研仪器研制专项“基于可调谐红外激光的能源化学研究大型实验装置”顺利通过验收

2022年7月27日，学校参与研制的世界首颗量子微纳卫星搭载“力箭一号”运载火箭成功发射

2022年1月7日，欧美同学会（留学人员联谊会）成立

2022年12月14日，中法数学中心揭牌成立

科技活动周

“悦动青春”文艺季
系列活动

体育嘉年华

勤奋路

一鉴亭

孺子牛

雪松

中国科学技术大学

年鉴 USTC Yearbook

2022

《中国科学技术大学年鉴》编委会　编

中国科学技术大学出版社

内 容 简 介

本书是全面反映2022年中国科学技术大学基本情况及各项建设事业改革与发展的史料性文献资料，收录了2022年学校主要活动和各项工作的重要文献、文件、统计数据等资料，内容共分16个部分，涉及学校概况、年度聚焦、专题文献、重要文献、文件选辑、规章制度、机构与干部、学科专业、教学与人才培养、科学研究与科技产业、教职工队伍、国内外学术交流与合作、“全院办校、所系结合”、办学支撑条件、学院和国家实验室介绍等各个方面和2022年大事记。

图书在版编目(CIP)数据

中国科学技术大学年鉴. 2022/《中国科学技术大学年鉴》编委会编. —合肥：中国科学技术大学出版社，2024.2

ISBN 978-7-312-05893-6

Ⅰ. 中…　Ⅱ. 中…　Ⅲ. 中国科学技术大学—2022—年鉴　Ⅳ. G649.285.41-54

中国国家版本馆CIP数据核字(2024)第043177号

中国科学技术大学年鉴(2022)

ZHONGGUO KEXUE JISHU DAXUE NIANJIAN (2022)

出版　中国科学技术大学出版社

安徽省合肥市金寨路96号，230026

http://press.ustc.edu.cn

https://zgkxjsdxcbs.tmall.com

印刷　安徽国文彩印有限公司

发行　中国科学技术大学出版社

开本　787 mm×1092 mm　1/16

印张　44.25

插页　6

字数　1083千

版次　2024年2月第1版

印次　2024年2月第1次印刷

定价　100.00元

编委会

出版说明

一、《中国科学技术大学年鉴(2022)》(以下简称《年鉴》)是全面反映2022年中国科学技术大学基本情况及各项建设事业改革与发展的综合性资料工具书,收录了2022年学校主要活动和各项工作的重要文献和数据,部分统计资料的时间跨度有所延伸。

二、本《年鉴》内容共分16个部分,涉及学校概况、年度聚焦、专题文献、重要文献、文件选辑、规章制度、机构与干部、学科专业、教学与人才培养、科学研究与科技产业、教职工队伍、国内外学术交流与合作、“全院办校、所系结合”、办学支撑条件、学院和国家实验室介绍等各个方面和2022年大事记。除另有注明的以外,所有资料的截止时间均为2022年底。

三、本《年鉴》力求资料完整、内容翔实、数据准确。由于编辑力量和水平有限,疏漏、误差之处在所难免,读者如有发现,敬请批评指正。

四、本《年鉴》由中国科学技术大学档案文博院和党政办公室联合组织编写,得到了学校领导、各学院和国家实验室、机关各部门和各直属单位的大力支持与帮助,谨此一并致谢。

编　者

2023年10月

目 录

出版说明 ……（001）

一、学校概况 ……（001）

二、年度聚焦 ……（005）
深入学习宣传贯彻党的二十大精神……（007）
加快实施“十四五”规划，稳步推进“双一流”建设 ……（007）
潜心立德树人，大力培养德智体美劳全面发展的“六有”大学生 ……（007）
坚持“四个面向”，积极服务国家战略需求和区域经济社会发展 ……（009）
深化人才强校战略，打造高层次人才队伍 ……（010）
按照“一校一策”要求，持续推进巡视整改“再总结”工作 ……（010）
积极防范化解风险隐患，筑牢校园安全防线 ……（011）

三、专题文献 ……（013）
中共中国科学技术大学委员会关于开展“弘扬科学家精神，喜迎党的二十大”系列活动的工作方案……（015）
中共中国科学技术大学委员会关于深入学习宣传贯彻党的二十大精神的通知……（017）
中国科学技术大学关于新型冠状病毒肺炎疫情防控应急处置工作方案……（020）
关于在新一轮疫情防控斗争中加强党的领导，充分发挥党组织和广大党员、干部作用的通知……（025）
中国科学技术大学“支部特色年”活动实施方案……（026）

四、重要文献 ……（029）
凝聚归国留学人员智慧力量　画好爱国报国最大同心圆——在中国科大欧美同学会成立大会上的讲话（党委书记　舒歌群）……（031）
巩固深化党史学习教育成果　不断开创“双一流”建设新局面——在中国科学技术大学党史学习教育总结会议上的讲话（党委书记　舒歌群）……（033）
锐意改革创新，主动担当作为　加快建设一流研究型医院——在中共中国科学技术大学附属第一医院第八次代表大会上的讲话（党委书记　舒歌群）……（038）

在学校人才工作会议上的总结讲话(党委书记　舒歌群)…………(040)
在党的二十大精神学习传达会上的总结讲话(党委书记　舒歌群)…………(042)
强化国家战略科技力量　深化科教融合　助力实现高水平科技自立自强——在2022年科教协同领导小组会议暨高校校长座谈会上的发言(校长　包信和)…………(044)
敢于超越攀高峰　奋勇争先绽芳华——在中国科大2022年毕业典礼暨着装授予仪式上的讲话(校长　包信和)…………(046)
坚持立德树人根本任务　强化国家战略科技力量——在新时代教育高质量发展座谈会上的发言(校长　包信和)…………(049)
来科大,读好书　成就更好的自己——在中国科大2022级本科生开学典礼上的讲话(校长　包信和)…………(051)
敢为人先、锐意进取　做求真务实的先锋闯将——在中国科大2022级研究生新生开学典礼上的讲话(校长　包信和)…………(053)
在郭沫若、严济慈老校长纪念室开展仪式上的讲话(校长　包信和)…………(055)
强化国家战略科技力量　打造一流人才集聚高地——在中管高校党委书记校长培训班结业式上的发言(校长　包信和)…………(056)
发挥高水平研究型大学优势为中国式现代化提供基础性、战略性支撑——在学习贯彻党的二十大精神,统筹推进教育科技人才工作座谈会上的发言(校长　包信和)…………(058)
在第二届中国科学技术大学生命科学与医学部顾问委员会第一次全体会议上的讲话(校长　包信和)…………(059)

五、文件选辑 …………(063)
中国科学技术大学2022年党委工作要点…………(065)
中国科学技术大学2022年行政工作要点…………(069)
关于学校领导班子成员工作分工的通知…………(073)
关于成立中国科学技术大学深空科学技术研究院的通知…………(074)
关于成立科技商学院的通知…………(075)
关于成立中国科学技术大学公共卫生研究院的通知…………(075)
关于成立中国科学技术大学科技人文高等研究院的通知…………(076)
关于成立机关党委办公室的通知…………(076)
关于成立生命科学与医学建设办公室、文科建设办公室的通知…………(076)
关于成立学风与科研诚信建设办公室的通知…………(077)
关于撤销中国科学技术大学研究生院苏州分院的通知…………(077)
关于撤销人文与社会科学学院党委外语系党总支的通知…………(078)

六、规章制度 …………(079)
中共中国科学技术大学委员会关于进一步加强学校领导班子建设的意见…………(081)
中共中国科学技术大学委员会关于深入贯彻落实中央八项规定精神的具体举措…………(083)
中共中国科学技术大学委员会关于推动党史学习教育常态化长效化的实施意见…………(086)
中国科学技术大学“支部特色年”活动实施方案…………(087)
2022年中央巡视整改落实情况“再总结”工作方案…………(089)
2022年度基层党建工作“三个清单”…………(093)
中共中国科学技术大学委员会关于开展“弘扬科学家精神,喜迎党的二十大”系列活动的工作方案…………(097)

关于完善教师思想政治和师德师风建设工作体制机制的实施方案……………………………… (099)
中共中国科学技术大学委员会关于加强新时代人才工作的实施方案……………………………… (102)
中国青年志愿者研究生支教团中国科学技术大学选拔方案……………………………………… (107)
中国科学技术大学审计委员会工作规则(试行)……………………………………………………… (109)
中国科学技术大学关于新型冠状病毒肺炎疫情防控应急处置工作方案…………………………… (110)
中共中国科学技术大学委员会关于进一步加强和改进离退休工作的实施意见…………………… (115)
中国科学技术大学专职思政课教师和专兼职辅导员岗位津贴实施办法(试行)…………………… (118)
中国科学技术大学思想政治理论课建设优化提升方案……………………………………………… (119)
中国科学技术大学科技人文提升计划项目管理办法(试行)………………………………………… (122)
中国科学技术大学新文科基金项目管理办法(试行)………………………………………………… (124)
中国科学技术大学马克思主义理论研究专项管理办法……………………………………………… (126)
中国科学技术大学"十四五"人才发展规划…………………………………………………………… (128)
中国科学技术大学杰出讲席教授岗位聘用实施办法(试行)………………………………………… (132)
中国科学技术大学教师岗位专业技术职务聘用实施办法(试行)…………………………………… (134)
中国科学技术大学支撑岗位专业技术职务聘用实施办法(试行)…………………………………… (139)
中国科学技术大学合作机构兼聘、双聘教职工管理办法(试行) …………………………………… (143)
中国科学技术大学专业学位硕士研究生校内导师遴选与管理办法(试行)………………………… (146)
中国科学技术大学非本校学籍学生管理办法………………………………………………………… (148)
中国科学技术大学学位与研究生教育督导工作管理办法(试行)…………………………………… (150)
中国科学技术大学差旅费管理办法…………………………………………………………………… (152)
中国科学技术大学基本建设财务管理办法…………………………………………………………… (161)
中国科学技术大学纵向科研项目经费管理办法……………………………………………………… (164)
中国科学技术大学"包干制"科研项目经费管理办法(试行)………………………………………… (167)
中国科学技术大学重大科技项目支持计划实施细则(试行)………………………………………… (171)
中国科学技术大学青年创新重点基金项目管理办法(试行)………………………………………… (173)
中国科学技术大学横向科研项目管理办法(试行)…………………………………………………… (175)
中国科学技术大学职务科技成果赋权后作价入股工作指引(试行)………………………………… (178)
中国科学技术大学职务科技成果赋权后技术转让方案(试行)……………………………………… (180)
中国科学技术大学"鲲鹏计划"校地合作成果转化专项项目管理办法(试行)……………………… (182)
中国科学技术大学"鲲鹏计划"校地合作成果转化专项项目经费管理办法(试行)………………… (185)
中国科学技术大学知识产权管理办法(试行)………………………………………………………… (187)
中国科学技术大学学生创新创业和成果转化行动计划"学生创新创业基金"实施细则(试行)…… (192)
中国科学技术大学学生创新创业和成果转化行动计划"学生创新创业基金"资金管理办法(试行)
……………………………………………………………………………………………………… (197)
中国科学技术大学双创专项资金项目经费使用负面清单(试行)…………………………………… (200)
中国科学技术大学国际合作与交流基金(USTC Fellowship)章程 ………………………………… (201)
中国科学技术大学国际合作与交流基金本科生国际交流项目管理办法…………………………… (203)
中国科学技术大学国际合作与交流基金国际学生项目管理办法…………………………………… (207)
中国科学技术大学国际合作与交流基金国际师资项目管理办法…………………………………… (211)
中国科学技术大学国际合作与交流基金教师公派出国研修类项目管理办法……………………… (214)
中国科学技术大学国际合作与交流基金国际课程项目管理办法…………………………………… (217)
中国科学技术大学国际合作与交流基金国际会议项目管理办法…………………………………… (219)
中国科学技术大学实验室安全办公室管理办法(试行)……………………………………………… (221)

中国科学技术大学档案管理办法 …… (224)
中国科学技术大学房屋出租出借管理办法(试行) …… (229)

七、机构与干部 …… (233)

学校党政领导 …… (235)
中共中国科学技术大学第十二届委员会常务委员会委员名单 …… (235)
中共中国科学技术大学第十二届委员会委员名单 …… (236)
中共中国科学技术大学纪律检查委员会委员名单 …… (236)
中国科学技术大学治理架构图 …… (236)
学部、学院、系设置 …… (237)
机关部门和直属单位 …… (239)
国家级科研平台、校地合作机构 …… (240)
各类委员会(非常设机构)及其成员名单 …… (241)
校部机关党政机构负责人名单 …… (257)
学院、系、教学部党政负责人名单 …… (262)
重点科研机构负责人名单 …… (266)
其他单位负责人名单 …… (267)
担任各级人大代表、政协委员以及各民主党派重要职务等人员名单 …… (268)

八、学科专业 …… (271)

中国科学技术大学院系及本科专业设置一览表 …… (273)
一级学科博士、硕士学位授权点 …… (275)
专业学位授权点 …… (277)
博士后科研流动站学科 …… (279)

九、教学与人才培养 …… (285)

本科学生人数 …… (287)
在校研究生人数 …… (287)
中国科学院优秀博士学位论文名录 …… (288)
中国科学技术大学优秀博士学位论文名单 …… (289)
国家级课程思政示范课程、教学名师和团队一览表 …… (291)
首届全国教材建设奖一览表 …… (291)
教学实验室一览表 …… (291)
2022 年“实践教学”数据统计表 …… (295)
国家级人才培养基地 …… (296)
国家级教师教学发展示范中心 …… (296)
国家级专业综合改革试点 …… (296)
实验教学示范中心 …… (297)
虚拟仿真实验教学中心 …… (297)
国家级一流本科课程一览表 …… (298)
国家级教学成果奖一览表 …… (300)
我校 2018—2022 年教育部高等学校教学指导委员会委员名单 …… (300)

国家级“新工科”研究与实践项目一览表…………………………………………………… (301)
各类奖教金获得者名单…………………………………………………………………… (302)
奖学金一览表……………………………………………………………………………… (305)
助学金一览表……………………………………………………………………………… (308)
国家奖学金获得者名单…………………………………………………………………… (310)
中国科学院院长奖获得者名单…………………………………………………………… (310)
郭沫若奖学金获得者名单………………………………………………………………… (311)
郭永怀奖学金获得者名单………………………………………………………………… (311)
年度优秀毕业生…………………………………………………………………………… (311)
年度校优秀学生工作干部、优秀辅导员、优秀班主任名单……………………………… (316)
2022 年本科招生分省录取情况 ………………………………………………………… (317)
国家任务毕业生去向……………………………………………………………………… (319)
毕业生中的中国科学院院士……………………………………………………………… (319)
毕业生中的中国工程院院士……………………………………………………………… (322)

十、科学研究与科技产业 ………………………………………………………………… (325)
创新平台…………………………………………………………………………………… (327)
科研项目…………………………………………………………………………………… (336)
2022 年职务专利授权一览表 …………………………………………………………… (346)
2022 年获科技奖励情况一览表 ………………………………………………………… (426)
2004—2022 年入选国际重大进展成果一览表 ………………………………………… (427)
2001—2022 年入选中国、世界十大科技进展新闻一览表 ……………………………… (428)
1998—2022 年入选中国科学十大进展一览表 ………………………………………… (430)
1998—2022 年入选中国高校十大科技进展一览表 …………………………………… (431)
2005—2022 年入选国内十大科技进展新闻一览表 …………………………………… (432)
2022 年发表在《Science》《Nature》《Cell》上的论文一览表 ……………………………… (433)
2001—2021 年发表论文情况 …………………………………………………………… (434)
2001—2021 年发表论文在全国高校排名情况 ………………………………………… (435)
2011—2022 年国际论文 10 年段被引篇次和排名一览表 ……………………………… (436)
2016—2022 年自然指数(NI)一览表 …………………………………………………… (436)
2009—2022 年中国卓越国际论文情况 ………………………………………………… (437)
主办(承办)的学术刊物…………………………………………………………………… (437)
持股企业情况……………………………………………………………………………… (438)

十一、教职工队伍 ………………………………………………………………………… (441)
教职工人员结构情况……………………………………………………………………… (443)
专任教师分年龄情况……………………………………………………………………… (444)
专任教师分学历情况……………………………………………………………………… (444)
专任教师教学领域分学科门类情况……………………………………………………… (445)
中国科学院院士、中国工程院院士一览表 ……………………………………………… (446)
院士工作室名单…………………………………………………………………………… (448)
国家级教学名师一览表…………………………………………………………………… (449)

杰出人才名单……(449)
校学术荣誉体系名单……(452)
正高级专业技术职务人员名单……(452)
我校教师担任第五届安徽省学位委员会委员名单……(457)
2022 年中国科学技术大学博士生导师一览表……(457)
国家自然科学基金委员会创新研究群体……(484)
近年来博士后人数变动情况……(485)

十二、国内外学术交流与合作……(487)
接收外国留学生情况……(489)
公派出访人员出国(境)情况……(490)
近年来接待外宾情况……(490)
与国(境)外机构合作科研项目情况……(491)
主办、承办国际大型学术会议情况……(494)
2021—2022 学年度在聘外籍语言教师情况……(494)
与国(境)外机构签订交流协议情况……(495)

十三、全院办校、所系结合……(497)
与中国科学院研究院所签署合作共建协议一览表……(499)
聘请中国科学院研究院所领导和专家兼任学校院系领导一览表……(500)
与中国科学院研究院所联合创办“科技英才班”……(504)
近年来接收中国科学院研究院所代培研究生情况一览表……(505)
近年来向中国科学院研究院所推荐免试研究生情况一览表……(506)
近年来本科生在中国科学院研究院所开展实践教学情况一览表……(507)
中国科学院研究院所在学校设立奖学金一览表……(508)
近年来与中国科学院研究院所共建科教结合平台一览表……(509)
近年来与中国科学院研究院所共建实验室一览表……(511)
近年来与中国科学院研究院所共建科教融合学院一览表……(512)

十四、办学支撑条件……(515)
图书馆馆藏情况……(517)
出版社出版图书数据……(519)
档案馆馆藏情况……(519)
近年来校园网络建设情况……(520)
年度举办展览情况……(521)
年度教学科研仪器设备统计表……(522)
2022 年经费收入情况统计表……(527)
2022 年经费支出情况统计表……(527)
2022 年固定资产情况表……(528)
2022 年科研经费到款情况表……(528)
教育基金会 2022 年捐赠收入统计……(529)
年度竣工和在建校舍情况……(530)

十五、2022 年大事记 …………………………………………………………… (533)

十六、各学院、国家实验室介绍 …………………………………………………… (573)
少年班学院…………………………………………………………………… (575)
数学科学学院………………………………………………………………… (577)
物理学院……………………………………………………………………… (586)
化学与材料科学学院………………………………………………………… (590)
工程科学学院………………………………………………………………… (592)
信息科学技术学院…………………………………………………………… (597)
计算机科学与技术学院……………………………………………………… (601)
软件学院……………………………………………………………………… (603)
地球和空间科学学院………………………………………………………… (605)
生命科学与医学部…………………………………………………………… (607)
管理学院……………………………………………………………………… (610)
公共事务学院………………………………………………………………… (612)
人文与社会科学学院………………………………………………………… (615)
马克思主义学院……………………………………………………………… (618)
环境科学与工程系…………………………………………………………… (621)
核科学技术学院……………………………………………………………… (624)
环境科学与光电技术学院…………………………………………………… (627)
材料科学与工程学院………………………………………………………… (628)
创新创业学院………………………………………………………………… (631)
国家同步辐射实验室………………………………………………………… (633)
合肥微尺度物质科学国家研究中心………………………………………… (636)

附录　新闻媒体有关我校的报道索引 ……………………………………… (639)
国际新闻媒体有关我校的报道索引………………………………………… (641)
国家级新闻媒体有关我校的报道索引……………………………………… (671)

一、学校概况

中国科学技术大学是中国科学院所属的一所以前沿科学和高新技术为主，兼有医学、特色管理和人文学科的理工科大学。学校现有31个学院（学部），含8个科教融合学院；设有苏州高等研究院、上海研究院、北京研究院、先进技术研究院、国际金融研究院、附属第一医院（安徽省立医院）。

学校于1958年9月在北京创建，郭沫若任首任校长。这是我党亲手创办的红色大学，是为“两弹一星”事业而建立的大学，她的创办被称为“我国教育史和科学史上的一项重大事件”。建校后，中国科学院实施“全院办校、所系结合”的办学方针，高起点、宽口径培养新兴、边缘、交叉学科的尖端科技人才，汇集了严济慈、华罗庚、钱学森、赵忠尧、郭永怀、赵九章、贝时璋等一批著名科学家，建校第二年即被列为全国重点大学。

1970年初，学校迁至安徽省合肥市。1978年以来，学校锐意改革、大胆创新，在全国率先提出并实施一系列具有创新精神和前瞻意识的教育改革措施，创办少年班、首建研究生院、建设国家大科学工程、面向世界开放办学等，成为国家高质量人才培养和高水平科学研究的重要基地，是国家首批实施“985工程”和“211工程”的大学之一。2017年9月，学校入选全国首批世界一流大学和世界一流学科建设高校，共有11个学科入选世界一流学科建设名单。建校60多年来，学校坚持红专并进、理实交融的校训，敢为人先，锐意进取，培养了大批德才兼备的优秀人才，取得了一系列举世瞩目的科研成果，为党和国家事业发展作出了重要贡献。

校党委全面贯彻党的教育方针，将习近平总书记关于中国科大系列重要指示精神作为办学发展的指南，深刻领会“两个确立”的决定性意义，不断增强“四个意识”、坚定“四个自信”、做到“两个维护”，围绕“潜心立德树人、执着攻关创新”两大核心任务，大力推进“双一流”建设，谋划“十四五”发展，努力办出中国特色、科大风格的世界一流大学。

二、年度聚焦

深入学习宣传贯彻党的二十大精神

学校把学习宣传贯彻党的二十大精神作为当前和今后一个时期的首要政治任务，在全面学习、全面把握、全面落实上下功夫，迅速掀起学习宣传贯彻党的二十大精神的热潮。第一时间组织广大师生员工集中收听收看，印发《关于深入学习贯彻党的二十大精神的通知》，成立党委书记舒歌群任团长的宣讲团，在全校范围内集中开展宣讲活动，将党的二十大精神传达到每一位师生员工。坚持“第一议题”、党委理论学习中心组学习、“三会一课”等制度，精心组织学习培训，深入学习党的二十大报告、中国共产党章程以及习近平总书记系列重要讲话精神，引导广大党员干部和师生员工原原本本学、联系实际学，深刻领悟“两个确立”的决定性意义，增强“四个意识”、坚定“四个自信”、做到“两个维护”。

加快实施“十四五”规划，稳步推进“双一流”建设

学校坚持教育、科技、人才“三位一体”部署，紧扣“潜心立德树人、执着攻关创新”两大核心任务，加快实施“十四五”规划，稳步推进“双一流”建设，引领学校高质量发展。

加快“十四五”目标规划落地。深入贯彻落实《关于深入推进世界一流大学和一流学科建设的若干意见》，紧扣“潜心立德树人、执着攻关创新”两大核心任务，科学完成“十四五”规划编制工作，将习近平总书记关于中国科大系列重要指示精神融入办学治校各环节，坚决扛起党中央赋予中国科大的职责使命。学校“十四五”规划和2035年远景目标经中国科学院审议通过，制定“十四五”规划工作落实方案以及相应的配套规划或指导性文件，推动规划落地实施。

高质量推进“双一流”建设。加强学科生态体系建设，立足国家重大需求，瞄准科技前沿和关键领域，着力构建“基础学科率先一流，新工科、新医学跨越式发展，特色文科稳步提升”的学科体系。2022年2月，学校入选新一轮“双一流”建设高校，数学、物理学、化学、天文学、地球物理学、生物学、科学技术史、材料科学与工程、计算机科学与技术、核科学与技术、安全科学与工程等11个学科再次入选一流学科。

潜心立德树人，大力培养德智体美劳全面发展的“六有”大学生

全面推进思想政治工作体系建设，构建“大思政”格局。制定实施学校《思想政治理论课建设优化提升方案》，把“大思政课”建设作为推动思政课高质量发展的重要抓手，坚持用好

思政课主渠道，持续深入推进思政课改革创新，构建更加有效有力的思想政治工作体系。扎实推动习近平新时代中国特色社会主义思想和党的二十大精神进教材、进课堂、进头脑，让党的二十大精神“带着热气”进课堂。设立校党委书记任组长、全体校领导参与的“形势与政策”课程组，打造系列特色思政课程。加强思政课教师队伍建设，组织思政课教师分专题、成系列地开展集体备课，打造学生们喜欢的思政“金课”。精准有效推进课程思政，发挥“一院一课”示范带动作用，实现本科生课程思政全覆盖，构建思政课程和课程思政协同育人体系。2022 年获批 18 个省级课程思政项目，获批 3 个安徽省省级课程思政建设示范中心，3 门课程入选教育部课程思政示范课，13 门课入选安徽省课程思政示范课程。全面加强马克思主义学院建设，建强思想政治理论课教师队伍，建立新时代科技创新思想研究中心，深化与安徽省委党校合作，探索高校与地方党校共建马克思主义学院的思政教育改革“中国科大模式”，马克思主义学院入选安徽省重点马克思主义学院。

因材施教提升人才培养质量。坚持“基础宽厚实，专业精新活”传统，深入实施“一流本科教育质量提升计划”行动纲领，完善大类教育、专业培养的“2＋X”培养模式。实施新版本科生培养方案，以少年班学院为试点，实施“一生一方案”，鼓励学生自由选专业，增强学生的专业认同。扎实推进研究生教育“德创”领军人才培养计划，修订专业学位硕士研究生培养方案，完善博士研究生培养分流退出机制，开展学位与研究生教育督导，加强培养过程关键环节的质量监控。充分发挥教材工作委员会、教材专家委员会作用，设立教材建设专项基金，大力推动教材建设。2022 年，获批安徽省教材研究基地项目 1 项、安徽省精品教材建设项目 4 项、安徽省一流教材建设项目 4 项。持续深化“科教融合、所系结合”，与中国科学院研究院所共建 8 个科教融合学院、7 个所系结合研究生培养基地，形成以人才培养、导师队伍、学科建设、科学研究的“四位一体”科教融合协同育人机制。聚焦培养基础学科和关键领域急需人才，首批建设未来技术学院，创办量子信息科技英才班，力学、计算机科学、天文学入选第二批拔尖计划 2.0 基地，着力培养未来科技创新领军人才。深化集成电路、网络空间安全、关键软件、核科学与技术高层次紧缺人才专项以及工程硕博士人才培养模式改革，获批临床医学博士专业学位授权点以及集成电路科学与工程、人工智能两个一级交叉学科博士学位授权点。

“五育并举”促进学生全面发展。深化“三全育人”综合改革，把立德树人融入学生思想道德、科研创新、社会实践等环节，“三全育人”综合改革试点情况获安徽省优秀评价。以深化新时代教育评价改革试点为抓手，完善多维度学生评价标准，促进“第二课堂”与“第一课堂”相衔接，将爱国主义教育、劳动教育、体育、艺术教育等融入人才培养全过程，促进学生德智体美劳全面发展。落实体育提升方案，改善体育设施和场馆条件，打造特色体育活动品牌，稳步构建“2＋X”体育课程体系。落实艺术教育提升方案，建成 3600 余平方米的艺术教学中心，打造艺术与科学深度融合的“科学之美”特色课程，设立“六艺”教育公益基金，邀请知名艺术家来校担任驻校艺术家。落实劳动教育实施方案，将劳动教育纳入专业培养方案，开展实习实训、开设创新创业课程，保证本科阶段不少于 32 个劳动学时。以“金课”(课程)、“金牌”(赛事)、“金奖”(项目)、“金字”(品牌)打造具有科大特色的双创教育体系，实施“安徽省资助中国科大学生创新创业计划”，设立“雏鹰计划”“雄鹰计划”，支持学生创新创业，创新创业学院入选首批“国家级创新创业学院”。积极开展“书记校长访企拓岗促就业专项行动”，用心用情推动毕业生高质量就业。

以巡促改落实落细“立德树人”根本任务。学校对承担人才培养任务的院级单位党组织开展“潜心立德树人”专项巡视，针对专项巡视中发现的问题，督促各培养单位党组织、相关职能部门举一反三、标本兼治，切实推动改革、促进发展，以更严的标准、更实的行动贯彻落实习近平总书记关于中国科大系列重要指示精神，全面提高人才自主培养质量。

坚持“四个面向”，积极服务国家战略需求和区域经济社会发展

心系“国家事”、肩扛“国家责”，打造国家战略科技力量。深入实施《关于加强执着攻关创新工作的指导性意见》，设立“中国科学技术大学重大科技项目支持计划”，鼓励科研人员揭榜挂帅，勇担重任。全力支持合肥国家实验室建设，积极参与合肥综合性国家科学中心建设，扎实推进全国重点实验室重组，作为依托单位建设合肥微尺度交叉科学研究中心、火灾安全重点实验室、精准智能化学重点实验室、认知智能全国重点实验室、深空探测全国重点实验室。“墨子”大视场巡天望远镜项目稳步推进，世界首颗量子微纳卫星“济南一号”圆满发射。获批国家航天局深空探测创新中心，深度参与江淮前沿协同创新中心建设，与中国航空工业空气动力研究院共建“先进气动力热预测与推进技术联合创新中心”。加快推动合肥先进光源、“空地一体”量子精密测量装置、未来网络试验设施等重大科技基础设施平台，以及中国科学院临床研究医院、碳中和研究院、科技人文高等研究院等建设。学校主持或参与完成的探月探火、深海深地探测、量子信息等领域重大创新成果，获得党的二十大报告“点赞”。主导建设的合肥同步辐射光源、“墨子号”量子科学实验卫星、“祖冲之二号”和“九章二号”量子计算原型机、《中国手工纸文库》等亮相“奋进新时代”主题成就展。“实数量子力学检验实验”“超冷三原子分子的量子相干合成”“二氧化碳人工合成葡萄糖和脂肪酸”“蛋白质设计研究成果”等成果分别入选国际物理学十大进展、重大突破以及国内十大科技新闻，还有多项成果获得省部级科学技术奖励。

加强产学研深度融合，服务经济社会发展。深入实施《关于进一步加强科技成果转移转化工作的意见》，创新性地提出了知识产权“赋权＋转让＋约定收益”方式，探索“赋予科研人员职务科技成果所有权或长期使用权”改革的“中国科大模式”，设立“鲲鹏计划”，与铜陵、池州、马鞍山、阜阳、蚌埠 5 个地级市签署合作协议，支持科技成果在省内优先转化，现已开展赋权改革项目 27 项。新建校企联合实验室 9 个，落实横向科研经费 5.2 亿元。积极融入新发展格局，高质量推动上海研究院、苏州高等研究院、北京研究院、先进技术研究院、国际金融研究院等建设发展，支持打造“科大硅谷”，建设科技商学院，以中国科大、合肥市高新区为共同主体的量子信息未来产业科技园入选全国首批建设试点培育单位，形成“立足合肥、覆盖安徽、辐射全国”的科技成果转移转化体系。附属第一医院医疗服务能力和诊疗质量日益提升，在国家三级公立医院绩效考核中实现“四年四连进”；国家创伤区域医疗中心顺利开诊试运行，附属第一医院滨湖院区建设项目开工建设。

深化人才强校战略，打造高层次人才队伍

加强师德师风建设，教育引导教师成为“大先生”。学校把教师思想政治和师德师风建设放在首位，制定《关于完善教师思想政治和师德师风建设工作体制机制的实施方案》，成立党委教师工作委员会，着力构建大教师工作格局。建立健全校党委、院（系）党组织、教师党支部三级联动的教师工作机制，发挥基层党组织在教师思想政治和师德师风建设工作中的作用，在教师招聘、职务聘用、考核奖励等工作中强化师德师风考核。打造“众行课堂”“众言沙龙”等品牌活动，举办新进教职工岗前培训、青年骨干教师研修班、管理岗培训班、人事秘书培训班等，开展红色精神谱系教育，增强教师的归属感和荣誉感，培养“经师”和“人师”相统一的“大先生”。落实《新时代高校教师职业行为十项准则》，教育引导广大教师严守师德红线，对师德违规问题“零容忍”，对师德失范行为严格执行“一票否决”。

坚持引育并重，建设高素质教师队伍。学校坚持党管人才，加强人才工作统筹谋划，召开学校人才工作会议，制定《学校“十四五”人才发展规划》《关于加强新时代人才工作的实施方案》，充分利用重大科研平台，搭建人才事业舞台。大力培养使用战略科学家，打造一流科技领军人才和创新团队，探索青年人才体系建设，支持青年人才挑大梁、当主角。推进学术荣誉体系教师队伍建设，评选首批杰出讲席教授、讲席教授共计 194 名，充分发挥先锋模范典型带动作用。深化人事制度改革，坚决“破五唯”，健全符合岗位特色的分类评价机制，做到人尽其才、才尽其用。目前，学校现有各类高层次人才不重复统计 643 人，占固定教师总数的 42.5%，优秀青年人才占比稳步提升。

按照“一校一策”要求，持续推进巡视整改“再总结”工作

学校党委坚决履行巡视整改主体责任，要求针对“一校一策”提出的共性问题和个性问题，持续整改、长期整改，既要体现在每年巡视整改落实情况“再总结”工作中，也要在校内巡视中予以重点关注。2022 年 5 月 25 日，校党委常委会会议审议通过了《2022 年中央巡视整改落实情况“再总结”工作方案》，明确 8 个方面 24 项工作任务以及责任单位。5 月 27 日，校党委召开巡视整改落实情况“再总结”工作部署会，决定面向各院级党组织、机关各部门开展“再总结”工作，将“促改革、谋发展”作为工作的落脚点，以务实高效作风抓好巡视整改成果运用。7 月 13—14 日，校党委召开巡视整改落实情况“再总结”工作汇报会，各牵头责任单位依次汇报了 8 个方面 24 项工作任务，学校主要领导逐一点评、审核把关，要求进一步运用好巡视整改成果，把防范风险、推动整改、促进改革、优化治理结合起来，推进巡视整改常态化长效化。7 月底，各单位、院级党组织均如期完成整改落实情况“再总结”工作。8 月 25 日，校党委召开党委扩大会议，听取中央巡视整改落实情况“再总结”工作汇报，强调要把持续推

进巡视整改作为管党治党、办学治校的重要抓手，把防范风险、推动整改、促进改革、优化治理结合起来，充分运用好巡视整改成果，推进巡视整改常态化长效化，促进学校党的建设和各项事业健康发展。

积极防范化解风险隐患，筑牢校园安全防线

学校充分认识校园安全形势的严峻性和复杂性，制定《校园安全稳定暨防范化解重大风险方案》，统筹抓好疫情防控和校园稳定工作，筑牢防范体系，守住安全底线。成立"迎接党的二十大，确保校园安全稳定"领导小组、工作小组，加强敏感涉稳动向和舆情监测，妥善开展应急处置，确保校园安全稳定。在校园管控期间，各级领导干部、学工队伍坚守岗位，深入基层，充分了解学生的思想和情绪，及时回应和解决学生合理诉求，把解释工作做细、把关心工作做暖，把引导工作做足。2022 年，新冠疫情校园封控管理、党的二十大召开前夕、涉疫涉政校园维稳等重要节点和重大事件，学校安全预判早、反应快，处置及时，凝心聚力织密校园安全防护网，保证了学校安全稳定运行。

三、专题文献

中共中国科学技术大学委员会关于开展“弘扬科学家精神，喜迎党的二十大”系列活动的工作方案

党字〔2022〕67号

2022年是进入全面建设社会主义现代化国家、向第二个百年奋斗目标进军新征程的重要一年，我们党将召开具有重大而深远意义的第二十次全国代表大会。按照《中国科学院党的建设工作领导小组办公室关于开展“弘扬科学家精神，喜迎党的二十大”系列活动的通知》要求，校党委决定在全校开展“弘扬科学家精神，喜迎党的二十大”系列活动，紧扣“奋进新征程、建功新时代”主旋律，弘扬科学家精神，传承红色基因，激励和引领全校师生员工更加紧密地团结在以习近平同志为核心的党中央周围，不忘初心、牢记使命，锐意进取、勇毅前行，以昂扬的精神面貌和优异的办学成绩迎接党的二十大胜利召开。

一、总体思路

坚持以习近平新时代中国特色社会主义思想为指导，全面贯彻落实党的十九大和十九届历次全会精神，深刻领会“两个确立”的决定性意义，增强“四个意识”、坚定“四个自信”、做到“两个维护”。紧紧围绕迎接宣传贯彻党的二十大，扎实开展“弘扬科学家精神，喜迎党的二十大”系列活动，加强师生员工爱党爱国爱社会主义教育，激励师生员工积极投身建设中国特色、科大风格的世界一流大学。

二、主要内容

1. 聚焦重温习近平总书记重要足迹，举办“牢记谆谆嘱托、争取更大光荣”系列活动。通过开展党委理论学习中心组专题学习，组织“坚持四个面向、勇攀科学高峰”科技报告会、“学术诚信与科技伦理”系列报告会、“奋进新征程、建功新时代”系列采访报道，重温习近平总书记关于中国科大系列重要指示精神，心怀“国之大者”，坚持“四个面向”，强化国家战略科技力量使命担当。（牵头单位：党委宣传部、科研部）

2. 建设科学家精神教育基地。以档案文博院获批省级科学家精神教育基地为契机，汇聚校内外研究力量，挖掘校史中的红色资源，深入研究抗大精神、“两弹一星”精神和老一辈科学家精神等共同构成的中国科大精神谱系，讲好新时代科技工作者弘扬科学家精神的动人事迹。布置老一辈科学家先进事迹系列展览，打造科学家雕像群，建设国家同步辐射实验室“全国爱国主义教育示范基地”，营造弘扬科学家精神的浓厚氛围。（牵头单位：党委宣传部、档案文博院、国家同步辐射实验室）

3. 组建以老科学家命名的科技攻关突击队。依托学校承担的重大科技基础设施、重要科研任务，组建以老科学家命名的科技攻关突击队，引导突击队充分发挥党支部战斗堡垒作

用和党员先锋模范作用，对标老科学家、践行老科学家精神，在科技攻关中攻坚克难、创新突破。（牵头单位：科研部、党委组织部、党委宣传部）

4. 进行科学家精神常态化宣讲和培训。策划拍摄微电影《科学的春天》，在《中国科大教学评论》刊发老一辈科学家纪念专辑，展现老一辈科学家的风采。在新进教职工岗前培训、青年骨干教师研修班、“德创导师学校”的导师培训等活动中，新增弘扬科学家精神专题内容。开展弘扬科学家精神学习宣传活动，鼓励一线科技人员、研究生导师，面向科研骨干、学生进行宣讲，现身说法讲述弘扬科学家精神、开展科研攻关的生动故事。（牵头单位：党委宣传部、党委教师工作部、研究生院、教务处、科研部）

5. 开展“喜迎二十大”青春使命教育。校党委书记、校长带头讲好思政课，弘扬科学家精神，上好新生“开学第一课”，打造“毕业生思政课”，筑牢学生信仰之基。组织拍摄“弘扬‘两弹一星’精神，培养新时代‘六有’大学生”微党课视频，创作“弘扬科学家精神”网络教育VR系列作品，在新生入学教育中开展“弘扬两弹一星精神，喜迎党的二十大”活动。引进以郭永怀、李佩夫妇为原型的话剧《今夜星辰》，以“艺术思政课”的形式，将老一辈科学家的家国情怀和奉献精神深植学生内心。（牵头单位：党委学生工作部、团委、教务处）

6. 举办“喜迎二十大·建功新时代”系列活动。以体育、朗诵、合唱、读书等多元化形式，传承和发扬老一辈科学家攻坚克难、砥砺前行的科学研究精神。组织“弘扬劳动精神、铭刻科大印记”教职工健步走活动，以线下健步走、线上打卡学习“两弹一星”精神和科学家精神的形式，加强教职工思想引领。举办瀚海书香读书活动，倡导每位教职工读一本优秀科学家的传记，从感人事迹中体会家国情怀。（牵头单位：工会）

7. 推动基层党组织在一线弘扬科学家精神。结合“红专工程”，建立党员示范岗、开展党员亮身份活动，号召党员带头示范、勇挑重担。基层党组织举办一次弘扬科学家精神主题党日活动，支部书记讲一堂弘扬科学家精神的党课，提升科学家精神宣讲成效，推动党史学习教育常态化长效化。（牵头单位：党委组织部、各院级党组织）

三、组 织 保 障

1. 提高政治站位，把握正确方向。充分认识迎接宣传贯彻党的二十大的重要政治意义，按照中国科学院党组的工作部署，将“弘扬科学家精神，喜迎党的二十大”系列活动，与学校事业改革创新发展相结合，与师生思想政治工作相结合，深化师生员工理想信念教育，教育引导师生员工坚定不移听党话、跟党走，把智慧和力量凝聚到建设中国特色、科大风格的世界一流大学上来。

2. 突出师生主体，营造良好氛围。要充分发挥师生主体的积极性和创造性，发挥学生社团、学生社区、师生党支部等重要作用，把统一组织与师生自发开展活动结合起来，为师生创作优秀作品、开展生动实践、促进共享交流提供条件，让“弘扬科学家精神，喜迎党的二十大”系列活动成为全校师生自觉参与、自我教育、自我提高的过程，引导师生自觉将“小我”成长融入“大我”奋斗。

3. 强化整体统筹，精心组织实施。要注重工作统筹谋划，各责任部门明确具体任务和工作分工，加强沟通协作，推动系列活动有序开展、分段推进、突出重点、贯穿全年。依托全媒体平台，做好相关工作的宣传报道，为党的二十大胜利召开营造浓厚氛围。各院级党组织结合自身实际，制定本单位工作方案，并及时将工作进展报送校党委。

中共中国科学技术大学委员会关于深入学习宣传贯彻党的二十大精神的通知

党宣字〔2022〕108号

各院级党组织、附属医院党委，机关各部门：

为深入学习宣传贯彻党的二十大精神，把全校广大党员干部和师生员工的思想统一到党的二十大精神上来，把力量凝聚到党的二十大确定的各项任务上来，根据《中共中央关于认真学习宣传贯彻党的二十大精神的决定》和中国科学院党组、中央教育工作领导小组秘书组、教育部党组、安徽省委有关精神，结合学校实际，现就有关事项通知如下。

一、充分认识学习宣传贯彻党的二十大的重大意义

党的二十大是在全党全国各族人民迈上全面建设社会主义现代化国家新征程、向第二个百年奋斗目标进军的关键时刻召开的一次十分重要的大会，是一次高举旗帜、凝聚力量、团结奋进的大会。大会高举中国特色社会主义伟大旗帜，坚持马克思列宁主义、毛泽东思想、邓小平理论、“三个代表”重要思想、科学发展观，全面贯彻习近平新时代中国特色社会主义思想，分析了国际国内形势，提出了党的二十大主题，回顾总结了过去5年的工作和新时代10年的伟大变革，阐述了开辟马克思主义中国化时代化新境界、中国式现代化的中国特色和本质要求等重大问题，对全面建设社会主义现代化国家、全面推进中华民族伟大复兴进行了战略谋划，对统筹推进“五位一体”总体布局、协调推进“四个全面”战略布局作出了全面部署。

习近平同志的报告，深刻阐释了新时代坚持和发展中国特色社会主义的一系列重大理论和实践问题，描绘了全面建设社会主义现代化国家、全面推进中华民族伟大复兴的宏伟蓝图，为新时代新征程党和国家事业发展、实现第二个百年奋斗目标指明了前进方向、确立了行动指南，是党和人民智慧的结晶，是党团结带领全国各族人民夺取中国特色社会主义新胜利的政治宣言和行动纲领，是马克思主义的纲领性文献。《中国共产党章程(修正案)》体现了党的十九大以来党的理论创新、实践创新、制度创新成果，体现了党的二十大报告确定的重要思想、重要观点、重大战略、重大举措，对坚持和加强党的全面领导、坚定不移推进全面从严治党、坚持和完善党的建设、推进党的自我革命提出了明确要求。

党的二十届一中全会选举产生了以习近平同志为核心的新一届中央领导集体，一批经验丰富、德才兼备、奋发有为的同志进入中央领导机构，充分显示出中国特色社会主义事业蓬勃兴旺、充满活力。

学习宣传贯彻党的二十大精神是当前和今后一个时期全校的首要政治任务，对于动员广大党员干部和师生员工更加紧密地团结在以习近平同志为核心的党中央周围，高举中国特色社会主义伟大旗帜，坚定道路自信、理论自信、制度自信、文化自信，落实“潜心立德树人、执着攻关创新”两大核心任务，奋力建设中国特色、科大风格的世界一流大学，为全面建设社会主义现代化国家、全面推进中华民族伟大复兴而团结奋斗，具有重大现实意义和深远历史意义。

二、深入推动习近平新时代中国特色社会主义思想和党的二十大精神入脑入心

当前，要把学习党的二十大精神作为学校理论武装工作的重中之重，把着力点聚焦到习近平总书记是党中央的核心、全党的核心，习近平新时代中国特色社会主义思想是党必须长期坚持的指导思想上；聚焦到党的十九大以来的重大成就和新时代10年的伟大变革上；聚焦到把握好马克思主义中国化时代化最新成果的世界观和方法论，坚持好、运用好贯穿其中的立场观点方法上；聚焦到中国式现代化在理论和实践的创新突破上；聚焦到贯彻落实党的二十大作出的重大决策部署上；聚焦到以习近平同志为核心的新一届中央领导集体是深受全党全国各族人民拥护和信赖的领导集体上；聚焦到习近平总书记是全党拥护、人民爱戴、当之无愧的党的领袖上。切实推动习近平新时代中国特色社会主义思想和党的二十大精神在中国科大落地生根、开花结果。

（一）系统推进学习培训。各级党组织坚持集体学习和个人自学相结合、专题学习与理论研讨相结合，吃透精神实质、把握核心要义。学校各级党组织理论学习中心组把党的二十大精神作为学习的重点内容，列出专题进行系统深入研讨，发挥示范带头作用。各级党组织利用“三会一课”、主题党日等形式，组织好广大党员干部学习。党委组织部（党校）通过举办培训班、学习班等形式，分期分批对党员干部进行培训，把学习党的二十大精神作为教育培训的必修课。校团委（团校）依托“三会两制一课”“主题团日”“青年大学习”“学生骨干培训班”“青马班”等形式，开展“学习二十大、永远跟党走、奋进新征程”主题教育培训活动。运用好《党的二十大报告辅导读本》《党的二十大报告学习辅导百问》等辅导材料，力求学深学透、融会贯通。

（二）广泛开展宣讲活动。成立中国科学技术大学学习贯彻党的二十大精神宣讲团，在全校范围内集中开展宣讲活动，推动形成学习宣传贯彻党的二十大精神的热潮，引导学校广大师生员工把思想和行动统一到党的二十大精神上来。领导干部要发挥表率作用，到分管部门或联系单位，带头深入开展面向基层和面向群众的宣讲。党委统战部要充分发挥党外知识分子联谊会的平台作用，组织开展党的二十大精神的学习宣讲活动。要积极利用线上线下各类平台，拓展宣讲活动的覆盖面，增强实效性，切实保证将党的二十大精神传达到每一名师生员工。

（三）有机融入教育教学。把握好总基调、把握好时度效，切实将党的二十大精神作为学校师生思想政治教育和课堂教育的重要内容，扎实推进习近平新时代中国特色社会主义思想和党的二十大精神进教材、进课堂、进头脑。组织思政课教师分专题、成系列地开展集体备课，将党的二十大精神有机融入思政课教学。推动思政课程使用最新版的国家规定教材，鼓励广大教师结合党的二十大精神开展课程思政，推动课程思政和思政课程同向同行。

（四）深入开展研究阐释。充分发挥学校平台优势、学科优势、人才优势，对党的二十大精神深入开展研究阐释。精心组织相关学科专家，积极开展各类哲学社会科学研究，努力形成一批有深度、有影响的研究成果。充分利用专题网站、校刊等平台，积极开设专栏、编发专刊，组织党员干部和理论专家对党的二十大精神进行深入解读，加强正面引导，回应师生关切。

三、认真落实党的二十大提出的任务要求，着力办好中国特色、科大风格的世界一流大学

以党的二十大精神为指引，坚持学思用贯通、知信行统一，深入理解内涵，精准把握外延，原原本本、逐字逐句学习党的二十大报告和党章，学习习近平总书记在党的二十届一中全会上的重要讲话精神，深入实施科教兴国战略，全面提高人才自主培养质量，着力办好中国特色、科大风格的世界一流大学，着力培养德智体美劳全面发展的社会主义建设者和接班人。

（一）加强党对学校工作的全面领导。全面贯彻党的教育方针，坚持社会主义办学方向，扎根中国大地办教育。以党的政治建设为统领，坚持和完善党委领导下的校长负责制，切实提升广大干部师生的政治判断力、政治领悟力、政治执行力。深入贯彻落实《中国共产党普通高等学校基层组织工作条例》，持续开展新时代高校党建示范创建和质量创优工作，推动党的建设与事业发展深度融合。贯彻总体国家安全观，坚持和强化马克思主义在意识形态领域指导地位，加强意识形态阵地管理，坚定维护国家政权安全、制度安全、意识形态安全。不断深化全面从严治党，坚决打赢反腐败斗争攻坚战持久战。从严从紧、科学精准做好学校新冠肺炎疫情防控常态化，稳定教学科研秩序，确保师生生命健康。

（二）准确把握关于教育科技人才的重大部署。在开启全面建设社会主义现代化国家的关键时刻，党的二十大报告对实施科教兴国战略、强化现代化建设人才支撑进行了重点部署，并将“教育、科技、人才”作为“全面建设社会主义现代化国家的基础性、战略性支撑”，体现了党中央对现代化建设规律的深刻把握，体现了党和国家事业发展对科技创新的急迫需求。要完整准确把握党中央关于科技创新的新部署新要求，进一步增强加快建设世界科技强国、加快实现高水平科技自立自强的责任感使命感紧迫感，为高质量发展和中国式现代化提供更多更好的科技支撑和人才支撑。

（三）认真落实立德树人根本任务。用党的科学理论武装学生，用党的初心使命感召学生，用社会主义核心价值观铸魂育人，深入实施“时代新人铸魂工程”，持续推动“大思政课”建设，完善思想政治工作体系，着力培养担当民族复兴大任的时代新人。深化爱国主义、集体主义、社会主义教育，进一步加强在高层次人才、优秀青年教师和优秀学生中发展党员工作。大力发展素质教育，加强学生艺术教育、劳动教育和心理健康教育，促进学生德智体美劳全面发展。

（四）加快建设高质量教育体系。深入推进“双一流”建设，不断提升学校的综合实力和办学水平。持续加强基础学科和拔尖创新人才培养，推动新工科、新医科、新文科建设，加强新兴学科、交叉学科建设。强化国家战略科技力量，加强原创性引领性科技攻关，加强科研平台的体系化建设，加快战略科技人才培养，支撑高水平科技自立自强。全力做好高校毕业生就业创业工作，健全学校就业指导体系。

（五）深化教育领域综合改革。持续推动《新时代教育评价改革总体方案》落实落地，完善学校管理和教育评价体系，以教育评价改革为牵引，统筹推进育人方式、办学模式、管理体制、保障机制改革，持续深化教育领域“放管服”改革，为建设教育强国、科技强国、人才强国增强动力和活力。

（六）打造一流教师队伍。加强师德师风建设和教师队伍思想政治工作，打造有品格、品行、品味的“大先生”。深化新时代教师队伍建设改革，优化教师考核评价，着力提升教师队伍专业素养和育人水平。抓好抓实高层次人才队伍建设，培养战略科学家、学术领军人才和高水平创新团队，聚天下英才而用之。

四、迅速兴起学习宣传贯彻党的二十大精神的热潮

全校各级党组织要把学习宣传贯彻党的二十大精神摆上重要议事日程，切实加强组织领导，切实把思想和行动统一到党的二十大精神上来，迅速兴起学习宣传贯彻党的二十大精神的热潮。

（一）提高政治站位。各院级党组织要从讲政治的高度，切实扛起学习宣传贯彻党的二十大精神的政治责任。党组织主要负责人要同班子成员一道，根据校党委统一部署，结合本部门实际，深入研究、科学谋划，把学习贯彻党的二十大精神与中心工作有机结合起来，明确目标任务、建立台账清单，广泛开展内容丰富、特色鲜明、针对性强的学习宣传活动，做到规定动作必到位、自选动作有特色。

（二）压实工作责任。有关部门要牢牢把握正确导向，严格按照党中央精神全面准确开展宣传，把准方向、把牢导向，加强工作指导，加强督促检查，及时发现解决存在的问题。要落实意识形态工作责任制，切实加强阵地管理，防止错误思想言论和有害信息传播。

（三）广泛宣传报道。采用师生喜闻乐见的形式，坚持分众化、差异化、精准化，不断深化对党的二十大精神特别是对教育工作决策部署的宣传阐释，持续营造浓厚氛围。

各单位、各部门学习宣传贯彻党的二十大精神的工作方案和开展情况，应及时报送党委宣传部。

中共中国科学技术大学委员会
2022 年 11 月 15 日

中国科学技术大学关于新型冠状病毒肺炎疫情防控应急处置工作方案

党办字〔2022〕28 号

新型冠状病毒肺炎疫情发生以来，党中央、国务院高度重视，习近平总书记先后作出一系列重要指示批示。在以习近平同志为核心的党中央坚强领导下，我国疫情防控取得重大战略成果，疫情总体得到有效控制，但反弹风险丝毫不能忽视。为深入贯彻习近平总书记重要指示精神，落实党中央、国务院决策部署，坚持“外防输入、内防反弹”总策略、“动态清零”总方针不动摇、不放松，根据中国科学院、教育部、安徽省、合肥市有关疫情防控管理要求，依据《中华人民共和国传染病防治法》、《突发公共卫生事件应急条例》、《新型冠状病毒肺炎防控方案》（第八版）、《高等学校新冠肺炎疫情防控技术方案》（第四版）、《中国科学技术大学突发公共事件应急处置预案》等有关法律法规和文件精神，结合学校实际，制定本方案。

一、指 导 思 想

坚持以习近平新时代中国特色社会主义思想为指导，深入贯彻习近平总书记关于新冠肺炎疫情防控工作的重要指示批示和系列讲话精神，落实党中央、国务院决策部署，把人民群众生命安全和身体健康放在第一位，落实“早发现、早报告、早隔离、早治疗”要求，毫不放松、慎终如始做好学校疫情防控工作。按照“及时发现、快速处置、精准管控、有效救治”的工作要求，构建预防为主、防控结合的新型冠状病毒肺炎长效管理与应急处理机制，有力、有序、有效做好疫情应急处置，切实保障师生健康安全，确保校园安全稳定。

二、工作原则和目标任务

工作原则：坚持把广大师生员工、医务人员生命安全和身体健康放在第一位的原则；坚持全员动员、党员带头、明确责任、强化担当的原则；坚持“预防为主、防治结合、依法科学、分级分类”的原则；坚持“及时发现、快速处置、精准管控、有效救治”的原则。

目标任务：全员动员，做好防护知识宣传，提高全校师生自我保护意识；党员干部带头，明确工作责任，做好疫情防控、应急处置；强化担当作为，严格落实防控和应急管理责任，确保广大师生员工、医务人员健康；加强重点时段、重点区域、重点人群疫情防控，及时发现散发病例和聚集性疫情，防止疫情在校园蔓延扩散。

三、组 织 领 导

成立学校疫情防控暨应急处置工作领导小组，领导小组人员组成如下：

组　长：舒歌群　包信和

成　员：潘建伟　蒋　一　王晓平　杨金龙　杜江峰　罗喜胜　傅　尧　吴　枫
周丛照　黄素芳　褚家如　邓建松　薛　天　刘连新

四、应 急 处 置

（一）应急启动

学校若发生新冠肺炎疫情，领导小组即进入高效运转状态，有关单位、部门负责人要保持通信畅通。根据事件的性质、规模、范围采取相应处置措施。紧急情况需外部协助的，立即向安徽省及上级有关部门求助。

（二）疫情研判

首例病例（含疑似、确诊病例）以及无症状感染者应由卫生行政主管部门确认。依据新冠肺炎流行范围和趋势，将学校疫情划分为三级：

1. 学校出现密切接触者（蓝色预警）：校区内出现1例或以上新冠肺炎疑似或确诊病例或无症状感染者的密切接触者，且该密切接触者与校内其他人员存在无保护性接触。

2. 学校出现新冠肺炎病例或无症状感染者(橙色预警):校区内出现1例或以上新冠肺炎疑似或确诊病例或无症状感染者。

3. 学校出现新冠肺炎聚集性病例(红色预警):14天内校区内出现5例及以上新冠肺炎疑似或确诊病例或无症状感染者。

(三) 分级响应

在落实学校常态化疫情防控措施的基础上,根据学校疫情预警等级,快速、精准、有效地进行应急响应。

1. 针对蓝色预警的三级响应

(1) 按照属地联防联控机制要求,各校区实行临时封闭管理,所有人员车辆只进不出,学生和教职员工分散于宿舍或办公室,防止聚集。各校区师生就地开展应急核酸检测,限制人员流动。

(2) 校内有关单位密切配合属地疾控部门,组织开展流行病学调查工作,核实密切接触者校内接触情况并及时将接触情况及接触人员信息汇总反馈属地疾控部门。

(3) 根据流行病学调查结果,由属地疾控部门科学判定密切接触者和密接的密接人员。积极做好上述人员校内临时管控、个人防护、消毒及心理安抚疏导等工作,配合属地于12小时内转运至集中隔离场所进行隔离医学观察。

(4) 在密切接触者及密接的密接人员转移后,立即在属地疾控部门指导下,对其居住或活动过的场所进行终末消毒。

(5) 待各校区师生核酸检测结果全部为阴性,校园临时封闭管理解除。

2. 针对橙色预警的二级响应

立即做好病例、无症状感染者、密切接触者以及密接的密接人员隔离控制和转运工作,配合属地疾控部门开展流行病学调查、应急核酸检测、健康监测、环境采样检测以及终末消毒等工作,同时做好以下工作:

(1) 立即启动校园封闭管理。各校区师生不得跨校区流动,外来人员原则上不进校。严格离校进校管理,师生员工原则上不离校。在合肥有固定居所的师生员工可以申请离校居家,经审批后有序离校。离校师生员工在解除封闭管理前,不得进校。确有需要,须向所在单位提出申请,经审核批准方可进校。

(2) 以线上线下相结合的方式开展教育教学活动。课堂教学以线上形式展开,其他教学活动在确保防疫要求的前提下,可适度线下开展,停止各类校外实习实训。

(3) 为保障食堂供应,减少逗留时间,食堂取消堂食,按统一供餐标准和统一价格,提前做好打包外带准备,并延长开放时间。

(4) 摸底需要滞留在校内的各类人员数量,根据需要紧急采购睡袋、借调行军床等应急物资。在不同校区确定滞留人员集中生活区。

(5) 根据不同需要,明确不同校门分别承载物资进出、快递外卖存放、本校师生进出等功能。

(6) 各校区设置核酸检测点,周一至周日开放,明确封闭期间各校区的医疗服务流程。

(7) 密切关注师生健康状况,严格落实学生晨午检制度,保持良好卫生习惯和健康生活方式。

(8) 发挥心理辅导专业团队力量，做好师生关心关怀和困难帮扶。及时对校内师生员工做好解释工作，稳定广大师生员工情绪，采取积极措施消除忧虑和恐惧心理。

3. 针对红色预警的一级响应

在落实二级响应的基础上，积极应对做好以下工作：

(1) 根据疫情形势及风险评估结果，按照属地联防联控机制要求，采取校区内停课、停工、停业等管控措施，全校区实施封控、管控等疫情防控要求。

(2) 按照属地联防联控机制要求，配合辖区卫生健康部门做好校内全员核酸检测工作，根据疫情形势，积极做好多轮次校内全员核酸检测准备工作。

(3) 按照属地联防联控机制要求，配合辖区相关部门积极做好校内师生员工集中转运的校内协调组织工作，同时做好沟通解释及心理疏导等工作。

(4) 加强信息发布和快速响应，做好与属地疫情防控部门沟通联系、信息报送，及时回应师生员工诉求与关切。

(四) 响应结束

末例治愈病人出院 14 天后，各校区内无新发病例出现且校内末例密切接触者观察病例解除隔离观察，本次应急响应可结束。

五、相关单位主要职责

1. 党政办公室：负责落实中国科学院、教育部、安徽省、合肥市相关工作要求，落实学校领导指示意见，协调全校开展好新冠肺炎疫情防控应急处置工作，做好信息收集和报送工作。

2. 党委宣传部：落实上级主管部门有关要求，统筹推进新冠肺炎疫情防护知识宣传，加强师生健康教育，做好新闻宣传工作，引导师生正确认识、对待和防范疫情。

3. 网络安全和信息化办公室：对接上级网信部门，加强网络舆情搜集研判，做好突发事件网上舆论引导和舆情应对工作，营造风清气正的网络环境。

4. 附属第一医院、校医院：落实上级卫生主管部门要求。负责相关防控应急物资采购，做好应急救援队伍储备。与属地疾控部门保持密切沟通。

5. 保卫与校园管理处：负责落实校园封闭管理和校门分类管理，维护校园治安秩序，严把校门关，加强学生社区管理。对校园公共场所定时定期进行消毒和卫生管理，保持环境卫生清洁。

6. 学校各级党组织、各单位：落实防控工作任务，精准掌控师生健康信息和行程轨迹，加强师生员工出差管理和大型活动审批。每日向党政办公室报告师生健康状况及动向。

7. 党委学生工作部、人力资源部、研究生院、教务处、国际学院：精准掌握学生健康信息和行程轨迹。配合做好疫苗接种和常态化核酸检测工作。及时帮助因疫情隔离观察的师生，实施线上学习或授课、生活辅助、心理疏导及密切接触者防护等措施。每日向党政办公室报告学生健康状况及动向。

8. 团委、生命科学与医学部：落实志愿者组织招募和规范化培训工作，做好学生管理辅助性工作。

9. 苏州高等研究院、上海研究院、先进技术研究院、国际金融研究院:配合属地卫生健康部门,协调组织本单位综合防疫工作,做好应急处置队伍储备和疫情期间师生生活服务保障。加强园区出入管理,保持园区公共区域环境卫生清洁。每日向党政办公室报告师生健康状况及动向。

10. 科教融合学院:配合属地卫生健康部门,协调做好本单位学生防疫工作,精准掌握学生健康信息和行程轨迹,做好疫情期间学生生活服务保障。

11. 基础教育集团:做好本单位师生员工防疫工作,精准掌握师生健康信息和行程轨迹。每日向党政办公室报告基础教育集团师生健康状况及动向。

12. 离退休干部工作处:精准掌握离退休干部健康信息和行程轨迹。关心和了解离退休干部生活和健康状况。每天向党政办公室报告离退休干部健康状况及动向。

13. 资产与后勤保障处、基本建设处、饮食服务集团、校车队:加强食堂、超市、接待中心等公共区域和后勤服务工作人员管理,精准掌握员工健康信息和行程轨迹。做好师生饮食服务保障。

六、工 作 要 求

1. 提高政治站位,落实主体责任。把疫情防控应急处置作为一项政治任务,扎实落实党委决策部署,压实"四方"责任,落实"四早"要求,党员干部带头,充分发挥基层党组织战斗堡垒作用和党员先锋模范作用,全校协同作战、责任到人、工作到位,切实做好疫情防控应急处置工作。

2. 强化联防联控,形成应急机制。积极配合属地卫生部门、疾控部门、定点医疗机构、社区等有关工作,加强联防联控,落实食品、生活物资供应、慢性病药品配送、应急车辆调配等基本生活服务项目的应急保障措施,形成多方协作机制、监测预警机制与快速反应机制。

3. 坚持从严从紧,升级防控措施。紧紧守住"校门防线""监测防线""环境防线""后勤防线""舆情防线"等"五道防线",严格落实重点人群和重点场所疫情防控要求,做到层层设防、处处设防。

疫情防控咨询电话:0551-63600120

学校总值班室电话:0551-63602184、63602212(传真)

紧急联系人:

党政办公室　王　伟　13955199700

　　　　　　彭　慧　18788862003

校　医　院　方诗元　18900518336

　　　　　　刘　明　13955195954

保卫与校园管理处

　　　　　　顾　韬　13866153588

　　　　　　徐耀龙　13966746822

七、其　　他

本方案自印发之日起施行。原《中国科学技术大学关于新型冠状病毒感染的肺炎疫情防控暨应急处置工作方案》(党办字〔2020〕12号)同时废止。

关于在新一轮疫情防控斗争中加强党的领导，充分发挥党组织和广大党员、干部作用的通知

党组字〔2022〕44号

各院级党组织、附属医院党委，机关各部门：

当前，国内新冠疫情呈多点散发与局部暴发的态势，疫情防控形势仍然严峻复杂，疫情输入风险持续加大。为切实扛起疫情防控的重大政治责任，保护师生身体健康和生命安全，充分发挥好基层党组织的战斗堡垒作用和广大党员的先锋模范作用(以下简称两个作用)，坚决守住校园无疫情的底线，现就有关事项通知如下：

一、提高政治站位，增强责任感紧迫感

各级党组织和广大党员、干部要从衷心拥护“两个确立”、忠诚践行“两个维护”的政治高度，认真学习领会习近平总书记关于疫情防控工作的系列重要讲话指示精神，坚持人民至上、生命至上，深刻认识疫情防控形势的复杂性和严峻性，坚决贯彻党中央、国务院重大部署，扎实落实中国科学院、教育部、安徽省、合肥市关于疫情防控的有关要求，坚决克服麻痹思想、厌战情绪、侥幸心理、松劲态势，统一思想、坚定信心、坚持不懈，发挥两个作用，切实增强做好疫情防控工作的责任感、紧迫感，织密织牢校园疫情防控网。

二、压紧压实责任，发挥组织优势

各级党组织要坚决贯彻落实校党委决策部署，切实履行主体责任，全面深化落实“红专工程”，严格落实学校各项疫情防控要求，全力做好疫情防控政策宣讲，积极向师生普及疫情防控知识，组织动员广大师生党员积极参与疫情防控志愿服务工作。要主动担当作为，积极开展“我为师生办实事”活动，做好宣传舆论引导，关注师生心理健康，引导师生正确理解、积极配合、科学参与疫情防控，做到不造谣、不信谣、不传谣。要注重发现、及时总结、广泛宣传在疫情防控一线涌现出的先进典型和感人事迹，在疫情防控中弘扬正能量。

三、发挥带头作用，保障校园安全

广大党员、干部要做到“一个党员一面旗帜”，模范带头落实学校疫情防控工作要求，积极在科技攻关、教育教学中作表率。要示范带动广大师生员工积极配合核酸检测、测温亮码、离校报备等工作，诚信遵守校园疫情防控管理规定，以身作则不参加聚集性活动。要主动亮身份、敢行动、善作为，积极投身学校疫情防控志愿服务工作，让党旗始终在防控疫情斗争第一线高高飘扬。

疫情就是命令，防控就是责任。全校各级党组织和广大师生党员要迅速行动起来，在校

党委坚强领导下，持续巩固拓展党史学习教育成效，充分发挥两个作用，众志成城、同舟共济、共克时艰，凝聚起战胜疫情的强大合力。

中共中国科学技术大学委员会
2022 年 4 月 14 日

中国科学技术大学“支部特色年”活动实施方案

党组字〔2022〕24 号

为认真贯彻落实《中国共产党普通高等学校基层组织工作条例》，根据《中国科学院“基层组织建设见成效”活动实施方案》，校党委决定 2022 年在全校开展“支部特色年”活动，全面深化落实“红专工程”，努力构建“一支部一特色”的党支部工作新格局，全面推进基层党建高质量发展，充分发挥党建引领单位发展的重要作用。现结合学校实际，制定本方案。

一、活动目标

全面贯彻落实新时代党的组织路线，认真巩固“红专工程”成效，以支部特色品牌建设为重点，不断夯实党支部标准化规范化建设成果，进一步激发党支部工作新活力和创造力，不断扩大“政治功能强、支部班子强、党员队伍强、作用发挥强”的“四强”党支部比例，创建一批具有特色“名片”的党支部，形成一批具有特色“看点”的支部建设典型案例，以品牌力量推动学校党建工作质量整体提升。

二、活动要求

（一）树立特色品牌意识。对标教育部党建标杆样板支部“七个有力”要求，全面树立特色支部品牌建设理念，以品牌意识、品牌思维、品牌创建的品质要求，全面增强党支部的组织力凝聚力战斗力。立足单位发展实际，坚持问题导向，认真总结凝练支部具有创新价值和推广意义的品牌活动，激发党员投身特色支部建设的自觉性和积极性。

（二）制定特色建设计划。紧紧围绕本单位中心工作确定创建内容，突出支部特色，真正促进党建与中心工作深度融合。教学科研机构的教职工党支部要紧密结合“潜心立德树人、执着攻关创新”核心任务，牢记“国家队”“国家人”职责，心系“国家事”，肩扛“国家责”，在提升人才培养质量、教育教学水平、科学研究能力等方面开展特色活动；机关、直属单位、附属医院等机构的教职工党支部要围绕增强服务意识，提升管理水平，解决师生关注的实际问题开展特色活动；学生党支部要围绕“六有”大学生培养目标、研究生教育“德创”领军人才培养计划，在加强班级建设，引领学生刻苦学习、团结进步、健康成长，帮助学生职业规划、就业创业等方面开展特色活动。

（三）创新特色工作载体。鼓励创新活动形式，深入推进“党建＋”工作模式常态化，促进党建工作与教学、科研、社会服务深度融合。鼓励创新理论学习载体和方法，丰富学习内容，善于运用模范人物及其事迹来鼓舞、感动和教育广大党员，加强政治引领和政治吸纳。鼓励创新“三会一课”形式，开展特色主题党日活动，推行党员“政治生日”制度，增强党员荣誉感和归属感。鼓励以结对共建为载体，探索机关与直属单位、教工与学生等不同类型基层党支部结对共建的新途径。鼓励充分发挥互联网作用，结合师生特点，运用新媒体微信、微博、短视频 APP 等方式开展特色品牌宣传工作，增强影响力和吸引力。

（四）形成特色培育成果。坚持统筹规划和分步实施相结合、整体提升和品牌塑造相结合，按计划、分步骤开展创建工作。特色党支部以党的建设某一个点为主攻方向形成特色培育成果，可以包括理论学习创新模式、党员作用发挥成效、党建与中心工作深度契合、支部组织力提升等多方面，求精求实，不搞大而全。

三、组 织 实 施

（一）特色品牌凝练。3—4 月，各支部通过召开党内外群众座谈会、支委会、党员大会等形式，认真总结支部工作的经验，反思支部工作存在的问题，结合单位实际凝练支部特色，确保一个支部至少形成一个特色。各院级党组织通过适当形式对各支部特色建设情况进行指导，并将各支部特色建设情况报党委组织部。

（二）首批校级样板验收。5 月，校党委将对首批校级党建工作样板支部进行验收，通过支部书记逐一述职、校党委书记逐一点评的方式进行，切实发挥党建标杆示范带动效应，推进支部深度对标对表，努力实现从“一支部一特色”工作格局到基层党建“百花齐放”的新局面。

（三）党建标杆创建。6—7 月，在支部品牌凝练和校级样板支部验收的基础上，校党委将汇总一批有特色的支部作为后备支部，申报教育部党建工作样板支部，同时开展第二批校级样板支部创建工作。7 月底，公布第二批校级样板支部名单，并给予专项经费支持。各院级党组织认真组织各支部申报，并将申报表报党委组织部。

（四）创建成效总结。9—12 月，各支部围绕特色品牌定位，组织实施创建行动，及时发掘、凝练、宣传支部的探索经验、培育成果、创建成效，鼓励各支部相互交流、相互借鉴，切实发挥引领示范、辐射带动作用。

四、工 作 要 求

各院级党组织要高度重视“支部特色年”活动，认真组织实施，加强分类指导，通过党支部书记工作例会等形式及时调度活动开展和建设情况，确保“一支部一特色”取得新成效。校党委将把“支部特色年”活动开展情况和成效纳入 2022 年院级党组织书记抓基层党建述职评议考核的重要内容。

中共中国科学技术大学委员会
2022 年 3 月 17 日

四、重要文献

凝聚归国留学人员智慧力量　画好爱国报国最大同心圆

——在中国科大欧美同学会成立大会上的讲话

党委书记　舒歌群

（2022年1月7日9:50　物质科研楼三楼会议室）

尊敬的王琦部长，张庚家厅长，各位领导，老师们，同志们：

大家好！

今天，我们在这里欢聚一堂，热烈庆祝中国科学技术大学欧美同学会（留学人员联谊会）成立。首先，我谨代表学校党委，向大会的胜利召开、向当选的第一届学校欧美同学会理事及班子成员表示热烈祝贺！向长期以来关心支持中国科大事业发展特别是留学人员工作的安徽省委统战部、省委教育工委、省欧美同学会的领导表示衷心的感谢！向在座的各位会员代表和全校广大归国留学人员致以诚挚的问候！

千秋伟业，人才为本。留学人员历来是党和国家宝贵的人才资源，党的十八大以来，以习近平同志为核心的党中央高度重视知识分子工作，习近平总书记先后在欧美同学会成立100周年庆祝大会、全国留学工作会议和中央统战工作会议上发表重要讲话、作出重要指示，为做好新形势下留学人员工作提供了行动指南和根本遵循。

长期以来，学校党委高度重视留学人员工作，把留学人员作为人才强校的重要力量，大力实施人才强校战略和国际化战略，坚持“走出去”和“引进来”相结合，持续扩大学校归国留学人员规模，目前全校具有留学或出国工作经历一年及以上的在编教职工有1500余人。可以说，广大留学人员已经成为了学校事业发展的一支重要力量，在创建世界一流大学的进程中发挥着独特的优势和举足轻重的作用。

当前，学校事业发展正处在新方位、迈入新阶段之际，需要动员和凝聚全体师生员工的智慧和力量，更需要把留学归国人员工作开展好、把统一战线发展好。今天，学校欧美同学会（留学人员联谊会）的成立，可谓正当其时、适得其势，必将进一步形成留学人员工作的整体合力和群体优势，并对进一步加强我校留学人员统战工作产生积极的推动作用。

借此机会，我代表学校党委对中国科大欧美同学会（留学人员联谊会）提几点希望。

一、提高政治站位，强化政治引领，画好凝聚爱国报国共识的最大同心圆。习近平总书记在党的十九大报告中明确提出“聚天下英才而用之”“把党内和党外、国内和国外各方面优秀人才集聚到党和人民的伟大奋斗中来”。学校欧美同学会（留学人员联谊会）第一届理事会要提高政治站位，坚持以习近平新时代中国特色社会主义思想为指导，引导广大留学人员深入学习十九届六中全会精神，争做“两个确立”忠诚拥护者、“两个维护”忠诚践行者，全面夯实统一战线共同的思想政治基础。要加强对归国留学人员的政治引领，高举爱国主义旗帜，坚定不移地走中国特色社会主义道路，强化以党史学习教育为重点的“四史”学习教育，增进广大留学人员对国情、省情、市情、校情的认知，坚定留学报国的初心和使命。要胸怀中华民族伟大复兴的战略全局和世界百年未有之大变局，认真贯彻落实党和政府、学校关于留学人员工作、知识分子工作和人才工作的方针政策，为扎实推进“双一流”大学建设进一步凝聚思想共识、凝聚强大能量，形成最大公约数、描绘最大同心圆。

二、加强自身建设，激发组织活力，构建适应新时代要求的留学人员组织。欧美同学会成立于100多年前的民族危难之时，团结凝聚一代又一代留学人员在我国革命、建设和改革的历史长河中留下许多光辉足迹，成为拥有百年历史的光荣团体。希望学校欧美同学会(留学人员联谊会)主动对标对表，贯彻落实欧美同学会章程，进一步加强自身建设，不断增强同学会的凝聚力、向心力和影响力。认真抓好班子队伍建设，班子成员要主动关心留学人员的工作、学习和生活，反映留学人员的合理意见建议，维护留学人员的合法权益，认真做好服务保障工作。要进一步拓宽发展渠道，创新吸纳方式，把更多优秀留学人员吸纳到欧美同学会，开展形式多样的活动，积极为留学人员搭建交流融合、互帮互助的平台，切实发挥组织群众性、高知性、统战性的特点和优势，把广大留学人员紧密团结在党的周围，着力打造新时代“留学人员之家”。

三、发挥独特优势，强化责任担当，引领留学人员担负起新时代赋予的新使命。科技立则民族立，科技强则国家强。党的十九届六中全会强调，全面贯彻习近平新时代中国特色社会主义思想，立足新发展阶段、贯彻新发展理念、构建新发展格局，推进科技自立自强。这为广大归国留学人员施展才华、报效祖国提供了广阔舞台。希望学校欧美同学会(留学人员联谊会)引导广大会员紧紧围绕国家和学校事业发展大局，充分发挥留学报国人才库、建言献策智囊团、民间外交生力军的作用，自觉肩负起时代赋予的使命任务，主动投身学校“双一流”大学建设，瞄准世界科技前沿，立足国内重大需求，潜心立德树人，执着攻关创新，在基础性、战略性工作上多下功夫，争取在重大原创技术、关键核心技术等方面有所突破，为推进高水平科技自立自强、建设科技强国贡献“科大力量”。要积极围绕“十四五”规划和2035年远景目标，引导广大会员广泛开展调研活动，多建发展之言、多谋发展之道、多出发展之力。要深刻理解习近平总书记关于构建人类命运共同体思想的深刻内涵与时代价值，主动牵线搭桥，拓宽学校对外交流的渠道，为学校招贤揽才献计出力，为建成中国特色、科大风格的世界一流大学，为全面建设社会主义现代化国家、实现中华民族伟大复兴的中国梦贡献智慧和力量。

老师们，同志们!

2022年是党的二十大召开之年，也是学校实施“十四五”规划的重要一年。校欧美同学会要引导广大归国留学人员深入学习贯彻习近平新时代中国特色社会主义思想，自觉地把爱国情、强国志、报国行融入本职工作中，只争朝夕，不负韶华，主动作为，奋发有为，以优异成绩迎接党的二十大胜利召开。

谢谢大家!

巩固深化党史学习教育成果　不断开创“双一流”建设新局面

——在中国科学技术大学党史学习教育总结会议上的讲话

党委书记　舒歌群

（2022 年 1 月 17 日 16:00　水上报告厅）

尊敬的张淑林副组长，同志们、老师们：

大家下午好！

按照中央统一部署，今天我们在这里举行中国科学技术大学党史学习教育总结大会，全面总结学校党史学习教育的经验和成果，部署下一步工作。在此，我首先代表校党委对中管高校党史学习教育第八指导组各位领导莅临我校指导工作表示热烈的欢迎和衷心的感谢！

在全党开展党史学习教育，是以习近平同志为核心的党中央在中国共产党成立一百周年之际作出的重大战略决策。自党史学习教育开始以来，校党委始终把开展党史学习教育作为一项重要政治任务，坚决扛起主体责任，认真贯彻落实党中央的决策部署和习近平总书记重要指示精神，按照学史明理、学史增信、学史崇德、学史力行要求，推动党史学习教育不断走深走实。

一是注重加强组织领导，完善制度设计，系统推进实施。校党委将开展党史学习教育列入了《中国科学技术大学 2021 年党委工作要点》，成立党史学习教育领导小组，由我担任组长，并要求各院级党组织成立相应组织和工作机构，切实加强学习教育的组织领导。根据《中共中央关于在全党开展党史学习教育的通知》和习近平总书记在党史学习教育动员大会上的重要讲话精神，结合中国科学院、教育部、安徽省有关文件精神，联系学校实际，先后制定了《中国科学技术大学党史学习教育实施方案》等 8 个工作方案，召开党史学习教育动员大会、党委扩大会、党建工作领导小组扩大会、季度书记调度会、机关部处长联席会等多次会议进行部署和推进，确保党史学习教育在全校范围内扎实深入开展。

为确保党史学习教育取得实效，校党史学习教育领导小组成立四个指导组，对全校各院级党组织、各单位开展党史学习教育情况督促指导，在过程中突出分类指导，突出对自选动作的指导，突出从严从实，突出督导结合，把学习党史同总结经验、观照现实、推动工作结合起来，把学习成效转化为工作动力。党员校领导 9 次主动深入基层单位，开展督促指导，压紧压实主体责任和监督责任，充分发挥监督保障执行、促进完善发展作用。

二是注重深入挖掘校史“红色基因”，不断创新宣传教育形式。在党史学习教育中，中国科大把校史校情教育，特别是以抗大精神、“两弹一星”精神、老一辈科学家精神为核心的红色精神谱系教育作为开展党史学习教育的生动教材和重要抓手，重点围绕弘扬老一辈科学家精神积极开展各类特色教育活动，引领广大师生心怀“国之大者”，勇担时代重任。

推出系列文化作品，讲好老一辈科学家故事。2021 年，学校先后推出《科学之光》《永恒的东风》两部微电影，分别讲述严济慈先生、钱学森先生胸怀报国之志、潜心教书育人的感人故事。举办科学家精神系列特展。策划举办中国科大与“两弹一星”纪念展、严济慈先生诞辰 120 周年纪念展、钱学森先生诞辰 110 周年纪念展等，以文字、图片、视频、实物等形式，全方位地展现"两弹一星"元勋和老一辈科学家们的爱国精神和感人事迹，激励广大师生在老一辈科学家精神鼓舞下奋勇前进。组织编撰《在中国科大工作过的"两弹一星"元勋科学家精神事迹选编》，向师生发放 3600 余册，覆盖全校党团组织。创办教学内刊《中国科大教学评论》并推出严济慈先生诞辰 120 周年、钱临照先生诞辰 115 周年、杨承宗先生诞辰 110 周年、钱学森先生诞辰 110 周年以及刘达先生诞辰 110 周年等纪念专辑，深切缅怀对我校发展作出突出贡献的五位老先生。在校史馆设立国家同步辐射实验室全国爱国主义教育示范基地专题展厅《追光》，展示几代科大人科教报国的先进事迹，传承和弘扬"科教报国、追求卓越"的科大精神。

把握重要时间节点，打造沉浸式党课，镌刻红色记忆。聚焦庆祝党的百年华诞，组织广大师生在 7 月 1 日收看收听庆祝中国共产党成立 100 周年大会，举行中国科大庆祝中国共产党成立 100 周年暨七一表彰大会等一系列庆祝活动，师生共同铭记伟大历史时刻。在开学季和毕业季，充分发挥典礼育人功效。面向新生、毕业生开设"科学与社会"开学第一课、新生第一堂思政课、毕业生思政课，砥砺广大师生科教报国之志。举行以"弘扬老一辈科学家精神"为主题的"云赏樱"直播活动，在校内各地标景点，6 位中国科大学子深情回顾了郭永怀、钱学森、周光召等"两弹一星"元勋的光辉岁月。校庆期间，校史讲解志愿者同学在校史馆中进行"走进中国科大，感悟'两弹一星'精神"直播，观看互动超过 100 万人次。

三是注重践行宗旨意识，扎实开展"我为师生办实事"实践活动。学校认真贯彻落实党中央和上级部署要求，把"我为群众办实事"实践活动贯穿党史学习教育始终，聚焦广大师生"急难愁盼"问题，先后制定《"我为师生办实事"实践活动工作方案》《关于深入推进"我为群众办实事"实践活动的通知》《"我为群众办实事"重点民生项目清单》，明确 7 大类 39 项重点任务，紧抓 83 件重点民生实事。充分发挥基层党组织战斗堡垒和党员先锋模范作用，印发《学院、实验室党组织作用发挥工程("红专工程")实施方案》《扎实开展"党旗在基层一线高高飘扬"活动方案》，引导各级党组织在党史学习教育中，为师生办实事办好事。

教学科研单位基层党组织紧密结合"潜心立德树人、执着攻关创新"两大核心任务，牢记"国家队""国家人"职责，心系"国家事"，肩扛"国家责"，在提升人才培养质量、教育教学水平、科学研究能力等方面开展活动、发挥作用；学生基层党组织围绕"六有"大学生培养目标、研究生教育"德创"领军人才培养计划，在加强班级建设，引领学生刻苦学习、团结进步、健康成长等方面开展活动、发挥作用；机关基层党组织围绕增强服务意识，提升管理水平，解决师生关注的实际问题开展活动、发挥作用。坚持多做实实在在的"雪中送炭"，不搞不切实际的"锦上添花"，以看得见的方式、摸得着的实惠回应群众期待。

党史学习教育开展期间，中管高校党史学习教育第八指导组先后 8 次莅临我校，对重要部署及时指导，对重点任务及时提醒，对有关材料严格把关，对深化推动有力督导。在中央党史学习教育领导小组的有力领导、中管高校党史学习教育第八指导组的精心指导以及全校各级党组织、广大师生员工的共同努力下，我校党史学习教育各项工作扎实推进、学习教育成效显著，圆满完成了预期目标。

一是通过党史学习教育，全校广大党员、师生受到全面深刻的政治教育、思想淬炼、精神洗礼。

校党委坚持带头学懂弄通做实党的创新理论，通过理论学习中心组、第一议题等多种形式深入推进学习研讨。认真学习宣传习近平总书记“七一”重要讲话精神，深刻感悟党的百年奋斗历程、重大成就和历史经验；深入学习宣传习近平总书记在清华大学考察时重要讲话精神，深刻理解中央关于高等教育的指示精神，立足“两个大局”，心怀“国之大者”，敢于担当，善于作为；认真学习贯彻党的十九届六中全会精神，为实现第二个百年奋斗目标凝聚不竭动力。

校院两级党委理论学习中心组发挥领学促学作用，及时学、跟进学、系统学，校党委理论学习中心组共举行党史学习教育专题学习会 22 场，党员校领导深入基层一线开展党课和宣讲活动 26 场。学校先后成立了学习贯彻习近平总书记“七一”重要讲话精神专题宣讲团、学习贯彻党的十九届六中全会精神宣讲团，分别到全校有关部门、联系学院或实验室集中宣讲全会精神，做到全覆盖，确保将习近平总书记“七一”重要讲话精神、党的十九届六中全会精神传达到每一位师生员工。通过党史学习教育，全校党员干部和师生员工更加深刻感悟到习近平新时代中国特色社会主义思想是当代中国马克思主义、21 世纪马克思主义，是中华文化和中国精神的时代精华，进一步增强了用习近平新时代中国特色社会主义思想武装头脑、指导实践、推动工作的思想自觉、政治自觉、行动自觉。

二是通过党史学习教育，重点解决一批制约学校发展的瓶颈问题，人民群众的获得感、幸福感、安全感不断增强。

在优化管理效能方面，为减轻师生负担，让师生“少跑腿、不跑腿”，学校着力推进“一网通办事大厅”建设，整合多个业务部门 30 余项业务流程，建立统一身份认证系统实现“一次认证，业务通办”，并接入移动应用端实现“掌上办”“指尖办”，大大提高了审批效率。目前，已累计办理各类业务 15000 多项。

在加强服务保障方面，学校始终将师生需求作为第一导向，将师生满意作为第一标尺，多措并举、精准发力，加强服务保障。例如，由基本建设处牵头组建“校园啄木鸟”学生报修队伍，及时发现校园里死角、漏点区域的故障，工作人员第一时间将问题录入系统，并及时维修跟进。在“校园啄木鸟”计划运行 6 个月来，已成功完成 600 余次报修。

在暖心帮扶帮困方面，学校各级党组织从最困难的师生入手、最现实的利益出发，用心用情用力解决“急难愁盼”问题，力争把实事办得“有温度”。离退休干部工作处经过充分调研，开展关爱高龄空巢、独居老人的“暖巢”行动，为特殊群体建立关爱台账，通过引进社会化服务等方式，为老人们制定个性化服务方案。

在热心志愿服务方面，学校积极引导青年志愿者们从党史中启迪思想、获得力量，在夯实信仰根基的同时，为群众和社会办实事办好事。2021 年暑期，657 名学生与 57 名领队老师组建了 51 支团队，奔赴 10 余个省份开展科普宣讲、乡村振兴、美丽中国、红色教育等各类主题实践活动。

据统计，开展“我为群众办实事”实践活动以来，学校推出为民举措 13 项，受益超 2 万人次；解决社保、医疗、住房等民生实事 25 项，受益近 24 万人次；防范化解安全生产等方面群众反映强烈的突出问题 5 项，受益近 8 万人次；对农村低收入人口和欠发达地区帮扶 7 次，受益近 5 万人次。《人民日报》、央视《新闻联播》、中新社、《安徽日报》等媒体多次予以宣传报道。

三是通过党史学习教育，实现学校“双一流”大学建设提质增速，为“十四五”开新局、立新功奠定坚实基础。

学校党委以习近平总书记关于中国科大系列重要指示精神为指引，把党史学习教育与学校创建世界一流大学的工作实际紧密结合，不断推动学校各项事业取得新进展。

潜心立德树人，一流人才培养体系不断完善。深化“三全育人”综合改革，把立德树人融入学生思想道德、科研创新、社会实践等环节，贯通教学、科研和管理服务体系，全面加强学生思想政治教育。加强马克思主义学院建设，配齐建强思政课教师队伍。深化思政课改革创新，积极发挥思政课的主渠道作用，将党的创新理论最新成果、习近平新时代中国特色社会主义思想的生动实践贯穿融入教学。加快课程思政建设，通过“一院一课”示范带动，推动课程思政与思政课程协同育人。深入实施“一流本科教育质量提升计划”行动纲领，优化本科培养方案，修订《本科生综合素质评价实施办法》，制定《关于全面加强新时代劳动教育的实施方案》《中国科学技术大学体育工作提升方案》《中国科学技术大学艺术教育提升方案》，加强实验实践教学，全面提升学生的综合素质。不断深化拔尖创新人才培养，首批建设未来技术学院，力学、计算机科学、天文学入选第二批拔尖计划 2.0 基地，全校累计有 8 个拔尖计划 2.0 基地。推进国家级一流本科专业建设，12 个本科专业入选第二批国家级一流本科专业建设点，获批新增“量子信息科学”“工程物理”“环境科学与工程”“网络与新媒体”“人工智能”5 个本科专业。以“金课”（课程）、“金牌”（导师）、“金奖”（项目）、“金字”（品牌）统筹全校创新创业教育，通过设立“创新创业开放实验室”、校企结合“创新实验室”，举办“首届全球科大人创新创新大赛”，积极培养创新创业人才。改革学生评价，强化学生社团育人功能，促进“第二课堂”与“第一课堂”相衔接，推动学生德智体美劳全面发展。

执着攻关创新，卓越科技创新体系建设不断深入。全力支持国家实验室建设，加快国家重点实验室体系重组，成立碳中和研究院，启动建设深空探测实验室，推动合肥先进光源、“空地一体”量子精密测量实验设施等重大科技基础设施建设，加快临床研究医院建设发展。制定国防军工领域基地建设规划，以平台建设和重大任务为牵引，推动国防科技创新体系建设。持续推进未来网络试验设施（合肥分中心）、大视场巡天望远镜等项目建设，核心参与江淮前沿技术协同创新中心筹建工作。制定《中国科学技术大学关于加强执着攻关创新工作的指导性意见》《中国科学技术大学原创探索类项目实施方案（试行）》，开展科技成果“五元”价值评价机制专项试点，积极引导科研人员在基础性和战略性工作上多下功夫，扎实提升原始创新能力。重大原创性科技成果持续涌现，学校主持完成的多项成果入选国家“十三五”科技创新成就展，其中牵头研制的“九章”量子计算原型机位列面向世界科技前沿类成果首位。我校主导的研究成果“‘祖冲之号’‘九章二号’量子计算原型机研制成功”“凯勒几何两大核心猜想被证明”，参与的“我国科学家观测到迄今宇宙中最高能量光子”“我国首次火星探测任务天问一号着陆火星”入选 2021 年度国内和国际十大科技新闻。我校作为第一单位完成的 2 项成果获国家科学技术奖，其中自然科学二等奖 1 项、科技进步二等奖 1 项。

同志们，老师们：

一年来，通过开展党史学习教育，全党党员干部、师生员工在学史明理上有了新升华、感悟习近平新时代中国特色社会主义思想的理论伟力更加系统深入；在学史增信上有了新收获，坚定捍卫“两个确立”、坚决做到“两个维护”的思想自觉更加有力；在学史崇德上有了新强化,“潜心立德树人、执着攻关创新”的核心任务更加走实走深;在学史力行上有了新成效,心系“国家事”,肩扛“国家责”,强化国家战略科技力量更加担当作为。

“学党史、悟思想、办实事、开新局”是一项需要长期坚持不懈的工作。下一阶段,学校党委将认真全面总结党史学习教育的成功经验,以学习贯彻党的十九届六中全会精神为重点,深入推进党史学习教育,持续巩固和深化党史学习教育成果,弘扬伟大建党精神,坚持党的百年奋斗历史经验,坚定历史自信,不忘初心使命,勇于担当作为,把党史学习教育成果转化为实实在在的干事创业动力。

一要进一步强化学习教育成果运用,建立常态化、长效化机制,不断巩固拓展党史学习教育成果。聚焦学习贯彻党的十九届六中全会精神,推动全校师生员工深入学习领会党的创新理论,弘扬伟大建党精神。使党史学习教育成果成为学校党建与思想政治工作的生动教材,把学党史作为党员干部师生的必修课,纳入党委理论学习中心组学习,纳入思政课教学,纳入各类培训,推动党的历史更好进教材、进课堂、进头脑。将巩固深化党史学习教育同推进巡视整改工作紧密结合,将学深悟透习近平新时代中国特色社会主义思想与推动学校各项事业发展紧密结合,把学习成果转化为埋头苦干、改革创新的实际行动。

二要深刻领会习近平总书记对教育事业和高等学校寄予的殷切期望。深刻领会教育是党之大计、国之大计,深化“三全育人”综合改革,面向新百年新征程,全面落实立德树人根本任务。深入贯彻落实习近平总书记关于中国科大系列重要指示精神,潜心立德树人,执着攻关创新,深刻领会新时代新阶段中国科大所肩负的职责使命,旗帜鲜明讲政治、科教报国争一流,加快建设中国特色世界一流大学。

三要持续深化“我为师生办实事”,服务师生需求,推动事业发展。要用好“我为群众办实事”实践活动形成的良好机制,推动各级党组织和广大党员、干部满腔热情为群众办实事、解难事,走好新时代党的群众路线。充分发挥党的领导核心作用、基层党组织战斗堡垒作用和党员先锋模范作用,把解决广大师生关切的实际问题摆在突出位置,坚持以师生为中心,不断提升“我为师生办实事”的针对性和实效性。将“我为师生办实事”作为落实立德树人根本任务、促进学校改革发展的重要抓手,聚焦关键问题,瞄准关键环节,锐意创新、真抓实干,构建起为师生办实事的长效机制。

四要把党史学习教育成果转化为推动“双一流”建设和“十四五”发展的强大动力。心怀“国之大者”,坚持“四个面向”,心系“国家事”、肩扛“国家责”,全力承担国家重大任务,打造国家战略科技力量,做到用实际工作体现忠诚、用推动发展体现担当、用解决问题体现落实,埋头苦干、勇毅前行,不断开创学校“双一流”建设新局面,奋力走好新时代的赶考之路。

希望全校党员干部和师生员工在校党委的带领下,以习近平新时代中国特色社会主义思想为指导,深刻认识“两个确立”的决定性意义,进一步增强“四个意识”、坚定“四个自信”、做到“两个维护”,认真学习贯彻习近平总书记重要指示和党史学习教育总结会议精神,不断巩固拓展党史学习教育成果,推动把学习贯彻党的十九届六中全会精神引向深入,深刻领悟中国共产党为什么能、马克思主义为什么行、中国特色社会主义为什么好,把思想和行动统一到以习近平同志为核心的党中央要求上来,牢记习近平总书记的嘱托,潜心立德树人,执着攻关创新,努力办出中国特色、科大风格的世界一流大学,以强烈的历史主动精神奋进新征程、建功新时代,以实际行动迎接党的二十大胜利召开。

锐意改革创新,主动担当作为　加快建设一流研究型医院

——在中共中国科学技术大学附属第一医院第八次代表大会上的讲话

党委书记　舒歌群

(2022年5月27日　附属第一医院南区学术交流中心)

各位代表、同志们:

今天,我们在这里隆重召开中共中国科学技术大学附属第一医院第八次代表大会,这是附属医院政治生活的一件大事。首先,我代表学校党委向大会胜利召开表示衷心的祝贺,也借此机会向附属医院全体党员表示诚挚的问候!

中国科学技术大学附属第一医院作为百年老院,历史悠久、贡献卓越,是百年名院,也是安徽省医院的龙头。自医院第七次党代会以来,特别是2017年成为中国科学技术大学附属第一医院后,医院党委班子团结带领全体干部职工,坚持以习近平新时代中国特色社会主义思想统领医院发展全局,认真贯彻党的卫生健康工作方针和党的教育方针,传承"仁术济世"的医者情怀,秉承"求实创新"的拼搏精神,开拓奋进,砥砺前行,在国家区域医疗中心创建、一流医院建设和"科大新医学"发展中取得了令人瞩目的成绩。成功获批国家创伤区域医疗中心和国家紧急救援基地建设项目,实施"医学教育攀登计划",入选首批国家临床教学培训示范中心,先后实现了国家自然科学基金重大项目、国家科技重大专项、国家重点研发计划等的突破,国家科学自然基金立项总数跃居全国前30,实现高水平科技论文"量质双提",已初步形成医教研协同创新的转型发展新格局。2020年以来,在抗击新冠肺炎疫情的伟大斗争中,附属医院医护员工白衣执甲、逆行出征,护皖、援鄂、援外三线作战,"托珠单抗+常规治疗"免疫治疗方案写进国家第七、八版防控指南,医院党委荣获"全国抗击新冠肺炎疫情先进集体"和"全国先进基层党组织"两项荣誉称号;在今年的"大上海保卫战"中,附属医院又一次义无反顾、冲锋在前。在全院的不懈努力下,附属医院首次并连续四年进入复旦版中国医院排行榜"百强";国家三级公立医院绩效考核跃居全国第24位,成为全国进步最快三级公立医院之一,在卫生健康事业改革发展起到了很好的示范引领作用。学校党委和行政对附属医院的工作是满意的,全校师生对附属医院的高速发展感到由衷的高兴和自豪,同时也期望附属医院能发展得更好更快!

本次党代会是在附属医院深入实施"十四五"、推动"三个转型"关键时期召开的重要会议,将选举产生新一届医院党委领导班子,对医院未来五年发展起着领航定向的作用。习近平总书记强调,人民健康是民族昌盛和国家富强的重要标志,也是广大人民群众的共同追求。在向第二个百年奋斗目标进军的新征程上,附属医院要坚决担负起新时代赋予的使命,心怀"国之大者",锐意改革创新,主动担当作为,交出属于我们自己的更加优异的答卷。在此,我代表校党委提出以下希望:

一是坚持党建引领,加强党的领导和建设。新的党委领导班子要坚决落实党中央决策部署,成为推动各项工作的"指挥部"和"战斗部",要全面落实新时代党的建设总要求,把党

的建设始终贯穿治院兴院的全过程、各方面。按照《关于加强公立医院党的建设工作的意见》,落实好党委领导下的院长负责制,充分发挥党委把方向、管大局、做决策、促改革、保落实的领导作用。还要进一步推动党的建设与业务工作深度融合,坚持把开展党的主题教育等活动与医院改革发展相结合,与加强医院内部运营管理相结合。以党建为统领,抓好思想建设、作风建设和组织建设,把附属医院党组织锤炼成一支党性强、纪律严明、群众信任,能带领全院职工不断奋进的坚强队伍,发挥好团结群众、凝聚人心的政治核心作用,带领医院实现更好更快发展。

二是坚定不移地践行科大新医学理念,引领医院高质量发展。在新时代背景下,高质量发展已经是医院新发展阶段的主旋律,去年,国务院办公厅印发的《关于推动公立医院高质量发展的意见》,明确了公立医院高质量发展的目标、方向、举措,为我们清晰勾勒出新发展阶段公立医院的新路线。医院党委领导班子要坚持以"科大新医学"为导向,团结带领全体党员和全院职工,解放思想、深化改革、凝心聚力、攻坚克难,积极探索"理工医交叉融合、医教研协同创新,生命科学与医学一体化发展"内涵,推进技术创新和临床转化,推动医院高水平高质量发展,办人民满意的医疗事业。努力打造成医疗技术高超,服务高质高效,群众就医获得感强、满意度高的一流医院。

三是深入推进全面从严治党,营造风清气正的政治生态。党风廉政建设没有"休止符",反腐倡廉永远在路上。医院党委要切实担负起党风廉政建设和反腐败工作的主体责任,做到党风廉政建设与业务工作同部署、同推进、同落实,做到两手抓、两手硬。要切实履行"一岗双责",既要抓好分管领域的业务工作,也要加强党风廉政日常监管,共同推动主体责任落到实处。要坚持率先垂范、管好自己,自觉地接受组织和群众的监督。要引导全体党员干部检视、剖析、反思自己是否背离初心使命,不断"去杂质""除病毒""防污染",始终做到初心如磐、使命在肩。营造以廉为荣、以腐为耻的浓厚文化氛围,为医院高质量发展营造风清气正的政治环境。让我们每一位党员、每一位医护工作者、每一位领导干部都能心情舒畅地发挥自己的智慧和力量,干干净净做事、清清白白做人。

各位代表,同志们。附属医院是践行学校"科大新医学"的重要抓手,是推进"双一流"大学建设的重要动力,也是服务和回报安徽人民的重要阵地。办好附属医院,责任重大,这不仅是附属医院自己的事,也是全校各部门、各单位共同的事情,学校将全力支持附一院的建设发展。希望全院干部职工借助第八届党代会的春风,在新一届党委领导班子的领导下,更加紧密地团结起来、更加积极地奋发起来、更加自觉地行动起来,以时不我待、只争朝夕的紧迫感,进一步解放思想,求真务实,勠力同心,不负众望,高标准、高质量地完成大会预定的各项任务,努力把医院早日建成一流的研究型医院和高水平的国家医学中心,为中国特色、科大风格的世界一流大学建设和现代化美好安徽建设作出新的更大贡献,以优异的成绩迎接党的二十大胜利召开。

最后,预祝本次党代会取得圆满成功。祝大家工作顺利,身体健康!

谢谢大家!

在学校人才工作会议上的总结讲话

党委书记 舒歌群

（2022年9月9日上午 水上报告厅）

各位领导，各位来宾：

大家上午好！

在天朗气清的初秋时节，在第三十八个教师节和中秋佳节即将到来之际，我们隆重召开中国科学技术大学人才工作会议，回首十年引才之路、共绘人才发展蓝图。在这里，我谨代表学校党委，对此次入选学术荣誉体系的197位教师表示热烈的祝贺！对各位领导和嘉宾的到来致以诚挚的欢迎和衷心的感谢！

致天下之治者在人才。党的十八大以来，党中央作出人才是实现民族振兴、赢得国际竞争主动的战略资源的重大判断，作出全方位培养、引进、使用人才的重大部署，推动新时代人才工作取得历史性成就、发生历史性变革。2021年9月27日，中央人才工作会议在北京召开，这是首次以党中央名义召开的人才工作会议。习近平总书记在会上发表重要讲话，对我国新时代人才工作作出一系列重大部署，发出了新时代推进人才强国战略的动员令，为学校做好新时代人才工作指明了前进方向、提供了根本遵循。

今天我们召开学校人才工作会议，就是为了深入学习贯彻习近平总书记关于做好新时代人才工作的重要思想，认真落实中央人才工作会议精神，围绕“潜心立德树人，执着攻关创新”这两大核心任务，更好地发挥培养基础研究人才主力军作用，大力培养和引进战略科学家，加快打造科技领军人才和高水平创新团队。

这是一场凝聚人心、凝聚共识的动员会。刚才，信和校长对学校人才队伍建设发展历程和人才工作各项举措进行了回顾，建松校助介绍了学术荣誉体系的建设情况。长期以来，学校坚持人才强校主战略，实行积极、开放、有效的人才引进政策，兼顾“推出去”与“引进来”，把发现、培养青年人才作为一项重要责任，一流人才师资队伍持续壮大。“两院”院士等高层次人才占学校固定教师总数的40%，其中“四青”人才占高层次人才的70%。同时，通过“破五唯”与“立新标”并举，学校不断完善人才管理体系，推动科研人员“放管服”，积极为人才松绑、减负、降压，让科研人员在宽松的科研环境中有充足的时间潜心科研，充分释放聪明才智，有效激发创新热情，重大原创性科技成果持续涌现。在“2022年全球高校自然指数排行榜”中，中国科大位居全球第5位。

习近平总书记在中央人才会议上指出，党的十八大以来，党中央深刻回答了为什么建设人才强国、什么是人才强国、怎样建设人才强国的重大理论和实践问题，提出了一系列新理念新战略新举措。中国科大作为我们党为“两弹一星”事业而创办的红色大学，始终坚持党对人才工作的全面领导，坚持人才引领发展的战略地位，坚持聚天下英才而用之，营造识才、爱才、敬才、用才的良好政策环境。充分发挥各级党组织和广大党员的“两个作用”，加强对优秀人才的政治吸纳和政治引领，把好引进人才的思想关、政治关、师德关。不断加强教师队伍理想信念教育和师德师风建设，引导广大教师做“学为人师、行为世范”的“大先生”。

做好人才工作必须坚持正确政治方向，中国科大充分发挥学校红色文化和学术文化的教育引导作用，持续加强和改进知识分子工作。坚持弘扬科学家精神，总结凝练以“两弹一星”精神和老一辈科学家精神为代表的科大精神谱系，在全校师生中广泛开展“爱国荣校”教育。建设“红专并进、科教报国”中国科学院党员主题教育基地，举办“科大精神系列报告会”，拍摄《永怀初心》《月是故乡明》系列微电影等，深入推进党史学习教育，引导广大教职工心怀“国之大者”，厚植爱国情怀，勇担时代重任。

今天的会议也是一场共议发展、共谋新局的推进会。会议在总结成绩的同时，发布了《中共中国科学技术大学委员会关于加强新时代人才工作的实施方案》《“十四五”人才发展规划》这两个文件，对后续人才工作进行了深入研究和全面部署。下面，我就进一步做好新时期人才工作提三点意见。

一是提高政治站位，深入学习贯彻习近平总书记关于做好新时代人才工作的重要思想、中央人才工作会议精神和中国科学院人才工作会议精神。把坚持党的全面领导作为做好新时期人才工作的根本保证，加强对人才工作的政治引领，多措并举支持人才、帮助人才，千方百计造就人才、成就人才。要深刻领会人才强校的战略引领地位，切实增强做好人才工作的思想自觉、政治自觉和行动自觉，并将其转化为做好人才工作的强大动力，转化为推动学校人才事业高质量发展的思路举措，转化为加快建设科大风格、世界一流大学的生动实践。支持和鼓励广大科学家和科技工作者紧扣国家发展急迫需要和长远需求，多出战略性、关键性重大科技成果，不断攻克“卡脖子”关键核心技术，把论文写在祖国大地上，将红旗插上科学的高峰。

二是明确目标定位，准确把握学校新时期人才工作的使命。人才是自主创新的关键，顶尖人才具有不可替代性。要充分发挥培养基础研究人才主力军作用，深入谋划基础学科人才培养，突破常规，创新模式，加大重大原始创新人才培养力度；加快建设战略人才力量，大力培养使用战略科学家，打造一流科技领军人才和创新团队，打造青年科技人才队伍；建立交叉学科发展引导机制，深化工程教育改革，加大理工科人才培养分量，培养高水平复合型人才和卓越工程师，实现产学研深度融合。中国科大有信心也有决心培养造就一大批符合国家重大战略需求的未来科技领军人才！

三是要把握工作思路，深化实施新时代人才强校战略。今年，学校坚持目标导向、问题导向，开展了全面而深入的人才工作专题调研，深入了解我校人才队伍建设存在的突出问题，广泛听取了各方面的意见建议，反复酝酿，充分论证，认真研究，最终形成了《“十四五”人才发展规划》，并制定出新时期加强人才工作的实施方案，明确了新时期我校人才工作的重点任务。希望大家认真学习领会，切实把思想行动统一到校党委的决策部署上来，强化责任担当，抓好贯彻落实，持续深化人事制度改革，推进教学科研、管理、支撑队伍发展，努力打造高素质的人才队伍，为建设中国特色、科大风格的世界一流大学提供人才保障。

同志们，今年是中国共产党第二十次全国代表大会召开之年，也是进入全面建设社会主义现代化国家、向第二个百年奋斗目标进军新征程的重要一年。站在新的历史起点上，全校上下必须坚持以习近平新时代中国特色社会主义思想为指导，切实增强做好新时代人才工作的使命感、责任感、紧迫感，放开视野选人才、不拘一格用人才。踔厉奋发、笃行不怠，全方位培养、引进、用好人才。以实际行动和优异成绩迎接党的二十大胜利召开！

最后，再次对各位领导和嘉宾们的到来表示衷心的感谢！祝各位老师教师节、中秋节双节快乐！

谢谢大家！

在党的二十大精神学习传达会上的总结讲话

党委书记 舒歌群

（2022年10月27日10:00 东活五楼报告厅）

同志们：

党的二十大是在全党全国各族人民迈上全面建设社会主义现代化国家新征程、向第二个百年奋斗目标进军的关键时刻召开的一次十分重要的大会。党的二十大报告全面总结了过去5年工作和新时代10年的伟大变革，深刻阐释了新时代坚持和发展中国特色社会主义的重大理论和实践问题，科学谋划了未来5年乃至更长时期党和国家事业发展的目标任务和大政方针，明确宣示党在新征程上举什么旗、走什么路、以什么样的精神状态、朝着什么样的目标继续前进，具有很强的政治性、理论性、指导性，是马克思主义的纲领性文献，是党团结带领全国各族人民全面建设社会主义现代化国家、全面推进中华民族伟大复兴的政治宣言和行动纲领。

随后举行的二十届一中全会，选举产生了新一届中央领导集体，习近平总书记再次当选中共中央总书记，充分体现了9600多万党员的共同意志和14亿多中国人民的共同期待，为全党全国各族人民踔厉奋发、勇毅前行，奋力谱写新时代中国特色社会主义的绚丽华章，铸就了举旗定向、掌舵领航的坚强领导核心。新的征程上，有以习近平同志为核心的党中央的坚强领导，有习近平新时代中国特色社会主义思想的科学指引，建设社会主义现代化强国的宏伟蓝图必将成为现实，中华民族伟大复兴的中国梦必将实现。

刚才，我和杜江峰副校长传达了党的二十大相关精神。在这里，我代表校党委就进一步学习宣传贯彻好党的二十大精神提三点要求。

一、要深刻领会党的二十大的重大意义，切实把思想和行动统一到大会精神上来。党的十八大以来，我们党和国家面临形势之复杂、斗争之严峻、改革发展稳定任务之艰巨，世所罕见、史所罕见，正是因为确立了习近平同志党中央的核心、全党的核心地位，确立了习近平新时代中国特色社会主义思想的指导地位，党才有力解决了影响党长期执政、国家长治久安、人民幸福安康的突出矛盾和问题，从根本上确保实现中华民族伟大复兴进入了不可逆转的历史进程。学习贯彻党的二十大精神，最关键、最重要的就是从新时代党和国家事业取得的伟大成就中深刻领会“两个确立”的决定性意义，更加自觉地维护习近平同志党中央的核心、全党的核心地位，更加自觉地维护以习近平同志为核心的党中央权威和集中统一领导，坚定不移在思想上政治上行动上同以习近平同志为核心的党中央保持高度一致，推动全校党员干部、师生员工在党的旗帜下团结成“一块坚硬的钢铁”，心往一处想、劲往一处使，把力量凝聚到实现党的二十大确定的目标任务上来。

二、要提高政治站位，加强组织领导，精心谋划部署，迅速掀起学习宣传贯彻党的二十大精神的热潮。学习宣传贯彻党的二十大精神，是当前和今后一个时期的首要政治任务。要在全面学习上下功夫，引导广大师生原原本本学报告、读党章，把学习大会报告同学习大会系列讲话和相关文件结合起来，同学习党的十八大报告、十九大报告精神结合起来，联系着学，认真领悟二十大提出的新思想新论断、作出的新部署新要求。要在全面把握上下功夫，紧密联系党的百年奋斗历程，特别是新时代十年的伟大变革及其里程碑意义，深刻感悟这些伟大变革对党、对中国人民、对社会主义现代化建设、对科学社会主义在21世纪中国的发展的深远影响，深刻领会在新时代新征程上必须坚持新时代党的创新理论和战略布局、战略举措不动摇，坚定战略自信。通过学习大会精神，加深对习近平新时代中国特色社会主义思想、马克思主义中国化时代化、中国式现代化等重大问题的认识，全面深入领会习近平新时代中国特色社会主义思想的世界观和方法论，深刻领会“两个结合”“六个坚持”蕴含的道理学理哲理，做到知其言更知其义、知其然更知其所以然。

要把好基调、把好导向，把学习党的二十大精神与贯彻落实习近平总书记关于中国科大系列重要指示精神结合起来，与党史学习教育常态化、长效化结合起来，加强领导、精心谋划，开展全方位、立体化的学习宣传教育。各级领导班子和党员干部要先学一步、深学一层，各级党委理论学习中心组要制定系统学习计划，党委组织部、人力资源部要将党的二十大精神作为干部、教师培训的主要内容，研究生院、教务处、马克思主义学院要把党的二十大精神作为思政课程和课程思政的重要内容，推进党的二十大精神进课堂、进班级、进社团，做到入脑入心。校领导班子成员、各院级党组织负责人带头做好面向基层的宣讲，及时成立宣讲团，紧密联系广大干部群众思想实际和工作实际开展宣讲，让全校师生听得懂、能领会、可落实，推动党的二十大精神走进基层、走进群众。

三、要时刻心怀“国之大者”，坚持以党的二十大精神为指引推动学校发展迈上新台阶。这次大会报告第五部分提出“实施科教兴国战略，强化现代化建设的人才支撑”，指出“教育、科技、人才是全面建设社会主义现代化国家的基础性、战略性支撑”。这是党的全国代表大会报告中第一次单独成章对科教工作进行部署，为新时代高等教育和科技创新工作指明了前进方向，提出了更高要求。

学习贯彻党的二十大精神要在全面落实上下功夫，全校党员干部紧密联系自身工作实际，带着问题学、带着思考学，做到学以致用、用以促学、知行合一。要深刻领会党中央关于国内外形势的分析研判，深刻把握我国发展所面临的机遇和挑战，增强忧患意识、强化底线思维，做好应对各种复杂局面的思想准备和工作准备。要牢牢把握加快建设世界科技强国、教育强国、人才强国的使命任务，找准找实贯彻党的二十大精神的切入点和着力点。要结合自身实际，把党中央提出的战略部署转化为本部门本单位的工作任务，提前谋划明年乃至下一阶段的工作部署，有针对性地拿出落实的具体方案，制定明确的时间表、施工图，扎扎实实向前推进，全面贯彻落实科教兴国战略、人才强国战略和创新驱动发展战略，切实用党的二十大精神指导实践推动发展，服务高水平科技自立自强，为全面建设社会主义现代化国家、全面推进中华民族伟大复兴作出更大贡献。

同志们，当前学校疫情防控工作正处在关键时期，要以学习贯彻党的二十大精神为动力，扎实做好校园疫情防控各项工作。疫情防控是党员干部与时间竞速、与病毒抗争的“战场”，更是检验作风和能力的“考场”。全体党员干部要认真履职尽责、主动担当作为，当好疫情防控“领头雁”“战斗员”“贴心人”，确保疫情能防住、运转能稳住、师生能安心，坚决打赢疫情防控阻击战，维护好学校安全稳定的发展大局，让广大师生群众看到学习贯彻党的二十大精神的实际成效！

我就讲到这里，谢谢大家！

强化国家战略科技力量　深化科教融合
助力实现高水平科技自立自强

——在2022年科教协同领导小组会议暨高校校长座谈会上的发言

校长　包信和

（2022年2月17日9：00　北京　国谊宾馆）

创新是引领发展的第一动力。我国已经全面开启建设现代化国家新征程，创新位居我国现代化建设全局中的核心地位。习近平总书记强调，高水平研究型大学是国家战略科技力量的重要组成部分，要发挥基础研究深厚、学科交叉融合的优势，努力成为原始创新的策源地，自觉履行高水平科技自立自强的使命担当。在教育部、科技部、中国科学院悉心指导下，中国科大始终坚持“四个面向”，在科技创新方面作了一些有益的尝试：

一、强化基础研究主力军作用，打造原始创新策源地。基础研究是科技创新的根基和源泉，是所有技术问题的总机关。中国科大始终关注基础研究，建校60多年来，中国科大始终致力于基础研究，努力营造“甘坐十年冷板凳”的优良学术环境，强调“基础宽厚实，专业精新活”，鼓励和支持基础研究工作。在“双一流”支持下，学校强化基础性学科建设，加大新兴交叉学科建设力度，持续打造“基础研究率先一流，新工科、新医学跨越式发展，特色文科稳步提升”的学科生态。学校通过建设几何与物理研究中心、彭桓武理论物理研究中心、安徽省应用数学中心等，加强对基础理论研究工作的支持。合肥微尺度物质科学国家研究中心是多学科交叉的典型平台，通过体制机制创新，整合物理、化学、材料、生物和信息的研究力量，聚焦微观尺度科学，学科充分交叉融合，形成了量子信息、单分子科学、纳米科技等十多个重要研究方向，取得了一系列重大原创性成果，连续两次问鼎国家自然科学一等奖。同步辐射光源、“小太阳”，即将建设的先进光源等集聚在合肥的大科学装置群将强有力地支撑前沿科学研究，为产出重大原创性成果奠定了坚实的基础。

二、打造重大科技突破生力军，满足国家重大战略需求。关键核心技术是国之重器，是统筹国家发展和安全的“定海神针”，必须牢牢掌握在自己手中。中国科大充分发挥基础研究的优势，在相关领域取得一批关键核心技术的突破，学校牵头或参与了“墨子号”量子科学实验卫星、“九章”系列光量子计算机、“祖冲之”系列超导量子计算机、“悟空号”暗物质粒子探测卫星、“天问一号”火星探测器等研制工作。学校立足量子科技、人工智能领域的优势，积极参与国家实验室建设，作为核心参与建设的合肥国家实验室，成为我国首批首个正式挂牌的新型国家实验室，整合创新资源和优势力量，聚焦量子科技，协同攻关创新，取得了一系列重要成果。学校先后两批选派优秀管理人员，协助国家实验室的先期建设，迄今为止学校已有260多位骨干，其中包括9名院士和92名国家级人才以双聘形式在合肥国家实验室参加研究。依托国家实验室建设，学校在教育部的支持下，创立了“量子信息科学”本科专业和“量子科学与技术”一级交叉学科博士授权点，组建了未来技术学院，进行面向国家目标的未来创新人才培养。国家“十四五”规划中提出建设四大综合性国家科学中心，中国科大深度参与合肥综合性国家科学中心建设，全面支撑信息、能源、健康、环境四大领域，建设人工智能研究院、能源研究院、深空探测实验室等，推进张江、合肥“两心共创”。学校积极组织国家重点实验室重组工作，面向国家重大需求，坚持目标导向，认真梳理、凝练，形成了免疫治疗、粒子探测、精准化学等科大特色的九个重要方向，进一步完善卓越创新体系。围绕国家“双碳”目标，学校集中化学、材料、环境等优势力量，创立碳中和研究院，希望通过关键技术的突破，助力国家实现“2030”战略目标。

中国科大充分利用中国科学院创新资源整体优势，一直坚定地走科教结合的创新人才培养之路。建校之初，我们积极践行中国科学院提出的“全院办校、所系结合”的办学方针，充分利用研究所的学科优势，探索尖端、边缘、新兴、交叉学科的人才培养，聘请了华罗庚、钱学森、郭永怀等一大批国内最具声望的科学家担任教师，亲自登台授课。近年来，学校先后与合肥物质科学研究院、金属所、长春应化所、紫金山天文台、苏州纳米所等共建“科教融合学院”，与大连化物所、上海光机所等共建所系结合研究生培养基地，陆续颁布实施《关于进一步推进中国科学技术大学科教融合机制创新的实施意见》等系列规范性文件，着力推动学校与研究院所在人才培养、学科共建、导师队伍、科研合作等方面开展深层次融合，初步探索出了一条具有中国科大科教融合特色的创新人才培养之路。当前，学校正与各相关院所谋划设立“科教融合战略发展基金”，将进一步引导学校和相关院所开展更高层次、更加深入、全面的科教融合工作，为加快培养国家急需的高层次创新人才，联合助力国家重大科技攻关，贡献我们的集体力量。

三、促进科技成果转移转化，助力区域经济社会发展。高质量的科研成果为成果转化提供了源头活水，如何突破过程中的瓶颈，实现成果转化为经济效益，中国科大在体制机制上进行了探索。学校建立了“成果转化办公室-先进技术研究院-资产经营公司”一体化联动机制，以首批赋权改革试点为契机，“转化收益激励”“委托运营知识产权”“先赋权后转化”等多措并举，打通“基础研究-中试孵化-产业化”的创新链条，促进科技成果转移转化。学校发挥智能语音和量子科技等领域的领军人才优势，努力将“科技之花”转化为“产业之果”，孵化出科大讯飞、科大国盾等一批上市企业，打造合肥“中国声谷”“量子中心”两大“硬核”名片，源源不断释放出高质量发展新动能。学校积极倡导和参与建设“科大硅谷”，汇聚海内外校友资源，打造“科技＋产业”创新示范区，助力安徽“三地一区”建设。最近，安徽省支持学校5亿元人民币，专项支持学校学生的创新创业，与“科大硅谷”无缝衔接，打造创新创业和成果转化新模式。学校主动对接长三角一体化国家战略，在合肥建立先进技术研究院、国际金融研究院、长三角科技战略前沿研究中心，在安徽各地市部署转移转化分中心，在长三角区域建立苏州高等研究院、上海研究院、德清阿尔法创新研究院等，打造“立足合肥、覆盖安徽、辐射全国”的技术转移体系。此外，学校主动融入国家发展战略，服务经济社会发展，与国内一批头部企业共建校企联合实验室，联合开展重大关键技术攻关，帮助企业解决实际问题，生动诠释了“顶天立地”做科研。

四、打造生命科学医学中心，为人民生命健康保驾护航。2017 年，中国科大与国家卫健委和安徽省共建的生命科学与医学部揭牌成立，安徽省立医院成为学校的附属第一医院，学校积极探索“理工医交叉融合、医教研协同创新、生命科学与医学一体化发展”的“科大新医学”模式。三年多来，生医部逐步建立健全生命科学、基础医学、临床医学、生物医学工程、公共卫生与生物安全等学科人才培养体系，致力于培养具有深厚理工背景和人文素养的生命健康领域领军人才，取得了重要进展。新冠肺炎疫情暴发后，生医部将多年的免疫学研究基础与临床医疗紧密结合，创新性地提出了“托珠单抗＋常规治疗”的“中国科大方案”，列入国家第七版、第八版诊疗方案在全国推广，并广泛应用于 20 多个国家，为全球科技抗疫贡献硬核力量，受到了国家表彰。学校加快建设国内首家临床研究医院——中国科学院临床研究医院，集中中国科学院的科研力量，发挥中国科大的理工科优势，利用附一院的临床资源，共同打造国际一流的临床研究平台。学校还牵头建设合肥综合性国家科学中心大健康研究院，整合全省的优势力量，积极开展大健康领域前瞻性、战略性、关键性科研攻关，彰显了学校的社会责任和时代担当。

下一步，中国科大将持续深化落实习近平总书记关于科大发展的系列重要指示精神，在科技部、教育部等上级部门的坚强领导下，潜心立德树人、执着攻关创新，在基础性、战略性工作上多下功夫，努力办出中国特色、科大风格的世界一流大学，为建设科技强国、教育强国、人才强国，为实现中华民族伟大复兴中国梦而作出新的更大的贡献。

敢于超越攀高峰　奋勇争先绽芳华

——在中国科大 2022 年毕业典礼暨着装授予仪式上的讲话

校长　包信和

（2022 年 6 月 28 日 9:00　中区综合体育馆）

亲爱的各位同学、老师们、来宾们、亲友们：

大家上午好！

六月暖风，吹响毕业骊歌；葱茏草木，目送前进脚步。今天我们欢聚一堂，隆重举行 2022 年毕业典礼暨学位着装授予仪式。首先，我谨代表学校全体教职员工衷心祝贺 5173 名同学们圆满完成学业，顺利获得学位，开启人生的新篇章！在此，我也向辛勤养育你们的父母、悉心指导你们的老师、默默支持你们的亲朋好友致以衷心的感谢！

几年前，你们手握红色的通知书，与科大结缘，从五湖四海汇聚于此；今天，你们身着庄重的学位服，和母校告别，奔赴天南海北，追寻未来。一身学位服，一生科大情。你们将最美好的青春挥洒在这个校园里，学习知识、结交好友、增长才干，从青涩懵懂成长为坚定成熟，如同也西湖的黑天鹅宝宝破壳而出、起舞飞翔。

在科里科气的日子里，你们见证并亲历了一个又一个重大的历史时刻：2018 年，建校 60

周年之际,你们在“红专并进一甲子,科教报国六十年”的校庆中,体会到科大人的拳拳报国心;2019 年,新中国成立 70 周年之际,你们用青春之声告白祖国,用青春之行献礼祖国;2020 年,在抗击新冠肺炎疫情中,你们响应党和国家的号召,深入抗疫第一线,参与科研攻关和志愿服务,贡献青春力量;2021 年,中国共产党百年华诞之际,你们发出了“请党放心,强国有我”的铿锵誓言;2022 年,你们从成功举办北京冬奥会中读懂中国的自信与从容,在庆祝共青团成立 100 周年中铭记“复兴栋梁、强国先锋”的使命担当,“青春心向党、喜迎二十大”。

同学们,你们是与新时代同向同行、共同前进的一代。前不久,习近平总书记在庆祝中国共产主义青年团成立 100 周年大会上指出:“实现中国梦是一场历史接力赛,当代青年要在实现民族复兴的赛道上奋勇争先。时代总是把历史责任赋予青年。新时代的中国青年,生逢其时、重任在肩,施展才干的舞台无比广阔,实现梦想的前景无比光明。”

刚才,蔚蓝色校旗从你们头顶掠过,穿透时空的校歌《永恒的东风》让人心潮澎湃,“把红旗高高举起来,插上科学的高峰!科学的高峰在不断创造,高峰要高到无穷,红旗要红过几重……”,一代代科大人“科教报国、追求卓越”的光荣与梦想,将照耀你们前行的人生道路。同学们,希望大家无论走到哪里、从事什么职业、身处什么岗位,要始终牢记习近平总书记的嘱托,肩负起科大人的使命,敢于超越、奋勇争先,用青春书写出一份不负韶华、不负时代、不负人民的时代答卷。

同学们,敢于超越、奋勇争先,就是要不忘来时路,在薪火相传中坚守信念。心有所信,方能行远。信念如明灯,劈开黑暗,照亮前程;信念似向导,舍我其谁,所向无敌。前不久,我们在校史馆设立了《追光》展厅,展示几代科大追光者“为国铸器”的光辉事迹。“为了祖国强盛,为了南迁后的中国科大迅速崛起”,凭着这股信念,1978 年,一支只有二十多人、平均年龄不到 35 岁的年轻队伍,提出并承担了建设我国第一台专用同步辐射装置的重任,开启了光源逐梦的征程。他们夜以继日地玩命干,啃了上吨重的资料,做了上千次试验,在高校建成了我国第一台同步辐射加速器,中国第一束“神奇之光”从合肥迸发,照亮了中国科学家“追光”的赛道。他们秉持“在国内同步辐射光源上做一番事业”的信念,敢于超越、奋勇争先,完成了“合肥光源”二期工程、重大升级改造项目两次升级,孕育了众多世界级原创成果,解决了先进功能材料、能源与环境、生命科学等领域一系列重要科学问题。而今,新一代追光者正在建设第四代低能区光源的“合肥先进光源”,努力实现我国先进同步辐射光源的全能区覆盖,用“慧眼”探寻微观世界的秘密。40 多年来,一代又一代追光者从零起步,聚力传承,高擎“神奇之光”,努力实现大国崛起的“光源梦”。心有大我,至诚报国。希望同学们以科大追光者们为榜样,永葆科大人的红专底色,为了国家忘我奋斗,于披荆斩棘中开辟天地,在攻坚克难中创造业绩。

同学们,敢于超越、奋勇争先,就是要走好脚下路,在开拓创新中自强不息。“惟创新者进,惟创新者强,惟创新者胜。”52 年前,中国第一颗人造卫星成功发射,《东方红》乐曲响彻寰宇,开创了中国航天史的新纪元。“两弹一星”元勋、我校应用地球物理系首任系主任赵九章功不可没,他最早提出了“中国发展人造卫星要走自力更生的道路”,成为中国人造卫星事业的奠基人。从近地到深空的跨越,需要一代又一代人的接续奋斗。我校杰出校友吴伟仁院士出任中国探月工程总设计师,他今天就在现场,他带领团队敢于超越、奋勇争先,

“嫦娥四号”实现人类航天器首次月球背面着陆探测，“嫦娥五号”从月球采集样品并安全返回地球……从人造卫星到载人航天，从嫦娥探月到迈向深空，我国已经从航天大国跨入航天强国的行列。吴伟仁院士感慨：“只要真正创新，别人就会服气。”这“服气”来自以国为重、夜以继日的矢志拼搏，来自严慎细实、奋起创新的执着。心至苍穹外，目尽星河远。今年，由国家航天局、安徽省、中国科大三方共建的深空探测实验室以及启动，心怀“国之大者”的科大人将一步一个脚印开启星际探测新征程，探寻人类深空新疆域。青春是创新的迸发期，希望同学们在今后的工作中，不囿于现有认知，敢闯“无人区”，敢破“天花板”，勇当“探路者”，让创新成为青春远航的动力，让创业成为青春搏击的能量。

同学们，敢于超越、奋勇争先，就是要坚定未来路，在孜孜求索中勇攀高峰。攀登之路，勇者不孤。“在科学上没有平坦的大道，只有不畏劳苦沿着陡峭山路攀登的人，才有希望达到光辉的顶点。”1900 年，马克斯·普朗克首次提出量子论，为人类开启了量子世界之门，引发了“第一次量子革命”，催生了现代信息技术，深刻改变了人类历史进程。120 多年后的中国，在量子科技上奋起直追，取得一批具有国际影响力的重大创新成果，推动并引领着全球“第二次量子革命”。中国科大在国内率先开展量子信息科学研究，“40 后”郭光灿院士、“60 后”杜江峰院士和“70 后”潘建伟院士组成的“量子 GDP”团队，带领着“80 后”“90 后”和“00 后”们，聚焦关键核心技术攻关，不畏艰难险阻，勇攀科学高峰，在量子通信、量子计算、量子精密测量等领域取得一项又一项世界突破，崛起成为国际量子科研版图上的重要力量。创新创业之路上，还有一大批科大青年人对想做的事敢试敢为，努力从无到有、从小到大，把理想照进现实。近年来，我们身边涌现出科大讯飞、国盾量子、国仪量子、本源量子、寒武纪科技、云从科技、华米科技、东超科技等企业，越来越多如你们般的科大青年人崭露锋芒、勇挑重担，在担当中历练，在尽责中成长。我们的人生其实就像登山，山再高，往上攀，总能登顶；路再长，走下去，定能到达。希望大家以青春的姿态，仰望星空勇于筑梦；以青年的担当，脚踏实地矢志奋斗；以青年的坚韧，不断成长为更好的自己。

同学们，敢于超越、奋勇争先，在来路上，也在征程中。最昂扬是少年志，最闪耀是追梦人。从现在毕业到本世纪中叶，你们风华正茂，将亲身参与、亲眼见证第二个百年目标的实现，几代人为之奋斗的中国梦将在大家拼搏中成为现实。希望你们按照习近平总书记提出的“五个模范”要求，争做新时代进步青年，心怀山海、眼有星辰，把命运握在自己手里，做敢想、敢拼、敢超越的科大人，做科教报国、追求卓越的科大人，在实现中华民族伟大复兴的征程上贡献科大力量！

同学们，我们想把母校最好的都给你们，却发现原来母校最好的就是你们！此去前程似锦，相逢依旧如故，中国科大永远是你们温暖的家！祝愿同学们乘风破浪、未来可期！

谢谢大家！

坚持立德树人根本任务　强化国家战略科技力量

——在新时代教育高质量发展座谈会上的发言

校长　包信和

（2022 年 8 月 8 日 14:00　教育部）

习近平总书记曾先后三次视察中国科大，并在中国科大 60 周年校庆时亲致贺信，对我们办学提出来明确要求：中国科大要全面贯彻党的教育方针，坚持社会主义办学方向，传承科教报国、追求卓越的精神，瞄准世界科技前沿，立足国内重大需求，潜心立德树人，执着攻关创新，在基础性、战略性工作上多下功夫，努力办出中国特色世界一流大学。近年来，中国科大深入贯彻落实习近平总书记重要指示精神，坚持把党的领导贯穿办学治校全过程，紧密围绕“潜心立德树人、执着攻关创新”核心任务，牢记“科教报国，追求卓越”的初心使命，坚持“四个面向”，心怀“国之大者”。在教育部、中国科学院等上级部门的指导下，学校深入推进内涵式、高质量发展，在人才培养、学科建设、师资建设、科学研究、成果转化等各方面作出了具有科大特色的有益探索。下面我结合学校的工作谈几点体会：

一、落实“立德树人”，将人才培养与国家需求紧密结合。总书记强调，要全面贯彻党的教育方针，落实立德树人根本任务，厚植爱党、爱国、爱人民、爱社会主义的情感，努力培养德智体美劳全面发展的社会主义建设者和接班人。中国科大深入实施“一流本科教育质量提升计划”行动纲领、研究生教育“德创”领军人才培养计划，坚持“五育并举”，大力培养德智体美劳全面发展的“六有”大学生。学校坚持因材施教，坚持“基础宽厚实、专业精新活”的人才培养特色，不断完善大类教育、专业培养的“2＋X”培养模式。优化本科生培养方案，以少年班学院为试点，实施“一生一方案”，鼓励学生自由选专业，增强学生的专业认同。坚持五育并举，以学生德智体美劳全面发展为中心，优化学生综合素质评价。修订本科生综合素质评价实施办法，发挥学生社团育人功能，构建学业水平与第二课堂星级制相结合的多维度学生评价体系。强化思政课程与课程思政协同育人，充分利用思想政治理论课教学主渠道作用，深入挖掘各类专业课程中蕴含的思政元素和德育功能，发挥“一院一课”示范带头作用，筑牢学生信仰之基。坚持“全院办校、所系结合”的办学方针，不断深化“科教融合、所系结合”，与中国科学院研究院所共建 8 个科教融合学院、7 个所系结合研究生培养基地，推进专业课程、师资队伍、关键学科、重大科研平台共建共享，形成以人才培养、导师队伍、学科建设、科学研究的“四位一体”科教融合协同育人的机制。

二、坚持“四个面向”，将学科建设与国家需求紧密结合。总书记指出，百年大计，教育为本。党和国家事业发展对高等教育的需要，对科学知识和优秀人才的需要，比以往任何时候都更为迫切。中国科大是为“两弹一星”事业而创立的大学，长期以来，学校坚持面向国家重大战略需求，攻坚克难、锐意进取，培养了大批德才兼备的优秀人才，取得了一系列举世瞩目的科研成果，为党和国家事业发展作出了重要贡献，获得了总书记的充分肯定。进入新时代，学校立足“两个大局”，坚持“四个面向”，强化学科和能力建设，确立了“基础学科率先一流，新工科跨越发展，新医学融合发展，人文学科特色鲜明”的发展战略。在“双一流”计划支持下，学校依托微尺度物质科学国家研究中心建设国家基础数学研究中心、几何物理研究中心、彭桓武高能基础理论研究中心等，加大交叉学科建设力度，夯实基础学科领先优势，充分发挥基础研究主力军作用。面向国家战略需求，学校成立量子科技创新研究院、未来技术学院和碳中和研究院，加强量子科技和交叉学科人才培养和科学研究，作为核心和骨干全力支持量子国家实验室建设；持续推进北半球巡天能力最强的光学时域巡天望远镜建设，极大地支撑国家小行星防御计划的开展。面向人民生命健康，学校高质量融合“安徽省立医院”，成立生命科学与医学部，践行“理工医交叉融合，医教研协同创新，生命科学和医学一体化发展”的“科大新医学”发展理念，立志为国家培养面向新时代的“卓越医生科学家”。学校牵头建设中国科学院临床研究医院和合肥综合性国家科学中心大健康研究院，全力打通生命科学医学基础研究、药物和医疗器械研发、临床试验以及临床应用全链条。为了抗击新冠肺炎疫情，学校创新性地提出了“托珠单抗＋常规治疗”的“科大方案”，被列入国家新冠肺炎诊疗手册第七版和第八版，在国内外取得了成功应用和推广，荣获国家奖励和表彰。

三、胸怀“国之大者”，将师资建设与国家需求紧密结合。总书记在中央人才工作会议上强调，要深入实施新时代人才强国战略，全方位培养、引进、用好人才，加快建设世界重要人才中心和创新高地。中国科大始终坚持“为党育人、为国育才”，用红色基因铸魂育人，首创“少年班”和“研究生院”，成为我国拔尖教育和高端人才培养的引领和示范，赢得了“国家科技英才之摇篮”“千生一院士”的美誉。迄今，科大毕业生中已经涌现出 32 位科技将军、92 位“两院”院士及大批前沿科技领军人才、科技型企业家、国防科技中坚，历年国家青年海外高层次人才引进计划中大约 1/10 是中国科大培养的学生。进入新时代，学校深入贯彻落实中央人才工作会议精神，坚持党管人才，坚持“平台引人、事业留人、生态育人”，着力打造国际一流的师资队伍。学校努力打造合肥先进光源等一大批高端科研平台吸引集聚高端人才；积极融入长三角，建设上海、苏州研究院，为人才提供更加广阔的舞台；努力创造条件，尽力解决人才的后顾之忧；深化体制机制改革，为人才成长营造良好的学术生态。近年来，学校引进的优秀人才质量和数量不断提高，师资队伍发展态势不断向好，国家级各类人才不重复统计达 569 人，占整个教师队伍的 40％，其中优秀青年人才占高层次人才的 65％。学校深化评价机制改革，以“四个面向”和“国之大者”为目标和标准，启动学校荣誉教师体系建设，遴选兼具学术道德、学术造诣和学术影响的顶尖人才，择优聘任、稳定支持、动态管理，充分调动广大教育和科研人员的积极性。学校坚决“破五唯”，推行柔性评价制度，杜绝“一把尺子量到底”。学校鼓励人才“揭榜挂帅”和“赛马”，大胆启用年轻人，同时，加强项目执行过程中的监管，严防廉政风险，坚决破除人才“特殊论”。

未来，在教育部的领导下，学校将始终围绕“潜心立德树人、执着攻关创新”核心任务，优化治理体系，提升治理能力，推动学校高质量发展，努力走出一条建设中国特色、世界一流大学的新路，以优异成绩迎接党的二十大胜利召开。

来科大，读好书
成就更好的自己
——在中国科大2022级本科生开学典礼上的讲话

校长　包信和

（2022年9月3日上午　东区大礼堂）

亲爱的同学们、老师们、朋友们：

大家上午好！

金秋迎风起，硕果满枝红。今天，我们满怀喜悦心情，相聚在美丽的科大校园，共同迎接来自五湖四海的2022级新同学。首先，我谨代表全校师生员工，向所有努力拼搏、圆梦科大的同学们表示热烈的欢迎和衷心的祝贺！向悉心呵护你们的父母、辛勤培育你们的老师、默默支持你们的亲朋好友表示诚挚的感谢！

国家的希望在青年，民族的未来在青年。今年是中国共产主义青年团成立100周年，百年来，一代又一代青年奋力追梦，以青春之歌筑就青春之国。在民族危难之际，他们冲锋陷阵，浴血奋战，“索我理想之中华”。在建设新中国之初，他们勇挑重担，怀赤子之心，“把青春献给祖国”。在改革开放浪潮之中，他们勇立潮头，敢闯敢干，“团结起来、振兴中华”。在奋进新征程之上，他们守正创新，踔厉奋发，“清澈的爱，只为中国”。百年来，最激昂是少年志，最闪耀是追梦人。同学们，你们是与新时代同向同行、共同前进的一代，生逢盛世，肩负重任，一定要牢记习近平总书记的嘱托，争做复兴栋梁，勇当强国先锋。

同学们，大学是人生发展的黄金期。你们在“读好书，来科大”的感召下，选择了中国科大，也就选择了不一样的人生。中国科大是一所为“两弹一星”事业而创办的大学，这是一所值得敬重的大学。学校始终秉承“创寰宇学府、育天下英才”的理念，坚持“红专并进，理实交融”，培养了大批德才兼备的优秀人才，取得了一系列举世瞩目的科研成果，为党和国家事业发展作出了重要贡献，被誉为“科技英才的摇篮，科学创新的重镇”。如今，你们心怀梦想、求学科大，美好的大学书卷在你们面前徐徐展开。在此，我希望你们“来科大，读好书”，用心去读好“三本书”，培根铸魂、启智润心，成就更好的自己，在奋斗中创造精彩人生，为祖国和人民贡献青春和力量。

来科大，读好书，在这里你们要读好红专并进的报国之书。1959年9月8日，首任校长郭沫若先生在1959级新生开学典礼上以《勤奋学习，红专并进》为题，提出“我们的校风是好的，就是勤俭办学，艰苦朴素，红专并进，团结互助”，并特别解释了“红专并进”的含义：“不红不专的懒汉是不能容许的；只专不红或只红不专的人，也是不能满足国家的需要。不红则专不能深，不专则红不能透。我们必须又红又专，红透专深，两条腿走路，走到底。”红专并进，代表了学校始终坚持社会主义办学方向，坚守科教报国、追求卓越的初心使命。

同学们，大家在入学之后，都参观了校史馆，观看了严济慈、郭永怀、钱学森、钱临照等老一辈科学家系列微电影，收到了《百位著名科学家入党志愿书》，感受到老一辈科学家“科教报国”的精神风范。他们为了祖国需要，放弃原本优越的工作与生活条件，在科研攻关中身先士卒，不觉“其中之苦”，反而“甘之如饴”；他们不计生命短长，“把滴水半生献给党和科学事业”。他们凭着对党的赤胆忠心和对科学的执着追求，书写了新中国科技事业气势恢宏的篇章，为后辈树立了标杆和榜样。同学们，希望大家传承老一辈科学家矢志报国、攻坚克难的精神，读好红专并进的报国之书，自觉把爱国之情、报国之志融入国家建设和改革发展的伟大事业之中，把“红专并进”的精神血脉代代延续。

来科大，读好书，在这里你们要读好理实交融的科学之书。“基础宽厚实，专业精新活”是科大的传统特色。建校以来，学校一直重视学生的数理基础，1959 年 5 月 26 日，近代力学系首任系主任钱学森先生在人民日报撰文《中国科学技术大学里的基础课》，特别强调“学生必须在学校里打下将来做研究工作的基础”。同时，我校第二任校长严济慈先生指出，“科大不培养只知道书本知识的学生，而是要把学生教成一把锋利的刀子，科研领域见什么就能解决什么”。理实交融，代表了学校坚持理论与实践、科学与技术紧密结合，不断探求真理的价值追求。

“做科学是探索未知，是一种非常有意义的事情，而且是非常伟大的事。”为了破解病毒侵入人体的机制，我校 732 校友饶子和院士，从 20 世纪 80 年代末从事流感病毒课题研究以来，就把主要精力放在了病毒和与病毒相关的传染病病原体研究上。2003 年 SARS 病毒来袭，他带领团队开启对冠状病毒的研究，一直没有停过、从未放弃。直到 2020 年初新冠病毒打破宁静，17 年的不懈努力，让他和他的团队率先发现了新冠病毒关键药物靶点，为新冠病毒药物研发提供帮助。“国家给你这样的机会、这样的条件，能够做你想做、希望你做的事，我们应该是做出好的研究成果来回报社会。”同学们，希望大家以饶子和院士为榜样，继承“基础宽厚实，专业精新活”的优良传统，读好理实交融的科学之书，充分利用学校提供的丰富资源，将自身优势和学科特色结合起来，创造属于自己的新天地。

来科大，读好书，在这里你们要读好追求卓越的励志之书。“勇于创新、敢于超越、力争一流”，这是习近平总书记对学校的谆谆嘱托，也是对同学们的殷殷期望。个人的成长、学校的发展、国家的强盛，离不开每个人执着坚守的信念和追求卓越的行动。同学们，对于四年求学时光充满了期许和憧憬，但我们必须清醒地认识到，通向理想的道路从来都不平坦，向上成长的过程注定不会一帆风顺。优秀的你们进入更加优秀的群体，成功与失败相伴，困难和挫折可能成为生活的一部分。“志不求易者成，事不避难者进”，遇到挫折，挑战挫折，战胜挫折，才能获得真正的成功。科大人骨子里追求卓越、攀登科学高峰的雄心壮志，蕴含在东区的孺子牛雕像中，成为科大人的精神图腾。

胸有凌云志，无高不可攀。为了“铸好中国芯”，我校 8611 校友、龙芯中科董事长胡伟武，2001 年带领龙芯团队开始研制龙芯 CPU，经历无数个日夜奋战，终于在 2002 年研发出了中国人自己的“龙芯 1 号”CPU。“我们不只要有，还要强”，胡伟武怀着做“中国芯”的志向，凭借着“誓把强国当己任，敢用青春铸忠魂”的热血，经历“十年砺刃度清苦”的攻坚克难，实现了龙芯的性能迭代升级，打造出属于中国人自己的自主指令系统架构，“芯芯”之火可以燎原。同学们，希望你们发扬“孺子牛”精神，读好追求卓越的励志之书，努力能找到适合自己的“成才”赛道，在各自赛道上跑出自己的精彩。

同学们，青春由磨砺而出彩，人生因奋斗而升华。你们在父母心目中是最优秀的孩子，你们在我们心目中是最优秀的学生。来科大，读好书。在这里，你们将读到最好的书，成就最好的你们。希望同学们牢记习近平总书记对广大青年的殷殷嘱托，肩负时代责任，高扬理想风帆，静下心来刻苦学习，努力练好人生和事业的基本功，做德智体美劳全面发展的“六有”大学生，学得文武艺，报效祖国和人民，报效中华民族！

最后，祝同学们在科大学业有成、生活愉快、梦想成真，度过一段美好的大学时光！

谢谢大家！

敢为人先、锐意进取　做求真务实的先锋闯将

——在中国科大2022级研究生新生开学典礼上的讲话

校长　包信和

（2022年9月17日9:30　高新校区体育馆）

亲爱的同学们、老师们、朋友们：

大家上午好！

兰舟迎芳草，碧水照秋阳。今天，我们首次在新落成的中国科大高新校区，隆重举行2022级研究生新生开学典礼，欢迎来自五湖四海的优秀青年学子齐聚中国科大，执手青春的约定！在此，我谨代表全校师生员工，向大家致以热烈的欢迎和衷心的祝贺，向你们的父母师长、亲朋好友致以诚挚的问候！

矗立在复兴路100号上的中国科大高新校区，花团锦簇、云彩飞扬，这里有窗明几净的教室，有最新最美的学科大楼，更有最好的你们。在以“科大红”为底色的校园里，走在以老一辈科学家赋名的道路上，你们将秉承创校先贤的报国之情与报国之志，在这里挥洒你们的浪漫、书写你们的青春。同学们在这样美好的校园里成长，不仅满载着师长亲友的殷殷期盼，也饱含着安徽人民的鱼水深情。让我们以热烈的掌声向长久以来支持中国科大发展的安徽省、合肥市和广大的校园建设者表示崇高的敬意和衷心的感谢！

1977年10月20日，《人民日报》头版发布了中国科大研究生院在京成立的新闻，发表了严济慈老校长署名的《为办好研究生院而竭尽全力》文章。严老殷切希望“造就政治觉悟高，知识面广，专业训练好，进取心强，敢于攻难关，攀高峰，开拓新方向的一代闯将，成为赶超世界先进水平的生力军”。40多年来，一代代科大学子敢为人先、锐意进取，应国家之所需，成为科技创新的主力军。习近平总书记在新年贺词和“两院”院士大会上屡次点赞的大国重器，“悟空”“墨子”“奋斗者”“祖冲之”“九章”等，都有我们科大人擎旗奋进、俯身耕耘的身影，为科大赢得了“英才之摇篮、创新之重镇”的美誉。

今年，习近平总书记在考察中国人民大学时，勉励“广大青年在全面建设社会主义现代化国家新征程中勇当开路先锋、争当事业闯将”。作为“赶超世界先进水平的生力军”，青年学子在全面建成社会主义现代化强国第二个百年奋斗目标的路上，责无旁贷、重任在肩，应苦练本领，在宝贵的求学阶段中夯实基础、做足准备，才能赢得未来。在此，我向大家提三点要求，希望你们敢为人先，锐意进取，做求真务实的先锋闯将。

同学们，做求真务实的先锋闯将，就要研究“真问题”，做到为国为民解难题。

“回想自己一生，经历过许多坎坷，唯一希望的就是祖国繁荣昌盛，科学发达”，这是我国核物理奠基人、我校近代物理系首任系主任赵忠尧先生在《我的回忆》中对祖国最质朴的表白。旧中国积贫积弱，赵忠尧先生怀揣对祖国的责任和对科学的渴求，自筹经费赴美留学，期望求得更先进的科技。九一八事变之后，他忧心如焚火速回国，“尽一切可能探索为国效劳的道路”。从教授到乞丐，三千里颠簸历经艰险，只为握紧中国高等物理的命脉放射性实验镭不落敌手；从北平到昆明，抗战中坚守三尺讲台，只为“多培养一个人，祖国就多一分希望”。从开设中国首个核物理课程，到主持建成我国第一台、第二台质子静电加速器，再到创建中国科大原子核物理系培养国之英才……赵忠尧的一生，始终为中国核物理事业奔波，为祖国的强盛而奋斗。时至今日，校史馆还安静地存放着赵忠尧先生研制的加速器。忧国如家、科教报国的他，是科大人永远的精神丰碑。

在祖国大地上播撒科学的种子，让种子成长发芽、使祖国走向强大，是老一辈科学家毕生的夙愿。同学们成长在红旗下，站在先辈的肩膀上，更应登高望远研究真问题。希望你们在未来求学中找准方向，敢于挑难题扛重任，努力解决国之所需民之所求，在解决国家战略科技难题中成就自己。

同学们，做求真务实的先锋闯将，就要“真研究”问题，做到攻坚克难肯下功。

中国爆炸力学奠基人，我校近代力学系爆炸力学专业创办者郑哲敏先生一生全“力”报国，“只要是国家需要的我们就去做”，通过“驯服”炸药，找到爆炸中的能量释放规律，成功解决了国家大工程建设领域的力学难题。新中国建设之初，由于缺乏关键技术和设备，从工业加工到矿山开采乃至国防军工，都亟须定向爆破技术的支持。为解决燃眉之急，郑哲敏先生一头扎进看似天方夜谭的爆炸成型研究之中。没有万吨水压机，他就用“小碗实验”技术解决火箭上天难题；为测试地下核爆炸威力，他就建立流体弹塑性模型，实现了“计算与实测波形惊人的相似”；海岸筑坝排淤困难，他就开展炸药排淤实验，创造出爆炸填实法、夯实法等水下软基处理方法……这位爆炸力学的拓荒者，为国家建设解决了一个个实实在在的应用技术难题。“就想为国家做点实实在在的事”，他的身体力行与执着纯粹，创造了中国力学领域的“爆炸”传奇与“给力”人生。

没有白费的努力，没有白捡的成功。同学们相比老一辈科学家在泥泞战火中求知幸运太多，这是你们沉下心、攻坚克难研究问题的最好时代。希望你们在未来的科研工作中志不求易、事不避难，抱定吃苦出汗比别人干得更好的决心，认真完成每一项科研任务，在攻坚克难的路上做足功课，考出优异成绩。

同学们，做求真务实的先锋闯将，就要研究问题“真”，做到认真治学严律己。

赵忠尧是他的老师，郑哲敏是他的学生，他就是我校近代力学系首任系主任钱学森先生。钱学森先生之所以能取得举世瞩目的科学成就，与他严谨求实、一丝不苟的求真精神是分不开的。他曾说：“科学上不能有一点失误，小数点错一个，打出去的导弹就可能飞回来打到自己。”在我校执教期间，他在黑板上有力地写下了“严谨、严肃、严格、严密”八个大字，告诫学生必须要求真求实地做学问，容不得半点马虎。这种高度律己的“严”，是作为技术总负责人时关注技术细节，详细记录具体的螺钉螺帽问题；是作为学界泰斗，在年轻人指出方程推导错误时，亲笔回信承认错误并表达感激。这背后是钱学森坦荡的求真之心、敬畏之心和谦逊之心，才有中国航天事业站在世界尖端科技舞台上的一飞冲天。

不论科技发展到哪个阶段，创新的根本就是求真求实，没有一砖一瓦的堆砌就没有万丈高楼平地起。面对知识大爆炸和外界诱惑，踏踏实实搞研究、认认真真求学问才是你们的立命之基。希望你们在具体研究中要牢记钱老的“严谨、严肃、严格、严密”要求，于细微处努力精进，做到最好！

大浪逐风，潮头勇立。同学们，希望你们牢记习近平总书记的嘱托，坚持“红专并进、理实交融”的校训精神，敢为人先、锐意进取，做求真务实的先锋闯将，为全面建设社会主义现代化强国、实现中华民族伟大复兴作出你们的重要贡献！

最后，祝同学们在科大创新愉快，学业有成！

谢谢大家！

在郭沫若、严济慈老校长纪念室开展仪式上的讲话

校长　包信和

（2022 年 9 月 19 日 8:30　校史馆）

各位老师、各位同学：

大家好！

我们今天怀着无比崇敬的心情相聚在此，举行郭沫若、严济慈老校长纪念室的开展仪式。

64 年前的 9 月 20 日，在郭沫若、严济慈、钱学森、郭永怀等老一辈科学家的积极倡议下，在党和国家领导人的直接关怀与支持下，中国科学技术大学在北京成立了。时任中国科学院院长的郭沫若先生兼任中国科大校长长达 20 年。在他的领导下所确立的办校原则、办学方针、教育体制和建校之初就形成的“勤奋学习，红专并进”的优良校风以及开明、开放、兼容并包的民主学术氛围，不仅充分显示了他作为教育家的远见卓识，更展现了他作为文学巨匠“理实交融”的人文情怀。

郭沫若先生十分重视校园文化建设。他曾说：“我们的学校应该有适当的文娱活动和弦歌之声……”他曾亲自起草了校歌歌词，“又红又专，理实交融，团结互助，活泼英勇！”校歌不仅承载了中国科大红专并进、科教报国的理想，也充分阐释了学校的核心价值观，已经成为学校标志性的文化符号，在师生中广为传唱。时至今日，首任校长郭沫若所确立的校风校训作为学校建设发展的强大精神力量，仍激励着科大人潜心立德树人，执着攻关创新，在基础性、战略性工作上多下功夫，努力办出中国特色、世界一流大学。

第二任校长严济慈先生一生追寻“科学之光”，爱国报国是他矢志不渝的信念。作为一代教育宗师、科学泰斗，他爱中国科大爱得深沉而执着。自中国科大成立以来，严济慈就将主要精力都投入到为祖国培养目前世界上最新的尖端性学科的科学研究人才上来。他花甲之年重登讲台，为莘莘学子亲执教鞭，鼓励学生们要“勇于好高骛远，善于实事求是”。他甘为人梯，“乐意给年轻人打开一切科学道路，使他们夺得科学高峰”。在他任校长期间，少年

班、研究生院、国家同步辐射实验室这些科教界新鲜事物在科大都得到长足发展。严济慈校长以其科教报国的实际行动,践行了“为党育人、为国育才”的初心使命。

习近平总书记强调:“高校的中心工作是教书育人,根本任务是立德树人。”“青年一代有理想、有担当,国家就有前途,民族就有希望。”在新时代面对学生群体,抓好立德树人的根本任务,必须落实好校园文化建设,发扬好校园文化的育人功能。校园文化凝结着一所大学的精气神,代表着大学的精神面貌。这种精气神从哪里来呢?她从人的身上来,郭沫若、严济慈为代表的老一辈科学家身上有许多值得我们传承和弘扬的高贵精神品质,凝结在我们的校园文化之中。可以说,郭沫若、严济慈是中国科大标志性的文化人物,这是我们建设“郭沫若、严济慈老校长纪念室”的原因所在,也是我们加强校园文化建设的有力之举。这对推动我校培养德智体美劳全面发展的社会主义建设者和接班人,建设中国特色、科大风格的世界一流大学起到重要的精神引领作用。

希望大家能把老校长纪念室作为学生爱校荣校教育的抓手和提升大学生人文素养的一个文化阵地。心怀国之大者,激励广大青年学生立大志、明大德、成大才、担大任,努力成为堪当民族复兴重任的时代新人。

谢谢大家!

强化国家战略科技力量　打造一流人才集聚高地

——在中管高校党委书记校长培训班结业式上的发言

校长　包信和

2018 年 9 月,习近平总书记在祝贺中国科大 60 周年校庆时对中国科大的办学提出来明确要求:中国科大要全面贯彻党的教育方针,坚持社会主义办学方向,传承科教报国、追求卓越的精神,瞄准世界科技前沿,立足国内重大需求,潜心立德树人,执着攻关创新,在基础性、战略性工作上多下功夫,努力办出中国特色世界一流大学。近年来,中国科大深入贯彻落实习近平总书记重要指示精神,坚持把党的领导贯穿办学治校全过程,坚持把全面从严治党向纵深推进,在校党委的领导下,牢牢把握立德树人和攻关创新核心任务,牢记“科教报国,追求卓越”的初心使命,坚持“四个面向”,心怀“国之大者”。下面我结合这次培训谈几点体会:

一、坚持“四个面向”,将学科建设与国家需求紧密结合。总书记指出,百年大计,教育为本。党和国家事业发展对高等教育的需要,对科学知识和优秀人才的需要,比以往任何时候都更为迫切。中国科大是为“两弹一星”事业而创立的大学,长期以来,学校坚持面向国家重大战略需求,攻坚克难、锐意进取,培养了大批德才兼备的优秀人才,取得了一系列举世瞩目的科研成果,为党和国家事业发展作出了重要贡献,获得了总书记的充分肯定。进入新时代,学校立足“两个大局”,坚持“四个面向”,强化学科和能力建设,确立了“基础学科率先一流,新工科跨越发展,新医学融合发展,人文学科特色鲜明”的发展战略。在“双一流”计划支持下,学校依托微尺度物质科学国家研究中心建设国家基础数学研究中心、几何物理研究中心、彭桓武高能基础理论研究中心等，加大交叉学科建设力度，夯实基础学科领先优势，充分发挥基础研究主力军作用。面向国家战略需求，学校成立量子科技创新研究院、未来技术学院和碳中和研究院，加强量子科技和交叉学科人才培养和科学研究，作为核心和骨干全力支持量子国家实验室建设；持续推进北半球巡天能力最强的光学时域巡天望远镜建设，极大地支撑国家小行星防御计划的开展。面向人民生命健康，学校高质量融合“安徽省立医院”，成立生命科学与医学部，践行“理工医交叉融合，医教研协同创新，生命科学和医学一体化发展”的“科大新医学”发展理念，立志为国家培养面向新时代的“卓越医生科学家”。学校牵头建设中国科学院临床研究医院和合肥综合性国家科学中心大健康研究院，全力打通生命科学医学基础研究、药物和医疗器械研发、临床试验以及临床应用全链条。为了抗击新冠肺炎疫情，学校创新性地提出了“托珠单抗＋常规治疗”的“科大方案”，被列入国家新冠肺炎诊疗手册第七版和第八版，在国内外取得了成功应用和推广，得到了国家的奖励和表彰。

二、胸怀“国之大者”，将人才建设与国家利益紧密结合。总书记在中央人才工作会议上强调，要深入实施新时代人才强国战略，全方位培养、引进、用好人才，加快建设世界重要人才中心和创新高地。中国科大始终坚持“为党育人、为国育才”，用红色基因铸魂育人，首创“少年班”和“研究生院”，成为我国拔尖教育和高端人才培养的引领和示范，赢得了“国家科技英才之摇篮”“千生一院士”的美誉。迄今，科大毕业生中已经涌现出32位科技将军、92位“两院”院士及大批前沿科技领军人才、科技型企业家、国防科技中坚，历年国家青年海外高层次人才引进计划中大约1/10是中国科大培养的学生。进入新时代，学校深入贯彻落实中央人才工作会议精神，坚持党管人才，坚持“平台引人、事业留人、生态育人”，着力打造国际一流的师资队伍。学校努力打造合肥先进光源等一大批高端科研平台吸引集聚高端人才；积极融入长三角，建设上海、苏州研究院，为人才提供更加广阔的舞台；努力创造条件，尽力解决人才的后顾之忧；深化体制机制改革，为人才成长营造良好的学术生态。近年来，学校引进的优秀人才质量和数量不断提高，师资队伍发展态势不断向好，国家级各类人才不重复统计达569人，占整个教师队伍的40％，其中优秀青年人才占高层次人才的65％。学校深化评价机制改革，以“四个面向”和“国之大者”为目标和标准，启动学校荣誉教师体系建设，遴选兼具学术道德、学术造诣和学术影响的顶尖人才，择优聘任、稳定支持、动态管理，充分调动广大教育和科研人员的积极性。学校坚决“破五唯”，推行柔性评价制度，杜绝“一把尺子量到底”。学校鼓励人才“揭榜挂帅”和“赛马”，大胆启用年轻人，同时，加强项目执行过程中的监管，严防廉政风险，坚决破除人才“特殊论”。

下一步，中国科大将持续深化落实习近平总书记关于学校发展的系列重要指示批示精神，在各级部门的指导和关心下，潜心立德树人、执着攻关创新，努力办出中国特色、科大风格的世界一流大学，为建设科技强国、教育强国、人才强国作出应有的贡献，以优异的成绩喜迎二十大胜利召开。

发挥高水平研究型大学优势为中国式现代化提供基础性、战略性支撑

——在学习贯彻党的二十大精神，统筹推进教育科技人才工作座谈会上的发言

校长　包信和

（2022年11月4日9:00　教育部）

尊敬的怀部长、钟部长，各位领导和专家：

大家上午好！

教育、科技、人才是全面建设社会主义现代化国家的基础性、战略性支撑。党的二十大报告首次把教育、科技、人才进行“三位一体”统筹安排、一体部署，并摆在“全面建设社会主义现代化国家的首要任务”即“高质量发展”的突出位置，为新时代高等教育、科技创新和人才工作指明了前进方向，提供了根本遵循，具有重要的战略意义和深远影响。高水平研究型大学作为我国基础研究主力军、重大科技突破生力军和创新人才培养主阵地，身为“国家队”，应心系“国家事”，肩扛“国家责”，踔厉奋发、勇毅前行，为加快建设教育强国、科技强国、人才强国提供有力支撑，在中国式现代化道路中走出一条建设中国特色、世界一流大学的新路。

作为党为“两弹一星”事业亲手创办的红色大学，中国科大具有深厚的科教报国传统，有着服务党和人民事业的政治自觉、历史自觉和行动自觉。习近平总书记曾三次考察中国科大，对学校的办学成绩予以肯定，就人才培养和科技创新提出了更高要求。近年来，学校坚持将习近平总书记关于中国科大系列重要指示精神作为办学治校的根本遵循，潜心立德树人、执着攻关创新，在基础性、战略性工作上多下功夫。下面，我结合二十大报告谈几点体会。

一、办好人民满意的教育必须坚持潜心立德树人

近年来，学校聚焦国家对基础学科人才和关键领域急需人才的要求，深入实施“一流本科教育质量提升计划”行动纲领和研究生教育“德创领军人才”培养计划，结合中国科大“基础宽厚实，专业精新活”的传统和“科教结合、协同育人”的理念，形成了具有科大特色的“两段式、三结合、长周期、个性化、国际化”的拔尖创新人才培养模式。总结凝练创新人才成长规律，实施新版本科生培养方案，以少年班学院为试点，探索“一生一方案”，鼓励学生自由选专业，增强学生的专业认同。聚焦国家战略需求，首批建设未来技术学院，创办量子信息科技英才班、严济慈物理科技英才班、华罗庚数学科技英才班、钱学森力学科技英才班等19个科技英才班，着力培养未来科技创新领军人才。学校充分利用作为中国科学院所属大学的优势，坚持“全院办校、所系结合”的方针，大力倡导教学与科研相结合，科学与技术相结合，理论与实践相结合，采用多种形式探索培养科技英才的新途径。学校持续深化科教融合，与中国科学院研究院所共建科教融合学院和所系结合研究生培养基地，探索以人才培养、导师队伍、学科建设、科学研究的“四位一体”科教融合育人新模式。

二、支撑高水平科技自立自强必须执着攻关创新

近年来，学校实施《关于加强执着攻关创新工作的指导性意见》，制定原创探索类项目实施方案，大力组织和推行有组织，“建制性”的研究，依托重大科研平台和重大科技基础设施，开展面向国家重大需求的引领性原创研究，鼓励科研人员“揭榜挂帅”，实现从“能干什么、想干什么”向“该干什么”转变。不久前，学校召开加强基础研究工作座谈会，坚持以高站位、宽视野、大格局推进基础性研究工作。积极引导教师充分认识和理顺基础研究与核心技术攻关、基础研究与成果转化、稳定支持与竞争择优，以及出成果与出人才的关系。学校重点布局基础数学、高温超导、碳中和、人工智能和空天科学，以及生物治疗等基础和前沿研究，在量子领域继续下好“先手棋”，锻造量子科技发展体系化能力，催生一批重大战略性、颠覆性技术，取得了“墨子号”“京沪干线”“九章”“祖冲之”等重大原创性成果，实现量子科技从跟跑、并跑到部分领跑的飞跃。

三、实现中国式现代化必须坚持人才强国

党的二十大报告提出要深入实施人才强国战略，培养造就大批德才兼备的高素质人才，加快建设世界重要人才中心和创新高地。人才是国家和民族长远发展大计，学校始终坚持人才强校主战略，坚持引育并重，努力打造高素质人才队伍，争创人才高地。近年来，学校坚持党管人才，坚持人才引领驱动，聚天下英才而用之，持续增强政策引才的“磁场效应”，充分发挥一流科研和一流平台的“磁聚效应”，释放以一流人才吸引优秀人才的“磁吸效应”，在充分尊重人才成长规律的基础上，着力打造事业引人、体制留人、生态悦人，营造出识才、爱才、敬才、用才的良好环境，努力实现人尽其才、才尽其用。学校发挥先锋模范的典型带动作用，坚持反“四唯”，积极推进学术荣誉体系教师队伍建设，努力推动人才称号回归学术性、荣誉性。大力弘扬“两弹一星”精神和老一辈科学家精神，举办专题展览，拍摄反映钱学森等老科学家事迹系列微电影，组建以老科学家命名的科技攻关突击队，用红色校史哺育师生，奋力践行中国科大“科教报国，追求卓越”的初心使命。

我们将把学习宣传贯彻党的二十大精神，与贯彻落实习近平总书记关于教育、科技和人才“三位一体”重要论述和关于中国科大系列重要指示精神紧密结合起来，潜心立德树人、执着攻关创新，推动学校事业高质量发展，坚定不移把党的二十大提出的目标任务落到实处，为加快建设教育强国、科技强国、人才强国作出中国科大的贡献。

谢谢大家！

在第二届中国科学技术大学生命科学与医学部顾问委员会第一次全体会议上的讲话

校长　包信和

（2022 年 11 月 16 日 8:30　东活五楼报告厅）

尊敬的韩启德主席、王红阳主任，各位线上和现场的专家，各位同事：

上午好！

一上午的会议，大家都很辛苦了，我再耽搁大家几分钟。非常感谢各位百忙中参加第四次顾问委员会，国家卫健委、教育部的同志也全程参会。感谢各位一直以来对中国科大的大力支持与厚爱。今天这个会，本来是一年一次，疫情反复，筹备了三次，今天终于圆满举行。刚才我们听了荣斌、建平、连新和薛天的报告，从整体情况、医学人才培养、附一院建设、临床研究医院几个方面汇报了进展，公共卫生研究院顺利签约并举行揭牌仪式，生物医学工程学院、临床研究医院的领导班子也宣布了任命。刚才各位专家围绕“科大新医学”座谈交流，提出的意见建议都非常好。我们要做好记录，认真整理消化，形成行动方案。有些还要继续讨论，所以我们会后，下午将举办一个“未来需要什么样的医生”沙龙，希望有时间大家都参加。今天会议还有一个重要的议程就是顾问委员会换届，特别感谢韩启德主任继续“顾问”，出任名誉主任，王红阳院士出任主任，陈竺副委员长、饶子和副主任、林蕙青部长受邀担任特邀顾问专家。我再次代表学校对第一届顾问委员会为生命科学与医学部建设作出的贡献表示诚挚的感谢，对第二届顾问委员会的成立表示热烈祝贺！

今天还是一个特别的日子，是中国科学院首任院长、中国科大首任校长——郭沫若先生诞辰130周年。1958年，我们国家为了给“两弹一星”事业培养尖端科技人才，从无到有，创办了中国科大。郭沫若校长亲自给校歌作词，擘画了中国科大的办学办校方针、学科发展、人才培养，深刻影响了科大的校训校风。中国科大成立第二年就被列为全国重点大学，奠定了中国科大时至今日的地位。60年后，我们立足学校世界一流大学建设实际，瞄准未来长远发展战略方向，契合国家区域发展的战略需求，省部院三方共建生命科学与医学部，持续扎实不断推进“科大新医学”建设，为学校开辟了发展新天地，拓展了办学新空间，布局学科新增长点，赢得了国家新荣誉。

五年前，我们面临的形势是：科大作为以理工见长的高校，理科一枝独秀但缺乏出口；工科科学导向缺乏应用场景；生命科学学院虽然具有很强的基础医学研究基础，跟省立医院有很好的合作，但自身发展面临学科方向调整内生动力不足、师资队伍发展瓶颈、基础研究转化缺乏临床支撑等一系列亟待破解的难题。从学校指标看，进入全球前1%的ESI学科只有10个，华五其他四所高校都在16～18个。从学科建设看，生命科学学院的竞争性经费一直徘徊在1个亿，一个核心原因就是国家重点研发计划重组后，健康领域越来越强调基础研究到转化的全链条创新，“光做小鼠是不够的”。从地区发展环境看，安徽地处中部，优质医疗资源稀缺，人均医疗资源全国第29位，每年培养仅70名医学博士，华东六省一市最少。没有一所医院进入全国百强，省外就医经费占安徽省新农合总支出近20%并呈现逐年快速增长的趋势，急需破解医学人才培养、医疗资源稀缺的难题。

五年来，我们扎扎实实将生命科学与医学建设融入学校统一战略发展规划，为生命科学与医学部的发展奠定了坚实基础、创造了良好条件、提供了重要保障。初步形成理工医交叉融合的学科与人才培养生态，构建医教研协同的科技创新体系格局，形成了生命科学与医学一体化发展的良好局面。从学校指标看，进入全球前1%的ESI学科从10个增长为18个，基本与华五高校持平。在校院联合、叠加支持引进人才的政策下，生命科学与医学部本部的PI数量从60多人增加到120人，仅2022年入选海外优青的就达到12人，超过学校的1/5。科研经费稳定在2亿元左右，高水平期刊论文实现常态化产出，实现了历史性的跃升。在管理体制架构上，率先在校内组建学部。学部下属生命科学学院、基础医学院、临床医学院、生物医学工程学院、附属第一医院。学部抓总，定政策，统资源，真正把生命科学与医学各学科方向相互交融做实，基础研究与临床转化联系更加密切，转化医学最重要的创新源头。在组织保障上，在安徽省委、省政府的大力支持下，落实组织程序，保证安徽省立医院作为科大直属附属医院的管理权责，在干部任命上由生医部党委书记兼任附一院党委书记，执行院长兼任生医部副部长，将附一院与生医部紧密地结合在一起，团结在一起。在科研创新布局上，初步构建了以本部为基础与应用基础研究主干力量，合肥综合性国家科学中心大健康研究院为中试放大转化平台，附一院和临床研究医院为临床出口的创新链条布局。2020 年的新冠疫情科研攻关，是检验“科大新医学”建设的第一次实战练兵场，科大虽然是一个新兵，“小荷才露尖尖角”，但为全人类科技抗疫贡献了科大力量。

最后，我要再强调一点，就是“科大新医学”一定要传承红专并进的校训，厚植人文之心。有两句话，我觉得非常重要。一句话是曾益新主任 2020 年在中国医学人文大会上说的：“一个真正的好医生，不仅要有科学的脑、灵巧的手，更要有仁爱的心。”促进医学科学和人文精神融合发展，培养红专并进、医德双修的卓越医生科学家是我们科大的重要目标。其中一个重要举措就是将医德医风相关课程作为必修课程，培养仁心仁术的医学人才。就在昨天晚上，我们非常荣幸地邀请我们的顾问委员会委员、人民英雄张定宇主任医师给 2022 级新生们作“科学与社会”的报告，分享了他的抗疫故事。胸怀“国之大者”，中国医者在疫情大考下显示出厚植于中华文明血脉深处的人文情怀。我们要让在疫情中经历了隔离、封闭和高考的一代青年，弘扬饱含人文情怀的抗疫精神，从源头培养更多具有人文情怀、堪当大任的人民健康守护者。第二句话，是我们韩启德主任讲的，我经常在学校各个场合讲给大家听。“人文是科学发展的方向盘和刹车器。”在科学技术迅猛发展的时代，必须大力发展科学文化，加强科技伦理的建设。我们在召开第三次顾问委员会的时候，向各位专家汇报了科大生命科学与医学伦理委员会的建设情况。就在上周，我们刚刚成立了以杜江峰副校长为主任，薛天为执行副主任的校级科技伦理委员会。下一步，我们要将科技伦理的教学与科研进课堂、进教材，把好立德树人与攻关创新的“方向盘”。

我就讲这么多，谢谢！

五、文件选辑

中国科学技术大学 2022 年党委工作要点

（党字〔2022〕26 号）

2022 年是我国踏上全面建设社会主义现代化国家、向第二个百年奋斗目标进军新征程的重要一年。在学校党代会 2021 年年会暨十届三次教代会广泛征求意见建议、2022 年春季务虚会充分研讨的基础上，校党委深入研究了今年的主要工作，明确了指导思想和工作重点。2022 年校党委工作的指导思想是：以习近平新时代中国特色社会主义思想为指导，深入贯彻落实党的十九大和十九届历次全会精神，深刻认识“两个确立”的决定性意义，增强“四个意识”、坚定“四个自信”、做到“两个维护”，弘扬伟大建党精神，全面贯彻党的教育方针，贯彻落实习近平总书记关于中国科大系列重要指示精神，潜心立德树人，执着攻关创新，加快建设中国特色、科大风格的世界一流大学，以优异成绩迎接党的二十大胜利召开。

一、巩固拓展党史学习教育成果，推动学校“双一流”建设开新局，加快“十四五”发展

1. 总结党史学习教育的成功经验，建立常态化长效化机制，不断巩固拓展党史学习教育成果，深化“四史”教育。开展高校师生迎接、学习、宣传党的二十大专项行动，营造全校师生员工喜迎党的二十大浓厚氛围。（主要责任单位：党委宣传部）

2. 紧扣“潜心立德树人、执着攻关创新”两大核心任务，开展习近平总书记考察中国科大六周年回顾、贯彻落实习近平总书记重要指示批示精神“回头看”，持续加强对习近平总书记重要指示批示精神、党中央重大决策部署落实情况的跟踪和监督检查。（主要责任单位：党委宣传部、党政办公室）

3. 审定发布《中国科学技术大学“十四五”规划和 2035 年远景目标》，制定“十四五”规划工作安排方案，明确“十四五”各专项工作的阶段性重点。健全科学有效的动态监测评估机制，促进发展规划与资源配置的联动，确保规划落地见效。（主要责任单位：发展和改革办公室）

4. 召开中国科大发展工作会议，积极争取中国科学院、教育部、安徽省三方签署重点共建中国科大协议，落实安徽省支持中国科大建设发展若干举措，推进新一轮“双一流”建设。（主要责任单位：发展和改革办公室、党政办公室）

5. 进一步优化学科布局，持续推进“基础学科率先一流，新工科跨越发展，新医学融合发展，特色文科稳步提升”的学科生态建设。（主要责任单位：发展和改革办公室、研究生院、生命科学与医学建设办公室、文科建设办公室）

二、坚持和完善党委领导下的校长负责制，切实履行好管党治党、办学治校主体责任

6. 坚持和完善党委领导下的校长负责制，健全党委统一领导、党政分工合作、协调运行的工作机制。健全议事决策机制，完善党委常委会会议、校长工作会议议事规则和“三重一大”决策制度，坚持重大事项请示报告制度，切实抓好党委常委会会议、校长工作会议决议事项的督办落实。（主要责任单位：党政办公室）

7. 全面修订《中国科学技术大学章程》，启动异地研究院章程建设工作，推动形成以大

学章程为核心，规范统一、分类科学、层次清晰、运行高效的学校制度体系。（主要责任单位：学校章程建设工作小组）

三、深入贯彻落实新时代党的组织路线，不断提升党建工作水平

8. 巩固深化全国党建工作示范高校培育创建成果，持续开展党建“双创”工作，努力形成一批党建工作品牌，深化党建与中心工作深度融合。（主要责任单位：党委组织部）

9. 贯彻落实《中国共产党普通高等学校基层组织工作条例》，推动院级党组织规范执行党委会会议、党政联席会议议事规则，增强政治把关意识。落实党支部书记例会制度，认真执行《师生党支部建设标准》，开展“支部特色年”“基层组织建设见成效”活动，促进党支部建设提质增效。（主要责任单位：党委组织部）

10. 充分发挥中国科学院党校合肥分校作用，健全校院两级党务培训体系，努力培养一支“政策通、活字典、多面手”的党务工作队伍。强化政治吸纳和政治引领，加大在本科生、高层次人才中发展党员力度，不断优化结构、提升质量。（主要责任单位：党委组织部）

11. 落实《中国科学技术大学中层干部队伍建设规划（2021—2025 年）》，强化干部政治素质和专业能力要求，树立重实干重实绩导向，拓宽选人用人视野，重视一线学生工作经历。实施中层干部届中调整，优化领导班子配备，选优配强党政正职，增强班子整体功能。开展科级干部换届，做好青年教师校内挂职工作，注重发现和培养选拔优秀年轻干部。（主要责任单位：党委组织部）

四、坚持以立德树人为根本，大力培养堪当民族复兴重任的时代新人

12. 深入实施《中国科学技术大学深化新时代教育评价改革试点工作方案》，充分发挥试点工作的示范作用，进一步完善立德树人体制机制。（主要责任单位：学校深化新时代教育评价改革工作组）

13. 深化“三全育人”综合改革，构建学校思想政治工作体系，推进“部（处）-院系”联动机制，提升学生工作队伍专业化能力。强化学生安全教育和管理，做好学生心理健康教育与咨询工作，推行学院心理健康工作辅导站建设，促进学生健康成长。探索少数民族学生的教育管理服务模式，打造“科大石榴红民族团结工作室”品牌。加强教学管联动，持续建设学生思想、学业、心理、生活、安全、健康的预警与援助体系。（主要责任单位：学生工作部（处））

14. 贯彻落实《新时代学校思想政治理论课改革创新实施方案》，深化思想政治理论课改革，推动习近平新时代中国特色社会主义思想进教材、进课堂、进头脑。召开课程思政建设研讨会，分类推进所有学科专业课程思政建设，实现本科生课程思政建设全覆盖，推动课程思政与思政课程协同育人。建强马克思主义学院，配齐建强高素质思政教师队伍。（主要责任单位：马克思主义学院、教务处、研究生院）

15. 坚持“五育并举”，深入实施“一流本科教育质量提升计划”行动纲领，扎实推进研究生教育“德创”领军人才培养计划，潜心打造高质量人才培养体系。以少年班学院为试点，实施“一生一方案”，完善大类教育、专业培养的“2＋X”培养模式，增强对专业认同。充分发挥教材工作委员会、教材专家委员会的作用，完善教材选用审核机制，推动校级优秀教材评选工作，深入推进出版社教材出版振兴计划，加强教材建设与管理。促进“第二课堂”与“第一课堂”融合，健全多维度学生评价标准，促进学生德智体美劳全面发展。（主要责任单位：本科生院、研究生院、教务处、团委、出版社）

五、坚持"四个面向",执着攻关创新,强化国家战略科技力量

16. 心怀"国之大者",全面参与国家实验室、合肥综合性国家科学中心等建设,开展全国重点实验室体系重组工作,加快深空探测实验室、合肥先进光源、碳中和研究院、临床研究医院等建设和发展。贯彻落实中国科学院基础研究十条,在基础性、战略性工作上多下功夫,加强前瞻布局和系统谋划。加强科研诚信建设和科技伦理治理,严肃查处科研失信行为。(主要责任单位:科研部)

17. 服务国家战略,推动区域经济高质量发展。积极融入长三角一体化发展国家战略,建强上海研究院、苏州高等研究院、先进技术研究院、国际金融研究院,谋划成立科技产业组织学院,积极支持打造"科大硅谷",服务支撑安徽省"三地一区"建设。整合在京资源,推动北京研究院、北京教学与管理部融合发展。深化产学研融合,推动赋权试点项目落地实施,推动科技成果向现实生产力转化。(主要责任单位:上海研究院、苏州高等研究院、先进技术研究院、国际金融研究院、北京研究院、北京教学与管理部、对外联络与基金事务处、科技成果转移转化办公室)

六、坚持党管人才,加强师德师风建设,打造一流师资队伍

18. 落实中央人才工作会议精神,坚持引育并重,主动对接国家重大战略需求,用好安徽省的最新人才政策,发挥培养基础研究人才主力军作用,加大力量培养和引进战略科学家,打造一流科技领军人才和创新团队,加强青年人才体系建设,支持青年人才挑大梁、当主角。完善人才住房保障机制,做好高新园区人才住房购置工作。(主要责任单位:党委教师工作部、人力资源部、资产与后勤保障处)

19. 加强师德师风建设,教育引导教师成为"大先生"。充分发挥先锋模范典型带动作用,举办教职工年度表彰大会、优秀教师典型事迹报告会等活动,引导教师真正把为学、为事、为人统一起来,当好学生成长的"引路人"。加强教职工校外兼职行为管理,规范师德失范行为调查和处理机制,对师德违规问题"零容忍"。(主要责任单位:党委教师工作部、人力资源部)

七、落实意识形态工作责任制,进一步做好新闻宣传工作,营造良好舆论氛围

20. 紧紧围绕迎接、宣传、贯彻党的二十大谋划推进宣传思想工作。围绕学校中心工作,加强新闻报道重点选题策划,多产出"有温度、有亮点"的新闻作品,持续提升学校办学声誉。(主要责任单位:党委宣传部)

21. 坚持马克思主义在意识形态领域指导地位,落实意识形态工作责任制,督导推动各级党组织落实意识形态工作主体责任。健全意识形态工作会商联动、应急处置等机制,加强对课堂、讲坛、图书馆、"报网端微屏"等意识形态阵地管理力度,将苗头性、倾向性问题消除在萌芽状态。(主要责任单位:党委宣传部、网络安全和信息化办公室)

22. 加强爱国主义教育,深入开展"传承老科学家精神　弘扬新时代科学家精神在行动"专项工作,整合爱国主义教育资源,打造爱国主义教育体系。扎实开展中国科大红色精神谱系的研究和传播工作,推进"两弹一星"科技史专项研究、宣传,推进国家同步辐射实验室全国爱国主义教育示范基地建设,举行郭沫若先生诞辰130周年、赵忠尧先生诞辰120周年纪念展。(主要责任单位:党委宣传部、档案文博院)

八、巩固深化巡视整改成果,推动全面从严治党向纵深发展

23. 健全中央巡视整改长效机制,开展中央专项巡视整改落实情况"再总结"工作,持续

巩固深化巡视整改成果。(主要责任单位:党委巡视工作办公室、党政办公室、党委组织部、党委宣传部、纪委办公室监察处)

24. 认真落实党风廉政建设和反腐倡廉责任制,动态逐级签订个性化党风廉政建设责任书,督促各级领导干部切实履行"一岗双责"。紧盯关键少数、重点领域和关键环节,加强对"一把手"和领导班子的监督。常态化开展警示教育,定期召开全校警示教育大会,做到以案示警、以案为戒、以案促改。(主要责任单位:党政办公室、纪委办公室监察处)

25. 扎实推进作风建设,对违反中央八项规定精神和形式主义、官僚主义的突出问题,紧盯不放、举一反三,建立长效机制。深入推进政治机关建设和模范机关创建专项工作,持续加强机关效能建设,继续开展"我为师生办实事"活动,推进机关部门与基层单位、师生员工的密切联系。(主要责任单位:党政办公室、机关党委、纪委办公室监察处)

26. 贯彻落实中管高校纪检监察体制改革精神,做实纪检监察监督全覆盖,增强监督有效性。加强纪检监察机构和队伍建设,科学调整内设部门,配齐配强干部队伍,逐步建立健全分级负责、协同贯通的监督工作体系,一体推进不敢腐、不能腐、不想腐,推动学校纪检监察工作高质量发展。(主要责任单位:纪委办公室监察处)

27. 坚定不移深化政治巡视,对机关党委、附属第一医院党委开展校内巡视,如期完成校内巡视全覆盖目标。深化校内巡视整改和成果运用,逐步建立校内巡视与纪检监察、组织人事、审计、财务等监督贯通融合机制,实现以巡促改、以巡促建、以巡促治。(主要责任单位:党委巡视工作办公室)

九、抓实抓细抓好学校防范化解重大风险工作,营造安全和谐稳定的校园环境

28. 落实党中央、国务院关于疫情防控的决策部署和安徽省、中国科学院、教育部的工作要求,按照"党委统一领导、党政齐抓共管、部门联防联控、校院上下协同、师生全面覆盖"的工作机制,落实"五有"要求,毫不放松全力做好疫情防控工作。(主要责任单位:学校疫情防控暨应急处置工作组)

29. 坚持底线思维,增强忧患意识,深化巩固校园安全专项整顿成效。落实安全责任制,建立健全"四级"校园消防安全建设体系,完善校院两级实验室安全管理制度,做好实验室安全的培训、检查和风险评估,加强校园维稳、实验室安全、食品卫生等工作,提高防范化解风险能力。(主要责任单位:保卫与校园管理处、实验室安全办公室、饮食服务集团)

30. 落实保密工作责任制,筑牢安全防线根基。开展保密宣传教育,推进保密教育进课堂、进党课,提高全员保密素养。扎实做好定密管理、网络保密管理、涉密人员管理,深入开展保密检查,及时排除风险隐患。(主要责任单位:保密办公室)

十、加强统战和离退休工作,完善工会建设,巩固脱贫成效,做好对口支援

31. 加强政治引领,支持民主党派基层组织、党外知识分子联谊会、欧美同学会等加强自身建设,巩固共同思想政治基础。以人大、政协和民主党派组织换届为契机,扎实推进党外代表人士队伍建设"1421"工程。认真做好民族宗教工作,抵御和防范各种邪教组织的渗透,维护校园和谐稳定。(主要责任单位:党委统战部)

32. 加强工会建设,推进"智慧工会",筹备工会委员会换届工作。开展形式多样的劳动和技能竞赛,大力弘扬劳模精神、劳动精神、工匠精神。探索举办青年教师沙龙,促进青年教师成长。持续推动"教工之家"建设,支持分工会开展"一会一品"创建工作。(主要责任单

位:工会)

33. 加强离退休干部党建工作,推广“微老服务”,推动离退休工作提质增效。利用关工委、老科协、老年大学、金秋艺术团、老年体协五大平台,引导老同志发挥余热,老有所为、积极作为。持续开展“暖心行动”,关爱学校高龄空巢独居老人等特殊群体,探索居家养老新模式。(主要责任单位:离退休干部工作处)

34. 坚决贯彻落实党中央关于巩固拓展脱贫攻坚成果、全面推进乡村振兴的决策部署,做到“四个不摘”,继续做好各项帮扶工作,为贵州省六枝特区、安徽省金寨县龙马村巩固脱贫成效、推进乡村振兴奠定坚实基础。(主要责任单位:定点帮扶工作领导小组办公室)

35. 深化对口支援工作机制,按照精准支援、合作共赢的工作思路,进一步加大支援力度,助力对口支援高校综合实力提升。(主要责任单位:党政办公室)

中国科学技术大学2022年行政工作要点

(校字〔2022〕42号)

2022年是我国踏上全面建设社会主义现代化国家、向第二个百年奋斗目标进军新征程的重要一年。在学校党代会2021年年会暨十届三次教代会广泛征求意见建议、2022年春季务虚会充分研讨的基础上,学校深入研究了今年的主要工作,明确了指导思想和工作重点。2022年学校行政工作的指导思想是:以习近平新时代中国特色社会主义思想为指导,深入贯彻落实党的十九大和十九届历次全会精神,深刻认识“两个确立”的决定性意义,增强“四个意识”、坚定“四个自信”、做到“两个维护”,弘扬伟大建党精神,全面贯彻党的教育方针,牢记习近平总书记的嘱托,潜心立德树人,执着攻关创新,加快“双一流”建设,努力办出中国特色、科大风格的世界一流大学,以优异成绩迎接党的二十大胜利召开。

一、推进新一轮“双一流”建设,加快“十四五”发展

1. 审定发布《中国科学技术大学“十四五”规划和2035年远景目标》,制定“十四五”规划工作安排方案,明确“十四五”各专项工作的阶段性重点。健全科学有效的动态监测评估机制,促进发展规划与资源配置的联动,确保规划落地见效。(主要责任单位:发展和改革办公室)

2. 召开中国科大发展工作会议,积极争取中国科学院、教育部、安徽省三方签署重点共建中国科大协议,落实安徽省支持中国科大建设发展若干举措,举办一流大学建设系列研讨会暨中国大学校长联谊会,推进新一轮“双一流”建设。(主要责任单位:发展和改革办公室、党政办公室)

3. 进一步优化学科布局,持续推进“基础学科率先一流,新工科跨越发展,新医学融合发展,特色文科稳步提升”的学科生态建设。(主要责任单位:发展和改革办公室、研究生院、生命科学与医学建设办公室、文科建设办公室)

二、潜心立德树人,大力培养德智体美劳全面发展的“六有”大学生

4. 深入实施《中国科学技术大学深化新时代教育评价改革试点工作方案》,充分发挥试

点工作的示范作用，进一步完善立德树人体制机制。（主要责任单位：学校深化新时代教育评价改革工作组）

5. 贯彻落实《新时代学校思想政治理论课改革创新实施方案》，深化思想政治理论课改革，推动习近平新时代中国特色社会主义思想进教材、进课堂、进头脑。召开课程思政建设研讨会，分类推进所有学科专业课程思政建设，实现本科生课程思政建设全覆盖，推动课程思政与思政课程协同育人。建强马克思主义学院，配齐建强高素质思政教师队伍。（主要责任单位：马克思主义学院、教务处、研究生院）

6. 深入实施"一流本科教育质量提升计划"行动纲领，全面执行新版本科生培养方案。以少年班学院为试点，实施"一生一方案"，完善大类教育、专业培养的"2＋X"培养模式，增强专业认同。以未来技术学院、生命科学与医学部为试验田，探索新时代长周期培养新模式。加强通识课程的教学管理，落实体育、艺术教育、劳动教育提升方案，规范和完善学生体质测试，开足上好艺术类课程，开展劳动教育实践活动。促进"第二课堂"和"第一课堂"融合，健全多维度学生评价标准，促进学生德智体美劳全面发展。（主要责任单位：本科生院、教务处、少年班学院、团委）

7. 坚持质量导向，加强教风学风建设，做好教学过程管理，强化评价结果运用。深化教材建设与管理，完善教材选用审核机制，严把教材审核关，启动校级优秀教材评选工作，深入推进出版社教材出版振兴计划，加大对教材建设的支持力度。加强课程组特别是核心课程组建设，推行"大班统讲、小班精讲"模式，培育教学名师，推进教师梯队建设。实施国家级和省级一流本科专业建设"双万计划"，带动专业结构调整优化和内涵提升。（主要责任单位：教务处、研究生院、出版社）

8. 推进实施研究生教育"德创"领军人才培养计划，进一步强化研究生培养质量保障，完善研究生教育优秀成果培育机制，健全研究生教育荣誉授予体系，做好博士研究生过程管理与分流退出。加强对研究生学位论文的审核把关，完成博士学位论文抽检整改工作，开展学位论文盲审，成立校、院两级研究生教育质量督导委员会，着力提升研究生学位论文质量。多措并举建好德创导师学校，建强研究生导师队伍。（主要责任单位：研究生院、校学位委员会办公室）

9. 大力推进"科教融合 3.0"建设，设立科教融合战略发展基金，完善人才培养、学科建设、科研合作、导师队伍四位一体的"所系结合、科教融合"体系，加快推进与中国科学院合肥物质科学研究院共建科教融合示范区。深化创新人才融合培养，促进校所共建专业课程、编写精品教材，推进科教融合学院、所系结合研究生培养基地、科技英才班的建设。（主要责任单位："全院办校、所系结合"工作委员会办公室、党政办公室、发展和改革办公室、科研部）

10. 加强创新创业学院建设，以"金课"（课程）、"金奖"（项目）、"金牌"（导师）、"金字"（品牌）为依托，统筹全校创新创业教育，打造具有中国科大特色的双创教育体系。启动实施"安徽省资助中国科大学生创新创业计划"，设立学生创新创业基金，举办"全球科大人创新创业大赛""中国高校创新创业教育联盟年会"等活动，提升学校创新创业教育影响力。（主要责任单位：创新创业学院、科技成果转移转化办公室、对外联络与基金事务处）

11. 加强本科生招生工作，优化招生专业设置和计划分配，推进少年班、创新试点班、强基计划和自强计划等特殊类型招生改革，探索创新人才选拔新模式。提升研究生招生工作，围绕国家重大战略和区域发展需求，优化研究生招生计划配置，扩大相关学科领域人才培养规模，丰富专业学位硕士、工程博士招生项目。（主要责任单位：招生就业处、研究生院）

12. 拓宽就业市场，加强与国家重点单位、重点地区、重点领域的合作，引导毕业生到国家最需要的地方建功立业。加强毕业生就业指导服务体系建设，加大就业引导和帮扶，提升毕业生的初次就业率和就业质量。（主要责任单位：招生就业处）

三、执着攻关创新，在基础性、战略性工作上下功夫，努力打造卓越创新体系

13. 心怀“国之大者”，全面参与国家实验室、合肥综合性国家科学中心建设，争取创建国家级分中心、基地。围绕国家需求中的重大科技问题，加强顶层设计和统筹布局，开展全国重点实验室体系重组工作。加快深空探测实验室、合肥先进光源、碳中和研究院、临床研究医院等建设发展，谋划新建一批国家级和省部级重点科研机构。（主要责任单位：科研部、发展和改革办公室）

14. 贯彻落实中国科学院基础研究十条，在基础性、战略性工作上下功夫，加强前瞻布局和系统谋划。优化科研组织方式，鼓励面向工程前沿的重大问题，开展需求导向的、有组织的基础研究，持续提升承接重大科研任务的能力。依托国家重大科技基础设施，加快提升基础研究和原始创新能力。（主要责任单位：科研部）

15. 开展科技成果的五元评价改革，建立健全科技成果评价机制。发挥学术委员会、科协等作用，推进期刊中心建设，培育一流学术期刊。加强科研作风学风建设，持续完善科研诚信和科技伦理制度体系，打造一流学术生态。（主要责任单位：科研部）

四、落实中央人才工作会议精神，加强高层次人才队伍建设

16. 坚持人才强校战略，树立“人才是第一资源”的理念，积极响应国家人才规划，对接安徽省最新人才政策，组织第六届“墨子·云论坛”活动，实施院士工作室、大师讲席、客座(兼职)教授等引智计划，大力吸引海内外优秀人才来校工作。完善人才住房保障机制，做好高新园区人才住房购置工作。（主要责任单位：人力资源部、资产与后勤保障处）

17. 推进学校、学院和青年教师“三位一体”的青年人才培养工程，实施学术领军人才培养计划、中国科学院青年创新促进会、墨子杰出青年、仲英青年学者等项目，支持青年人才挑大梁、当主角。加强聘期制科研队伍建设，适度扩大队伍规模，不断提升队伍质量。（主要责任单位：人力资源部）

18. 健全学术荣誉体系制度，做好杰出讲席教授、讲席教授的评聘工作，建立人才全学术生命周期内的荣誉晋升和激励机制。（主要责任单位：人力资源部）

19. 进一步深化人才分类评价改革，推进教师、管理、支撑三支队伍协调发展。完善岗位分类评价、分类聘用，做好教师、支撑岗位专业技术职务聘用工作。落实管理岗定岗定编，稳步推进管理岗人员轮岗交流。试行聘期制工程技术人员管理制度，加强支撑队伍建设。（主要责任单位：人力资源部）

20. 梳理学校收入分配体系，健全以岗位分类评价为核心的绩效考核与收入分配制度。推进事业单位养老保险改革，启动在编人员养老保险个人缴费差额补扣工作。建立人才派遣人员企业年金，保障人才派遣人员退休待遇。（主要责任单位：人力资源部）

五、完善“大外事”工作格局，提升国际合作水平

21. 深度整合国际合作资源，完善中国科大国际化发展基金(USTC Fellowship)体系。

持续推进英文网站和海外社交媒体建设，构建中国科大特色国际传播体系。面向世界顶尖实验室、科研机构拓展国际合作，探索国际科技/理工大学联盟合作机制，充分利用中国科学院的国际合作网络，拓展多元化国际合作，提升学校国际影响力。打造重点引智平台，探索建立国际学术交流机构，加强对国际优秀科学家的引进力度。（主要责任单位：国际合作与交流部、国际学院）

22. 扎实推进国际学院实体化建设，多渠道加强国际招生宣传，努力建设具有中国科大特色的国际学院。进一步打造“未来科学家交流计划”，吸引优质国际生源。丰富英语授课体系，努力建立与国际接轨的全英文学位课程体系。加强留学生的精细化、信息化管理，培养知华友华爱华的留学生。（主要责任单位：国际合作与交流部、国际学院）

六、积极承担高校责任，持续服务区域经济社会发展

23. 深化产学研融合，充分利用省市创新创业基金，整合科技成果转移转化资源，形成科技成果转移转化合力。推动赋权改革试点项目落地实施，探索设立赋权改革专项承接基金，提高科技成果转化效率。建立完善专利评估机制，实施满三年专利年费资助评估试点。完善校企联合实验室管理，构建龙头企业牵头、学校引领、新型研发机构支撑相互协同的创新机制。深化校企改革，妥善做好所持企业股份的转让退出，反哺学校事业发展。（主要责任单位：科技成果转移转化办公室、资产经营有限责任公司）

24. 服务国家战略，推动区域经济高质量发展。立足长三角，建强上海研究院，加快上海科教基地建设，积极参与合肥和上海张江“两心共创”。加强苏州高等研究院建设，全面构建学校在苏人才培养、基础研究、技术创新、成果转化的重要基地。整合在京资源，推动北京研究院、北京教学与管理部融合发展。深入推进先进技术研究院法定机构建设，加快国际金融研究院发展，谋划成立科技产业组织学院，积极支持打造“科大硅谷”，服务支撑安徽省“三地一区”建设。（主要责任单位：上海研究院、苏州高等研究院、北京研究院、北京教学与管理部、先进技术研究院、国际金融研究院、对外联络与基金事务处）

七、着力提升治学环境，建设现代大学校园

25. 优化校区功能布局，加快高新园区建设与管理，谋划国际校区。全力推进“十三五”建设项目实施，加快合肥综合性国家科学中心协同创新交叉研究平台三个项目及上海量子信息技术协同创新平台项目建设收尾。谋划“十四五”建设项目，全面推进上海科教基地、少年班大楼、国际学术交流中心、医算附楼等项目的申报与建设工作。推进西区学术交流空间、中区学习空间、艺术教学中心、物理楼、人文学院楼等建设与改造工作。（主要责任单位：发展和改革办公室、高新园区建设与管理委员会办公室、基本建设处）

26. 落实安全责任制，实施平安校园工程，不断完善校园综合安全防范体系。探索“四级”校园消防安全建设体系，提升应急防范水平。完善校院两级实验室安全管理制度，做好实验室安全的培训、检查和风险评估，建设实验室安全教育准入、在线检查、视频监控等系统。（主要责任单位：保卫与校园管理处、实验室安全办公室）

27. 强化后勤体系建设，提升服务保障能力。健全成本分摊机制，加强公用房数字化管理，建立科研用房退出机制，提高公用房使用效率。完善能源安全工作体系，实现精细化管理。（主要责任单位：资产与后勤保障处）

28. 落实网络安全责任制，提升网络安全保障水平，全面实行安全等级保护制度，加强对各类网站及信息系统安全管理。大力推进“智慧校园”建设，与银行签订合作备忘录，完成高新园区“智慧校园”建设试点工作。（主要责任单位：网络安全和信息化办公室、网络信息中心）

八、坚持依法治校，加快治理体系和治理能力现代化

29. 全面修订《中国科学技术大学章程》，启动异地研究院章程建设工作，推动形成以大学章程为核心，规范统一、分类科学、层次清晰、运行高效的学校制度体系。（主要责任单位：学校章程建设工作小组）

30. 坚持“开源节流”，多渠道筹集办学资源，坚持中央财务投入为主导的办学资源保障机制。充分利用校友资源，开拓社会筹资渠道。推进全成本核算，优化资源配置。推进预算管理改革，盘活存量资金，开展全面预算绩效管理。（主要责任单位：财务处、对外联络与基金事务处、资产与后勤保障处、科研部）

31. 加强廉洁从业风险防控，做好内部控制，推动财务、审计、纪检监察等部门联动，防范化解风险。开展对异地办学机构、区域扶贫经费的专项审计，持续做好经济责任审计、财务收支审计和工程审计。（主要责任单位：财务处、审计处、纪委办公室监察处）

关于学校领导班子成员工作分工的通知

（党字〔2022〕10号）

各院级党组织、附属医院党委，机关各部门：

根据工作需要，校党委近期对学校领导班子成员分工进行了调整，经党委常委会会议研究，并向上级党组织报备，学校领导班子成员具体工作分工如下：

党委书记舒歌群：主持并全面领导学校党委工作。负责统战、党委巡视、离退休工作。兼任教育基金会理事长、校务委员会主席。

校长包信和：主持并全面领导学校行政工作，履行学校法定代表人的职责。负责人事、审计工作，分管审计处。兼任本科生院院长、校友会会长。

常务副校长潘建伟：负责量子信息与量子科技创新研究院工作，协助校长开展对外联络与校友工作、人才引进工作。分管上海研究院。

党委常务副书记蒋一：负责党的建设、干部、校地合作与公共关系、网络安全与信息化建设工作。分管党政办公室、机关党委、党委组织部（党校）、网络安全和信息化办公室。兼任机关党委书记、党委组织部部长。

党委常委、副校长王晓平：负责资产、后勤保障与服务、基本建设、安全保卫、校园综合治理、物业管理工作。分管资产与后勤保障处、基本建设处、保卫与校园管理处、实验室安全办公室、饮食服务集团、校医院。

副校长杨金龙：负责学位与研究生教育、所系结合和科教融合、公共实验服务体系工作。分管研究生院、校学位委员会办公室、所系结合和科教融合办公室、公共实验中心。兼任研究生院院长。

党委常委、副校长杜江峰：负责外事、档案文博工作。分管国际合作与交流部（含港澳台办公室）、国际学院、苏州高等研究院、图书馆、档案文博院。兼任国际学院院长、苏州高等研究院院长。

党委副书记、纪委书记、国家监察委员会派驻监察专员毕金初：负责纪律检查、监察工作，协管党委巡视工作。主持纪委、监察专员办公室工作，分管纪委办公室监察处、党委巡视工作办公室。

党委常委、副校长罗喜胜：负责“双一流”建设、发展与规划、科学研究、军民融合、实验室和科研平台、质量体系建设工作，以及与合肥国家实验室、合肥综合性国家科学中心协调工作。分管发展和改革办公室、发展规划处、科研部。

党委副书记傅尧：负责新闻宣传、校园文化、学生管理、团学、定点帮扶、对口支援工作。分管党委宣传部（新闻中心）、党委学生工作部、学生工作处、党委人民武装部、团委。兼任党委宣传部部长、高新园区党工委书记。

党委常委、副校长吴枫：负责科技合作和科技成果转移转化、保密、经营性资产工作。分管科技成果转移转化办公室、保密办公室、先进技术研究院、国际金融研究院、北京教学与管理部、北京研究院、网络信息中心、出版社、资产经营有限责任公司。兼任先进技术研究院法定代表人、高新园区建设与管理委员会主任。

党委常委、副校长周丛照：负责本科教学、招生就业、工会、基础教育工作。分管本科生院、教务处、招生就业处、创新创业学院、工会、基础教育集团。

党委常委、总会计师黄素芳：负责财务管理和会计核算、资产登记管理工作，以及所属分支机构的财务监督和指导。分管财务处。

党委常委褚家如：主持苏州高等研究院日常工作，协管统战工作。分管党委统战部、民主党派办公室。兼任党委统战部部长、苏州高等研究院执行院长。

校长助理邓建松：协管人事、离退休工作，负责特色文科建设工作。分管党委教师工作部、人力资源部、离退休干部工作处、文科建设办公室。兼任党委教师工作部、人力资源部部长。

校长助理薛天：协管对外联络与校友工作，负责生命科学与医学学科建设工作。分管对外联络与基金事务处、生命科学与医学建设办公室。

特此通知。

中共中国科学技术大学委员会
2022 年 2 月 17 日

关于成立中国科学技术大学深空科学技术研究院的通知

（校科字〔2022〕38 号）

各院、系、重点科研机构、直属单位、附属医院，机关各部门：

为贯彻落实习近平总书记“探索浩瀚宇宙、发展航天事业、建设航天强国”重要指示精神，强化学校作为国家战略科技力量的使命担当，经 2022 年 2 月 23 日校长工作会议审议、党委常委会会议研究，决定成立中国科学技术大学深空科学技术研究院，重点围绕深空探测领域基础科学、前沿技术等开展有组织科技攻关，对口支撑深空探测实验室建设发展。

深空科学技术研究院作为校级科研平台，由科研部负责归口管理，实行院长负责制，暂设院长 1 名，副院长 4 名。汪毓明兼任深空科学技术研究院院长，耿雷、封常青、张天柱、吴宇恩兼任副院长（任期为 5 年）。

特此通知。

中国科学技术大学
2022 年 3 月 5 日

关于成立科技商学院的通知

（校字〔2022〕199 号）

各院、系、重点科研机构、直属单位、附属医院，机关各部门：

为深入贯彻落实党的二十大精神和习近平总书记关于教育、科技和人才“三位一体”重要论述，充分发挥学校基础研究深厚、学科交叉融合和创新创业活跃的优势，经校长工作会议、党委常委会会议研究，决定与安徽省人民政府合作共建科技商学院，培养“懂科技、懂产业、懂资本、懂市场、懂管理”的复合型科技产业组织人才。

特此通知。

中国科学技术大学
2022 年 10 月 26 日

关于成立中国科学技术大学公共卫生研究院的通知

（校科字〔2022〕202 号）

各院、系、重点科研机构、直属单位、附属医院，机关各部门：

为积极推进健康中国建设，打造公共卫生研究领域的建制化科研力量，经 2022 年 11 月 9 日校长工作会议、党委常委会会议研究决定，成立中国科学技术大学公共卫生研究院，挂靠生命科学与医学部。

特此通知。

中国科学技术大学
2022 年 11 月 15 日

关于成立中国科学技术大学科技人文高等研究院的通知

（校办字〔2022〕238号）

各院、系、重点科研机构、直属单位、附属医院，机关各部门：

为积极推进学校特色文科建设，打造引领科技人文发展的高水平学术平台，经2022年12月21日校长工作会议、党委常委会会议研究决定，成立中国科学技术大学科技人文高等研究院，依托人文与社会科学学院建设。

特此通知。

中国科学技术大学
2022年12月31日

关于成立机关党委办公室的通知

（党字〔2022〕80号）

各院级党组织、附属医院党委，机关各部门：

经2022年7月6日校党委常委会会议研究，决定机关党委与党政办公室不再合署办公。新设机关党委办公室，与党委巡视工作办公室、保密办公室合署办公，负责机关党建、督查、内控、巡视、保密等工作。此次调整后，原机关党委下设机构自然撤销。

特此通知。

中共中国科学技术大学委员会
2022年7月25日

关于成立生命科学与医学建设办公室、文科建设办公室的通知

（校字〔2022〕18号）

各院、系、重点科研机构、直属单位、附属医院，机关各部门：

根据学科建设的需要，经2022年1月23日校党委常委会会议研究决定，成立生命科学与医学建设办公室、文科建设办公室，均为副处级建制。每个办公室设主任1人（副处级），

工作人员 1 人。生命科学与医学建设办公室、文科建设办公室挂靠发展规划处。发展规划处原内设的文科建设办公室撤销，负责人职务自然免去。

特此通知。

中国科学技术大学
2022 年 1 月 29 日

关于成立学风与科研诚信建设办公室的通知

（校字〔2022〕46 号）

各院、系、重点科研机构、直属单位、附属医院，机关各部门：

为加强学校科研诚信建设，营造优良的作风和学风，经 2021 年 12 月 29 日校党委常委会会议研究，决定成立学风与科研诚信建设办公室，挂靠科研部。

特此通知。

中国科学技术大学
2022 年 3 月 23 日

关于撤销中国科学技术大学研究生院苏州分院的通知

（校研字〔2022〕101 号）

各有关单位：

根据《教育部　国务院学位委员会关于进一步规范高等学校异地研究生培养的意见》《安徽省教育厅关于进一步规范高等学校异地研究生培养工作的通知》等精神，经 2022 年 4 月 13 日校长工作会议讨论、4 月 14 日党委常委会会议研究，决定撤销中国科学技术大学研究生院苏州分院。

特此通知。

中国科学技术大学
2022 年 5 月 22 日

关于撤销人文与社会科学学院党委外语系党总支的通知

（党组字〔2022〕103 号）

各院级党组织、附属医院党委，机关各部门：

经 2022 年 10 月 8 日校党委常委会会议研究，决定撤销中共中国科学技术大学人文与社会科学学院外语系总支部委员会，相应负责人职务自然免去。

特此通知。

中共中国科学技术大学委员会

2022 年 10 月 11 日

六、规章制度

中共中国科学技术大学委员会关于进一步加强学校领导班子建设的意见

（党字〔2022〕11号，2022年2月17日）

为深入贯彻落实习近平新时代中国特色社会主义思想，认真落实习近平总书记关于中国科大系列重要指示精神，校党委紧紧围绕习近平总书记提出的“潜心立德树人、执着攻关创新”两大核心任务，进一步加强学校领导班子建设，打造绝对忠诚、实干担当、勤政为民、公道正派、精诚合作的领导班子，更好地团结带领全校师生员工，为努力办出中国特色、科大风格的世界一流大学开新局、立新功，切实担负起党中央赋予中国科大的职责使命，确保党的教育方针落地生根。打铁必须自身硬，现就进一步加强学校领导班子建设，提出如下意见。

一、讲政治、顾大局，打造绝对忠诚的领导班子

1. 对党绝对忠诚。旗帜鲜明讲政治，不断提高政治判断力、政治领悟力、政治执行力，增强“四个意识”、坚定“四个自信”、做到“两个维护”，始终在政治立场、政治方向、政治原则、政治道路上同以习近平同志为核心的党中央保持高度一致。牢记“五个必须”，杜绝“七个有之”，自觉做政治上的明白人、老实人，在忠诚拥护“两个确立”、坚决做到“两个维护”上作表率。

2. 坚定理想信念。把学懂弄通做实习近平新时代中国特色社会主义思想作为首要政治任务，多读原著、勤学原文、深悟原理，掌握蕴含其中的马克思主义立场、观点、方法，使科学理论真正成为把握运用规律、认识改造世界的思想武器。坚持党委常委会会议“第一议题”学习、党委理论学习中心组学习制度，及时跟进学习习近平总书记最新重要讲话、重要指示批示精神。坚持集中研讨与个人自学相结合，弘扬理论联系实际学风，不断提高运用马克思主义分析、解决实际问题的能力。

二、讲责任、担使命，打造实干担当的领导班子

3. 强化责任意识。全面贯彻党的教育方针，牢牢把握社会主义办学方向，坚持党委领导下的校长负责制，支持校长依法独立负责地行使职权，保证学校各项工作任务完成。树立职业精神、强化职业意识，处理好学校管理工作和个人学术研究的关系，严格规范兼职行为，将主要精力投入学校管理工作。恪尽职守，坚决贯彻落实上级部门和学校的重大决策部署，带动全校师生员工拼搏奋进。

4. 提升领导能力。保持奋发有为的状态，以自我革命的精神，主动适应挑战，瞄准“努力办出中国特色、科大风格的世界一流大学”目标，开阔发展眼界，通过开展务虚研讨、集体学习、调查研究等方式，不断增强“八个本领”，提高“七种能力”，既要善谋全局当好“指挥员”，更要扑下身子当好“战斗员”。心怀“国之大者”，按照习近平总书记提出“潜心立德树人、执着攻关创新”的要求，脚踏实地，不断提高办学治校的能力和水平，以钉钉子精神推进工作。

5. 履行一岗双责。按照社会主义“政治家、教育家”的要求，坚持从严治党、从严治校、从严治教，认真履行“一岗双责”，加强对分管部门、联系单位的监管，抓好职责范围内的意识形态、党风廉政建设和反腐败、安全稳定等工作。加强“一把手”和领导班子的监督，在履行管党治党责任、严格自律上当标杆、作表率。坚持压力传导，逐级压实责任，及时研究协调和解决工作中出现的问题，努力营造风清气正的良好政治生态。

三、讲情怀、践初心，打造勤政为民的领导班子

6. 赓续红色传统。坚定历史自信，从党的百年伟大奋斗历程中汲取前进的智慧和力量，建立常态化、长效化机制，不断巩固拓展党史学习教育成果。带头弘扬抗大精神、“两弹一星”精神和老一辈科学家精神等“科大精神谱系”，充分发掘校史中的红色资源，推动全校师生接续光荣传统，坚决扛起中国科大作为党中央为“两弹一星”事业而创办的大学的职责使命，在为党育人、为国育才，打造国家战略科技力量上贡献科大力量，讲好科大故事。

7. 联系师生群众。树牢以人民为中心的发展思想，坚持校领导联系基层单位、联系学生、联系教师，党员校领导联系基层党支部、与党外代表人士联系交友等制度，深入了解基层实际状况，倾听师生员工的意见建议，每人每年完成1～2个专项调研。健全校领导接待日、校长信箱、教代会提案等制度，主动与高层次人才、党外代表人士、离退休老同志谈心谈话，拓宽沟通渠道，对涉及师生员工切身利益的重大问题认真研究、真抓实改，切实解决师生员工的急难愁盼问题。

四、讲原则、重品行，打造公道正派的领导班子

8. 严守各项纪律。严守政治纪律和政治规矩，严格落实中央八项规定精神，严格遵守廉洁自律准则，力戒形式主义、官僚主义，加强家庭家教家风建设，坚决管好亲属和身边工作人员。严格执行重大事项请示报告制度，做到既报喜又报忧、既报功又报过、既报结果又报过程。严格落实领导干部个人有关事项报告制度，履行好离校请假报备手续。坚持和完善党内民主、组织生活等各项制度，带头落实“三会一课”制度，认真过好双重组织生活。

9. 严格选人用人。坚持新时期好干部标准，将政治标准贯穿选人用人全过程，全面考察干部的德能勤绩廉，严把政治关、品行关、能力关、作风关、廉洁关，以正确用人导向引领干事创业。加强顶层设计和总体规划，拓宽选人用人视野，强化干部的政治素质和专业能力要求，树立重实干重实绩的选人用人导向，健全干部担当作为的激励和保护机制，努力打造忠诚干净担当的高素质专业干部队伍。

10. 发扬斗争精神。发扬斗争精神，增强斗争本领，不断增强政治敏锐性和政治鉴别力，以正视问题的自觉，刀刃向内的勇气直面问题和困难，敢于较真碰硬、挑重担子、啃硬骨头，做全校领导干部的表率。要增强忧患意识，保持战略定力，对重大突发事件特别是容易诱发政治问题的隐患，敢于发声亮剑，早预防、早统筹、早处置，将苗头性、倾向性问题消除在萌芽状态，积极防范化解各类风险。

五、讲团结、聚合力，打造精诚合作的领导班子

11. 坚持民主集中。坚持民主集中制，坚持集体领导和个人分工负责相结合，严格执行党委常委会会议、校长工作会议议事规则，凡属重大问题必须按照集体领导、民主集中、个别酝酿、会议决定的原则，由党委集体讨论研究，按照少数服从多数作出决议或决定。如对重要问题发生较大意见分歧，应暂缓作出决定。党委书记和校长应当充分发扬民主，善于集中正确意见，坚持末位表态。其他校领导要增强全局观念和责任意识，应充分讨论和交换意见，对集体作出的决定坚决执行、不打折扣。

12. 加强团结互助。带头保持党内民主平等的同志关系，经常交流思想、坦诚相见，加强团结协作、沟通配合，互相信任、互相支持、互相理解、互相补台、互相提醒、互相监督，大事讲原则、小事讲风格，在合作共事中加深了解，在相互支持中增进团结，努力形成一条心干事业、一盘棋抓工作的生动局面，增强领导班子的整体合力，切实维护领导班子的团结。

使命重在担当，实干铸就辉煌。学校领导班子全体成员要以身作则、率先垂范，以高度的政治自觉，全面加强自身建设，严格规范履职尽责，不断提升服务意识，增强干事本领，在新时代展现新气象新作为，请广大党员干部和师生员工予以监督。

中共中国科学技术大学委员会关于深入贯彻落实中央八项规定精神的具体举措

（党字〔2022〕114 号，2022 年 11 月 24 日）

为了深入学习贯彻落实党的二十大精神，认真落实好《中共中央政治局贯彻落实中央八项规定实施细则》《关于贯彻党的二十大部署要求，锲而不舍落实中央八项规定精神深化纠治“四风”工作的意见》要求，校党委结合学校实际，制定以下 14 条具体举措，切实履行管党治党、办学治校的主体责任，锲而不舍落实中央八项规定精神，不断增强以自我革命精神推进作风建设的政治自觉，持之以恒推进全面从严治党向纵深发展。

一、改进调查研究

1. 健全工作机制，注重实际效果

坚持校领导联系基层单位、联系学生、联系教师，党员校领导联系基层党支部、与党外代表人士联系交友等制度，倾听师生员工的意见建议，为学校决策提供参考。大兴调查研究之风，围绕学校改革发展重点工作和师生关心的热点难点问题，校领导班子成员要制定调研计划，每人每年完成 1～2 个专项调研。机关部门领导干部和工作人员要经常深入教学科研、管理、支撑一线，解决问题，总结经验，加强沟通，取得实效。要多到基层，多进课堂、学生班级、学生宿舍、学生社团、实验室等，多与师生员工“面对面”接触，减少一般面上工作汇报会，多采取座谈、看现场、听意见等方式进行调研。要防止调研工作走形式、走过场，不搞层层陪同，尽量减少随行人员，无直接工作任务人员不必到场。

2. 坚持问题导向，防止形式主义

坚持实事求是，围绕建设中国特色世界一流大学，把党中央、国务院重大决策部署和上级部门重要工作安排、学校党政年度重点任务的贯彻落实情况、重大政策制定研究与执行情况，以及基层单位亟须解决的困难和问题作为调研的主要内容。既要到工作开展好的地方去总结经验，更要到困难较多、情况复杂、矛盾尖锐的地方去调研解决问题。对基层提出的困难和问题，要本着多办实事的精神及时研究，能解决的抓紧帮助排忧解难；不能及时解决或者不好解决的，应当向提出困难和问题者说明原因。校领导班子成员调研工作，既要讲成绩，也要讲问题，该肯定的肯定，该批评的批评。

二、精简会议活动

3. 严格控制各类会议,规范审批程序

本着务实高效的原则,严格清理、切实减少各类会议活动,能不开的坚决不开,可以合并的坚决合并。召开会议或举办活动必须主题明确、目的清楚,以学校名义召开的全校性会议和举办的重要活动须经学校批准。需要安排讨论的会议,要精心设置议题,充分安排讨论时间,讨论发言要紧扣主题、简明扼要,反映真实情况,多提建设性意见和建议,不要搞成工作汇报和一般性表态发言。开会提倡讲实话、讲新话、讲短话,力戒空话、套话。

加强会议活动的统筹谋划,做好事前审批。区分行政性、业务性会议活动,严格控制行政性会议活动的数量和规模,合理确定参会人员范围,无关人员不必陪会;各类业务性会议,如学术会议、研讨会、评审会、座谈会、答辩会等,应坚持实事求是、精简高效、厉行节约的原则,根据教学科研活动的需求确定会议数量、天数和人数。校领导班子成员应带头遵守国内公务接待、外事活动等管理规定,原则上不出席无实质工作内容的各类剪彩、奠基等活动。

4. 规范经费支出,反对铺张浪费

举办会议和活动,要严格执行有关规定,厉行节约,反对铺张浪费。领导干部和工作人员到外地参加会议活动要严格执行差旅费管理规定,尽可能选择经济、便捷的交通工具,减少差旅费支出。严禁提高会议用餐、住宿标准,严禁组织或参与高消费娱乐、健身活动。不得以任何理由接受发放的礼品和纪念品。开会要尽量安排使用校内场所,会议活动现场布置要简朴,校内工作会议一律不摆放花草,不制作背景板和巨幅海报。

要充分利用会议信息系统,减少纸质会议材料。从校党委常委会会议、校长工作会议等做起,少印或不印制纸质材料。在不涉密的情况下,可采取视频方式召开会议,提高会议效率,视频会议一般不请外地同志到主会场参会。要减少在异地召开工作会议或组织活动,不得在名胜古迹和风景区开会。

三、精简文件简报

5. 精简文件,提高质量和针对性

要严格精简文件,上级部门和学校已发文作出明确规定的一律不再制发正式文件,没有实质内容、可发可不发的文件,一律不发,由部门发文能够解决的,不再发校级文件。除上级部门和校级重要会议外,其他会议的报告、领导讲话等原则上不以文件形式印发。弘扬“短实新”的优良文风,文件要突出政治性、思想性、针对性和可操作性,严格控制篇幅。积极推广电子公文应用,减少纸质文件。

6. 严格控制简报,降低运行成本

各部门一般不编印反映本部门工作动态的内部刊物,工作简报要重点反映重要工作动态、经验、问题和工作意见建议等内容,减少一般性工作汇报和总结,严禁过度印刷和装订。树立过紧日子思想,勤俭办学,减少使用一次性办公用品,节约使用打印纸张、笔等,降低运行成本,提高工作效率。

四、规范出差出访

7. 规范出差出访活动,控制费用支出

要坚决执行出差事前审批制度,坚持计划管理、因事定人、人事相符的原则,务实、高效和合理地安排出差出访。统筹制定年度出访计划和出国预算。不安排考察性出访,严控计划外出访团组，不安排无经费预算的出访团组。校领导班子成员和中层领导干部出访活动应与分管工作紧密结合，坚决杜绝变相公款旅游或与公务活动无关的活动。严格执行外事管理规定，严禁前往未报批的国家，包括未报批的“申根国家”和互免国家。严格执行因公出访事前公开和事后公示机制，严格按照批准出访的任务和计划执行，据实报销，接受群众监督并及时报送出访总结。

五、改进宣传报道

8. 精简校领导班子成员活动报道

要坚持精简务实、注重效果的原则，减少一般性会议活动的报道。根据工作需要、新闻价值和社会效果，校领导班子成员活动可在学校新闻网进行报道；参加系列相关重要会议活动，可由主办部门根据实际情况撰写一篇综合稿件在学校新闻网进行报道。新闻稿应遵循新闻传播规律，突出工作成效，增强传播效果，作为报告人、主持人出席的校领导班子成员可列名报道，职务称谓根据会议主题内容确定，一般不超过 2 个。

六、厉行勤俭节约

9. 严格执行有关待遇规定，带头树立良好家风

严格执行国内公务接待的管理规定，不得擅自扩大公务接待范围，不得将非公务活动纳入公务接待范围。严格按公务接待标准执行，机关部门对外接待工作用餐，原则上使用教工餐厅。校领导班子成员执行公务中，有条件的应安排在接待单位食堂用餐，严格按照各地区相关规定标准执行。按照国际惯例，简化外事接待，控制接待规格和标准。党员干部要带头制止餐饮浪费行为，营造浪费可耻、节约为荣的氛围。

严格执行廉洁自律准则，廉洁齐家，注重家庭、家教、家风，坚决破除特权思想和特权行为。进一步规范领导干部配偶、子女及其配偶经商办企业行为，教育管理好亲属和身边工作人员，要求他们谨言慎行、本分做人。

10. 规范办公用房、用车，压缩办公经费

严格执行办公用房的管理规定，规范办公用房使用，及时腾退超标办公用房。严格执行公务用车的管理规定，加强公务车辆的管理，严禁超编制配备公务用车、超标准配备公务用车、违反规定换车借车、摊派款项购车、豪华装饰公务用车和公车私用。

七、热情服务师生

11. 坚持“我为师生办实事”

持续开展“我为师生办实事”活动，找准师生的操心事、烦心事、揪心事，切实解决师生急难愁盼问题。深化“放管服”改革，持续纠治文山会海、督查检查考核过多过频、“指尖上的形式主义”等问题，为师生员工减轻负担，优化管理、激发活力，营造干事创业的良好环境。推进“智慧科大”的建设，让数据多跑路、师生少跑腿。充分发挥教代会、工代会、学代会、研代会的作用，完善提案制度。健全完善校领导接待日、校长信箱等信访接待工作制度，拓宽学校领导班子成员与师生员工的沟通渠道。

12. 推动信息公开

健全校务公开、信息公开等发布制度，不断完善主动公开目录，进一步拓宽公开范围，细化公开事项，做好动态管理，继续加大招生、财务等重点领域信息公开力度，做好信息公开年度报告，主动接受外部监督，积极了解学校教职工和学生关心的事项，严格执行信息公开程序。

八、加强督促检查

13. 狠抓工作落实

要紧紧围绕党的二十大确定的战略部署，校领导班子成员和中层领导干部要以身作则，率先垂范，保持奋发有为的状态，不断提高履职尽责本领，想干事、能干事、干成事，以钉钉子精神推进工作，全心全意为师生员工服务。要严负其责、严管其辖，“一把手”要认真落实作风建设的第一责任人责任，分管领导抓好分管部门和联系单位的风气，履行好抓班子、带队伍、正风气的领导责任。

14. 做好督促检查

纪检监察机构要坚持严的基调，把严的要求落实到教育引导、监督约束、执纪执法各环节，以“一把手”和领导班子成员为重点，督促各级领导干部严格执行中央八项规定精神。坚持一体推进不敢腐、不能腐、不想腐，重点纠治形式主义、官僚主义，持续纠治享乐主义、奢靡之风，着力整治群众身边的不正之风和腐败问题，推动落实中央八项规定精神一抓到底。各级领导干部要自觉接受全校师生员工、社会和媒体监督，对苗头性问题要抓早抓小、防微杜渐，对突出问题要靶向纠治。

改进工作作风、密切联系群众，关系党的形象，关系党和人民事业成败。全校党员领导干部要始终牢记“三个务必”，弘扬党的光荣传统和优良作风，坚持以人为本，带头改进工作作风，带头深入基层调查研究，带头密切联系群众，带头解决实际问题。加强制度建设，对照中央新要求开展落实中央八项规定精神制度“回头看”，及时修订完善规章制度。推进作风建设常态化长效化，做实以案促改、以案促治，把查处“四风”问题更加紧密地同深化改革、完善制度、促进治理贯通起来，强化制度执行，把制度成果更好转化为治理效能。

中共中国科学技术大学委员会关于推动党史学习教育常态化长效化的实施意见

（党字〔2022〕57号，2022年5月19日）

为认真贯彻落实中共中央办公厅《关于推动党史学习教育常态化长效化的意见》（以下简称《意见》），根据中国科学院党的建设工作领导小组办公室《关于认真贯彻落实〈关于推动党史学习教育常态化长效化的意见〉的通知》、中共安徽省委办公厅《〈关于推动党史学习教育常态化长效化的实施意见〉的通知》有关要求，现就推动党史学习教育常态化长效化提出如下实施意见。

一要深刻认识《意见》的重大意义，深入领会精神实质。《意见》提出“六个着眼”“六个坚持不懈”的实践要求，为推动党史学习教育常态化长效化提供了根本制度遵循。要以学习贯彻党的十九届六中全会精神为重点，引导全校广大党员干部和师生员工深刻领会“两个确立”的决定性意义，切实把做到“两个维护”体现在坚决贯彻落实习近平总书记关于中国科大系列重要指示精神的行动上。

二要巩固“我为群众办实事”实践活动成果。发挥基层党组织战斗堡垒作用和党员先锋模范作用，巩固“我为群众办实事”实践活动形成的良好机制，持续推动重点项目落实见效，用心用情用力解决基层困难事、群众烦心事。

三要把弘扬伟大建党精神作为推进党史学习教育常态化长效化的重要任务。“两弹一星”精神、科学家精神是中国共产党人精神谱系的重要组成部分，要大力弘扬“两弹一星”精神、科学家精神，深入开展“传承老科学家精神 弘扬新时代科学家精神在行动”专项工作，积极争创全国科学家精神教育基地，持续推进全国爱国主义教育示范基地建设，把弘扬“两弹一星”精神、科学家精神与提升内部治理能力相结合，营造干事创业良好科研生态。

四要运用好党推进自我革命的宝贵经验。经常性开展政治体检，积极开展批评和自我批评，不断增强政治免疫力。督促党员领导干部严守党的政治纪律和政治规矩，严格执行廉洁自律准则、党内政治生活若干准则，严格落实中央八项规定及其实施细则精神，驰而不息抓作风改作风。

各院级党组织要提高政治站位，落实主体责任，加强组织领导，总结运用好学校党史学习教育的成功经验，结合工作实际，建立常态化长效化制度机制，与“潜心立德树人、执着攻关创新”两大核心任务有效结合，把党史学习教育成效转化为干事创业的动力、举措和成效，以优异成绩迎接党的二十大胜利召开。

中国科学技术大学“支部特色年”活动实施方案

（党组字〔2022〕24号，2022年3月17日）

为认真贯彻落实《中国共产党普通高等学校基层组织工作条例》，根据《中国科学院“基层组织建设见成效”活动实施方案》，校党委决定2022年在全校开展“支部特色年”活动，全面深化落实“红专工程”，努力构建“一支部一特色”的党支部工作新格局，全面推进基层党建高质量发展，充分发挥党建引领单位发展的重要作用。现结合学校实际，制定本方案。

一、活动目标

全面贯彻落实新时代党的组织路线，认真巩固“红专工程”成效，以支部特色品牌建设为重点，不断夯实党支部标准化规范化建设成果，进一步激发党支部工作新活力和创造力，不断扩大“政治功能强、支部班子强、党员队伍强、作用发挥强”的“四强”党支部比例，创建一批具有特色“名片”的党支部，形成一批具有特色“看点”的支部建设典型案例，以品牌力量推动学校党建工作质量整体提升。

二、活动要求

（一）树立特色品牌意识。对标教育部党建标杆样板支部“七个有力”要求，全面树立特色支部品牌建设理念，以品牌意识、品牌思维、品牌创建的品质要求，全面增强党支部的组织力凝聚力战斗力。立足单位发展实际，坚持问题导向，认真总结凝练支部具有创新价值和推广意义的品牌活动，激发党员投身特色支部建设的自觉性和积极性。

（二）制定特色建设计划。紧紧围绕本单位中心工作确定创建内容，突出支部特色，真正促进党建与中心工作深度融合。教学科研机构的教职工党支部要紧密结合“潜心立德树人、执着攻关创新”核心任务，牢记“国家队”“国家人”职责，心系“国家事”，肩扛“国家责”，在提升人才培养质量、教育教学水平、科学研究能力等方面开展特色活动；机关、直属单位、附属医院等机构的教职工党支部要围绕增强服务意识，提升管理水平，解决师生关注的实际问题开展特色活动；学生党支部要围绕“六有”大学生培养目标、研究生教育“德创”领军人才培养计划，在加强班级建设，引领学生刻苦学习、团结进步、健康成长，帮助学生职业规划、就业创业等方面开展特色活动。

（三）创新特色工作载体。鼓励创新活动形式，深入推进“党建＋”工作模式常态化，促进党建工作与教学、科研、社会服务深度融合。鼓励创新理论学习载体和方法，丰富学习内容，善于运用模范人物及其事迹来鼓舞、感动和教育广大党员，加强政治引领和政治吸纳。鼓励创新“三会一课”形式，开展特色主题党日活动，推行党员“政治生日”制度，增强党员荣誉感和归属感。鼓励以结对共建为载体，探索机关与直属单位、教工与学生等不同类型基层党支部结对共建的新途径。鼓励充分发挥互联网作用，结合师生特点，运用新媒体微信、微博、短视频 APP 等方式开展特色品牌宣传工作，增强影响力和吸引力。

（四）形成特色培育成果。坚持统筹规划和分步实施相结合、整体提升和品牌塑造相结合，按计划、分步骤开展创建工作。特色党支部以党的建设某一个点为主攻方向形成特色培育成果，可以包括理论学习创新模式、党员作用发挥成效、党建与中心工作深度契合、支部组织力提升等多方面，求精求实，不搞大而全。

三、组织实施

（一）特色品牌凝练。3—4 月，各支部通过召开党内外群众座谈会、支委会、党员大会等形式，认真总结支部工作的经验，反思支部工作存在的问题，结合单位实际凝练支部特色，确保一个支部至少形成一个特色。各院级党组织通过适当形式对各支部特色建设情况进行指导，并将各支部特色建设情况报党委组织部。

（二）首批校级样板验收。5 月，校党委将对首批校级党建工作样板支部进行验收，通过支部书记逐一述职、校党委书记逐一点评的方式进行，切实发挥党建标杆示范带动效应，推进支部深度对标对表，努力实现从“一支部一特色”工作格局到基层党建“百花齐放”的新局面。

（三）党建标杆创建。6—7 月，在支部品牌凝练和校级样板支部验收的基础上，校党委将汇总一批有特色的支部作为后备支部，申报教育部党建工作样板支部，同时开展第二批校级样板支部创建工作。7 月底，公布第二批校级样板支部名单，并给予专项经费支持。各院级党组织认真组织各支部申报，并将申报表报党委组织部。

（四）创建成效总结。9—12 月，各支部围绕特色品牌定位，组织实施创建行动，及时发掘、凝练、宣传支部的探索经验、培育成果、创建成效，鼓励各支部相互交流、相互借鉴，切实发挥引领示范、辐射带动作用。

四、工作要求

各院级党组织要高度重视“支部特色年”活动，认真组织实施，加强分类指导，通过党支部书记工作例会等形式及时调度活动开展和建设情况，确保“一支部一特色”取得新成效。校党委将把“支部特色年”活动开展情况和成效纳入 2022 年院级党组织书记抓基层党建述职评议考核的重要内容。

2022年中央巡视整改落实情况“再总结”工作方案

（党字〔2022〕59号，2022年5月26日）

根据党中央的统一部署，2021年5月9日至7月5日，中央第二巡视组对中国科学技术大学党委开展了常规巡视。9月3日，中央巡视组向校党委反馈了巡视意见，并提出了具体的整改要求。校党委诚恳接受、照单全收，以对党负责、对学校事业发展负责、对全体师生员工负责的态度，把巡视整改作为长期坚持的重要政治任务抓紧抓实抓好。在集中整改期内，校党委顺利完成128项巡视整改任务，以实实在在的巡视整改成效推动学校事业高质量发展。

为深入贯彻落实《关于加强巡视整改和成果运用的意见》，扎实做好巡视“后半篇”文章，按照《关于“一校一策”开展工作指导督促的通知》要求，校党委将于2022年5月下旬至7月底，面向各院级党组织、机关各部门，开展巡视整改落实情况“再总结”工作，进一步运用好巡视整改成果，推进巡视整改常态化长效化，真正将巡视整改成效转化为推进中国特色、科大风格的世界一流大学建设的有力实践。校党委按照中央要求，结合学校实际，制定本方案。

一、指导思想

坚持以习近平新时代中国特色社会主义思想为指导，全面贯彻落实党的十九大和十九届历次全会精神，深入贯彻落实习近平总书记关于教育的重要论述和对中国科大系列重要指示精神，扎实开展巡视整改落实情况“再总结”工作，推动巡视整改走深走实，持续巩固扩大整改成果，进一步压实管党治党、办学治校主体责任，切实将巡视整改的成效作为忠诚拥护“两个确立”、坚决做到“两个维护”的试金石，确保党的教育方针和党中央关于高校的决策部署落地生根，为努力办出中国特色、科大风格的世界一流大学提供坚强政治保障。

二、主要内容

针对《关于“一校一策”开展工作指导督促的通知》中指出的共性问题和个性问题，对照《中共中国科学技术大学委员会巡视整改落实方案》、关于巡视整改进展情况有关审核评估意见等，严格“对标”“对表”，把防范风险、推动整改、促进改革、优化治理结合起来，统筹推进、一体解决，真正做到“以巡促改，以巡促建，以巡促治”，推动学校高质量发展。

(一) 在加强政治建设方面的整改情况

1. 提高政治站位，在学懂弄通做实习近平新时代中国特色社会主义思想上下功夫。

重点查“第一议题”学习、党委理论学习中心组集中学习、十九届六中全会精神学习等情况，是否及时跟进学习习近平总书记最新重要讲话、重要指示批示精神、重要理论文章，以及党和国家召开的重要会议、出台的重要文件。（牵头单位：党政办公室、党委宣传部、党委组织部）

2. 用习近平总书记关于教育的重要论述和对中国科大重要指示、贺信精神指导中国特色、科大风格的世界一流大学建设，心怀“国之大者”，践行服务国家科技自立自强职责使命。

重点查“潜心立德树人、执着攻关创新”两大核心任务落实情况以及学校“十四五”规划、“双一流”建设推进情况，是否贯彻党的教育方针和党中央决策部署，坚持社会主义办学方向，在强化人才培养、科技创新等方面发挥“国家队”作用。（牵头单位：发展和改革办公室、党委学生工作部、教务处、研究生院、科研部、人力资源部）

3. 采用生动的形式、丰富的载体、身边的榜样，在师生中大力弘扬“两弹一星”精神和老一辈科学家精神。

重点查《中国科学技术大学深入开展新时代爱国主义教育实施方案》、“传承老科学家精神 弘扬新时代科学家精神在行动”专项工作的落实情况，是否传承“红专并进”优良传统，在研究阐释“两弹一星”精神和老一辈科学家精神上下功夫，不断加强师生员工的理想信念教育、家国情怀培养。（牵头单位：党委宣传部、党委学生工作部、党委教师工作部）

4. 用党的创新理论最新成果指导办学实践，将政治建设要求融入办学治校各环节。

重点查大学章程修订、学校规章制度体系建设情况，是否利用章程修订推动制度创新，提升工作规范化、法制化、正规化水平。（牵头单位：发展和改革办公室、党政办公室）

（二）在落实立德树人根本任务方面的整改情况

5. 全面加强新时代马克思主义学院建设。

重点查《关于加强新时代马克思主义学院建设的意见》《普通高等学校马克思主义学院建设标准（2019 年本）》的落实情况，是否执行加强马克思主义学院建设的具体举措。（牵头单位：马克思主义学院）

6. 持续深化思政课改革创新，推动思政课程与课程思政协同育人。

重点查《高等学校思想政治理论课建设标准（2021 年本）》《深化思政课改革创新、提高思政课教学质量的工作方案》和《中国科学技术大学思想政治理论课建设优化提升方案》等的落实情况，以及本科生、研究生课程思政建设情况，是否发挥思想政治理论课教学主渠道作用，进一步推动习近平新时代中国特色社会主义思想进教材、进课堂、进学生头脑；是否认真梳理各专业课程的思政元素和德育功能，讲好“科大故事”，实现价值塑造、知识传授和能力培养的有机统一。（牵头单位：教务处、研究生院、马克思主义学院）

7. 强化理想教育引领学生树立正确价值观，培养家国情怀。

重点查毕业生赴重点区域、重点行业、重点单位就业，学生党员发展、《少年班学院学生荣誉提升行动方案》等的落实情况，是否推动校、院、系联动，引导和鼓励学生将个人理想追求融入党和国家建设事业中，勇当开路先锋、争当事业闯将。（牵头单位：招生就业处、党委学生工作部、党委组织部、少年班学院）

8. 加强思想政治队伍建设，关心学生思想动态和心理状况。

重点查《中国科学技术大学关于加快构建思想政治工作体系的方案》《关于加强研究生思想政治工作体系建设的指导意见》的落实情况，是否配齐建强思想政治工作队伍，及时掌握学生思想动态和心理状况。（牵头单位：党委学生工作部、教务处、研究生院）

9. 加强“四有”好老师建设，构建师德师风建设协同机制。

重点查《关于完善教师思想政治和师德师风建设工作体制机制的实施方案》的落实情况，是否健全教师思想政治和师德师风体制机制，引导广大教师坚定为党育人、为国育才初心使命，争做“四有”好老师，努力成为“大先生”。（牵头单位：党委教师工作部）

10. 健全完善教材管理制度，大力推动教材建设。

重点查《中国科学技术大学教材管理规定》《中国科学技术大学教材建设管理和奖励办法(试行)》等的落实情况，是否健全教材管理机制，支持和鼓励教师编写高质量教材，落实“马工程”重点教材统一使用。(牵头单位:教务处、研究生院、出版社)

11. 加快构建德智体美劳全面培养的教育体系。

重点查“一流本科教育质量提升计划”行动纲领、研究生教育“德创”领军人才培养计划，《中国科学技术大学关于全面加强新时代劳动教育的实施方案(试行)》《中国科学技术大学体育工作提升方案(试行)》《中国科学技术大学艺术教育提升方案(试行)》等的落实情况，以及科学道德与学风建设情况，是否坚持“五育并举”，落实学生德智体美劳全面发展要求，大力培养“六有”大学生。(牵头单位:教务处、研究生院、党委学生工作部、团委)

(三) 在科技创新服务经济社会发展方面的整改情况

12. 坚持“四个面向”，完善卓越科技创新体系。

重点查《中国科学技术大学关于加强执着攻关创新工作的指导性意见》及配套政策的落实情况，是否主动服务国家重大战略，优化科技创新力量布局，在基础性和战略性工作上多下功夫，打造攻关创新的“国家队”。(牵头单位:科研部)

13. 健全科技成果转移转化体系，推动科技成果向现实生产力转化。

重点查《关于进一步加强科技成果转移转化工作的意见》《中国科学技术大学赋予科研人员职务科技成果所有权或长期使用权试点工作方案》等的落实情况，是否深化产学研深度融合，推动科技成果向现实生产力转化。(牵头单位:科技成果转移转化办公室、资产经营有限责任公司)

(四) 在执行党委领导下的校长负责制方面的整改情况

14. 坚持和完善党委领导下的校长负责制，健全学校领导班子议事决策机制。

重点查党委常委会会议、校长工作会议议事规则以及“三重一大”决策制度的落实情况，是否做到科学决策、民主决策、依法决策。(牵头单位:党政办公室)

15. 把党的全面领导落实到院系层面，充分发挥基层党组织的作用。

重点查《中国科学技术大学学院、实验室党组织作用发挥工程(“红专工程”)实施方案》，以及党组织会议、党政联席会议议事规则的落实情况，是否充分发挥基层党组织的战斗堡垒作用，促进基层党组织做到“七个有力”。(牵头单位:党委组织部)

(五) 在做好新时代意识形态工作方面的整改落实情况

16. 坚持“党政同责、一岗双责”，加强意识形态阵地管理，层层压实责任。

重点查意识形态专项整改落实情况。(牵头单位:党委宣传部)

(六) 在深化从严管党治校方面的整改情况

17. 党委履行主体责任，抓紧抓实管党治校工作。

重点查党委落实主体责任情况，是否履行“一岗双责”，层层传导压力；是否加强校内巡视，形成校内巡视与纪检监察、组织人事、宣传、财务、审计、外事等部门的监督合力，提升巡视质量。(牵头单位:党政办公室、党委组织部、党委巡视工作办公室)

18. 纪委强化专责监督，推动党风廉政建设和反腐败工作向纵深发展。

重点查学校纪检监察机构在加强自身问题整改同时，是否实现政治监督具体化常态化，是否监督推动党委落实整改责任，把问题整改与贯彻落实中央纪委六次全会部署、落实年度党风廉政建设工作任务等结合起来，把防范风险、推动整改、促进改革、优化治理结合起来。（牵头单位：纪委办公室）

19. 加强对关键岗位、重点领域的监管，坚决杜绝廉洁风险。

重点查异地办学机构、非学历教育领域、基础教育合作办学、校办企业、附属医院等重点领域廉洁风险防控情况，是否存在廉洁风险。（牵头单位：校地合作机构、非学历教育中心、基础教育集团、资产经营有限责任公司、附属医院、生命科学与医学建设办公室）

20. 加强作风建设，持之以恒纠“四风”树新风。

结合中国科学院开展违反中央八项规定精神问题专项整治，重点查违规公款吃喝、违规收送礼品礼金、违规发放津贴补贴等问题；纠治形式主义、官僚主义，重点查“指尖上形式主义”专项清理、“我为师生办实事”落实情况。（牵头单位：机关党委、党委组织部、党委宣传部）

（七）在加强班子建设和基层党组织建设方面的整改情况

21. 加强领导班子建设，打造信念过硬、政治过硬、责任过硬、能力过硬、作风过硬的领导集体。

重点查领导班子主动担当作为情况，是否加强对“一把手”和领导班子监督，履行重大事项请示报告、领导干部落实“双重组织生活”等。（牵头单位：党政办公室、党委组织部）

22. 完善科学精准选人用人机制，打造高素质人才队伍、干部队伍。

重点查选人用人专项整改落实情况。（牵头单位：党委组织部、人力资源部）

23. 构建高质量党建工作体系。

重点查党建“双创”、党员发展、《中国科学技术大学师生党支部建设标准》等的落实情况，是否落实党建工作责任制，充分发挥基层党组织政治功能。（牵头单位：党委组织部）

（八）在强化整改落实方面的整改情况

24. 扎实推进基层党组织巡视整改。

重点查各院级党组织对照本单位巡视整改方案、校内巡视发现问题的整改落实情况，是否存在整改不彻底的问题，确保改到底、改到位。（牵头单位：党委巡视工作办公室、各院级党组织）

三、方法步骤

（一）认真开展自查（5月下旬至6月中旬）

各单位要扎实开展巡视整改落实情况“再总结”工作，对照校党委巡视整改方案、院级党组织巡视整改方案的任务要求，逐条梳理重点难点和长期坚持项，认真开展自查，并通过座谈调研、个别访谈等方式，广泛听取师生员工对整改工作的评价。

（二）深入分析研判（6月中旬至7月中旬）

各单位要对自查情况进行深刻总结，对其中暴露出来的问题要查找病因、认真分析，找出具体对策；对已取得的实际成效，要提出更高要求，在巩固已有成绩的基础上不断改进；对尚未整改到位的，要提出加快推进整改的具体举措。

（三）持续深化整改（7月中旬至7月底）

各单位对巡视整改中师生不满意、效果不理想、举措不科学的事项，要“回炉”“补课”，并统筹考虑新发现的问题，将其一并纳入整改。要凝练总结整改过程中的好经验、好做法和典型案例，形成长效机制，把抓整改融入日常工作、融入深化改革、融入全面从严治党、融入班子队伍建设，不断增强师生员工的满意度、获得感。

四、组织领导

各牵头单位要坚定扛起巡视整改的主体责任，加强科学谋划和协调推进，相关单位要主动配合、全力支持、抓好落实。各级党组织书记和机关部门负责同志要提高政治站位，切实履行第一责任人职责，高度重视，统筹安排，既要看校党委巡视整改方案的落实情况，也要看院级党组织巡视整改方案的落实情况，逐条对账销号，确保整改到位、不留死角，并做好相关档案整理归档工作。

学校巡视整改领导小组将采取多种方式进行全面检查，对各项整改任务落实情况进行审核把关，坚决防止“再总结”中的形式主义、官僚主义。

五、结果运用

巡视整改落实情况“再总结”工作应于 2022 年 7 月底完成，工作结果将通过党委全委会会议、季度书记调度会等形式予以通报，对发现的共性问题进行总结点评，对发现问题较多的单位进行通报提醒。

2022 年度基层党建工作“三个清单”

（党组字〔2022〕74 号，2022 年 7 月 13 日）

问题清单	任务清单	责任清单	
		完成时限	责任单位
一、部分基层党组织组织生活质效不高，存在开展批评不严肃不认真、与思想和工作实际结合不紧密，组织形式单一等问题。	1. 贯彻落实安徽省委组织部《关于提升党支部组织生活质效的工作方案》，切实增强支部组织生活的政治性、时代性、原则性、战斗性。	全年	各基层党组织
	2. 各支部要结合师生工作实际加强支部组织生活内容策划，确保每次活动有收获、有成效。	全年	各党支部
	3. 通过逐级推荐、层层比选，选树一批可见、可学、可比的组织生活质效高的先进党支部。校党委将不定期对校级以上党建工作样板支部建设成果进行宣传。	全年	各院级党组织、党委组织部

续表

问题清单	任务清单	责任清单	
		完成时限	责任单位
一、部分基层党组织组织生活质效不高，存在开展批评不严肃不认真、与思想和工作实际结合不紧密，组织形式单一等问题。	4. 可把提升党支部组织生活质效作为年度重点研究课题进行研究，从工作思路、方法路径、关键环节、闭环管理、评价考核等方面提出对策建议。	全年	各院级党组织、党委组织部
	5. 将提升党支部组织生活质效纳入党支部书记工作例会，专项研究讨论内容和党员教育培训必学内容。	全年	各院级党组织
二、抓党支部建设的领导和保障需要加强，对党支部活动经费的支持力度有待进一步加大。	6. 认真落实《党务工作培训规划》，及时对新任支部书记、支委进行培训。校党委负责组织教工支部书记论坛和学生党支部书记培训班。	全年	各院级党组织、党委组织部
	7. 贯彻落实党员领导干部、党员教师联系师生支部制度，定期参加联系支部组织生活，加强具体指导，帮助解决实际问题，推动后进支部转化提升。落实好党员领导干部“双重组织生活”制度。	全年	各基层党组织
	8. 鼓励各支部利用基层党建经费、工会费等开展党工共建、党团共建模式的支部活动。	全年	各基层党组织
三、少数党支部设置不合理，体量偏大，党员人数较多。	9. 开展工作调研，加强工作督促督查，对设置不合理、超 50 人的党支部及时进行整改。	全年	各院级党组织
四、制定下达发展党员计划还存在不精准、跟踪指导不到位的问题。	10. 从基层实际需求和工作基础出发，精准下达发展党员指导性计划。	全年	党委组织部、各院级党组织
	11. 加强对指导性计划执行情况的跟踪掌握，及时进行调度，及时补充调剂，把计划用在最合适、最需要的地方。	全年	党委组织部、各院级党组织
五、党员队伍结构需要进一步优化，重点群体发展党员力度仍需持续加大。	12. 加大在高层次人才中发展党员的力度，从省级以上人才引进和培养支持计划入选人员、国家重点实验室负责人等高层次人才中确定一批重点培养对象。	全年	各基层党组织
	13. 落实党组织班子成员与高层次人才谈心谈话制度，加强政治引领和思想引导，鼓励党员领导干部、院士、学科带头人带头联系高层次人才，条件合适的担任入党介绍人，把优秀的人才凝聚在党组织周围。	全年	各基层党组织

续表

问题清单	任务清单	责任清单	
		完成时限	责任单位
五、党员队伍结构需要进一步优化，重点群体发展党员力度仍需持续加大。	14. 加大在本科生和研究生中发展党员力度，特别是在本科生低年级中发展党员，确保达到教育部30%比例要求。	全年	各基层党组织
六、有的基层党组织发展党员存在一定程度“空转”现象，发展党员培养教育考察工作需要进一步做细做实。	15. 把理论武装和思想教育贯穿发展党员全过程，经常谈心谈话，及时释疑解惑，精心组织培训。	全年	各基层党组织
	16. 督促指导基层党组织精心挑选培养联络人、入党介绍人，督促他们充分发挥作用，协助党组织做好培养教育考察工作。	全年	各院级党组织
	17. 严格政治审查，注意考察发展对象的入党动机和政治素质。	全年	各基层党组织
七、党的创新理论武装抓得不够实，少数党员干部压根不学习理论，不懂装懂，没有入脑入心，没有触及思想和灵魂。	18. 认真贯彻落实学校《关于推动党史学习教育常态化长效化的实施意见》，巩固拓展党史学习教育成果。	全年	各基层党组织
	19. 党的二十大召开后着力抓好大会精神的学习贯彻，切实把广大党员干部思想和行动统一到二十大精神上来。	全年	各基层党组织
	20. 把学习贯彻习近平新时代中国特色社会主义思想贯穿“三会一课”、主题党日等党的组织生活全过程各方面，推动学习贯彻工作抓在经常、融入日常。	全年	各基层党组织
	21. 督促党支部年初制定理论学习计划、并报上级党组织备案；上级党组织结合日常工作调研，检查支部理论学习执行情况。	全年	各院级党组织
	22. 加大探索实践力度，用好用活专题学习、专题研讨、主题宣讲等形式，做好理论学习做法经验总结推广工作。	全年	各基层党组织

续表

问题清单	任务清单	责任清单	
		完成时限	责任单位
八、一些基层党组织开展教育培训方式方法相对单一，内容不够生动鲜活，党员接受教育培训内生动力未被有效激发，克服工学矛盾的主动性、自觉性还不高。	23. 定期为党员推荐学习书目，提供学习资料和必要条件，并通过适当方式，检验学习效果。	全年	党委组织部、各院级党组织
	24. 鼓励开展“党课开讲啦”活动，开设党员线上“学习课堂”，组织“微党课”征集、评选活动。	全年	各基层党组织
	25. 广泛开展“学习身边榜样”活动，选树基层党组织中涌现出的先进典型，探索建立常态化学习宣传机制。	全年	各基层党组织
九、党员监督管理有待进一步加强，在流动党员管理、强化党内激励关怀帮扶、规范不合格党员处置、改进党员工作作风等方面仍需持续用力。	26. 加强作风建设，推动基层党组织和党员动起来、干起来、比起来、热起来。	全年	各基层党组织
	27. 加强流动党员管理，对毕业生党员组织关系转接工作进行定期排查，建好台账。	全年	各基层党组织
	28. 做好“光荣在党 50 年”纪念章颁发工作。	6 月底	党委组织部、各有关院级党组织
	29. 做好中组部即将出台的《不合格党员组织处置办法》学习贯彻工作，规范组织处置流程。	全年	党委组织部、各基层党组织
十、“两个作用”发挥还不够充分，特别是组织动员基层党组织和党员参与疫情防控、科技攻关、教育教学等力度需要加大。	30. 认真贯彻落实“红专工程”、组织开展“党旗在基层一线高高飘扬”活动，及时把基层党组织和广大党员全面动员起来，积极投身“双一流”大学建设。	全年	各基层党组织
	31. 采取成立临时党组织、组建“党员突击队”、设置党员责任区等方式，注重在疫情防控、科技攻关、教育教学等关键部位，把党旗树起来、把党徽亮出来。	全年	各基层党组织
	32. 注重发现、及时表扬、大力宣传在抗疫防控、科技攻关、教育教学等一线涌现的先进基层党组织和优秀党员，加大在一线发现、考验入党积极分子力度。	全年	各基层党组织

续表

问题清单	任务清单	责任清单	
		完成时限	责任单位
十一、典型引路的效果有待强化，覆盖面不够宽、影响力不够大。	33. 持续推进高校党建“双创”工作，指导入选省级以上创建单位做好建设工作，开展第二批省级、校级党建“双创”申报工作。	全年	党委组织部、各基层党组织
十二、基层党组织工件条例贯彻落实不够到位。	34. 围绕贯彻落实高校基层党组织工作条例，结合《2022 年中央巡视整改落实情况“再总结”工作方案》，全面开展自查和督查，推动各项要求落实落地。	全年	各基层党组织
十三、党建责任落实有欠缺，存在上热中温下冷的现象。	35. 认真抓好党组织书记抓基层党建述职评议考核，把提升党支部组织生活质效工作纳入考核内容，加大考核结果运用。	全年	党委组织部、各院级党组织
	36. 建立常态化派员列席党支部组织生活、及时“叫停”、定期分析研判等制度，指出不足、提出要求；把组织生活开展情况作为党支部书记述职评议考核的重要内容。	全年	各院级党组织
十四、基层党建考核信访工作制度还需完善。	37. 完善党建述职考核会前实地调研、会上书记点评、会后整改落实工作机制，注意听取信访部门意见，防止工作出现偏差。	全年	党委组织部、各院级党组织

中共中国科学技术大学委员会关于开展“弘扬科学家精神，喜迎党的二十大”系列活动的工作方案

（党字〔2022〕67 号，2022 年 6 月 20 日）

2022 年是进入全面建设社会主义现代化国家、向第二个百年奋斗目标进军新征程的重要一年，我们党将召开具有重大而深远意义的第二十次全国代表大会。按照《中国科学院党的建设工作领导小组办公室关于开展“弘扬科学家精神，喜迎党的二十大”系列活动的通知》要求，校党委决定在全校开展“弘扬科学家精神，喜迎党的二十大”系列活动，紧扣“奋进新征程、建功新时代”主旋律，弘扬科学家精神，传承红色基因，激励和引领全校师生员工更加紧密地团结在以习近平同志为核心的党中央周围，不忘初心、牢记使命，锐意进取、勇毅前行，以昂扬的精神面貌和优异的办学成绩迎接党的二十大胜利召开。

一、总体思路

坚持以习近平新时代中国特色社会主义思想为指导，全面贯彻落实党的十九大和十九

届历次全会精神，深刻领会“两个确立”的决定性意义，增强“四个意识”、坚定“四个自信”、做到“两个维护”。紧紧围绕迎接宣传贯彻党的二十大，扎实开展“弘扬科学家精神，喜迎党的二十大”系列活动，加强师生员工爱党爱国爱社会主义教育，激励师生员工积极投身建设中国特色、科大风格的世界一流大学。

二、主要内容

1. 聚焦重温习近平总书记重要足迹，举办“牢记谆谆嘱托、争取更大光荣”系列活动。通过开展党委理论学习中心组专题学习，组织“坚持四个面向、勇攀科学高峰”科技报告会、“学术诚信与科技伦理”系列报告会、“奋进新征程、建功新时代”系列采访报道，重温习近平总书记关于中国科大系列重要指示精神，心怀“国之大者”，坚持“四个面向”，强化国家战略科技力量使命担当。(牵头单位：党委宣传部、科研部)

2. 建设科学家精神教育基地。以档案文博院获批省级科学家精神教育基地为契机，汇聚校内外研究力量，挖掘校史中的红色资源，深入研究抗大精神、“两弹一星”精神和老一辈科学家精神等共同构成的中国科大精神谱系，讲好新时代科技工作者弘扬科学家精神的动人事迹。布置老一辈科学家先进事迹系列展览，打造科学家雕像群，建设国家同步辐射实验室“全国爱国主义教育示范基地”，营造弘扬科学家精神的浓厚氛围。(牵头单位：党委宣传部、档案文博院、国家同步辐射实验室)

3. 组建以老科学家命名科技攻关突击队。依托学校承担的重大科技基础设施、重要科研任务，组建以老科学家命名科技攻关突击队，引导突击队充分发挥党支部战斗堡垒作用和党员先锋模范作用，对标老科学家、践行老科学家精神，在科技攻关中攻坚克难、创新突破。(牵头单位：科研部、党委组织部、党委宣传部)

4. 进行科学家精神常态化宣讲和培训。策划拍摄微电影《科学的春天》，在《中国科大教学评论》刊发老一辈科学家纪念专辑，展现老一辈科学家的风采。在新进教职工岗前培训、青年骨干教师研修班、“德创导师学校”的导师培训等活动中，开设弘扬科学家精神专题内容。开展弘扬科学家精神学习宣传活动，鼓励一线科技人员、研究生导师，面向科研骨干、学生进行宣讲，现身说法讲述弘扬科学家精神、开展科研攻关的生动故事。(牵头单位：党委宣传部、党委教师工作部、研究生院、教务处、科研部)

5. 开展“喜迎二十大”青春使命教育。校党委书记、校长带头讲好思政课，弘扬科学家精神，上好新生“开学第一课”，打造“毕业生思政课”，筑牢学生信仰之基。组织拍摄“弘扬‘两弹一星’精神，培养新时代‘六有’大学生”微党课视频，创作“弘扬科学家精神”网络教育VR系列作品，在新生入学教育中开展“弘扬两弹一星精神，喜迎党的二十大”活动。引进以郭永怀、李佩夫妇为原型的话剧《今夜星辰》，以“艺术思政课”的形式，将老一辈科学家的家国情怀和奉献精神深植学生内心。(牵头单位：党委学生工作部、团委、教务处)

6. 举办“喜迎二十大·建功新时代”系列活动。以体育、朗诵、合唱、读书等多元化形式，传承和发扬老一辈科学家攻坚克难、砥砺前行的科学研究精神。组织“弘扬劳动精神、铭刻科大印记”教职工健步走活动，以线下健步走、线上打卡学习“两弹一星”精神和科学家精神的形式，加强教职工思想引领。举办瀚海书香读书活动，倡导每位教职工读一本优秀科学家的传记，从感人事迹中体会家国情怀。(牵头单位：工会)

7. 推动基层党组织在一线弘扬科学家精神。结合“红专工程”，建立党员示范岗、开展党员亮身份活动，号召党员带头示范、勇挑重担。基层党组织举办一次弘扬科学家精神主题党日活动，支部书记讲一堂弘扬科学家精神的党课，提升科学家精神宣讲成效，推动党史学习教育常态化长效化。（牵头单位：党委组织部、各院级党组织）

三、组织保障

1. 提高政治站位，把握正确方向。充分认识迎接宣传贯彻党的二十大的重要政治意义，按照中国科学院党组的工作部署，将“弘扬科学家精神，喜迎党的二十大”系列活动，与学校事业改革创新发展相结合，与师生思想政治工作相结合，深化师生员工理想信念教育，教育引导师生员工坚定不移听党话、跟党走，把智慧和力量凝聚到建设中国特色、科大风格的世界一流大学上来。

2. 突出师生主体，营造良好氛围。要充分发挥师生主体的积极性和创造性，发挥学生社团、学生社区、师生党支部等重要作用，把统一组织与师生自发开展活动结合起来，为师生创作优秀作品、开展生动实践、促进共享交流提供条件，让“弘扬科学家精神，喜迎党的二十大”系列活动成为全校师生自觉参与、自我教育、自我提高的过程，引导师生自觉将“小我”成长融入“大我”奋斗。

3. 强化整体统筹，精心组织实施。要注重工作统筹谋划，各责任部门明确具体任务和工作分工，加强沟通协作，推动系列活动有序开展、分段推进、突出重点、贯穿全年。依托全媒体平台，做好相关工作的宣传报道，为党的二十大胜利召开营造浓厚氛围。各院级党组织结合自身实际，制定本单位工作方案，并及时将工作进展报送校党委。

关于完善教师思想政治和师德师风建设工作体制机制的实施方案

（党教字〔2022〕51号，2022年5月5日）

为贯彻落实习近平总书记关于教育的重要论述和全国教育大会精神，深入落实《中共中央 国务院关于加强和改进新形势下高校思想政治工作的意见》《中共中央 国务院关于全面深化新时代教师队伍建设改革的意见》要求，根据《中共教育部党组关于完善高校教师思想政治和师德师风建设工作体制机制的指导意见》，结合学校实际，制定本方案。

一、加强教师思想政治和师德师风建设的总体要求

（一）指导思想

以习近平新时代中国特色社会主义思想为指导，深入学习贯彻习近平总书记关于教育的重要论述和全国教育大会精神，把立德树人的成效作为检验学校一切工作的根本标准，把师德师风作为评价教师队伍素质的第一标准，将社会主义核心价值观贯穿教师思想政治和师德师风建设全过程。

（二）目标任务

——构建党委集中统一领导，党政齐抓共管，教师工作部门统筹协调，各部门履职尽责、协同配合的大教师工作格局。

——建立健全校党委、院(系)党组织、教师党支部三级联动的教师工作机制,强化基层党组织在教师思想政治和师德师风建设工作中的作用。

——建实建强党委教师工作部,选优配齐专职工作队伍,不断提升教师思想政治和师德师风建设工作水平。

不断完善教师思想政治和师德师风体制机制,引导广大教师坚定为党育人、为国育才初心使命,争做“四有”好老师,努力成为“大先生”。围绕“潜心立德树人、执着攻关创新”两大核心任务,建设一支政治素质过硬、业务能力精湛、育人水平高超的高素质专业化创新型教师队伍。

二、全面加强党的领导,不断提升教师思想政治素质和师德素养

1. 强化党委统一领导。校党委要把教师思想政治和师德师风建设作为重要的基础工作,始终将党的领导贯穿教师队伍建设全过程,以正确的政治方向和价值导向引领教师思想政治素质、师德素养和业务能力全面提升。校党委常委会每学期至少研究1次教师思想政治和师德师风建设工作。学校主要负责人是学校教师工作的第一责任人,分管教师思想政治和师德师风建设工作的负责人是直接责任人,其他班子成员要履行“一岗双责”,分工负责、履职尽责、狠抓落实。

2. 成立党委教师工作委员会。学校成立由党委书记任主任,分管校领导任副主任,党委教师工作部及组织、宣传、统战、人事、教学、科研、工会等相关部门组成的党委教师工作委员会,在校党委领导下,研究审议学校教师思想政治和师德师风建设工作重大事项,指导相关部门开展工作。委员会下设办公室,挂靠党委教师工作部,代表党委履行党管教师工作的职能,统筹协调学校教师思想政治和师德师风建设工作。

三、聚焦工作重点,发挥党委教师工作部牵头抓总作用

3. 制定制度规范和工作规划。牵头制定教师思想政治和师德师风建设相关规章制度,推动制度体系建设。制定学校关于教师思想政治和师德师风建设工作规划等,明确工作目标、任务和部门分工。

4. 统筹开展教师思想政治和师德师风教育。会同相关部门加强教职工政治理论学习制度体系建设,注重运用新技术手段,强化思想引领。加强社会主义核心价值观教育,进一步凝聚思想共识,使之成为全体教师的共同价值追求。加强新时代高校教师职业行为十项准则教育,使教师做到应知应会并转化为行动自觉。强化教师法治教育,提升依法执教、规范执教能力。加强党史、新中国史、改革开放史、社会主义发展史和中华优秀传统文化、革命文化、社会主义先进文化的学习教育,充分发挥历史文化涵养师德师风功能。组织各类社会实践活动,引导教师深入了解世情、党情、国情、社情、民情。

5. 实施师德考核评价。将教师思想政治素质和师德师风作为教师招聘引进、职称评审、岗位聘用、导师遴选、评优奖励、聘期考核、项目申报等的首要要求和第一标准。严格教师思想政治和师德考核,注重运用考核结果,师德考核不合格者年度考核评定为不合格,并取消在教师职称评聘、岗位聘用、评优奖励、项目申报和研究生招生等方面的资格。指导学院开展教师思想政治和师德考核评价,定期提交考核报告。

6. 统筹开展教师激励工作。建立健全教师荣誉制度,选树表彰优秀教师,讲好师德故事,发挥优秀典型示范引领作用。组织好教师节、教师入职、评优评先、教师荣休等重要节点活动，强化尊师教育，厚植师道文化。加强对教师的人文关怀，强化权益保护，维护教师职业尊严。协同完善教师发展体系，推动解决教师实际问题，增强教师的幸福感、获得感。

7. 统筹师德违规惩处工作。协调学校相关部门按照职能分工对师德失范行为进行调查处理，督促处理决定落实。健全师德违规通报制度，加强案例分析和警示教育。定期向上级主管部门报送学校师德违规处理情况。

四、加强相关部门联动，建立师德师风建设协同机制

8. 加强部门分工协作。党委组织部要发挥教师党支部在教师思想政治和师德师风建设中的作用，加强对优秀教师的政治引领和政治吸纳。党委宣传部要加强教师意识形态工作和政治理论学习，大力宣传优秀教师典型。党委统战部要加强对党外教师的思想引领和团结教育。人力资源部要在教师管理中将思想政治素质、师德师风和业务能力考察落到实处，严把选聘考核关。教务处要做好教育教学过程中的思想政治和师德师风建设，推动课程思政与思政课程同向同行，提高教师教书育人能力。科研部要抓好科研诚信教育，加强科研经费管理，做好学术不端问题查处。工会要维护教师合法权益，加强教师身心关怀。纪委监察部门对涉嫌违反党纪政纪的案件依规依纪进行查处，对履职不力的单位或个人会同有关部门进行问责。其他相关部门要通力合作，分工负责，共同做好教师思想政治和师德师风建设工作。

9. 健全会商协调机制。根据工作需要，召开工作例会、部门联席会、专题会等，传达上级关于教师工作的部署要求，通报教师思想政治和师德师风建设工作情况，研究制度规划、评奖评优、处理处分等重要事项，督促工作进展，交流总结经验，推动工作落实。

10. 建立奖惩联动机制。涉及教师的各级各类荣誉表彰事前须由学院党委进行师德审核，向党委教师工作部备案。建立教师违规信息沟通机制，相关部门及时共享线索信息。建立联合调查和处理机制，完善党纪处分、行政处分、师德处理的衔接。注重运用大数据等多种手段分析研判教师思想动态，建立师德电子档案，加强部门间信息共享。

五、压实学院直接责任，将师德师风建设贯穿教师管理全过程

11. 推动教师思想政治建设与业务能力建设相融合。学院要切实履行直接责任，贯彻落实师德师风第一标准，严格师德考核评价，常态化推进师德培育涵养。有针对性做好教师思想政治工作，落实教师政治理论学习要求，把思想政治和师德师风建设体现在具体业务中，同谋划、同部署、同推进、同考核。对拟聘新任教师，严把政治关和师德关，推动教师思想政治工作、师德师风建设与业务能力培养相融合。严格把关新任研究生导师遴选，健全研究生导师评价考核机制；学校依托学院应把对科教融合单位和所系结合培养基地相关研究生导师的思想政治和师德师风建设纳入日常管理工作中，定期开展考核。

12. 压实学院主要负责人责任。院长与党委书记是学院教师思想政治和师德师风建设工作第一责任人，分管负责人为直接责任人。要做好日常提醒和教育，经常性开展谈心谈话，把握教师思想动态，排查问题隐患，重视教师身心健康，关心和解决教师的实际问题。要统筹资源，加强教师思想引导、培训培养、发展咨询、实践锻炼等工作，提高教师思想政治素质和育德育人能力。

13. 强化教师党支部政治功能。发挥教师党支部教育管理监督党员和组织宣传凝聚服务广大师生的作用，做好发展教师党员工作，重点加强对青年教师、海外归国教师和高层次人才的政治引领和政治吸纳。党员担任学院负责人原则上要有基层党务工作经历。把教师思想政治素质和师德考评作为党支部发挥政治功能的重要抓手,在教师成长和管理各环节发挥政治和师德双把关作用。

六、强化工作保障,确保各项政策举措落地见效

14. 配齐建强工作力量。要选优配齐党委教师工作部专职工作队伍,学院要明确分管教师工作的负责人和工作人员。建立专兼职结合的教师思想政治工作队伍,通过培训培养、课题研究、实践锻炼等方式,不断提升工作队伍素质能力和专业水平。

15. 健全责任落实机制。学校要将开展教师思想政治和师德师风建设情况作为学院和相关部门主要负责人年度述职考核的重要内容,作为领导干部选拔任用、培养教育和奖励激励的重要依据,作为评价所在单位年度工作情况的重要参考,作为校内巡视巡察的重要观测点。坚持失责必问、问责必严,根据职责权限和责任划分,对履责不力的相关单位和责任人要依纪依规问责。

中共中国科学技术大学委员会关于加强新时代人才工作的实施方案

(党字〔2022〕96 号,2022 年 9 月 9 日)

为全面学习贯彻习近平总书记关于做好新时代人才工作的重要思想,深入贯彻落实中央人才工作会议精神和中国科学院、安徽省关于加强新时代人才工作的决策部署,加快推进国家创新人才高地建设,准确把握新时期学校人才工作的目标定位,落实学校"十四五"人才发展规划,进一步提升人才工作质量,推动人才工作迈上新台阶,结合学校实际,制定本方案。

一、坚持党管人才,加强教师思想政治和师德师风建设

第 1 条 践行师德第一标准。常态化推进师德培育涵养,每年选树和宣传模范教师、先进工作者、教书育人楷模等先进典型人才,每年组织全校教职工表彰活动,强化师德高位引领。加强教师职业行为管理,严肃查处师德失范行为,定期举办警示教育活动,明确师德底线要求。(责任单位:党委教师工作部、纪检监察机构、工会)

第 2 条 加强人才政治引领。落实各级党员领导定期联系优秀人才制度,营造真心爱才、悉心育才、精心用才的良好氛围,引导优秀人才潜心立德树人、执着攻关创新;加大在优秀人才中发展党员的力度,不断提高优秀人才的思想政治素质和业务素质;加强对优秀人才的政治把关,落实院级党组织党建工作责任制,加强政治审查,严格政治标准,确保广大优秀人才始终胸怀大局,与党同心同向、同力同行,真正做到政治上靠得住、事业中做得好。(责任单位:党委组织部)

第 3 条 弘扬科学家精神。深入贯彻落实习近平总书记关于中国科大系列重要指示精神,举办"牢记谆谆嘱托、争取更大光荣"等系列活动,推动科学家精神教育的常态化、长效化;发挥国家同步辐射实验室"全国爱国主义教育示范基地"等科学家精神教育基地的引领作用，深入研究抗大精神、“两弹一星”精神和老一辈科学家精神等共同构成的中国科大精神谱系；依托学校承担的重大科技基础设施、重要科研任务，组建以老科学家命名的科技攻关突击队；推动基层党组织在一线弘扬科学家精神。（责任单位：党委宣传部）

第 4 条 把好科研诚信关。成立学风和科研诚信建设办公室，加强科研诚信和科技伦理体系建设。尊重学术共同体的学术判断，提升学术共同体在学术评价活动中的地位和作用；提升学术治理水平，恪守学术诚信和科研伦理，传承鼓励创新、潜心研究、开放合作、水到渠成的创新文化。（责任单位：科研部）

第 5 条 健全兼职及双聘管理制度。修订《中国科学技术大学教职工校外兼职管理暂行办法》和《中国科学技术大学中层干部兼职管理办法》，研究制定《中国科学技术大学合作机构双聘教职工管理办法（试行）》，健全教职工校外兼职及合作机构双聘的管理制度。明确权利与义务、审批报备流程，进一步规范教职工履职履责行为，营造专心教学、潜心科研、用心履职的良好风气。（责任单位：党委教师工作部、党委组织部）

二、引育并举，全面推动创新人才高地建设

第 6 条 建设学术荣誉体系。陆续出台杰出讲席教授、讲席教授、骨干教授的岗位实施办法，定期开展杰出讲席教授、讲席教授评聘工作，启动骨干教授推荐工作，建设一批学术荣誉体系教师队伍，充分发挥表率和引领作用，推动教师队伍整体水平不断提升。（责任单位：人力资源部）

第 7 条 试点实施“预聘-长聘”教职制度。根据院级单位学科发展和队伍建设规划，制定“预聘-长聘”教职制度实施办法，充分考虑不同院级单位、学科在实施“预聘-长聘”教职制度方面所具备的基础性条件存在差异，按照“先行试点、分步推进”的原则，选择条件成熟的单位试点实施“预聘-长聘”教职制度。探索“预聘-长聘”教职制度和学术荣誉体系制度、聘期制科研队伍制度的有机结合，积极稳妥推进“预聘-长聘”体系与现有师资体系的双轨过渡和并轨，强化教师岗位分类管理，建立健全“预聘-长聘”教职准入、考核、晋升机制。建立预聘岗位教师中期发展评估机制，帮助具有较好发展潜力的优秀青年人才持续快速发展，建立长聘岗位聘任多维评估标准，坚持师德第一标准，充分考察国内外学术影响力、教学科研实绩、团队建设成效、公共服务贡献、长期发展前景等综合因素。（责任单位：人力资源部）

第 8 条 凝聚全球高端人才。充分发挥学校高端人才工作领导小组作用，深入实施学术领军人才培养计划，加大力度凝聚战略科学家、科技领军人才、创新团队。实施国际合作与交流基金国际师资项目，修订大师讲席、客座（兼职）教授岗位聘任实施办法，设立兼职杰出讲席教授等岗位。设立高端人才引进联络小组，建立海外人才信息库，形成战略科学家“意向人选池”，加强与海外高端人才的联络沟通，吸纳全球人才为我所用。（责任单位：人力资源部、国际合作与交流部）

第 9 条 打造高水平的名师队伍。引进和培育一批政治素质强、教育站位高、国际视野宽、五术要求精的名师，打造和选树一批示范性课程组。给予专项经费支持，成立“名师工作室”，充分发挥其在人才培养方案制定、核心课程与教材建设、创新能力培养与创新方法培训等方面的独特作用，加强名师队伍对学生和青年教师的精神感召、学术引领与人生指导。（责任单位：教务处）

第 10 条 培养造就青年科技人才。给予引进人才和青年科技人才科研启动经费支持，优化科研启动经费管理制度。强化中国科学院青年创新促进会凝聚培养青年人才的平台作用，实施仲英青年学者、国际合作与交流基金教师公派出国研修等人才项目，助力有学术发展潜力的青年科技人才成长。设立青年创新重点基金、创新团队培育基金、重要方向项目培育基金、原创探索类基金、“揭榜挂帅”等科研项目，支持原创基础研究，促进学科交叉融合。统筹优化校内培育支持项目，精准支持不同发展阶段的教师成才发展。鼓励领军人才、资深教师对青年科技人才的成长提供咨询和指导，发挥“职业发展导师”作用，帮扶青年科技人才发展。（责任单位：人力资源部、科研部、国际合作与交流部）

第 11 条 建强战略科技后备力量。提高引才质量，提升整体实力，加强聘期制科研队伍建设。坚持学术优异、择优聘用原则，优化聘期制科研队伍年度考核、转聘固定教职等评价体系，多举措完善聘期制科研队伍发展路径，“十四五”期间，1/3 的聘期制科研队伍能成长为青年科技人才；在结构年薪制基础上，优化“墨子杰出青年特资津贴”项目，与中国科学院特别研究助理资助项目相统筹，对具有独立研究能力、创新能力及一定国际可见度的聘期制科研人员给予特别薪酬资助；加强对外籍博士后的资助和引进。（责任单位：人力资源部、国际合作与交流部）

第 12 条 加强国家急需领域紧缺人才自主培养。紧密围绕国家重大发展战略需求，充分依托学校和相关合作单位的科研平台，深化科教融合、协同育人；鼓励本科生开展更多个性化和跨学科学习，促进交叉复合型人才培养；加强碳达峰碳中和人才自主培养，试点开设碳达峰碳中和交叉学科科技英才班。选派研究生参与“半导体（含集成电路、高端芯片等）”“基础软件”“网络安全”“核科学与技术”“新材料”“双碳”等急需领域人才培养专项；依托大科学计划和大科学工程设立人才培养工程项目，整合国家实验室、国家科研机构、科技领军企业专家形成战略科技力量指导团队，加快推进高层次紧缺急需领域人才培养模式综合改革，逐步建立科大人才自主培养特色体系。（责任单位：教务处、研究生院）

第 13 条 建设马克思主义理论人才队伍。聘请安徽省委党校专家担任兼职思想政治理论课教师，实施《中国科学技术大学思想政治理论课教师在职攻读马克思主义理论博士学位暂行办法》。建立马克思主义理论人才评价标准，规范思想政治理论课教师专业技术职务聘用评审体系，单列计划、单设标准、单独评审。设立马克思主义理论研究专项，加快建设重点马克思主义学院、重点马克思主义理论学科、重点思想政治理论课课程，加强马克思主义理论人才队伍建设。（责任单位：马克思主义学院、文科建设办公室）

第 14 条 建设网络空间安全人才队伍。承担国家重大科研任务，建设网络空间安全研究院等重要科研平台，争取国家“一流网络安全学院建设示范项目”的专项经费，凝聚急需紧缺的网络空间安全人才。建设校企联合实验室，增进与国家有关部委和重要企业的对接合作，深化网络空间安全领域与教育技术产业融合发展、协同育人的机制，探索适用于网络空间安全领域的人才引进和培养机制，加强网络空间安全人才队伍建设。（责任单位：网络空间安全学院）

第 15 条 建设碳达峰碳中和人才队伍。采用“揭榜挂帅”方式组建科研队伍，以校内兼聘、双聘、合作研究等方式凝聚优秀人才。充分利用学校现有学科专业体系，新建碳达峰碳中和特色学科专业，依托碳中和研究院，高质量培养研究生、博士后等各类人才。建立校企联合实验室、产教融合发展联盟等，深化碳达峰碳中和领域产学研协同育人，吸引高水平工程

技术人才和转移转化人才，加强碳达峰碳中和人才队伍建设。（责任单位：碳中和研究院）

第16条 建设临床医学人才队伍。建设中国科学院临床研究医院（安徽临床研究医院）、医学前沿科学和计算智能前沿技术中心，打造交叉复合型高端临床医学人才队伍。健全联合引进高端人才的配套保障机制，实施多层次人才引育工程，加快附属第一医院定岗定编制度实践探索，推行医师队伍分类培养。以“医学＋X”理工背景的复合型医师科学家培养为目标，深入推进“科大新医学”基础与临床融通的人才培养体系，加强临床医学人才队伍建设。（责任单位：生命科学与医学部、生命科学与医学建设办公室）

第17条 建设高素质的管理支撑队伍。深入贯彻落实新时代党的组织路线和干部工作方针政策，鲜明树立新时代选人用人导向，健全培养选拔优秀年轻干部常态化工作机制，着力培养忠诚干净担当的高素质干部队伍。进一步优化结构，拓宽职业发展通道，建设素质优良、规模适度、精干高效的管理队伍，分系列建设保障有力的工程技术、实验技术及综合支撑队伍。强化培训交流，充分发挥管理和支撑效能，全面保障和促进教学科研工作顺利开展。（责任单位：党委组织部、人力资源部）

三、深化体制机制改革，激发人才队伍活力

第18条 健全人才引进工作机制。充分发挥优秀人才引进委员会、高端人才工作领导小组作用，每年受理各类优秀人才引进工作。出台人才引进审查管理办法，加强对引进人才思想政治、师德师风、科研诚信、遵纪守法、海外风险等方面审查。设立人才安全事件应对工作领导小组，定期分析研判人才安全形势，加强风险评估。（责任单位：人力资源部）

第19条 优化岗位分类管理机制。推进和完善科研岗的设置与管理，以重点科研机构为依托，建设一支固定岗位与聘期制岗位相结合的高水平科研队伍。试点、推广聘期制工程技术人员管理制度，以重大工程项目和经费作为牵引与支撑，建设一支与科技创新相适应的工程技术队伍。持续开展管理岗位人员轮岗交流，坚持多岗位培养锻炼、提升综合素质。稳步开展工人身份人员竞聘专业技术岗位或职员岗位工作，强化岗位管理，充分调动工作积极性。（责任单位：人力资源部）

第20条 完善人才评价体系。进一步健全和完善体现教学科研岗、教学岗、科研岗专业技术职务晋升的差异化评价标准，以及不同学科领域的差异化评价指标；突出教育教学能力和业绩；强化一线学生工作，严格执行教师晋升高一级专业技术职务须有担任辅导员、班主任等学生工作经历的要求；坚决“破五唯”，推行代表性成果评价；针对作出重大创新贡献或取得重大成果的优秀人才，设立破格晋升通道，适当放宽任职年限及学历学位要求。以岗位职责、任务目标、工作态度和履职情况作为评价重点，构建适应管理岗位职员制的高效运行体制。健全和完善适合支撑岗位特点的考核评价体系、与支撑岗位工作性质和岗位职责相匹配的评价标准。（责任单位：人力资源部、教务处）

第21条 探索建立科技成果五元价值评价机制。坚持科技创新质量、绩效、贡献为核心的评价导向，坚持“质量优先、特色鲜明、强化绩效、突出贡献”的原则，充分发挥科技成果评价的“指挥棒”作用，通过对科技成果“科学、技术、经济、社会、文化”五元价值的全面诠释和评价机制的探索实施，全面准确反映成果创新水平、转化应用绩效和对经济社会发展的实际贡献。进一步完善学校科技成果价值评价机制，优化科技成果价值的评价方法，建立健全鼓励执着攻关创新的体制机制。（责任单位：科研部）

第 22 条 发挥薪酬分配的正向激励作用。继续实施以岗位绩效工资为主、协议薪酬等多种分配方式为补充的薪酬制度，充分发挥薪酬分配的激励引导作用。坚持岗位分类管理，不断健全完善以岗位分类评价为核心的绩效考核与收入分配机制；坚持绩效优先、兼顾公平，适度提高学校各类人员的薪酬待遇水平，促进人才队伍协调发展。（责任单位：人力资源部）

四、优化环境，营造人才发展的良好生态

第 23 条 强化事业平台聚才优势。充分发挥重大科研平台建制化、多学科等优势，根据“定方向、强优势”的原则，找准重大科学问题，开展有组织、定向性、体系化的基础研究和前沿技术攻关，鼓励人才“揭榜挂帅”，强化人才的使命担当；依托重大科研平台凝聚和打造一流科技领军人才和创新团队开展协同攻关，支撑服务高水平科技自立自强；加强顶层布局，出台平台和项目相关支持计划，通过项目、基地、人才、资金的一体化配置模式，更好地支撑学校全国重点实验室重组工作，提升学校承担和组织国家重大科技项目和支撑建设世界科技强国的能力。建设期刊中心，打造高质量科技期刊和传播平台。（责任单位：科研部）

第 24 条 以科教融合拓宽人才来源渠道。积极打造科教融合 3.0，探索设立校所科教融合工作管理委员会和学科共建工作组，完善协同管理体系，强化共同决策机制；积极从课程共建、学科共建、导师管理、生源质量提升、荣誉与奖励等方面完善常态化工作机制并持续丰富内涵，营造校所共赢发展的优质环境和条件，全面推动学校与国家实验室、科教融合研究所、中国科学院合肥物质科学研究院、中国科学院临床研究医院（安徽临床研究医院）和所系结合研究所更加深度融合，进一步拓宽高水平人才的来源渠道。（责任单位：研究生院）

第 25 条 打造交流系列平台和能力提升活动。建设教职工交流系列平台。打造“众行课堂”系列教职工培训项目，组织开展新进教职工岗前培训、青年骨干教师研修班、管理岗培训班、研究生导师研讨班等培训活动，实现教育者先受教育；打造“众言沙龙”系列交流活动，搭建跨院系跨学科交流平台，助力青年教师成长，推动老中青三代师道传承；常态化举办“师说堂”系列培训，建立和完善青年教师助教制度，宣传推广校内教学名师成长经验，持续办好教师教学创新大赛和青年教师基本功竞赛，提升教师队伍教育教学能力。（责任单位：党委教师工作部、教务处、研究生院、工会）

第 26 条 建立科研人才减负松绑保障机制。贯彻落实《科技部等七部门关于做好科研助理岗位开发和落实工作的通知》精神，依托各类国家科技计划（专项、基金等）项目，积极开发科研助理岗位，构建与国家科技计划实施，与人才及其科研创新平台和团队发展相匹配的科研助理队伍。落实国家“减负行动 3.0”精神，让青年科研人员挑大梁、增机会、减考核、保时间、强身心。（责任单位：人力资源部、科研部）

五、加强保障，建好人才工作组织领导和管理体系

第 27 条 发挥各级党组织的领导作用。校党委做好顶层谋划，党委常委会会议每年专题研究学校人才队伍建设和教师思政工作不少于 2 次。将人才工作成效作为院系领导班子和领导干部的重要考核指标。进一步推动院级党组织强化政治功能，履行政治责任，在人才引进、职务聘用、考核奖励等重要工作中把好政治关。（责任单位：党委组织部、党政办公室、人力资源部）

第 28 条 完善人才工作链条。不定期召开学校人才工作协调会议，及时解决人才工作中遇到的各类问题；定期召开学校人才引进工作动员会、学院人才引进与服务办公室培训会议，加强人才政策的宣贯和落实；设立人才引荐奖、人才服务奖，奖励为学校引进和培育优秀人才工作作出突出贡献的个人。（责任单位：人力资源部）

第29条 全方位做好人才服务保障。积极落实中国科学院“3H”工程等方面的支持和服务保障政策，有效用好住房资源，为各类人才提供短期周转住房保障，解决过渡性、临时性安居，营造潜心致研的良好居住环境；办好基础教育，为各类人才妥善解决子女入学入托问题、解除后顾之忧；根据国家和安徽省有关政策规定，在为各类人才提供基本医疗保障的基础上，为全校教职工购买补充医疗保险以及意外伤害险，提高各类人才的医疗保障水平。（责任单位：资产与后勤保障处、基本建设处、基础教育集团、人力资源部、工会、校医院）

第30条 提升人力资源管理水平。开展人才工作队伍理论专题研究和专业化培训工作，配强人才工作力量，提升人力资源管理现代化水平；健全完善干部人事档案常态化审核机制，有效利用档案审核成果，不断推进人事人才管理信息化平台建设；加强合同等人事管理工作的合法合规性，为全校人事人才工作提供可靠保障和有力支撑。（责任单位：人力资源部、网络信息中心）

中国青年志愿者研究生支教团中国科学技术大学选拔方案

（党学字〔2022〕104号，2022年10月14日）

为进一步做好中国青年志愿者研究生支教团项目志愿者的招募工作，根据全国大学生志愿服务西部计划项目管理办公室有关要求，结合学校实际，制定本方案。

一、组织管理

学校设立研究生支教团工作领导小组，组长由分管学生工作的校领导担任，小组成员包括党委宣传部、学生工作部（处）、研究生院、教务处、招生就业处、财务处、校团委、附属中学主要负责人和校学术委员会代表。领导小组办公室（项目办）设在校团委，具体负责研究生支教团项目推进和管理工作。

二、选拔对象

我校应届本科毕业生、全日制在读研究生。

三、选拔标准

1. 具有高尚的爱国主义情操和集体主义精神，理想信念坚定，社会责任感强，遵纪守法，积极向上。

2. 勤奋学习，刻苦钻研，成绩优秀。应届本科毕业生具备推荐我校免试攻读硕士学位研究生基本条件；在读研究生能妥善处理学习科研与工作间的关系，且征得导师书面同意。

3. 诚实守信，学风端正，品行优良，无任何考试作弊和剽窃他人学术成果记录，无任何违法违纪受处分记录。凡有不良记录者，一票否决，不得入选。

4. 身心健康，参加统一体检并合格，具有较强适应力，能胜任西部地区基础教育志愿服务工作。

5. 符合以下条件之一者同等条件下优先考虑：

（1）中共党员或中共预备党员。

（2）乐于奉献，在校期间有较突出的志愿服务经历。

（3）曾担任校、院两级学生组织主要学生骨干，且任职时间不少于 1 年，骨干述职评议考核结果合格及以上。

（4）已取得中小学教师资格证。

四、选拔流程

1. 本人向所在学院提交书面申请、报名登记表与学习成绩单等相关证明材料，由学院按照招募条件对申报者的思想政治素质、学习情况、志愿服务经历、专业能力等方面进行资格初审。

2. 以学院为单位，将学院资格初审通过者相关材料与学院应届本科毕业生综合测评排名表（学院学工负责人签字盖章）等材料提交至校团委。

3. 学校资格审查与初评。

4. 通过初评者参加心理测试并签订《招募协议书》，提交家长知情并签字同意支教的书面材料，入选志愿者不得由于学术直保、就业等其他任何原因主动放弃支教资格。

5. 学校研究生支教团工作领导小组面试选拔。

6. 学校公示。公示时间不少于 7 天。

7. 体检。具体标准暂时参照《大学生志愿服务西部计划（研究生支教团）志愿者体检标准（2020 年）》执行，如有变动，以最新要求为准。

8. 报团中央批准。

选拔全程由学校纪检监察机构监督。

五、考核管理

1. 正式派遣前，须在校接受校团委组织的为期 1 年的青马工程、教学技能、学生工作、体能训练、社会融入等方面的系统培训。培训期间进行严格考核，有多次培训内容考核不合格者，取消其支教资格，若为应届本科毕业生，则一并取消其推荐免试攻读研究生资格。

2. 服务期间如有违法违纪行为，根据学校有关规定进行严肃处理，情节严重者，取消其支教资格，若为应届本科毕业生，则一并取消其推荐免试攻读研究生资格。

3. 应届本科毕业生退出研究生支教团或服务期满考核不及格者，取消其推荐免试攻读研究生资格；在读研究生退出研究生支教团或服务期满考核不及格者，返校后按照有关规定处理。

六、保障机制

1. 按照教育部有关推荐免试研究生规定，为入选研究生支教团志愿者协调办理相关手续。志愿服务期间，应届本科毕业生保留 1 年研究生入学资格，在读研究生保留 1 年学籍。

2. 按照大学生志愿服务西部计划有关规定，研究生支教团志愿者享受服务期为 1 年的有关政策。志愿服务期满考核合格的，计算服务期及工龄，并在服务证书及服务鉴定表中体现。具体参照当年西部计划实施方案。

3. 志愿服务期间，工作生活补贴、社会保险、商业保险等服务保障，按当年西部计划实施方案有关规定执行。服务单位为研究生支教团志愿者提供食宿等必要的生活保障。服务期间享受学校给予研究生的基本助学金。

七、其他

1. 本方案由校团委负责解释。

2. 本方案自印发之日起施行。

中国科学技术大学审计委员会工作规则(试行)

(党办字〔2022〕56 号,2022 年 5 月 19 日)

第一章　总　　则

第一条　为加强党委对学校审计工作的领导,健全内部审计工作领导机制,完善学校监督与治理体系,发挥学校审计委员会对审计工作的决策和指导作用,根据《中华人民共和国审计法》《审计署关于内部审计工作的规定》《教育系统内部审计工作规定》《中国科学院内部审计工作规定》等,结合学校实际,制定本规则。

第二条　中国科学技术大学审计委员会(以下简称审计委员会)是校党委依据国家审计有关法律法规,全面领导学校审计工作的决策议事协调机构,负责学校审计工作的统筹协调、整体推进、督促落实。

第二章　人员组成及常设机构

第三条　审计委员会实行双主任制,由校党委书记、校长担任;副主任由分管组织、纪检监察、财务工作的校领导担任;成员采取席位制,由党政办公室、党委组织部、党委教师工作部、人力资源部、党委巡视工作办公室、纪委办公室、财务处、审计处、资产与后勤保障处等部门负责人组成。

第四条　审计委员会下设办公室,挂靠审计处,负责处理审计委员会日常事务。审计处处长兼任审计委员会办公室主任。

第三章　工 作 职 责

第五条　审计委员会的主要职责:

(一) 贯彻落实党和国家有关审计工作的决策部署,领导和部署学校审计工作;

(二) 研究制定学校审计改革方案、政策及重要审计规章制度;

(三) 研究审定学校审计工作规划、年度审计计划;

(四) 听取学校审计工作汇报和审计结果报告;

(五) 研究审计发现的重大问题,作出处理意见,推动审计整改落实和审计结果运用;

(六) 审议审计发现的违法违规事项处理、问题线索移交;

(七) 研究提出加强审计队伍建设意见;

（八）协调决策学校审计监督的其他重要事项。

第六条 审计委员会办公室的工作职责包括：

（一）负责审计委员会会议的各项准备工作；

（二）及时传达国家有关审计工作的决策部署以及上级文件精神；

（三）起草内部审计工作的规章制度；

（四）提出内部审计计划草案；

（五）汇报重大项目审计结果及整改情况；

（六）做好审计委员会会议记录，编发会议纪要并归档会议材料；

（七）完成审计委员会交办的其他事项。

第四章 议事规则

第七条 审计委员会每年至少召开1次会议，根据审计工作实际需要，也可以临时召开。会议由审计委员会主任召集并主持。

第八条 审计委员会会议议题由审计委员会办公室负责征集，经审计委员会主任审批同意后方可上会。

第九条 审计委员会会议应有2/3（含）以上人员出席方可召开。

第十条 审计委员会会议议事实行民主集中制，同时应遵守回避原则。表决可以根据讨论和决定事项的不同，采用口头、举手、无记名投票或者记名投票等方式进行；会议作出的决议，须经出席会议委员的半数以上通过。

第十一条 出席审计委员会会议的人员须对会议事项承担保密责任。

第十二条 审计委员会应积极推动审计监督与组织、人事、巡视、纪检监察、财务等工作的有机衔接，形成监督合力。

第五章 附 则

第十三条 本规则由中国科学技术大学审计委员会办公室负责解释。

第十四条 本规则自印发之日起施行。

中国科学技术大学关于新型冠状病毒肺炎疫情防控应急处置工作方案

（党办字〔2022〕28号，2022年3月22日）

新型冠状病毒肺炎疫情发生以来，党中央、国务院高度重视，习近平总书记先后作出一系列重要指示批示。在以习近平同志为核心的党中央坚强领导下，我国疫情防控取得重大战略成果，疫情总体得到有效控制，但反弹风险丝毫不能忽视。为深入贯彻习近平总书记重要指示精神，落实党中央、国务院决策部署，坚持“外防输入、内防反弹”总策略、“动态清零”总方针不动摇、不放松，根据中国科学院、教育部、安徽省、合肥市有关疫情防控管理要求，依据《中华人民共和国传染病防治法》、《突发公共卫生事件应急条例》、《新型冠状病毒肺炎防控方案》(第八版)、《高等学校新冠肺炎疫情防控技术方案》(第四版)、《中国科学技术大学突发公共事件应急处置预案》等有关法律法规和文件精神，结合学校实际，制定本方案。

一、指导思想

坚持以习近平新时代中国特色社会主义思想为指导，深入贯彻习近平总书记关于新冠肺炎疫情防控工作的重要指示批示和系列讲话精神，落实党中央、国务院决策部署，把人民群众生命安全和身体健康放在第一位，落实“早发现、早报告、早隔离、早治疗”要求，毫不放松、慎终如始做好学校疫情防控工作。按照“及时发现、快速处置、精准管控、有效救治”的工作要求，构建预防为主、防控结合的新型冠状病毒肺炎长效管理与应急处理机制，有力、有序、有效做好疫情应急处置，切实保障师生健康安全，确保校园安全稳定。

二、工作原则和目标任务

工作原则：坚持把广大师生员工、医务人员生命安全和身体健康放在第一位的原则；坚持全员动员、党员带头、明确责任、强化担当的原则；坚持“预防为主、防治结合、依法科学、分级分类”的原则；坚持“及时发现、快速处置、精准管控、有效救治”的原则。

目标任务：全员动员，做好防护知识宣传，提高全校师生自我保护意识；党员干部带头，明确工作责任，做好疫情防控、应急处置；强化担当作为，严格落实防控和应急管理责任，确保广大师生员工、医务人员健康；加强重点时段、重点区域、重点人群疫情防控，及时发现散发病例和聚集性疫情，防止疫情在校园蔓延扩散。

三、组织领导

成立学校疫情防控暨应急处置工作领导小组，领导小组人员组成如下：

组　长：舒歌群　包信和

成　员：潘建伟　蒋　一　王晓平　杨金龙　杜江峰　罗喜胜　傅　尧　吴　枫
周丛照　黄素芳　褚家如　邓建松　薛　天　刘连新

四、应急处置

(一) 应急启动

学校若发生新冠肺炎疫情，领导小组即进入高效运转状态，有关单位、部门负责人要保持通信畅通。根据事件的性质、规模、范围采取相应处置措施。紧急情况需外部协助的，立即向安徽省及上级有关部门求助。

(二) 疫情研判

首例病例(含疑似、确诊病例)以及无症状感染者应由卫生行政主管部门确认。依据新冠肺炎流行范围和趋势，将学校疫情划分为三级：

1. 学校出现密切接触者(蓝色预警)：校区内出现 1 例或以上新冠肺炎疑似或确诊病例或无症状感染者的密切接触者，且该密切接触者与校内其他人员存在无保护性接触。

2. 学校出现新冠肺炎病例或无症状感染者(橙色预警)：校区内出现 1 例或以上新冠肺炎疑似或确诊病例或无症状感染者。

3. 学校出现新冠肺炎聚集性病例(红色预警)：14 天内校区内出现 5 例及以上新冠肺炎

疑似或确诊病例或无症状感染者。

（三）分级响应

在落实学校常态化疫情防控措施的基础上，根据学校疫情预警等级，快速、精准、有效地进行应急响应。

1. 针对蓝色预警的三级响应

（1）按照属地联防联控机制要求，各校区实行临时封闭管理，所有人员车辆只进不出，学生和教职员工分散于宿舍或办公室，防止聚集。各校区师生就地开展应急核酸检测，限制人员流动。

（2）校内有关单位密切配合属地疾控部门，组织开展流行病学调查工作，核实密切接触者校内接触情况并及时将接触情况及接触人员信息汇总反馈属地疾控部门。

（3）根据流行病学调查结果，由属地疾控部门科学判定密切接触者和密接的密接人员。积极做好上述人员校内临时管控、个人防护、消毒及心理安抚疏导等工作，配合属地于12小时内转运至集中隔离场所进行隔离医学观察。

（4）在密切接触者及密接的密接人员转移后，立即在属地疾控部门指导下，对其居住或活动过的场所进行终末消毒。

（5）待各校区师生核酸检测结果全部为阴性，校园临时封闭管理解除。

2. 针对橙色预警的二级响应

立即做好病例、无症状感染者、密切接触者以及密接的密接人员隔离控制和转运工作，配合属地疾控部门开展流行病学调查、应急核酸检测、健康监测、环境采样检测以及终末消毒等工作，同时做好以下工作：

（1）立即启动校园封闭管理。各校区师生不得跨校区流动，外来人员原则上不进校。严格离校进校管理，师生员工原则上不离校。在合肥有固定居所的师生员工可以申请离校居家，经审批后有序离校。离校师生员工在解除封闭管理前，不得进校。确有需要，须向所在单位提出申请，经审核批准方可进校。

（2）以线上线下相结合的方式开展教育教学活动。课堂教学以线上形式展开，其他教学活动在确保防疫要求的前提下，可适度线下开展，停止各类校外实习实训。

（3）为保障食堂供应，减少逗留时间，食堂取消堂食，按统一供餐标准和统一价格，提前做好打包外带准备，并延长开放时间。

（4）摸底需要滞留在校内的各类人员数量，根据需要紧急采购睡袋、借调行军床等应急物资。在不同校区确定滞留人员集中生活区。

（5）根据不同需要，明确不同校门分别承载物资进出、快递外卖存放、本校师生进出等功能。

（6）各校区设置核酸检测点，周一至周日开放，明确封闭期间各校区的医疗服务流程。

（7）密切关注师生健康状况，严格落实学生晨午检制度，保持良好卫生习惯和健康生活方式。

（8）发挥心理辅导专业团队力量，做好师生关心关怀和困难帮扶。及时对校内师生员工做好解释工作，稳定广大师生员工情绪，采取积极措施消除忧虑和恐惧心理。

3. 针对红色预警的一级响应

在落实二级响应的基础上,积极应对做好以下工作:

(1) 根据疫情形势及风险评估结果,按照属地联防联控机制要求,采取校区内停课、停工、停业等管控措施,全校区实施封控、管控等疫情防控要求。

(2) 按照属地联防联控机制要求,配合辖区卫生健康部门做好校内全员核酸检测工作,根据疫情形势,积极做好多轮次校内全员核酸检测准备工作。

(3) 按照属地联防联控机制要求,配合辖区相关部门积极做好校内师生员工集中转运的校内协调组织工作,同时做好沟通解释及心理疏导等工作。

(4) 加强信息发布和快速响应,做好与属地疫情防控部门沟通联系、信息报送,及时回应师生员工诉求与关切。

(四) 响应结束

末例治愈病人出院 14 天后,各校区内无新发病例出现且校内末例密切接触者观察病例解除隔离观察,本次应急响应可结束。

五、相关单位主要职责

1. 党政办公室:负责落实中国科学院、教育部、安徽省、合肥市相关工作要求,落实学校领导指示意见,协调全校开展好新冠肺炎疫情防控应急处置工作,做好信息收集和报送工作。

2. 党委宣传部:落实上级主管部门有关要求,统筹推进新冠肺炎疫情防护知识宣传,加强师生健康教育,做好新闻宣传工作,引导师生正确认识、对待和防范疫情。

3. 网络安全和信息化办公室:对接上级网信部门,加强网络舆情搜集研判,做好突发事件网上舆论引导和舆情应对工作,营造风清气正的网络环境。

4. 附属第一医院、校医院:落实上级卫生主管部门要求。负责相关防控应急物资采购,做好应急救援队伍储备。与属地疾控部门保持密切沟通。

5. 保卫与校园管理处:负责落实校园封闭管理和校门分类管理,维护校园治安秩序,严把校门关,加强学生社区管理。对校园公共场所定时定期进行消毒和卫生管理,保持环境卫生清洁。

6. 学校各级党组织、各单位:落实防控工作任务,精准掌控师生健康信息和行程轨迹,加强师生员工出差管理和大型活动审批。每日向党政办公室报告师生健康状况及动向。

7. 党委学生工作部、人力资源部、研究生院、教务处、国际学院:精准掌握学生健康信息和行程轨迹。配合做好疫苗接种和常态化核酸检测工作。及时帮助因疫情隔离观察的师生,实施线上学习或授课、生活辅助、心理疏导及密切接触者防护等措施。每日向党政办公室报告学生健康状况及动向。

8. 团委、生命科学与医学部:落实志愿者组织招募和规范化培训工作,做好学生管理辅助性工作。

9. 苏州高等研究院、上海研究院、先进技术研究院、国际金融研究院:配合属地卫生健康部门,协调组织本单位综合防疫工作,做好应急处置队伍储备和疫情期间师生生活服务保障。加强园区出入管理,保持园区公共区域环境卫生清洁。每日向党政办公室报告师生健康状况及动向。

10. 科教融合学院:配合属地卫生健康部门,协调做好本单位学生防疫工作,精准掌握学生健康信息和行程轨迹,做好疫情期间学生生活服务保障。

11. 基础教育集团:做好本单位师生员工防疫工作,精准掌握师生健康信息和行程轨迹。每日向党政办公室报告基础教育集团师生健康状况及动向。

12. 离退休干部工作处:精准掌握离退休干部健康信息和行程轨迹。关心和了解离退休干部生活和健康状况。每天向党政办公室报告离退休干部健康状况及动向。

13. 资产与后勤保障处、基本建设处、饮食服务集团、校车队:加强食堂、超市、接待中心等公共区域和后勤服务工作人员管理,精准掌握员工健康信息和行程轨迹。做好师生饮食服务保障。

六、工作要求

1. 提高政治站位,落实主体责任。把疫情防控应急处置作为一项政治任务,扎实落实党委决策部署,压实"四方"责任,落实"四早"要求,党员干部带头,充分发挥基层党组织战斗堡垒作用和党员先锋模范作用,全校协同作战、责任到人、工作到位,切实做好疫情防控应急处置工作。

2. 强化联防联控,形成应急机制。积极配合属地卫生部门、疾控部门、定点医疗机构、社区等有关工作,加强联防联控,落实食品、生活物资供应、慢性病药品配送、应急车辆调配等基本生活服务项目的应急保障措施,形成多方协作机制、监测预警机制与快速反应机制。

3. 坚持从严从紧,升级防控措施。紧紧守住"校门防线""监测防线""环境防线""后勤防线""舆情防线"等"五道防线",严格落实重点人群和重点场所疫情防控要求,做到层层设防、处处设防。

疫情防控咨询电话:0551-63600120

学校总值班室电话:0551-63602184、63602212(传真)

紧急联系人:

党政办公室	王　伟	13955199700
	彭　慧	18788862003
校　医　院	方诗元	18900518336
	刘　明	13955195954
保卫与校园管理处		
	顾　韬	13866153588
	徐耀龙	13966746822

七、其他

本方案自印发之日起施行。原《中国科学技术大学关于新型冠状病毒感染的肺炎疫情防控暨应急处置工作方案》(党办字〔2020〕12号)同时废止。

中共中国科学技术大学委员会关于进一步加强和改进离退休工作的实施意见

（党办字〔2022〕73 号，2022 年 7 月 13 日）

为全面贯彻落实中共中央办公厅、国务院办公厅《关于加强新时代离退休干部党的建设工作的意见》《关于加强新时代关心下一代工作委员会工作的实施意见》《关于进一步加强和改进离退休干部工作的意见》和中国科学院党组《中共中国科学院党组关于进一步加强和改进离退休干部工作的实施意见》等精神，进一步做好新形势下学校离退休工作，结合学校实际，提出如下实施意见。

一、总体要求

离退休工作是学校工作的重要组成部分，承载着党和国家以及学校关心爱护广大离退休教职工的重要任务，具有特殊重要的地位和作用。长期以来，学校广大离退休教职工为学校的建设、改革和发展倾注了大量心血、作出了巨大贡献。全校各单位要充分认识其特殊重要意义，切实担负起加强和改进离退休工作的重要政治责任。

要深入学习贯彻习近平总书记关于老干部工作和老龄工作的重要论述，牢牢把握为党和人民事业和学校发展增添正能量的价值取向，更加注重加强对离退休教职工的教育引导，更加注重发挥离退休教职工的独特优势，更加注重做好服务保障工作，更加注重加强对离退休工作的领导，全面做好新形势下离退休工作。

二、注重离退休教职工学习教育引导工作

1. 高度重视离退休教职工的政治理论学习。建立定期学习机制，采取多种方式展开学习，每年不少于 2 次集中学习。完善和落实阅读文件、订阅党报党刊制度，引导离退休教职工学习贯彻习近平总书记系列重要讲话精神，加强党章党规党纪的学习，引导老同志规范自己的言行，自觉践行习近平新时代中国特色社会主义思想，深刻领会“两个确立”的决定性意义，增加“四个意识”、坚定“四个自信”、做到“两个维护”。在政治上思想上行动上同以习近平同志为核心的党中央保持高度一致。

2. 注重思想政治工作的针对性实效性。及时了解离退休教职工的思想状况、生活状况，贴近实际开展思想政治教育工作。一是坚持情况通报和座谈会制度。及时传达上级有关文件精神，组织参加专题报告会，通报校情等有关情况，学校定期召开离退休教职工代表座谈会，充分听取意见和建议。二是坚持参观学习制度。适时组织离退休教职工就近就地参观经济社会发展成果，利用红色教育基地开展系列教育活动，在组织上述活动中要本着安全节俭的原则，按规定标准落实安排。三是坚持走访慰问制度。在重要纪念日、老年节、元旦、春节期间开展集中走访慰问，及时走访慰问高龄、空巢、孤寡、失能、失智、生活困难、家庭出现重大变故的特殊群体，慰问时可适当发放慰问金或慰问品。慰问标准按学校有关规定执行。

三、进一步加强离退休教职工党建工作

3. 切实履行离退休教职工党建工作责任。把离退休党组织建设纳入全校党的建设总体布局,进一步加强离退休党组织建设与党员教育管理等工作。离退休干部党委在校党委领导下,会同党委组织部、党委宣传部和学院、有关职能部门,指导各级党支部做好离退休人员的思想政治工作、抓好党组织建设与党员教育管理培训等工作。建立在职党员干部与离退休教职工党支部联系人制度,负责联系协调离退休教职工党支部工作。

4. 完善离退休教职工党支部建设。按照有利于教育管理、有利于发挥作用、有利于参加活动的原则,灵活设置离退休党支部,开展组织生活,做到党员全覆盖。一个离退休党支部人数原则上最多不超过 100 人。选配党性强、威望高、有大局观、有沟通能力、有奉献精神、年龄相对年轻和身体相对健康的离退休教职工党员担任党支部书记和委员,增强离退休教职工党支部的活力。离退休教职工党支部书记(委员)学习培训由离退休干部党委统一实施。保持或适当提高离退休党组织收缴党费的下拨比例,继续执行离退休教职工党支部书记和骨干工作补贴制度。支持离退休教职工党支部开展活动,为其提供必要的活动场地和经费。各党支部要不定期地组织离退休教职工党员学习,每年不少于 4 次,要定期为离退休教职工党员发放学习材料、订阅相关报刊。积极开展"示范党支部"创建活动,不断加强离退休教职工党支部建设。党支部要按照党章规定,按期换届。

5. 加强离退休教职工党员的教育管理。积极推进党史学习教育常态化长效化,不断增强离退休教职工党员的理想信念。推动"三会一课"与支部"主题党日"活动有机融合,身体条件允许的离退休教职工党员要自觉参加党支部各项活动,对行动不便的离退休教职工党员可通过个人自学、送学上门等方式加强教育管理。离退休教职工党员按规定交纳党费,有特殊情况的,经党支部同意,党费可采取灵活方式交纳。生活确有困难的,经党支部研究同意,可以少交或免交。离退休教职工党员长期出国的,应主动与所在党支部联系,每半年要以不同形式向所在的离退休教职工党支部汇报 1 次思想等情况。加强离退休教职工流动党员的管理,各基层党组织要主动联系了解流动党员的情况,提倡和鼓励长期居住在校外的离退休教职工党员把党组织关系转入居住地所在社区党组织。提倡和鼓励离退休教职工党员在党组织内部开展互助关爱、传递温暖活动。离退休教职工党员不能信仰宗教、不能参加宗教活动,要坚决与邪教组织作斗争,同时要注意把党员参加某些民族风俗活动同信教区别开来。

四、注重引导离退休教职工发挥作用,为学校改革发展增添正能量

6. 积极组织引导开展正能量活动。组织引导离退休教职工充分发挥政治、经验、威望优势,以积极的心态、历史的眼光、辩证的思维,正确看待国家、社会和学校的发展变化,客观分析党风政风和社会风气,正确理解周围的人和事,做心态阳光的模范长辈。组织引导离退休教职工积极传播、模范践行社会主义核心价值观。组织引导离退休教职工为"两个一百年"奋斗目标、为学校"双一流"建设建言献策。

7. 积极搭建平台和载体。结合离退休教职工的所能所愿,学校各部门积极搭建参与中心工作、社会服务、研究宣传和自我服务等平台,充分发挥离退休教职工在学校党建、教学科研、服务管理和公共事务等工作中的作用,不断拓展离退休教职工发挥正能量活动的广度和深度。

8. 充分发挥关心下一代工作委员会的作用。认真贯彻落实教育部文件精神，加强对关工委工作的组织领导，切实为关工委开展工作提供必要的条件和经费支持，进一步加强队伍建设，吸引更多的离退休教职工加入到关心下一代的队伍中来。加强与院级党组织的沟通联系，共同组织老科学家、老教师、老党员在青年师生中开展理想信念教育，宣讲党史、校史，弘扬“两弹一星”精神和老科学家精神，充分发挥关心下一代工作委员会在学校协同育人机制建设中的配合、补充作用。

9. 充分发挥老科技工作者协会的作用。着力加强老科协的组织建设、队伍建设和制度建设，充分发挥带动聚合作用，使之成为增添正能量的“发动机”“放大器”。进一步调动老科技工作者的积极性，支持组织学术沙龙、科学普及活动和科普书籍的创作与出版等，力所能及地继续为我国科学事业的发展和提高国民科学素养作出贡献。

10. 选树典型示范，营造良好氛围。充分利用现代多媒体传播的方式，向离退休教职工传递中央精神和时事动态。注重发现、宣传通报离退休教职工发挥作用的先进典型，弘扬正能量，提升精气神，引导离退休教职工做全面深化改革的坚定拥护者、时代主旋律的积极传播者、实现中华民族伟大复兴的重要实践者，营造尊重老同志、学习老同志、爱护老同志的良好氛围。

五、进一步提升离退休教职工服务管理精准化、规范化和信息化水平

11. 推进“我为老同志办实事”常态化。在全面落实好离退休教职工生活待遇和政治待遇的同时，完善帮扶机制，成立助老基金，拓展帮扶资金来源，持续推进面向高龄、空巢、独居等特殊困难群体的“暖心行动”。探索居家养老新模式。注意发挥家庭在养老中的基础性作用，积极宣传与教育引导离退休教职工家庭成员切实履行应尽义务。加强与养老社区和社会机构的联系与沟通，尽力争取资源为老服务。成立瀚海银龄志愿服务队，鼓励相对年轻的退休教职工开展结对互帮互助，提倡互助友爱，营造邻里之间、老同事之间相互关心、相互帮助的良好氛围。积极引导青年师生开展助老志愿服务等活动，倡导大学生志愿服务团队面向学校离退休教职工开展志愿服务，大力弘扬尊老、敬老、爱老、助老的传统美德。

12. 努力推进阵地建设。推进离退休教职工活动阵地、学习阵地建设，丰富离退休教职工的精神文化生活。通过整合资源、更新设施，逐步改善活动场所。加强金秋艺术团、老年体协建设，积极开展丰富多彩的有益于老年人身心健康的文体活动，充分发挥老年文体团队的示范引领作用，培育老同志积极健康的阳光心态。

13. 加强老年大学建设。认真贯彻落实老年教育发展规划，以离退休教职工需求为导向，按照布局合理、规模适当的原则，优化课程设置，加强教材建设，推动办学质量和水平上新台阶。有效探索师资、信息、课程、场地等方面资源共享的新途径，更好地为学校广大离退休教职工服务。鼓励学校在职教师参与老年大学相关课程的教学，给予适当工作报酬。

14. 充分利用信息化手段，推广“微老服务”。完善离退休教职工信息系统数据，推广中国科学院离退休干部工作局“书馨科苑”等工作平台，努力打造“互联网＋教育”“互联网＋服务”“互联网＋管理”模式，实现沟通分享实时化、资源共享集成化，增强运用信息化手段做好离退休工作的能力。让广大老同志紧跟新时代的步伐，快捷享受“微老服务”。

六、完善离退休校级管理、院级协同工作机制

15. 加强组织领导。将离退休工作纳入校党委和行政工作统筹安排部署，建立健全以学校离退休干部工作委员会为领导，离退休干部党委、离退休干部工作处具体管理为主，各学院、机关职能部门协同参与的离退休管理服务工作体制。

学校离退休干部工作委员会统筹协调、指导监督全校离退休工作，定期召开会议，研究有关离退休工作的重大问题并及时向校党委汇报。各有关单位要积极协同，形成工作合力，建立健全学校党政统一领导、离退休部门牵头抓总、各部门密切配合、齐抓共管的工作格局。

16. 加强职能部门的管理与服务。离退休干部党委、离退休干部工作处是学校离退休工作的职能部门，负责具体贯彻执行国家、学校有关离退休工作的方针、政策，做好离退休教职工的具体管理和服务工作。

17. 加强离退休教职工原单位协同参与。离退休教职工原单位协同参与离退休工作，明确专人负责，组织召开老同志年度座谈会，通报本单位的年度工作情况；协助做好生病探望、节日慰问、协助家属处理去世离退休教职工身后事等工作；通过校关工委、老科协等机构，鼓励离退休教职工为学校教学、科研、管理与公共服务等工作发挥余热，进一步增强离退休教职工的归属感和幸福感。

七、进一步加强离退休工作队伍建设

18. 要逐步建设一支"制度化、亲情化、个性化、精细化、专业化、信息化"过硬的离退休工作队伍。在推进各项改革中，要确保离退休工作人员、机构编制稳定。要稳定离退休工作队伍。做好离退休工作人员的职业规划，为离退休工作人员职业发展创造条件。把政治素质好、热爱离退休工作、工作能力强、作风过硬的同志选配进离退休工作部门，不断改善队伍结构。每年支持离退休干部工作人员至少参加1次培训(含外部培训)。通过学习培训、挂职锻炼、轮岗交流等方式，不断加强工作人员的思想建设、能力建设、作风建设，拓宽工作视野，提高业务水平。对工作成绩突出的离退休工作人员和集体要适时进行表彰，调动积极性。要关心爱护离退休工作者，为他们健康成长创造条件，帮助他们解决实际困难。

中国科学技术大学专职思政课教师和专兼职辅导员岗位津贴实施办法(试行)

(校人字〔2022〕13号，2022年1月20日)

第一条　为贯彻落实习近平总书记在全国高校思想政治工作会议和学校思想政治理论课教师座谈会上的重要讲话精神，加强学校思想政治教育工作队伍建设，提升学校思想政治工作质量和水平，根据《中共中央办公厅 国务院办公厅印发〈关于深化新时代学校思想政治理论课改革创新的若干意见〉》《教育部等八部门关于加快构建高校思想政治工作体系的意见》《普通高等学校辅导员队伍建设规定》和《安徽省教育厅 安徽省财政厅 安徽省人力资源和社会保障厅关于印发〈安徽省高校专职思政课教师和专职辅导员岗位津贴发放管理办法(试行)〉的通知》等要求，结合学校实际，制定本办法。

第二条　专职思政课教师和专兼职辅导员岗位津贴(以下简称思政岗位津贴)分配与发放坚持科学合理、公开透明、适度激励的原则。

第三条 思政岗位津贴发放对象为学校在职在岗并专兼职从事大学生思想政治教育工作，已在安徽省高校思政课教师信息库、安徽省高校辅导员信息库登记备案，且年度考核结果被确定为合格及以上等次的专职思政课教师和专兼职辅导员。

专职思政课教师是指在马克思主义学院等思政课教学科研单位从事思政教学，每年完成学校规定的思政课教师教学工作量的专任教师。

专兼职辅导员是指在院（系）专兼职从事大学生日常思想政治教育工作的人员，具有教师和管理人员双重身份。

第四条 思政岗位津贴实行总量管理、考核分配。

（一）学校根据从事工作类型，按照如下标准核定思政岗位津贴总量：

1. 专职思政课教师：人均1500元/月，如课堂教学工作量未达到学校规定标准，则按实际完成的工作量核定；

2. 本科生班主任：人均1500元/月；

3. 研究生班主任：人均1000元/月；

4. 心理咨询师：人均1500元/月；

5. 院（系）党委（党总支）副书记、团委（团总支）书记等专职工作人员：人均1500元/月。

兼职从事多个类型工作的，除专职思政课教师和心理咨询师可重复核定发放外，其余类型按照就高原则核定，不重复发放。

（二）马克思主义学院、党委学生工作部、团委等单位分别成立考核小组，制定具体考核与分配细则，在学校核定的思政岗位津贴总量内，对专职思政课教师和专兼职辅导员考核后进行分配。

考核与分配应坚持科学合理、体现激励的原则，综合考虑专职思政课教师和专兼职辅导员实际完成的工作量、质量与效果等，通过学生、院系、相关职能部门等进行多维度考评。

（三）思政岗位津贴的发放名单、额度等事项须在全校范围内公示3天。公示结果无异议的，报人力资源部审批后一次性发放。

第五条 思政岗位津贴纳入绩效工资管理，相应核增学校绩效工资总量，所需经费纳入学校预算统筹安排。

第六条 思政岗位津贴设立和发放后，学校现有的学工队伍岗位津贴增量纳入思政岗位津贴管理，不再重复发放；专职思政课教师和专兼职辅导员原先由学校统一设立发放的岗位津贴和奖励性绩效等继续保留发放。

第七条 本办法由人力资源部、马克思主义学院、党委学生工作部、团委负责解释。

第八条 本办法自2022年1月1日起施行。

中国科学技术大学思想政治理论课建设优化提升方案

（校教字〔2022〕96号，2022年5月9日）

为全面推动习近平新时代中国特色社会主义思想进教材、进课堂、进学生头脑，充分发挥思想政治理论课在潜心立德树人过程中的主渠道作用，推进新时代思想政治理论课改革创新，提高学校思想政治理论课质量和水平，依据教育部《高等学校思想政治理论课建设标准(2021 年本)》(教社科〔2021〕2 号，以下简称《标准》)，结合学校实际，制定本方案。

一、指导思想

以习近平新时代中国特色社会主义思想为指导，深入贯彻落实党的十九大和十九届历次全会精神，深刻认识“两个确立”的决定性意义，增强“四个意识”、坚定“四个自信”、做到“两个维护”，胸怀“国之大者”，弘扬伟大建党精神，全面贯彻党的教育方针。全面落实习近平总书记关于教育的重要论述特别是关于高校思想政治理论课建设重要讲话精神，将党中央关于加强思想政治理论课建设的重要精神全面贯彻、有机融入到学校思想政治理论课建设中。

二、主要任务及措施

贯彻落实《标准》，重点聚焦“组织管理、课堂教学、师资队伍、学科建设”等方面，坚持问题导向、目标导向，切实推动学校思想政治理论课建设内涵式发展，着力提升思想政治理论课铸魂育人实效。

(一) 组织管理

1. 校党委常委会会议、校长工作会议每学期至少召开 1 次专题会议研究思想政治理论课建设，并形成专项纪要。(责任部门：党政办公室；完成时限：长期坚持)

2. 建立学校党委书记、校长带头抓思想政治理论课机制，加强“形式与政策”课程组建设，制定校领导召开现场办公会、讲授思想政治理论课以及听思想政治理论课的相关计划，每学期按时执行并长期坚持。(责任部门：党政办公室、党委学生工作部、马克思主义学院、教务处；完成时限：长期坚持)

3. 配齐马克思主义学院领导班子，学院主要负责人均要承担思想政治理论课教学任务。(责任部门：党委组织部、马克思主义学院；完成时限：2022 年 9 月)

4. 督促落实马克思主义学院办公用房事宜。图书馆与马克思主义学院共建马列资料室，配备基本图书资料、国内外主要社科期刊、声像资料、教学课件等，并建立台账。(责任部门：党政办公室、图书馆、马克思主义学院；完成时限：2022 年 8 月)

(二) 教学管理

5. 落实马克思主义学院课程组建设和教学质量监控等相关制度，按计划开展活动，并保存相应工作记录。(责任部门：马克思主义学院；完成时限：长期坚持)

6. 自 2022 学年起，秋季学期开设“中国共产党史”“新中国史”课程，春季学期开设“社会主义发展史”“改革开放史”课程，在引进优质慕课课程的同时，推动教师开设“四史”类课程。通识教育中心围绕宪法法律、中华优秀传统文化等内容开设思想政治理论课选修课，并向研究生开放。(责任部门：马克思主义学院、通识教育中心、教务处、研究生院；完成时限：2022 年 9 月)

7. 为教师和学生配备由中宣部和教育部组织制作的《时事报告》和《时事》DVD，作为学习辅导资料。(责任部门：马克思主义学院、教务处；完成时限：长期坚持)

8. 根据要求，三年内将研究生思政课堂规模逐步控制在 100 人左右。(责任部门：研究生院、马克思主义学院；完成时限：2024 年 1 月)

9. 马克思主义学院协同相关部门修订思想政治理论课实践教学方案，凸显各实践项目的思政属性。（责任部门：校团委、招生就业处、党委宣传部、教务处、马克思主义学院；完成时限：2022 年 9 月）

10. 落实《深化思政课改革创新、提高思政课教学质量的工作方案》和各门思想政治理论课建设方案，不断增强思想政治理论课的思想性、理论性和亲和力、针对性。（责任部门：马克思主义学院；完成时限：长期坚持）

（三）队伍管理

11. 通过“三会一课”、主题党日活动、专题培训和警示教育等多种形式，加强思想政治理论课专职教师政治理论学习，增强“政治三力”，做到“两个维护”。加强马克思主义学院课程组建设，提升思想政治理论课专职教师的业务素质。（责任部门：马克思主义学院；完成时限：长期坚持）

12. 落实党政团学协同机制，通过马克思主义学院党总支（扩大）会议、党政联席会议、学院领导和教学督导听课等多种形式，及时交流掌握教师师德师风方面的情况，发现苗头问题，及时提醒、监督。严格落实学校有关规定，在教师引进、晋升、评聘、考核等方面，加强师德师风、政治表现审查，实行一票否决。（责任部门：马克思主义学院；完成时限：长期坚持）

13. 落实校党委常委会会议通过的《马克思主义学院思政课教师队伍建设计划》，建强思想政治理论课教师队伍。（责任部门：马克思主义学院、人力资源部；完成时限：长期坚持）

14. 通过学生评价、同行评价、督导评价等多种方式，加强对思想政治理论课教师的考核，对政治立场、政治方向、政治原则、政治道路上不能同党中央保持一致的，或理论素养、教学水平达不到标准的教师，不得继续担任思想政治理论课教师或马克思主义理论学科研究生导师。（责任部门：马克思主义学院、教务处、研究生院、党委教师工作部；完成时限：长期坚持）

15. 根据教育部、教育厅、学校的部署，组织选派教师参加各级各类培训或研修，开展学术交流或学习考察。将培训或研修计划、学术交流或学习考察计划列入马克思主义学院年度党政工作要点。（责任部门：马克思主义学院；完成时限：长期坚持）

16. 委托中共安徽省委党校（安徽行政学院）等合作单位开办专题进修班，加大教师进修力度，每人每 4 年至少 1 次。将教师进修计划列入马克思主义学院年度党政工作要点。（责任部门：马克思主义学院；完成时限：长期坚持）

17. 修订《中国科学技术大学教师岗位专业技术职务聘用实施办法》，单独设立马克思主义理论类别。调整学校教师岗位专业技术职务聘用工作委员会成员，同比例配置马克思主义理论学科专家。按教师比例核定思想政治理论课教师专业技术职务各类岗位占比，高级专业技术职务岗位比例不低于学校平均水平，指标不挪作他用。（责任部门：人力资源部；完成时限：2022 年 12 月）

18. 制定并实施《中国科学技术大学教师岗位专业技术职务基本聘用条件（管理与人文学科组——马克思主义理论类别）》；修订《教学工作特别突出者申报教师岗位专业技术职务聘用基本条件》，单独设立思想政治理论课教师类别。将思想政治理论课教师在中央和地方主要媒体上发表的理论文章纳入学术成果范畴。被有关部门采纳并发挥积极作用的理论文章、调研报告等作为专业技术职务聘用的依据。（责任部门：人力资源部、校教学委员会（教

务处);完成时限:2022 年 12 月)

(四) 学科建设

19. 落实马克思主义理论学科建设方案,鼓励支持思想政治理论课专职教师申请各级各类项目、出版发表著作和论文。(责任部门:马克思主义学院;完成时限:长期坚持)

20. 在校报、校刊、《中国科大教学评论》等刊物上设置思想政治理论课教研科研专栏,鼓励思想政治理论课教师围绕教材和教学中的重点、难点问题发表论文。(责任部门:党委宣传部、教务处;完成时限:2022 年 12 月)

三、组织保障

(一) 加强组织领导。思想政治理论课是落实立德树人根本任务的关键课程,《标准》的实施,是推动思想政治理论课建设的重要举措。各责任部门要提高政治站位、主动担责、全力尽责,加强对相关任务的统筹协调和推进落实。

(二) 优化工作机制。在工作过程中,责任部门要坚持问题导向,根据任务分工,紧紧围绕《标准》,做好各项任务的内容细化和任务分解,加强上下协调联动及部门间的合作,形成工作合力,确保思想政治理论课组织管理、课堂教学、学科建设、队伍建设等各方面政策和措施落实到位。

(三) 强化督导落实。学校将严格对照《标准》中的各项指标,采取多种方式,对本方案的实施情况开展督导与自查。对没有落实或落实不到位的任务制定整改工作计划,建立目标责任制,保证各项指标贯彻落实到位。

中国科学技术大学科技人文提升计划项目管理办法(试行)

(校办字〔2022〕239 号,2022 年 12 月 31 日)

第一章 总　　则

第一条 为推进学校特色人文社会科学学科体系建设,发挥科技人文高等研究院(以下简称科文高研院)作为交叉团队的孵化器、攻关方向的精炼器功能,学校设立科技人文提升计划项目(以下简称提升计划项目)。为规范项目管理,结合学校实际,制定本办法。

第二条 提升计划项目旨在按照"四个面向"原则凝练重大攻关任务方向,开展目标导向的有组织科研,通过公开征集、集思广益、充分论证,整合更广泛的科研力量促进科技人文交叉融合的高质量创新发展。根据提升计划项目执行需要,可以下设子课题。

第三条 科文高研院负责提升计划项目的选题征集、论证遴选、立项评审与绩效评价等工作。

第二章 项目立项

第四条 确定选题。

（一）提升计划项目每年组织1次，科文高研院面向全社会公开征集选题。

（二）科文高研院以国家和学校关于人文社科的发展战略规划为依据，结合已征集的选题，提出攻关任务需求清单，并组织专家团队论证，明确项目名称、任务指标、成果形式、攻关期限（一般不超过5年）及资助额度上限（一般不超过对标国家级项目额度的一半，且不超过150万元）等。

（三）科文高研院学术委员会对提升计划候选项目组织集中论证，从重要性、紧迫性和创新性等方面择优遴选出2～3项，正式列入年度指南，提交文科建设办公室审核，报学校分管领导审批。

（四）科文高研院面向全校范围公开发布年度指南。

第五条 立项流程。

（一）首席专家按年度指南要求向科文高研院递交申报材料；

（二）科文高研院负责受理申报、组织专家评审；

（三）通过专家评议的项目，经公示无异议，报文科建设办公室审核备案，经学校分管领导审批后予以立项；

（四）科文高研院、文科建设办公室与首席专家签订攻关任务计划书，并向首席专家颁授委任状。

第六条 首席专家应具备以下条件：

（一）具有良好的政治思想表现，恪守学术道德和科研诚信；

（二）本校在岗人员（含高端访问教授），具有正高级专业技术职称，较高的学术水平、学术声誉和创新能力，较强的学术组织、协调攻关和团队领导能力，在攻关任务相关研究领域已取得丰硕成果，已有丰富的国家级科研项目主持经验，能确保有足够的时间和精力投入到攻关任务研究中。

第三章 项目管理

第七条 提升计划项目实行首席专家负责制，首席专家不得更换或代理，其基本职责为：

（一）严格按照攻关任务计划书，组织和协调团队开展攻关任务研究工作；

（二）按要求提交项目年度进展报告、中期报告与结题报告等材料，接受进度检查和问效管理；

（三）严格遵守项目经费管理规定，合理统筹经费使用。

第八条 科文高研院学术委员会将分别于项目执行期中期和终期组织中期评估和结题验收，主要进行学术性、创新性评价，对攻关任务推进情况做出结论。

第九条 文科建设办公室对评估结论审核认定，对通过验收的项目批准结项，出具结项证明并存档，作为评价结果运用的依据。

第十条 经费管理

（一）经费管理按照《中国科学技术大学“统筹推进世界一流大学和一流学科建设”专项资金管理办法（试行）》执行。

（二）项目经费分两次划拨，首次拨款为项目总经费的50%，中期评估合格后，拨付剩下50%。中期评估较差者将根据科文高研院学术委员会意见终止或核减后续经费。

（三）项目在研期间，年度剩余经费可以结转下一年度继续使用。项目到期或终止后，结余经费按照国家和学校有关规定予以收回。

第十一条 项目变更。

因实施环境和条件出现不可抗力或重大变化，需对项目任务计划进行调整的，应重新制定攻关任务计划书，重新核定资助额度，由科文高研院学术委员会出具意见，报文科建设办公室审核备案，经学校分管领导审批后实施。

第十二条 项目终止。

出现下列情况之一，将终止该项目：

（一）首席专家与学校解除或终止聘用协议的；

（二）首席专家不能继续开展研究工作的；

（三）首席专家有违背科研诚信、学术道德、财经纪律等行为的；

（四）科文高研院学术委员会认定为攻关任务难以推进的。

第四章 附 则

第十三条 本办法由科技人文高等研究院、文科建设办公室负责解释。

第十四条 本办法自印发之日起施行。

中国科学技术大学新文科基金项目管理办法(试行)

（校办字〔2022〕240号，2022年12月31日）

第一章 总 则

第一条 为贯彻落实习近平总书记关于哲学社会科学工作的重要论述，贯彻落实党中央关于加快构建中国特色哲学社会科学的重大决策部署和《国家“十四五”时期哲学社会科学发展规划》《面向2035高校哲学社会科学高质量发展行动计划》，立足新时代，回应新需求，进一步推进学校特色文科建设，促进学校人文社科领域人才成长，学校设立新文科基金项目。

为加强和规范新文科基金项目管理，根据《国务院办公厅关于改革完善中央财政科研经费管理的若干意见》《中国科学技术大学“统筹推进世界一流大学和一流学科建设”专项资金管理办法(试行)》等精神，结合学校实际，制定本办法。

第二条 新文科基金项目面向全校，按照“学术优先、公开公正、激励创新、简明高效”的原则组织实施，尤其侧重于对人文社科领域青年人才的支持。

第二章　申请与立项

第三条　新文科基金项目坚持目标导向和自由探索相结合，选题应与国家战略需求和经济社会发展主战场密切相关，有助于发展中国思想和理论，结合中国科大特色，注重前沿性、原创性和交融性。

第四条　新文科基金设立重点项目、一般项目和拓展项目三种项目类型。

（一）重点项目主要围绕国家和学校人文社科发展规划重点领域开展研究，项目申请人应具有高级专业技术职务（职称）或博士学位，单项资助上限 10 万元，执行期 2 年。

（二）一般项目主要支持人文社科领域自由探索研究，项目申请人应具有高级专业技术职务（职称）或博士学位，原则上不超过 45 周岁，单项资助上限 5 万元，执行期 2 年。

（三）拓展项目主要用于支持新文科基金项目部署（2020 年 1 月）以来学校申报获批国家社会科学基金或教育部人文社会科学项目的项目主持人或重大项目首席专家/子课题负责人进一步开展持续拓展性研究，研究内容应避免与获批项目重复，与获批项目形成体系。项目申请人须提供获批项目的正式立项证明，单项资助上限为对应获批项目实际到校的直接经费，执行期 3 年，可选择在对应获批项目执行期内的某一年度申报。重大项目首席专家为我校人员的，由首席专家按总课题申报，我校子课题负责人不再重复申报；重大项目首席专家非我校人员的，由我校子课题负责人按所负责的子课题申报。

第五条　新文科基金项目年度申报指南由文科建设办公室组织编写，面向全校公开发布。

第六条　文科建设办公室根据学校特色文科发展规划和年度项目经费预算，确定拟资助项目数上限，宁缺毋滥。

第七条　项目申请人按照年度申报指南进行申报，作为项目主持人申请和在研的上述三类项目数合计限 1 项，研究内容均应避免与各类各级在研项目（含校内项目）重复。各依托单位负责意识形态把关和初评排序。

第八条　文科建设办公室代表学校受理项目申报，组织专家评审，通过专家评议的项目，经学校分管领导审批后予以立项。

第三章　实施与管理

第九条　项目负责人不得更换或代理，若项目负责人出现下列情况之一，将终止该项目：

（一）与学校解除或终止聘用合同的；

（二）不能继续开展研究工作的；

（三）有违背科研诚信或学术伦理道德等行为的。

第十条　项目申请人接到项目批准通知后，须按批准意见撰写计划任务书，科学合理安排分年度计划及经费预算。各依托单位须对任务书进行审核，并在规定期限内报送文科建设办公室。逾期不报且在规定期限内未说明理由的，视为自动放弃。

第十一条 项目经费根据计划任务书按年度进行拨付,经费使用与管理严格执行国家及学校有关规定,并接受有关部门的监督和指导。

第十二条 各依托单位负责监督、检查项目实施情况,并于每年年底将项目年度进展报告提交至文科建设办公室。文科建设办公室审查后拨付下一年经费。

第十三条 项目在研期间,年度剩余经费可以结转下一年度继续使用。项目结题或终止后,结余经费按照国家和学校有关规定予以收回,纳入下一年度项目经费统筹部署。

第十四条 文科建设办公室根据工作需要组织开展绩效评价,强化绩效目标管理和评价结果运用,将绩效评价结果作为项目动态调整和推荐指标分配的重要依据。

(一) 项目执行期间应安排中期评估。为了简化过程检查,中期评估可采取通信评审的形式。对中期绩效评价较差的项目可考虑提前终止或核减后续经费。

(二) 项目须按照计划任务书按期结题。项目负责人按要求撰写结题材料,经各依托单位审核后,统一报送文科建设办公室,由文科建设办公室组织专家评估验收。

第四章 附 则

第十五条 本办法由文科建设办公室负责解释。

第十六条 本办法自印发之日起施行。

中国科学技术大学马克思主义理论研究专项管理办法

(校办字〔2022〕241号,2022年12月31日)

第一章 总 则

第一条 为深刻领会、研究阐释习近平新时代中国特色社会主义思想,提升学校马克思主义理论研究水平和成果质量,促进学校马克思主义理论研究人才的成长,培养优秀学术带头人,学校设立马克思主义理论研究专项(以下简称马克思主义专项)。

为规范和加强马克思主义专项管理,根据《国务院办公厅关于改革完善中央财政科研经费管理的若干意见》《中国科学技术大学基本科研业务费专项资金管理办法》等精神,结合学校实际,制定本办法。

第二条 马克思主义专项遵循公开、公平、公正的资助原则,采取自主申请、平等竞争、同行评审、择优支持的资助机制。

第二章 项 目 立 项

第三条 马克思主义专项分为重点项目和一般项目。重点项目主要指围绕马克思主义研究前沿领域的重大理论和现实问题以及习近平新时代中国特色社会主义思想开展研究。

一般项目主要指以马克思主义为指导，针对高校马克思主义理论教育、宣传和思想政治工作的实际问题开展研究。学校鼓励开展马克思主义理论的多学科、综合性的研究，理论联系实际。

第四条 马克思主义专项指南由马克思主义学院组织编写，经党委宣传部审核后，由文科建设办公室面向全校公开发布。

第五条 马克思主义专项重点项目申请人应具有高级专业技术职务（职称），或者具有博士学位；一般项目申请人原则上不超过45周岁。按照年度指南进行申报，同年申请（含负责和参与）上述项目仅限1项。项目负责人同期只能牵头负责1项，负责和参与合计不得超过2项。一般项目原则上不重复支持。

第六条 文科建设办公室代表学校受理项目申报，并联合马克思主义学院组织专家对申报项目进行评议（其中校外专家比例不少于1/3），通过专家评议的项目报科研部备案，经学校分管领导审批后予以立项。

第三章 项目管理

第七条 马克思主义专项实行项目负责人责任制。项目负责人的基本职责是：

（一）负责项目计划的实施、管理和相关资源统筹安排；

（二）严格按照预算执行，合理使用项目经费；

（三）如实报告项目年度进展情况、经费年度决算和下年度计划，接受有关部门对项目执行情况的检查和评估；

（四）严格执行项目任务书，保证目标与任务的完成。

第八条 马克思主义专项项目完成时限一般为2～3年。研究期间，项目负责人不得更换或代理，项目不得延期。

第九条 项目负责人若出现下列情况之一，经分管校领导审批后，文科建设办公室将立即终止项目，并报科研部备案：

（一）有违背“四项基本原则”和中央政策方针言行的；

（二）与学校解除或终止聘用合同的；

（三）不能继续开展研究工作的；

（四）有剽窃他人科学研究成果或弄虚作假等行为的。

第十条 各项目承担单位负责监督、检查项目实施情况，并于每年12月15日前将项目年度进展报告提交至文科建设办公室。

第十一条 项目完成后，项目负责人按照项目计划任务书提交完整的结题报告，由文科建设办公室对照计划任务书内容组织验收，并报科研部备案。

第十二条 马克思主义专项项目实施期间发表的有关论文、专著、成果评议鉴定资料等，均应按规定注明“中央高校基本科研业务费专项资金资助”（英文为：supported by “the Fundamental Research Funds for the Central Universities”）。

第四章　经 费 管 理

第十三条　马克思主义专项资助经费根据批准额度逐年进行预算、审核与拨付，由文科建设办公室审查项目年度进展报告。审查通过后，报科研部备案，由科研部拨付下一年经费。经费使用须严格按照有关规定执行，不得开支有工资性收入的人员工资、奖金、津补贴和福利支出。

第十四条　项目结题或终止的结余经费由学校收回，纳入下一年度的马克思主义专项经费预算。

第十五条　使用项目经费形成的固定资产、无形资产等按照国家有关规定纳入学校资产统一管理。

第五章　附　　则

第十六条　本办法由文科建设办公室、科研部、党委宣传部负责解释。

第十七条　本办法自印发之日起施行。原《中国科学技术大学马克思主义理论研究专项管理办法(试行)》(校科字〔2018〕236 号)同时废止。

中国科学技术大学“十四五”人才发展规划

(校人字〔2022〕181 号，2022 年 9 月 9 日)

为深入贯彻落实中央人才工作会议精神，加快推进国家创新人才高地建设，进一步凝聚造就高水平创新人才队伍，助力中国特色、科大风格的世界一流大学建设，依据国家有关规划、中国科学院“十四五”人才高地建设发展规划、安徽省人才高地建设规划及学校“十四五”规划，结合学校实际，制定本规划。

一、指导思想和发展目标

(一) 指导思想

“十四五”时期是国家开启全面建设社会主义现代化国家新征程、向第二个百年目标进军的第一个五年，是深入推进新一轮“双一流”建设的重要阶段，是中国科学院实施“率先行动”计划第二阶段的第一个五年，是安徽省进入加快建设现代化美好安徽的新发展阶段，也是我校扎实推进中国特色、科大风格的世界一流大学建设的关键期。

做好新时代人才工作，必须坚持以习近平新时代中国特色社会主义思想为指导，深刻领悟“两个确立”的决定性意义，充分认识“八个坚持”的人才事业发展规律，全面贯彻习近平总书记关于做好新时代人才工作的重要思想和关于中国科大系列重要指示精神，扎实推进落实中央人才工作会议精神，坚持党对人才工作的全面领导，坚持“四个面向”，牢固树立“人才是第一资源”理念，紧密围绕“潜心立德树人、执着攻关创新”两大核心任务，深入实施新时代人才强校战略，深化人才发展体制机制改革，全方位培养用好人才，聚天下英才而用之，加快推进国家创新人才高地建设。

（二）发展目标

“十四五”时期，我校人才队伍建设将达到更高水平，高层次人才队伍规模持续扩大，战略科学家、教育家、科技领军人才、创新团队和青年科技人才不断集聚，教师、管理、支撑三支队伍协调发展，为建成中国特色、科大风格的世界一流大学提供强有力的人才保障。至2025年，学校教师队伍规模适度扩大，总数达到3500人，其中在编教师1700人，聘期制科研人员1800人，正高900人，高层次人才占在编教师比例40%，新增各类教学名师15人；学校管理和支撑队伍规模基本稳定、结构更加优化，其中管理人员600人，支撑人员900人；人才队伍年龄梯次更加合理，45岁以下人员占比明显提高。

二、教师思想政治和师德师风建设

（一）坚持党管人才

坚持党管人才原则，加强人才队伍理想信念教育和师德师风建设。将师德师风作为评价人才队伍素质的第一标准，全面落实立德树人根本任务；引导广大教师做有理想信念、有道德情操、有扎实学识、有仁爱之心的“四有”好老师，做学生为学、为事、为人的示范，努力培养造就一支政治素质过硬、业务能力精湛、育人水平高超的高素质教师队伍。

加强对优秀人才的政治吸纳和政治引领。坚持用习近平新时代中国特色社会主义思想教育人才，引导人才学习党的创新理论、感悟党的初心使命，深化对党的认识、增进对党的感情，深刻领悟“两个确立”的决定性意义，增强“四个意识”、坚定“四个自信”、做到“两个维护”。

（二）建设优良学风作风

弘扬科学家精神，继承和发扬老一辈科学家胸怀祖国、服务人民的优秀品质。不断增强科研诚信宣传教育的系统性和全面性，引导各类人才自觉遵守科技伦理要求，进一步完善学风作风建设制度体系。形成大力弘扬科学家精神与坚决维护科研诚信相辅相成的创新文化与学风作风建设体系，为实现高水平科技自立自强提供有力保障。

（三）规范兼职及双聘管理

围绕立德树人根本任务，在维护学校正常工作秩序、保障学校和教职工合法权益的前提下，进一步规范教职工履职履责行为，健全教职工校外兼职及合作机构双聘管理制度，引导教职工聚集主责主业开展工作。聚焦科技创新需求和国家发展需要，有效发挥学校人力资源和技术资源优势，激发人才科技创新活力和干事创业热情。

三、创新人才高地建设

（一）健全科大特色人才体系

优化教师、管理、支撑三支队伍协调发展的科大特色人才体系。合理配置人力资源，统筹推进三支队伍可持续发展：教师队伍承担学校教学、科研任务；管理队伍担负领导或管理、服务职责；支撑队伍为学校各项事业开展提供综合保障和服务。建立健全学术荣誉体系，试点实施“预聘-长聘”教职制度，促进聘期制科研队伍提质增量，优化管理和支撑队伍结构，努力形成人人皆可成才、人人尽展其才的良好局面，建设一支规模适度、结构优化、学术优异、富有自主创新能力和国际竞争力的教师队伍，一支精干高效的管理队伍和一支保障有力的支撑队伍。

推进学术荣誉体系教师队伍建设。坚持“破五唯”与“立新标”并举，完善讲席教授、杰出讲席教授、资深讲席教授、荣誉讲席教授学术荣誉体系，至2025年，学术荣誉体系教师队伍规模达到250人；与中国科学院特聘研究岗位融合，增设骨干教授岗位，聘任在学校教学科研工作中作出较大贡献的学术技术带头人。建立人才全学术生命周期内的荣誉晋升和激励机制，激励教师不懈努力、不断进步、追求卓越。

试点实施“预聘-长聘”教职制度。在学校现行教师聘用制度和现有教师队伍的基础上，进一步强化国际一流教师队伍建设目标，根据学科发展规划和队伍建设实际需要，探索教师聘用制度改革，制定“预聘-长聘”教职制度实施办法，试点实施“预聘-长聘”教职制度。探索“预聘-长聘”体系与现行教师队伍体系从双轨并存到全面并轨的建设路径与方案。

（二）优化人才队伍梯队

凝聚一批爱党爱国、敬业奉献、善于创新的高端人才。健全高端人才培养和引进机制，加大战略科学家、教育家、科技领军人才和创新团队的培养与引进力度；围绕“卡脖子”关键核心技术等重点领域，集聚高端人才攻坚克难；加强国际化人才引进；建立柔性引智体系，实施国际合作与交流基金国际师资项目，完善大师讲席教授、客座（兼职）教授等引智人才制度。

长周期规划、阶段式发展、精准化支持，培养造就一大批青年科技人才。探索符合人才发展规律的青年科技人才全周期体系化培育路径，完善青年科技人才引进、培养、使用机制；充分发挥重要科研平台、重大科研任务在锻炼和培养人才方面的积极作用，完善有利于原始创新的基础研究人才培养和支持机制。“十四五”期间，用于支持青年科技人才启动科研工作及后续培养发展的经费不少于10亿元。

加强聘期制科研队伍建设，壮大青年科技人才后备力量。持续扩大以博士后、特任副研究员为主体的聘期制科研队伍规模；不断提升聘期制科研队伍质量，优化评价体系，畅通培养和发展通道，加大对聘期制科研队伍的支持力度。打造一支发展潜力大、内生动力足、充满创新精神和科研活力的聘期制科研队伍。

（三）培养支持国家急需领域紧缺人才

面向世界科技前沿、面向经济主战场、面向国家重大需求、面向人民生命健康，统筹推进各类人才队伍建设。补短板强弱项，加大急需领域紧缺人才培养支持力度。

深入实施马克思主义理论研究和建设工程，打造信仰坚定、理论功底扎实、数量充足、结构优化的马克思主义理论人才队伍；着眼提升国家网信技术水平，打造网络空间安全人才队伍；积极提倡“揭榜挂帅”，打造一批绿色低碳关键核心技术攻关和工程应用领域创新人才队伍；围绕全面推进健康中国建设，打造临床医学人才队伍。

紧密围绕国家重大发展战略需求，制定“马克思主义理论”“网络空间安全”“双碳”“临床医学”等国家急需领域紧缺人才自主培养和支持方案。建设科技英才班，培养交叉复合型拔尖创新人才；选派研究生参与急需领域人才培养专项，加快推进急需领域紧缺人才培养模式综合改革，逐步建立科大人才自主培养特色体系。

四、人才发展的体制机制

（一）优化人才引进工作机制

聚天下英才而用之，持续举办“墨子论坛”，为热爱学术研究、心系祖国发展的海内外优秀人才提供高水平交流平台；以才引才，充分发挥教职工及校友在引才宣传、人才举荐等方面的重要作用；安全稳妥引进人才，严把人才“入口关”；依托国家、中国科学院和安徽省人才计划，通过学校优秀人才引进委员会、高端人才工作领导小组加大各类优秀人才引进力度。

（二）完善岗位分类管理及评价机制

健全岗位分类管理制度。推进教师、管理、支撑三支队伍科学有效的岗位分类管理，理顺各类人才的晋升通道和发展方向，为各类人才更好地发挥作用创造条件、营造氛围。

用好评价改革指挥棒，在人才引进、专业技术职务聘用、评优奖励、岗位晋升等环节中，严把审核关。深化人才分类评价改革，坚决“破五唯”，根据不同岗位的发展定位，加快建成以创新价值、能力、贡献为导向的人才评价体系；针对高层次人才，推行柔性考核机制；在教师专业技术职务聘用中，突出教育教学能力和业绩、强化一线学生工作经历。坚持科技创新质量、绩效、贡献为核心的评价导向，坚持“质量优先、特色鲜明、强化绩效、突出贡献”的原则，探索建立科技成果五元价值评价机制。

（三）深化薪酬分配制度改革

根据国家和中国科学院关于事业单位收入分配制度改革有关精神，以提高人才培养质量和科技创新能力为目标，加快构建以体现岗位绩效和贡献大小为核心、以知识价值和重大成果产出为导向的薪酬分配制度，在全校营造尊重劳动、尊重知识、尊重人才、尊重创造的氛围。进一步完善绩效考核评价机制，理顺收入分配关系，统筹考虑各类人才收入水平，充分激励教职工积极履职尽责。

五、人才发展的良好环境

（一）以事业平台促发展

充分发挥重大科研平台及项目作用，有效培育新的学科增长点，协同推进科研布局和人才布局，围绕科技战略布局优化人才资源配置，用平台和项目吸引优秀人才。全力推动各类人才依托高水平科研平台干事创业，在科研攻关中大胆鼓励人才“揭榜挂帅”，在国家重大战略任务中发挥主力军作用，强化国家战略人才力量使命担当。积极打造科教融合3.0，推进学校与国家实验室、科教融合研究所、中国科学院合肥物质科学研究院、中国科学院临床研究医院（安徽临床研究医院）和所系结合研究所深度融合，以科教融合汇聚一流人才队伍。

（二）多措并举助力人才成长

推进教职工培训体系建设，完善青年人才定期轮训制度；搭建教职工交流系列平台，解决“急难愁盼”问题；加强教学基层组织建设，发挥优秀老教师的传帮带作用；持续深化行政管理服务于科学研究的理念，积极回应人才关切，提升人才服务质量，将尊才重才落到实处，助力人才大有作为。

为科研人才减负松绑，完善人才管理制度，做到人才为本、信任人才、尊重人才、善待人才、包容人才。积极开发科研助理岗位，优化校内资源配置，为科研人才营造宽松的创新氛围。

六、人才发展的组织保障

（一）加强党对人才工作的全面领导

落实新时代党的组织路线，贯彻《中国共产党普通高等学校基层组织工作条例》《中国共产党组织工作条例》等精神，加强党对人才工作的全面领导。校党委把人才队伍规划、人才政策及体制机制等重要事项列入党委常委会会议讨论事项，保证以人才队伍建设为中心的各项任务顺利完成。发挥院级党组织的战斗堡垒作用，引导广大人才矢志爱国奉献、勇于创新创造。

（二）完善人才工作推进机制

健全人才工作会商机制，充分发挥学校人才工作协调小组的重要作用，加快形成人力资源部等职能部门密切配合、院系单位及重点科研机构深度推进的人才工作格局，保障各项任务推进落实。建立引才育才激励机制，形成教职工及校友广泛参与、积极荐才的生动局面。

（三）健全服务保障体系

积极争取上级主管单位和地方政府的支持，为学校人才工作提供政策和资源保障，为各类人才提供稳定的住房资源、优质的子女教育资源、完善的医疗保障。强化人才工作队伍建设、档案常态化审核及信息化平台建设、人事工作合法合规管理，进一步提高人才工作效率，提升人力资源管理水平。

中国科学技术大学杰出讲席教授岗位聘用实施办法(试行)

（校人字〔2022〕100号，2022年5月18日）

为进一步做好杰出讲席教授岗位聘用工作，根据《中国科学技术大学关于建立学术荣誉体系教师队伍的意见》精神，结合学校实际，制定本办法。

第一条 杰出讲席教授岗位聘用坚持择优遴选、协议聘用、柔性评估、动态激励原则。

第二条 杰出讲席教授每双数年评聘1次，具体拟聘名额由校长工作会议提前研究决定。

第三条 杰出讲席教授应具备以下条件：

（一）遵守中华人民共和国宪法和法律，遵守《中国科学院章程》和《中国科学技术大学章程》，师德师风端正，科学态度严谨，恪守学术规范，身体状况良好。

（二）全职在学校工作，认真履行教学科研职责，达到现任岗位教学和科研工作量的基本要求。

（三）满足下列聘用条件之一：

1. 中国科学院院士，或中国工程院院士，或中国社会科学院学部委员，或重要国际学术机构成员（院士）；

2. 国家自然科学奖一等奖排名第一者，或国家技术发明一等奖排名第一者，或国家科技进步奖一等奖（含）以上排名第一者，或国家教学成果特等奖排名第一者；

3. “国家高层次人才特殊支持计划”杰出人才，或全职到校工作且聘期考核优秀的国家创新人才长期项目入选者、中国科学院率先行动人才计划A类入选者；

4. 获得海外顶尖高校杰出教授职位，且有重要国际影响者；

5. 在面向世界科技前沿，面向经济主战场，面向国家重大需求，面向人民生命健康的相关领域，在“双一流”建设和中国科学院“四个率先”等工作中作出杰出贡献者。

第四条 杰出讲席教授岗位通过以下程序聘用：

（一）学校组织开展推荐工作，由院级单位或专家推荐候选人。候选人应满足本办法第三条中所列条件。

1. 候选人若满足本办法第三条第（三）款 1～3 项中的条件之一，由院级单位学术委员会推荐。

2. 其他候选人须由 3 位专家推荐。推荐专家须为我校杰出讲席教授或资深讲席教授，或受聘为我校学院院长或系主任的“两院”院士（年龄未满 80 周岁），每位推荐专家可推荐不超过 2 位候选人。此类候选人由学校学术荣誉体系评审委员会聘请不少于 5 位校外专家进行函评。

（二）学校学术荣誉体系领导小组审议候选人推荐材料。

（三）学校学术荣誉体系评审委员会组织召开评审会议，产生拟聘推荐人选。其中，“两院”院士或中国社会科学院学部委员，将不经过会议评审，直接被认定为拟聘推荐人选。

（四）校长工作会议审议拟聘推荐人选，确定拟聘人员。

（五）对拟聘人员进行公示，公示期不少于 5 个工作日。

（六）将拟聘人员的公示情况提交校党委常委会会议审议，确定聘用人员。

（七）学校发文聘用并颁发聘书。

第五条 对符合本办法第三条中聘用条件的引进人才候选人，可由学校高端人才工作领导小组决定聘用，并在下次召开的杰出讲席教授评审会议上通报。

第六条 杰出讲席教授的基本岗位职责如下：

（一）积极参加学校各类学术组织及其活动，协助制定具有战略性、前瞻性和创造性的学科建设目标、规划和实施方案。

（二）致力于立德树人，培养和指导研究生，参加社会服务工作。

（三）组织和指导学院、国家（重点）实验室教师从事高水平科学研究，提升学科的创新能力和竞争力。

（四）引进和培养优秀人才，建设高水平教师队伍。

（五）促进与国际知名大学、著名研究机构的国际合作。

（六）与学校商定的其他岗位职责。

第七条 学校对杰出讲席教授实行柔性评估、动态管理。杰出讲席教授聘期一般为 5 年，不超过 70 周岁。聘期满后，由学校学术荣誉体系评审委员会对杰出讲席教授进行聘期审核，根据其履职情况决定是否续聘。

第八条 本办法由人力资源部负责解释，自印发之日起施行。原《中国科学技术大学杰出讲席教授岗位聘用实施办法（试行）》（校人字〔2018〕206 号）同时废止。

中国科学技术大学教师岗位专业技术职务聘用实施办法（试行）

（校人字〔2022〕150号，2022年7月20日）

第一章 总　　则

第一条 为进一步完善学校岗位管理制度，规范教师岗位专业技术职务聘用工作，根据《中国科学院岗位管理实施办法》（科发人字〔2017〕8号）、《〈中国科学院岗位管理实施办法〉文件说明》（人字〔2017〕10号）、《中国科学院人事局关于岗位与聘用管理有关问题的通知》（人字〔2020〕13号）和《人力资源社会保障部　教育部关于深化高等学校教师职称制度改革的指导意见》（人社部发〔2020〕100号）等精神，结合学校实际，制定本办法。

第二条 教师岗位是指从事学校教育教学、人才培养、科学研究和公共服务等工作，具有相应专业技术水平和能力要求的工作岗位。

岗位设置：主要设置高校教师系列、科学技术研究系列岗位。

岗位评价：严把思想政治关，将师德表现作为首要条件；突出教育教学能力和业绩；克服“五唯”倾向，推行代表性成果评价；建立分类分层评价指标，充分体现不同类型、不同层次、不同学科的特点及其评价的差异性，形成导向明确、精准科学、规范有序的评价机制。

岗位聘用：按照“科学设岗、公开公正、平等竞争、择优聘用”的原则进行聘用；坚持育人为本、尊崇学术，倡导优良学风，激发创新精神，营造有利于教师队伍建设与发展的制度环境。

第二章 岗 位 设 置

第三条 在中国科学院核定的编制和岗位结构比例控制下，依据学校教师队伍建设总体规划，在综合分析各学院（单位）教学科研任务、学科建设目标和教师队伍结构等情况的基础上，研究制定岗位设置方案，确定聘用岗位职数。

正高级专业技术岗位职数，由学校统一控制使用；副高级专业技术岗位职数，由学校下达各学科组和校教学委员会评议组；中级及以下专业技术岗位职数，由学院（单位）根据实际情况合理确定。

第四条 高校教师系列设教授、副教授、讲师和助教专业技术职务。

科学技术研究系列包括固定岗位和聘期制岗位。固定岗位设研究员和副研究员专业技术职务，其中研究员按照本办法进行聘用，副研究员按照学校优秀人才引进委员会的程序进行聘用；聘期制岗位设特任研究员、特任副研究员和博士后，其聘用与管理按照《中国科学技术大学科研岗设置与管理办法（试行）》中的聘期制岗位管理有关规定执行。

第三章 聘用范围

第五条 本办法适用于教师岗位专业技术职务的聘用，在教师岗位工作且符合相应专业技术职务聘用条件的人员，可参加应聘。

第六条 聘期制岗位人员选聘副高级专业技术职务，不在本办法聘用范围之内。

未参加聘期届满考核的国家创新人才计划青年项目入选者，应参加学校统一组织的考核，不在本办法聘用范围之内。

第四章 聘用条件

第七条 应聘人员须具备下列基本条件：

（一）遵守国家宪法和法律，贯彻党的教育方针，自觉践行社会主义核心价值观；遵守《中国科学院章程》；遵守《中国科学技术大学章程》；良好的思想政治素质和师德师风修养；学风端正，科学态度严谨，爱岗敬业，为人师表；岗位所需的专业或技能条件；适应岗位要求的身体条件。

（二）潜心立德树人，认真履行岗位职责，在教育教学、人才培养、科学研究、公共服务等方面作出工作实绩。

（三）应聘高校教师系列专业技术职务，须现聘教学科研岗或教学岗，或系聘期制岗位特任研究员；须满足相应教学工作量要求；任现职以来至少须有1年担任辅导员、班主任等学生工作经历并考核合格。

第八条 高校教师系列、科学技术研究系列相应专业技术职务的基本聘用条件：

（一）学历学位和任职年限要求

1. 高校教师系列

教授：大学本科及以上学历，并获得学士及以上学位，1991年及以后参加工作的，应具有博士学位；任副高级专业技术职务满5年，或任特任正高（含特任教授、特任研究员，以下同）满3年，或任特任正高前曾任副高、副高与特任正高时间累加计算满5年；年度（专项）考核合格及以上。

副教授：大学本科及以上学历，并获得学士及以上学位，1991年及以后参加工作的，应具有硕士及以上学位；任中级专业技术职务满5年，或博士研究生毕业任中级专业技术职务满2年，或优秀博士后出站人员；年度考核合格及以上。

讲师：大学本科及以上学历，并获得学士及以上学位，1991年及以后参加工作的，应具有硕士及以上学位；任初级专业技术职务满4年，或硕士研究生毕业任初级专业技术职务满2年；年度考核合格及以上。博士研究生毕业。

助教：硕士研究生毕业。

2. 科学技术研究系列

研究员：大学本科及以上学历，并获得学士及以上学位，1991年及以后参加工作的，应具有博士学位；任副高级专业技术职务满5年，或任特任正高满3年，或任特任正高前曾任副高、副高与特任正高时间累加计算满5年；年度（专项）考核合格及以上。

（二）教育教学、人才培养、科学研究、公共服务等方面要求，由各学科组、校教学委员会评议组研究制定，并公布执行。

（三）外语水平要求

具备岗位所需的外语能力，应能够熟练运用外语开展学术活动，进行国际交流。

第五章 组织机构

第九条 学院（单位）成立资格审查小组，组长由学院（单位）领导担任，负责本单位应聘人员申报材料真实性、申报资格有效性、科研诚信和涉密信息的审查。

学院（单位）成立聘用推荐工作小组（以下简称聘用组），由不少于9名具有正高级专业技术职务的专家组成，组长由学院（单位）领导担任，负责本单位应聘人员的评议、推荐工作。

中国科学院重点实验室按照上述规定成立资格审查小组和聘用组，负责本实验室应聘研究员人员的相关审查和评议、推荐工作。

学院（单位）教学委员会通道聘用组织机构，由校教学委员会制定教学委员会通道聘用工作实施细则予以规定。

第十条 学校成立资格复核小组，负责对应聘人员申报资格进行复核，汇总有关信息和问题，研究提出处理意见。

学校成立教师岗位专业技术职务聘用工作委员会（以下简称校聘委会），负责教师岗位的评议和聘用工作。校聘委会下设自然科学、工程与信息、生命科学与医学、管理与人文、科学技术研究学科组和校教学委员会评议组，分别负责研究制定本学科组或评议组岗位聘用的要求和评价标准，以及相应评议、推荐工作。

第六章 工作程序

第十一条 工作程序。

（一）学校召开聘用工作启动会议，传达有关文件，布置有关工作。

（二）学院（单位）召开聘用工作布置会议，传达有关文件，布置有关工作；研究制定聘用推荐工作细则（资格审查小组、聘用组成员名单以及聘用工作安排报人力资源部备案）。

（三）应聘人员网上申报，并提交申报材料（申请破格人员同时提交《破格推荐表》及有关证明材料）。

（四）学院（单位）资格审查小组对应聘人员申报材料的真实性、申报资格的有效性、科研诚信和涉密信息进行审查；学院（单位）党组织，经集体研究后，对应聘人员思想政治素质和师德师风进行评价。学院（单位）采取适当形式公开应聘人员材料，接受广大教职工监督。

（五）学校资格复核小组对应聘人员申报资格进行复核，并将复核结果反馈给学院（单位）。

（六）学院（单位）聘用组组织完成以下工作：

1. 对应聘中级及以下专业技术职务的人员进行评议、投票表决，同意票数达到出席会议的聘用组专家总数 2/3（含）以上者为通过，产生拟聘资格人选。

2. 组织召开学院（单位）教授大会，对应聘正、副高级专业技术职务的人员进行评议、投票表决，同意票数达到出席会议的教授总数 2/3（含）以上者为有效。聘用组对有效的人选进行研究，在学校下达的正、副高级岗位推荐职数范围内，产生相应推荐人选并排序。

（七）学科组受理、审核推荐人选材料；召开学科组会议。

1. 对学院（单位）产生的副高级专业技术职务推荐人选进行评议、投票表决，同意票数达到出席会议的学科组专家总数 2/3（含）以上者为有效。在学校下达的副高级岗位拟聘职数范围内，按同意票数多少依次排序，产生拟聘资格人选；如遇同意票数相同而不能确定拟聘资格人选时，须对同意票数相同者再次投票表决，以同意票数多者为通过。

2. 对学院（单位）产生的正高级专业技术职务推荐人选进行评议、投票表决，同意票数达到出席会议的学科组专家总数 2/3（含）以上者为有效。在学校下达的正高级岗位推荐职数范围内，产生推荐人选并排序。

（八）学校召开校聘委会会议。

1. 对学院（单位）聘用组产生的中级及以下专业技术职务拟聘资格人选进行审定，产生拟聘推荐人选。

2. 对学科组产生的副高级专业技术职务拟聘资格人选进行审定，产生拟聘推荐人选。

3. 对学科组产生的正高级专业技术职务推荐人选进行评议、投票表决，同意票数达到出席会议的校聘委会专家总数 2/3（含）以上者为通过，产生拟聘推荐人选。

（九）将拟聘推荐人选提交校长工作会议审议，确定拟聘人员。

（十）对拟聘人员进行公示，公示期不少于 5 个工作日。

（十一）将拟聘人员公示情况提交党委常委会会议审议，确定聘用人员。

（十二）学校印发聘用文件。

第十二条 中国科学院重点实验室应聘研究员人员的工作程序按照第十一条的相关规定执行；应聘人员思想政治素质和师德师风评价，由学院（单位）党组织负责。

教学委员会通道工作程序由校教学委员会制定教学委员会通道聘用工作实施细则予以规定。

第七章 其他规定

第十三条 对作出重大创新贡献，或取得重大成果的教师岗位专业技术人员，可适当放宽任职年限及学历学位要求。申请破格人员提交《破格推荐表》及有关证明材料；学院（单位）审查，提出破格推荐意见；学校复核，经批准同意后，进入后续工作程序。

第十四条 鼓励与支持教师跨学院（单位）申请及聘用，进行合理流动。工作程序如下：应聘人员申请；现所在学院（单位）同意；设岗学院（单位）研究，经批准同意后，按聘用工作程序进行评议、推荐。应聘人员获聘后，须进入设岗学院（单位）工作。

第十五条 应聘人员岗位类别未发生事实上的变动，未经人力资源部批准、备案，所执行的岗位类别不得变更。

第十六条 应聘人员工作量仅计算任现职以来所完成的教学、科研等工作。

第十七条 应聘人员应严格遵守保密制度，对含有涉密内容的申报信息务必进行脱密处理。

第十八条 申请解聘人员，不参加应聘。

第十九条 特任正高不列入学院（单位）聘用组、教授大会、学科组以及校聘委会专家范围。

第二十条 学院（单位）聘用组会议、教授大会、学科组会议以及校聘委会会议，出席专家均不得少于相应专家总数的 2/3。

第二十一条 学院（单位）聘用组会议、教授大会、学科组会议以及校聘委会会议，对入选各类人才计划的应聘人员，与其他应聘人员统一进行评议、投票表决、排序。

第二十二条 学校高度重视思想政治理论课教师队伍建设，规范评审体系，单列计划、单设标准、单独评审。

第二十三条 教学科研岗或教学岗人员，如应聘研究员专业技术职务，获聘后按照科研岗进行管理；教学科研岗人员，如通过教学委员会通道应聘专业技术职务，获聘后须转为教学岗。

第二十四条 本次专业技术职务聘用的起聘时间为 2022 年 11 月 30 日。于本次专业技术职务聘用的起聘当月（即 2022 年 11 月）将达到或已超过国家规定退休年龄的人员，不参加应聘。

国家规定退休年龄：男性年满 60 周岁；女性中级及以下专业技术人员年满 55 周岁，女性高级专业技术人员可自愿选择年满 55 周岁或 60 周岁。

第二十五条 应聘人员如被发现有弄虚作假、学术不端和违反师德师风等行为，实行“一票否决”，取消其本次和下一次申报资格；获得聘用的，撤销其聘用结果，并按有关规定给予其他处理。

第二十六条 评议专家应严格遵守回避规定。有下列情形之一的，应当回避：

（一）涉及本人利害关系的；

（二）涉及与本人有亲属关系人员的利害关系的；

（三）其他可能影响公正履行职责的。

亲属关系范围：夫妻关系；直系血亲关系；三代以内旁系血亲关系；近姻亲关系；其他亲属关系。

评议专家应当主动报告应回避的情形。有需要回避的情形不及时报告或有意隐瞒的，将予以批评教育；造成不良后果的，将依法依规给予组织处理或处分；由于隐瞒应当回避情形，造成相应聘用结果不公正的，撤销所涉特定人员的聘用结果。

第二十七条 评议专家及相关工作人员应严格遵守聘用纪律和聘用规范，如有违纪违规行为，一经查实，给予严肃处理。

第八章 附 则

第二十八条 本办法由人力资源部负责解释。

第二十九条 本办法自印发之日起施行。原《中国科学技术大学教师岗位专业技术职务聘用实施办法(试行)》(校人字〔2020〕185 号)同时废止。

中国科学技术大学支撑岗位专业技术职务聘用实施办法(试行)

(校人字〔2022〕151 号,2022 年 7 月 20 日)

第一章 总 则

第一条 为进一步完善学校岗位管理制度,规范支撑岗位专业技术职务聘用工作,根据《中国科学院岗位管理实施办法》(科发人字〔2017〕8 号)、《〈中国科学院岗位管理实施办法〉文件说明》(人字〔2017〕10 号)、《中国科学院人事局关于岗位与聘用管理有关问题的通知》(人字〔2020〕13 号)和《人力资源社会保障部 教育部关于深化高等学校教师职称制度改革的指导意见》(人社部发〔2020〕100 号)等精神,结合学校实际,制定本办法。

第二条 支撑岗位是指为学校教学、科研及人才培养提供技术支撑,为学校各项事业开展提供综合保障服务的岗位。

分系列设置:主要设置工程技术系列、实验技术系列,以及综合支撑系列岗位。

分系列评价:严把思想政治关,将师德表现作为首要条件;突出能力和业绩,把技术支撑和综合保障服务质量作为主要标准;克服“五唯”倾向,推行代表性成果评价;分系列建立评价指标,充分体现不同系列岗位的特点及其评价的差异性,理顺、明晰不同系列岗位人员的晋升通道和发展方向。

分系列聘用:工程技术、实验技术系列,由学校按照“科学设岗、公开公正、平等竞争、择优聘用”的原则进行聘用。综合支撑系列,由相关单位根据国家、中国科学院及业务主管部门的有关规定,并结合实际制定实施办法;按照“学校宏观指导、结构比例控制、职业和任职资格准入、分系列择优聘用”的原则进行聘用。

第二章 岗位设置

第三条 在中国科学院核定的编制和岗位结构比例控制下,依据学校支撑队伍建设总体规划,在综合分析工作目标、任务和队伍结构等情况的基础上,针对各系列的不同特点,分系列研究制定岗位设置方案,确定聘用岗位职数。

正高级专业技术岗位职数,由学校统一控制使用;副高级专业技术岗位职数,由学校下达工程技术、实验技术学科组和综合支撑系列评议组;中级及以下专业技术岗位职数,由学院(单位)根据实际情况合理确定。

第四条 工程技术系列岗位设高级工程师(教授级)、高级工程师、工程师和助理工程师专业技术职务。

根据大型设备(仪器)的研制、运行和维护，以及重大科研项目的技术需要，具体分析工程技术系列队伍结构等情况进行岗位设置。

第五条 实验技术系列岗位设正高级实验师、高级实验师、实验师、助理实验师专业技术职务。

根据教学和科研实验任务需要，具体分析实验技术系列队伍结构进行岗位设置。

第六条 综合支撑系列岗位设与不同系列相应的专业技术职务。

根据学校对有关单位的功能定位，结合人员构成、专业特点等情况，系列划分如下：

图书馆、档案文博院所属系列(图书、档案、文博)；

出版社及其他单位所属系列(出版、编辑、校对)；

医院所属系列(医、药、护、技)；

附属中学、幼儿园所属系列(中、小学教师)。

根据技术支撑和综合保障服务的需要，具体分析综合支撑系列队伍结构进行岗位设置。

第三章 聘 用 范 围

第七条 本办法适用于支撑岗位专业技术职务的聘用，在支撑岗位工作且符合相应专业技术职务聘用条件的人员，可参加应聘。

第四章 聘 用 条 件

第八条 应聘人员须具备下列基本条件：

(一) 遵守国家宪法和法律，贯彻党的教育方针，自觉践行社会主义核心价值观；遵守《中国科学院章程》；遵守《中国科学技术大学章程》；良好的思想政治素质和师德师风修养；学风端正，科学态度严谨，爱岗敬业，为人师表；岗位所需的专业或技能条件；适应岗位要求的身体条件。

(二) 潜心立德树人，认真履行岗位职责，在教育教学、人才培养、技术支撑和综合保障服务等方面作出工作实绩。

第九条 工程技术、实验技术系列相应专业技术职务的基本聘用条件：

(一) 学历学位和任职年限要求。

高级工程师(教授级)、正高级实验师：大学本科及以上学历，并获得学士及以上学位，1991 年及以后参加工作的，应具有硕士及以上学位；在支撑岗位任副高级专业技术职务满 5 年；年度考核合格及以上。

高级工程师(高级实验师)：大学本科及以上学历，并获得学士及以上学位，1991 年及以后参加工作的，应具有硕士及以上学位；在支撑岗位任中级专业技术职务满 5 年，或博士研究生毕业在支撑岗位任中级专业技术职务满 2 年，或博士后出站人员在支撑岗位工作满 1 年；年度考核合格及以上。

工程师(实验师)：大学本科毕业并获得学士学位，在支撑岗位任初级专业技术职务满 4 年，或硕士研究生毕业在支撑岗位任初级专业技术职务满 2 年；年度考核合格及以上。博士研究生毕业。

助理工程师(助理实验师):大专毕业任技术员(实验员)岗位满2年,年度考核合格及以上;或大学本科毕业并获得学士学位,试用期满且考核合格;或硕士研究生毕业。

(二) 工程技术能力和项目、成果、科技成果转移转化,实验技术能力和工作量、成果,以及其他方面的要求,由各学科组研究制定,并公布执行。

(三) 外语水平要求。

具备岗位所需的外语能力,能够使用外语开展有关岗位工作;高级工程师(教授级)、正高级实验师、高级工程师应能够运用外语开展国际交流。

第十条 综合支撑系列的基本聘用条件,按本办法第二章第六条的系列划分,由相关系列制定岗位聘用实施办法予以规定。聘用条件制定应遵循的原则:充分体现所属系列岗位的特点,有利于队伍素质的提高,有利于队伍结构的优化,兼顾与其他系列岗位聘用标准的平衡。

第五章 组织机构

第十一条 学院(单位)成立资格审查小组,组长由学院(单位)领导担任,负责本单位应聘人员申报材料真实性、申报资格有效性、科研诚信和涉密信息的审查。

学院(单位)成立聘用推荐工作小组(以下简称聘用组),由不少于9名具有正高级专业技术职务的专家组成,组长由学院(单位)领导担任,负责本单位应聘人员的评议、推荐工作。

第十二条 学校成立资格复核小组,负责对应聘人员申报资格进行复核,汇总有关信息和问题,研究提出处理意见。

学校成立支撑岗位专业技术职务聘用工作委员会(以下简称校聘委会),负责支撑岗位的评议和聘用工作。校聘委会下设工程技术、实验技术2个学科组,分别负责研究制定本系列岗位聘用在工程技术、实验技术方面的要求和评价标准,以及相应评议、推荐工作。

第十三条 综合支撑系列由各系列分别建立聘用组织机构,负责研究制定本系列岗位聘用在技术支撑和综合保障服务方面的要求和评价标准,以及相应评议、推荐工作;学校成立综合支撑系列评议组,行使学科组职能,负责相应各系列的评议、推荐工作。

第六章 工作程序

第十四条 工作程序。

(一) 学校召开聘用工作启动会议,传达有关文件,布置有关工作。

(二) 学院(单位)召开聘用工作布置会议,传达有关文件,布置有关工作;研究制定聘用推荐工作细则(资格审查小组、聘用组成员名单以及聘用工作安排报人力资源部备案)。

(三) 应聘人员网上申报,并提交申报材料(申请破格人员同时提交《破格推荐表》及有关证明材料)。

(四) 学院(单位)资格审查小组对应聘人员申报材料的真实性、申报资格的有效性、科研诚信和涉密信息进行审查。学院(单位)党组织,经集体研究后,对应聘人员思想政治素质和师德师风进行评价。学院(单位)采取适当形式公开应聘人员材料,接受广大教职工监督。

(五) 学校资格复核小组对应聘人员申报资格进行复核,并将复核结果反馈给学院(单位)。

(六) 学院(单位)聘用组组织完成以下工作:

1. 对应聘中级及以下专业技术职务的人员进行评议、投票表决,同意票数达到出席会议的聘用组成员总数 2/3(含)以上者为通过,产生拟聘资格人选。

2. 组织召开学院(单位)教授大会,对应聘正、副高级专业技术职务的人员进行评议、投票表决,同意票数达到出席会议的教授总数 2/3(含)以上者为有效。聘用组对有效的人选进行研究,在学校下达的正、副高级岗位推荐职数范围内,产生相应推荐人选并排序。

(七) 学科组受理、审核推荐人选材料;召开学科组会议。

1. 对学院(单位)产生的副高级专业技术职务推荐人选进行评议、投票表决,同意票数达到出席会议的学科组专家总数 2/3(含)以上者为有效。在学校下达的副高级岗位拟聘职数范围内,按同意票数多少依次排序,产生拟聘资格人选;如遇同意票数相同而不能确定拟聘资格人选时,须对同意票数相同者再次投票表决,以同意票数多者为通过。

2. 对学院(单位)产生的正高级专业技术职务推荐人选进行评议、投票表决,同意票数达到出席会议的学科组专家总数 2/3(含)以上者为有效。在学校下达的正高级岗位推荐职数范围内,产生推荐人选并排序。

(八) 学校召开校聘委会会议。

1. 对学院(单位)聘用组产生的中级及以下专业技术职务拟聘资格人选进行审定,产生拟聘推荐人选。

2. 对学科组产生的副高级专业技术职务拟聘资格人选进行审定,产生拟聘推荐人选。

3. 对学科组产生的正高级专业技术职务推荐人选进行评议、投票表决,同意票数达到出席会议的校聘委会专家总数 2/3(含)以上者为通过,产生拟聘推荐人选。

(九) 将拟聘推荐人选提交校长工作会议审议,确定拟聘人员。

(十) 对拟聘人员进行公示,公示期不少于 5 个工作日。

(十一) 将拟聘人员公示情况提交党委常委会会议审议,确定聘用人员。

(十二) 学校印发聘用文件。

第十五条 综合支撑系列工作程序由各系列分别在其实施办法中予以明确。

第七章 其他规定

第十六条 对作出重大创新贡献,或取得重大成果的支撑岗位专业技术人员,可适当放宽任职年限及学历学位要求。申请破格人员提交《破格推荐表》及有关证明材料;学院(单位)审查,提出破格推荐意见;学校复核,经批准同意后,进入后续工作程序。

第十七条 应聘人员岗位类别未发生事实上的变动,未经人力资源部批准、备案,所执行的岗位类别不得变更。

第十八条 应聘人员工作量仅计算任现职以来所完成的技术支撑、综合保障服务工作。

第十九条 应聘人员应严格遵守保密制度,对含有涉密内容的申报信息务必进行脱密处理。

第二十条 申请解聘人员，不参加应聘。

第二十一条 学院(单位)聘用组会议、教授大会、学科组会议以及校聘委会会议，出席专家均不得少于相应专家总数的2/3。

第二十二条 本次专业技术职务聘用的起聘时间为2022年11月30日。于本次专业技术职务聘用的起聘当月(即2022年11月)将达到或已超过国家规定退休年龄的人员，不参加应聘。

国家规定退休年龄：男性年满60周岁；女性中级及以下专业技术人员年满55周岁，女性高级专业技术人员可自愿选择年满55周岁或60周岁。

第二十三条 应聘人员如被发现有弄虚作假、学术不端和违反师德师风等行为，实行“一票否决”，取消其本次和下一次申报资格；获得聘用的，撤销其聘用结果，并按有关规定给予其他处理。

第二十四条 评议专家应严格遵守回避规定。有下列情形之一的，应当回避：

(一) 涉及本人利害关系的；

(二) 涉及与本人有亲属关系人员的利害关系的；

(三) 其他可能影响公正履行职责的。

亲属关系范围：夫妻关系；直系血亲关系；三代以内旁系血亲关系；近姻亲关系；其他亲属关系。

评议专家应当主动报告应回避的情形。有需要回避的情形不及时报告或有意隐瞒的，将予以批评教育；造成不良后果的，将依法依规给予组织处理或处分；由于隐瞒应当回避情形，造成相应聘用结果不公正的，撤销所涉特定人员的聘用结果。

第二十五条 评议专家及相关工作人员应严格遵守聘用纪律和聘用规范，如有违纪违规行为，一经查实，给予严肃处理。

第八章 附　　则

第二十六条 本办法由人力资源部负责解释。

第二十七条 本办法自印发之日起施行。原《中国科学技术大学支撑岗位专业技术职务聘用实施办法(试行)》(校人字〔2020〕186号)同时废止。

中国科学技术大学合作机构兼聘、双聘教职工管理办法(试行)

(校人字〔2022〕201号，2022年11月13日)

第一章 总　　则

第一条 为进一步加强学校教职工在合作机构兼聘、双聘工作管理，规范教职工履职履责行为，根据《关于进一步支持和鼓励事业单位科研人员创新创业的指导意见》《中国科学院岗位管理实施办法》等精神，结合学校实际，制定本办法。

第二条 本办法所指合作机构包含校地合作机构和新型研发机构两类。

校地合作机构是指学校与地方政府在校外联合设立，从事教育培训、科学研究、科技成果转移转化等相关活动，具有独立事业单位法人资格的研究院、中心等，其党政负责人由学校任免。

新型研发机构是指聚焦科技创新需求，为优化科研力量布局、强化产业技术供给、促进科技成果转移转化、推动科技创新和经济社会发展深度融合，我校参与或合作的主要从事科学研究、技术创新和研发服务的独立法人机构。

第三条 根据国家重大科技攻关任务需求和合作机构建设需要，为进一步推进人才队伍建设和人才共享机制建设，学校与校地合作机构建立人员兼聘机制，与新型研发机构建立人员双聘机制。

第四条 教职工在合作机构兼聘、双聘应当在高质量完成学校规定的教学、科研和管理服务等工作的前提下进行。

第五条 教职工在合作机构兼聘、双聘工作期间，必须遵守国家法律法规和政策，以及中国科学院、学校和合作机构的有关规定，恪守职业道德。

第二章 兼聘工作

第六条 可在合作机构兼聘的教职工包括教师岗（含聘期制科研岗）、管理岗、支撑岗在岗人员。

第七条 学校与校地合作机构根据工作需要，研究确定兼聘人选。

第八条 教职工在校地合作机构兼聘期间，其校内薪酬待遇一般由学校全额发放，特殊情况按照有关规定或约定执行；校地合作机构根据其兼聘工作情况发放相应的绩效奖励和津补贴。

第三章 双聘工作

第九条 可在合作机构双聘的教职工包括教师岗（含聘期制科研岗）和院级单位支撑岗在岗人员。

第十条 新型研发机构须与学校签订合作协议，并议定双聘教职工总数及人员岗位类别。

第十一条 学校教职工在新型研发机构的双聘工作按照如下程序进行：

（一）除学校因工作需要指派相关人员外，应由教职工本人提出双聘申请，同时新型研发机构提出双聘人选意向名单；

（二）教职工所在单位及相关职能部门研究确定人选，并报学校审批；

（三）教职工所在单位和新型研发机构对拟双聘人选进行公示。

第十二条 双聘教职工须与学校、新型研发机构共同签订三方协议书，明确工作内容、工作时间、薪酬待遇、聘期、保密义务、知识产权和成果转移转化等内容。

第十三条 教职工每次双聘一般为 2 年,最高期限不超过 5 年,且不超过其在学校的聘期。双聘期满后如需继续双聘,须重新按本办法第十条、第十一条、第十二条之规定执行。

第十四条 双聘教职工每年在新型研发机构(含多个)的双聘工作时间累计一般不超过 6 个月,特殊情况由学校另行议定。

第十五条 双聘期间,教职工的薪酬由学校和新型研发机构根据其在双方的工作时间共同发放。其中,学校根据情况全额或部分发放基本工资、基础津贴、岗位津贴;按工作时间比例计算发放科研岗位绩效、一般科研绩效和支撑岗位绩效。特殊情况实行一人一议或按相关协议约定执行。涉及领导干部的薪酬发放,应按照干部管理相关规定执行。

第十六条 双聘期间,教职工在新型研发机构担任领导职务须提前报学校审核、批准。

第十七条 双聘教职工在新型研发机构工作期间,以所在新型研发机构的名义从事科研活动,出现的有关意识形态、师德师风、科研诚信、知识产权、劳动关系等方面的问题和纠纷,由新型研发机构负责处理并独立承担责任。

第四章 附 则

第十八条 兼聘、双聘期间,教职工的人事(劳动)关系、工资关系保持不变,社会保险和住房公积金等福利由学校统一办理。

第十九条 兼聘、双聘教职工须按规定参加学校的考勤、考核或其他各项活动。合作机构须逐月将教职工在合作机构的工作时间、状态、考勤等向兼聘、双聘教职工所在学院(单位)报备。

第二十条 合作机构应每年初将上一年度兼聘、双聘教职工名单及工作部门、岗位、职务、薪酬等信息报学校党委教师工作部、人力资源部备案。

第二十一条 兼聘、双聘教职工在合作机构的工作内容和评价意见等可作为其在学校参加年度考核、职称评审、岗位聘任、干部选拔、评优奖励等的重要依据。

第二十二条 本办法实施前开展的兼聘、双聘工作,须按照本办法有关要求将相关情况补充报送至学校党委教师工作部、人力资源部。

第二十三条 本办法由党委教师工作部、人力资源部,党委组织部负责解释。

第二十四条 本办法自印发之日起施行。此前规定如有与本办法不一致的,按本办法执行。

附件

合作机构参考名单

一、校地合作机构

目前主要包含上海研究院、苏州高等研究院、北京研究院、先进技术研究院、国际金融研究院、深圳研究院等。

二、新型研发机构

目前主要包含合肥国家实验室，合肥综合性国家科学中心人工智能研究院、大健康研究院等，江淮前沿技术协同创新中心，长三角信息智能创新研究院，德清阿尔法创新研究院等。

深空探测实验室参照新型研发机构开展双聘工作。

本名单将根据机构模式的改变进行兼聘和双聘管理模式的相应调整。

中国科学技术大学专业学位硕士研究生校内导师遴选与管理办法(试行)

（校学位字〔2022〕54号，2022年4月2日）

第一章 总 则

第一条 为进一步加强专业学位硕士研究生导师队伍建设，规范研究生导师指导行为，提升研究生培养质量，根据《教育部关于全面落实研究生导师立德树人职责的意见》（教研〔2018〕1号）、《研究生导师指导行为准则》（教研〔2020〕12号）等精神，结合学校实际，制定本办法。

第二条 导师是研究生培养的第一责任人，肩负着培养高层次人才的崇高使命。学校通过明确专业学位硕士研究生校内导师的岗位职责与遴选条件、健全相应考核评价机制等措施，引导和激励导师潜心育人，成为研究生成长成才的指导者和引路人，推动研究生教育高质量发展。

第三条 专业学位硕士研究生实行校内导师与实践导师联合指导的双导师制，本办法适用于专业学位硕士研究生校内导师（以下简称校内导师）。

第四条 校内导师的岗位职责参照《教育部关于全面落实研究生导师立德树人职责的意见》《研究生导师指导行为准则》，以及《中国科学技术大学博士生导师岗位职责与管理办法》等有关文件执行。

第二章 基本要求

第五条 校内导师任职资格基本要求：

（一）政治素质过硬、师德师风高尚、业务素质精湛，具备指导研究生学习、成长和开展科学研究的条件；

（二）一般要求具备副高或特任副研究员及以上专业技术职务的在岗人员；

（三）一般应主持国家或省部级科研项目或地方、企业委托的重要研发项目，有相关的实践研究背景和科研经历支持专业学位研究生培养工作；

（四）一般在近三年以负责人或第一完成人取得过学位评定分委员会认定的研究成果；

（五）原则上在退休前能完整的指导一届硕士研究生。

第三章　遴 选 程 序

第六条　校内导师遴选工作每年进行 1 次，由校学位办公室统一组织实施。

第七条　申请人向研究生培养单位提出申请，在学校导师遴选系统填报相关信息，并按要求提供相应材料。研究生培养单位对其申请材料进行审核把关。

第八条　研究生培养单位应在校内公示遴选通过的校内导师名单，公示无异议，将校内导师名单报送各学位评定分委员会。

第九条　各学位评定分委员会对校内导师任职资格进行审核，并以无记名投票方式表决，经 2/3 及以上到会委员同意方为通过。审核通过的校内导师纳入研究生导师数据库进行管理。

第四章　管理与考核

第十条　校内导师因工作调动、退休、身心健康或其他特殊原因无法继续指导的，应由研究生培养单位与校内导师和学生协商，安排其他校内导师指导，原科研成果可以用于申请学位。

第十一条　校内导师应积极参加学校和各研究生培养单位组织的新任导师培训、系统性专题培训、师德师风教育、日常经验交流等各类学习培训活动，提升校内导师政治素养、课程教学和研究生指导能力。

第十二条　研究生院根据校内导师指导研究生情况及育人成效，对校内导师的工作业绩进行年度考核评价。考核结果作为校内导师评奖评优、年度招生资格和招生计划分配的重要依据。

第十三条　研究生院对认真履行导师职责、在教书育人方面成果显著的校内导师予以表彰，并作为下一年度导师招生名额优先考虑的重要依据。

第十四条　对不能切实履行导师职责、师德师风或学术道德存在问题、所指导研究生在学位论文抽检中出现质量问题的校内导师，视情节轻重给予约谈、限制招生、停止招生或取消导师资格等处理。其中，核减招生指标由校内导师所在学院落实；停止招生或取消导师资格经所在专业学位评定分委员会审议通过后执行。

第五章　附　　则

第十五条　各学位评定分委员会或研究生培养单位在不低于学校规定的基本条件下，制定本类别专业学位硕士研究生校内导师遴选与管理办法，报送校学位办公室审核备案。

第十六条　本办法由研究生院（校学位办公室）负责解释，自印发之日起施行。

中国科学技术大学非本校学籍学生管理办法

(校学字〔2022〕77 号,2022 年 4 月 23 日)

第一章 总 则

第一条 为完善学校非本校学籍学生管理制度,维护学校正常教育教学秩序和生活秩序,培养德智体美劳全面发展的社会主义建设者和接班人,依据中国科学院、教育部有关规定,结合学校实际,制定本办法。

第二条 本办法所称非本校学籍学生,是指在中国科学技术大学参与学习、科研等工作,但学籍不归属学校管理的学生,一般包括国内外校际联合培养学生、代培生和客座学生等,原则上在校时间应超过 1 个月。

联合培养学生是指学籍不在中国科学技术大学,由学籍所在单位(合作单位)与我校签署联合培养协议后,在我校进行学习、科研的在校学生。

代培生是指学籍不在中国科学技术大学,由学籍所在单位(合作单位)与我校签署研究生代培协议后,在我校进行学习、科研的在读学生。

客座学生是指学籍不在中国科学技术大学,因科研工作需要,经其学籍所在单位(合作单位)同意,在我校进行科研活动的在读学生。

夏令营、短期培训项目学员等不属于本办法所规定的非本校学籍学生。

第二章 接 收 管 理

第三条 非本校学籍学生如需在我校参与学习、科研活动,须由学生学籍所在单位(合作单位)向我校培养单位提出申请,经学校审批通过并签订相关交流协议,上报学校相关部门同意后方可实施。未经学校审核通过的学生不得擅自到我校参与学习、科研活动。

第四条 交流协议应明确学生在我校交流期间的安全管理和处置责任原则上由学生学籍所在单位(合作单位)承担。学生学籍所在单位(合作单位)应当对拟到我校参加交流的学生进行必要的安全教育和自护自救教育,并建议学生学籍所在单位(合作单位)为学生购买意外伤害险。当发生意外伤害事故时,学校应及时采取措施救助学生,学生学籍所在单位(合作单位)应做好善后处理工作,学校、相关院系和导师予以必要的配合。

第五条 交流协议应明确学生在我校期间,因执行学校或导师交付的工作任务,使用学校相关的物质技术条件产生的知识产权原则上归学校所有。

第六条 经申请通过的非本校学籍学生应按照规定时间到我校相关培养单位报到,办理入校手续,按时缴纳相关费用。

第三章　在校培养与管理

第七条　对非本校学籍学生的培养与管理,原则上按我校在籍学生的培养与管理办法进行,具体工作由签署协议的培养单位负责。其中外籍非本校学籍学生由国际合作与交流部进行统一管理。

第八条　按照学校有关规定和交流协议,非本校学籍学生在校期间可享有下列权利:

(一) 参与学校教学计划安排的各项活动,使用学校相关教育教学资源;

(二) 按照学校活动组织方的有关规定,参加学校的各类文体活动、志愿服务、勤工助学及科技文化创新活动,获得就业创业指导和服务;

(三) 根据教务处、研究生院和培养单位的有关规定,在课程修读、学业成绩等方面,获得科学、公正评价,完成学业后,获得相关资质的认定;

(四) 接受学校心理健康教育与咨询中心提供的心理、安全方面的教育和服务;接受培养单位的实验室安全教育和保密培训;

(五) 参加校内组织、学生团体,对学校与学生权益相关事务有知情权、参与权、表达权和监督权;

(六) 国家有关法律法规及学校章程规定的其他权利。

第九条　学生在校期间依法履行下列义务:

(一) 遵守宪法和国家法律法规;

(二) 遵守学校章程和规章制度;

(三) 恪守学术道德,完成规定学业;

(四) 按规定缴纳学费及相关费用,履行获得贷学金及助学金的相应义务;

(五) 遵守国家有关保密法律法规和学校保密有关管理制度,在学习、科研过程中认真履行保密义务;

(六) 遵守学生行为规范,尊敬师长,养成良好的思想品德和行为习惯;

(七) 国家有关法律法规及学校章程规定的其他义务。

第十条　非本校学籍学生在校期间,如有违反法律法规或学校纪律行为的学生,由我校学生工作部(处)、研究生院、教务处、国际合作与交流部等相关单位会同学生所在培养单位进行研究,给予学生批评教育,并视情节轻重,给出纪律处分建议,转交给学生学籍所在单位(合作单位)处理。我校可根据学校有关规定和交流协议,视情节轻重,取消学生在我校学习、科研的资格。

第四章　离 校 管 理

第十一条　非本校学籍学生完成在我校的学习、科研任务后,应按时离校,由于特殊原因需延长在校期限的学生,应提前向相关单位提出申请,经学校审核通过后方可继续在校。

第十二条　非本校学籍学生离校前应办理物品归还、退宿等离校相关手续,结清在校期间的各种费用。

第五章 附 则

第十三条 本办法由学生工作部(处)、研究生院、教务处、国际合作与交流部负责解释。

第十四条 本办法自印发之日起施行。

中国科学技术大学学位与研究生教育督导工作管理办法(试行)

(校学位字〔2022〕84号,2022年4月26日)

第一章 总 则

第一条 为进一步规范研究生教育过程管理,健全学位与研究生教育质量监督体系,提高学校研究生培养质量,推进实施研究生教育“德创”领军人才培养计划,结合学校实际,制定本办法。

第二条 学位与研究生教育督导专家组(以下简称督导组)负责学校学位与研究生教育质量监督、评估和指导,受校学位评定委员会委托,对研究生教育全过程进行监督与评价,并对学位与研究生教育质量持续提升提出指导意见与建议。

第二章 组织与聘任

第三条 督导组设组长1名,副组长和专家若干名。督导组成员实行聘任制,每届聘期3年(可连聘连任)。

第四条 督导组组长负责整体工作组织和安排,督导组可根据实际工作需要采取分组、跨学科、跨单位督导等灵活工作方式。督导组日常工作由校学位委员会办公室(以下简称校学位办)负责联系和指导。

第五条 督导组专家应具备以下条件:

(一)坚持党的基本路线,热爱教育事业,坚持原则,公正公平,自律廉洁,责任心强;

(二)具有高级职称,研究生教育工作经验丰富,能够积极主动开展工作,敢于发现、指明问题,善于提出应对方案和建设性意见;

(三)身体健康,有时间与精力进行研究生教育督导工作,年龄一般不超过70岁。

第六条 督导组专家聘任采取在职人员和退休人员相结合的原则,经各研究生培养单位推荐,校学位办组织资格审查,由学校聘任。

第七条 督导组专家有下列情形之一的,学校对其解聘:

(一)不履行督导职责的;

(二)在督导活动中造成不良影响的;

（三）受到行政处分、刑事处罚的；

（四）其他情形下不适宜继续担任督导组专家的。

第三章　督导组的主要职责和工作

第八条　督导组的主要职责：

根据学校学位与研究生教育工作的需要，有计划地对全校研究生教育和学位授予过程的各单位和各环节进行监督、检查、评估与指导；针对研究生教育工作中发现的问题展开调查研究，提出改进意见、建议或方案。

第九条　督导组的具体工作：

（一）监督研究生招生录取工作，根据需要对复试环节开展督导，保障招生录取工作的规范性，及时发现不足和问题，促进生源质量的不断提升；

（二）监督培养方案、教学计划执行实施情况，开展课程设置与培养方案研讨评估，提出改进建议；

（三）督导博士资格考试、学位论文开题、预审、评审和答辩等各环节执行情况，监督过程执行质量，开展学位论文过程材料和学位申请材料的完整性、合规性抽检；

（四）抽查学位论文质量，提出整改建议；

（五）督导学位与研究生教育管理制度的建立和执行情况，了解各单位工作开展情况，提出改进建议；

（六）完成校学位评定委员会委托的其他工作。

第十条　督导组专家可以采取现场沟通、书面意见等形式及时向相关研究生培养单位反映所发现问题，督导组专家完成具体督导工作后1周内向校学位办提交相关工作记录。

第十一条　针对督导过程中所发现的重要问题和共性问题，经校学位办同意，督导组可以发起专项调研，形成报告提交校学位办。

第十二条　督导组定期组织召开全体工作交流会，整理汇总所发现问题和改进意见建议，向校学位评定委员会和有关培养单位反馈。

第四章　督导工作保障

第十三条　督导组专家津贴由学校专项拨款支付，督导组开展专项调研所需经费等支持由校学位办提供。

第十四条　各研究生培养单位应高度重视并积极配合支持督导组开展工作，并针对督导组专家所提问题、意见和建议及时给予回复，立项整改提升的须及时汇报项目进展。

第五章　附　　则

第十五条　各研究生培养单位可参照本办法制定本单位督导管理实施细则。

第十六条　本办法由校学位委员会办公室负责解释，自印发之日起施行。

中国科学技术大学差旅费管理办法

（校财字〔2022〕23号，2022年2月26日）

第一章 总 则

第一条 为进一步贯彻落实党中央、国务院关于"放管服"的政策要求，根据《中共中央办公厅、国务院办公厅关于进一步完善中央财政科研项目资金管理等政策的若干意见》《中国科学院差旅费管理办法（试行）》《中国科学院条件保障与财务局关于开展科研经费"包干制＋负面清单"管理改革试点的通知》等精神，结合学校教学、科研业务因公出差的实际情况，制定本办法。

第二条 本办法所称差旅费是指工作人员临时到常驻地以外地区公务出差所发生的城市间交通费、住宿费、伙食补助费和市内交通费。

第二章 城市间交通费

第三条 城市间交通费是指工作人员因公临时到常驻地以外地区出差乘坐火车、轮船、飞机等交通工具所发生的费用。

第四条 出差人员应按照规定等级乘坐交通工具（不含出租车和旅游船，下同），并凭据报销城市间交通费。出差人员乘坐交通工具等级见下表：

出差人员乘坐交通工具一览表

类别	交通工具 / 级别	火车（含高铁、动车、全列软席列车）	轮船（不包括旅游船）	飞机	其他交通工具（不包括出租小汽车）	经费性质
Ⅰ类	"两院"院士、部级及相当职务人员	火车软席（软座、软卧），高铁/动车商务座，全列软席列车一等软座	一等舱	头等舱或公务舱	凭据报销	所有
Ⅱ类	年满50周岁的正高级职称人员； 二级教授及相当专业技术人员； 承担国家重大科研项目负责人	火车软席（软座、软卧），高铁/动车商务座，全列软席列车一等软座	一等舱	公务舱	凭据报销	从校外竞争性取得的科研经费

续表

类别	交通工具 / 级别	火车(含高铁、动车、全列软席列车)	轮船(不包括旅游船)	飞机	其他交通工具(不包括出租小汽车)	经费性质
Ⅱ类	司局级及相当职务人员;副高五级及以上高级职称人员	火车软席(软座、软卧),高铁/动车一等座,全列软席列车一等软座	二等舱	经济舱	凭据报销	所有
Ⅲ类	其他人员(含学生)	火车硬席(硬座、硬卧),高铁/动车二等座、全列软席列车二等软座	三等舱	经济舱	凭据报销	所有

注:各类人员级别,以学校人力资源部认定和提供更新信息为准。承担国家重大科研项目负责人,以科研部认定和提供更新信息为准。

第五条 部级及相当职务人员出差,因工作需要,随行一人可乘坐同等级交通工具。

身患重大疾病或年龄超过 70 岁的院士,因工作需要出差,随行工作人员一人可乘坐同等级交通工具。

第六条 对于乘坐夕发朝至列车,或连续乘坐列车超过 12 小时的,乘坐普通软卧,不受出差人员级别限制。

第七条 未按照规定等级乘坐交通工具的,超支部分由个人自理。对于乘坐高于规定等级的交通工具所发生的费用,按照实际购买票价和自身对应等级全价票"从低"的原则报销。特殊情况,必须说明理由,经分管校领导批准后予以报销。对于实际购买票价的路线距离超出出差应到目的地路线距离而产生的多余票价金额,由个人自行负担。

第八条 到出差目的地有多种交通工具可选择时,出差人员在不影响公务、确保安全的前提下,应当选乘相对经济便捷的交通工具。

第九条 乘坐飞机的民航发展基金、燃油附加费可以凭据报销。

第十条 出差往返当日发生的市内交通费,可采用凭据报销或领取市内交通包干补助费,二者选其一,不得重复报销。

第十一条 乘坐飞机、火车、轮船等交通工具的,每人次可购买交通意外保险 1 份,已纳入学校统一购买交通意外保险的,个人不再重复购买。

第十二条 城市间交通费按乘坐交通工具的等级凭据报销,订票费、经批准发生的签转或退票费、交通意外保险费凭据报销。

第十三条 出差购买机票,执行财政部、中国民用航空局印发的《关于加强公务机票购买管理有关事项的通知》(财库〔2014〕33 号)的规定。

第三章 出差补助费

第十四条 出差补助费包括:住宿费、伙食费和市内交通费等,均采取定额包干补助方式报销。

第十五条 住宿费定额包干补助标准，分别对应出差人员乘坐交通工具等级，参照财政部最新《中央和国家机关工作人员赴地方差旅费住宿费标准明细表》(见附表)执行，报销时不需要提供住宿费发票。

第十六条 伙食补助费按规定标准和自然(日历)天数发放。补助标准为100元/(人·天)(出差目的地是西藏自治区、新疆维吾尔自治区或青海省的，120元/(人·天))。

第十七条 市内交通费补助按出差自然(日历)天数计算，补助标准80元/(人·天)。出差往返当日发生的市内交通费已据实报销的，不得重复领取市内交通补助。

第四章 其他差旅费

第十八条 因工作需要(如:科学实验、测试、合作研究等)，出差时间较长(非临时性出差)超过15天的，出差期间住宿费在规定标准范围内据实报销。伙食补助费和市内交通费分段计算发放:15天以内(含15天)按全额发放伙食费补助费和市内交通费，超出15天以上部分减半发放伙食补助费，且不再发放市内交通费补助。

第十九条 外出参加会议(含各类评审会)和培训，报销时须提供会议、培训通知。举办方统一安排食宿且费用自理的，凭举办方出具的有效证明，按规定标准发放住宿费、伙食费和市内交通费补助。举办方(或其他单位)已承担所有费用的，学校不再报销差旅费。举办方(或其他单位)只承担食宿费用的，在途期间的伙食补助费和市内交通费正常发放。

第二十条 本办法适用范围为学校教职工。学生赴外地实习实践、社会调研活动，在合理的范围内据实报销。编外人员因公出差，在不超过第三类人员标准范围内，由单位或项目负责人确定相关费用的补助标准。

第二十一条 邀请专家来校讲学、评审、调研、学术交流等，按相应职级规定标准报销受邀人员城市间交通费、住宿费、专家咨询费或劳务费，但不得同时发放伙食补助费及市内交通费。

第二十二条 工作人员因公出国(境)费用按国家和学校有关规定执行。因公临时出国(境)人员在国内段的相关费用按照本办法规定报销。

第五章 报销管理

第二十三条 出差人是差旅费使用的直接责任人，对差旅费使用的合规性、合理性、真实性和相关性承担直接责任。出差人应了解并遵守有关财经法律法规和差旅费管理制度，依法、据实报销差旅费。

第二十四条 各单位应本着勤俭节约、保证工作需要的原则，严格差旅费预算管理，控制差旅费支出规模。建立并严格执行出差审批制度，工作人员出差应履行报批手续。如差旅费报销单负责人签字审批手续齐全，财务部门则视为已履行单位出差管理审批手续。

第二十五条 工作人员出差结束，原则上应在1个月内办理差旅费报销手续。差旅费报销原则上遵循“一次一单，一事一报”的原则，不同人员、不同事由和不同时间段的出差，应分别填写差旅费报销单。

第二十六条　同时在专业技术岗位和管理岗位上任职的人员，可以按照“就高”原则选择差旅费标准。

第二十七条　工作人员出差期间发生的相关费用（如：注册费、会务费、订票费、退票费、保险费等），必须连同差旅费一起报销，事后不得补报，不得与其他单据混在一起报销。差旅费报销中不得夹报与出差无关的费用。

第二十八条　工作人员出差发生的相关费用，原则上应使用公务卡等非现金结算方式支付。中央财政科技计划（专项、基金等）以及纳入中央部门预算管理的科研项目，按照财政部、科技部最新《关于中央财政科研项目使用公务卡结算有关事项的通知》规定执行。

第六章　监督与问责

第二十九条　各单位应当加强对本单位工作人员出差活动和经费报销的内控管理。严禁无实质内容、无明确公务目的的差旅活动，严禁以任何名义和方式变相旅游，严禁异地部门间无实质内容的学习交流和考察调研。对未经批准擅自出差、不按规定开支和报销差旅费的人员进行严肃处理。

第三十条　出差人员不得向接待单位提出正常公务活动以外的要求，不得在出差期间接受违反规定用公款支付的宴请、游览和非工作需要的参观，不得接受礼品、礼金和土特产品等。

第三十一条　各单位应当定期（按月或按季）公开本单位工作人员出差信息。公开信息包括出差时间、地点、事由等，自觉接受广大师生监督。

第三十二条　各单位应当自觉接受学校审计部门对出差活动及相关经费支出的监督检查。监督检查的主要内容包括：

（一）单位出差审批制度是否健全，出差活动是否按规定履行审批手续；

（二）差旅费开支范围和标准是否符合规定；

（三）差旅费报销是否符合规定，是否有虚报冒领情况；

（四）是否向下级单位、企业或其他单位转嫁差旅费；

（五）差旅费管理和使用的其他情况。

第三十三条　凡差旅费审批控制不严、虚报冒领、重复报销等违规行为，由学校纪检监察、审计等部门从严查处，依法追回违规资金，并按违规报销金额的1～5倍扣发岗位津贴，视情况按学校规定给予行政纪律处分，涉嫌违法的，移送司法机关处理。

第七章　附　　则

第三十四条　符合野外工作条件的，其差旅费报销按照《中国科学技术大学野外特殊环境下开展教学科研活动经费管理暂行办法》执行。

第三十五条　本办法由财务处负责解释。

第三十六条　本办法自2022年3月1日起施行。其他相关规定与本办法不符的，以本办法为准。原《中国科学技术大学差旅费管理办法（试行）》（校财字〔2017〕291号）、《关于调整差旅费中有关市内交通费报销规定的通知》（校财字〔2018〕172号）同时废止。

附表

中央和国家机关工作人员赴地方差旅住宿费标准明细表

单位:元/(人·天)

序号	地区(城市)		住宿费标准			旺季地区	旺季浮动标准			
			Ⅰ类	Ⅱ类	Ⅲ类		旺季期间	旺季上浮价 Ⅰ类	Ⅱ类	Ⅲ类
1	北京	全市	1100	650	500					
2	天津	6个中心城区、滨海新区、东丽区、西青区、津南区、北辰区、武清区、宝坻区、静海区、蓟县	800	480	380					
		宁河区	600	350	320					
3	河北	石家庄市、张家口市、秦皇岛市、廊坊市、承德市、保定市	800	450	350	张家口市	7—9月、11—3月	1200	675	525
						秦皇岛市	7—8月	1200	680	500
						承德市	7—9月	1000	580	580
		其他地区	800	450	310					
4	山西	太原市、大同市、晋城市	800	480	350					
		临汾市	800	480	330					
		阳泉市、长治市、晋中市	800	480	310					
		其他地区	800	400	240					
5	内蒙古	呼和浩特市	800	460	350					
		其他地区	800	460	320	海拉尔市、满洲里市、阿尔山市	7—9月	1200	690	480
						二连浩特市	7—9月	1000	580	400
						额济纳旗	9—10月	1200	690	480
6	辽宁	沈阳市	800	480	350					
		其他地区	800	480	330					
7	大连	全市	800	490	350	全市	7—9月	960	590	420

续表

序号	地区（城市）		住宿费标准			旺季地区	旺季浮动标准			
			Ⅰ类	Ⅱ类	Ⅲ类		旺季期间	旺季上浮价 Ⅰ类	Ⅱ类	Ⅲ类
8	吉林	长春市、吉林市、延边朝鲜族自治州、长白山管理区	800	450	350	吉林市、延边朝鲜族自治州、长白山管理区	7—9月	960	540	420
		其他地区	750	400	300					
9	黑龙江	哈尔滨市	800	450	350	哈尔滨市	7—9月	960	540	420
		其他地区	750	450	300	牡丹江市、伊春市、大兴安岭地区、黑河市、佳木斯市	6—8月	900	540	360
10	上海	全市	1100	600	500					
11	江苏	南京市、苏州市、无锡市、常州市、镇江市	900	490	380					
		其他地区	900	490	360					
12	浙江	杭州市	900	500	400					
		其他地区	800	490	340					
13	宁波	全市	800	450	350					
14	安徽	全省	800	460	350					
15	福建	福州市、泉州市、平潭综合实验区	900	480	380					
		其他地区	900	480	350					
16	厦门	全市	900	500	400					
17	江西	全省	800	470	350					
18	山东	济南市、淄博市、枣庄市、东营市、烟台市、潍坊市、济宁市、泰安市、威海市、日照市	800	480	380	烟台市、威海市、日照市	7—9月	960	570	450

续表

序号	地区（城市）		住宿费标准			旺季地区	旺季浮动标准			
							旺季期间	旺季上浮价		
			Ⅰ类	Ⅱ类	Ⅲ类			Ⅰ类	Ⅱ类	Ⅲ类
18	山东	其他地区	800	460	360					
19	青岛	全市	800	490	380	全市	7—9月	960	590	450
20	河南	郑州市	900	480	380					
		其他地区	800	480	330	洛阳市	4—5月上旬	1200	720	500
21	湖北	武汉市	800	480	350					
		其他地区	800	480	320					
22	湖南	长沙市	800	450	350					
		其他地区	800	450	330					
23	广东	广州市、珠海市、佛山市、东莞市、中山市、江门市	900	550	450					
		其他地区	850	530	420					
24	深圳	全市	900	550	450					
25	广西	南宁市	800	470	350					
		其他地区	800	470	330	桂林市、北海市	1—2月、7—9月	1040	610	430
26	海南	海口市、三沙市、儋州市、五指山市、文昌市、琼海市、万宁市、东方市、定安县、屯昌县、澄迈县、临高县、白沙县、昌江县、乐东县、陵水县、保亭县、琼中县、洋浦开发区	800	500	350	海口市、文昌市、澄迈县	11—2月	1040	650	450
						琼海市、万宁市、陵水县、保亭县	11—3月	1040	650	450
		三亚市	1000	600	400	三亚市	10—4月	1200	720	480

续表

序号	地区（城市）		住宿费标准			旺季地区	旺季浮动标准			
							旺季期间	旺季上浮价		
			Ⅰ类	Ⅱ类	Ⅲ类			Ⅰ类	Ⅱ类	Ⅲ类
27	重庆	9个中心城区、北部新区	800	480	370					
		其他地区	770	450	300					
28	四川	成都市	900	470	370					
		阿坝州、甘孜州	800	430	330					
		绵阳市、乐山市、雅安市	800	430	320					
		宜宾市	800	430	300					
		凉山州	750	430	330					
		德阳市、遂宁市、巴中市	750	430	310					
		其他地区	750	430	300					
29	贵州	贵阳市	800	470	370					
		其他地区	750	450	300					
30	云南	昆明市、大理白族自治州、丽江市、迪庆藏族自治州、西双版纳州	900	480	380					
		其他地区	900	480	330					
31	西藏	拉萨市	800	500	350	拉萨市	6—9月	1200	750	530
		其他地区	500	400	300	其他地区	6—9月	800	500	350
32	陕西	西安市	800	460	350					
		榆林市、延安市	680	350	300					
		杨凌区	680	320	260					
		咸阳市、宝鸡市	600	320	260					
		渭南市、韩城市	600	300	260					
		其他地区	600	300	230					

续表

序号	地区（城市）		住宿费标准			旺季地区	旺季浮动标准			
							旺季期间	旺季上浮价		
			Ⅰ类	Ⅱ类	Ⅲ类			Ⅰ类	Ⅱ类	Ⅲ类
33	甘肃	兰州市	800	470	350					
		其他地区	700	450	310					
34	青海	西宁市	800	500	350	西宁市	6—9月	1200	750	530
		玉树藏族自治州、果洛藏族自治州	600	350	300	玉树藏族自治州	5—9月	900	525	450
		海北州、黄南藏族自治州	600	350	250	海北州、黄南藏族自治州	5—9月	900	525	375
		海东市、海南藏族自治州	600	300	250	海东市、海南藏族自治州	5—9月	900	450	375
		海西蒙古族藏族自治州	600	300	200	海西蒙古族藏族自治州	5—9月	900	450	300
35	宁夏	银川市	800	470	350					
		其他地区	800	430	330					
36	新疆	乌鲁木齐市	800	480	350					
		石河子市、克拉玛依市、昌吉回族自治州、伊犁哈萨克自治州、阿勒泰地区、博州、吐鲁番市、哈密地区、巴州、和田地区	800	480	340					
		克孜勒苏柯尔克孜自治州	800	480	320					
		喀什地区	780	480	300					
		阿克苏地区	700	450	300					
		塔城地区	700	400	300					

中国科学技术大学基本建设财务管理办法

（校财字〔2022〕214号，2022年11月30日）

第一章 总 则

第一条 为进一步规范学校基本建设财务管理，根据财政部《基本建设财务规则》《基本建设项目竣工财务决算管理暂行办法》《基本建设项目建设成本管理规定》《政府会计准则制度解释第4号》，以及《中国科学院基本建设项目管理办法》有关规定和要求，结合学校实际，制定本办法。

第二条 本办法适用于学校新建、改建、扩建的基本建设项目（以下简称基建项目），主要包括教学科研平台及其辅助用房、教育设施、生活及其辅助用房和配套基础设施等。

第三条 财务部门是学校基本建设资金（以下简称建设资金）的管理和监督部门。负责项目资金的筹集、项目自筹资金预算审核和下拨、项目日常会计核算和财务管理、项目竣工财务决算报表编制等。在管理过程中，财务部门应严格执行国家财经法规及学校有关规定，监督建设资金的合理使用，防范财务风险。

第二章 建设资金的筹集及预算管理

第四条 建设资金按照来源分为财政资金和自筹资金，应在项目决策阶段明确，以便学校合理安排预算，及时落实建设资金。

第五条 建设资金统一纳入学校预算管理，按照政府会计制度实行统一核算，专款专用。

第六条 项目建设所需的自筹资金，由基建项目管理部门根据项目概算或项目备案资料、项目进度及项目年度计划等，按照学校预算管理的要求及时间结点，逐年申请项目自筹资金。学校每年根据预算收入情况，合理安排项目自筹资金。

第七条 基建项目发生停建、缓建、重大设计变更等变动事项和其他特殊情况需调整项目预算的，由基建项目管理部门按照学校预算程序办理。

第三章 建设成本的控制及核算管理

第八条 建设成本是指按照批准的建设内容由项目建设资金安排的各项支出，包括建筑安装工程投资支出、设备投资支出、待摊投资支出和其他投资支出。各项支出应严格按照项目进行核算。

第九条 基建项目管理部门应严格按照批复的项目概算内容或项目备案资料控制建设成本，确保列支的建设成本合理、真实，同时不得列支以下支出：

（一）超过批准建设内容发生的支出；

（二）非法收费和摊派；

（三）因设计单位、施工单位、供货单位等原因造成的工程报废等损失，以及未按照规定报经批准的损失；

（四）项目符合规定的验收条件之日起3个月后发生的支出；

（五）其他不属于本项目应当负担的支出。

第十条 建筑安装工程投资支出是指建设单位按照批准的建设内容发生的建筑工程和安装工程的实际成本，其中不包括被安装设备本身的价值，以及按照合同规定支付给施工单位的预付备料款和预付工程款。

第十一条 设备投资支出是指建设单位按照批准的建设内容发生的各种设备的实际成本（不包括工程抵扣的增值税进项税额），包括需要安装设备、不需要安装设备和为生产准备的不够固定资产标准的工具、器具的实际成本。

第十二条 待摊投资支出是指建设单位按照批准的建设内容发生的、应分摊计入相关资产价值的各项费用和税金支出。主要包括：勘察费、设计费、可行性研究费、土地征用及迁移补偿费、印花税及按规定缴纳的其他税费、项目建设管理费、代建管理费、监理费、招标投标费、社会中介机构审查费、其他待摊投资性质支出。

第十三条 项目建设管理费是指项目建设单位从项目筹建之日起至办理竣工财务决算之日止发生的管理性质的支出。主要包括：不在原单位发工资的工作人员工资及相关费用、办公费、办公场地租用费、差旅交通费、劳动保护费、业务招待费、施工现场津贴、竣工验收费和其他管理性质开支。

第十四条 项目建设管理费实行总额控制、分年度据实列支。总额控制数以项目批准的概算金额为准，批准投资中没有明确金额的，按照批准项目总投资扣除土地征用、迁移补偿等为取得或租用土地使用权而发生的费用为基数分档计算。

第十五条 项目建设管理费中一般不得发生业务招待费，确需列支的，应严格按照国家及学校有关规定执行，并不得超过项目建设管理费的5%。

第十六条 项目建设管理委托第三方代建的，原则上不得同时列支代建管理费和项目建设管理费，确需同时发生的，两项费用之和不得高于概算批复的项目建设管理费总额。

第十七条 专家咨询费、差旅费、会议费等费用性支出严格执行国家及学校有关规定中的开支额度和开支标准。

第十八条 其他投资支出是指项目建设单位按照批准的项目建设内容发生的房屋购置支出，办公生活用家具、器具购置支出，软件研发及不能计入设备投资的软件购置等支出。

第四章 建设资金的使用和结算管理

第十九条 基建项目管理部门是建设资金的使用部门。

第二十条 基建项目管理部门应严格执行国家和学校的合同管理办法。同时，工程、勘察设计、工程监理、设备以及大宗材料采购等，按照有关规定需进行招投标的，基建项目管理部门应严格履行招投标程序。

第二十一条 建安工程及设备安装工程款结算流程如下：

（一）首付款：基建项目管理部门提供工程合同书、中标通知书、工程款支付申请书、发票等，由监理单位和基建项目管理部门审核签字，作为申请支付工程款的凭证，财务部门审核无误后办理支付手续。

如果合同中有约定需支付预付备料款的，原则上预付备料款不得超过合同总额的30%。确需超过合同总额30%的，施工企业需提供等额的预付款担保。支付的预付备料款，财务部门按照合同约定，从工程进度款中扣回。

（二）工程进度款：工程建设过程中，基建项目管理部门提供工程款支付申请书、发票等，由监理单位、基建项目管理部门审核签字，作为申请支付工程款的凭证，财务部门审核无误后办理支付手续。

（三）工程结算款：工程验收合格后，基建项目管理部门提供工程款支付申请书、发票、档案验收证明、工程结算审核报告、水电费结清证明等，由监理单位和基建项目管理部门审核签字，作为申请支付工程结算款的凭证，财务部门审核无误后办理支付手续。原则上财务部门不得支付未按规定进行工程造价审核的工程结算款。

财务部门在支付工程结算款的同时，根据合同约定，预留工程质量保证金，或由施工单位提供有效的质量保证金保函。

（四）质量保证金：工程交付使用缺陷责任期满后，基建项目管理部门提供工程款付款申请书，由项目管理部门或使用单位，以及基建项目管理部门签署意见后，办理支付手续。

提供工程质量保证金保函的，根据施工方提交的退还申请书，由项目管理部门或使用单位，以及基建项目管理部门签署意见后退回。

第二十二条 设备采购、勘察设计费、工程监理费等的支付按合同执行。

第二十三条 项目实施全过程跟踪审计的，由跟踪审计单位配合基建项目管理部门做好项目工程造价的控制和管理，并对项目工程款、设备采购及安装款等签署支付意见。

第二十四条 项目建设管理委托代建方实施的，由代建单位配合基建项目管理部门做好工程项目管理工作，并对项目工程款、设备采购及安装款等签署支付意见。

第二十五条 国家财政资金的支付，由财务部门按照国库集中支付制度有关规定执行。

第二十六条 工程施工过程中按照合同支付工程变更进度款时，在基建项目管理部门履行基建工程变更程序后，由财务部门按合同办理。

第二十七条 符合学校大额资金管理的各项支出，须严格履行大额资金审批手续。

第二十八条 项目实施过程中，根据合同要求由施工单位提供的各类保函，应是由银行开具的“见索即付”银行保函，其他金融机构出具的保函原则上不予接受。

第五章 基建项目交付使用及竣工验收

第二十九条 项目竣工验收后，财务部门及时编制项目竣工财务决算。项目竣工财务决算应数字准确、内容完整。内容主要包括：项目竣工财务决算报表和竣工财务决算说明书。

第三十条 财务部门在编制项目竣工财务决算前，做好各项清理工作，完成账目核对、账务调整、债权实现和债务清偿、档案资料归集整理等。按照规定将待摊投资支出按合理比例分摊计入交付使用资产价值、转出投资价值和待核销基建支出。

第三十一条 项目完成竣工验收并交付使用、但暂时无法办理竣工财务决算的，应及时办理项目在建工程暂估转固工作，待项目完成竣工财务决算批复后，调整项目固定资产的入账价值。同时办理项目资产交付使用手续，交付使用资产包括固定资产、流动资产、无形资产等。

第三十二条 中国科学院组织验收的项目，按照中国科学院项目验收管理流程，财务部门配合中国科学院财务专业验收组完成项目财务验收，依据中国科学院财务专业验收组的验收意见进行整改及账务调整。

学校组织验收的项目，由审计部门委托具有专业资质的社会中介机构，对项目竣工财务决算进行审核，出具竣工财务决算审核报告，财务部门配合完成。

第三十三条 项目竣工验收交付使用后，由基建管理部门负责固定资产登记，财务部门和资产管理部门配合。

第三十四条 经批准使用项目资金购买的车辆、办公设备等自用固定资产，项目完工时按设备投资支出转入交付使用。

第六章 附 则

第三十五条 国家发展改革委批复的大科学装置等其他项目，根据项目特点参照本办法执行或制定相应的项目管理办法。

第三十六条 本办法与国家有关规定不符的，按国家有关规定执行。

第三十七条 本办法由学校财务处负责解释。

第三十八条 本办法自印发之日起施行。原《中国科学技术大学基本建设财务管理规定》（校财字〔2017〕206 号）同时废止。

中国科学技术大学纵向科研项目经费管理办法

（校科字〔2022〕92 号，2022 年 5 月 7 日）

第一条 为进一步规范和加强纵向科研项目经费管理，明确经济责任，提高经费使用效益，激励科研人员多出高质量科技成果，促进学校科研事业发展，根据《中共中央办公厅 国务院办公厅印发〈关于进一步完善中央财政科研项目资金管理等政策的若干意见〉的通知》《国务院关于优化科研管理提升科研绩效若干措施的通知》《国务院办公厅关于改革完善中央财政科研经费管理的若干意见》等有关精神，结合学校实际，制定本办法。

第二条 凡以中国科学技术大学名义承担的纵向科研项目（含课题，以下统称为项目），其研究经费均应转入学校账户实行统一管理和核算。纵向科研项目经费是指中央和地方政府或机构批准立项的、政府财政拨款支持的各类科技计划项目经费。

第三条 学校建立健全科研项目经费管理责任制,实行“统一领导,分级管理,集中核算,预算控制”的纵向科研项目经费管理体制,明确学校相关部门及项目负责人在纵向科研项目经费管理、使用中的职责和权限。

(一)科研部是学校主管科研工作的职能部门,负责纵向科研项目和纵向科研合同管理,并协助财务处做好纵向科研项目经费管理的有关工作,承担相应的科研管理责任。

(二)财务处负责纵向科研项目经费的财务管理和会计核算,协助项目负责人编制项目经费预算,审核项目经费决算,协助科研部做好纵向科研项目的跟踪管理工作,承担相应的财务管理责任。

(三)资产与后勤保障处负责学院、重点科研机构的水、电、气、暖等消耗性支出及公用房使用费的核算、通知、催缴工作,负责科研设备购置管理以及对科研项目经费形成的学校固定资产实施管理。

(四)人力资源部负责科研绩效的管理与发放。

(五)审计处负责组织纵向科研项目经费的审计工作,按项目管理要求对纵向科研项目经费使用和管理进行监督。

(六)学院、重点科研机构对本单位纵向科研项目的实施负有管理和监督责任。合理计算和分配各纵向科研项目的公共资源使用费,负责本单位公共资源使用费的分解核算和上缴工作。按照学校要求,负责科研人员绩效的评定与分配方案的制定。

(七)项目负责人负责编制纵向科研项目经费预算和决算,规范、合理使用经费,及时办理项目结题及结账手续,接受学校财务处、科研部、资产与后勤保障处、审计处以及国家有关部门和资助单位的监督与检查。对纵向科研项目经费使用的合规性、合理性、真实性、相关性承担直接责任。

(八)科研部、财务处、资产与后勤保障处、人力资源部、审计处、学院、重点科研机构及项目负责人应各尽其责,协调配合,积极做好纵向科研项目经费的管理工作。

第四条 纵向科研项目经费的开支范围含直接费用和间接费用。

第五条 直接费用是指在项目实施过程中发生的与之直接相关的费用,主要包括:

(一)设备费:是指在项目实施过程中购置或试制专用仪器设备,对现有仪器设备进行升级改造,以及租赁外单位仪器设备而发生的费用。计算类仪器设备和软件工具可在设备费科目列支。应严格控制设备购置,鼓励开放共享、自主研制、租赁专用仪器设备以及对现有仪器设备进行升级改造,避免重复购置。

(二)业务费:是指项目实施过程中消耗的各种材料、辅助材料等低值易耗品的采购、运输、装卸、整理等费用,发生的测试化验加工、燃料动力、出版/文献/信息传播/知识产权事务、会议/差旅/国际合作交流等费用,以及其他相关支出。

(三)劳务费:是指在项目实施过程中支付给参与项目研究的研究生、博士后、访问学者和项目聘用的研究人员、科研辅助人员等的劳务性费用,以及支付给临时聘请的咨询专家(不包括项目及所属课题的研究和管理人员)的费用等。

项目聘用人员的劳务费开支标准,参照当地科学研究和技术服务业从业人员平均工资水平,根据其在项目研究中承担的工作任务确定,由单位缴纳的社会保险补助、住房公积金等纳入劳务费科目列支。

直接费用应按国家规定，在项目预算范围内据实列支。

第六条 间接费用是指在项目研究开发过程中，单位发生的无法在项目直接费用中列支的相关费用。主要用于管理成本补偿、科研绩效支出和资源成本补偿。

（一）管理成本补偿：收取间接经费的15%用于学校有关科研管理费用的补助支出等。需实施保密、质量等管理的项目另收取间接经费的5%用于相关资质建设、维护和管理。

（二）资源成本补偿和科研绩效：扣除管理成本补偿的间接费用由学校统筹安排，用于学院、重点科研机构的科研用房、水、电、气、暖以及网络、图书等综合资源成本补偿和科研人员的绩效支出。

第七条 间接费用核定。

（一）间接费用一般按照不超过项目直接费用扣除设备购置费后的一定比例核定，并实行总额控制。主管部门发布的项目管理办法中对间接费用核定有明确规定、或正式批复预算中有明确规定的，按规定或预算执行。没有明确规定的，按以下办法执行：

1. 500万元及以下部分为30%，其中数学等纯理论基础研究项目为60%；

2. 超过500万元至1000万元的部分为25%，其中数学等纯理论基础研究项目为50%；

3. 超过1000万元的部分为20%，其中数学等纯理论基础研究项目为40%。

（二）批复的项目任务书（合同）中明确规定应转拨给外单位的经费，不核定间接费用。

第八条 预算调整。

国家在相关纵向科研项目经费管理办法中，对预算调整事项有明确规定的，按规定执行；无明确规定的，按学校和上级主管部门有关管理办法执行。

（一）在项目总预算不变的前提下，直接费用中设备费的预算调整，由项目负责人根据科研活动的实际需要提出申请，经学院、重点科研机构、资产与后勤保障处、科研部、财务处审核确认后办理，设备购置费调增后间接经费需要相应调减，设备购置费调减后间接经费不予调增。直接费用中除设备费外的其他费用调剂，由项目负责人根据科研活动实际需要自主安排。

（二）项目总预算调整、课题承担单位变更、课题合作单位之间以及增减课题合作单位需要调整预算，在履行学校申报程序后，按国家有关规定执行。

（三）项目总预算不变的前提下，间接费用不得调增，经项目负责人申请，学校审批通过后可调减用于直接费用。

第九条 适用于"包干制"管理的项目，无需编制项目预算，其间接费用的核定、使用办法另行规定。

第十条 纵向科研项目经费支出须经相互独立的经办人、验收人和审批人签字确认。项目负责人必须作为经办人、验收人或审批人之一签字确认；验收人应为项目科研财务助理或在职教职工；审批人应为项目负责人或学院、重点科研机构负责人。

（一）经费转拨。科研部、财务处依据课题组提供的项目批复书、合同和协作单位有效财务凭据等审核，按照《中国科学技术大学科研项目经费外拨管理办法》办理。

（二）其他经费支出按照学校经费使用管理有关规定执行。

第十一条 结余经费管理。

项目按规定要求完成任务目标并通过综合绩效评价（验收）后，结余经费仍留在原经费卡中使用。结余经费用于相关科学研究的直接支出，不设预算控制、不核定间接经费、学校不收取管理费。结余经费使用期为2年（自办理结题手续的次年1月1日起），原则上不得外拨，不得违反学校有关规定使用和转移结存结余资金。未使用完的经费学校统筹收回，用于科研活动的直接支出，使用办法另行制定。

第十二条 项目负责人调离学校时，未结题的项目经费应按学校有关规定办理转拨、更换负责人或终止手续，结题结余经费由所在单位统筹管理和使用。

第十三条 项目负责人退休时，未结题的项目经费按学校有关财务审批管理办法执行，结题结余经费由所在单位统筹管理和使用。

第十四条 本办法如有与国家规定相抵触的，按国家规定执行。没有相关规定的其他纵向科研经费可参照本办法管理。

第十五条 本办法由科研部、财务处、人力资源部、资产与后勤保障处负责解释。

第十六条 本办法自印发之日起施行。原《中国科学技术大学科研项目间接经费管理细则（试行）》（校科字〔2017〕42号）、《中国科学技术大学科研经费管理办法》（校科字〔2018〕120号）、《中国科学技术大学科研项目预算调整管理暂行办法》（校财字〔2019〕96号）同时废止。

中国科学技术大学“包干制”科研项目经费管理办法（试行）

（校科字〔2022〕93号，2022年5月7日）

第一章 总 则

第一条 为深入贯彻落实党中央、国务院关于科研项目、经费管理的改革精神，推进学校科研项目经费使用“包干制”改革工作，充分激发科研人员创新创造活力，根据《国务院办公厅关于改革完善中央财政科研经费管理的若干意见》《国家自然科学基金资助项目资金管理办法》《中国科学院条件保障与财务局关于落实项目经费“包干制”的通知（试行）》《关于改革完善省级财政科研经费管理的若干措施》等精神，按照“激励创新、充分放权、放管结合、权责明确”的原则，结合学校实际，制定本办法。

第二条 本办法适用于国家、地方等科研计划项目中已明确可纳入经费使用“包干制”管理的各类纵向科研项目（以下简称项目）。

第三条 项目资金纳入学校财务统一管理、单独核算、专款专用，任何单位和个人无权截留、挪用、侵占。

第二章 职责体系

第四条 学校是项目资金和过程管理的责任主体，履行法人责任，实行“统一领导、分级管理、协同合作、责任到人”的管理体制。

第五条 学校各职能部门职责参照《中国科学技术大学纵向科研项目经费管理办法》执行。

第六条 项目所在二级单位(学院、重点科研机构)负责经费使用监管、绩效评价等工作,合理统筹资源,支持和保障项目有序开展。

第七条 项目负责人是项目资金使用的直接责任人,对资金使用的合规性、合理性、真实性、相关性负责,并接受学校和上级主管部门的监督检查。

第八条 "包干制"项目经费使用实行项目负责人承诺制。项目立项后,项目负责人需签署承诺书并备案。

第三章 项目资金开支范围

第九条 项目申请人提交项目申请和签订计划书时,无需编制项目预算。项目经费的开支仅限于与项目研究工作相关的、由项目资金支付的各项费用支出。

经费的开支范围主要包括:

(一) 设备费:是指在项目实施过程中购置或试制专用仪器设备,对现有仪器设备进行升级改造,以及租赁外单位仪器设备而发生的费用。计算类仪器设备和软件工具可在设备费科目列支。项目负责人应本着节约原则严格控制设备购置数量,鼓励开放共享、自主研制、租赁专用仪器设备以及对现有仪器设备进行升级改造,避免重复购置。

(二) 业务费:是指项目实施过程中消耗的各种材料、辅助材料等低值易耗品的采购、运输、装卸、整理等费用,发生的测试化验加工、燃料动力、出版/文献/信息传播/知识产权事务、会议/差旅/国际合作交流等费用,以及其他相关支出。

(三) 劳务费:是指在项目实施过程中支付给参与项目研究的研究生、博士后、访问学者以及项目聘用的研究人员、科研辅助人员等的劳务性费用,以及支付给临时聘请的咨询专家(不包括项目及所属课题的研究和管理人员)的费用等。

项目聘用人员的劳务费开支标准,参照当地科学研究和技术服务业从业人员平均工资水平,根据其在项目研究中承担的工作任务确定,其由单位缴纳的社会保险补助、住房公积金等可纳入劳务费科目列支。

(四) 间接费用:是指在组织实施项目过程中发生的无法在直接费用中列支的相关费用,以及项目其他合理支出。主要包括:为项目研究提供的科研用房,日常水、电、气、暖等消耗成本,学校和学院管理费用的补助支出,以及激励科研人员的绩效支出等。

间接费用比例原则上不超过项目实际到款(不含外拨)经费的 60%,具体由"包干制"项目负责人根据实际研究需要确定并备案。

学校提取管理费用比例为项目实际到款(不含外拨)经费的 5%。项目主管部门有特殊规定的,按有关规定执行。

绩效支出是指对项目团队成员绩效考核的奖励性支出,由项目负责人根据国家、学校有关规定和科研需要,按照团队成员实际贡献发放。中国科学院基础前沿科学重点部署项目和 B 类战略性先导科技专项,可以从专项(项目)经费中提取不超过 20%作为奖励经费,用于人员绩效支出。其他项目主管部门有具体比例限定的,按有关规定执行。

第四章　项目资金的使用

第十条　“包干制”项目经费的入账、转拨、报销、决算等具体管理工作参照《中国科学技术大学纵向科研项目经费管理办法》执行。

第十一条　“包干制”项目经费实行“负面清单”管理，不得列支“负面清单”中的事项。

第十二条　使用项目经费形成的资产（包括购置设备材料及自制设备）属于国有资产，纳入学校资产统一管理。涉及国有资产（包括知识产权等无形资产）的使用和处置管理，按照国家及学校有关规定执行，尊重成果完成人的贡献，学校鼓励和支持科研项目成果的保护、应用及转化。

第五章　结题决算管理

第十三条　项目结题时，项目负责人应当会同科研、财务、资产等管理部门及时清理账目与资产，如实编制项目资金决算，不得随意调账变动支出。

第十四条　项目通过验收后，结余经费参照学校结余经费管理规定执行。未通过结题验收和整改后通过结题验收的项目，按项目主管部门规定处理。项目实施过程中，因故终止执行的项目，结余资金按上级主管部门要求处置。

第十五条　项目负责人应当及时做好资助项目档案管理（如通知书、合同、资产等管理性文件，“包干制”承诺书以及实验记录、测试数据、会议资料等学术性资料），以及结题后成果的跟踪和归档工作，具体参照学校科研档案管理办法执行。

第六章　监 督 管 理

第十六条　学校对项目资金的管理使用情况进行监督并不定期组织内部检查，接受国家财政部门、审计部门和项目主管部门的检查与监督，项目负责人应当积极配合并提供有关资料。

第十七条　任何单位和个人发现项目在资金使用和执行管理过程中有违规行为的，有权向学校检举。

第十八条　项目结题时，按照学校信息公开程序在一定范围内公开项目的主要研究人员、实施情况、资金的使用、决算、结题/绩效评价结果等信息，接受监督。

第十九条　对于不履行科研项目资金管理责任，违规使用科研项目资金的行为，视情节轻重，采取诫勉谈话、通报批评、冻结科研经费、上报终止或撤销项目、取消项目负责人一定期限内项目申报资格等处罚措施；对于违纪的，按照国家和学校有关规定处理；对于涉嫌犯罪的，依法移送司法机关追究责任。

第二十条　学校按照国家有关科研经费、财务管理规定不断完善内部控制和监督制约体系，动态监管项目资金的使用并开展自查自纠，确保项目资金高效规范使用。同时，加强支撑条件和信息化水平的提升，落实科研经费“放管服”，提升服务效能。

第七章　附　　则

第二十一条　本办法如有与国家部委、地方政府等相关部门的文件政策不一致的，按国家和地方政府规定执行。

第二十二条　本办法由科研部、财务处负责解释。

第二十三条　本办法自印发之日起施行。原《中国科学技术大学国家杰出青年科学基金项目经费使用“包干制”管理实施办法（试行）》（校科字〔2020〕75 号）同时废止。

附件 1

中国科学技术大学“包干制”科研项目经费使用负面清单（试行）

一、 普遍性禁止原则

（一）违反国家法律法规的行为。

（二）违反中央“八项规定”精神的行为。

（三）违背科学共同体公认道德的行为。

二、 具体性禁止原则

（一）不得违反“过紧日子”“厉行节约”的要求购置与项目无关的设备、材料等，不得年底“突击花钱”。

（二）不得拆分一个预算项目下同一品目或类别的设备、服务等采购合同，规避公开招标。

（三）不得利用关联业务以非公允合同条款等手段进行利益输送。

（四）不得通过虚构测试化验加工业务内容、工作量、单价等方式套取项目经费；不得委托不具备相关资质和条件的单位开展测试化验加工等业务。

（五）不得采用虚构事项、天数、人数等方式套取差旅费；不得重复报销已由其他单位承担的差旅费或重复领取相关补助；不得擅自提高乘坐交通工具等级。

（六）不得借会议名义或虚构会议的方式设立“小金库”、变相报销接待费；不得通过虚列参会人员、天数等方式提高会议费标准；不得列支旅游景点门票、纪念品等费用。

（七）不得虚报团组级别、人数、天数等套取出国（境）经费；不得未经审批购买外航机票、提高乘坐交通工具等级、延长在国（境）外期限、变更路线或地点；不得从事与出访任务无关的其他活动。

（八）不得通过虚构劳务合同、人员名单等方式套取劳务费和专家咨询费；不得支付专家咨询费给参与本项目研究及管理的相关工作人员；不得超标准支付专家咨询费；不得列支应由教育经费承担的研究生培养经费和论文答辩费。

（九）不得违反中国科学院和学校绩效工资管理或“包干制”绩效支出管理规定，违规发放绩效奖励和“津补贴”。

（十）不得列支公务接待费、应由个人负担的费用、罚款、捐款、赞助、投资、偿还债务等；不得利用虚假票据套取项目经费；不得自报自批、授权特定关系人（配偶、父母、子女等）审批支出事项。

附件 2

中国科学技术大学“包干制”科研项目经费使用 个人承诺书

本人承担“包干制”类型科研项目，名称：______________________________，批准号：____________________，项目来源及类型：__________。本人在充分知悉项目经费包干使用有关政策前提下，做如下承诺：

一、尊重科研规律，弘扬科学家精神，遵守科研伦理道德和作风学风诚信要求，认真开展科学研究工作，充分发挥经费支持效用；结合实际研发需求核算间接经费比例和额度，经与学校协商，设定项目间接费用比例占总经费________%（原则上不超过 60%），金额：________万元。间接费用中包含学校和学院统筹部分。

二、项目经费根据科研需要据实支出，开支范围根据本办法第九条规定的范围列支，遵守学校科研经费使用规范，对经费使用的合规性、合理性、真实性、相关性承担责任。

三、坚持科学精神，坚守学术规范，杜绝《中国科学技术大学“包干制”科研项目经费使用负面清单（试行）》相关情形，自觉接受上级部门和校内外监督。

承诺人（签字）： 日期：

学院/重点科研机构（负责人签字）（公章）：

中国科学技术大学重大科技项目支持计划实施细则（试行）

（校科字〔2022〕145 号，2022 年 7 月 12 日）

第一章 总 则

第一条 为推进学校“双一流”建设，提升学校承担和组织国家重大科技项目的能力，根据《中国科学技术大学“统筹推进世界一流大学和一流学科建设”专项资金管理办法（试行）》，学校设立重大科技项目支持计划，结合学校重大科研项目管理特点，制定本细则。

第二条 重大科技项目支持计划适用于学校牵头承担的重大科技项目，主要包括：国家重点研发计划项目、国家科技重大专项项目、科技创新－2030 重大项目、国家重大科研仪器研制项目（部委推荐类）、国家自然科学基金重大项目、国家自然科学基金委员会创新研究群体、基础科学中心项目、中国科学院先导战略科技专项项目、高技术重大项目、我校部署的大科学装置项目等。

第三条 重大科技项目支持计划包括提供启动基金和团队组建基金、协助项目聘用人员、增加博士研究生名额等。

第二章 经费支持

第四条 启动基金是在项目申报阶段,学校对项目负责人给予项目预研和组织方面的经费支持,金额不超过 20 万元/项,青年科学家项目不超过 10 万元/项。项目通过复评后拨付 1/2,项目获得立项后拨付剩余 1/2。

第五条 团队组建基金是项目获批后,学校对项目负责人给予支持团队建设的经费,在项目实施期间用于支持为本项目服务的项目聘用聘期制科研人员和科研(财务)助理,总计不超过 90 万元,青年科学家项目总计不超过 45 万元,按年度划拨。

第六条 重大科技项目支持计划经费来源为学校自有资金,根据当年的经费预算情况设置资助额度。

第三章 人员支持

第七条 项目在实施期间可申请聘用 1 名科研(财务)助理,按照学校有关规定管理。科研(财务)助理的名额由项目负责人通过所在二级单位向学校申请。

第八条 在执行期内,对重大科技项目额外配置 2 个博士生的招生指标,对青年科学家项目额外配置 1 个博士生的招生指标;招生指标由研究生院通过项目负责人所在二级单位直接配置给项目。博士生指标的配置参照研究生录取程序执行。

第四章 组织和管理

第九条 科研部结合国家和学校安排,通知项目负责人填写重大科技项目支持计划任务书,按照年度拨付资金。

第十条 启动基金须在经费下拨一年内用完,否则予以清零。根据项目负责人申报的额度,团队组建基金按年度核算,于当年年底经费清零。

第五章 附 则

第十一条 本细则由科研部、人力资源部和研究生院负责解释。

第十二条 本细则自印发之日起施行。原《中国科学技术大学重大项目启动基金管理办法(试行)》(校科字〔2006〕22 号)同时废止。

中国科学技术大学青年创新重点基金项目管理办法(试行)

(校科字〔2022〕147号,2022年7月12日)

第一章　总　　则

第一条　青年人才是国家战略人才力量的源头活水,是学校建设中国特色、科大风格的世界一流大学的主力军。为促进学校基础研究青年人才成长,培育国家级优秀青年科学人才,学校设立青年创新重点基金项目。为加强和规范青年创新重点基金项目管理,根据《中国科学院关于加强基础研究的若干意见》《中国科学技术大学关于加强执着攻关创新工作的指导性意见》《中国科学技术大学"统筹推进世界一流大学和一流学科建设"专项资金管理办法(试行)》等精神,结合学校实际,制定本办法。

第二条　青年创新重点基金项目(以下简称项目)主要用于资助学校优秀青年科研人员(含聘期制人员)开展具有原始创新思想的高水平基础研究和应用基础研究,旨在培育一批进入国家和世界科技前沿的青年科技人才,为学校"双一流"建设提供人才储备。项目核心研究内容不得与正在执行或处于评审阶段的国家、省市计划支持、企业委托或其他校级项目内容重复。

第三条　项目按照"学术优先、公开公正、激励创新、简明高效"的原则组织实施。

第二章　组织与职责

第四条　学校发展和改革办公室负责项目总预算方案的制定和审核,提交校长工作会议和党委常委会会议审议后,下达年度项目资金使用总体规划;科研部根据当年项目资金额度和学校科技发展规划,负责年度项目指南发布、立项评审与绩效管理;财务处负责项目经费管理;资产与后勤保障处负责项目经费形成的有形资产管理;科技成果转移转化办公室负责项目经费形成的无形资产管理。

第五条　学院和重点科研机构是项目的基层管理单位,承担本单位的项目申请、推荐和管理,督促经费执行进度,配合科研部对项目的实施进行监督、检查。

第六条　项目负责人是项目经费使用管理的直接责任人,对资金使用和项目实施的规范性、合理性和有效性负责,并保证预算执行进度,按照要求提交项目申请书、计划任务书、中期进展、结题材料和绩效自评报告。

第三章　申请与立项

第七条　科研部根据年度工作安排,按照各学院和重点科研机构的青年教师队伍结构和项目培育绩效确定各单位的推荐名额,组织开展项目申报。

第八条 项目申请人应是学校在职青年科研人员，申请当年 1 月 1 日男性未满 35 周岁，女性未满 38 周岁，且尚未获得过海外高层次人才引进青年项目、长江学者奖励计划青年学者项目、青年拔尖人才支持计划、国家优秀青年科学基金等国家级人才培养计划资助。青年创新重点基金项目不重复支持。

第九条 项目申请人按照年度申报通知进行申报，各学院和重点科研机构根据分配名额择优推荐。

第十条 项目的资助期限一般为 2 年。人文、管理、数学等学科领域资助额度一般不超过 30 万元/项，其他学科领域一般不超过 50 万元/项。

第十一条 项目由科研部组织评审立项。项目一般采用通讯评审的方式，邀请其他高校的评审专家进行评分评级，并提出具体的评价意见。评审专家应长期在科研一线工作，具有开阔的学术视野、较高的学术造诣和优秀的学术判断力。评审专家应着重评审项目申请人的研究水平和发展潜力，着重评审项目研究思想的原创性、科学性和可研性。科研部负责评审结果的审核，报分管校领导审批后公示立项。

第四章　实施与管理

第十二条 项目申请人接到项目批准通知后，须按批准意见撰写项目计划任务书，科学合理安排分年度计划及经费预算。各学院和重点科研机构须对任务书进行审核，并在规定期限内报送科研部。逾期不报且在规定期限内未说明理由的，视为自动放弃。

第十三条 项目经费根据项目任务书按年度进行拨付，经费使用与管理严格执行国家及学校有关规定，并接受有关部门的监督和指导。

第十四条 科研部根据工作需要组织开展绩效评价，强化绩效目标管理和评价结果运用，将绩效评价结果作为项目动态调整和推荐指标分配的重要依据。项目执行期间应安排中期评估，评估结果经科研部审查后拨付下一年经费。为了简化过程检查，中期评估可采取年度进展报告审核、学术会议交流等形式。对中期绩效评价较差的项目可考虑提前终止或核减后续经费，项目剩余经费额度纳入下一年度项目统筹部署。

第十五条 项目负责人不得更换或代理，如果项目负责人出现下列情况之一者，将终止该项目：

（1）调离学校；

（2）不能继续开展研究工作；

（3）有违背科研诚信或学术伦理道德等行为。

第十六条 由于客观原因不能按期完成研究计划的，项目负责人应在原定结题期限前 60 日提出延期申请，延期申请不超过 1 次，申请延长期限不得超过 1 年。批准延期的项目在结题前应按要求提交项目年度进展报告。

第十七条 项目完成后按照项目计划任务书进行结题验收。项目负责人按要求撰写结题材料，经各学院和重点科研机构审核后，统一报送科研部。科研部组织专家验收，验收结果作为各学院和重点科研机构绩效考核的重要指标。

第十八条 项目在研期间，年度剩余经费可以结转下一年度继续使用。项目结题或终止后，结余经费按照国家和学校有关规定予以收回，纳入下一年度项目经费统筹部署。

第十九条 项目获资助者须积极申请国家级人才培养计划项目，积极参加校内组织的各类学术交流，积极在学校主办期刊上发表受项目资助的研究成果。

第二十条 项目经费形成的资产属于国有资产，应当按照国家国有资产管理的有关规定加强管理；其中科技成果和科学数据等由学校按规定统筹管理。

第五章 附 则

第二十一条 本办法由科研部、发展和改革办公室、财务处负责解释。

第二十二条 本办法自印发之日起施行。

中国科学技术大学横向科研项目管理办法(试行)

（校转化字〔2022〕99 号，2022 年 5 月 18 日）

第一章 总 则

第一条 为贯彻落实《关于进一步完善中央财政科研项目资金管理等政策的若干意见》《国务院关于优化科研管理提升科研绩效若干措施的通知》《关于扩大高校和科研院所科研相关自主权的若干意见》《中国科学技术大学经济合同管理办法(试行)》《中国科学技术大学横向科学研究项目合同管理实施细则(试行)》等精神，提升学校科学研究事业与地方和行业协同创新的能力，激发科研人员从事产学研及科技成果转移转化的积极性，增强学校科技成果转移转化能力，依据国家科研项目管理政策有关要求，结合学校实际，制定本办法。

第二条 横向科研项目是指学校与中华人民共和国境内法人所订立的，以学校为法人单位承接的非政府科技计划安排的，由学校科技成果转移转化办公室受理审批并获立项的科研项目，按照项目研究内容分为技术开发项目、技术咨询项目和技术服务项目。

第二章 组 织 管 理

第三条 学校是横向科研项目管理的主体，实行“统一领导、协同合作、分级管理、责任到人”的管理体制。

第四条 科技成果转移转化办公室、法律事务办公室、财务处、资产与后勤保障处、人力资源部、审计处、学院、重点科研机构和项目负责人应明确各自的职责和权限，在横向科研项目管理和经费管理中各司其职、协同合作，确保横向科研项目管理工作有序到位。

(一) 科技成果转移转化办公室负责横向科研项目全过程管理，包括横向科研项目投标文件的审核、合同认定管理、结题验收等相关工作；协同财务处制定横向科研项目经费管理政策；配合相关部门做好横向科研经费的使用、管理和监督工作。

（二）法律事务办公室负责对横向科研项目投标文件及合同的合法性、风险性等方面进行把关；负责审核投标文件及合同的法律效力、条款合理性、违约责任、潜在风险、争议解决事项以及其他相关事项；协调督办合同纠纷及诉讼案件。

（三）财务处负责横向科研项目经费管理、会计核算及涉税事务管理；负责经费分配与账务处理、科目预算控制、经费使用咨询等全过程服务；协助科技成果转移转化办公室和项目负责人完成结题结账工作；协助科技成果转移转化办公室做好横向科研项目投标文件中与财务和经费相关文件的审核、项目跟踪管理工作。

（四）资产与后勤保障处负责管理横向科研项目实施过程中所需的物资采购、场地和设备租赁的审批；负责对项目形成的固定资产实施管理。

（五）人力资源部负责科研绩效的管理与发放。

（六）审计处负责对经费的使用和管理进行审计监督工作。

（七）学院、重点科研机构是横向科研项目的具体执行单位，负责审核、监督和管理本单位的横向科研项目；负责根据学科特点和项目实际需要合理配置资源，为本单位横向科研项目的执行提供条件保障，监督项目执行进度；配合学校进行绩效管理与发放。

（八）项目负责人是横向科研项目的具体执行人，是项目履行和经费使用的直接责任人，应为学校在职教职工。项目负责人代表学校履行和实施项目合同约定的义务，负责按照合同约定与学校政策执行项目和使用经费；并对科研活动及经费使用的真实性、有效性、合法性、合规性和相关性承担经济与法律责任，自觉接受上级部门、委托单位、社会第三方与学校相关部门的监督和检查。

第三章　过 程 管 理

第五条　项目合同生效后，项目负责人应及时将合同原件及相关资料提交到科技成果转移转化办公室，登记存档并办理项目立项手续。

第六条　项目无正当理由不得变更合同内容、更换项目负责人。如遇特殊情况需要变更合同内容及项目负责人的，必须征得合同签约各方的同意和科技成果转移转化办公室的批准，签订书面变更协议，签约各方签字盖章生效后交科技成果转移转化办公室存档备案。

第七条　项目合同涉及技术秘密和商业秘密等保密条款的，项目负责人应做好项目的保密管理，应和其他接触秘密信息的人员签订保密承诺书，按合同约定做好项目的保密工作。

第八条　项目实施过程中，未经科技成果转移转化办公室审核同意，项目负责人不得与合同相对方签订与项目有关的任何文件、资料、补充协议，由此引起的一切后果由项目负责人承担全部责任。

第九条　科技成果转移转化办公室对已立项项目加强过程管理，对未按合同要求开展工作的或执行情况较差的项目予以通报批评，并要求项目负责人限期整改，直至冻结结余经费；对对方未执行的合同，执行单位应当按合同约定追究其违约责任，因项目负责人和执行单位原因未及时处理给学校造成损失的，应当追究项目负责人和执行单位的责任。

第十条　如项目发生纠纷，项目负责人及执行单位应当及时采取有效的风险防控措施并书面报送科技成果转移转化办公室;在仲裁或诉讼期间,视具体情况可以暂停项目负责人订立同类项目合同,必要时可暂停该项目的执行。因合同纠纷或诉讼所产生的经济赔偿,原则上全部由项目负责人承担。

第十一条 横向项目合同期满须及时完成结题验收。研发项目超过合同期限 1 个月以上未完成的,项目负责人须提交书面延期说明;超过合同期限 3 个月以上未完成的,项目负责人须提交书面说明并给出妥善处理办法;提前完成的项目,项目负责人可在征得合同其他方同意后提前办理结题验收。

第四章 经 费 管 理

第十二条 学校收取横向科研项目到款的 1%设立经济风险保障基金,用于垫付和预支合同及知识产权经济赔偿费用、合同纠纷及知识产权纠纷诉讼费用。被诉案件中学校垫付和预支的资费,原则上由项目负责人全额偿还。

经济风险保障基金由学校每年度作为校内预算来源统筹安排至诉讼事务主管部门。

第十三条 横向科研项目管理费按照如下比例收取:

项目累计到款 100 万元(含)以下的部分按 10%收取;项目累计到款 100 万元至 300 万元(含)的部分按 8%收取;项目累计到款超过 300 万元的部分按 6%收取。

管理费的 25%由学院或重点科研机构统筹。

第十四条 扣除管理费和经济风险保障基金后的横向科研项目经费实行包干管理,由项目负责人自主决定使用。人员费支出比例不得超过 70%,包括项目执行期学校教职员工的各种绩效工资。办公用品、通讯费、业务接待费三项支出原则上不超过 10%。设备购置费按学校有关规定执行。

项目累计到款 500 万元(含)以下的部分,一般绩效不超过 30%;项目累计到款 500 万元至 1000 万元(含)的部分,一般绩效不超过 25%,项目累计到款 1000 万元以上的部分,一般绩效不超过 20%。每人每年一般绩效累计最高额度不得超过 30 万元。

第十五条 项目负责人应依法依规使用横向科研经费,不得以任何方式挪用、侵占、骗取经费;不得擅自调整外拨资金;不得虚构经济业务、利用虚假票据套取资金;不得通过编造虚假合同、虚构人员名单等方式虚报冒领劳务费和专家咨询费;不得通过虚构测试化验内容、提高测试化验支出标准等方式违规开支测试化验加工费;不得购买与科研项目无关的设备、材料;不得在横向经费中报销个人家庭消费支出;不得用横向经费从事投资、办企业等违规经营活动;不得用于支付各种罚款、捐款、赞助、投资等支出;不得隐匿、私自转让、非法占用使用横向经费形成的固定资产和无形资产。

第十六条 横向科研项目结题验收通过后,项目负责人应在 3 个月内到财务处办理结账手续。对逾期未办理结账手续的项目,学校将冻结结余经费。

第十七条 经科技成果转移转化办公室认定已结题或验收的横向科研项目,学校不再另行收取管理费,由财务处结账核定结余经费,项目负责人自主确定绩效和预研基金比例。

第五章　附　　则

第十八条　本办法由科技成果转移转化办公室、法律事务办公室、财务处、资产与后勤保障处、人力资源部负责解释。

第十九条　本办法自印发之日起施行，原《中国科学技术大学横向科研项目管理办法(试行)》(校科字〔2019〕220号)同时废止。与本办法不一致的，以本办法为准。本办法未尽事宜，如学校有相关明确规定的，按规定执行。

中国科学技术大学职务科技成果赋权后作价入股工作指引(试行)

(校企字〔2022〕123号，2022年6月30日)

为贯彻落实《赋予科研人员职务科技成果所有权或长期使用权试点实施方案》《中国科学技术大学赋予科研人员职务科技成果所有权或长期使用权试点工作方案》《中国科学技术大学科技成果转化管理办法(试行)》等精神，进一步激发学校科研人员从事科技成果转化的积极性和创造性，发挥资本市场的资源配置功能，建立资本市场推动科技创新的长效机制，促进科技成果作价入股，根据《中华人民共和国科学技术进步法》《中华人民共和国促进科技成果转化法》《中华人民共和国公司法》《中华人民共和国专利法》《中华人民共和国专利法实施细则》等法律法规，结合学校实际，制定本工作指引。

一、职务科技成果赋权与转让

技术团队(或发明人，以下简称科研人员)可向学校科技成果转移转化办公室申请，将归学校所有的职务科技成果所有权部分赋予科研人员，科研人员与学校就职务科技成果所有权分割签订赋权协议；赋予科研人员职务科技成果所有权后，科研人员与学校为该职务科技成果或者该职务科技成果所形成的知识产权的共同共有人。赋予科研人员职务科技成果所有权作价入股实施方案，经科技成果转移转化办公室、中科大资产经营有限责任公司(以下简称资产公司)备案后，科研人员持有部分方可进行作价投资，设立转化公司或作价入股至存续公司。职务科技成果在安徽省内转化或实施的，科研人员按80%、学校按20%的比例分配收益并承担相应的责任；在安徽省外转化或实施的，科研人员按70%、学校按30%的比例分配收益并承担相应的责任。

科研人员可向科技成果转移转化办公室申请，受让赋权后的职务科技成果项下学校共有的部分(以下简称标的科技成果)，经审核通过后，科研人员与学校签署《技术转让合同》，按约定时间及方式向学校支付转让对价。

科研人员受让标的科技成果后，应将其作价入股至经科技成果转移转化办公室、资产公司备案的转化公司进行科技成果转化。

二、职务科技成果作价入股

（一）新设公司

科研人员可以职务科技成果作价出资，新设转化公司进行科技成果转化，具体操作如下：

1. 科研人员须向资产公司提交设立转化公司的方案，方案应包括如下内容：

（1）职务科技成果的预评估报告，评估价值原则上不得低于人民币200万元；

（2）转化公司的基本情况，包括：

1）公司类型，须为有限责任公司或股份有限公司；

2）股权结构，须穿透至自然人、国资部门等最终持有人，并如实披露是否存在股权代持、一致行动人协议等影响公司实际控制权的安排；

3）出资方式，科研人员主要以职务科技成果作价入股方式出资，如另外以货币出资的，货币出资部分不得超过职务科技成果全部评估价值的50%。

2. 科研人员应向资产公司提交转化公司工商登记全套资料。

（二）作价入股至存续公司

可参照新设公司设立原则执行。

三、转化公司经营管理

（一）定期报告

科研人员在作价入股后，学校取得《技术转让合同》项下全部转让对价前，科研人员应按自然年度的下一年度6月30日前，向资产公司提交转化公司财务报告以及职务科技成果转化年度报告。

（二）重大事项审批

1. 科研人员作为转化公司股东，对转化公司依法享有资产收益、参与重大决策和选择管理者等权利，在行使所有股东权利时，不得损害学校利益，同时应将相关事项提前5个工作日向资产公司备案。

2. 科研人员在处分标的科技成果对应的股权时，须取得资产公司书面意见。包括转让、对外担保、设定其他权利负担等。

（三）特殊事项报告

转化公司股权存在被查封、冻结或其他法律风险时，科研人员应及时向资产公司报告。

四、附则

1. 科研人员涉及兼职经商办企业行为，应遵守《中国科学技术大学教职工校外兼职管理暂行办法》《中国科学技术大学教职工经商办企业管理办法（试行）》等有关规定，学校中层领导干部的兼职管理按照《中国科学技术大学中层干部兼职管理办法》执行。

2. 赋权后，通过作价入股的形式进行赋权成果转化的，科研人员应确保赋权成果在转化公司中进行转化，不得以转让等形式将赋权成果以直接或间接方式转至转化公司之外的其他主体。

3. 科研人员不得恶意稀释其持有的转化公司股权，或以其他直接或间接方式损害学校合法权益。

4. 资产公司、科技成果转移转化办公室要及时跟进赋权项目进展情况，每年向校长工作会议、党委常委会会议报告；学校持有部分的知识产权权益在转化公司估值中所占比例，在后续增资过程中一旦降低至5%或以下时，应及时向校长工作会议、党委常委会会议进行专项报告。

五、其他

1. 本文件施行之后，未经学校批准，科研人员不得以职务科技成果或以货币出资创办与本职务科技成果相关的新企业，也不得通过受让股权或增资等形式进入与本职务科技成果相关的企业。

2. 科研人员如有违反本工作指引，损害学校利益的，学校将保留追诉的权利，并按照有关规定给予必要处分；构成犯罪的，将移交司法机关处理。

3. 本工作指引由中科大资产经营有限责任公司、科技成果转移转化办公室负责解释，自印发之日起施行。

中国科学技术大学职务科技成果赋权后技术转让方案（试行）

（校转化字〔2022〕142号，2022年7月13日）

第一章　总　　则

第一条　为贯彻落实《赋予科研人员职务科技成果所有权或长期使用权试点实施方案》《中国科学技术大学赋予科研人员职务科技成果所有权或长期使用权试点工作方案》《中国科学技术大学科技成果转化管理办法（试行）》《中国科学技术大学职务科技成果赋权后作价入股工作指引（试行）》等精神，进一步激发学校科研人员从事科技成果转化的积极性和创造性，发挥资本市场的资源配置功能，建立资本市场推动科技创新的长效机制，促进科技成果作价入股，根据《中华人民共和国科学技术进步法》《中华人民共和国促进科技成果转化法》《中华人民共和国公司法》《中华人民共和国专利法》《中华人民共和国专利法实施细则》等法律法规，结合学校实际，制定本方案。

第二章　赋权与转让

第二条　技术团队（或发明人，以下简称科研人员）可向学校科技成果转移转化办公室申请，将归学校所有的职务科技成果所有权部分赋予科研人员，科研人员与学校就职务科技成果所有权分割签订赋权协议；赋予科研人员职务科技成果所有权后，科研人员与学校为该职务科技成果或者该职务科技成果所形成的知识产权的共同共有人。

赋予科研人员职务科技成果所有权作价入股实施方案，经科技成果转移转化办公室、中科大资产经营有限责任公司（以下简称资产公司）备案后，科研人员持有部分方可进行作价投资，设立转化公司或作价入股至存续公司。职务科技成果在安徽省内转化或实施的，科研人员按80%、学校按20%的比例分配收益并承担相应的责任；在安徽省外转化或实施的，科研人员按70%、学校按30%的比例分配收益并承担相应的责任。

科研人员可向科技成果转移转化办公室申请，受让赋权后的职务科技成果项下学校共有的部分（以下简称标的科技成果），经审核通过后，科研人员与学校签署《赋权技术转让合同》（以下简称合同），按约定时间及方式向学校支付转让对价。

科研人员受让标的科技成果后，应将其作价入股至经科技成果转移转化办公室、资产公司备案的转化公司进行科技成果转化。

第三章　过 程 管 理

第三条　信息披露。

科研人员应如实向转化公司的其他股东或拟引进的投资者披露合同内容，并确保其他股东或拟引进的投资者同意科研人员在向学校指定第三方转让其持有的标的权益时，同意该等转让并放弃优先购买权。

第四条　重大事项备案。

（一）科研人员作为转化公司股东，在行使所有股东权利时，不得损害学校利益，同时应将相关事项提前5个工作日向资产公司备案。

（二）科研人员应配合学校委派人员作为科研人员代表了解转化公司的运营状况。除按学校要求对标的权益进行处分外，科研人员不得自行以转让、质押等方式处分标的权益。

（三）科研人员应提名1名资产公司推荐的人员作为转化公司的监事，并将推荐或提名的文件、转化公司任命监事的股东会决议以及其他必要的文件提交给学校备案。

后续因国家有关法律法规修订、中国科学院有关政策调整、科研人员股权变动等原因导致丧失提名权或决定权的，科研人员应提交相关文件，经学校同意后可不再提名学校指定的人员作为转化公司的监事。

第四章　免 责 事 项

第五条　学校及资产公司根据法律法规和单位依法制定的规章制度，履行民主决策程序、合理注意义务和观察管理职责，严格执行决策、公示等管理制度，在没有牟取非法利益的前提下，以学校利益为标准，已尽合理的谨慎和注意义务并履行自己的职责，因客观上无法先行预见的相关政策重大调整、外部环境重大变化，造成科研人员和/或转化公司资产损失或其他不良后果的，科研人员及转化公司不得向学校、资产公司追责。

第六条　学校委派人员作为科研人员代表了解转化公司的运营，若该委派的人员依法依规操作，履行勤勉尽职义务，严格执行决策程序，非因其个人主观原因造成科研人员和/或转化公司资产损失或其他不良后果，且个人没有谋取不正当利益的，学校、科研人员及转化公司不得向其追责。

第七条　科研人员严格按约定进行科技成果转化、及时处分转化股权及支付价款，履行报告、备案、报批等规定，非因科研人员原因造成资产损失或其他不良后果，且个人没有谋取不正当利益的,考虑到知识产权的特殊性,学校不得向其追责。

第八条 发生上述第五条至第七条事项后,学校应按有关规定办理财务坏账损失手续,报有关部门批准后以不良资产予以处理,科研人员应积极协助转化公司办理清算、注销、破产等程序,清理转化股权所遗留下的问题。

第五章 其 他

第九条 本方案施行之后,未经学校批准,科研人员不得以职务科技成果或以货币出资创办与本职务科技成果相关的新企业,也不得通过受让股权或增资等形式进入与本职务科技成果相关的企业。

第十条 科研人员应确保标的科技成果在转化公司中进行转化,不得将标的科技成果以直接或间接方式转让至转化公司之外的其他主体包括转化公司的关联公司。

第十一条 科研人员如有违反本方案损害学校利益的,学校将保留追诉的权利,并按照有关规定给予必要处分;构成犯罪的,将移交司法机关处理。

第十二条 科研人员实施科技成果侵害他人合法权益的,学校不承担任何责任,由科研人员与他人进行交涉,或由科研人员到法院应诉。

第十三条 本方案由科技成果转移转化办公室、中科大资产经营有限责任公司负责解释。

第十四条 本方案自印发之日起施行。

中国科学技术大学“鲲鹏计划”校地合作成果转化专项项目管理办法(试行)

(校转化字〔2022〕143 号,2022 年 7 月 13 日)

第一章 总 则

第一条 为贯彻落实安徽省资助中国科学技术大学学生创新创业计划,推进“鲲鹏计划”顺利实施,促进学校科研成果在安徽省各地市应用转化,加强“鲲鹏计划”校地合作成果转化专项项目(以下简称项目)管理,提高经费使用效率,根据《国务院办公厅关于改革完善中央财政科研经费管理的若干意见》《中国科学技术大学横向科研项目管理办法(试行)》等精神,结合学校实际,制定本办法。

第二条 “鲲鹏计划”校地合作成果转化专项重点支持学校科研成果转化团队的职务科技成果转化项目在省内转化,项目涉及新一代信息技术、高端装备、新材料、新能源、节能环保、生物医药等领域,即将或已经在安徽省相关地市设立转化公司。

第三条 按照“地方出资、学校配套、共同管理、定向转化”的方式,通过学校与各地市共同设立“鲲鹏计划”校地合作成果转化专项,实现学校对安徽全域科创的支持。

第二章 组织管理

第四条 按照“职责明晰、权责匹配、全程监督、责任追究”的原则,明确学校相关部门及项目负责人各自的权限和职责,在项目管理中各司其职、协同合作,确保项目管理工作有序到位。

(一)科技成果转移转化办公室指导项目组织和管理,负责项目申报依托科技成果真实性、规范性的审核工作,以及项目相关科技成果的处置工作。

(二)中科大资产经营有限责任公司(以下简称资产公司)受学校委托,负责对项目进行管理,收集项目申报材料,组织评审、下达立项通知,签订项目计划任务书,明确项目管理中项目立项、项目考核、经费使用等具体内容。

(三)财务处负责项目经费的财务管理、会计核算等相关工作。

(四)资产与后勤保障处负责固定资产的采购及监督管理工作。

(五)审计处负责对经费的使用和管理进行审计监督。

(六)项目负责人所在学院负责对申报项目进行审核并出具相关意见;对购买资产的真实性、必要性进行审核并督促项目负责人合规使用资产。

(七)项目负责人是项目的具体执行人,是项目履行和经费使用的直接责任人,应为学校在职教职工。项目负责人负责依法据实组织编制项目预算和决算,并按照项目批复计划任务书和有关管理制度执行项目和使用经费;并对项目开展和经费使用的合规性、合理性、真实性承担经济和法律责任。

第三章 评审与立项

第五条 申报项目知识产权应权属清晰,成果完成人之间、合作单位之间等有明确的产权划分。与学校或其他单位有知识产权纠纷的,不得申请本项目。

申报项目应在安徽省内落地转化,具有较高的技术价值并满足市场需求。项目负责人具有较强的领导和组织项目开展的能力,有较为完整的项目核心团队。

第六条 项目申报采取“随时申请、随时受理”的方式。项目负责人同期只能承担1项。

第七条 资产公司联合各地市组织可行性论证和项目评审,评审通过的项目经资产公司公示无异议后下达立项通知,并签订项目计划任务书。项目执行期不超过2年,资助额度一般为200万元/项,对重大或特殊项目采取“一事一议”。

第四章 过程管理

第八条 项目计划任务书生效后,项目负责人应及时将相关资料提交到资产公司,登记存档并办理项目立项手续。

第九条 项目管理坚持阶段考核、分期拨款的原则。在中期考核中要加强项目经费使用的监督管理。

第十条 项目无正当理由不得变更任务书内容和项目负责人。如遇特殊情况需要变更任务书内容和项目负责人的，必须经过资产公司的批准，签订书面变更协议。

项目负责人出现下列情况之一的，资产公司将立即终止该项目的执行，停拨后期经费，被终止项目的项目负责人原则上后期不得再次申报该项目：

（一）调离学校；

（二）未通过中期考核；

（三）未通过验收或延期后未通过验收；

（四）有违法违纪等行为。

第十一条 项目经费由安徽省各地市人民政府出资，学校配套，共同设立，由学校财务处进行专款专账管理。经费的使用和管理按照《中国科学技术大学“鲲鹏计划”校地合作成果转化专项项目经费管理办法（试行）》执行。

第五章 成果评价

第十二条 项目到期后，项目负责人应在1个月内提交验收材料至资产公司，资产公司及时联合各地市组织项目验收。项目原则上不予延期，因客观原因不能按计划结题的项目最长可延期半年。

第十三条 资产公司对项目的落地情况进行综合评价。对团队建设、技术水平、应用效果等情况进行持续跟踪，提供项目产业化应用相关建议，并推荐其他配套资金支持。

通过验收、专家评价高、市场前景好、企业实施条件好的项目，学校将给予表彰。

第六章 监督管理

第十四条 对以弄虚作假等手段套取骗取项目经费以及挤占挪用项目经费等违法违规行为的，学校按照国家有关法律法规查处并追回项目经费。涉嫌犯罪的，依法移送司法机关处理。

第十五条 项目负责人应主动接受相关部门的审计与监督，积极配合并提供有关资料。

第七章 附则

第十六条 本办法由科技成果转移转化办公室、中科大资产经营有限责任公司、财务处、资产与后勤保障处、审计处在各自职责范围内负责解释。

第十七条 本办法自印发之日起施行。

中国科学技术大学“鲲鹏计划”校地合作成果转化专项项目经费管理办法(试行)

(校转化字〔2022〕144号,2022年7月13日)

第一章 总 则

第一条 为贯彻落实安徽省资助中国科学技术大学学生创新创业计划,推进“鲲鹏计划”顺利实施,探索科技创新创业模式,引领创新创业教育发展和创新人才培育模式创新,规范学校“鲲鹏计划”校地合作成果转化专项项目经费(以下简称专项经费)管理,提高经费使用效率,结合学校实际,制定本办法。

第二条 专项经费使用采取公益资助方式。专项经费管理坚持“统一管理、专款专用、规范运作、注重绩效”原则。

第二章 管理权限与职责

第三条 科技成果转移转化办公室负责指导项目组织和管理,中科大资产经营有限责任公司(以下简称资产公司)受学校委托,负责专项经费管理和使用,安排全职工作人员负责日常经费管理工作。

第四条 财务处负责专项经费的财务管理、会计核算等相关工作。

第五条 资产与后勤保障处负责固定资产的采购及监督管理工作。

第六条 获资助的项目负责人负责编制项目经费预算,审批和规范、合理使用项目经费,对经费使用的合法性、真实性、有效性承担直接责任。

第七条 固定资产使用单位对本单位固定资产安全和完整负有监管责任;固定资产领用人对固定资产管理负有直接责任,应爱护和使用好固定资产,确保固定资产安全和完整。

第三章 使 用 范 围

第八条 专项经费重点支持学校科研成果转化团队的职务科技成果转化项目在省内转化,项目涉及新一代信息技术、高端装备、新材料、新能源、节能环保、生物医药等领域,即将或已经在安徽省相关地市设立转化公司。

第四章 预 算 管 理

第九条 专项经费按照使用范围实施项目预算管理。预算项目包括业务费、劳务费、设备费等。项目经费管理费按照项目经费总额的10%收取,用于支付学校相关管理运营费用。

第十条 业务费是指在项目实施过程中消耗的各种材料、辅助材料等低值易耗品的采购、运输、装卸、整理等费用，发生的测试化验加工费，燃料动力费，差旅费，会议费，出版/文献/信息传播/知识产权事务费，国际合作与交流费，办公费、通信费、业务接待费和其他支出等。办公用品、通信费、业务接待费三项支出原则上不超过项目经费总额的10%。

第十一条 劳务费是指在项目开展过程中，支付给参与项目研究的非校内固定工资收入人员的劳务性费用、专家咨询费等。原则上，劳务费不超过项目经费总额的50%。

第十二条 设备费是指在项目开展过程中购置或试制专用仪器设备，对现有仪器设备进行升级改造，租赁外单位仪器设备，以及购建项目研发和开展所必需的设施等发生的费用。

第十三条 项目实施过程中，设备费、业务费预算需要调剂的，由项目负责人自主调剂。劳务费预算在不超过项目经费总额的50%范围内，由项目负责人自主调剂。

第五章 支出管理

第十四条 专项经费的所有支出严格按照国家、学校有关财务管理制度执行。各项支出业务由项目团队成员、相关工作人员按学校财务规定的业务流程办理。

第十五条 劳务费中劳务性费用等标准按照国家有关规定执行，其中劳务性费用开支标准参照合肥市科学研究和技术服务业从业人员平均工资水平，根据其在项目研究中承担的工作任务确定。

第十六条 专项经费应专款专用。项目负责人应依法依规使用项目经费，不得以任何方式挪用、侵占、骗取经费；不得虚构经济业务、利用虚假票据套取资金；不得通过编造虚假合同、虚构人员名单等方式虚报冒领劳务费；不得通过虚构测试化验内容、提高测试化验支出标准等方式违规开支测试化验加工费；不得购买与项目无关的设备、材料；不得在项目经费中报销个人家庭消费支出；不得用于支付各种罚款、捐款、赞助、投资等支出；不得隐匿、私自转让、非法占用使用项目经费形成的固定资产和无形资产。

第六章 过程管理

第十七条 项目管理坚持阶段考核、分期拨款的原则。在中期考核中要加强专项经费的监督管理。

第十八条 项目负责人出现下列情况之一的，资产公司将立即终止该项目的执行，停拨后期经费：

（一）调离学校；

（二）未通过中期考核；

（三）未通过验收或延期后未通过验收；

（四）有违法违纪等行为。

第十九条 项目终止或项目期满后结余经费由学校收回。

第二十条 项目负责人应在项目实施末期自主选择具有资质的会计师事务所开展项目结题审计。

第七章　资 产 管 理

第二十一条　项目资助中产生的固定资产，由项目负责人作为固定资产领用人，其所在单位作为固定资产使用单位承担固定资产管理责任。

第二十二条　获资助项目以购置或研制方式取得的固定资产，其采购与处置应按照学校有关规定办理，统一纳入学校资产管理。

第二十三条　使用单位因内设机构变动或领用人调动、退休、辞职等原因，应及时办理固定资产内部调拨、变更、退库等手续，不得擅自调换转让。

第二十四条　因项目开展需要，固定资产履行相关审批手续后可存放异地使用。使用单位应加强异地资产使用管理，明确责任人，确保固定资产的安全和完整。

第八章　附　　则

第二十五条　本办法由科技成果转移转化办公室、中科大资产经营有限责任公司、财务处、资产与后勤保障处在各自职责范围内负责解释。

第二十六条　本办法自印发之日起施行。

中国科学技术大学知识产权管理办法(试行)

（校办字〔2022〕37 号，2022 年 3 月 5 日）

第一章　总　　则

第一条　为贯彻落实创新驱动发展战略，支撑和服务知识产权强国建设，鼓励学校师生发明创造、智力创作，有效促进学校科技成果转化工作，规范和保护学校知识产权及相关权益，排除和防范知识产权侵权风险，依据国家有关法律法规以及《中国科学院院属单位知识产权管理办法》有关规定，结合学校知识产权管理的实际情况，制定本办法。

第二条　本办法适用于学校校属机构及其工作人员、相关人员。

校属机构是指机关部门、直属单位、学部、学院、直属系、国家级科研平台以及校内其他机构。

工作人员是指上述各机构或单位在册正式职工、聘用人员、客座研究人员、劳务派遣人员、在读本科生、研究生、在站博士后以及进修、实习与代培人员等。

相关人员是指退休、解除聘用关系等离校后不满 1 年的或另有约定的人员。

第三条　本办法所称的知识产权包括：

（一）著作权及其相关权；

（二）商标专用权和标识相关权；

（三）专利权及专利申请权；

（四）技术秘密、集成电路布图设计专有权、植物新品种权；

（五）依照国家法律、法规规定或者依法由合同约定由学校享有或持有的其他知识产权。

第四条 法律事务办公室负责第三条第(一)(二)项除特殊职务作品之外的知识产权管理工作。

科技成果转移转化办公室负责第三条第(三)(四)(五)项知识产权及特殊职务作品的管理工作。

本办法所称特殊职务作品，是指主要利用学校的物质技术条件创作，并由学校承担责任的工程设计图、产品设计图、地图、示意图、计算机软件等。

第二章 著作权及其相关权利

第一节 著作权的归属

第五条 创作作品的自然人是作者。

由学校或校属机构主持，代表学校或校属机构意志创作，并由学校或校属机构承担责任的作品，视学校为作者。

著作权属于作者，本节另有规定的除外。

第六条 受委托创作的作品，著作权的归属由委托人和受托人通过合同约定。合同未作明确约定或者没有订立合同的，著作权属于受托人。

第七条 学校工作人员、相关人员为完成学校工作任务所创作的作品是职务作品，著作权由作者享有，但学校有权在业务范围内优先使用。

合同对著作权权属另有约定的，从其约定。

特殊职务作品，作者享有署名权，著作权的其他权利由学校享有，并根据本办法第四章的规定进行管理。

第二节 著作权的合法合规使用

第八条 法律事务办公室负责学校著作权登记工作。校属机构如需申请著作权登记，应当报法律事务办公室备案后办理登记事宜。

第九条 校属机构及工作人员、相关人员应当使用正版作品，对于视听作品、摄影作品、艺术作品以及其他作品有批量使用需求的，应当提前获得权利人许可。特别是用于营利活动的，应当本着谨慎使用的原则，根据实际情况评估侵权风险并制定风险预案，防止职业维权风险。

委托校外单位制作、宣传等内容涉及著作权许可的，应当充分评估相关著作权侵权风险，在合同中对于相关侵权责任分配应尽量作出有利于学校的约定。

校属机构及工作人员、相关人员应当严格按照《中国科学技术大学著作权侵权风险管控指南》要求，排查侵权风险，主动使用正版作品和素材，主动评估和防范著作权管理风险。

第十条 学校提供网络信息传播服务的机构应当对平台所涉知识产权保持关注，及时妥善处置权利人维权通知。

校属机构及工作人员、相关人员明知侵权行为存在，或知识产权侵权事实显而易见，应当采取必要措施及时处理。

第十一条 校属机构及工作人员、相关人员没有尽到审慎使用或审查职责，导致学校被采取行政强制措施或被起诉的，应当作为第一责任人处理相关纠纷，情节严重的由学校相关职能部门根据有关规定进行处罚。

第三章 标识管理

第十二条 学校依法享有名称权、商标权等合法权益，校属机构及工作人员、相关人员应自觉保护学校标识不受侵害，规范学校标识使用，维护学校品牌良好声誉。

第十三条 本办法所称学校标识（含校属机构标识）包括：

（一）校名中、英文全称、简称及汉语拼音，如中国科学技术大学、中国科技大学、中国科大、中科大、科大、科技大、University of Science and Technology of China、USTC、KEDA 等；

（二）学校注册商标；

（三）学校通常使用的、足以使社会公众或校内师生认为与学校有关的标识性文字、图案或其组合等。

第十四条 法律事务办公室负责学校商标的申请工作。校属机构如需申请商标，应当报法律事务办公室备案后办理申请事宜。

第十五条 校属机构及工作人员、相关人员在校外活动中需要使用学校标识的，应提前向法律事务办公室备案，并在备案范围内使用，不得随意更改学校标识，不得转让或许可他人使用。

第十六条 校属机构及工作人员、相关人员一般应以非营利目的使用学校品牌标识；以营利为目的使用的，应当联合法律事务办公室提交校长工作会议审议。

第十七条 校属机构及工作人员、相关人员应当根据《中国科学技术大学视觉形象识别系统管理手册》规定，规范使用学校标识。

校属机构使用独立标识的，应当向法律事务办公室备案，并且不得与学校标识相近似。

第十八条 校地合作机构、附属医院、校办企业等独立法人单位如需申请与学校标识相关的商标，应当报法律事务办公室统筹办理申请事宜。

上述独立法人单位应当参照校属机构规范使用标识。

第十九条 学校对外签署合同时，须在合同中明确未经学校许可，不得以任何形式使用学校校名、商标、标识等条款。

第二十条 任何人如发现学校标识被侵权线索，应当及时向法律事务办公室报告。法律事务办公室应当通知相关单位妥善处理，共同积极维护学校合法权益。

第四章　专利权及相关权利

第一节　权 利 归 属

第二十一条　本章规定的专利权及相关权利包括：

（一）专利权及专利申请权；

（二）技术秘密、集成电路布图设计专有权、植物新品种权；

（三）学校所有的工程设计图、产品设计图、地图、示意图、计算机软件。

第二十二条　执行学校任务，或主要利用学校的物质技术条件所完成的科技成果，属于职务科技成果，依法取得的知识产权归学校所有。

执行学校任务完成的科技成果，是指：

（一）在本职工作中完成的科技成果；

（二）履行学校交付的本职工作之外的任务所完成的科技成果；

（三）在退休或者劳动、人事关系终止，或者在调离学校后1年内完成的与其在校承担的本职工作或者学校分配的任务有关的科技成果。

本办法所称物质技术条件，包括资金、各种项目经费、设备、器材、原材料、试验场地、无形资产及尚未对外公开的技术秘密等资源。

第二十三条　学校与外单位合作或接受外单位委托产生的知识产权的权属，合同中有明确约定的从其约定；合同中没有约定或约定不明的，在提交相关投入证明材料的情况下，按照双方投入比例共享知识产权。

第二节　权 利 管 理

第二十四条　学校职务科技成果申请专利、计算机软件著作权、集成电路布图设计专有权或植物新品种权的，由主要发明人或设计人填写相应的登记表并提供申请文件，经所在依托单位（学院或重点科研机构）审查、科技成果转移转化办公室审核后，委托外部服务机构负责申请；与外单位共同申请的，还须提交科技成果共享证明（如项目协议书、合同等），以明确共享依据。

第二十五条　对《专利法》明确规定的违反法律、社会公德或者妨害公共利益的发明创造，以及科学发现、智力活动的规则和方法、疾病的诊断和治疗方法、动物和植物品种、用原子核变换方法获得的物质、对平面印刷品的图案、色彩或者二者的结合作出的主要起标识作用的设计等，不予申请专利权。

第二十六条　学校为唯一申请人的专利申请费及代理费，由技术团队独自支付费用。学校可采取后补助的方式资助技术团队，国内专利代理费的资助额度为发明不高于5000元/件，实用新型不高于2000元/件；PCT申请国际阶段资助1万元，进入国家阶段每个国家（或地区）资助1万元，最多资助3个国家（或地区）。

学校为唯一权利人的国内专利，授权当年起3年内的年费由科技成果转移转化办公室向国家知识产权局缴纳；授权当年起3年后没有实施转化的，由科技成果转移转化办公室委托专业机构对专利价值、转化前景等进行评估。

学校经评估决定不维护的，科技成果转移转化办公室负责通知提醒，可由发明人缴纳专利年费，维持专利的有效性。

学校经评估决定继续维护的，由科技成果转移转化办公室向国家知识产权局缴纳授权当年起第 4—6 年年费；6 年后仍未实施转化的，学校不再维护，科技成果转移转化办公室负责通知提醒，可由发明人缴纳专利年费，维持专利的有效性。

学校不维护且发明人没有明确表示愿意支付专利年费的国内专利，学校可将其放弃，或经先进技术研究院（以下简称先研院）筛选后，由学校、先研院、发明人团队三方协商通过合理方式转移到先研院。先研院负责该部分专利的维护、再开发和转化。涉及专利权权属变更的，科技成果转移转化办公室配合先研院按《专利法》及其实施细则的规定办理相关手续。

学校和其他单位共同申请的知识产权，相关费用由共同申请单位承担或者发明人/设计人承担。

学校与科研人员共同享有的职务科技成果所有权，产生的费用（如专利申请和维护费用等）由学校与科研人员按各自的权属比例共同承担。

第二十七条 学校赋予科研人员职务科技成果所有权后，涉及知识产权权属变更的，科技成果转移转化办公室配合科研人员按有关法律规定办理变更手续，变更及由此增加的相关费用由科研人员承担。

第二十八条 职务专利证书、计算机软件著作权登记证书、集成电路布图设计证书和植物新品种权证书等由科技成果转移转化办公室交送至学校档案馆保存，科技成果转移转化办公室向发明人或设计人提供相应知识产权权利证书电子版作为留存。

第二十九条 因未缴纳年费导致专利权终止的，发明人认为该专利能够获得实施，需要该专利权继续有效的，应当在专利权可恢复期限内要求科技成果转移转化办公室办理专利权恢复手续，并按照有关规定缴纳相应年度的专利年费、滞纳金及恢复权利请求费等。

第三十条 任何人违反本办法，将学校知识产权擅自发表、泄露、使用、许可、转让，或者以其他方式损害学校权益的，学校将给予必要处分；给学校造成经济损失的，应依法赔偿经济损失；构成犯罪的，移交司法机关对当事人追究法律责任。

第三节　权利实施

第三十一条 科技成果转移转化办公室负责推动职责范围内相关知识产权的实施，知识产权的实施方式包括但不限于许可、转让、作价投资等，具体实施方式以及收益分配等内容参照《中国科学技术大学科技成果转化管理办法（试行）》执行；通过赋予科研人员职务科技成果所有权或长期使用权实施转化的，按照《中国科学技术大学赋予科研人员职务科技成果所有权或长期使用权试点工作方案》执行。

第五章　附　　则

第三十二条 本办法施行前未经授权的应当补办授权手续。

第三十三条 校外合作单位和机构、各类委员会以及其他机构或单位应当参照本办法执行。

第三十四条 本办法由学校法律事务办公室、科技成果转移转化办公室共同负责解释。

第三十五条 本办法自印发之日起施行。原《中国科学技术大学专利管理办法(试行)》(校科字〔2011〕64 号)同时废止。

中国科学技术大学学生创新创业和成果转化行动计划“学生创新创业基金”实施细则(试行)

(校办字〔2022〕152 号,2022 年 7 月 13 日)

第一章 总 则

第一条 为贯彻落实安徽省资助中国科学技术大学学生创新创业计划,推进学校学生创新创业和成果转化行动计划(以下简称双创行动计划),探索科技创新创业模式,引领创新创业教育发展和创新人才培育模式创新,结合学校实际,制定本细则。

第二条 本细则旨在细化、明确双创行动计划中“学生创新创业基金”的思路和计划,为相关工作制度、工作计划、工作流程制定等提供指引,确保双创行动计划取得预期成效。

第二章 资助范围与资助程序

第三条 按照“分段培养、分类支持”的原则,“学生创新创业基金”采取“公益支持、不占股权、自愿回报”的方式,主要资助学校在校学生及毕业生自主探索的原创性课题(以下简称原创课题)、省内重点工业企业提出的重要产业创新课题“揭榜挂帅”“卡脖子”问题(以下简称产业课题),部分项目可拓展到在皖高校和中国科学院毕业生。

资金使用范围包括项目资助、双创教育、平台建设。

第四条 “学生创新创业基金”资助项目应体现学科交叉和专业融合、强调专精特新、拓展本硕博学生和校友多层次梯度合作。创新创业学院通过建立以院士、教授、企业家、投资人等为主的双创导师队伍,实现全过程培育、全方位指导,着力打造涵盖技术、管理、法律、财务等领域复合交叉型双创团队,保障人才培养质量和项目培育效率。

第五条 按照项目阶段,“学生创新创业基金”项目资助分为“雏鹰计划”和“雄鹰计划”两类,分别设立“雏鹰基金”和“雄鹰基金”。创新创业学院每年根据工作计划制定年度工作预算,并根据审批情况确定年度资助总额及支持项目数,获资助项目在学校网站公示,接受全校师生及社会监督。

第六条 “雏鹰计划”以“发挥聪明才智,铸就双创灵魂”为宗旨,支持学校在校本科生和低年级研究生,组成 5～8 人跨学科双创项目团队,围绕原创课题及产业课题,提出具有较好市场前景的产品创意和技术解决方案,实现指向实际应用场景的以专利、样品、模型、样机等成果为标志的创新技术或创新应用，形成具备双创教育培养和实践锻炼经历的产品创意团队。

（一）项目来源

1. 原创课题主要源自团队成员自主创新创意、科研发现、实验室科研积累等。

2. 产业课题来源包括但不限于由创新创业学院通过与羚羊工业互联网平台等信息化平台合作，对接省内重点工业企业需求，采取企业出题、学生申报及"揭榜挂帅""赛马"等方式，实现技术需求、产业需求、技术服务等资源信息对接。

（二）项目经费

1. 原创课题的项目支持额度为 5 万～15 万元/项，执行周期为 1 年。创新创业学院按年度组织项目集中申报和遴选，并负责项目辅导、平台支持等相关工作。项目经费使用依据《中国科学技术大学学生创新创业和成果转化行动计划"学生创新创业基金"资金管理办法（试行）》执行。

2. 产业课题的项目支持额度为 10 万～20 万元/项，执行周期为 1 年。创新创业学院按照课题来源，通过与相关企业合作，采取"日常申报、集中评审"的方式，由创新创业学院提供项目经费、培育辅导、平台建设等支持，相关企业提供配套资源、专家指导、设备场地等支持。项目经费使用依据《中国科学技术大学学生创新创业和成果转化行动计划"学生创新创业基金"资金管理办法（试行）》执行。

（三）项目评优

创新创业学院每年针对上述两类课题，组织开展"年度优秀项目"等评优评奖活动，对优秀团队给予表彰。

（四）项目管理

创新创业学院面向全校在读学生公开招募、组建学生基金管理团队，由学生基金管理团队负责项目遴选、跟踪服务、结项考核等工作。学生基金管理团队与相关专家共同组成评审组，负责项目立项、预算审批、经费决算、绩效评估等工作。

第七条 "雄鹰计划"以"搭建研产桥梁，促进成果孵化"为宗旨，支持学校高年级研究生及毕业生（2 年内）围绕原创课题及产业课题，开展创新成果熟化和孵化、产业化前期研究和示范，通过校内辅导和校外实训，提出可产业化的产品创意和解决方案，完成以功能测试、产品生产、用户反馈等成果为标志的可产业化技术，形成具有业务收入或投资意向的科技创业项目和具备体系化双创教育培养、实战化双创训练经历的创业团队。部分项目可拓展到在皖高校和中国科学院毕业生，相关遴选和管理办法另行制定。

（一）项目来源

1. 原创课题主要源自团队成员自主创新创意、科研发现、实验室研究积累、"雏鹰计划"培育成果等。

2. 产业课题来源包括但不限于由创新创业学院通过与羚羊工业互联网平台等信息化平台合作，对接省内重点工业企业需求，采取企业出题、学生申报及"揭榜挂帅""赛马"等方式，实现技术需求、产业需求、技术服务等资源信息对接。

（二）项目经费

1. 原创课题项目支持额度为 30 万～50 万元/项，原则上执行周期为 1 年。创新创业学院按年度组织项目集中申报和遴选，并负责项目辅导、平台支持等相关工作。项目经费使用依据《中国科学技术大学学生创新创业和成果转化行动计划“学生创新创业基金”资金管理办法(试行)》执行。

2. 产业课题项目支持额度为30万～50万元/项，原则上执行周期为1年。创新创业学院按照课题来源，通过与相关企业合作，采取“日常申报、集中评审”的方式，由创新创业学院提供项目经费、培育辅导、平台建设等支持，相关企业提供配套资源、专家指导、设备场地等支持。项目经费使用依据《中国科学技术大学学生创新创业和成果转化行动计划“学生创新创业基金”资金管理办法(试行)》执行。

(三) 项目评优

创新创业学院每年针对上述两类课题，组织开展“年度优秀项目”等评优评奖活动，对优秀团队给予表彰。

(四) 项目管理

创新创业学院面向全校在读学生公开招募、组建学生基金管理团队，由学生基金管理团队负责项目申报、资格审查、跟踪服务、阶段考核等工作。创新创业学院组建涵盖校友和企业家的“学生创新创业基金”专家委员会，负责项目立项、预算审批、经费决算、绩效评估等工作。

获得立项支持的项目将优先推荐至校外基地孵化，创新创业学院将统筹省内外双创教育、产业资源，为项目提供培训辅导、发展支持。鼓励团队在创业成功(年营业额超过5000万元或公司公开上市)后，通过向学校捐赠基金的方式回馈，保持基金的可持续发展。

第八条 双创教育以创新人才培养为目标，包括项目培育辅导、管理团队建设、学科学位建设、双创联盟建设等。创新创业学院每年根据工作开展情况及实际需要制定年度工作计划及经费预算，按预算审批确定项目经费。项目经费使用依据《中国科学技术大学学生创新创业和成果转化行动计划“学生创新创业基金”资金管理办法(试行)》执行。

第九条 项目培育辅导：

创新创业学院整合校内外双创教育资源，通过为“雏鹰计划”及“雄鹰计划”入选项目团队成员、指导教师等提供集中培训、个性指导、技术支持、专家指导等日常化、专业化辅导，铸就创新灵魂，实现创业梦想，赋能经济发展。

(一) “雏鹰计划”

主要开展以报告会、沙龙形式为主的技术类、通识类的专题集中培训，以及就项目执行过程中遇到的普遍性问题予以指导。

(二) “雄鹰计划”

主要开展以项目辅导会、资本对接会、产业对接沙龙等形式为主的产业类、商业类专题培训，以及根据项目所处不同领域及阶段，由相关领域专家对项目进行“一对一”或“一对多”的个性化指导。

围绕上述项目的辅导和培育，进一步通过组织双创赛事、成果展示、项目资本对接等活动，展示培育效果、检验培养成效、提升项目质量，落实双创行动计划中“安徽＋”探索思路，实现长三角、全国、全球创新资源的无缝对接。

第十条 管理团队建设：

创新创业学院面向全校在读学生公开招募、组建学生基金管理团队，参照基金管理公司组建及运作模式，在创新创业学院虚拟注册为基金管理公司。学生基金管理团队受创新创业学院委托，具体负责项目遴选、管理、结项等工作。

创新创业学院邀请相关领域专家对学生基金管理团队及成员开展系统化、专业化业务培训、咨询指导，并在尽职调查、立项评审、中期考核、跟踪服务、结项答辩、赛事交流、项目对接等过程中提供实践指导，着力培养具有实战经验的科技创业投资人才。

第十一条 学科学位建设：

1. 创新创业学院通过组织校内外双创导师及相关领域专家开展"科技创业""创新管理"等方向的双创教育课题研究和规律探索，分析双创教育规律、总结课程建设经验、创新学科建设思路；

2. 组织开展创新创业教育沙龙、教学研讨会、师资培训会等，围绕课程体系建设、师资队伍建设、实践平台建设、资源保障体系等专题，开展交流、培训与研讨，提升双创教育师资队伍整体水平；

3. 通过与校内各院系联合设立"科创试点班"等方式，为双创人才培养模式及双创学科学位建设的探索积累实践经验，提升双创教育水平和人才培养质量。

第十二条 双创联盟建设：

学校联合在皖高校、科研院所、科技企业、投资机构、地方政府等组建"安徽省创新创业教育联盟"，以"整合双创教育资源、服务创新创业团队、促进成果转移转化"为目标，通过课程体系开发、师资队伍培训、资源条件共享、教育模式推广、教育成果交流等，采取公益性与市场化相结合的方式，为创新创业团队搭建综合服务平台、成长平台、实践平台，为创新人才培养、项目团队成长、项目落地孵化提供体系化服务。落实双创行动计划中"科大＋"探索思路，实现院校、企业、地市人才团队的深度合作。

第十三条 平台建设以实现高质量双创人才培养和产业对接为目标，主要包括信息对接平台建设和校内外基地建设等。创新创业学院每年根据工作开展情况及实际需要制定年度工作计划及经费预算，按预算审批确定项目经费。项目经费使用依据《中国科学技术大学学生创新创业和成果转化行动计划"学生创新创业基金"资金管理办法(试行)》执行。

第十四条 建立产业需求与创新创业信息对接平台。

创新创业学院通过与羚羊工业互联网平台合作等方式建立并运维面向师生、校友的创新产业信息对接平台，对接省内重点工业企业需求、展示创新创业成果，提供企业与创新创业团队技术需求对接、产业需求对接、技术服务对接等服务。

通过企业"出题"、团队申报及"揭榜挂帅""赛马"等方式，实现研发需求互通、产业技术合作、项目资源对接、省内基金接力，促进创新创业与产业发展深度融合。

通过建设双创云课堂、线上工作坊、科创云展馆、双创项目管理系统、双创赛事系统等，实现人才培养和项目培育数字化、网络化、平台化。

第十五条 创新创业学院建设"创新工场""实训基地""设备图书馆""科创空间"等校内外创新创业实践基地，满足创新创业团队基础加工、设备共享、培训指导、研发办公、展示交流等需求。通过整合校内外创新创业教育资源，集成产业前沿技术与教学、科研、实践等多项创新元素，为创新创业人才培养和项目培育提供创新全链条教育、实践、孵化体系和平台支持。

第三章 管理机构与工作职责

第十六条 学校成立学生创新创业和成果转化行动计划“学生创新创业基金”领导小组，组长由校党委书记、校长共同担任。领导小组负责全面领导、统筹实施“学生创新创业基金”。

第十七条 学校成立学生创新创业和成果转化行动计划“学生创新创业基金”工作小组，组长由分管校领导担任，成员单位包括人力资源部、教务处、对外联络与基金事务处、财务处、资产与后勤保障处、团委、创新创业学院、资产经营有限责任公司、管理学院。工作小组负责制定实施细则、资金管理办法及相关管理制度，为创新创业人才培养、项目培育的模式创新、机制创新、制度创新提供政策、机制和条件保障。工作小组下设办公室，挂靠创新创业学院，安排全职工作人员统筹负责日常管理工作。

第十八条 创新创业学院负责“学生创新创业基金”的项目资助、双创教育、平台建设等工作的执行，制定相关管理制度。

第十九条 创新创业学院负责联络省市发改、教育、科技、经信、财政、国资等部门及相关专家、企业家等组建“学生创新创业基金”咨询委员会，提供咨询指导和项目推介，实现资助项目与政府性股权投资等省内基金无缝对接。

第二十条 学生基金管理团队受创新创业学院委托，负责“雏鹰计划”“雄鹰计划”的项目申报、资格审查、跟踪服务、阶段考核等工作。

第二十一条 “学生创新创业基金”专家委员会负责“雄鹰计划”的项目立项、预算审批、经费决算、绩效评估等工作。学生基金管理团队配合专家委员会组织召开立项评审会、项目辅导会、结项评审会等。

第四章 制度建设与条件保障

第二十二条 为推进双创行动计划、保障“学生创新创业基金”顺利执行，创新创业学院制定《“雏鹰基金”管理办法》《“雄鹰基金”管理办法》等细则，完善“学生创新创业基金”相关管理制度与工作制度，鼓励并激发师生、校友创新创业热情。

第二十三条 学校增设创新创业学院固定工作人员岗位，并视实际工作需要适时增加临时聘用工作人员，学校为学生基金管理团队、专家委员会及相关工作人员提供工作待遇和办公条件。

第二十四条 学校在本部及校园周边设立创新创业课堂和实训基地，开展项目培育、咨询辅导和展示交流等工作，为科技创新创业团队提供起步条件、专业辅导和孵化服务。

第二十五条 学校党政办公室、科研部、科技成果转移转化办公室、财务处等职能部门提供日常行政、法务、科研及成果转化、财务等政策支持。围绕“学生创新创业基金”执行过程中的财务报销、招标采购、资产管理等关键环节，简化审批程序、提供“绿色通道”等便捷服务，提高资金使用效率。

第五章　附　　则

第二十六条　本细则未尽事宜，由学校学生创新创业和成果转化行动计划“学生创新创业基金”工作小组研究讨论决定，报领导小组备案。

第二十七条　本细则由创新创业学院负责解释。

第二十八条　本细则自印发之日起施行。

中国科学技术大学学生创新创业和成果转化行动计划“学生创新创业基金”资金管理办法(试行)

(校办字〔2022〕153 号，2022 年 7 月 13 日)

第一章　总　　则

第一条　为贯彻落实安徽省资助中国科学技术大学学生创新创业计划，推进学校学生创新创业和成果转化行动计划(以下简称双创行动计划)、探索科技创新创业模式，引领创新创业教育发展和创新人才培育模式创新，规范学校“学生创新创业基金”资金(以下简称双创专项资金)管理，提高资金使用效率，结合学校实际，制定本办法。

第二条　双创专项资金主要来源于安徽省资助中国科学技术大学学生创新创业计划的专项经费。

双创专项资金的使用采取公益资助方式，实行分段培养、分类支持，积极探索人才培养、项目培育新模式。

第三条　双创专项资金管理坚持“统一管理、专款专用、诚信引导、规范运作、注重绩效”原则。

第二章　管理权限与职责

第四条　创新创业学院负责双创专项资金的管理和使用、固定资产的保管和调配。由基金管理办公室安排全职工作人员负责日常资金和固定资产管理工作，确保固定资产的安全与完整。

第五条　财务处负责财务管理、会计核算与监督等相关工作。

第六条　资产与后勤保障处负责固定资产采购及监督管理工作。

第七条　获资助项目负责人是项目实施的直接责任人。负责编制项目经费预算，规范审批、合理使用经费，对经费使用的合法性、真实性、有效性承担直接责任。项目负责人为非在校学生的，由创新创业学院负责项目经费的财务审批。

第三章 使用范围

第八条 双创专项资金使用范围包括项目资助、双创教育和平台建设等。

第九条 项目资助面向全校在读学生及毕业生(2年内),主要资助自主探索的原创性课题、省内重点工业企业提出的重要产业创新课题“揭榜挂帅”“卡脖子”问题。部分项目可拓展到在皖高校和中国科学院毕业生,相关遴选和管理办法另行制定。

第十条 双创教育面向获得项目资助的创新创业团队,开展日常化、专业化项目培育辅导;培养具有实战经验的科技创业投资人才;探索双创教育专业和学科学位建设,提升双创教育水平和双创人才培养质量;组建全省双创教育联盟,为创新人才培养、项目团队成长、项目落地孵化提供体系化服务。

第十一条 平台建设主要包括信息对接平台建设和校内外基地建设等,建立产业需求与创新创业信息对接平台,促进创新创业与产业发展深度融合,提高项目管理和服务的信息化、专业化水平;建设“创新工场”“实训基地”“设备图书馆”“科创空间”等校内外创新创业实践基地,满足创新创业团队基础加工、设备共享、培训指导、研发办公、展示交流等需求,提供创新全链条体系和平台支持。

第四章 预算管理

第十二条 双创专项资金按照使用范围实施项目分类预算管理。预算项目包括业务费、劳务费、设备费等。双创专项资金项目不设间接经费。

第十三条 项目分类预算管理的审批流程按《中国科学技术大学学生创新创业和成果转化行动计划“学生创新创业基金”实施细则(试行)》和相关制度执行。

第十四条 业务费是指在项目实施过程中消耗的各种材料、辅助材料等低值易耗品的采购、运输、装卸、整理等费用,发生的测试化验加工费,燃料动力费,差旅费,会议费,出版/文献/信息传播/知识产权事务费,国际合作与交流费和其他支出等。

第十五条 劳务费是指在项目开展过程中,支付给参与项目研究的非校内固定工资收入人员的劳务性费用(含优秀项目奖金、奖励)、专家咨询费、课酬等。原则上,劳务费不超过项目预算总额的50%。

第十六条 设备费是指在项目开展过程中购置或试制专用仪器设备,对现有仪器设备进行升级改造,租赁外单位仪器设备,以及购建项目研发和开展所必需的设施等发生的费用。

第十七条 项目实施过程中,按照批准的项目经费预算,由项目负责人自主调剂设备费、业务费。劳务费预算在不超过项目预算总额的50%范围内,由项目负责人自主调剂。

第五章 支出管理

第十八条 双创专项资金的所有支出严格按照国家、学校有关财务管理制度执行。各项支出业务由项目团队成员、相关工作人员按学校财务规定的业务流程办理。

第十九条 劳务费中劳务性费用、专家咨询费、课酬等标准按照国家有关规定执行，其中劳务性费用开支标准参照合肥市科学研究和技术服务业从业人员平均工资水平，根据其在项目研究中承担的工作任务确定。

学生作为项目负责人、项目组成员，可根据工作投入情况每月领取劳务性费用，原则上不超过学校规定的研究生助研费的标准。

第二十条 双创专项资金项目经费实行“负面清单”管理，不得列支“负面清单”中的事项。

第六章 资 产 管 理

第二十一条 项目资助中产生的固定资产，由创新创业学院承担资产管理主体责任，建立资产台账，并明确资产领用人，落实资产管理责任。

第二十二条 获资助项目及双创教育、平台建设等以购置或研制方式取得的固定资产，其采购与处置应按照学校有关规定办理，统一纳入学校资产管理。

第二十三条 创新创业学院因内设机构变动或领用人调动、退休、辞职等原因，应及时办理债权、债务的清理和固定资产内部调拨、变更、退库等手续，不得擅自调换转让。

第二十四条 因项目开展需要，固定资产履行相关审批手续后可存放异地使用。创新创业学院对异地资产使用进行管理，应明确责任人，确保固定资产的安全与完整。

第七章 结项与绩效管理

第二十五条 创新创业学院建立双创专项资金项目管理信息系统，对项目的立项、评审、审批、预算、支出、结题、绩效评价等进行全过程管理和监督。

第二十六条 资助项目结项时，实行一次性综合绩效评价。项目团队提交项目经费使用报告及项目执行报告，并对相关报告的真实性、完整性、准确性负责。

第二十七条 双创教育和平台建设等工作结项时，由创新创业学院按年度向学校学生创新创业和成果转化行动计划“学生创新创业基金”领导小组提交上年度资金使用、绩效目标完成情况报告。

第二十八条 项目结项时，创新创业学院应通过适当方式对项目的主要研究人员、实施情况、资金的使用、决算、结题/绩效评价结果等信息进行公示，接受监督，公示期不少于5天。

第二十九条 项目结项后的结余资金，按原渠道收回。

第八章 附 则

第三十条 本办法未尽事宜，由学校学生创新创业和成果转化行动计划“学生创新创业基金”工作小组研究讨论决定，报领导小组备案。

第三十一条 本办法由创新创业学院、财务处、资产与后勤保障处在各自职责范围内负责解释。

第三十二条 本办法自印发之日起施行。

中国科学技术大学双创专项资金项目经费使用负面清单(试行)

一、普遍性禁止原则

(一)违反国家法律法规的行为。

(二)违反中央"八项规定"精神的行为。

(三)违背科学共同体公认道德的行为。

二、具体性禁止原则

(一)不得违反"过紧日子""厉行节约"的要求购置与项目无关的设备、材料等。

(二)不得拆分一个预算项目下同一品目或类别的设备、服务等采购合同,规避公开招标。

(三)不得利用关联业务以非公允合同条款等手段进行利益输送。

(四)不得通过虚构测试化验加工业务内容、工作量、单价等方式套取项目经费;不得委托不具备相关资质和条件的单位开展测试化验加工等业务。

(五)不得采用虚构事项、天数、人数等方式套取差旅费;不得重复报销已由其他单位承担的差旅费或重复领取相关补助;不得擅自提高乘坐交通工具等级。

(六)不得借会议名义或虚构会议的方式设立"小金库"、变相报销接待费;不得通过虚列参会人员、天数等方式提高会议费标准;不得列支旅游景点门票、纪念品等费用。

(七)不得虚报团组级别、人数、天数等套取出国(境)经费;不得未经审批购买外航机票、提高乘坐交通工具等级、延长在国(境)外期限、变更路线或地点;不得从事与出访任务无关的其他活动。

(八)不得利用虚假票据套取项目经费。不得通过虚构劳务合同、人员名单等方式套取劳务费和专家咨询费;不得支付专家咨询费给参与本项目研究及管理的相关工作人员;不得超标准支付专家咨询费。

(九)不得列支公务接待费、应由个人负担的费用;项目负责人不得自报自批、不得授权其他人审批支出事项。

(十)项目经费不得外拨,不得用于偿还贷款、支付罚款、捐赠、赞助、对外投资等支出,不得用于按照国家规定不得开支的其他支出。

中国科学技术大学国际合作与交流基金(USTC Fellowship)章程

（校办字〔2022〕130号，2022年6月30日）

第一章 总 则

第一条 为提升学校国际合作与交流水平，助力学校“双一流”建设，推动构建人类命运共同体，学校设立中国科学技术大学国际合作与交流基金，英文名称为USTC Fellowship（以下统称USTC Fellowship）。

第二条 USTC Fellowship工作目标是理顺学校国际交流资助渠道，统筹资源、统一品牌。

第三条 USTC Fellowship资金来源于中国科学院、科技部、教育部、国家留学基金管理委员会(CSC)、一带一路国际科学组织联盟(ANSO)、安徽省、合肥市、苏州高等研究院、中国科学技术大学教育基金会、学校预算等，并接受境内外社团、企业、商社、个人等社会各界的捐赠。

第四条 为保障USTC Fellowship各项工作顺利开展，明确工作制度，规范办事流程，确保学校国际合作资源得到充分利用，促进国际合作与交流的各项资金得到妥善落实，结合学校实际，制定本章程。

第二章 资助范围、内容及管理

第五条 USTC Fellowship对以下项目实行资助：

（一）本科生国际交流项目；

（二）国际学生项目；

（三）大师论坛项目；

（四）国际访问教授项目；

（五）国际青年学者项目；

（六）教师公派出国研修类项目；

（七）国际课程项目；

（八）国际会议项目；

（九）其他经学校国际合作与交流委员会审议批准的项目。

第六条 对本科生国际交流项目的资助按照《中国科学技术大学国际合作与交流基金本科生国际交流项目管理办法》执行。

第七条 对国际学生项目的资助按照《中国科学技术大学国际合作与交流基金国际学生项目管理办法》执行。

第八条 对大师论坛项目、国际访问教授项目、国际青年学者项目的资助按照《中国科学技术大学国际合作与交流基金国际师资项目管理办法》执行。

第九条 对教师公派出国研修类项目的资助按照《中国科学技术大学国际合作与交流基金教师公派出国研修类项目管理办法》执行。

第十条 对国际课程项目的资助按照《中国科学技术大学国际合作与交流基金国际课程项目管理办法》执行。

第十一条 对国际会议项目的资助按照《中国科学技术大学国际合作与交流基金国际会议项目管理办法》执行。

第十二条 USTC Fellowship 同时用于对其宣传、品牌建设等相关活动的资助。

第三章 组织架构

第十三条 USTC Fellowship 最高决策机构是学校国际合作与交流委员会。其主要职责是:

（一）制定、修改章程;

（二）审定内部管理办法和有关规章制度;

（三）指导、督促和检查项目的实施,并对项目的过程管理实施有效监督和绩效考评;

（四）监督、指导年度收支预算及决算;

（五）决定其他重大事项。

第十四条 USTC Fellowship 主管部门是 USTC Fellowship 办公室,在学校国际合作与交流委员会指导下开展工作,与国际合作与交流委员会办公室合署办公,挂靠国际合作与交流部。办公室人员包括国际合作与交流部、党委组织部、本科生院、研究生院、人力资源部、财务处、对外联络与基金事务处以及纪委办公室分管外事的工作人员,统筹负责相关工作。

USTC Fellowship 办公室对项目的规划设计、立项审批、组织评审、运行管理和经费总体使用的合理性和有效性负责。其主要职责是:

（一）编制、审定组织实施方案及申报要求;

（二）审定各项目的年度收支预算及决算;

（三）组织开展年度项目立项工作,审批年度项目立项建议,批复立项;

（四）组织项目申报;

（五）承担项目材料初审及立项评审论证工作;

（六）组织项目评审工作;

（七）组织项目结题评审并承担经费发放工作;

（八）搭建、完善和维护信息化项目管理平台;

（九）协助开展专项相关管理政策与发展战略的研究。

第四章 监督问责

第十五条 USTC Fellowship 经费的使用与管理须严格按照国家财务制度、外事经费管理和学校有关规定执行，自觉接受上级财务主管部门、审计部门和外事（国际合作）部门的检查和监督。

第十六条 获 USTC Fellowship 资助资格者如出现任何违法犯罪、违纪违规、学术不端等不良行为，经 USTC Fellowship 办公室审定后将终止对其资助，情节严重者则要求部分或全额返还已发放的资助经费。

第五章 宣传及奖励实施办法

第十七条 USTC Fellowship 办公室定期举行 USTC Fellowship 优秀项目评选，并利用学校各类宣传平台对优秀项目进行重点报道，形成品牌。

第十八条 USTC Fellowship 办公室定期将受 USTC Fellowship 资助的优秀中外师生心得汇编成册，并进行宣传。对在交流活动中表现优异的师生予以表彰。

第十九条 USTC Fellowship 办公室定期对在 USTC Fellowship 工作中表现优异的单位及个人予以表彰，形成激励机制，促进 USTC Fellowship 办公室运作更加高效。

第六章 附 则

第二十条 本章程未尽事宜，由学校国际合作与交流委员会讨论决定。

第二十一条 本章程由中国科学技术大学国际合作与交流基金（USTC Fellowship）办公室负责解释。

第二十二条 本章程自印发之日起施行。

中国科学技术大学国际合作与交流基金
本科生国际交流项目管理办法

（校办字〔2022〕130 号，2022 年 6 月 30 日）

第一章 总 则

第一条 为助力学校“双一流”建设，落实《中国科学技术大学“一流本科教育质量提升计划”行动纲领》，提升我校人才培养国际合作与交流水平，学校在整合各类本科生国际交流资源和渠道的基础上，根据《中国科学技术大学国际合作与交流基金（USTC Fellowship）章程》，设立中国科学技术大学国际合作与交流基金本科生国际交流项目（以下简称 USTC Fellowship 本科生国际交流项目，英文名称为 USTC Fellowship for Undergraduate Students），结合学校实际，制定本办法。

第二条 USTC Fellowship 本科生国际交流项目支持我校本科生公派参加各类国际交流项目，除参加个别顶尖高校项目采用实报制方式资助外，其他国际交流项目均采用包干制方式资助，相关审批工作由国际合作与交流部、本科生院和学院共同完成。

第二章　资助原则、等级和标准

第三条　USTC Fellowship 本科生国际交流项目优先资助本科生赴世界一流大学、科研机构或国际组织参加交流，重点支持本科生通过中国科大飞跃重洋（GVP）项目参加研究实习、课程学习、短期访问等类型的国际交流，支持本科生个人联系并通过院系审核认可的国际交流，由学院按照本办法第三章相关流程向中国科学技术大学国际合作与交流基金（USTC Fellowship）办公室（以下简称 USTC Fellowship 办公室）申请资助。

第四条　本科生参加线下国际交流或线上国际交流，采取包干制提供一次性现金补贴。

（一）线下国际交流资助

线下国际交流资助包含差旅补贴和当地生活补贴，其中：

1. 差旅补贴是指根据从学校到交流单位所在地的距离提供的一次性现金补贴（覆盖国际差旅和国内交通）。

2. 当地生活补贴是指参照《财政部 教育部关于调整国家公派留学人员奖学金和艰苦地区补贴标准的通知》（以下简称 CSC 通知）留学奖学金标准和内容，折算成人民币金额的 USTC Fellowship 本科生国际交流当地生活补贴标准（以下简称 USTC Fellowship 本科生生活补贴标准），按照 A、B、C、D 四个等级给予相应比例的一次性现金补贴。

等级	当地生活补贴资助比例
A 等	100%
B 等	80%
C 等	50%
D 等	无

（二）线上国际交流资助

线上国际交流资助是指参照《中国科学技术大学出国（境）经费管理暂行办法》，根据缴纳注册费情况给予一次性现金补贴，分 A、B、C、D 四个等级。在实际执行过程中，各等级标准最高资助金额不得超出各线上国际交流项目实际费用金额。

（三）USTC Fellowship 本科生线下国际交流资助和线上国际交流资助标准通过国际合作与交流部网站公布，根据实际情况适时调整，并提前向学生公布。

第五条　各类型国际交流项目最长资助期限如下：

项目类型		最长资助期限
课程学习类	寒假课程	一个月
	暑期课程	两个月
	学期交换	四个月

续表

项目类型		最长资助期限
研究实习类	研究实习	三个月
	毕业设计	四个月
短期访问类		一个月

第六条 采用实报制方式资助的项目名单通过国际合作与交流部网站公布，根据本科生国际交流项目拓展情况进行更新。

第三章 资助申请、评审及发放

第七条 资助申请条件如下：

（一）拥护中国共产党的领导和中国特色社会主义制度，热爱祖国，具有服务国家、服务社会、服务人民的责任感和端正的世界观、人生观、价值观；

（二）交流期间须为我校全日制正式注册本科生，交流资助期限未超出在我校正式注册的学制期限；

（三）具有良好专业基础和发展潜力，遵守校规校纪，无任何违纪处分记录；

（四）身心健康，具备良好的沟通能力；

（五）同等条件下，优先资助未曾获得过学校或交流单位提供资助的本科生。

第八条 资助评审流程：

（一）申请人通过中国科大全球化学习平台（以下简称 VISTA 平台），经“GVP 项目”或“自主申报”渠道申请资助，其中：

1. GVP 项目

(1) 各项目协调单位在 VISTA 平台发布 GVP 项目信息，明确项目类型和费用情况。

(2) 申请人通过 VISTA 平台提交 GVP 项目申请。各学院根据本学院统一化标准，拟定事前建议资助等级。

(3) 申请人按照相关职能部门和学院要求，在 VISTA 平台中依次完成项目申请和录取、出国审批（含线上交流）、到达报备、国外管理、回国报到等环节，提交交流总结。

2. 自主申报

(1) 申请人通过 VISTA 平台提交申请。如对方学校要求缴纳注册费，须注明注册费预算情况。各学院根据本学院统一化标准，拟定事前建议资助等级。

(2) 申请人按照相关职能部门和学院要求，在 VISTA 平台中依次完成出国审批（含线上交流）、到达报备、国外管理、回国报到等环节，提交交流总结。

（二）各学院于每年春季学期和秋季学期组织集中评审，参考事前建议等级，综合本科生参加国际交流表现和总结报告，拟定事后资助等级建议名单。其中：

1. 事后建议等级可参照事前建议等级上下浮动。

2. 如线上国际交流项目各等级最高资助金额超出项目实际费用金额，须同时备注实际支付人民币金额。

（三）各学院完成评审工作后，汇总资助等级及排序建议方案，提交 USTC Fellowship 办公室。对于事后建议等级较事前建议等级有变化的学生，相关单位须同时提供支撑材料。由 USTC Fellowship 办公室统一组织评审，确定资助名单和资助等级最终方案，加盖 USTC Fellowship 办公室公章。

（四）各学院负责公示本学院 USTC Fellowship 本科生国际交流资助名单及资助等级最终方案，公示期为 5 个工作日。公示结束后，由学院向 USTC Fellowship 办公室反馈公示结果。

（五）USTC Fellowship 办公室在 VISTA 平台公布最终评定等级，并计算本批次学生获得国际交流资助具体金额：

1. 线下国际交流资助金额＝各等级对应的资助比例×USTC Fellowship 本科生生活补贴标准×交流天数÷30＋各地区对应差旅补贴；

2. 线上国际交流资助金额根据申请人所获评的线上交流资助等级计算。如获批资助等级标准高于实际项目费用，按不高于实际支付金额标准发放。

第九条 USTC Fellowship 本科生国际交流资助发放流程：

（一）各学院汇总本学院获得本批次 USTC Fellowship 资助本科生的相关材料，包括：

1. 本批次本学院获评本科生及资助金额汇总名单；

2. 本批次本学院获评本科生的《中国科学技术大学费用报销单》和《中国科学技术大学出国（境）报销清单》，一人一单，线下交流须附境外旅行段往返登机牌原件；线上交流须附发票、缴费通知、支付记录。

（二）学院将汇总材料交至 USTC Fellowship 办公室，加盖 USTC Fellowship 公章，提交财务处。

第四章 其　　他

第十条 受 USTC Fellowship 资助参加国际交流且表现优异、成果突出的优秀本科生可再次申请资助。申请流程同首次，由 USTC Fellowship 办公室审定。

第十一条 USTC Fellowship 本科生国际交流项目受资助者发表相关论文、研究项目或科研成果时，应注明"本论文/研究/成果受中国科学技术大学国际合作与交流基金（USTC Fellowship）资助，项目编号：U1958××××（Supported by USTC Fellowship. Grant No. U1958××××）"（"××××"指资助年份）。

第十二条 本科生参加国际交流须严格遵守《中国科学技术大学学生出国（境）管理实施细则》，未按规定的不得申请资助。

第十三条 未提交交流总结报告的本科生，视作自动放弃 USTC Fellowship 本科生国际交流项目资助资格。

第十四条 未列入 CSC 通知或《中国科学技术大学出国（境）经费管理暂行办法》相关经费内容，不在本办法资助范围内。

第十五条 如本科生在参加国际交流（线上和线下）期间发生违法违纪、发表不良言论等行为给学校造成不良影响的，USTC Fellowship 办公室将取消其资助资格，并要求返还已获资助部分。学生工作部(处)将根据学校有关规定给予处分。

第十六条 为加强对各学院集中评审组织工作的监督管理,USTC Fellowship 办公室将不定期抽查各学院 USTC Fellowship 本科生国际交流项目评审材料。

第五章 附 则

第十七条 本科生参加港澳台地区交流,参照本办法执行。

第十八条 项目在实施过程中,本办法未尽事宜由中国科学技术大学国际合作与交流基金(USTC Fellowship)办公室负责解释。

第十九条 本办法自印发之日起施行。原《中国科学技术大学本科生境外交流项目管理办法》(教字〔2017〕33 号)同时废止。本办法施行前已申请的本科生国际交流项目按照原办法执行。

中国科学技术大学国际合作与交流基金
国际学生项目管理办法

(校办字〔2022〕130 号,2022 年 6 月 30 日)

第一章 总 则

第一条 为助力学校"双一流"建设,吸引全球优秀学生、学者来校学习和交流,提升我校高等教育国际影响力,学校在整合各类国际学生项目的基础上,根据《中国科学技术大学国际合作与交流基金(USTC Fellowship)章程》,设立中国科学技术大学国际合作与交流基金国际学生项目(以下简称 USTC Fellowship 国际学生项目,英文名称为 USTC Fellowship for International Students),结合学校实际,制定本办法。

第二条 USTC Fellowship 国际学生项目支持优秀国际学生、学者来我校攻读学位项目或进行短期学习交流,相关审批工作由国际合作与交流部、国际学院协调落实。

第二章 资 助 内 容

第三条 USTC Fellowship 国际学生项目对来校学习交流 1 个月及以上的国际学生择优予以不同等级资助,资助标准参照中国科学院、教育部等有关奖学金管理办法,通过国际合作与交流部网站公布。

USTC Fellowship 国际学生项目		A 等	B 等	C 等
国际学位生	本科生	参照教育部 奖学金资助标准	免学费 免校内住宿费 综合医疗保险	免学费
	硕士生	参照教育部 奖学金资助标准	免学费 免校内住宿费 综合医疗保险	免学费
	博士生	参照中国科学院 奖学金资助标准	参照教育部 奖学金资助标准	免学费
1 个月及以上的 国际交流生	本科层次	参照教育部 奖学金本科生 资助标准	免学费 综合医疗保险 可申请校内住宿	免学费
	硕士 层次	参照教育部 奖学金硕士生 资助标准	免学费 综合医疗保险 可申请校内住宿	免学费
	博士 层次	参照教育部 奖学金博士生 资助标准	免学费 综合医疗保险 可申请校内住宿	免学费

第四条 对获得 USTC Fellowship 国际学生项目资助的国际学位研究生，按照硕士 1000 元/（人・月）、博士 1500 元/（人・月）的标准为导师配备业务费。对获得 USTC Fellowship 国际学生项目资助的参与 1 个月及以上研究实习类项目的国际交流生，按 500 元/（人・月）的标准为导师配备业务费。

第五条 USTC Fellowship 国际学生项目资助期限最多与录取时确定的学习期限一致，其中获条件录取（conditional offer）的国际学生首期资助期限为 1 年。凡获得 USTC Fellowship 国际学生资助的国际学位生和来校交流 1 年以上的国际交流生，均须参加年度评审，根据评审情况确定其是否可以继续获得 USTC Fellowship 国际学生项目资助。

第六条 未来科学家夏令营项目或其他经中国科学技术大学国际合作与交流基金（USTC Fellowship）办公室（以下简称 USTC Fellowship 办公室）批准的国际学生来校交流项目（1 个月以下），按国际学生参与人数，参考学校国际会议综合定额标准，予以打包资助。

第三章 申请与评审

第七条 申请 USTC Fellowship 国际学生项目的国际学位生须符合下列条件：

（一）非中国籍；

（二）通过学校相应的考试或考核。

第八条 USTC Fellowship 国际学位生的资助申请应与入学申请一并提交，申报截止日期即为当年入学申请截止日期，申请人须按时登录相关申请系统完成填报。

第九条 USTC Fellowship 国际学位生的资助申请每年评审 1 次，由 USTC Fellowship 办公室负责组织评审并发布结果。

第十条 申请 USTC Fellowship 国际学生项目来校 1 个月及以上的国际交流生须符合下列条件：

（一）非中国籍。

（二）来自所在国顶尖大学。

（三）USTC Fellowship 国际交流生 A 等奖学金资助，交流时间须为 3 个月或以上；B 等或 C 等奖学金资助，交流时间最短须为 1 个月。

（四）本科高年级来我校实验室进行研究实习的学生以及研究生层次的交流生，须持我校邀请函。

第十一条 USTC Fellowship 国际交流生 A 等奖学金资助申请每年评审 2 次，由 USTC Fellowship 办公室负责组织评审并发布结果。

为促进国际学生来我校进行 1 个月及以上交流与学习，USTC Fellowship 国际交流生 B 等和 C 等奖学金资助申请全年开放，按照"随报随评"的原则，由 USTC Fellowship 办公室负责组织评审并发布结果。

第十二条 未来科学家夏令营项目或其他经 USTC Fellowship 办公室批准的国际学生来校交流项目(1 个月以下)，须在活动举办前一年 9 月底向 USTC Fellowship 办公室提交活动申请和详细活动方案，经 USTC Fellowship 办公室推荐专家评审通过并公示后，按获批方案执行。由项目主办单位组织学科专家评审申请人材料，确定入选国际学生和奖学金资格。

第四章 学 生 管 理

第十三条 获得 USTC Fellowship 国际学生项目资助的国际学位生须按时到校报到。不能按时报到者，应事先征得我校同意，根据实际情况和相关政策确定是否予以保留资助资格。逾期未报到且未与我校联系者视为自动放弃。

第十四条 获得 USTC Fellowship 国际学生项目资助的国际交流生须按时到校报到。不能按时报到者，应及时通知我校并告知预计来校时间，原则上资助资格可予以保留 1 年。1 个月以下的交流项目若因故取消，相应资助取消。

第十五条 未来科学家夏令营项目或其他经 USTC Fellowship 办公室批准的国际学生来校交流项目(1 个月以下)，由主办单位负责协调国际学生管理。

其他国际学位生和国际交流生的学籍和日常管理由国际合作与交流部、国际学院负责协调；具体培养方案(包括专业课程的学习以及研究工作)由所属学院、重点科研机构、科教融合单位和导师根据各专业原有培养方案和国际学生的实际情况制定，并负责实施和管理。

第十六条 获得 USTC Fellowship 国际学生项目资助的学生，在资助期间不得从事其他工作。

第五章 经 费 管 理

第十七条 USTC Fellowship 国际学生项目经费除用于资助国际学生在我校学习之外,项目招生、教学培养和学生管理等费用可根据实际情况从经费中支出,包括但不限于:

(一) 项目招生:招生宣传,材料审核、考试面试及评审工作,录取材料制作及邮寄,招生绩效发放等;

(二) 教学培养:汉语及中国文化课程建设和师资建设,国际课程建设,研究生导师业务费,科教融合单位培养管理费、学校统筹培养费等;

(三) 学生管理:宿舍管理及后勤保障,学生活动,信息化建设,日常办公及管理劳务费等。

第十八条 未来科学家夏令营项目或其他经 USTC Fellowship 办公室批准的国际学生来校交流项目(1 个月以下),资助经费开支用于国际学生活动期间当地食宿交通、保险及奖学金资助,国际学生招生与管理,项目授课教师的课程津贴等。

项目授课教师的课程津贴参照《中国科学技术大学国际合作与交流基金国际课程项目管理办法》发放,已经获评国际课程项目的课程不重复计算课程津贴。

第十九条 苏州国际学生项目或其他收费类国际学生项目发展初期,经 USTC Fellowship 办公室批准,对项目办学成本予以打包资助。相关培养单位须在每年 9 月底前根据实际入学人数测算学年办学成本,向 USTC Fellowship 办公室提交学年办学经费预算,由 USTC Fellowship 办公室初步审核后提交学校审批。

第二十条 苏州国际学生项目或其他收费类国际学生项目的学费由学校统一收取。项目发展初期,暂不实行学费比例分成,全部纳入相关培养单位的学年办学经费预算。

项目运行成熟、达到收支平衡后,学费分配比例如下:

校内办学的收费类国际学生项目,学校、国际学院和专业学院原则上按 10%∶30%∶60%的比例进行学费分配。

异地办学的收费类国际学生项目(如苏州国际学生项目),学校、异地办学机构(如苏州高等研究院)、国际学院和专业学院原则上按 10%∶10%∶20%∶60%的比例进行学费分配。专业学院可根据需要,另行在异地办学机构聘请教学或管理人员,并与异地办学机构签署协议,从其获得的 60%学费中支出相关费用。

第二十一条 学校获得的办学经费,作为学校收入纳入学校年度财务预算中统一安排使用。

苏州高等研究院或其他异地办学机构获得的办学经费,主要用于补偿项目在当地运行的管理成本,例如项目统筹管理人员费用和办公费用等。

国际学院获得的办学经费,主要用于招生宣传、汉语及中国文化教学、学生活动、日常管理及劳务酬金等。

专业学院获得的办学经费,主要用于项目评审、教学工作绩效、导师业务费、实习基地建设、外聘教师及管理劳务等。

第二十二条 国际合作与交流部、国际学院每年根据资助学生报到情况制作本年度经费决算报告。USTC Fellowship 办公室将不定期对项目经费使用和管理情况进行监督检查和跟踪调查，确保经费合理有效使用。

第六章 成果管理

第二十三条 USTC Fellowship 国际学生项目受资助者发表相关论文、研究项目或科研成果时，应注明“本论文/研究/成果受中国科学技术大学国际合作与交流基金（USTC Fellowship）资助，项目编号：I1958××××（Supported by USTC Fellowship. Grant No. I1958××××）”（“××××”指资助年份）。

第七章 附则

第二十四条 项目在实施过程中，本办法未尽事宜参照教育部、中国科学院以及学校有关规定执行。

第二十五条 本办法由中国科学技术大学国际合作与交流基金（USTC Fellowship）办公室负责解释。

第二十六条 本办法自印发之日起施行。

中国科学技术大学国际合作与交流基金 国际师资项目管理办法

（校办字〔2022〕130 号，2022 年 6 月 30 日）

第一章 总则

第一条 为助力学校“双一流”建设，提升学校师资队伍的国际合作与交流水平，开拓我校学生的国际视野，根据《中国科学技术大学国际合作与交流基金（USTC Fellowship）章程》，学校设立中国科学技术大学国际合作与交流基金国际师资项目（以下简称 USTC Fellowship 国际师资项目，英文名称为 USTC Fellowship for International Scholars），结合学校实际，制定本办法。

第二条 USTC Fellowship 国际师资项目资助以下三类：

（一）大师论坛项目（英文名称为 USTC Fellowship for Forum of Great Minds）；

（二）国际访问教授项目（英文名称为 USTC Fellowship for International Visiting Professors）；

（三）国际青年学者项目（英文名称为 USTC Fellowship for Young Scholars）。

第二章 资助对象及内容

第三条 USTC Fellowship 国际师资项目面向以下对象进行资助：

（一）大师论坛项目面向获得诺贝尔奖、图灵奖、菲尔兹奖、沃尔夫奖等世界一流科学奖或水平相当且仍在科研一线从事研究的科学家，资助其来我校访问开展战略论坛、学术研讨、文化交流等活动。

（二）国际访问教授项目面向在国际知名大学或者研究机构拥有教职的外籍正教授、副教授和助理教授（或相当专业技术职务），资助其来我校访问并开展 2 个月以上、1 年以下的科研类或教学科研类工作。科研类指在我校开展科研工作，教学科研类指在我校开展科研工作的同时，承担本科生或研究生的国际课程授课。

（三）国际青年学者项目面向在科技创新重点领域具有巨大潜力的优秀外籍青年科学家，资助其来我校从事博士后或特任副研究员工作。已获得校级及以上人才项目资助者不在支持范围之内。

第四条 USTC Fellowship 国际师资项目根据项目类别不同，按以下方式进行资助：

（一）大师论坛项目

外国专家（学者）来访期间一次往返国际旅费（公务舱）、城市间交通、食宿和讲座费用。讲座费的资助标准分为二档：获得诺贝尔奖、图灵奖、菲尔兹奖、沃尔夫奖等世界一流科学奖的报告人为 3000 美元/场，其他为 2000 美元/场。

（二）国际访问教授项目

课酬参照国际课程项目标准执行。

生活津贴按照受资助者的专业技术职称分为二档：教授或相当职称者 1500 元/天，副教授、助理教授或相当职称者 1200 元/天。生活津贴根据受资助者来校工作的实际天数计算（到达日和离开日合算一天）。受资助者可享受聘期内一次往返国际旅费（经济舱）和校内住房。

对于获得学术领域内世界一流科学奖或水平相当的国际访问教授可授予“USTC Fellowship 墨子学者”荣誉称号（英文名称为 USTC Fellowship Mozi Scholar）。

（三）国际青年学者项目

资助期 2 年，资助标准 8 万～15 万元/年（税前）。其中，一等资助为 15 万元/年（税前），二等资助为 10 万元/年（税前），三等资助为 8 万元/年（税前）。

第三章 项 目 管 理

第五条 大师论坛项目依托单位为国际合作与交流部；国际访问教授项目、国际青年学者项目依托单位为学校各学院、国家（重点）实验室、国家研究中心。依托单位负责项目的组织推荐、实施监督、项目管理等，对项目信息的真实性、有效性和项目目标的完成及实施效果负责。依托单位主要职责是：

（一）负责项目申报材料的审查和推荐；

（二）指导和监督项目实施，负责落实受资助者项目期间各项手续办理的指导与辅助，提供必要的协助和保障；

（三）协调并处理项目执行过程中出现的问题，重大事项须及时向中国科学技术大学国际合作与交流基金（USTC Fellowship）办公室（以下简称 USTC Fellowship 办公室）上报。

第四章 申请与评审

第六条 大师论坛项目申请全年开放，经校内邀请者申请，由国际合作与交流部进行审核立项。

第七条 国际访问教授项目在校内合作者和外国专家（学者）达成合作意向后，由校内合作者提交申请。

第八条 国际青年学者项目依托校内平台或实验室申报，由合作导师或院系提交申请。

第九条 国际访问教授项目、国际青年学者项目每年开展 2 次评审工作，由 USTC Fellowship 办公室统一发布申报通知。USTC Fellowship 办公室委托国际合作与交流部对国际访问教授项目、国际青年学者项目的申报材料进行形式审查，并推荐专家组成 USTC Fellowship 评审委员会对申报项目进行会议评审，评审结果通过学校主页进行公示。

第五章 执行与变更

第十条 项目立项后，受资助者应在项目执行年度内按计划开展项目。项目执行发生变更时，依托单位须及时向国际合作与交流部提交书面变更申请。

第十一条 获 USTC Fellowship 国际师资项目资助的，根据项目类别不同，应满足如下要求：

（一）大师论坛项目审核通过后即可执行，校内邀请者应提前与国际合作与交流部沟通，双方共同完成接待准备事项。

（二）国际访问教授项目受资助者由依托单位进行人事管理。国际访问教授项目在实施周期内可分段执行，累计时间不少于 2 个月。项目结束前，依托单位须对其来校实际工作情况进行考核，并提交结题报告和相关资料。

（三）国际青年学者项目受资助者由人力资源部按照在职科研人员进行管理。对年度考核结果为基本合格和不合格的，USTC Fellowship 办公室将终止资助。

第六章 经费管理

第十二条 USTC Fellowship 国际师资项目经费的使用与管理须严格按照国家财务制度、外事经费管理和学校有关规定执行，自觉接受上级财务主管部门、审计部门和外事（国际合作）部门的检查和监督。

第十三条 USTC Fellowship 国际师资项目经费来源：

（一）大师论坛项目经费由国际合作与交流部支持，提供外国专家（学者）来访期间的食宿、国内/国际交通、保险和讲座费用。

（二）国际访问教授项目经费由国际合作与交流部、人力资源部支持。国际合作与交流部提供 900～1000 元/天（税前）的资助，并提供聘期内一次往返国际旅费（经济舱）和校内住房租金；人力资源部提供 300～500 元/天（税前）的资助。教学科研类国际访问教授所授国际课程的教学津贴参照《中国科学技术大学国际合作与交流基金国际课程项目管理办法》，资助标准见下表。

职称	资金来源（人民币）	
	国际合作与交流部资助（税前）	人力资源部资助（税前）
正教授	1000 元/天	900 元/天
副教授/助理教授	500 元/天	300 元/天

（三）国际青年学者项目经费由国际合作与交流部支持，按月发放。

第七章　成 果 管 理

第十四条　USTC Fellowship 国际师资项目受资助者发表相关论文、研究项目或科研成果时，应注明“本论文/研究/成果受中国科学技术大学国际合作与交流基金（USTC Fellowship）资助，项目编号：S1958××××（Supported by USTC Fellowship. Grant No. S1958××××）”（“××××”指资助年份）。

第八章　附　　则

第十五条　本办法由中国科学技术大学国际合作与交流基金（USTC Fellowship）办公室负责解释。

第十六条　本办法自印发之日起施行。原《中国科学技术大学“国际访问教授”计划实施管理办法》（校人字〔2017〕37 号）同时废止。

中国科学技术大学国际合作与交流基金
教师公派出国研修类项目管理办法

（校办字〔2022〕130 号，2022 年 6 月 30 日）

第一章　总　　则

第一条　为助力学校“双一流”建设，进一步强化师资队伍的国际合作与交流水平，提升学校科研、教学、管理服务人才的国际视野，规范教师出国研修项目管理，根据国家公派出国留学选派有关要求和《中国科学院公派出国留学研修管理办法》《中国科学技术大学国际合作与交流基金(USTC Fellowship)章程》,学校设立中国科学技术大学国际合作与交流基金教师公派出国研修类项目(以下简称 USTC Fellowship 教师出国研修类项目,英文名称为 USTC Fellowship for Faculty)。结合学校实际,制定本办法。

第二条 学校按照学科建设战略规划,统筹兼顾各学科发展需要安排出国人选。每年选拔一批有发展潜力的青年教师,以我校单位公派的形式资助出国研修。优先选拔德才兼备和有较大发展潜力的教学科研一线人才及优秀管理、支撑青年人才。

第三条 各学院(直属系)、重点科研机构、机关各部门推荐候选人应依据人才队伍建设长远整体规划,按需有序推荐。派出不应影响本单位教学、科研、管理工作的正常进行。

第二章 项目设置

第四条 USTC Fellowship 教师出国研修类项目包括:青年骨干教师研修项目、管理支撑人才研修项目、国际组织人才专项项目等。学校根据人才培养需要,适时调整项目设置和派出规模,具体以年度申报通知为准。

USTC Fellowship 教师出国研修类项目资助范围不包括:已获得国家、中国科学院或学校公派研修资助尚在有效期内的人员;近 3 年已获得国外全额奖学金资助的人员;正在境外工作或学习的人员;曾获得国家、中国科学院或学校公派研修资格,未经批准擅自放弃且时间在 5 年以内,或经批准放弃且时间在 2 年以内的人员;已享受国家、中国科学院或学校公派研修项目资助出国留学,回国后工作尚不满规定"服务期"的人员。

第五条 申请人应具备如下基本条件:

(一) 具有中国国籍,不具有国外永久居留权;

(二) 具有良好的政治素质,热爱祖国,拥护中国共产党的领导;

(三) 身心健康,具有良好的思想品德,无违法违纪记录,学成后回国为国家建设和我校发展服务;

(四) 具有良好专业基础和发展潜力,工作表现突出;

(五) 国外接收单位为相关专业领域世界著名大学/研究机构/国际组织;

(六) 符合所申请项目的其他具体要求。

第六条 项目具体要求:

(一) 青年骨干教师出国研修项目

基本要求:校内各单位青年骨干人才,一般应具有博士学位或者中级及以上专业技术职务;已取得一定实绩和贡献,有进一步发展潜质;截至当年的 1 月 1 日,年龄不超过 40 周岁;具备使用外语进行学术交流的能力,外语水平要求参照国家留学基金管理委员会标准,或具有相应的 TOEFL、雅思或国家外语水平考试成绩。

派出方式:个人派出。

派出期限:1 年。

(二) 管理支撑人才研修项目

选派目的:支持我校优秀管理和支撑人才赴国外进行研修,学习先进管理理念,促进知识与技能的更新。

基本要求：管理工作骨干，或为科学研究等提供支撑辅助性工作，具有中级及以上专业技术职务的工程技术人员或七级职员及以上的管理人员；年龄45周岁(含)以下(具有高级专业技术职务或六级职员及以上的人员可适当放宽到50周岁)；能熟练运用留学国家的官方语言。优秀年轻干部优先选派。

派出方式：个人派出。

派出期限：3～12个月(以3个月为递进单位)。

(三) 国际组织人才专项项目

基本要求：从事教学、科研和管理工作，能熟练运用任职方要求的官方语言。具有较强的综合素质、专业能力、国际视野和多元文化意识，熟悉国际合作规范，能够适应国际工作环境，具备良好的人际沟通能力。优先选派具有国际合作项目经验和合作关系的优秀人才。

派出方式：个人派出。

派出期限：6～12个月(以3个月为递进单位)。

第七条 项目资助经费和派出待遇：

学校单位公派项目全额资助教师出国研修期间必要的费用，包括一次往返的差旅费和国外学习生活费用，资助标准通过国际合作与交流部网站公布。教师出国期间的工资参照国家公派有关规定发放。

第三章 申请选派

第八条 学校采取“个人申请、单位推荐、专家评审、择优录取”的方式进行选拔。

每年发布教师公派出国研修计划申报通知，各单位应严格落实用人主体责任，有计划、有重点地择优推荐公派研修人员，发挥组织优势，帮助搭建著名大学/研究机构、国际组织培养渠道，对申请人的政治信念、道德品行、身心健康情况、学术及业务发展潜力、出国研修必要性、研修计划可行性等进行严格把关，对其出国研修成果提出明确考核要求。各学院(直属系)、重点科研机构、机关各部门公派研修推荐人选经领导班子集体研究、确定排序后报校国际合作与交流部。

第九条 选拔工作通常于每年3月份进行。

第十条 选拔程序：

(一) 申请人向所在单位提出申请；

(二) 各单位根据学科师资队伍建设规划择优推荐；

(三) 国际合作与交流部组织专家评审，报中国科学技术大学国际合作与交流基金(USTC Fellowship)办公室批准，公示后执行。

第十一条 申请人须提供如下材料：

(一) 中国科学技术大学教师出国(境)研修申请表；

(二) 有代表性的学术水平或业务能力等证明材料；

(三) 外语水平证明材料；

(四) 学位证书、身份证复印件；

（五）拟研修机构出具的正式邀请函。

第四章　管　　理

第十二条　USTC Fellowship 教师出国研修类项目受资助者出国前须与学校签订《中国科学技术大学教师出国(境)研修协议书》，并严格履行协议。

第十三条　USTC Fellowship 教师出国研修类项目受资助者应及时将在国外的工作安排及联系方式告知所在单位，并与所在单位保持联系，每 3 个月向所在单位汇报研修情况。

第十四条　USTC Fellowship 教师出国研修类项目受资助者应珍惜机遇、潜心科研，按规定期限完成研修任务，期满后按时回国工作。回国时须向国际合作与交流部提交国外研修工作总结报告、合作机构关于本人研修情况的评价意见。

第十五条　USTC Fellowship 教师出国研修类项目受资助者发表相关论文、研究项目或科研成果时，应注明“本论文/研究/成果受中国科学技术大学国际合作与交流基金(USTC Fellowship)资助，项目编号：F1958××××(Supported by USTC Fellowship. Grant No. F1958××××)”(“××××”指资助年份)。

第五章　附　　则

第十六条　本办法由中国科学技术大学国际合作与交流基金(USTC Fellowship)办公室负责解释。

第十七条　本办法自印发之日起施行。原《中国科学技术大学青年骨干教师出国研修计划实施办法(试行)》(校人字〔2009〕85 号)同时废止。本办法施行之前已出国(境)研修的教师按原有办法执行。

中国科学技术大学国际合作与交流基金
国际课程项目管理办法

（校办字〔2022〕130 号，2022 年 6 月 30 日）

第一章　总　　则

第一条　为助力学校“双一流”建设，培养具有国际视野和全球竞争力的科技拔尖人才，根据《中国科学技术大学国际合作与交流基金(USTC Fellowship)章程》，学校设立中国科学技术大学国际合作与交流基金国际课程项目(以下简称 USTC Fellowship 国际课程项目，英文名称为 USTC Fellowship for International Courses)，结合学校实际，制定本办法。

第二条　USTC Fellowship 国际课程是指以英语或其他外语作为教学语言，针对基础或专业课程开展教学工作的课程。

第三条 USTC Fellowship 国际课程项目由教务处、研究生院、国际合作与交流部共同负责协调并具体落实。

第二章 申报与评审

第四条 USTC Fellowship 国际课程必须符合现有学生课程培养方案的要求。

第五条 拟开展 USTC Fellowship 国际课程项目的须先向所在学院申报，经学院审核后，本科生课程提交教务处，研究生课程提交研究生院，由国际合作与交流部推荐专家组成的评审委员会审核，报中国科学技术大学国际合作与交流基金(USTC Fellowship)办公室批准，公示后执行。

第六条 课程申报材料包括授课教师的基本信息、教材、大纲、课程简介、相关课件、习题等。

第三章 课 程 管 理

第七条 获评的 USTC Fellowship 国际课程须提交教务管理部门进行统一排课，对于未进入统一排课的国际课程，不纳入国际课程项目支持范畴。

第八条 USTC Fellowship 国际课程由通过评审的境外教师或本校教师承担。

第九条 教师应根据课程教学要求，事先就课程大纲、教材、课后阅读量、作业量等做出必要说明，使学生能在选课和学习过程中对本课程有充分了解。

第十条 教材主要选用国际一流大学通用的外语原版教材。选用教材时要考虑教材内容是否与课程教学内容相符合，若不能完全符合，可参照其他材料或编写相应外语教材。外语教材应有与其配套的外语教学参考资料供学生使用。

第十一条 教学。

(一) 教学语言要求：

1. 课堂授课语言须使用英语或课程指定外语；

2. 教材、讲义及课堂用补充材料采用相应外语文本；

3. 课堂板书或屏幕文字使用相应外语；

4. 学生的作业用英语或课程要求的外语完成；

5. 平时的测验、期中、期末考试的试卷采用相应外语文本，学生答题原则上应以英语或指定的外语完成。

(二) 对进行国际课程学习的学生应有辅导、答疑等恰当的指导和帮助。

第十二条 课程结束后，授课教师须将国际课程相关课件、纲要、作业、试卷等教学材料提交学院备案。

第十三条 教务处、研究生院、国际合作与交流部对获评的国际课程开展学生问卷调查、督导评价等方式进行质量跟踪和评估，结合评估结果，确定该获评课程是否继续执行。

第十四条 1 年内未执行、或未申请延续的获评国际课程，需重新进行课程申报。

第四章 教学津贴

第十五条 对于获评 USTC Fellowship 的国际课程，授课教师可根据本办法领取教学津贴。

第十六条 境外教师授课的课程，教学津贴标准(税前)为：教授 150～200 美元/节，副教授 100～150 美元/节，其他教师 100 美元/节。

第十七条 本校教师开设 USTC Fellowship 国际课程，教学津贴(税前)参照《中国科学技术大学课堂教学绩效分配办法(试行)》有关规定，按基础 I 类标准发放。新开课程，前 3 年教学工作量按照实际授课课时的 2 倍计算，3 年后按实际课时计算。

第十八条 USTC Fellowship 国际课程的经费主要来源于中国科学技术大学国际合作与交流基金(USTC Fellowship)及其他学校自筹经费。

第十九条 教学津贴的发放金额将结合课程质量评估结果，经教务处和研究生院核定，由国际合作与交流部审核后统一发放。

第五章 附　　则

第二十条 本办法由中国科学技术大学国际合作与交流基金(USTC Fellowship)办公室负责解释。

第二十一条 本办法自印发之日起施行。原《中国科学技术大学英语授课推进计划实施管理办法》(校教字〔2017〕36 号)同时废止。

中国科学技术大学国际合作与交流基金
国际会议项目管理办法

(校办字〔2022〕130 号，2022 年 6 月 30 日)

第一章 总　　则

第一条 为助力学校“双一流”建设，提升学校国际地位和影响力，根据《中国科学技术大学国际合作与交流基金(USTC Fellowship)章程》，学校设立中国科学技术大学国际合作与交流基金国际会议项目(以下简称 USTC Fellowship 国际会议项目，英文名称为 USTC Fellowship for International Conference)，结合学校实际，制定本办法。

第二条 USTC Fellowship 国际会议项目是指以学校名义在我国境内(不含港澳台地区)举办、承办的有国外代表出席的会议。

第二章 申请与评审

第三条 USTC Fellowship 国际会议项目优先资助以下类型的国际会议：

（一）助力学校“双一流”建设，发出中国科大声音的国际高校联盟相关会议；

（二）符合国家构建人类命运共同体倡议，有助于改革和完善全球治理体系，具有全球重大议题的国际会议。

第四条 申报的国际会议须列入当年学校国际会议年度计划，并按程序报批，外宾人数在 300 人以上或总人数在 800 人以上的国际会议须报国务院批准，举办其他国际会议须报中国科学院批准。

第五条 USTC Fellowship 国际会议项目申请全年开放，每年设立 2 个集中受理节点，分别为 4 月 30 日和 10 月 31 日。已经召开的国际会议不接受补报。遇有特殊情况另行申请。

第六条 中国科学技术大学国际合作与交流基金（USTC Fellowship）办公室委托国际合作与交流部对会议资助申请进行形式审查，并推荐专家组成 USTC Fellowship 评审委员会对申报项目进行会议评审，评审结果通过学校主页进行公示。

第三章 经 费 管 理

第七条 USTC Fellowship 国际会议项目资助经费严格按照《国家外国专家项目和经费管理办法》《中国科学技术大学国际会议经费管理暂行办法》有关规定执行。

第八条 USTC Fellowship 国际会议项目的资助经费开支范围仅限于大会特邀外籍报告者、国际著名学者等的差旅费、讲座费和当地食宿费。

第九条 资助申请单位应本着勤俭节约的原则编制预算，并通过多种途径解决会议经费。

第四章 其 他

第十条 资助申请单位在会议申办、筹办和举办期间需向国际合作与交流部及时汇报进展情况，认真做好重大和敏感问题的预防和处理工作。

第十一条 USTC Fellowship 国际会议项目受资助单位应按照有关规定在会议结束后 1 个月内提交会议总结报告。未及时提交会议总结的单位，取消申请下一年度国际会议资助资格。

第十二条 USTC Fellowship 国际会议项目受资助会议的相关文件、出版物和宣传报道中，应注明“受中国科学技术大学国际合作与交流基金（USTC Fellowship）资助，项目编号：C1958××××（Supported by USTC Fellowship. Grant No. C1958××××）”（“××××”指资助年份）。

第五章　附　　则

第十三条　本办法由中国科学技术大学国际合作与交流基金(USTC Fellowship)办公室负责解释。

第十四条　本办法自印发之日起施行。

中国科学技术大学实验室安全办公室管理办法(试行)

(校实字〔2022〕57 号,2022 年 4 月 2 日)

第一章　总　　则

第一条　为全面贯彻落实习近平总书记关于安全生产重要论述和指示批示精神,落实《教育部办公厅关于开展加强高校实验室安全专项行动的通知》要求,根据《中华人民共和国刑法》《中华人民共和国安全生产法》等法律法规以及中国科学院、安徽省有关文件精神,进一步加强学校实验室安全管理,消除实验室安全隐患,防范实验室安全事故,保障教学、科研等活动中师生生命安全和学校财产安全,结合学校实际,制定本办法。

第二条　本办法所称实验室,是指学校开展教学、科研等活动的所有实验场所。本办法所称实验室安全,是指涉及常规化学品、有毒有害化学品(剧毒、易制爆、易制毒、爆炸品、易燃品等)、危险气体(易燃、易爆、有毒、窒息)、病原微生物及携带致病原体的实验动物、辐射源及射线装置、同位素及核材料、危险性机械加工装置、强电强磁与激光设备、特种设备等各种危险源的实验室科研、教学活动安全,以及实验室内的水电、消防安全等。

第二章　组织机构与职责

第三条　实验室安全办公室是学校实验室安全管理的职能部门,在学校实验室安全管理领导小组领导下开展工作,行使管理监督职能,具体职责是:

(一) 建立健全学校实验室安全管理制度;

(二) 组织开展学校实验室安全评估;

(三) 组织开展学校实验室安全检查,监督隐患整改闭环;

(四) 组织和指导学校各学院(直属系)、重点科研机构开展实验室安全管理和教育培训;

(五) 组织落实对学校各学院(直属系)、重点科研机构实验室安全管理情况的考评;

(六) 追究处罚存在重大安全隐患或安全风险的单位和实验室。

第三章 队伍建设

第四条 实验室安全办公室设置实验室安全管理岗，配备具备实验室安全管理专业知识和能力的管理人员。

第五条 实验室安全办公室组织建立学校在册安全管理队伍，成员由各学院（直属系）、重点科研机构推荐，报实验室安全办公室审核备案。在册安全管理人员具体负责相关单位的实验室安全管理与监督，并参与学校组织的实验室安全检查工作。

第四章 制度建设

第六条 实验室安全办公室负责建立和完善学校实验室安全管理相关规章制度，经学校审核批准后施行。

第七条 实验室安全办公室负责指导和监督各学院（直属系）、重点科研机构建立和完善具有本单位特色的实验室安全管理规章制度。各单位的安全管理规章制度须经本单位党政联席会议通过后报实验室安全办公室备案。

第五章 安全评估

第八条 实验室安全办公室会同科研部、本科生院和研究生院等相关部门建立健全科研、教学项目风险评估与管控机制。科研、教学新项目申请或立项前均须开展项目风险安全评估，增强风险研判和防控。凡涉及有毒有害化学品（剧毒、易制爆、易制毒、爆炸品等）、危险气体（易燃、易爆、有毒、窒息）、病原微生物及携带致病原体的实验动物、辐射源及射线装置、同位素及核材料、危险性机械加工装置、强电强磁与激光设备、特种设备等各种危险源的科研、教学项目，必须经过风险评估后方可进行实验活动。

第九条 项目负责人是项目安全的第一责任人，须对项目进行危险源甄别，如存在风险须主动上报所在单位，并制定防范措施及应急预案，经本单位安全负责人审核批准后报实验室安全办公室备案。存在重大安全风险的项目，须经学校实验室安全管理领导小组审核通过后方能开展，在未切实落实安全保障前，不得开展实验活动。

第六章 教育培训

第十条 实验室安全办公室负责组织和监督学校各学院（直属系）、重点科研机构开展实验室安全宣传、教育培训以及特色安全文化建设，保证师生具备必要的安全知识和应急能力，知悉自身在安全管理方面的权利和义务。

第十一条 实验室安全办公室会同本科生院、研究生院等相关部门，建立健全实验室安全教育体系，把实验室安全教育纳入学生培养环节中，明确涉及实验风险的各级各类学生的培养要求；针对不同学科与专业实验明确课程结构、设置教学大纲、开展相关课程设置等工作;督促研究生导师将实验室安全教育列入指导内容,让安全教育入心入脑。

第十二条 实验室安全办公室负责建立健全实验室安全准入制度,推进实验室安全教育信息化建设。拟开展科研工作的人员必须先通过实验室安全知识、安全技能和操作规范培训的必修课课程或培训考核。未取得相应学分或未通过考核的人员不得进入实验室进行实验操作。

第七章 安全检查

第十三条 实验室安全办公室负责组织开展学校实验室安全检查或抽查工作,主要包括:

(一) 每月开展各学院(直属系)、重点科研机构实验室安全随机检查与抽查;

(二) 每学期初、学期末开展学校实验室安全全面检查;

(三) 不定期开展学校实验室安全专项检查。

第十四条 实验室安全检查或抽查的主要任务和内容包括:安全责任体系建立与落实情况,安全建设经费保障和落实情况,安全管理队伍建设和履职情况,安全管理规章制度制定与执行情况,安全宣传和教育培训计划与实施情况,安全文化建设情况,危险源辨识和应急管控预案建设情况,安全自检自查台账建立情况,安全隐患整改情况,消防设施和通风系统等安全设施安装与使用状况,个人防护情况,化学安全、生物安全、辐射安全、特种设备安全、环境安全、卫生管理,以及实验室安全档案建设情况等。

第十五条 实验室安全办公室负责监督和审核各学院(直属系)、重点科研机构对检查发现的安全隐患的整改及落实情况。

第八章 考核与奖惩

第十六条 实验室安全办公室负责建立健全安全考核评价机制和办法,采取日常考评和年终考核的方式,对各学院(直属系)、重点科研机构实验室开展安全工作评价。

第十七条 安全考核采取百分制。根据扣分细则进行累计扣除,下一考核年度自动清零。考核年度内根据考核分数分为优、良、中、差四个等级,考核结果作为学校对各单位的综合绩效、学科发展经费、研究生指标等方面统筹分配的重要依据。

第十八条 设立实验室安全管理专项奖励,用于表彰年度考核评选出的履职尽责、管理规范的实验室安全先进集体和先进个人,以及实验室安全管理的优秀提案和建议等。

第十九条 对存在重大安全隐患或出现安全事故的实验室,实验室安全办公室视其严重程度采取黄牌警告(责令限期整改)、红牌警告(暂停运行)、关停等处罚措施。

第九章 附 则

第二十条 本办法由实验室安全办公室负责解释。

第二十一条 本办法自印发之日起施行。

中国科学技术大学档案管理办法

（校办字〔2022〕210 号，2022 年 11 月 29 日）

第一章　总　　则

第一条　为进一步规范学校档案工作，提高档案管理工作水平，有效保护和利用档案，充分发挥档案在学校教学、科研和管理中的作用，为经济和社会发展服务，根据《中华人民共和国档案法》及其实施办法、《高等学校档案管理办法》《科学技术研究档案管理规定》《安徽省档案条例》《安徽省高等学校档案管理实施办法》等精神，结合学校实际，制定本办法。

第二条　本办法所称档案，是指学校从事教学、科研、管理以及其他各项活动所直接形成的对师生、学校和社会具有保存价值的各种文字、图表、声像、实物、电子数据等不同形式、不同载体的历史记录。

第三条　学校档案反映学校创办、建设与发展的全过程，是全校师生员工劳动成果和智慧的结晶，是检查教学工作质量、评价科研成果、考核教师和其他各类人员、衡量学校管理水平以及编史修志的重要依据，具有重要的凭证价值和参考作用。档案工作存史资政育人，是学校一项重要的基础性工作。

第四条　学校档案工作实行校党委统一领导、校长负责、分级管理的原则，各类档案集中管理。档案文博院是学校档案工作的归口管理部门，也是永久保存和提供利用本校档案资料的直属支撑机构，应严格执行国家、学校的有关规定，确保档案实体和信息安全，严守档案秘密，开发档案信息资源，满足学校和社会的需要。

第二章　管理体制、机构人员设置与职责

第五条　学校档案工作委员会是全校档案工作的协调机构，对档案工作进行统一领导，校党委书记、校长任主任委员，分管校领导任副主任委员，成员包括相关职能部门负责人。委员会下设办公室，挂靠档案文博院。

第六条　校长负责学校档案工作，其主要职责是：

（一）贯彻执行国家关于档案管理的法律法规和方针政策，批准学校档案工作规章制度。

（二）将档案工作纳入学校的整体发展规划和年度工作计划，促进档案工作与学校其他工作协调发展。

（三）建立健全与办学规模相适应的高校档案机构，落实人员编制、档案用房、发展档案事业所需设施以及经费等。

（四）推进学校档案事业的建设与发展，听取档案文博院工作汇报，及时研究并解决档案工作中出现的重要问题。

分管档案工作的校领导协助校长负责档案工作。

第七条 档案文博院为正处级独立建制，主要职责是：

（一）贯彻执行国家、安徽省、中国科学院和学校有关档案工作的法律法规和方针政策，综合管理学校档案工作。

（二）制定学校档案工作规章制度并负责贯彻落实。

（三）建立健全学校档案工作体系，做好学校各单位档案工作的业务指导和监督检查，开展面向全校档案工作人员的业务培训。

（四）负责收集、整理、鉴定、统计、保管学校的各类档案及有关资料。

（五）做好档案安全管理工作，保守档案秘密，确保档案实体和信息安全，开展档案保护和修复工作，维护档案的完整和安全。

（六）做好档案的开放和利用工作。编制档案检索工具，开展校史研究，出版档案史料，开发档案信息资源。

（七）组织实施档案信息化建设和电子文件归档工作。

（八）利用档案举办校史展览，开展多种形式的宣传教育活动，充分发挥档案的文化教育功能。

（九）进行档案学术研究和交流活动。

（十）围绕学校中心工作，完成校领导交办的其他任务。

第八条 学校各单位可根据实际需要，经学校批准后设立档案分室，管理本单位档案，接受档案文博院的业务指导和监督检查，并按要求定期向档案文博院移交档案。

第九条 档案工作是衡量和检查学校各单位工作质量、管理水平的重要标志。学校各单位应将档案工作列入本单位的工作规划，必须明确 1 名分管本单位档案工作负责人和若干名档案员，其职责如下：

（一）档案工作负责人

1. 负责组织本单位相关人员学习贯彻档案工作有关法律、政策和规章制度，将档案工作纳入本单位的工作计划和档案员的岗位职责。

2. 根据本单位立卷归档的工作量配备档案员，保障档案员完成档案工作必需的时间和条件，并作为年度考核的一项重要内容，督促档案员将本单位应归档的文件材料按时向档案文博院移交。

（二）档案员

各单位档案员应保持相对稳定，负责本单位文件材料的收集、整理、立卷和归档，主动接受档案文博院的业务指导和督促检查，根据学校档案工作的有关规定，完整、规范、按时完成本单位各类文件材料的立卷归档工作。

第十条 学校档案工作人员应遵纪守法、爱岗敬业、忠于职守，具备档案业务技能和相应的科学文化知识，不断提高现代化管理水平。

第三章 条 件 保 障

第十一条 档案工作所需要的经费单独立项，列入学校预算。学校各单位应根据需要划拨资金，用于本单位档案工作所需的装具、设备及人员培训。

第十二条 学校应加强档案工作队伍建设，根据档案数量和工作任务配备相应的专职档案工作人员，形成一支业务精良、结构合理、相对稳定的档案工作队伍。

第十三条 档案文博院应确保安全，配备符合要求的档案库房和管理设施。档案馆库要自成体系，库房面积应满足档案工作发展的需要，留有存储发展空间。

第十四条 学校应及时配置档案管理现代化、档案信息化所需的设备设施，加快数字档案馆建设，保障学校档案信息化建设与智慧校园建设同步进行。

第十五条 学校对长期接触有害物质的档案工作人员，应按国家法律法规和有关规定采取有效防护措施，保障其依法享受相关待遇。

第四章 档 案 管 理

第十六条 学校实行文件材料形成单位(部门)、课题组立卷归档制度。各单位档案员应做好日常文件材料的收集、整理、立卷和归档，按时向档案文博院移交。

第十七条 纸质文件材料和电子文件材料实行同步归档。各类文件材料的归档范围和保管期限按照《中国科学技术大学文件材料归档范围和档案保管期限表》执行。

第十八条 学校各单位立卷归档的文件材料，应符合下列要求：

(一) 归档的文件材料应当齐全完整。纸质文件材料应为原件；上级来文与文件处理单并存，本校文件与文件签发单、定稿并存，正文与附件并存。已破损文件应予复制，复制件附于原件后一并归档。

(二) 归档的文件材料应遵循文件之间的形成规则，保持文件之间的有机联系，分类组卷。

(三) 纸质归档文件应用纸规范、质地优良，字迹、印信等应清晰、完整、耐久，应标明责任者和成文时间，使用黑色签字笔书写，严禁用圆珠笔、红笔、铅笔等书写。文集、学位论文等装订应采用线装或无线胶装。

(四) 声像文件归档时应附有文字说明，并注明责任者、形成时间、内容等，归档的声像材料应图像清晰、音质良好。

(五) 纸质文件应与电子文件双套归档。电子文件的归档要按照《电子文件归档与电子档案管理规范》(GB/T 18894—2016)执行。

(六) 来源可靠、程序规范、要素合规的电子文件与传统载体档案具有同等效力，应通过符合安全管理要求的网络或存储介质向档案文博院移交。

第十九条 归档时间

(一) 各学院、机关各部门、直属单位形成的党群、行政、外事、出版物、声像类文件材料，经系统整理后应在次年 6 月底前归档。

(二) 各教学单位形成的教学文件材料，经系统整理后应在次年 6 月底前归档。其中，应届研究生的学位评审材料应在授予学位后 1 个月内归档；应届本科毕业生学业成绩表、学籍异动表和学籍登记表应在当年 11 月底前归档。

(三) 科研类档案应在项目验收后 2 个月内归档。

（四）基建类档案应在项目竣工验收后 3 个月内归档。

（五）仪器设备类档案应在验收后 6 个月内归档。

（六）财会类档案由档案生成单位保管 2 年后归档。

（七）网页类档案应在次年 3 月底前完成归档。

（八）实物类档案（学校各项活动中形成的有纪念意义或有保存价值的物品）应即时归档。

（九）重大活动、突发事件相关档案应在相应活动或事件结束后 1 个月内归档。

（十）上级规定应移交的档案应按要求随时移交。

第二十条 全校各独立建制单位均系立档单位，应按时归档，移交时须履行交接手续：填写移交目录（清单），注明移交内容、移交数量、移交时间，一式两份；与档案文博院现场清点核对无误后，双方在移交目录（清单）上签字，各执一份存档，以备查验。

第二十一条 学校师生员工在其从事教学、科研、党政管理等公务活动中形成的有保存价值的各种载体的文件材料，须按规定向档案文博院移交，任何单位和个人不得据为己有或拒绝归档。

对于个人在非公务活动中形成的重要文件材料，档案文博院可以通过征集、代管等形式进行管理。学校鼓励个人，特别是有重大贡献和取得重要成就者，在非公务活动中形成的文件材料以捐赠或代管的方式移交档案文博院，并给予适当奖励。

第二十二条 档案文博院根据《中国科学技术大学档案实体分类方案》对馆藏档案进行分类、编号、排列上架、编制检索工具；按照国家档案局《机关文件材料归档范围和文书档案保管期限的规定》，结合学校实际，确定档案材料的保管期限。对保管期限已满、失去保存价值的档案，经鉴定并登记造册报学校批准后，予以销毁。未经鉴定和批准，不得销毁任何档案。

第二十三条 学校应建立健全档案工作检查、考核与评估制度，保证档案工作与其他各项工作实行“四同步”管理，即开展布置、检查、总结、验收各项工作的同时做好档案工作。学校有关单位在对科研成果、产品试制、大型仪器设备、基建工程等进行鉴定、开箱、验收时，应会同档案文博院对应归档的文件材料加以审查，并及时归档。

第二十四条 档案文博院应加强对涉密档案的管理。涉密档案密级的变更和解密，须严格按照《中华人民共和国保密法》及其实施办法的相关规定办理。

第二十五条 档案文博院应建立健全档案安全管理制度，对馆藏档案定期进行安全检查，切实做好档案的防高低温、防尘、防真菌、防有害气体、防光、防火、防有害生物、防潮、防水、防盗“十防”工作，消除安全隐患，确保档案的实体安全和信息安全。改进和采用先进的档案保护技术，对破损、褪色的档案及时采取补救措施。

第二十六条 档案文博院是学校信息化建设的重要部门，应采取措施保障档案信息安全，不断改进和完善档案管理系统，并与办公自动化系统、业务系统等进行数据对接。

第二十七条 档案文博院应建立档案统计和检查制度，定期对档案的接收、整理、保管、利用和馆内各种数据情况进行统计和检查；认真执行档案统计年报制度，并按照国家有关规定报送学校档案工作基本情况统计表。

第五章 档案的开发与利用

第二十八条 档案文博院应采取多种措施，积极开发档案信息资源，加强档案编研工作，发挥档案的信息服务功能，提高档案利用率，主动为学校中心工作和其他各项工作服务。

第二十九条 任何单位和个人查阅档案文博院保存的档案时，均须出示单位介绍信或个人身份证等合法证明，在履行相关登记手续后方可查阅。境外组织或个人需利用学校档案的，应按照国家有关规定办理。

第三十条 查阅、摘录、复制未开放的档案，应经档案文博院负责人批准。需要利用涉密档案的，应经学校相关部门批准。

第三十一条 档案文博院是学校出具档案证明的唯一机构。加盖中国科学技术大学档案证明专用章的档案复制件与档案原件具有同等效力。档案文博院应为校内外利用档案创造便利条件，凡用于学校工作或公益目的的，不得收取费用；用于个人或者商业目的的，可以按照有关规定合理收取费用。社会组织和个人利用其所移交、捐赠的档案，档案文博院应无偿并优先提供。

第三十二条 档案文博院应编制配套的档案检索工具，建立健全档案信息查询系统，积极主动为全校师生员工和社会各界提供及时、准确、便捷的档案服务。

第三十三条 档案文博院应认真做好校史编研与展览工作，使校史馆、博物馆成为爱国荣校教育基地和展示学校形象的重要窗口。

第六章 奖励与惩罚

第三十四条 学校对在档案工作中作出下列贡献的单位或个人，给予表彰与奖励：

（一）在档案收集、整理、保管、利用工作中作出显著成绩的；

（二）在档案学研究及档案史料研究工作中作出重要贡献的；

（三）将重要或者珍贵档案捐赠给档案文博院的；

（四）同违反档案法律法规的行为作斗争，表现突出的。

第三十五条 有下列行为之一的，学校对直接负责的主管人员和其他直接责任人员依法依纪给予处分；构成犯罪的，移交司法机关依法追究刑事责任：

（一）玩忽职守，造成档案损坏、丢失或者擅自销毁档案的；

（二）违反保密规定，擅自提供、抄录、公布档案的；

（三）涂改、伪造档案的；

（四）擅自出卖、赠送、交换档案的；

（五）不按规定归档，拒绝归档或者将档案据为已有的；

（六）其他违反档案法律法规的行为。

第七章 附 则

第三十六条 本办法由档案文博院负责解释。

第三十七条 本办法自印发之日起施行。原《中国科学技术大学档案管理办法》(校办字〔2010〕121 号)同时废止。

中国科学技术大学房屋出租出借管理办法(试行)

(校资后字〔2022〕229 号,2022 年 12 月 15 日)

第一章 总 则

第一条 为规范和加强学校房屋出租出借管理工作,提高房屋的使用效益,维护房屋的安全和完整,根据《行政事业性国有资产管理条例》《中央级事业单位国有资产使用管理暂行办法》,以及《中国科学院条件保障与财务局关于进一步加强房屋出租出借管理的通知》等精神,结合学校实际,制定本办法。

第二条 本办法所称房屋是指依法由学校直接支配使用的各类房屋及构筑物的总称。房屋出租出借行为是指房屋提供给学校以外单位或个人使用。

第三条 房屋出租应坚持市场化原则,采取公开招租形式确定承租人和租金。

第二章 管理机构及职责

第四条 学校法定代表人是房屋出租出借管理第一责任人,房屋出租出借实行归口管理,严格控制规模和数量。

第五条 资产与后勤保障处为学校房屋出租出借管理的归口职能部门,负责对全校房屋的出租出借实施管理。承担以下职责:

(一) 贯彻执行国家及中国科学院有关房屋出租出借管理的法律、法规和规章制度;

(二) 根据国家及中国科学院有关房屋出租出借管理规定,制定学校房屋出租出借管理办法并组织实施;

(三) 负责学校房屋出租出借的招租、协议签订及报批备案等;

(四) 落实学校房屋出租出借的日常管理,包括维护房屋及附属设施功能,收取租金及房屋使用保证金等相关费用。

(五) 接受国家及中国科学院有关部门的检查、监督,并报告有关房屋出租出借情况。

第六条 财务处负责学校房屋出租出借租金收入的统一核算,租金纳入学校年度预算,统一管理、统筹安排。

第七条 审计处负责对学校房屋出租出借行为进行审计监督工作。

第三章 审 批 权 限

第八条 学校房屋出租出借,应由资产与后勤保障处审核后,提交校长工作会议审议。

第九条 出租出借房屋单位价值或批量价值(账面原值,下同)500万元以下的,学校将相关文件材料报中国科学院备案;500万元(含)至800万元的,经中国科学院审批后报财政部备案;800万元(含)以上的,经中国科学院审核后,报财政部审批。

同一自然月内出租出借的房屋原则上按同一批次汇总计算批量价值。

第四章 管理要求

第十条 科研教育用房优先保障学校科研教育需求,原则上不得出租出借,确有必要出租出借的房屋,资产与后勤保障处组织专家对其出租事项的必要性和可行性进行详细分析,提供决策依据。

第十一条 出租出借房屋需在学校内部进行公示,确保出租出借行为公开公正,公示时间不得少于5个工作日。公示结束后无异议的,履行相关审批备案程序。

第十二条 房屋出租出借涉及关联交易的,应严格执行相关论证、审批、集体决策、公示等管理程序和要求。

第十三条 房屋出租采用定期租赁方式,每次租赁合同约定时间原则上为3年。对于信誉良好的承租户,租赁时间可适当放宽,但最长期限不超过5年。

第十四条 房屋出租出借取得的收入按"收支两条线"原则,全额上缴财务处统一管理。

第十五条 学校对出租出借房屋的日常管理可以委托的形式实施,由资产与后勤保障处进行监管。

第五章 监督检查

第十六条 有下列情形之一的房屋,不得用于出租出借。

(一)已被依法查封、冻结的;

(二)未取得其他共有产权人同意的;

(三)房屋产权有争议的;

(四)房屋涉及法律纠纷的;

(五)未结转学校固定资产账目的。

第十七条 有下列情形之一的,学校将依法依规问责并严肃处理;涉及触犯法律的,移交司法部门处理。

(一)未按规定申报,擅自对学校房屋进行出租出借的;

(二)对不符合规定出租出借事项予以审批的;

(三)串通作弊,暗箱操作,违法违规出租出借房屋的;

(四)未经批准将学校房屋进行转租的;

(五)以明显低于市场价格租金出租房屋的;

(六)未按照合同约定及时收取租金,造成学校国有资产损失的;

(七)其他违反国家有关规定造成学校国有资产损失的。

第六章 附 则

第十八条 本办法未尽事宜,按国家和中国科学院有关要求执行。

第十九条 本办法由资产与后勤保障处负责解释。

第二十条 本办法自印发之日起施行。

七、机构与干部

学校党政领导

党委书记	舒歌群
校　　长	包信和
常务副校长	潘建伟
党委常务副书记	蒋　一
党委常委、副校长	王晓平
副 校 长	杨金龙
党委常委、副校长	杜江峰

（国务院 2022 年 12 月 25 日，免去杜江峰中国科学技术大学副校长职务）

党委副书记、纪委书记、国家监委派驻监察专员	毕金初
党委常委、副校长	罗喜胜

（国务院 2022 年 8 月 30 日，免去罗喜胜中国科学技术大学副校长职务。中国科学院人事局 2022 年 9 月 30 日复函，免去罗喜胜同志中国科学技术大学党委常委职务）

党委副书记	傅　尧
党委常委、副校长	吴　枫
党委常委、副校长	周从照
党委常委、总会计师	黄素芳

（经 2022 年 12 月 21 日党委常委会研究决定，黄素芳不再担任总会计师）

党委常委、党委统战部部长	褚家如
党委委员、校长助理	邓建松
党委委员、校长助理	薛　天

中共中国科学技术大学
第十二届委员会常务委员会委员名单

（按姓氏笔画排序）

王晓平　毕金初　杜江峰　吴　枫　周从照　蒋　一　傅　尧　舒歌群　褚家如

中共中国科学技术大学
第十二届委员会委员名单

（按姓氏笔画排序）

王　伟　王　兵　王晓平　邓建松　古继宝　毕金初　朱长飞　刘　斌　刘明侯
杜江峰　李　峰　李向阳　杨晓果　吴　枫　余玉刚　周丛照　屠　兢　蒋　一
傅　尧　舒歌群　褚家如　薛　天

中共中国科学技术大学
纪律检查委员会委员名单

（按姓氏笔画排序）

丁望斌　尹　红　叶　征　毕金初　杨　凡　宋卫国　陈卫东　赵　峰　洪　军
黄超群

中国科学技术大学治理架构图

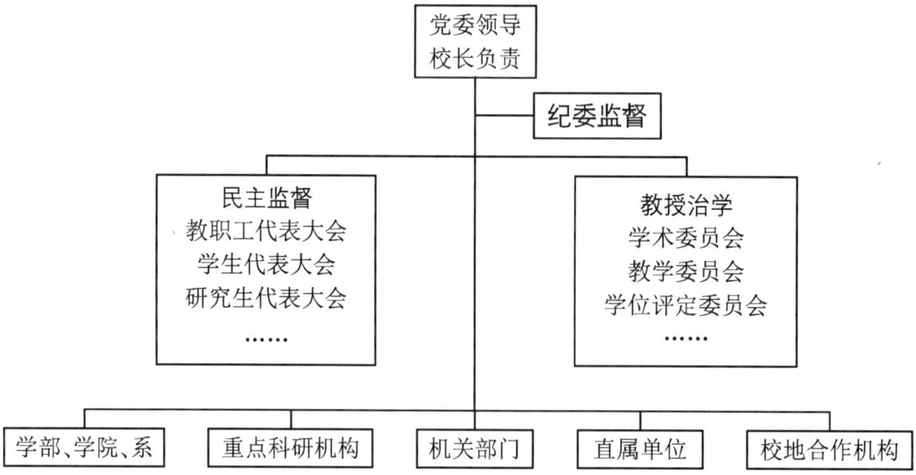

学部、学院、系设置

<table>
<tr><th colspan="2">学部/学院</th><th>系</th></tr>
<tr><td colspan="2">少年班学院</td><td></td></tr>
<tr><td colspan="2" rowspan="3">数学科学学院</td><td>数学系</td></tr>
<tr><td>计算与应用数学系</td></tr>
<tr><td>概率统计系</td></tr>
<tr><td colspan="2" rowspan="5">物理学院</td><td>物理系</td></tr>
<tr><td>近代物理系</td></tr>
<tr><td>光学与光学工程系</td></tr>
<tr><td>天文学系</td></tr>
<tr><td>工程与应用物理系</td></tr>
<tr><td colspan="2" rowspan="5">化学与材料科学学院</td><td>化学物理系</td></tr>
<tr><td>应用化学系</td></tr>
<tr><td>材料科学与工程系</td></tr>
<tr><td>化学系</td></tr>
<tr><td>高分子科学与工程系</td></tr>
<tr><td colspan="2" rowspan="4">工程科学学院</td><td>近代力学系</td></tr>
<tr><td>精密机械与精密仪器系</td></tr>
<tr><td>热科学和能源工程系</td></tr>
<tr><td>安全科学与工程系</td></tr>
<tr><td rowspan="7">信息与
智能学部</td><td rowspan="2">信息科学技术学院</td><td>电子工程与信息科学系</td></tr>
<tr><td>自动化系</td></tr>
<tr><td>计算机科学与技术学院</td><td></td></tr>
<tr><td>大数据学院</td><td></td></tr>
<tr><td>网络空间安全学院</td><td></td></tr>
<tr><td>微电子学院</td><td></td></tr>
<tr><td>软件学院</td><td></td></tr>
<tr><td colspan="2" rowspan="2">地球和空间科学学院</td><td>地球物理与空间科学技术系</td></tr>
<tr><td>地球化学与行星科学系</td></tr>
</table>

续表

<table>
<tr><th colspan="2">学部/学院</th><th>系</th></tr>
<tr><td rowspan="8">生命科学与医学部</td><td rowspan="4">生命科学学院</td><td>分子生物学与细胞生物学系</td></tr>
<tr><td>神经生物学与生物物理学系</td></tr>
<tr><td>系统生物学系</td></tr>
<tr><td>医药生物技术系</td></tr>
<tr><td>基础医学院</td><td></td></tr>
<tr><td>临床医学院</td><td></td></tr>
<tr><td>附属第一医院</td><td></td></tr>
<tr><td>生物医学工程学院</td><td></td></tr>
<tr><td colspan="2" rowspan="3">管理学院</td><td>工商管理系</td></tr>
<tr><td>管理科学系</td></tr>
<tr><td>统计与金融系</td></tr>
<tr><td colspan="2">公共事务学院</td><td></td></tr>
<tr><td colspan="2" rowspan="4">人文与社会科学学院</td><td>科技史与科技考古系</td></tr>
<tr><td>科技传播系</td></tr>
<tr><td>科技哲学系</td></tr>
<tr><td>心理学系(筹)</td></tr>
<tr><td colspan="2">马克思主义学院</td><td></td></tr>
<tr><td colspan="2">环境科学与工程系(直属)</td><td></td></tr>
<tr><td colspan="2" rowspan="3">核科学技术学院</td><td>加速器科学与工程物理系</td></tr>
<tr><td>等离子体物理与聚变工程系</td></tr>
<tr><td>核科学与工程系</td></tr>
<tr><td colspan="2">环境科学与光电技术学院(科教融合学院)</td><td></td></tr>
<tr><td colspan="2">材料科学与工程学院(科教融合学院)</td><td></td></tr>
<tr><td colspan="2">天文与空间科学学院(科教融合学院)</td><td></td></tr>
<tr><td colspan="2">纳米技术与纳米仿生学院(科教融合学院)</td><td></td></tr>
<tr><td colspan="2">应用化学与工程学院(科教融合学院)</td><td></td></tr>
<tr><td colspan="2">生物医学工程学院(苏州)(科教融合学院)</td><td></td></tr>
<tr><td colspan="2">能源科学与技术学院(科教融合学院)</td><td></td></tr>
<tr><td colspan="2">稀土学院(科教融合学院)</td><td></td></tr>
</table>

机关部门和直属单位

类别	名称
机关部门	党政办公室　机关党委　网络安全和信息化办公室(合署办公)
	党委组织部(党校)　党委统战部(合署办公)
	党委宣传部　新闻中心(合署办公)
	党委教师工作部　人力资源部(合署办公)
	党委学生工作部、学生工作处、党委人民武装部(合署办公)
	党委巡视工作办公室
	纪检监察机构
	发展和改革办公室　发展规划处(合署办公)
	研究生院(校学位委员会办公室)
	本科生院(含外语教学中心、体育教学中心、艺术教学中心)
	招生就业处
	教务处
	科研部
	科技成果转移转化办公室
	国际合作与交流部(含港澳台办公室)　国际学院(合署办公)
	对外联络与基金事务处(含教育基金会秘书处、校友总会秘书处)
	离退休干部工作处
	财务处
	审计处
	资产与后勤保障处
	基本建设处
	保卫与校园管理处　实验室安全办公室(合署办公)
	团委
	创新创业学院
	工会
	保密办公室
	北京教学与管理部

续表

类别	名称
直属单位	公共实验中心
	图书馆
	网络信息中心
	档案文博院
	出版社
	医院
	中科大资产经营有限责任公司
	基础教育集团
	饮食服务集团

国家级科研平台、校地合作机构

类别	名称
国家级科研平台	国家同步辐射实验室
	合肥微尺度物质科学国家研究中心
	火灾科学国家重点实验室
	核探测与核电子学国家重点实验室
	语音及语言信息处理国家工程研究中心
	类脑智能技术及应用国家工程实验室
	热安全技术国家地方联合工程研究中心
	大尺度火灾国际联合研究中心
	量子信息与量子科技前沿协同创新中心
	国家高性能计算中心(合肥)
	安徽蒙城地球物理国家野外科学观测研究站
校地合作机构	苏州高等研究院
	上海研究院
	北京研究院
	先进技术研究院
	国际金融研究院

各类委员会(非常设机构)及其成员名单

学术委员会

主任委员：潘建伟

副主任委员（按姓氏笔画排序）：

田志刚　郑永飞　赵政国

秘书长：罗喜胜

委员（按姓氏笔画排序）：

王　兵　孔　旭　石云里　龙世兵　卢建新　叶向东　申　勇
包信和　刘乃安　刘世勇　刘连新　杜江峰　李为民　李传锋
李向阳　李厚强　李智军　李嘉禹　杨　坚　杨金龙　吴　枫
吴恒安　吴　强　余玉刚　汪毓明　宋　伟　张世武　张和平
陆夕云　陆全明　陈仙辉　陈宇翱　陈初升　陈恩红　罗　毅
封东来　胡太忠　俞书宏　俞汉青　姚雪彪　秦礼萍　徐　飞
徐正元　龚流柱　盛　茂　程临钊　傅　尧　曾　杰　谢　毅
裴　刚　熊宇杰　薛　天

教学委员会

主任：包信和

副主任：周丛照

秘书长：曾长淦

委员（按姓氏笔画排序）：

丁泽军　卫　国　王　永　王荣森　王晓宏　石云里　卢征天　叶邦角
冯志华　朱平平　朱林繁　刘万东　刘海燕　刘　斌　汤俪瑾　许胤龙
孙　蓝　李震宇　杨周旺　宋卫国　陈发来　陈初升　陈　卿　欧阳毅
罗　毅　周正威　周学海　周根陶　单　革　胡太忠　胡水明　胡　兵
俞能海　袁业飞　顾乃杰　翁建平　黄　文　黄光明　龚兴龙　龚流柱
蒋　一　程　艺　傅　尧　雷久侯

第九届学位评定委员会

主任委员：包信和

副主任委员：潘建伟
秘 书 长：杨金龙
委　　员（按姓氏笔画排序）：

王俊峰 王强斌 古继宝 左 良 石云里 叶向东 田志刚
匡光力 刘 岗 刘乃安 刘文清 刘世勇 刘连新 刘建国
杜江峰 李向阳 李建刚 李嘉禹 杨 辉 杨小牛 吴 枫
吴宜灿 吴恒安 吴雪峰 余玉刚 汪毓明 宋 伟 张勇东
陆夕云 陈仙辉 陈华平 陈宇翱 陈学思 陈恩红 罗 毅
周荣斌 郑永飞 封东来 赵政国 俞书宏 俞汉青 姚华建
唐玉国 黄 文 龚流柱 常 进 葛均波 程临钊 舒歌群
曾长淦 谢 毅 窦贤康 褚家如 裴 刚 薛 天 魏玖长

第九届学位评定分委员会

数学学科学位分委员会

主　任：黄 文
副主任：胡太忠
委　员：王 毅 邓建松 叶向东 任广斌 李思敏 李嘉禹 杨亚宁 吴耀华
陈 卿 陈发来 欧阳毅 胡 森 麻希南

物理学学科学位分委员会

主　任：陈宇翱
副主任：周正威
委　员：王 沛 尹 民 叶邦角 朱林繁 朱 磊 李明哲 金 革 郑 坚
赵政国 段昌奎 袁军华 郭国平 彭新华 韩 良

化学与材料学科学位分委员会

主　任：刘世勇
副主任：邓兆祥 徐铜文
委　员：尤业字 刘 岗 闫立峰 江海龙 杨上峰 杨小牛 武晓君 胡水明
徐航勋 黄光明 黄伟新 龚流柱 熊宇杰

天文与空间科学学院学位分委员会

主　任：常 进
副主任：吴雪峰 赵 文
委　员：丁明德 王 永 王红池 王挺贵 王俊贤 韦大明 孔 旭 甘为群
史生才 朱永田 李向东 李 婧 杨 戟 吴德金 范一中 季江徽
季海生 周济林 郑宪忠 赵长印 赵海斌 袁业飞 徐 劲 崔向群
康 熙 傅燕宁 蔡一夫 薛永泉 戴子高

地学与环境学科学位分委员会

主　任：汪毓明

副主任：倪怀玮

委　员：仲　雷　刘晓东　刘　斌　李　锐　吴小平　陆全明　周根陶　周　鑫
郑永飞　赵子福　姚华建　谢周清　雷久侯

生命科学与医学学科学位分委员会

主　任：田志刚

副主任：薛　天

委　员：丁　勇　王育才　牛朝诗　叶山东　史庆华　白　丽　光寿红　朱　书
刘连新　刘海燕　刘新峰　沈佐君　张华凤　张效初　张　智　周荣斌
赵　忠　胡　兵　翁建平　程临钊　蔡　刚　臧建业　熊　伟　魏海明

临床医学学位评定分委员会

主　任：葛均波

副主任：刘连新　翁建平

委　员：王俊峰　王福生　牛朝诗　卞修武　田志刚　朱小玉　刘新峰　许戈良
孙敬武　周荣斌　周　颖　荚卫东　钱立庭　葛建军　侯凡凡　程临钊
臧建业　潘跃银　薛　天　魏海明

生物医学工程学位评定分委员会

主　任：周少华

副主任：唐玉国　赵　刚　王育才

委　员：王强斌　史国权　刘连新　杨洪波　邱本胜　武晓东　徐晓嵘　程临钊
褚家如　臧建业　潘挺睿　薛　天

力学与工程学科学位分委员会

主　任：吴恒安

副主任：刘乃安

委　员：刘明侯　刘　诚　李二强　杨立中　张和平　陆夕云　倪　勇　程文龙
褚家如　裴　刚

信息与智能学部学位分委员会

主　任：李向阳

副主任：张勇东

委　员：卫　国　王　永　龙世兵　刘发林　许胤龙　孙怡宁　李厚强　李智军
邱本胜　张燕咏　陈华平　陈欢欢　陈恩红　周学海　俞能海　康　宇

核科学与技术学科学位分委员会

主　任：封东来

副主任：庄　革

委　员：万宝年　王　群　韦世强　刘功发　李为民　李良彬　邹崇文　宋　礼
金　革　郑　坚　赵柱民　韩　良

管理科学与工商管理学科学位分委员会

主　任：余玉刚

副主任：吴　杰

委　员：古继宝　毕功兵　刘志迎　刘和福　杜少甫　杨　锋　吴　强　张　洪
郑泽敏　胡太忠　翁清雄

公共管理与人文学科学位分委员会

主　任：石云里

副主任：魏玖长

委　员：孔　燕　刘　文　刘桂建　关瑜桢　宋　伟　周荣庭　胡太忠　龚德才
屠　兢

微尺度物质科学国家研究中心学位分委员会

主　任：罗　毅

副主任：王　兵　陈　旸

委　员：叶树集　田长麟　刘乃乐　肖　翀　林子敬　郭　昌

科学岛分院学位委员会

主　任：刘建国

副主任：王俊峰

委　员：方志友　庄　革　刘文清　杜海峰　李建刚　吴　枫　吴宜灿　吴海信
汪国忠　宋云涛　郁　杰　周从照　赵南京　俞汉青　徐国盛　高理富
黄晨光

金属所学位分委员会

主　任：左　良

副主任：刘　岗

委　员：马秀良　王京阳　王俭秋　王镇波　戎利建　成会明　汤素芳　孙晓峰
李　昺　李　瑛　李殿中　杨上峰　肖伯律　吴欣强　张哲峰　张　健
陈星秋　金海军　宫　骏　雷家峰　谭丽丽　熊宇杰

长春应化所学位分委员会

主　任：杨小牛

副主任：陈学思

委　员：门永锋　王立民　王利祥　王宏达　王献红　曲晓刚　刘世勇　刘志强
李冰凌　杨向光　张所波　张洪杰　张新波　陈　全　姜　伟　徐国宝

徐维林　唐金魁　唐　涛　龚流柱　逯乐慧　韩艳春　韩福社

苏州纳米所学位分委员会

主　任：杨　辉
副主任：王强斌　王　永
委　员：刘　欣　孙　钱　李　炯　邸江涛　张子旸　张学同　张　珽　周小春
姜　江　徐　科　曾中明　裴仁军

管理人文类专业学位学位分委员会

主　任：古继宝
副主任：余玉刚　陈　伟　褚建勋
委　员：王占锋　石云里　叶五一　刘志迎　刘　庭　汤俪瑾　杨　辉　张增田
陈纪梁　周荣庭　周朝生　翁清雄　崔志坚　臧武芳

第(1)类工程类专业学位评定分委员会(专业类别：电子信息)

主　任：陈华平
副主任：康　宇
委　员：冯志华　孙方稳　孙　钱　李　婧　李　曦　陈　彦　陈恩红　周学海
高理富　龚　晨　崔峭晓　康　一

第(2)类工程类专业学位评定分委员会(专业类别：材料与化工、资源与环境、生物与医药)

主　任：龚流柱
副主任：廖伍平
委　员：王育才　王献红　方志友　戎利建　朱毅敏　刘贤伟　杨　晴　吴小平
汪志勇　汪国忠　张灵志　赵南京　姜　江　董文飞　谢品华

第(3)类工程类专业学位评定分委员会(专业类别：机械、能源动力)

主　任：裴　刚
副主任：张世武
委　员：庄　革　刘功发　刘明侯　李　辉　陈海波　郁　杰　徐国盛　黄宏宇

学校党建工作领导小组暨“两学一做”学习教育常态化制度化领导小组

(党组字〔2022〕14号)

组　长：舒歌群
副组长：蒋　一
成　员：王晓平　杜江峰　罗喜胜　傅　尧　吴　枫　周丛照　黄素芳　褚家如
领导小组下设办公室，办公室人员组成如下：
主　任：蒋　一
副主任：申成龙

办公室成员由党群各部门主要负责人组成。

领导小组一般每年召开两次工作会议，安排在第一季度和第四季度进行，可与季度书记调度会合并召开。

学校生物医学伦理委员会

(校科字〔2022〕14号)

主　　任：翁建平
常务副主任：沈佐君
委　　员（按姓氏笔画排序）：

王兴兵　王金金　王嘉倍　韦　炜　史庆华　孙业桓　严家凤
吴晓雯　钱若兵　唐丽琴　韩兴华　熊　伟　魏　昕

学校实验动物管理委员会

(校科字〔2022〕15号)

主　　任：薛　天
常务副主任：白　丽
委　　员（按姓氏笔画排序）：

王兴兵　王建川　史庆华　朱　书　张　智　周荣斌　胡　兵
唐丽琴　魏　昕　魏海明

学校干部工作小组

(党组字〔2022〕13号)

组　长：舒歌群
成　员：包信和　蒋　一　毕金初　申成龙

学校疫情防控暨应急处置工作领导小组、工作组成员

(党办字〔2022〕27号)

组　长：舒歌群　包信和
成　员：潘建伟　蒋　一　王晓平　杨金龙　杜江峰　罗喜胜　傅　尧　吴　枫
周丛照　黄素芳　褚家如　邓建松　薛　天　刘连新

一、综合组（领导小组办公室）

组　　长：蒋　一
副 组 长：王　伟　申成龙　朱霁平　孙方稳
责任单位：党政办公室、网络安全和信息化办公室、党委组织部、党委宣传部、发展

规划处、各院级党组织

二、学生工作组

组　　长：傅　尧

副 组 长：李　峰　杨晓果

责任单位：学生工作部(处)、研究生院、国际学院、团委

三、教学工作组

组　　长：周丛照

副 组 长：曾长淦　龚流柱　瞿　昆

责任单位：党委教师工作部、人力资源部、学生工作部(处)、研究生院、教务处、国际合作与交流部、网络信息中心

四、科研攻关组

组　　长：罗喜胜

副 组 长：薛　天　翁建平　黄　方　章　晨

责任单位：科研部、财务处、生命科学与医学部、附属第一医院、中国科学院临床研究医院(合肥)

五、校园管理与应急处置组

组　　长：王晓平

副 组 长：邓建松　章　晨　顾　韬　叶　征　方诗元　洪　军

责任单位：党政办公室、党委教师工作部、人力资源部、学生工作部(处)、研究生院、国际合作与交流部、对外联络与基金事务处、离退休干部工作处、财务处、资产与后勤保障处、基本建设处、保卫与校园管理处、附属第一医院、先进技术研究院、高新园区建设与管理委员会办公室、校医院、基础教育集团、饮食服务集团

学校高端人才工作领导小组

(校人字〔2022〕44号)

组　长：舒歌群　包信和

成　员：潘建伟　蒋　一　邓建松

学校离退休干部工作委员会

(党办字〔2022〕29号)

主　任：舒歌群

副主任：邓建松

成　员：党政办公室、党委组织部、人力资源部、财务处、资产与后勤保障处、离退休干部工作处、保卫与校园管理处、校工会、校医院、饮食服务集团负责人

学校关心下一代工作委员会

(党办字〔2022〕30 号)

主 任：舒歌群

副主任：邓建松 周先意

成 员：党委组织部、党委宣传部、学生工作部(处)、招生就业处、教务处、科研部、离退休干部工作处、团委、附中、幼儿园负责人，以及具有副高以上职称、身体健康、自愿积极参与关心下一代工作的离退休教职工代表

校关工委下设办公室，挂靠离退休干部工作处，离退休干部工作处相关负责人兼任办公室主任。

学校优秀人才引进委员会

(校人字〔2022〕43 号)

主 任：舒歌群 包信和

委 员(按姓氏笔画排序)：

邓建松 石云里 卢征天 叶向东 田志刚 刘乃安 刘世勇 刘 立
刘连新 杜江峰 李向阳 杨金龙 吴 枫 吴恒安 余玉刚 汪毓明
张勇东 陆夕云 陈仙辉 陈宇翱 陈秀雄 罗喜胜 罗 毅 周丛照
郑永飞 封东来 赵政国 俞书宏 俞汉青 徐正元 黄 文 蒋 一
程临钊 傅 尧 谢 毅 褚家如 潘建伟 薛 天 魏玖长

学校统一战线工作领导小组

(党统字〔2022〕22 号)

组 长：舒歌群

成 员：蒋 一 王晓平 杜江峰 罗喜胜 傅 尧 吴 枫 周丛照 黄素芳
褚家如 邓建松 薛 天

领导小组下设办公室，办公室设在党委统战部，办公室主任由褚家如同志兼任。学校定点帮扶工作领导小组下设办公室，挂靠党政办公室。

办公室人员组成如下：

各院级党组织书记；党政办公室、党委组织部、党委统战部、党委宣传部、党委教师工作部、党委学生工作部、研究生院、教务处、科研部、国际合作与交流部、保卫与校园管理处、团委主要负责人

学校民族宗教工作领导小组

（党统字〔2022〕23号）

组　长：舒歌群

成　员：蒋　一　王晓平　杜江峰　罗喜胜　傅　尧　吴　枫　周丛照　黄素芳　褚家如　邓建松　薛　天

办公室人员组成如下：

各院级党组织书记；党政办公室、党委组织部、党委统战部、党委宣传部、党委教师工作部、党委学生工作部、研究生院、教务处、科研部、国际合作与交流部、保卫与校园管理处、团委主要负责人

学校校园安全稳定暨防范化解重大风险领导小组

（党办字〔2022〕38号）

组　长：舒歌群　包信和

成　员：潘建伟　蒋　一　王晓平　杨金龙　杜江峰　罗喜胜　傅　尧　吴　枫　周丛照　黄素芳　褚家如　邓建松　薛　天

学校校园安全稳定暨防范化解重大风险领导小组下设办公室，挂靠党政办公室。

学校管理岗位设置与聘用委员会

（校人字〔2022〕59号）

主　任：邓建松

委　员（采取席位制）：

机关部门负责人、院级单位负责人，

教代会代表、教师代表

学校支撑岗位设置与聘用委员会

（校人字〔2022〕60号）

主　任：邓建松

委　员（采取席位制）：

相关职能部门负责人、院级单位负责人，

校学术委员会代表、校教学委员会代表

学校教学岗位设置与评议委员会

(校人字〔2022〕61号)

主　任：包信和
副主任：周丛照
秘书长：邓建松
委　员（采取席位制）：
相关职能部门负责人、有关学院分管教学工作的副院长，
校学术委员会代表、校教学委员会代表

学校科技成果“五元价值评价”试点工作领导小组、工作组

(校科字〔2022〕73号)

一、领导小组

组　长：舒歌群　包信和
成　员：潘建伟　蒋　一　王晓平　杨金龙　杜江峰　罗喜胜　傅　尧　吴　枫
周丛照　黄素芳　褚家如　邓建松　薛　天

二、工作组

组　　长：罗喜胜
副 组 长：黄　方
成员单位：
科研部、科技成果转移转化办公室、发展和改革办公室、人力资源部、研究生院、教务处、党委宣传部、图书馆、管理学院

工作组下设办公室，挂靠科研部，黄方兼任办公室主任。

学校学风与科研诚信建设领导小组

(校科字〔2022〕86号)

领导小组人员组成如下：
组　长：舒歌群　包信和
副组长：罗喜胜　邓建松
秘书长：黄　方
成　员：
科研部、学风与科研诚信建设办公室、党政办公室、党委宣传部、党委教师工作部、党委学生工作部、研究生院、教务处、国际合作与交流部负责人

学风与科研诚信建设办公室统筹协调学校学风与科研诚信建设工作。

学校智慧科大建设工作组

(校办字〔2022〕89 号)

组　　长：吴　枫

副 组 长：蒋　一　王晓平　杨金龙　杜江峰　罗喜胜　傅　尧　周丛照　黄素芳　褚家如　邓建松　薛　天

成员单位：党政办公室、网络安全和信息化办公室、党委组织部、党委宣传部、人力资源部、学生工作部(处)、发展规划处、研究生院、招生就业处、教务处、科研部、科技成果转移转化办公室、国际合作与交流部、对外联络与基金事务处、财务处、审计处、资产与后勤保障处、基本建设处、保卫与校园管理处、团委、创新创业学院、工会、图书馆、网络信息中心、档案文博院、饮食服务集团、苏州高等研究院、高新园区建设与管理委员会

智慧科大建设工作组下设办公室，挂靠网络信息中心，负责协调、保障和监督智慧校园的建设。

学校党委教师工作委员会

(党教字〔2022〕52 号)

主　任：舒歌群

副主任：邓建松

委　员(采取席位制)：

党政办公室、党委组织部、党委统战部、党委宣传部、党委教师工作部、学生工作部(处)、研究生院、教务处、科研部、国际合作与交流部、离退休干部工作处、团委、工会负责人

学校党委教师工作委员会下设办公室，挂靠党委教师工作部，统筹协调学校教师思想政治和师德师风建设工作，曾杰兼任办公室主任。

学校专项奖学金评审委员会

(校学字〔2022〕103 号)

主　任：包信和

副主任：傅　尧

委　员(采取席位制)：

学生工作部(处)、研究生院、教务处、对外联络与基金事务处、团委负责人，各院级单位行政负责人，教师代表

学校国家安全人民防线建设小组

(党办字〔2022〕61 号)

组　　长：舒歌群

副 组 长：蒋　一　王晓平　杜江峰　罗喜胜　傅　尧　吴　枫　周丛照　黄素芳　褚家如　邓建松　薛　天

成员单位：

党政办公室、党委组织部、党委宣传部、党委教师工作部、人力资源部、学生工作部(处)、研究生院、教务处、科研部、国际合作与交流部、保卫与校园管理处、保密办公室、马克思主义学院、苏州高等研究院、上海研究院、网络信息中心

学校国家安全人民防线建设小组下设办公室，挂靠保卫与校园管理处，顾韬兼任联络员、办公室主任。

学校安全工作委员会

(校保字〔2022〕119 号)

组　　长：舒歌群　包信和

成　　员：潘建伟　蒋　一　王晓平　杨金龙　杜江峰　罗喜胜　傅　尧　吴　枫　周丛照　黄素芳　褚家如　邓建松　薛　天

学校安全工作委员会下设工作小组，负责安全工作具体实施，工作小组人员组成如下：

组　　长：王晓平

成员单位：各院级党组织、机关各部门

工作小组下设办公室，挂靠保卫与校园管理处、实验室安全办公室，顾韬兼任办公室主任。

学校核与辐射安全管理委员会

(校实字〔2022〕114 号)

主　任：包信和

副主任：王晓平

成　员(按姓氏笔画排序)：

王　兵　刘华蓉　刘明侯　刘　斌　闫立峰　李良彬　张宪锋　陈卫东　陈向军　金长江　赵　钢　徐允河　黄　方　蒋诗平　褚建勋　魏海明

委员会下设办公室，挂靠保卫与校园管理处、实验室安全办公室，徐允河兼任办公室主任。

学校实验室安全管理领导小组、工作小组

(校实字〔2022〕115号)

一、领导小组

组　长：舒歌群　包信和

成　员：潘建伟　蒋　一　王晓平　杨金龙　杜江峰　罗喜胜　傅　尧　吴　枫
周丛照　黄素芳　褚家如　邓建松　薛　天

二、工作小组

组　长：王晓平

副组长：徐允河　闫立峰　魏海明　李良彬　侯中怀

成　员（按姓氏笔画排序）：

丁望斌　王　兵　古继宝　刘明侯　刘　斌　李震宇　杨保国　张文真
张和平　张宪锋　陈卫东　陈向军　赵　钢　姚子龙　顾　韬　徐宏力
黄　文　黄　方　龚流柱　章　晨　曾长淦　褚建勋

实验室安全管理根据专业领域和风险源分级分类，细分为危化品安全管理工作、生物安全管理工作、核与辐射安全管理工作3个专业小组。

1. 危化品安全管理工作专业小组

组　长：闫立峰

成　员（按姓氏笔画排序）：

王　兵　刘明侯　刘　斌　李良彬　张文真　张和平　陈卫东　陈向军
徐宏力　褚建勋　魏海明

2. 生物安全管理工作专业小组

组　长：魏海明

成　员（按姓氏笔画排序）：

马筱玲　牛立文　白　丽　朱　书　杨振业　肖卫华　张　智　周荣斌
胡　兵　臧建业

3. 核与辐射安全管理工作专业小组

组　长：李良彬

成　员（按姓氏笔画排序）：

王　兵　刘明侯　刘　斌　闫立峰　陈卫东　陈向军　金长江　褚建勋
魏海明

学校实验室安全管理工作小组下设办公室，挂靠保卫与校园管理处、实验室安全办公室，徐允河兼任办公室主任。

组　长：舒歌群　包信和

成　员：潘建伟　蒋　一　朱长飞　王晓平　杨金龙　杜江峰　罗喜胜　傅　尧
黄素芳　褚家如　吴　枫　周丛照

二、工作小组

组　长：蒋　一

副组长：罗喜胜

成　员（按姓氏笔画排序）：
王　伟　邓建松　申成龙　李　峰　杨定武　周　宇　黄　方　龚流柱
曾长淦　薛　天

学校安徽省第十五届运动会(高校部)领导工作组、代表团

(校办字〔2022〕131 号)

一、领导工作组

组　长：舒歌群　包信和

副组长：周丛照

成　员：曾长淦　韦巍巍　王　童　曾　文

二、代表团

团　长：周丛照

成　员：王　永　王　童　殷剑巍　唐　莉　崔　峡　曾　文

学校学生创新创业和成果转化行动计划“学生创新创业基金”领导小组、工作小组

(校办字〔2022〕154 号)

一、领导小组

组　长：舒歌群　包信和

成　员：潘建伟　蒋　一　王晓平　杨金龙　杜江峰　罗喜胜　傅　尧　吴　枫
周丛照　黄素芳　褚家如　邓建松　薛　天

领导小组负责全面领导、统筹实施“学生创新创业基金”。

二、工作小组

组　　长：周丛照

成员单位：

人力资源部、教务处、对外联络与基金事务处、财务处、资产与后勤保障处、团委、创新创业学院、资产经营有限责任公司、管理学院

工作小组负责制定实施细则、资金管理办法及相关管理制度，为学校创新创业人才培养、项目培育的模式创新、机制创新、制度创新提供政策、机制和条件保障。

工作小组下设办公室，挂靠创新创业学院，朱东杰兼任办公室主任。

学校“超级陶粲”装置建设领导小组、工作小组

(校科字〔2022〕190号)

一、领导小组

组　长：包信和

副组长：傅　尧

成　员：蒋　一　王晓平　杨金龙　杜江峰　黄素芳　邓建松

二、工作小组

组　长：傅　尧

副组长：孙方稳　黄　方　赵　钢　陈宇翱

成　员：赵政国　赵国飞　姚子龙　龚流柱　梁宏飞　彭海平　薛永泉　瞿　昆

学校档案工作委员会成员

(校办字〔2022〕211号)

主　任：舒歌群　包信和

副主任：杜江峰

成　员（按姓氏笔画排序）：

王　伟　王　兵　方黑虎　尹　红　邓建松　石礼忠　申成龙　朱霁平
孙方稳　李　峰　杨晓果　杨　锋　罗　毅　封东来　赵国飞　赵　钢
姚子龙　黄　方　龚流柱　蒋家杰　曾长淦　薛开平　瞿　昆

委员会下设办公室，挂靠档案文博院，方黑虎兼任办公室主任。

学校科技伦理委员会

(校科字〔2022〕222号)

主　　　任：杜江峰

常务副主任：薛　天

副　主　任：田志刚　吴　枫　刘连新

专 家 委 员（按姓氏笔画排序）：

左晓栋　杨上峰　沈佐君　陈小平　周荣斌　郑昌成　徐　飞　翁建平
穆　杨

部门委员：

王　伟　党政办公室
朱霁平　党委宣传部
查正军　人力资源部
孙方稳　发展规划处
龚流柱　研究生院
曾长淦　教务处
黄　方　科研部
瞿　昆　国际合作与交流部
徐允河　实验室安全办公室
安徽省科技厅科技伦理相关负责同志

部门委员由学校相关职能部门、安徽省科技厅科技伦理相关负责人组成，采取席位制，有关人员发生变动时即作相应调整，不再另行发文。

委员会下设办公室，办公室的具体工作由学风与科研诚信建设办公室负责。

第十届教代会会议有关机构

主席团

舒歌群　包信和　潘建伟　蒋　一　朱长飞　王晓平　杨金龙　杜江峰　毕金初
罗喜胜　黄素芳　褚家如　傅　尧　吴　枫　周丛照　刘万东　胡水明　杨基明
王　永　刘连新　古继宝　孙金华　马运生　王　伟　杨定武　李群祥　章　晨

常务主席

蒋　一

常务副主席

舒歌群　包信和　潘建伟　朱长飞　王晓平　杨金龙　杜江峰　毕金初　罗喜胜
黄素芳　褚家如　傅　尧　吴　枫　周丛照　李群祥　章　晨　王　永

秘书长

杨定武

提案工作委员会

主任委员：李群祥
副主任委员：尹　民
委　　员（按姓氏笔画排序）：
尹　民　朱　峰　华　蓓　李群祥　苟清龙　周根陶　倪向贵　郭　昌

盛　茂　尉　伟

劳动保障与福利工作委员会

主 任 委 员：章　晨
副主任委员：查正军　朱文婧
委　　　员（按姓氏笔画排序）：
王景赟　朱文婧　刘良宝　许　毓　李　娟　李　静　肖　翀　余年琴
张　璇　周　宇　查正军　袁国富　章　晨　彭新华

发展与规划工作委员会

主 任 委 员：王　永
副主任委员：申成龙
委　　　员（按姓氏笔画排序）：
王　永　王雨松　王细胜　申成龙　朱仁斌　刘志迎　刘利刚　闫文盛
陈聚涛　郑　坚　缪　泓

校部机关党政机构负责人名单

党　校

校　长	舒歌群（兼）
常务副校长	张　玲

纪律检查委员会

书　记	毕金初
副书记	杨　凡

党政办公室

主　任	王　伟
副主任	马　壮　王敬宇　彭　慧　唐　宁 邵　达（挂职）

机关党委

书　记	蒋　一（兼）
常务副书记	王　伟
副书记	唐　宁

网络安全和信息化办公室

主　任	王　伟

常务副主任 彭　慧
副主任 汪银生　薛开平

高新园区建设与管理委员会办公室

主　任 叶　征
副主任 朱洪超　何昊华

党委组织部

部　长 蒋　一(兼)
常务副部长 申成龙
副部长 燕京晶

党委统战部

部　长 褚家如

党委宣传部

部　长 傅　尧(兼)
常务副部长 朱霁平
副部长 汪银生　范　琼

新闻中心

主　任 朱霁平
副主任 汪银生　范　琼

党委教师工作部

部　长 邓建松

人力资源部

部　长 邓建松
副部长(师资队伍建设办公室主任) 查正军
副部长 梁宏飞　李方元

党委学生工作部

部　长 李　峰
副部长 万洪英　薛开平

学生工作处

处　长 李　峰
副处长 刘伟丰　金顺玉　郭　昌(挂职)

党委人民武装部

部　长 李　峰

副部长	刘伟丰

党委巡视工作办公室

副主任	汤　茜

纪检监察机构

办公室主任	郑红群
第一纪检监察室主任	瞿启发
综合业务室主任	陈晓伶

发展和改革办公室

副主任	申成龙

发展规划处

处　长	申成龙
常务副处长	孙方稳
副处长	李雅清

文科建设办公室

主　任	杜少甫

生命科学与医学建设办公室

主　任	陈代还

研究生院

院　长	杨金龙(兼)
常务副院长	龚流柱
副院长	倪　瑞　姚华建　李思敏　石　龙(挂职)

校学位委员会办公室

主　任	姚华建

综合与所系结合办公室

主　任	杜　进

培养办公室

主　任	万洪英

校学位委员会办公室

副主任	潘　楠

学科建设办公室

主　任	秦　进

招生办公室

主　任	朱玉春

本科生院

党工委第一书记	舒歌群(兼)
院　长	包信和(兼)
党工委书记	周从照(兼)
副院长	蒋　一(兼)　周从照(兼)　曾长淦
党工委常务副书记	曾长淦
办公室主任	曾长淦
办公室副主任	韦巍巍　王　童

招生就业处

处　长	杨　锋
副处长(招生办公室主任)	王浩波
副处长	陈伊翔(挂职)

教务处

处　长	曾长淦
副处长	韦巍巍　吴　强　钱　东(挂职)

科研部

部　长	黄　方
副部长	王　峰　许　旻　刘　静　薛永泉　沈　玮 陈　涛(挂职)

科技成果转移转化办公室

主　任	吴长征

国际合作与交流部

部　长	瞿　昆
副部长	蔡一夫　王　晨　程光磊(挂职)

国际学院

院　长	杜江峰(兼)

对外联络与基金事务处

处　长	周　宇
副处长	王奉超(挂职)

离退休干部工作处

处　长	刘　艳

副处长　　张　静

离退休干部党委

书　记　　刘　艳

财务处

处　长　　姚子龙
副处长　　俞向群　高维孝　路媛媛

审计处

处　长　　尹　红
副处长　　齐　鹏

资产与后勤保障处

处　长　　赵　钢
副处长　　赵永进　徐建烽

基本建设处

副处长　　方　春　赵国飞

保卫与校园管理处

处　长　　顾　韬
副处长　　曹学含　张宪锋

实验室安全办公室

常务副主任　　徐允河
副主任　　张宪锋　李　明(挂职)

团　委

书　记　　杨晓果
副书记　　赵　林　刘　淇(兼)

创新创业学院

院　长　　周丛照(兼)
常务副院长　　朱东杰
副院长　　李思敏　吴　强　刘　淇(兼)

工　会

主　席　　周丛照(兼)
常务副主席　　杨定武
副主席　　朱文婧　史明瑛(兼)

保密办公室

主　任	杨俊朋

北京教学与管理部

主　任	张鹏飞
副主任	赵　峰

学院、系、教学部党政负责人名单

少年班学院

院　长	卢征天
党总支书记	李震宇
副院长	李震宇　陈洪佳　王　杰(挂职)
党总支副书记	徐晶芝

数学科学学院

执行院长	黄　文
党委书记	左达峰
副院长	麻希南　王　毅　杨周旺　刘世平(挂职)
党委副书记	王　莉

物理学院

执行院长	陈宇翱
党委书记	陈向军
副院长	陈向军　徐　宁　韩　良　周正威　荣　星(挂职)
党委副书记	张永生　凌　锋

化学与材料科学学院

执行院长	刘世勇
党委书记	闫立峰
副院长	闫立峰　邓兆祥　杨上峰　武晓君　蒋　彬(挂职)
党委副书记	周小东　千　坤
化学系党总支书记	虞正亮

碳中和研究院

院　长	包信和(兼)
副院长	傅　尧(兼)　季恒星

工程科学学院

执行院长	吴恒安
党委书记	刘明侯
副院长	刘明侯　倪　勇　张世武　裴　刚　司　廷(挂职)
党委副书记	赵　凯　牟　玲

信息与智能学部

部　长	吴　枫(兼)
常务副部长	李向阳
党工委书记	陈卫东
副部长	陈卫东　张勇东　陈华平　陈恩红　龙世兵　俞能海　康　宇
党工委副书记	谭　勇　魏　英

信息科学技术学院

执行院长	张勇东
党委书记	陈卫东
副院长	李厚强　李　斌　李智军　朱祖勍(挂职)
党委副书记	董新美

计算机科学与技术学院

执行院长	李向阳
党委书记	徐宏力
副院长	徐宏力　张燕咏　孙广中　连德富(挂职)
党委副书记	宫晓梅

大数据学院

执行院长、党总支书记	陈恩红
党总支常务副书记	阳　思

网络空间安全学院

执行院长	俞能海
党总支书记	谭　勇

微电子学院

执行院长	龙世兵
党总支书记	朱云浩

软件学院

院　长	陈华平

党委书记 魏　英

地球和空间科学学院

执行院长 汪毓明
党委书记 刘　斌
副院长 刘　斌　倪怀玮　李　锐　陶　鑫(挂职)
党委副书记 熊　成

生命科学与医学部

部　长 程临钊
执行部长 周荣斌
党委书记 刘连新
党委常务副书记 魏海明
副部长 严　光　魏海明　翁建平　臧建业　胡　兵　白　丽(挂职)
党委副书记 张隆华

生命科学学院

执行院长 臧建业
党总支书记 陈聚涛

临床医学院

执行院长 翁建平
党总支书记 刘连新(兼)

基础医学院

执行院长 周荣斌
党总支书记 白　丽

管理学院

执行院长 叶　强
党委书记 古继宝
副院长 古继宝　吴　杰　张伟平　刘和福(挂职)
党委副书记 曾　皓

公共事务学院

执行院长 魏玖长
党委书记 丁望斌
副院长 丁望斌　陈　伟　芮　锋

党委副书记	蒋文娟(挂职)

人文与社会科学学院

执行院长	石云里
党委书记	褚建勋
党委副书记	王晓燕

马克思主义学院

执行院长	刘　立
党总支书记	杨保国
副院长	杨保国　汤俪瑾

环境科学与工程系(直属)

执行主任	俞汉青
党总支书记	张文真
副主任	花正双(挂职)

核科学技术学院

执行院长	封东来
党委书记	李良彬
副院长	庄　革　冷用斌　姚　涛(挂职)
党委副书记	余　芹　周　婷

未来技术学院

院　长	潘建伟(兼)
执行院长	罗　毅
副院长	陈　旸　徐　宁　周正威　彭新华

苏州高等研究院

院　长	杜江峰(兼)
党委书记、执行院长	褚家如(兼)
党委常务副书记	屠　兢
副院长	屠　兢　倪　瑞
科研部部长	李　俊

上海研究院

执行院长	陆朝阳
党委书记	陈良高
副院长	吕冰涛

先进技术研究院

党委第一书记　　傅　尧（兼）
院　长　　吴　枫（兼）
执行院长　　康　宇
党委书记　　叶　征
副院长　　叶　征　李兴权　刘辉灿

重点科研机构负责人名单

国家同步辐射实验室

主　任　　封东来
党委书记　　李良彬
副主任　　李良彬　冯光耀　刘啸嵩　冷用斌
党委副书记　　余　芹　周　婷

合肥微尺度物质科学国家研究中心

主　任　　罗　毅
党委书记　　王　兵
副主任　　王　兵　侯中怀　刘乃乐　肖　翀（挂职）
党委副书记　　孙　梅

火灾科学国家重点实验室

主　任　　刘乃安
党委书记　　张和平
副主任　　纪　杰　胡隆华　肖华华（挂职）

中国科学院量子信息与量子科技创新研究院综合管理部

主　任　　刘乃乐
常务副主任　　王敬宇
行政办公室主任　　宋　策

其他单位负责人名单

图书馆

常务副馆长	宁　劲
副馆长	汪忠诚　樊亚芳

网络信息中心

党支部书记、主任	薛开平
副主任	李会民　夏玉良
党支部副书记	兰　宇

档案文博院

执行院长	方黑虎
副院长	兰　荣

图书网络档案联合党总支

书　记	薛开平

出版社

党工委常务副书记、党总支书记	蒋家杰
常务副总编辑	李攀峰
副社长	李芳宇
副社长	裴　旭
副总编辑	孔庆勇
党总支副书记	于秀梅

医　院

院　长	方诗元
直属党支部书记	金长江

中科大资产经营有限责任公司

总　裁	王　兵
党工委常务副书记、党支部书记	王　峰
副总裁、财务总监	张　岚
副总裁	陈　超

基础教育集团

党委书记、主任	马运生

副主任 徐 磊 汤 胜

附属中学

校 长 汤 胜
党总支书记 汤 胜

饮食服务集团

直属党支部书记、总经理 洪 军
副总经理 徐 燕 彭 政

附属第一医院

党委书记、副院长 刘连新
院 长 葛均波
党委副书记、执行院长 严 光
党委副书记、纪委书记 黄超群
党委副书记 刘 军
副院长 翁建平
副院长 刘新峰
党委委员，副院长 石礼忠
党委委员，副院长、西区（安徽省肿瘤医院）院长 钱立庭
副院长 虞德才
党委委员，副院长 孙敬武
党委委员，总会计师 操礼庆
党委委员，安徽省老年医学研究所所长、工会主席 储晓红
副院长 方诗元
副院长 施 炯
党委委员、南区党委书记、科研处处长 尹大龙
党委委员、医务处处长 郑昌成
党委委员、党委组织部部长 李 矗

担任各级人大代表、政协委员以及各民主党派重要职务等人员名单

第十四届全国人大代表

方诗元 印 娟 包信和（常委） 俞书宏 郭国平

安徽省第十四届人大代表

王育才 徐铜文（常委） 徐 宁

合肥市第十七届人大代表 陈艳霞 陈 旸（常委） 倪怀玮（常委） 倪向贵
包河区第五届人大代表 毛 竹
蜀山区第五届人大代表 汪 铭
庐阳区第五届人大代表 史亚英

第十四届全国政协委员 郑永飞（常委） 杨金龙 翁建平 潘建伟 陈仙辉 刘连新

安徽省第十三届政协委员

褚家如 王 兵 汪毓明 王 成（常委） 郑永飞（副主席） 倪怀玮（常委）
宋 礼 冯光耀 杨金龙（常委） 刘乃安（常委） 范西真 吴 东 朱祖勍
张志宏 潘建伟（常委） 陆朝阳（常委） 刘世勇 姚华建 熊 伟 陈发来

合肥市第十五届政协委员 张世武 余玉刚 许 旻
包河区第五届政协委员 陈家富（副主席） 丁锦文（常委） 潘 洋

安徽省人民政府参事 刘万东 安 虹
安徽省文史研究馆馆员 史玉民
安徽省政府参事室特约研究员 陈恩红 吴 枫

中国国民党革命委员会第十四届中央委员会委员、安徽省第十四届委员会副主任委员 郭国平
中国民主同盟第十三届中央委员会常委、安徽省第十四届委员会主任委员 郑永飞
中国民主同盟第十三届中央委员会委员、安徽省第十四届委员会副主任委员 倪怀玮
中国农工民主党第十七届中央委员会常委、安徽省第十二届委员会主任委员 杨金龙
中国农工民主党第十七届中央委员会委员、安徽省第十二届委员会副主任委员 方诗元
九三学社第十五届中央副主席、安徽省第十二届委员会主任委员 潘建伟
九三学社第十五届中央委员会委员、安徽省第十二届委员会副主任委员 陆朝阳 翁建平
中国民主同盟安徽省第十四届委员会委员 宋 礼
中国民主建国会安徽省第十届委员会常委 徐铜文
中国民主促进会安徽省第九届委员会委员 冯光耀 张世武
中国农工民主党安徽省第十二届委员会副主任委员 刘乃安
中国致公党安徽省第七届委员会委员 吴 东
九三学社安徽省第十二届委员会委员 徐 宁

中国民主同盟合肥市第十二届委员会主任委员 倪怀伟

中国国民党革命委员会科大支部主委	郭国平
中国民主同盟科大基层委员会主委	倪怀玮
中国民主建国会科大支部主委	徐铜文
中国民主促进会科大支部主委	冯光耀
中国农工民主党科大支部主委	刘乃安
中国致公党科大支部主委	吴　东
九三学社科大基层委员会主委	王　永
校党外知识分子联谊会会长	陈仙辉
安徽省侨联第七届委员会副主席	褚家如
中国科大侨联主席	汪　箭
安徽省党外知识分子联谊会第三届理事会会长	包信和
安徽欧美同学会(安徽留学人员联谊会)第一届理事会会长	潘建伟
中国科大欧美同学会(留学人员联谊会)第一届理事会会长	杨金龙

八、学科专业

中国科学技术大学院系及本科专业设置一览表

（从2021级开始执行）

学院	系	专业	专业代码 学位门类
少年班学院 (000)			
数学科学学院 (001)	数学系(045) 概率统计系(047)	数学与应用数学	070101(理)
	计算与应用数学系(046)	信息与计算科学	070102(理)
物理学院 (203)	物理系(002) 近代物理系(004) 天文学系(022) 光学与光学工程系(038) 工程与应用物理系(048)	物理学 应用物理学 天文学 光电信息科学与工程	070201(理) 070202(理) 070401(理) 080705(理)
管理学院 (204)	工商管理系(015)	工商管理 信息管理与信息系统	120201K(管) 120102(管)
	管理科学系(016)	管理科学	120101(管)
	统计与金融系(017)	金融学 统计学	020301K(经) 071201(理)
化学与 材料科学学院 (206)	化学物理系(003) 化学系(019)	化学	070301(理)
	材料科学与工程系(014)	材料物理 材料化学	080402(理) 080403(理)
	高分子科学与工程系(020)	高分子材料与工程	080407(工)
地球和 空间科学学院 (208)	地球物理与空间科学技术系(071)	地球物理学 大气科学 空间科学与技术	070801(理) 070601(理) 070802(理)
	地球化学与行星科学系(072)	地球化学 环境科学	070902(理) 082503(理)

续表

学院	系	专业	专业代码 学位门类
工程科学学院 (209)	近代力学系(005)	理论与应用力学	080101(理)
	精密机械与精密仪器系(009)	机械设计制造及其自动化 测控技术与仪器	080202(工) 080301(工)
	热科学和能源工程系(013)	能源与动力工程	080501(工)
	安全科学与工程系(030)	安全工程	082901(工)
人文与 社会科学学院 (211)	外语系(018)	英语	050201(文)
	科技史与科技考古系(024)	考古学	060103(史)
	科技传播系(025)	传播学 网络与新媒体	050304(文) 050306T(文)
核科学技术学院 (214)	加速器科学与工程物理系(051) 等离子体物理与聚变工程系(052) 核科学与工程系(053)	核工程与核技术 工程物理 应用物理学	082201(工) 082203(工) 070202(理)
环境科学与工程系 (240)	环境科学与工程系(240)	环境科学与工程	082501(工)
未来技术学院 (999)	未来技术学院(999)	量子信息科学	070206T(理)
生命科学与医学部(910)			
生命科学学院 (207)	分子生物学与细胞生物学系(008) 神经生物学与生物物理学系(021) 系统生物学系(031) 医药生物技术系(032)	生物科学 生物技术	071001(理) 071002(理)
临床医学院(913)	临床医学院(913)	临床医学	100201K(医)
信息与智能学部(920)			
信息科学技术学院 (210)	电子工程与信息科学系(006)	电子信息工程 通信工程	080701(工) 080703(工)
	自动化系(010)	自动化	080801(工)
	人工智能专业(026)	人工智能	080717T(工)
计算机科学 与技术学院 (215)	计算机科学与技术系(011)	计算机科学与技术 软件工程	080901(工) 080902(工)

续表

学院	系	专业	专业代码 学位门类
微电子学院(219)	微电子学院(219)	电子科学与技术	080702(工)
网络空间安全学院(221)	网络空间安全学院(221)	信息安全	080904K(工)
大数据学院(229)	大数据学院(229)	数据科学与大数据技术	080910T(理)
		45 个本科专业	

一级学科博士、硕士学位授权点

序号	学科门类 代码名称	一级学 科代码	一级学科名称	授权 层次	授权批次
1	01 哲学	0101	哲学	博士	2011.03.03
2	03 法学	0301	法学	硕士	2011.03.03
3		0305	马克思主义理论	硕士	2020.03.30
4	05 文学	0503	新闻传播学	硕士	2006.01.25
5	06 历史学	0601	考古学	硕士	2018.03.22
6	07 理学	0701	数学	博士	1996.04.15
7		0702	物理学	博士	1998.06.19
8		0703	化学	博士	1998.06.19
9		0704	天文学	博士	2011.03.03
10		0706	大气科学	硕士	2006.01.25
11		0708	地球物理学	博士	1998.06.19
12		0709	地质学	博士	2011.03.03
13		0710	生物学	博士	2000.12.28
14		0712	科学技术史	博士	1998.06.19
15		0713	生态学	博士	2011.08.05
16		0714	统计学	博士	2011.08.05

续表

序号	学科门类代码名称	一级学科代码	一级学科名称	授权层次	授权批次
17	08 工学	0801	力学	博士	1998.06.19
18		0802	机械工程	硕士	2018.03.22
19		0803	光学工程	博士	2016.09.23
20		0804	仪器科学与技术	博士	2003.07.01
21		0805	材料科学与工程	博士	2003.07.01
22		0807	动力工程及工程热物理	博士	2003.07.01
23		0809	电子科学与技术	博士	2000.12.28
24		0810	信息与通信工程	博士	1998.06.19
25		0811	控制科学与工程	博士	2003.07.01
26		0812	计算机科学与技术	博士	2000.12.28
27		0817	化学工程与技术	博士	2019.05.06
28		0827	核科学与技术	博士	2000.12.28
29		0830	环境科学与工程	博士	2006.01.25
30		0831	生物医学工程	博士	1998.06.19
31		0835	软件工程	硕士	2011.08.05
32		0837	安全科学与工程	博士	2011.08.05
33		0839	网络空间安全	博士	2016.01.28
34	10 医学	1002	临床医学	博士	2020.03.30
35	12 管理学	1201	管理科学与工程	博士	1998.06.19
36		1202	工商管理	博士	2006.01.25 2011.03.03
37		1204	公共管理	硕士	2006.01.25
38	14 交叉学科	1401	集成电路科学与工程	博士	2022.07.12
39		9901	量子科学与技术	博士	2021.10.26
40		9902	人工智能	博士	2022.07.12

专业学位授权点

序号	专业类别代码	专业类别名称	授权层次	批准时间
1	0251	金融	硕士	2010
2	0252	应用统计	硕士	2010
3	0351	法律	硕士	2009
4	0551	翻译	硕士	2010
5	0552	新闻与传播	硕士	2010
6	0651	文物与博物馆	硕士	2010
7	0854	电子信息	硕士、博士	2019
8	0855	机械	硕士、博士	2019
9	0856	材料与化工	硕士、博士	2019
10	0857	资源与环境	硕士、博士	2019
11	0858	能源动力	硕士、博士	2019
12	0860	生物与医药	硕士	2019
13	1052	临床医学	硕士、博士	2022
14	1251	工商管理	硕士	1996
15		高级管理人员工商管理硕士(EMBA)	硕士	2009
16	1252	公共管理	硕士	2000
17	1256	工程管理	硕士	2010

附件

工程硕士、博士专业学位授权点对应调整关系表

序号	原授权工程领域层次	原授权工程领域（名称及代码）	对应调整后类别名称	对应调整后类别代码
1	工程硕士	光学工程(085202) 仪器仪表工程(085203) 电子与通信工程(085208) 集成电路工程(085209) 控制工程(085210) 计算机技术(085211) 软件工程(085212) 生物医学工程(085230)	电子信息	0854
2	工程硕士	机械工程(085201)	机械	0855
3	工程硕士	材料工程(085204) 化学工程(085216)	材料与化工	0856
4	工程硕士	地质工程(085217) 安全工程(085224) 环境工程(085229)	资源与环境	0857
5	工程硕士	动力工程(085206) 核能与核技术工程(085226)	能源动力	0858
6	工程硕士	生物工程(085238)	生物与医药	0860
7	工程硕士	项目管理(085239) 物流工程(085240) 工程管理(1256)	工程管理	1256
8	工程博士	电子与信息(0852b01)	电子信息	0854
9	工程博士	电子与信息(0852b01)	机械	0855
10	工程博士	电子与信息(0852b01)	材料与化工	0856
11	工程博士	能源与环保(0852b04)	资源与环境	0857
12	工程博士	能源与环保(0852b04)	能源动力	0858

根据《国务院学位委员会关于下达工程硕士、博士专业学位授权点对应调整名单的通知》(学位〔2019〕5 号)文件，2019 年招生及已入学的工程硕士、工程博士研究生仍按调整前的工程领域进行培养和学位授予。自 2020 年起，按照调整后的专业学位类别进行招生、培养和学位授予。

博士后科研流动站学科

一级学科	二级学科	设站时间
数学科学学院		
数　　学	基础数学	1985.11
	计算数学	
	应用数学	
	运筹学与控制论	
物 理 学 院		
物　理　学	理论物理	1985.11
	粒子物理与原子核物理	
	原子与分子物理	
	等离子体物理	
	凝聚态物理	
	生物物理	
天　文　学	天体物理	1985.11
电子科学与技术	物理电子学	1999.2
	微电子学与固体电子学	
核科学与技术	核能科学与工程	2001.3
光学工程	光学工程	未设站
量子科学与技术		未设站
化学与材料科学学院		
化　　学	无机化学	1996.2
	分析化学	
	有机化学	
	物理化学(含化学物理)	
	高分子化学与物理	
	可再生洁净能源	
	应用化学	
	纳米化学	
	单分子化学	

续表

一级学科	二级学科	设站时间
材料科学与工程	材料物理与化学	2003.10
	材料学	
	材料加工工程	
环境科学与工程系		
环境科学与工程	环境科学	2009.9
	环境工程	
人文与社会科学学院		
科学技术史	科学技术史	2003.10
哲　　学	中国哲学 *	未设站
	科学技术哲学	
地球和空间科学学院		
地　质　学	地球化学	2001.3
地球物理学	固体地球物理学	2003.10
	空间物理学	
	空间环境科学	
大气科学 *	气象学 *	未设站
	大气物理学与大气环境 *	
火灾科学国家重点实验室		
矿业工程	安全技术及工程	2009.9
国家同步辐射实验室		
核科学与技术	核技术及应用	2001.3
	核能科学与工程	
	同步辐射及应用	
	辐射防护及环境保护	
合肥微尺度物质科学国家研究中心		
物理学	粒子物理与原子核物理	1985.11
	原子与分子物理	
化　　学	无机化学	1996.2
	分析化学	
	有机化学	
	纳米化学	

续表

<table>
<tr><th>一级学科</th><th>二级学科</th><th>设站时间</th></tr>
<tr><td>材料科学与工程</td><td>材料物理与化学</td><td>2003.10</td></tr>
<tr><td>生物学</td><td>生物化学与分子生物学</td><td>1995.2</td></tr>
<tr><td colspan="3">核科学技术学院</td></tr>
<tr><td rowspan="2">核科学与技术</td><td>核技术及应用</td><td rowspan="2">2001.3</td></tr>
<tr><td>核能科学与工程</td></tr>
<tr><td colspan="3">生命科学学院</td></tr>
<tr><td rowspan="7">生　物　学</td><td>生物化学与分子生物学</td><td rowspan="7">1995.2</td></tr>
<tr><td>生物物理学</td></tr>
<tr><td>神经生物学</td></tr>
<tr><td>遗传学</td></tr>
<tr><td>细胞生物学</td></tr>
<tr><td>结构生物学</td></tr>
<tr><td>生物信息学</td></tr>
<tr><td>生态学</td><td></td><td>未设站</td></tr>
<tr><td colspan="3">临床医学院</td></tr>
<tr><td>临床医学</td><td></td><td>未设站</td></tr>
<tr><td colspan="3">工程科学学院</td></tr>
<tr><td rowspan="7">力　　学</td><td>固体力学</td><td rowspan="7">1991.6</td></tr>
<tr><td>流体力学</td></tr>
<tr><td>工程力学</td></tr>
<tr><td>生物工程力学</td></tr>
<tr><td>材料力学与设计</td></tr>
<tr><td>微系统力学</td></tr>
<tr><td>工程安全与防护技术</td></tr>
<tr><td rowspan="6">动力工程及
工程热物理</td><td>工程热物理</td><td rowspan="6">1991.6</td></tr>
<tr><td>热能工程</td></tr>
<tr><td>动力机械及工程</td></tr>
<tr><td>流体机械及工程</td></tr>
<tr><td>制冷及低温工程</td></tr>
<tr><td>化工过程机械</td></tr>
</table>

续表

一级学科	二级学科	设站时间
仪器科学与技术	精密仪器及机械	2012.6
	测试计量技术及仪器	
信息科学技术学院		
电子科学与技术	物理电子学	1999.2
	电路与系统	
	微电子学与固体电子学	
	电磁场与微波技术	
信息与通信工程	通信与信息系统	2001.3
	信号与信息处理	
	信息安全	
控制科学与工程	模式识别与智能系统	2003.10
	检测技术与自动化装置	
	系统工程	
	控制理论与控制工程	
	导航、制导与控制	
	网络传播系统与控制	
	信息获取与控制	
生物医学工程		未设站
网络空间安全学院		
网络空间安全		未设站
计算机科学与技术学院		
计算机科学与技术	计算机系统结构	2001.3
	计算机软件与理论	
	计算机应用技术	
	信息安全	
管 理 学 院		
管理科学与工程	管理科学与工程	2003.10
	金融工程	
统计学	概率论与数理统计	2019.9

续表

一级学科	二级学科	设站时间
工商管理	会计学	未设站
	企业管理	
附属第一医院(省级工作站)		
		2018.9
苏州高等研究院(国家级工作站)		
		2015.9
国际金融研究院(国家级工作站)		
		2022.10
先进技术研究院(国家级工作站)		
		2020.11

九、教学与人才培养

本科学生人数

（截至2022年12月）

单位：人

类别 项目	毕业生数	招生数	在校生数
总计	1850	1945	7736
经济学	55		186
文学	20		38
管理学	19	101	95
理学	1036	1181	3974
工学	720	663	3443

在校研究生人数

（截至2022年12月31日）

单位：人

序　号	类　　别	在校生数
1	全日制博士生	9667
2	工程博士生	1386
3	全日制学术型硕士生	7842
4	全日制专业学位硕士生	8710
5	同等学力博士生	158
6	非全日制专业学位硕士生	2200
合　　计		29963

中国科学院优秀博士学位论文名录

年份	姓　名	学位论文题目	一级学科代码	一级学科名称	导师姓名
2022	翟晓雅	增材制造中的结构设计与路径规划问题	0701	数学	陈发来
2022	孙　辉	光晶格中的多体自旋系统的实验研究	0702	物理学	苑震生
2022	杨　犇	埃级分辨的单分子拉曼和光致发光成像研究	0702	物理学	董振超
2022	郭　钰	多模式耦合的量子纠缠实验研究	0702	物理学	柳必恒
2022	谢天宇	超越量子极限的介观磁共振探测	0702	物理学	杜江峰
2022	余友杰	路易斯碱-硼自由基促进的脱硫和脱氟官能团化反应研究	0703	化学	汪义丰
2022	叶　盛	蛋白质分子光谱的理论模拟与人工智能预测	0703	化学	江　俊
2022	胡维达	宇宙再电离时期的莱曼阿尔法星系：搜寻及其性质研究	0704	天文学	王俊贤
2022	张沛锦	太阳射电暴源的观测和辐射传播模拟	0708	地球物理学	王传兵
2022	朱　霞	中央杏仁核-丘脑束旁核神经环路参与慢性痛行为的调控	0710	生物学	张　智
2022	安　楷	昼夜节律门控的皮层下环路调控夜间光诱发的小鼠抑郁样行为	0710	生物学	薛　天
2022	王　启	浮力驱动湍流的数值模拟与理论研究	0801	力学	孙德军
2022	吴开金	“矛与盾”式生物竞争启发的高性能结构多尺度力学设计方案	0801	力学	倪　勇
2022	钱希堂	二维材料薄膜的离子输运行为研究	0805	材料科学与工程	任文才
2022	洪艺伦	新型二维层状过渡金属硅氮化合物的制备与物性研究	0805	材料科学与工程	任文才
2022	王　宁	面向高效视频目标跟踪的模型学习、压缩与集成	0810	信息与通信工程	周文罡
2022	何　群	基于同步辐射 X-ray 吸收谱的电催化材料设计与反应机理研究	0827	核科学与技术	宋　礼

续表

年份	姓　名	学位论文题目	一级学科代码	一级学科名称	导师姓名
2022	刘轶男	细菌界面作用过程的微观解析	0830	环境科学与工程	刘贤伟
2022	黄贵祥	活化过一硫酸盐去除有机污染物的双金属催化剂的结构设计和优化调控	0830	环境科学与工程	俞汉青
2022	郑圣明	供应链视角下的捆绑销售和自有品牌策略研究	1201	管理科学与工程	余玉刚

中国科学技术大学优秀博士学位论文名单

序号	姓　名	论文题目	一级学科	导师姓名
1	要宇馨	高效高精度几何配准	数学	张举勇
2	张　驰	侧信道安全和双场量子密钥分发实验研究	物理学	潘建伟 张　强
3	杨　木	基于光学人工合成维度的量子模拟	物理学	许金时 李传锋
4	郝超杰	银河系中的疏散星团及其揭示的旋臂结构演化	天文学	徐　烨 武振宇
5	张雅倩	镍催化的不对称氢官能团化合成磷、硫手性中心化合物	化学	张清伟
6	黄慧娟	基于三维网络结构设计的钠/钾二次电池正负极材料及储能机制	材料科学与工程	余　彦
7	张文卿	金属-半导体复合纳米结构设计及其光驱动甲烷转化应用研究	化学	熊宇杰 龙　冉
8	郭智妍	双金属氧化物的类芬顿协同催化机制及调控	环境科学与工程	李文卫
9	毕钲发	人工智能三维地震解释与地质建模方法研究	地球物理学	伍新明
10	胥月丽	MC5R 在肿瘤髓系造血及免疫抑制中的作用及机制探究	生物学	周荣斌
11	沈嘉伟	光调控血糖代谢和棕色脂肪产热的神经机制研究	生物学	薛　天

续表

序号	姓　名	论文题目	一级学科	导师姓名
12	马雨轩	不同对流效应下导线火蔓延及熄灭动力学机制	安全科学与工程	胡隆华
13	朱玉东	微纳米尺度弹性吸附自洽模型和界面强/弱化机制	力学	郑志军 黄晨光
14	宋智莹	多种新型组合结构直膨式光伏热泵的光电热性能研究	动力工程及工程热物理	季　杰
15	胡鹤臻	融合手型先验的智能手语理解	信息与通信工程	周文罡 李厚强
16	董潇逸	深度学习模型的对抗防御鲁棒性	网络空间安全	俞能海 张卫明
17	魏世强	钒族储能材料的原位同步辐射研究	核科学与技术	宋　礼
18	陆　伟	面向直播新零售的渠道引入和信息共享策略研究	管理科学与工程	吴　杰
19	郑立玄	新型拓扑材料中电子关联效应的核磁共振研究	物理学	吴　涛
20	李　希	基于锂-镝量子简并气体的量子模拟研究	物理学	姚星灿
21	彭凌子	铜催化α-季碳氨基酸类化合物的不对称合成研究	化学	郭　昌
22	罗　喆	湖南出土两周时期铜器的科技分析与研究：以越式、楚式铜器为中心	科学技术史	范安川 金正耀
23	王佩瑶	镍钴基双金属氮化物材料制备及储锂性能研究	材料科学与工程	赵邦传
24	陆志远	先进仿星器磁体物理优化设计研究	物理学	徐国盛
25	张明阳	微观三维互穿结构金属仿生材料设计、制备与性能研究	材料科学与工程	张哲峰 刘增乾
26	宫风辉	铁电氧化物中极性拓扑结构的构筑及其像差校正电子显微学研究	材料科学与工程	唐云龙 马秀良
27	王志诚	高安全高性能锂金属二次电池的电解液研究	化学	吴晓东
28	马筱一	基于金纳米颗粒/二氧化锰纳米片生物传感器的构建及其性能研究	生物医学工程	缪　鹏
29	孙小萱	基于酶生物燃料电池的可持续能量转化及自	化学	董绍俊
30	胡小强	多策略调控的α-二亚胺催化剂及其在乙烯(共)聚合中的应用	化学	简忠保

国家级课程思政示范课程、教学名师和团队一览表

序号	课程思政示范课程	课程思政教学名师和团队	公布时间
1	工程科学实践	叶回春　倪向贵　刘志刚　胡衍雷　许　旻　袁小平　胡　杨　郑　航	2021
2	并行计算	孙广中　徐　云　郑启龙　吕　敏	2021
3	群决策	杨　锋　苟清龙　昂　胜　杜少甫　吴　杰	2021

首届全国教材建设奖一览表

序号	获奖类别	获奖教材/单位/个人	出版社	公布时间
1	全国优秀教材(高等教育类)二等奖	《高等渗流力学(第3版)》/孔祥言	中国科学技术大学出版社	2021
2	先进集体	中国科学技术大学/物理学院		2021
3	先进个人	史济怀		2021
4	先进个人	张永德		2021

教学实验室一览表

所属单位	实验室名称
物理学院实验教学中心	物理学专业基础实验室(5级)
	凝聚态物理专业实验室
	微电子学专业实验室
	生物物理专业实验室
	光信息科学与技术专业实验室
	核与粒子物理专业实验室

续表

所属单位	实验室名称
物理学院 实验教学中心	物理电子学专业实验室
	量子信息科学专业基础实验室(5 级)
	核电子学专业实验室
	等离子体物理专业实验室
	天文物理专业实验室
	大学物理-基础物理实验室(一级)
	大学物理-综合物理实验室(二级)
	大学物理-现代技术物理实验室(三级)
	大学物理-研究性物理实验室(四级)
	大学物理-自主设计制作实验室
	大学物理- IYPT 科技创新实验室
	大学物理-力学演示实验室
	大学物理-电磁学演示实验室
	大学物理-光学演示实验室
化学与材料科学学院 实验教学中心	普通化学实验室
	无机化学实验室
	分析化学实验室
	有机化学实验室
	物理化学实验室
	化学工程实验室
	仪器分析实验室
	中级有机化学实验室
	化学物理基础教学实验室
	材料科学基础教学实验室
	高分子物理实验室
	高分子化学实验室
	高级分析化学实验室
	化学生物学实验室
	分子模拟计算实验室

续表

所属单位	实验室名称
生命科学学院 实验教学中心	数字显微网络互动实验室
	普通生物学实验室
	遗传与微生物学实验室
	生物化学与分子生物学实验室
	生理学与神经生物学实验室
	细胞生物学实验室
	高级显微镜实验室
	创新研究型生物学实验室
	虚拟仿真教学实验室
	分子医学与免疫学教学实验室
	人体机能学教学实验室
	医学形态学教学实验室
	病原生物学教学实验室
	放射性同位素实验室
	GMP 中试车间
	西双版纳实习基地
	鹞落坪实习基地
工程科学学院 工程科学实验教学中心	力学基础实验室
	机械与测控实验室
	热科学基础实验室
	计算机辅助工程实验室
	工程实践中心
	创新实践基地
信息科学技术学院 实验教学中心	计算机软件与系统实验教学平台
	电路与系统实验教学平台
	专业实验教学平台
	综合创新实验教学平台
计算机科学与技术学院	网络实验室
	创新实验室
	通用软硬件实验室
	实验教学资源云化平台

续表

所属单位	实验室名称
地球与空间科学学院实验教学中心	岩矿物性实验室
	野外地球物理勘探实验室
	地球物理数值模拟实验室
	大气物理探测实验室
	激光雷达探测实验室
	空间等离子体物理实验室
	岩石成分分析实验室
	岩石组成和结构分析实验室
	环境分析测试实验室
人文与社会科学学院	科技传播系本科教学实验中心
	数字文化教学实验中心
	文房四宝工坊
管理学院	企业竞争决策实验室
	数据挖掘实验室
	项目协同管理实验室
	企业资源计划实验室
核科学技术学院	核电子学教学实验室
	核工程基础教学实验室
	核工程综合教学实验室
	工程物理基础教学实验室
	科学仪器综合教学实验室
	等离子体物理综合教学实验室
	纳米工程教学实验室
	同步辐射实验基础教学实验室
	核工程虚拟仿真实验平台

2022年“实践教学”数据统计表

单位：人

学　院	大学生研究计划（暑期）	大学生研究计划（学年）	创新创业计划	iGEM竞赛	机器人竞赛	合计
少年班学院	12	36	39	5	18	110
数学科学学院	5	24	12			41
物理学院	11	18	42		7	78
管理学院	2	14	4	1		21
化学与材料科学学院	3	16	23	2	1	45
地球和空间科学学院	6	3	18			27
工程科学学院		5	25	1	31	62
信息科学技术学院		7	21		57	85
人文与社会科学学院			2			2
核科学技术学院	2	13	4			19
计算机科学与技术学院	4	6	6	9	16	41
微电子学院					6	6
网络空间安全学院	2	4	12	3	23	44
大数据学院	1		2		10	13
环境科学与工程系	1		1			2
生命科学与医学部	7	13	36	13		69
合　计	56	159	247	34	169	665

国家级人才培养基地

序号	类　　型	名　　称
1	国家理科基础科学研究和教学人才培养基地	数学专业
2	国家理科基础科学研究和教学人才培养基地	物理学专业
3	国家理科基础科学研究和教学人才培养基地	力学专业
4	国家理科基础科学研究和教学人才培养基地	生物科学专业
5	国家理科基础科学研究和教学人才培养基地	天文学专业
6	国家理科基础科学研究和教学人才培养基地	化学专业
7	国家人才培养基地	生命科学与技术

（1991—2002）

国家级教师教学发展示范中心

序号	名　　称
1	中国科学技术大学教师教学发展中心

（2012）

国家级专业综合改革试点

序号	学　院	名　称
1	物理学院	物理学专业
2	物理学院	天文学专业

（2013）

实验教学示范中心

国家级实验教学示范中心

序号	学　　院	名　　称
1	物理学院	物理实验教学中心
2	生命科学学院	生命科学实验教学中心
3	化学与材料科学学院	化学实验教学中心
4	信息科学技术学院 计算机科学与技术学院	信息与计算机实验教学中心

（2005—2012）

省级实验教学示范中心

序号	学　　院	名　　称
1	地球和空间科学学院	地球和空间科学实验教学中心
2	信息科学技术学院	信息科学实验教学中心
3	计算机科学与技术学院	科大讯飞实习实训中心
4	工程科学学院	中国科学技术大学工程实践中心
5	工程科学学院	中国科学技术大学工程科学实验中心
6	人文与社会科学学院	新媒体人才创新创业教育实训中心

（2008—2019）

虚拟仿真实验教学中心

国家级虚拟仿真实验教学中心

序号	学　　院	名　　称
1	物理学院	物理虚拟仿真实验教学中心
2	化学与材料科学学院	化学虚拟仿真实验教学中心

（2013—2014）

省级虚拟仿真实验教学中心

序号	学　　院	名　　称
1	生命科学学院	生命科学虚拟仿真实验教学中心
2	地球和空间科学学院	地球和空间科学虚拟仿真实验教学中心
3	工程科学学院	工程科学虚拟仿真实验教学中心
4	信息科学技术学院	电磁场与微波虚拟仿真实验教学中心

（2016—2017）

国家级一流本科课程一览表

序号	课程类别	课程名称	主持人	认定年度	所属单位
1	精品在线开放课程（线上一流课程）	Linux 操作系统分析	孟　宁	2017	软件学院
2	精品在线开放课程（线上一流课程）	文献管理与信息分析	罗昭峰	2017	图书馆
3	精品在线开放课程（线上一流课程）	基础微积分 I	宣本金	2018	数学科学学院
4	精品在线开放课程（线上一流课程）	化学实验安全知识	冯红艳	2018	化学与材料科学学院
5	精品在线开放课程（线上一流课程）	工程化编程实战	孟　宁	2018	软件学院
6	虚拟仿真实验教学项目（虚拟仿真实验教学一流课程）	分子水平上的虚拟仿真实验教学项目——高分子的构象、形态及尺寸的模拟与计算	朱平平	2018	化学与材料科学学院
7	虚拟仿真实验教学项目（虚拟仿真实验教学一流课程）	生物实验安全与防护虚拟仿真实验教学项目	赵　忠	2018	生命科学学院
8	虚拟仿真实验教学项目（虚拟仿真实验教学一流课程）	单点金刚石车削超精密加工虚拟仿真实验教学项目	叶回春	2018	工程科学学院
9	虚拟仿真实验教学一流课程	原位变温 X 射线衍射虚拟仿真实验	张万群	2019	化学与材料科学学院

续表

序号	课程类别	课程名称	主持人	认定年度	所属单位
10	线下一流课程	线性代数	陈发来	2019	数学科学学院
11	线下一流课程	电磁学	叶邦角	2019	物理学院
12	线下一流课程	有机化学基础实验	查正根	2019	化学与材料科学学院
13	线下一流课程	结晶学	周根陶	2019	地球和空间科学学院
14	线下一流课程	生物化学	周丛照	2019	生命科学学院
15	线下一流课程	实用随机过程	胡太忠	2019	管理学院
16	线下一流课程	计算力学基础	吴恒安	2019	工程科学学院
17	线下一流课程	计算机系统概论(H)	安　虹	2019	计算机科学与技术学院
18	社会实践一流课程	设计创新	李　斌	2019	信息科学技术学院
19	线上一流课程	3D 动画与特效	张燕翔	第二批	人文与社会科学学院
20	线上一流课程	天文学导论	薛永泉	第二批	物理学院
21	线上一流课程	生命科学简史	刘　锐	第二批	人文与社会科学学院
22	虚拟仿真实验教学一流课程	重金属离子的性质与鉴定绿色化综合双语虚拟实验	李　婉	第二批	化学与材料科学学院
23	虚拟仿真实验教学一流课程	火旋风综合虚拟仿真实验	雷　佼	第二批	工程科学学院
24	线上线下混合式一流课程	仪器分析实验	张万群	第二批	化学与材料科学学院
25	线上线下混合式一流课程	工程科学实践	叶回春	第二批	工程科学学院
26	线下一流课程	生理学	薛　天	第二批	生命科学与医学部
27	线下一流课程	大学物理实验	张增明	第二批	物理学院
28	线下一流课程	高分子物理	朱平平	第二批	化学与材料科学学院
29	线下一流课程	数理统计	张伟平	第二批	管理学院
30	线下一流课程	数学分析 B	程　艺	第二批	数学科学学院

续表

序号	课程类别	课程名称	主持人	认定年度	所属单位
31	线下一流课程	原子物理	陈向军	第二批	物理学院
32	线下一流课程	免疫生物学	田志刚	第二批	生命科学与医学部
33	线下一流课程	实验力学	罗喜胜	第二批	工程科学学院
34	线下一流课程	数据科学导论	陈恩红	第二批	计算机科学与技术学院
35	线下一流课程	编译原理和技术	张　昱	第二批	计算机科学与技术学院
36	线下一流课程	计算机程序设计	王　雷	第二批	信息科学技术学院

国家级教学成果奖一览表

序号	名　　称	等级
1	生物科学类本科生科研创新能力培养机制的构建与实践	二等奖
2	中科大本科力学拔尖人才培养传承创新与实践	二等奖
3	化学实验教学示范中心的建设与成效	二等奖

（2018）

我校2018—2022年教育部高等学校教学指导委员会委员名单

（20人）

序号	姓　名	所在学院	教育部高等学校教指委名称	在教指委中的职务
1	石云里	人文与社会科学学院	历史学类专业教学指导委员会	委员
2	陈发来	数学科学学院	数学类专业教学指导委员会	委员
3	徐　宁	物理学院	物理学类专业教学指导委员会	委员
4	侯中怀	化学与材料科学学院	化学类专业教学指导委员会	委员
5	王挺贵	物理学院	天文学类专业教学指导委员会	副主任委员
6	李　锐	地球和空间科学学院	大气科学类教学指导委员会	委员

续表

序号	姓　名	所在学院	教育部高等学校教指委名称	在教指委中的职务
7	姚华建	地球和空间科学学院	地球物理学类教学指导委员会	委员
8	周根陶	地球和空间科学学院	地质学类专业教学指导委员会	委员
9	臧建业	生命科学学院	生物科学类专业教学指导委员会	委员
10	吴恒安	工程科学学院	力学类专业教学指导委员会	委员
11	舒歌群	党委书记	能源动力类专业教学指导委员会	副主任委员
	裴　刚	工程科学学院	能源动力类专业教学指导委员会	副秘书长
12	吴　刚	信息科学技术学院	自动化类专业教学指导委员会	委员
13	陈恩红	计算机科学与技术学院	计算机类专业教学指导委员会	委员
14	许胤龙	计算机科学与技术学院	软件工程专业教学指导委员会	委员
15	俞能海	信息科学技术学院	网络空间安全专业教学指导委员会	副主任委员
16	邱本胜	信息科学技术学院	生物医学工程类专业教学指导委员会	委员
17	薛　天	生命科学学院	生物技术、 生物工程类专业教学指导委员会	委员
18	张增明	物理学院	大学物理课程教学指导委员会	委员
19	赵　忠	生命科学学院	大学生物学课程教学指导委员会	委员
20	吴　敏	软件学院	教育技术专业教学指导分委员会	副主任委员

（公布名单上 20 人）

国家级“新工科”研究与实践项目一览表

序号	项目名称	主持人	批准年度	所属单位
1	量子信息新工科建设	潘建伟	2018	物理学院
2	面向复杂系统的综合性工程科学人才培养	吴恒安	2018	工程科学学院
3	人工智能新工科建设及传统工科智能化改造升级	吴　枫	2018	信息科学技术学院
4	大数据科学与技术专业建设探索与实践	陈恩红	2018	计算机科学与技术学院
5	技术医学专业建设探索与实践	臧建业	2018	生命科学学院
6	大数据人才培养协同育人实践创新平台建设探索与实践	陈恩红	2020	大数据学院

续表

序号	项目名称	主持人	批准年度	所属单位
7	面向“中国制造 2025”的自动化新工科人才培养实践创新平台建设	杨　坚	2020	信息科学技术学院
8	面向新世纪的能源与动力工程人才培养模式探索	舒歌群	2020	工程科学学院

各类奖教金获得者名单

关于授予李娜颖等14位同志2021年华为奖教金的决定

(党教字〔2022〕16号)

李娜颖　少年班学院2019级创新试点班4班、2020级2班
赵立丰　数学科学学院2020级本科2班
卫子安　物理学院2019级本科5班
黄　微　化学与材料科学学院2020级强基班
李祝飞　工程科学学院2020级本科1班
张　俊　工程科学学院2017级安全工程专业本科班
夏雨婷　信息科学技术学院2018级本科1班
卢建良　计算机科学与技术学院2017级本科3班
戴志阳　地球和空间科学学院2020级本科1班
张隆华　生命科学学院2019级本科1班
刘　暄　管理学院2019级金融专业本科班
罗武宏　科技史与科技考古系2019级硕士博士班
邹崇文　国家同步辐射实验室2020级博士班
赵　智　合肥微尺度物质科学国家研究中心2019级硕士博士2班

关于授予刘树彬等4位同志2022年度平凡基金教育奖的决定

(党教字〔2022〕121号)

刘树彬　潘　楠　武晓君　黄　聃

关于授予刘党政等30位同志2022年度王宽诚育才奖的决定

(党教字〔2022〕122号)

刘党政　许　斌　刘建党　张斗国　朱彦武　方思敏　朱雨建　凌　鹏　赵　刚
陈晓辉　苗付友　田　野　郑建秋　刘　凯　王　朝　李卫芳　刘志迎　郭晓龙

宋　澜　刘国华　李兰兰　陈海超　陈洁洁　王　敏　李和廷　罗震林　窦　震
姜志全　朱霁平　王　鑫

关于授予刘乃安等 4 位同志 2022 年度宝钢优秀教师奖的决定

(党教字〔2022〕123 号)

宝钢优秀教师特等奖提名奖

刘乃安

宝钢优秀教师奖

王作勤　王　群　赵　忠

关于授予苏淳等 29 位同志第十七届困学守望教学奖的决定

(党教字〔2022〕124 号)

“困学守望”育人终身成就奖

苏　淳　褚耀泉　谢行恕　汪晓莲

“困学守望”杰出教学奖

邵　松　邓建松　段昌奎　朱林繁　王少杰　浦其荣　朱晓东

“困学守望”优秀教学奖

王　毅　刘衍文　刘国柱　殷月伟　陈　巍　刘阿娣　潘海俊　朱莹春　易　为
张先得　王占锋　金百锁　孙　霞　朱文光　邵　明　任希锋　任海骏　赵　伟

关于授予张飞、黄文超 2022 年度惠普信息科学青年教师奖的决定

(党教字〔2022〕125 号)

张　飞　黄文超

关于授予陆朝阳等 14 位同志 2022 年度海外校友基金会教师奖的决定

(党教字〔2022〕126 号)

青年教师成就奖

陆朝阳

青年教师事业奖

肖正国　丁　虎　刘　行　李俊伦　陈　彦　肖华华　廖昭亮　张晓东

优秀教学奖

潘海俊　马宏昊　谭立湘　汪　铭　刘　锐

关于授予任希锋等21位同志2022年度陈林义基金奖的决定

(党教字〔2022〕127号)

陈林义基金孺子牛精神奖

任希锋　倪向贵　陈宇星　杜少甫　穆　杨　司友志　王　伟　韦巍巍　奚富云
杨萍华　俞巧云　徐果明　成立庚

陈林义基金医疗事业贡献奖

焦　轶　晋　艳　鲁朝晖　胡代菊　王　艳　周　颖　郑雪瑛　陈　莺

关于授予沈轶轶等52位同志2022年度杨亚基金爱岗敬业奖的决定

(党教字〔2022〕128号)

沈轶轶　彭宝安　周春岚　连东侠　范　煜　项雪纯　万利平　范江琦　闫咏梅
刘　畅　刘晓辉　黄学俊　方昀达　霍　磊　余年琴　曹文萍　刘亚男　陈　维
刘媛媛　黄业顺　刘珊珊　金　成　谢　煜　宁志华　冯　梅　胡青青　伍传平
孟　颜　王　健　江　芳　程　霄　李　晗　桂运安　贾梁燕　李秀荣　叶玉叶
倪晓玉　许　阳　李仲杰　芮　锋　黄大庆　刘青芳　梁　红　浦红宇　汪　俊
杨爱群　唐　恒　张　伟　张雪娟　黄美云　袁晓杰　沐　林

关于授予杨晓萍等60位同志2022年度江淮蔚来爱岗敬业奖的决定

(党教字〔2022〕129号)

杨晓萍　李金山　陈晓雅　林晓立　杨小亮　张银保　张　轶　芮　雪　马小艳
陈丽丽　徐晓宏　代　镭　奉　兴　顾若水　高　进　沈　翼　薛　佳　徐艳艳
刘红梅　凌婷婷　李雅清　朱珊珊　徐俊梅　王　昱　张　静　许　丹　刘艳民
封　蕾　王咏梅　任秀兰　熊　成　张　岚(党政办公室)　张　玲　李金龙
吴旻昊　尹　红　许保庆　唐丽萍　宋小燕　周宗源　瞿启发　刘　飞　付露露
叶　艳　张　岚(中科大资产经营有限责任公司)　彭　政　张　吉　赵　培
吴燕燕　高平洋　王　超　韦晓丽　黄晟鹏　黄承元　胡忠辉　黄乃斌　吴玉玲
盛　骢　朱燕琴　孙先庆

关于授予程艺等4位同志2022年度李佩奖教金的决定

(党教字〔2022〕130号)

程 艺 程福臻 谢 毅 田志刚

关于授予杨利等10位同志2022年度龙湖奖教金的决定

(党教字〔2022〕131号)

杨 利 陈 畅 康 宇 郑 烇 陈志波 田新梅 郑 重 金培权 徐 伟 张 辉

关于授予李京等6位同志2022年度公共实验中心突出贡献奖、技术能手奖的决定

(党教字〔2022〕132号)

公共实验中心突出贡献奖

李 京 王雨松

公共实验中心技术能手奖

温晓镭 石 磊 顾永刚 朱中良

奖学金一览表

奖学金名称	设奖单位(个人)	设立时间	奖 励 范 围	额 度(元/年)
郭沫若奖学金	首任校长郭沫若先生	1980	各学院GPA前5%的学生或在科技创新等方面有特别突出表现的学生有资格参评，经院、校两级评审后确定获奖者	30000
张宗植科技奖学金	张宗植先生	1988	优秀本科生，在科学技术上具有创新能力	1500
中国科学院院长奖学金	中国科学院	1989	优秀研究生	5000/10000
宝钢奖学金	宝钢教育基金会	1993	高年级优秀本科生、研究生	10000/20000

续表

奖学金名称	设奖单位(个人)	设立时间	奖 励 范 围	额 度(元/年)
优秀学生奖学金	中国科学技术大学	1995	优秀本科生	1000/2000/4000
优秀新生奖学金	中国科学技术大学	1995	优秀本科新生	500/1000/2000
地奥奖学金	成都地奥制药集团有限公司	1995	优秀本科生、研究生,不限专业	1000
海外校友基金会优秀新生奖学金	中国科大海外校友基金会	1996	高考成绩特别优异的本科新生	2000/5000
华为奖学金	深圳华为技术有限公司	1997	相关学院优秀本科生、研究生	5000/8000/10000
何多慧院士奖学金	中国工程院院士何多慧先生	1998	优秀本科生,同等条件贫困生优先	1000
求是研究生奖学金	香港求是科技基金会	2000	物理、化学、生物、数学类优秀博士研究生	5000
郭永怀奖学金	李佩先生初设,2018 年经爱心校友捐助扩展	2003	当年毕业的全日制本科生和研究生,以及当年离校的代培生	10000/20000
唐仲英德育奖学金	美国唐仲英基金会	2003	积极参加公益活动的本科生	4000
CASC 奖学金	中国航天科技集团公司	2006	大三、大四本科生及研二以上研究生	3000/5000/10000
本科生国家奖学金	财政部、教育部	2007	品学特别优秀的本科生	8000
中国电科十四所国睿奖学金	中国电子科技集团第十四研究所	2010	相关学院优秀研究生	8000
陈国良院士奖学金	陈国良院士	2011	优秀本科生	2000
华瑜奖学金	王仁华先生	2014	信息科学技术学院 2 名(本科生)、计算机科学与技术学院 2 名(本科生)、合肥微尺度物质科学研究中心 2 名(研究生)、火灾科学国家重点实验室 1 名(研究生)、核探测与核电子学国家重点实验室 1 名(研究生)、语音及语言信息处理国家工程实验室 2 名(研究生)	10000
奋进奖学金	中国科学技术大学	2017	学业进步突出的二、三年级本科生	2000

续表

奖学金名称	设奖单位(个人)	设立时间	奖励范围	额度(元/年)
苏州育才奖学金	苏州市人才工作领导小组委托苏州市人力资源和社会保障局	2017	信息科学技术学院、计算机科学与技术学院、工程科学学院、化学与材料科学学院、生命科学学院的全日制本科生、研究生	10000
蓝风奖学金	江苏蓝风国际投资发展有限公司	2018	生命科学学院、信息科学技术学院的优秀本科生、研究生	5000/10000
深交所奖学金	深圳证券交易所	2018	计算机科学与技术学院、信息科学技术学院、软件学院的全日制本科生、研究生	5000/8000/12000
江淮蔚来汽车奖学金	安徽江淮汽车集团股份有限公司、上海蔚来汽车有限公司	2018	在籍的全日制本科生、研究生	5000
TCI 奖学金	梯希爱(上海)化成工业发展有限公司	2019	化学与材料科学学院、生命科学学院全日制研究生	5000
杨咏曼奖学金	杨咏曼女士	2020	在籍的全日制本科生	5000
陈林义奖学金	陈林义先生	2020	在籍的全日制本科生、研究生	5000
光与生物奖学金	深圳市光与生物科技有限公司	2020	工程科学学院精密机械与精密仪器系、生命科学学院本科生、研究生	5000
杨亚基金奖学金	杨亚校友基金	2020	在籍的全日制本科生、研究生	5000
王老吉奖学金	广州王老吉大健康产业有限公司	2020	在籍的全日制本科生、研究生	5000
“梦之蓝”-中国航天基金奖学金	中国航天基金会	2021	物理学院、化学与材料科学学院、生命科学与医学部、工程科学学院,以及少年班学院和微尺度国家研究中心与上述四个学院(部)相同的专业方向的本科生、研究生	15000
中国科大-苏州工业园区奖学金	苏州工业园区	2021	合肥本部全日制研究生(合肥本部评选计算机科学与技术学院、信息科学技术学院、化学与材料科学学院、统计与金融系)和苏州研究院全日制研究生	3500/4000
中国石油奖学金	中国石油天然气集团公司	2021	三、四年级全日制本科生和二年级及以上的全日制研究生	8000

续表

奖学金名称	设奖单位(个人)	设立时间	奖 励 范 围	额 度(元/年)
Lam Research 奖学金	泛林半导体设备技术(上海)有限公司	2021	化学与材料科学学院、物理学院、合肥微尺度物质科学国家研究中心研究生	5000
蔷薇奖学金	马东敏女士	2022	全日制学籍的本科生、研究生	10000
龙湖奖学金	深圳市龙湖公益基金会	2022	信息与智能学部的全日制在校本科生及研究生,同等条件下家庭经济困难学生优先	5000
吴伟仁深空探索奖学金	吴伟仁先生	2022	少年班学院、物理学院、工程科学学院、信息科学技术学院、地球和空间科学学院以及微尺度国家研究中心中从事深空探测基础、深空科学和深空技术学习或有关科研工作的全日制本科生、研究生	10000
西部超导奖学金	西部超导材料科技股份有限公司	2022	物理学院、化学与材料科学学院、核科学技术学院、国家同步辐射实验室和微尺度国家研究中心的全日制研究生	10000
中国光谷奖学金	武汉东湖新技术开发区管理委员会	2022	全日制本科生和研究生,向工程硕博士培养改革专项试点招录学生适当倾斜	10000
环球数码科技奖学金	深圳市环球数码科技有限公司	2022	计算机科学与技术学院、信息科学技术学院、软件学院二年级及以上的全日制在读研究生	5000/8000

注:上表所列为由学生处实施的全校范围评选的奖学金,经由其他部门或学院实施的奖学金或仅在某学院设立的奖学金不在上表中收录。

助学金一览表

助学金名称	设奖单位(个人)	设立时间	助学(奖学)范围	额 度(元/年)
曾宪梓奖助学金	曾宪梓教育基金会通过教育部港澳台办设立	2000	本科贫困生(连续三年)	6000

续表

助学金名称	设奖单位(个人)	设立时间	助学(奖学)范围	额　度(元/年)
海外校友爱心奖学金	海外校友基金会	2001	本科贫困生(连续四年)	3000/4500
新长城助学金	中国扶贫基金会	2002	本科贫困生	3000
国家助学金	财政部、教育部	2005	本科贫困生	2200/3300/4400
村田奖助学金	村田(中国)投资有限公司	2006	信息科学技术学院本科贫困生(连续四年)	4000
国家励志奖学金	财政部、教育部	2007	二年级以上(含二年级)本科优秀贫困生	5000
阳光助学金	上海紫瑞投资有限公司	2014	本科贫困生(连续四年)	5000
天凤助学金	个人捐赠	2017	本科贫困生	5000
华普天健奖助学金	安徽华普慈善基金会、华普天健会计师事务所管理	2018	本科贫困生	5000
喜来健助学金	喜来健医疗器械(北京)有限公司	2019	本科贫困生	2000
中快助学金	安徽中快餐饮有限公司	2019	本科贫困生	2000
陈一林助学金	海外校友基金会	2019	本科贫困生(连续四年)	4800
华为奋斗奖助学金	华为技术有限公司	2019	本科贫困生	10000
国元证券奖助学金	国元证券股份有限公司	2020	本科贫困生	5000
根九助学金	安徽润丰投资集团有限公司	2020	本科贫困生	4000
“梦之蓝”-中国航天基金助学金	中国航天基金会	2021	本科贫困生	5000
爱心助学金	中国科学技术大学教育基金会	2021	本科贫困生(连续四年)	4000
迈普资本助学金	四川省莲花欣公益慈善基金会	2022	本科贫困生	10000

国家奖学金获得者名单

朱云沁 刘耀阳 张景旭 殷晟明 王瑞哲 杜炫达 杜锐 罗梓丹 邓松晏
楼正元 黄琪奥 钟珞妍 赵泮林 邹骏希 冯锦蕾 邹嘉沛 彭子骏 杜莹
刘若津 贺翔 陈伟家 赵素慧 顾言午 张奇 韩昊羽 郑滕飞 张洪瑞
孔晨曦 夏灵 张博钧 陈宝骥 冼奇琪 郭一凡 彭子鱼 董子涵 荆楷豪
杨啸 谭渝川 李瑞 刘董 何子墨 吴卓栋 刘国瑞 毛成之 熊天任
田博轩 刘丰铨 刘佳睿 董瑞骁 卢嘉栋 郭箫 俞景杰 黄霖华 孙可为
王枭蔚 欧阳灿灿 王稼鹏 王孔鑫 陈煜晴 邢一诺 宋海玉 赵磊
朱海鑫 曾相如 朱葛瑄 李轩宇 何展韬 宗语轩 曾志立 魏博逸 潘帅唯
刘博 董天佐 戴梦佳 林子广 关浩森 李高原 胡德远 陈世江 柴思涵
王润泽 袁振轩 董正浩 练周 施珂玥 陈骏逸 谭乐君 刘奇圆 郭塬川
闫肃 邵浩然 胡清宇 彭浩然 章未 吕泽龙 耿双越 黄瑞轩 罗浩铭

中国科学院院长奖获得者名单

特别奖

陈敏 刘正昊 刘祥干 张耀龙 石强强 曹鹏 舒健 金鑫 张强
王诗谋 张杰 曹登丰 李希 秦鹏 闵媛

优秀奖

姚金翔 罗阳 储胜龙 李俊瑶 彭舒婷 刘文权 张昱哲 罗振 黄浩
胡军 张锐 陈梁 司凡 朱正新 凌丽丽 彭波 连伟涛 钱其柱
郑娇 殷逸臣 程健 李兆锐 郭旭 许洋 粘志刚 赵越 王小洋
王庆功 张静霄 许丽萍 杜祥慧 陈万标 伍鲍 王储 陈怡遐 张亦元
李曼 方师 顾佳宸 杨文飞 严炜 谭振涛 郭凤谦 王超 范阳
徐亮亮 赵壮 李结文 孙囡 李晓磊 刘锐佳 程丽红 熊才源 汪琛
张浩然 李博文 欧阳文冲 石生宇 包志伟 张晓隆 钱云阳 喻芳航
罗翔 高飞跃 方旭 兰猛 张凯

郭沫若奖学金获得者名单

陈宝骥 张洪瑞 董瑞骁 荆楷豪 鲍越恒 李轩宇 潘帅唯 关浩森 胡德远
朱 彤 孙 帅 李心语 张 弛 孙晨熹 皮婧霖 邢一诺 陈禹岚 周以诺
邢嘉时 张若涵 陈一涵 殷晟明 吴佳琦 陈耀祺 彭浩然 顾言午 丁宇量
荣 博 董正浩 施珂玥 王昊天 吴贝宁 郭塬川

郭永怀奖学金获得者名单

陈恒宇 曹加诚 刘煜超 王 储 严 炜 李佳根 王瑞标 陈昕悦 李云龙
钟翰森 韩宜池 彭 霄 刘秋睿 王思启

年度优秀毕业生

少年班学院(58 人)

吴语嫣 陈 淏 王季璐 郭 硕 姜以恒 王世龙 许 鑫 娄晗歆 阮若雯
丁昶皓 江成丰 郝一帆 邱子悦 陈俊驰 陈伊诺 丁霈泽 张子璇 王乔森
齐 妙 束芸璐 吴 同 张国宇 熊远帆 张阳帆 叶子逍 朱舒涵 杨笑东
张一弛 胡毅翔 鲁茂林 夏婷怡 李佳鹏 陆 淼 阿元宏 李家瑞 陈可然
贵雨宸 王 禹 范 惟 贾兆阳 石耀辉 彭子为 徐 畅 周鹏宇 洪 放
江文钊 武 璇 范玥瑶 陈泽豪 胡敏哲 卢佳琪 章 浩 熊梦娇 傅淑琦
李祥霖 王叶晶 高欣奔 徐有涵

数学科学学院(29 人)

东奕汐 刘兆琦 陈恒宇 郑伟豪 徐晟景 柳淏玮 胡 俊 石文正 黄欣祺
骆 言 姚一晨 杨乐园 郭芳芳 杨小鼎 郭龙欣 张寂之 黄文瑞 杨瞻宇
林嘉滢 顾丹萍 宿建平 姚金翔 何家林 黄 情 胡银雷 魏兰英 王远成
尤铭琪 杨天驰

物理学院(89 人)

谈 澳 赵正泽 孙士甲 常辰卓 赵明坤 章子斌 程 序 李文滔 王溢聪
张国立 王高天 聂文恺 陈 誉 曹加诚 黄阅迅 白雨欣 刘沛希 冯 鑫

蔡方煦 崔翟斌 李明达 汪泽元 李文心 陈沛东 黄韫飞 邓宇轩 王正瑞龙
杨雯淇 邱锦盛 何治平 张桐 丁书涵 孙佳政 马东祺 杨世哲 王铠泽
周海琦 黄齐丰 吴剑峰 王以煊 孙启 王凯浩 叶一腾 匡程辉 陈昌灏
张睿洋 倪志宇 黄瀚迪 王振港 胡狄扬 康润琪 朱嘉玮 黄越 刘祥
王君可 杜小娇 周健 闫柳江 康文泳 卢奉宇 储胜龙 王天星 宋树晨
江伟 胡军 陆凤雅 李瑞龙 刘文权 王宗尧 谢祥羽 刘正昊 赵东
陈文静 吴泽 董靖宇 陈诚 孟雨 王江涛 王鹏 王海波 赵思然
李俊瑶 杨琛 刘航 刘妍 徐晓禹 何宗武 俞继铭
曼克力亚·阿布都热依木

化学与材料科学学院(82 人)

朱子凡 张向东 侯昺焜 司俊涛 黄明 朱江晨 孔孟锐喆 卓升晖
霍梦妮 杨瀚文 罗嘉华 吴越 易俊希 肖泽涛 江浩松 朱浩杰 赵东浩
韩泽豪 张闰昊 陈瑞天 石千琪 车沂轩 赵逸凡 罗耀武 陶飞凡 王艳
何雨婷 黄平森 崔国卿 陈志 虞勇 单宝坤 张晓慧 王妍 李瑶
孙荣博 叶媛媛 滕嘉楠 向忆南 吴骄阳 范涛 桂明亮 张涵 贾挺挺
张晓燕 孙伟 薛晓平 程健 简敏珍 周洪志 李杰 焦文中 郑娇
沈智强 傅聪 许哲远 连伟涛 霍子昱 孟玉峰 张蕴涵 郭旭 刘孟珂
彭波 谢小雨 金森 韩逸飞 华天鹏 姜迪 钱其柱 聂楷 晁增印
张耀龙 孙康 蔡金言 王飞鸿 韦连伟 宋宇昊 张良 李梦勤 夏彤
王蒙蒙 印月如

工程科学学院(57 人)

陈伟鹏 赵骏波 梁曦 陆兴瑞 陈晨阳 李耀永 陈宗宝 卢肣群 彭玉连
农舒童 陈海鹏 袁爽 杜雨昂 李波 晋玉生 李荣杰 林景成 何卓洋
王嘉楠 伍鲍 王梦璐 舒健 王梓齐 王储 丛璟 彭永培 许霄
刁卫东 潘智 陆中山 姬隽泽 侯自豪 冯莉莉 周六建 周翔 李照萌
袁芳 郑渡刚 钱敏 戴浪 王矗垚 沈长城 李海龙 王硕 李瑞
张宇 汪若江 王佩琦 曹旭峰 吕琼 蒋绍军 张聪 栾芸 李国元
周加文 陈智伟 刘俞

信息科学技术学院(104 人)

孙雯 赵文博 刘欣 王艳芳 刘品 曹欢 蔡睿思 刘俞伶 朱信光
高楠 李明星 张凯祥 江正元 戴瑞 夏厚 徐姣姣 杨楷文 袁启锋
聂俊 吴皓晨 何元玉 季忠铭 李云青 万艳妮 宋子杨 赵鑫 骆成章
李煜 季宇 昌吉 王赫男 聂亦潇 刘天启 徐海峰 陈倩 杨文飞
徐卓 刘思源 白欣雨 刘邹宇 阮鑫 魏文玥 张驰 张志凌 梅康迪
刘嘉锡 黄文杰 黄玉莎 令狐俊杰 周子杰 王力 王亚正 金鑫
汪涛 刘立强 李一肖 赵泊尧 赵嗣强 顾佳宸 孙定安 高泽豫 邱茂洋

张亦涵 李毅阳 张 乔 刘晨昕 龚愉皓 吴可寒 刘嫣嫣 王 敏 郭凤谦
葛滨静 江千童 徐 晋 张君宇 孙圣印 顾卓佳 曹琬廑 刘润昕 钟天琦
赵 丹 李志力 胡倩倩 刘新宇 喻 言 郭文歆 温朝阳 王 锋 王 丽
倪 茹 郑士平 林俊杰 董汉德 马凌峰 吴慕遥 郝鑫龙 李珠海 张征卓
胡梓珩 潘东升 杨 涛 董智翔 尹牡骙 王 文

计算机科学与技术学院(57 人)

高海涵 黄致远 郑振东 蒋易志 夏 寒 李平赫 王志强 孙一鸣 吕 瑞
钟溯飏 雷雨轩 马 爽 李钊佚 高楚晴 付 薇 黄炜喆 裴启智 王原龙
徐碧涵 刘逸菲 蒲明昱 张朋飞 孙宇鹏 王澍民 吴斌浩 王章瀚 吴毓辰
王 超 孟佳颖 张 乐 陶汉卿 安宝怡 杜逸超 李 丹 谢筠庭 秦睿哲
许沛澜 徐亮亮 桂 皓 李 琼 易会特 张韦嘉 刘慧琦 陈 智 黄一凡
汪 超 钟恺扬 董凯旗 张 琦 丁 岚 雷佳谕 吴金泽 林瑞峰 李振雷
苗 璐 唐 瑞 王 鑫

大数据学院(11 人)

吴颖馨 代宇涵 陶 硕 张 凯 刘建春 王 丽 李 妲 郝启明 蒋金刚
李 影 侯 旻

网络空间安全学院(11 人)

严 炜 章雪琦 李 莉 周 旺 林佳滢 白家璇 管玺权 陈昊哲 吕云龙
邓嘉霖 陆长雷

微电子学院(13 人)

汪丹浩 周 攀 侯小虎 薛 峰 田 梦 吴启樵 张 岩 倪长好 谢金峰
黄 晨 刘琛昊 朱海亮 张丽娟

软件学院(90 人)

钟泽艺 宋启迪 莫聚成 苑 平 李 琴 江意颖 武亚奇 曲新麒 陶 聪
汪 宁 时俊杰 任忠意 张仁宇 翟文杰 王立东 杜治兴 刘明珠 王书琪
吴贤哲 丁秋阳 王耀锋 姚袭欣 黄旭吉 张琦琛 严旭辉 苏少博 雍家胜
刘小宇 钱皓雪 孙梦玉 章 达 崔佳伟 朱旭峰 王 玮 朱伟康 李 彬
唐开辉 李文君 卢 旭 杨予希 刘 宸 张 戈 杨 柳 廖 文 牟峻衡
袁 涛 李梓鸿 肖 坤 刘伟鸿 王东升 陶文棋 朱国祥 王 哲 彭志磊
王法争 姚铁生 陈增勋 谢文宝 侯宗潮 李静娟 王晓锟 张陈燕 方达宇
侯志永 徐顺龙 宋 凯 梁佳利 曾幸媛 高铭振 严奕锋 徐平凹 关梦达
周宇玺 洪聿胜 霍佳健 马 益 吴 昊 叶玉霖 张 月 刘佳宁 侯皓宇
项凤辉 孙 洁 苟小飞 唐 鑫 何梦雨 王 宁 陈 威 曹宏图 余培杰

地球和空间科学学院(38 人)

刘炜昊 彭驿航 谭 兴 丁 畅 时 潜 宣文凯 郑宇珂 朱致远 盛事成

李佳根 黄子煜 马利涛 霍远航 施伟刚 夏丛紫 樊 凯 王诗谋 王美璇
韩守诚 魏 玮 周 利 魏天问 凌艺铭 尚晓荣 魏雪婷 孙 囡 蒋 壮
袁金龙 王耀杰 梁文力 孙礼璐 田兰兰 刘锐佳 李若曦 赵 漾 李海鹏
刘瀚洋 马 丽

生命科学与医学部(55 人)

韩思韬 许广韬 李忱莹 彭韵怡 聂翔宇 周棋杭 王文智 邓谊宇 杨志勇
孙睿一 叶润东 潘 锴 徐智力 周好月 葛强强 黄一阶 粘志刚 黄新亚
蔡 娟 杨 丰 金 岩 郭 淇 刘 欢 汗 杰 许 洋 李 聪 窦家香
胡文新 张 娟 王海香 耿海英 彭煜茗 汪 沁 计欣晔 从梦情 陈 静
王小洋 李冰艳 张鹏宇 缪阳洋 徐志豪 户守鑫 王珍妮 蔡鹏飞 曹 鹏
赵达仁 姚明明 刘明珠 陈万标 赵 越 张静霄 杜祥慧 凌 萍 刘亚玲
谢 菁

管理学院(79 人)

骆霄龙 刘高强 徐智为 林自远 努恰提・加帕尔 林宏韬 刘志涵 陆霏旸
苏世鑫 李智宇 任奥辰 钱芙蓉 周雨晴 徐丽恬 汪良威 汪昊鹏 王 婷
陈凯杰 邱焕景 吴 昊 李宪森 马嘉诚 田智昕 唐冠宇 张泽隆 鲍思源
程力培 巴光明 段正泽 王瑞标 查莲莲 胡曜东 胡家燕 杨 捷 张 诗
陈雅良 徐旻祥 黄伶花 关炳儒 高 歌 陆晓璇 金天一 陈 静 汪 磊
杜东旭 郭 涛 马丹楠 胡 蝶 孙啸宇 汤小凡 刘金明 刘 浩 叶美艳
方金伟 范玉龙 吴钦宇 姚苏明 张 田 李心宇 李 静 史恒青 宣洪伟
叶子锋 温家豪 徐雯婷 汪安琪 汪颖晗 樊洋洋 文 倩 葛 琳 张 凯
常鹏辉 赵丽娜 崔孝琳 高文杰 张 悦 李 娜 王 璐 楼 康

公共事务学院(10 人)

金紫璇 马金仪 吴晓曼 姚志炜 张序铭 郭 蕊 陈 策 徐乐乐 王亚男
刘新如

人文与社会科学学院(20 人)

常玉林 齐培轩 徐素田 刘旭辉 袁甜甜 张 涵 郑梦茜 周 磊 蔡婷婷
张振兴 闻 豪 杨宁靖 王若依 王晨阳 徐永妍 孙睿智 刘德刚 李 政
王雨夕 范昀劼

马克思主义学院(1 人)

胡中书

环境科学与工程系(4 人)

闵 媛 张颖捷 吴 刚 邱 悦

核科学技术学院(8 人)

宋　昆　彭　韬　刘自结　彭　昭　蔡宇诚　邱　涛　王　怡　李六六

环境科学与光电技术学院(5 人)

程　雷　季祥光　任　博　陈多龙　夏　琪

材料科学与工程学院(中国科学院金属研究所)(34 人)

张　一　魏欣欣　陈纯缙　韦博鑫　宋玉玺　刘　徽　韩福洲　张烨元　崔振杰
张开元　张子健　陈　勇　何禹锋　赵博文　庞景宇　张伟民　任建坤　高文炜
孔维文　赵岭玉　覃清钰　张英东　王　磊　王啟睿　谈国旗　朱士泽　王剑飞
卢星宇　王志伟　谢文才　张枫启　张天宇　张曦月　赵琳敏

天文与空间科学学院(中国科学院紫金山天文台)(9 人)

戴　俊　耿　悦　李银杰　潘梦睿　蓝广旋　高　博　王海天　韩明哲　卢　瑜

纳米技术与纳米仿生学院(中国科学院苏州纳米技术与纳米仿生研究所)(19 人)

丁长增　姜欣荣　邱海兵　鲍红英　王玉莲　徐颖莹　郑　磊　韩云飞　魏　星
郭小路　卞香蓥　薛国勇　任　明　凌思思　唐永军　高　田　单夏梦　孙欣月
袁　鑫

应用化学与工程学院(中国科学院长春应用化学研究所)(35 人)

莫江洋　张　磊　陈耀寒　李姗姗　吴嘉言　朱新阳　何浩男　朱思远　邓青青
李　阳　于英健　刘锦文　孙宇轩　姜博文　胡小强　邵兴鑫　张嘉琪　崔乃云
王少华　陈金星　李超男　孙小萱　张　姣　宋婉莹　王彦超　刘雪杰　李富士
万思康　赵佳雨　周嘉成　肖　慧　陈　凯　李　强　王殿巍　赵昕彤

生物医学工程学院(中国科学院苏州生物医学工程技术研究所)(14 人)

柴　华　蒋依婷　彭佳惠　孙姣姣　唐雨嘉　王敬开　陈　静　李航锋　邱　芳
孙　超　王发民　王　晶　张森浩　张明亮

国家同步辐射实验室(7 人)

曹登丰　赵浩远　武晓晴　张　慧　张浩然　孙良伟　李云龙

合肥微尺度物质科学国家研究中心(17 人)

冯　晨　胥佳玉　查　辰　马付磊　张晓隆　喻芳航　王碧霄　左　欣　陈　实
田　特　高飞跃　钟翰森　康宝蕾　曾学浩　黄敏学　武征宇　毛晓宇

火灾科学国家重点实验室(15 人)

陶尚青　翟宏举　李红柳　梅文昕　任祥霞　陈宇航　方　旭　刘丹丹　李旭东
曹会琦　王文佳　李　凡　耿德望　陆境一　邓文扬

科学岛分院(中国科学院合肥物质科学研究院)(76 人)

崔雨琦 马国良 陈　斌 李晓锋 韩锦程 韩　松 郁　彪 刘晓萌 汪日新
车亚敏 梁　渠 陈纪伟 王维俊 吴佳迪 陶余强 陈俭兰 黄光耀 李　山
孟令义 刘　康 张家源 沈树阳 马照允 杨朋启 王　露 王珍博 李成龙
赵高超 姚缘圆 康祝海 张永宽 黄　俊 纵逸文 朱　晨 霍　隆 王妍璐
陈常乐 吴　涛 李小良 王宇轩 任昱宸 马浩东 陈天禄 孙宇松 赵彦君
柯建刚 朱明哲 翟梦莹 李怀蒙 孟祥福 张一鸣 陈石华 季　铖 刘良晨
李雪娇 甄伟立 章樱子 屈琦琪 陈　永 赵一霈 曹　佩 宋　超 鲁天成
阚龙龙 娄一鸣 方志远 操江艳 吕　阳 郑文明 周　文 赵　杰 王菲菲
苏昶东 胡伦珍 常鋆青 韩　艳

纳米科学技术学院(34 人)

包雅倩 董　伟 孔　钊 钱　蕾 王彬旭 王　璇 陈礼艳 宫　帅 李思婵
尚　慧 王珺声 王颖婕 戴永平 何文静 李支影 孙　聪 王梦媛 王　玥
邓　杰 胡明珠 刘伟宁 孙周平 王　伟 魏铁石 刁莉娜 金　川 马步云
田慧丽 王昊玉 吴恩辰 张　琛 赵梦雨 朱冰莹 邹炎君

中国科学院南京地质古生物研究所(1 人)

孙玮辰

中国科学院南京天文仪器研制中心(1 人)

杨永兴

年度校优秀学生工作干部、优秀辅导员、优秀班主任名单

优秀学生工作干部

物理学院：凌　锋
合肥微尺度物质科学国家研究中心：孙　梅

优秀辅导员

物理学院：刘珊珊
信息科学技术学院：王百宗
管理学院：李　静

优秀班主任

少年班学院：李娜颖
数学科学学院：蒋　琰
工程科学学院：陈晓雅
信息科学技术学院：周　燚
软件学院：谢希科
管理学院：王　昱
公共事务学院：宋小燕
人文与社会科学学院：陈馥梅
马克思主义学院：樊桂敏
合肥微尺度物质科学国家研究中心：范明慧

2022 年本科招生分省录取情况

省(市、自治区)	录取总人数	录取控制线	录取最高分	录取平均分	录取最低分
安徽	302	491	684	667	662
北京	32	518(特殊类型招生控制分数线)	683	676	673
福建	51	520(特殊类型招生控制分数线)	676	663	660
甘肃	44	442(特殊类型招生控制分数线)	642	631	625
广东	135	538(特殊类型招生控制分数线)	679	667	663
广西	41	475	675	665	661
贵州	30	451	652	644	641
海南	8	569(特殊类型招生控制分数线)	815	810	805
河北	66	487(特殊类型招生控制分数线)	672	660	657
河南	129	509	677	667	660
黑龙江	26	429	658	647	643

续表

省(市、自治区)	录取总人数	录取控制线	录取最高分	录取平均分	录取最低分
湖北	116	504(特殊类型招生控制分数线)	674	660	655
湖南	77	475(特殊类型招生控制分数线)	663	653	647
吉林	42	488	667	650	645
江苏	80	516(特殊类型招生控制分数线)	666	652	649
江西	85	509	660	647	643
辽宁	46	501(特殊类型招生控制分数线)	674	668	665
内蒙古	19	427	655	649	644
宁夏	11	412	612	609	606
青海	9	393(特殊类型招生控制分数线)	608	605	603
山东	75	513(特殊类型招生控制分数线)	669	658	656
山西	36	498	655	645	642
陕西	43	449	675	667	663
上海	20	503(特殊类型招生控制分数线)	601	590	586
四川	89	515	690	677	673
天津	30	583(特殊类型招生控制分数线)	703	700	697
新疆	73	400	636	627	622
云南	22	515	705	690	683
浙江	170	592(特殊类型招生控制分数线)	688	676	671
重庆	34	476(特殊类型招生控制分数线)	670	659	656

注：2022年，我校面向全国录取本科生1958人，实际报到1945人，录取学生中：少年班45人、少年班“创新试点班”235人、强基计划招生249人、高校专项55人、国家专项151人、内地新疆班44人、内地西藏班8人。

国家任务毕业生去向

2022届本科毕业生去向

单位：人

项目 类别	合计	出国留学	国内深造	部队	科研、高校等事业单位就业	国有、“三资”等企业就业	地方待就业
本科毕业生	1850	275	1105	0	170	150	150

2022届毕业研究生去向

单位：人

项目 类别	合计	出国留学	国内深造	部队	科研、高校等事业单位就业	国有、“三资”等企业就业	地方待就业
毕业派遣博士生	1177	31	0	13	686	396	51
毕业派遣硕士生	2938	45	57	7	500	2177	152

注：1. 以上数据统计截至2022年10月底，含结业生。

2. 按教育部要求，自2020年起，国内博士后按直接就业统计；自2022年起，国内升学转博的不计入硕士毕业生总人数。

毕业生中的中国科学院院士

（共65人）

姓　名	工　作　单　位	毕业时间	当选时间	毕业系别
白以龙	中国科学院力学研究所	1963	1991	近代力学系
朱清时	中国科学技术大学	1968	1991	近代物理系
赵忠贤	中国科学院物理所	1964	1991	物理系
陈　颙	中国地震局地球物理研究所	1965	1993	物理系
马志明	中国科学院应用数学研究所	1981(硕)	1995	研究生院

续表

姓　名	工　作　单　位	毕业时间	当选时间	毕业系别
徐建中	中国科学院工程热物理研究所	1963	1995	近代力学系
白春礼	中国科学院	1985(博)	1997	研究生院
朱作言	中国科学院水生生物研究所	1980(硕)	1997	研究生院
施蕴渝	中国科学技术大学	1965	1997	物理系
严加安	中国科学院数学与系统科学研究院应用数学研究所	1964	1999	数学系
佟振合	中国科学院理化技术研究所	1963	1999	近代化学系
王志珍	中国科学院生物物理研究所	1964	2001	物理系
石耀霖	中国科学院研究生院	1966	2001	物理系
李崇银	解放军理工大学	1963	2001	物理系
刘嘉麒	中国科学院地质与地球物理研究所	1986(博)	2003	研究生院
李邦河	中国科学院数学与系统科学研究院	1965	2003	数学系
李曙光	中国地质大学(北京)	1965	2003	近代化学系
吴　奇	中国科学技术大学、香港中文大学	1982	2003	近代化学系
陈　霖	中国科学院生物物理研究所	1970	2003	物理系
林尊琪	中国科学院上海光学精密机械研究所	1964	2003	无线电电子学系
侯建国	中国科学院	1983	2003	物理系
饶子和	清华大学	1977	2003	物理系
郭光灿	中国科学技术大学	1965	2003	无线电电子学系
王大成	中国科学院生物物理研究所	1963	2005	生物物理系
李洪钟	中国科学院过程工程研究所	1981(硕)	2005	研究生院
黄民强	总参第五十八研究所	1989(博)	2005	研究生院
魏奉思	中国科学院空间科学与应用研究中心	1963	2005	地球物理系
陈润生	中国科学院生物物理研究所	1964	2007	生物物理系
俞昌旋	中国科学技术大学	1965	2007	近代物理系
王自强	中国科学院力学研究所	1963	2009	近代立学系
李亚栋	清华大学	1998(博)	2011	研究生院
沈保根	中国科学院物理研究所	1976	2011	物理系
张肇西	中国科学院理论物理研究所	1963	2011	近代物理系
郑建华	解放军保密委员会技术安全研究所	1987(硕)	2011	研究生院

续表

姓　名	工　作　单　位	毕业时间	当选时间	毕业系别
袁亚湘	中国科学院数学与系统科学研究院	1982(硕)	2011	研究生院
鄂维南	北京大学	1982	2011	数学系
康　乐	中国科学院动物研究所、河北大学	1990(博)	2011	研究生院
潘建伟	中国科学技术大学	1992	2011	近代物理系
杨秀荣	中国科学院长春应用化学研究所	1968	2013	近代化学系
张培震	中国地震局地质研究所	1982(硕)	2013	研究生院
赵政国	中国科学技术大学	1982	2013	近代物理系
谢　毅	中国科学技术大学	1996(博)	2013	研究生院
庄小威	哈佛大学	1991	2015	少年班/物理系
杜江峰	中国科学技术大学	1990	2015	少年班/近代物理系
陈仙辉	中国科学技术大学	1995(博)	2015	研究生院
陈晓非	南方科技大学	1982	2015	地球与空间科学系
景益鹏	上海交通大学	1989(硕)	2015	研究生院
谢心澄	北京大学	1982	2015	近代物理系
毛军发	上海交通大学	1988(硕)	2017	研究生院
窦贤康	武汉大学	1987	2017	地球与空间科学系
王　赤	中国科学院国家空间科学中心	1990	2019	地球与空间科学系
叶向东	中国科学技术大学	1983	2019	数学系
汤　超	北京大学	1981	2019	力学系
孙和平	中国科学院测量与地球物理研究所	1980	2019	地球与空间科学系
李景虹	清华大学	1991	2019	化学物理专业和高分子材料工程专业双学士
李献华	中国科学院地质与地球物理研究所	1983	2019	地球与空间科学系
杨金龙	中国科学技术大学	1991(博)	2019	研究生院
陆夕云	中国科学技术大学	1991(博)	2019	研究生院
林海青	北京计算科学研究中心	1981	2019	物理学
相里斌	中国科学院	1990	2019	精密机械与仪器系
俞书宏	中国科学技术大学	1998	2019	研究生院
常　进	中国科学院紫金山天文台	1989	2019	近代物理系
刘仓理	中国工程物理研究院	1993	2021	近代力学系

续表

姓　名	工　作　单　位	毕业时间	当选时间	毕业系别
杨培东	加州伯克利大学	1992	2021	应用化学系
封东来	中国科学技术大学	1994	2021	近代物理系

注：以当选院士年度为序，同年当选的以姓氏笔画为序。

毕业生中的中国工程院院士

（共28人）

姓　名	工　作　单　位	毕业时间	当选时间	毕业系别
吴有生	中国船舶科学研究中心	1964	1994	近代力学系
王震西	北京中科三环高技术股份有限公司	1964	1995	物理系
杨秀敏	中国人民解放军总参工程兵第四设计研究院	1965	1995	近代力学系
李国杰	中国科学院计算技术研究所	1981(硕)	1995	研究生院
何多慧	中国科学技术大学	1964	1995	近代物理系
龚惠兴	中国科学院上海技术物理所	1963	1995	无线电电子学系
魏复盛	中国环境监测总站	1964	1997	近代化学系
杜善义	哈尔滨工业大学	1964	1999	近代力学系
宋湛谦	中国林业科学研究院	1964	1999	近代化学系
蒋洪德	清华大学	1981(硕)	1999	研究生院
许祖彦	中国科学院物理研究所	1963	2001	物理系
陈立泉	中国科学院物理研究所	1964	2001	物理系
范维澄	清华大学	1965	2001	近代力学系
周寿桓	中国电子科技集团公司第11研究所	1962	2003	技术物理系
吴以成	天津理工大学	1969	2005	近代化学系
邓中翰	中星微电子公司	1992	2009	地球和空间科学系
董春鹏	中国船舶重工集团公司第七〇五研究所	1966	2009	无线电电子学系
刘连元	中国运载火箭技术研究院	1965	2011	近代力学系
刘文清	中国科学院安徽光学精密机械研究所	1978	2013	物理系

续表

姓　名	工　作　单　位	毕业时间	当选时间	毕业系别
任辉启	原总参工程兵科研三所	1992(硕)	2015	研究生院
吴伟仁	国家国防科技工业局	1978	2015	无线电系
邓建军	中国工程物理研究院流体物理研究所	1988 (代培研究生)	2017	研究生院
李　凯	普林斯顿大学	1981(硕)	2017	研究生院
陆　军	中国电子科技集团公司	1988(硕)	2017	研究生院
杨春和	中国科学院武汉岩土力学研究所	1986(硕)	2019	研究生院
吴汉明	灿芯创智微电子技术(北京)有限公司	1976	2019	近代物理系
龙　腾	北京理工大学	1989	2021	无线电电子学系
张亚勤	清华大学	1982	2021	少年班学院

注：以当选院士年度为序，同年当选的以姓氏笔画为序。

十、科学研究与科技产业

创 新 平 台

国家级科研机构

类别	机构名称	校内负责人	成立时间	批准部门
国家研究中心	合肥微尺度物质科学国家研究中心	罗　毅	2017.11	科学技术部
国家级实验室	国家同步辐射实验室	封东来	1991.12	国家计委
全国(国家)重点实验室	火灾科学国家重点实验室	刘乃安	1989.06	国家计委
	核探测与核电子学国家重点实验室(联合)	安　琪	2011.10	科学技术部
	认知智能全国重点实验室(联合)	胡国平	2022.05	科学技术部
	深空探测全国重点实验室(联合)		2023.01	国防科工局
国家工程研究中心	语音及语言信息处理国家工程研究中心(联合)	凌震华	2011.06	国家发改委
国家工程实验室	类脑智能技术及应用国家工程实验室	吴　枫	2017.01	国家发改委
国家地方联合工程研究中心	热安全技术国家地方联合工程研究中心	宋卫国	2015.12	国家发改委
国家国际科技合作基地(联合研究中心)	大尺度火灾国际联合研究中心	刘乃安	2014.11	科学技术部
2011 协同创新中心	量子信息与量子科技前沿协同创新中心	潘建伟	2013.04	教育部
其他	国家高性能计算中心(合肥)	许胤龙	1995.09	科学技术部
	安徽蒙城地球物理国家野外科学观测研究站	姚华建	2007.04	科学技术部

国家重大科技基础设施

机 构 名 称	校内负责人	成立时间	批准部门
合肥同步辐射光源	封东来	1991.12	国家计委
稳态强磁场实验装置(联合)	田长麟	2008.05	国家发改委
未来网络试验设施(合肥分中心)	张勇东	2016.12	国家发改委
高精度地基授时系统(合肥一级站)	张 强	2018.05	国家发改委
合肥先进光源	封东来	2021.10	国家发改委
空地一体量子精密测量实验设施(联合)	潘建伟	2021.10	国家发改委

中国科学院级科研机构

类 别	名 称	校内负责人	成立时间	批准部门
率先行动机构	中国科学院量子信息与量子科技创新研究院	潘建伟	2014.01	中国科学院
	中国科学院合肥大科学中心	包信和	2014.11	中国科学院
	中国科学院比较行星学卓越创新中心	汪毓明	2018.12	中国科学院
中国科学院重点实验室	中国科学院材料力学行为和设计重点实验室	龚兴龙	2001.12	中国科学院
	中国科学院量子信息重点实验室	郭光灿	2001.12	中国科学院
	中国科学院壳幔物质与环境重点实验室	郑永飞	2005.03	中国科学院
	中国科学院近地空间环境重点实验室	窦贤康	2005.03	中国科学院
	中国科学院能量转换材料重点实验室(联合)	陈初升	2008.12	中国科学院
	中国科学院星系宇宙学重点实验室(联合)	王慧元	2008.12	中国科学院
	中国科学院软物质化学重点实验室	刘世勇	2009.12	中国科学院
	中国科学院脑功能与脑疾病重点实验室	周江宁	2009.12	中国科学院
	中国科学院吴文俊数学重点实验室	胡 森	2010.12	中国科学院

续表

类　别	名　　称	校内负责人	成立时间	批准部门
中国科学院重点实验室	中国科学院电磁空间信息重点实验室	张勇东	2013.04	中国科学院
	中国科学院空间信息处理与应用系统技术重点实验室(联合)	吴　枫	2013.04	中国科学院
	中国科学院无线光电通信重点实验室	李向阳	2014.08	中国科学院
	中国科学院强耦合量子材料物理重点实验室	陈仙辉	2014.08	中国科学院
	中国科学院天然免疫与慢性疾病重点实验室	田志刚	2014.08	中国科学院
	中国科学院城市污染物转化重点实验室(联合)	盛国平	2014.08	中国科学院
	中国科学院微观磁共振重点实验室	杜江峰	2016.08	中国科学院
其他	中国科学院热安全工程技术研究中心	张和平	1998.07	中国科学院
	中国科学院强磁场科学中心(联合)	田长麟	2008.04	中国科学院
	中国科学院太阳能光热综合利用研究示范中心	季　杰	2009.07	中国科学院
	中国科学院国家数学与交叉科学中心合肥分中心	李嘉禹	2010.11	中国科学院
	中国科学院科学传播研究中心	汤书昆	2019.11	中国科学院
	中国科学院临床研究医院(合肥)	翁建平	2020.04	中国科学院

省部级科研机构

序号	名　　称	负责人	成立时间	批准部门
1	多媒体计算与通信教育部-微软重点实验室	李厚强	2004.11	教育部
2	无膜细胞器与细胞动力学教育部重点实验室	姚雪彪	2019.05	教育部
3	脑启发智能感知与认知教育部重点实验室	吴枫	2023.02	教育部
4	数字技术的数学基础与应用教育部重点实验室	杨周旺	2023.02	教育部
5	城市公共安全省部共建协同创新中心	张和平	2019.09	教育部
6	网络文化内容认知与检测文化和旅游部重点实验室	谢海永	2021.05	文化和旅游部

序号	名　　称	负责人	成立时间	批准部门
7	森林火灾监测预警应急管理部重点实验室	刘乃安	2021.09	应急管理部
8	量子信息科学安徽省实验室	潘建伟	2018.02	安徽省
9	先进光子科学技术安徽省实验室	陆亚林	2018.02	安徽省
10	微尺度物质科学安徽省实验室	罗　毅	2018.02	安徽省
11	生物医学与健康安徽省实验室	田志刚	2020.03	安徽省
12	人工智能安徽省技术创新中心(联合)	胡国平	2018.02	安徽省
13	高性能计算安徽省重点实验室	陈国良	1999.12	安徽省科技厅
14	分子医学安徽省重点实验室	田志刚	2002.12	安徽省科技厅
15	光电子科学与技术安徽省重点实验室	刘　文	2002.12	安徽省科技厅
16	计算与通讯软件安徽省重点实验室	王煦法	2005.02	安徽省科技厅
17	生物质洁净能源安徽省重点实验室	傅　尧	2006.12	安徽省科技厅
18	细胞动力学与化学生物学安徽省重点实验室	姚雪彪	2008.11	安徽省科技厅
19	大数据分析与应用安徽省重点实验室	陈恩红	2017.03	安徽省科技厅
20	极地环境与全球变化安徽省重点实验室	谢周清	2017.03	安徽省科技厅
21	未来网络安徽省重点实验室	张勇东	2018.06	安徽省科技厅
22	太阳能光热综合利用安徽省重点实验室	季　杰	2018.06	安徽省科技厅
23	衰老生物医学安徽省重点实验室	申　勇	2019.12	安徽省科技厅
24	现代物流与供应链安徽省重点实验室	余玉刚	2019.12	安徽省科技厅
25	安徽应用数学中心	杨周旺	2020.07	安徽省科技厅
26	安徽省生物质能源工程技术研究中心	傅　尧	2007.06	安徽省科技厅
27	安徽省污水处理工程技术研究中心	俞汉青	2009.09	安徽省科技厅
28	安徽省量子信息工程技术研究中心	陈增兵	2011.03	安徽省科技厅
29	安徽省高校人文社科重点研究基地——科学传播研究与发展中心	汤书昆	2003.01	安徽省教育厅
30	先进功能材料安徽普通高校重点实验室	陈初升	2004.08	安徽省教育厅
31	物理电子学安徽省普通高校重点实验室室	安　琪	2004.11	安徽省教育厅
32	网络传播系统与控制安徽普通高校重点实验室	朱　明	2007.08	安徽省教育厅
33	生物技术药物安徽省工程技术研究中心	田志刚	2007.08	安徽省教育厅
34	无线网络通信安徽普通高校重点实验室	卫　国	2008.01	安徽省教育厅
35	安徽省高校人文社科重点研究基地——工商管理创新研究中心	刘志迎	2013.01	安徽省教育厅

续表

序号	名　　称	负责人	成立时间	批准部门
36	安徽省高校人文社科重点研究基地——科技史与文化遗产研究中心	石云里	2013.01	安徽省教育厅
37	安徽省高校人文社科重点研究基地——四业融合研究中心	翁清雄	2022.05	安徽省教育厅
38	智能决策博弈与数字经济创新安徽省哲学社会科学重点实验室	刘林冬	2022.11	安徽省教育厅
39	科学教育与传播安徽省哲学社会科学重点实验室	周荣庭	2022.11	安徽省教育厅
40	科技考古与文化遗产保护安徽省哲学社会科学重点实验室	杨玉璋	2022.11	安徽省教育厅
41	城市公共安全协同创新中心	张和平	2013.11	安徽省教育厅
42	先进技术与产业协同创新中心	李卫平	2013.11	安徽省教育厅
43	微电子与光电子技术研究院	刘　文	2013.11	安徽省教育厅
44	安徽省医药生物研究院	肖卫华	2013.11	安徽省教育厅
45	先进核聚变能和等离子体科学协同创新中心	李建刚	2014.08	安徽省教育厅
46	安徽大数据应用协同创新中心	陈恩红	2014.08	安徽省教育厅
47	精密科学仪器安徽普通高校重点实验室	褚家如	2019.01	安徽省教育厅
48	表界面化学与能源催化安徽普通高校重点实验室	黄伟新	2019.01	安徽省教育厅
49	安徽省语音及语言技术工程实验室	刘庆峰	2009.08	安徽省发改委
50	安徽省热安全工程研究中心	宋卫国	2009.08	安徽省发改委
51	安徽省先进功能高分子薄膜工程实验室	李良彬	2017.08	安徽省发改委
52	安徽省废水资源化利用工程实验室	刘贤伟	2017.08	安徽省发改委
53	安徽省仿生材料工程实验室	俞书宏	2020.09	安徽省发改委
54	安徽省功能膜材料与技术工程实验室	徐铜文	2020.09	安徽省发改委
55	安徽省多肽药物工程实验室	田长麟	2020.09	安徽省发改委
56	安徽省新型能源梯级利用工程实验室	舒歌群	2020.09	安徽省发改委
57	机器人安徽省技术标准创新基地	陈小平	2018.03	安徽省质监局、安徽省发改委等

校级科研机构

所系联合实验室			
序号	实验室名称	成立时间	联合共建单位
1	星系和宇宙学联合实验室	2005.01	中国科学院上海天文台
2	核探测技术与核电子学联合实验室	2005.04	中国科学院高能物理研究所
3	化学物理联合实验室	2005.06	中国科学院大连化学物理研究所
4	智能科学与技术联合实验室	2005.07	中国科学院沈阳自动化研究所
5	蛋白质科学联合实验室	2005.07	中国科学院生物物理研究所
6	网络与通信联合实验室	2005.09	中国科学院沈阳计算技术研究所
7	绿色合成化学联合实验室	2005.11	中国科学院上海有机化学研究所
8	数学物理联合实验室	2005.12	中国科学院武汉物理与数学研究所
9	科技传播研究所	2006.02	中国科学院科学时报社
10	强子物理研究中心	2006.03	兰州重离子国家实验室
11	网络传播系统与控制联合实验室	2006.11	中国科学院声学研究所
12	新能源材料联合实验室	2007.04	中国科学院上海硅酸盐研究所
13	无机固体联合实验室	2007.05	中国科学院福建物质结构研究所
14	高分子薄膜与溶液联合实验室	2007.09	中国科学院长春应用化学研究所
15	分析化学研究伙伴小组	2008.01	中国科学院长春应用化学研究所
16	超精密控制与系统联合实验室	2010.05	中国科学院长春光机所
17	微纳电子系统集成研究中心	2010.09	中国科学院微电子所
18	环境污染控制联合实验室	2012.01	中国科学院城市环境研究所
19	生物质催化转化联合实验室	2013.12	中国科学院广州能源研究所
20	量子生物物理联合实验室	2014.10	中国科学院生物物理研究所
21	天然活性多肽联合实验室	2015.03	中国科学院昆明动物研究所
22	超导量子器件与量子信息联合实验室	2015.10	中国科学院上海微系统与信息技术研究所
校企联合实验室			
1	科大华为信息技术研究所	1997.05	深圳华为技术有限公司
2	中国科学技术大学－SHINCRON 先进薄膜工艺与材料联合实验室	2003.12	日本 SHINCRON 公司
3	中国科大-黄山永佳膜技术与膜材料联合研发中心	2012.05	黄山永佳(集团)有限公司

续表

校企联合实验室			
序号	实验室名称	成立时间	联合共建单位
4	未来网络联合实验室	2017.04	光载无限(北京)科技有限公司
5	中国科大-瑞达生命科技联合研究中心	2017.06	安徽瑞达投资集团有限公司
6	环境资源与健康研究中心	2017.07	安徽中烟工业有限责任公司
7	中国科大-延长石油新能源联合实验室	2018.06	陕西延长石油(集团)有限责任公司
8	中国科大-京东 AI 联合实验室	2018.09	北京京东尚科信息技术有限公司
9	中国科大-首旅智慧生活联合实验室	2019.01	北京首都旅游集团有限公司
10	中国科大-皖维 PVA 新材料联合实验室	2019.08	安徽皖维高新材料股份有限公司
11	中国科大-万方精细化新品联合实验室	2020.01	万方日用品有限公司
12	华为-中国科大离子阱创新实验室	2020.01	华为技术有限公司
13	中国科学技术大学-长春卓谊生命科学联合创新实验室	2020.09	长春卓谊生物股份有限公司
14	中国科学技术大学-招商银行人工智能联合实验室	2020.11	招商银行
15	中国科大—国营芜湖机械厂航空新装备智能检测及维护创新实验室	2020.11	国营芜湖机械厂
16	中国科学技术大学-三维家先进制造联合实验室	2020.11	广东三维家信息科技有限公司
17	中国科大-爱博智能机器人联合实验室	2021.02	安徽爱博智能科技有限公司
18	中国科大-蔚来智能电动汽车联合实验室	2021.04	蔚来汽车科技(安徽)有限公司
19	新材料与智能制造联合实验室	2021.05	芜湖市人民政府、安徽海螺集团
20	中国科大-松果出行新能源新材料及自动驾驶联合实验室	2021.07	北京阿帕科蓝科技有限公司
21	中国科大-南瑞继远电新型电力系统联合实验室	2021.10	安徽南瑞继远电网技术有限公司
22	中国科大-上海兆维核酸药物研发联合实验室	2022.06	上海兆维科技发展有限公司
23	中国科大-大全集团双碳智能联合实验室	2022.07	大全集团有限公司
24	中国科大-OPPO 智能计算联合实验室	2022.08	OPPO 广东移动通信有限公司

续表

校企联合实验室			
序号	实验室名称	成立时间	联合共建单位
25	中国科大-阿里巴巴智能安全计算联合实验室	2022.09	阿里巴巴达摩院(杭州)科技有限公司
26	中国科大-同兴环保储能电池材料及器件联合实验室	2022.09	同兴环保科技股份有限公司
27	先进汽车技术联合创新研究院	2022.09	奇瑞汽车股份有限公司
28	中国科大-国轩高科创新电池联合实验室	2023.02	合肥国轩高科动力能源有限公司
29	中国科大-深信服信息技术创新联合实验室	2022.12	深信服科技股份有限公司
30	华为-中国科大人工智能创新实验室	2023.01	华为技术有限公司

学校设立科研机构			
序号	名　　称	成立时间	挂靠单位
1	数学研究所	1978.01	数学学院
2	自然科学史研究室	1980.12	人文与社会科学学院
3	天体物理研究中心	1984.01	物理学院
4	信息处理中心	1988.09	信息科学技术学院
5	非线性科学中心	1992.04	物理学院
6	超精密技术研究所	1992.04	工程科学学院
7	工业自动化研究所	1992.04	信息科学技术学院
8	生物医学工程研究所	1992.11	信息科学技术学院
9	智能信息技术研究所	1992.11	信息科学技术学院
10	科技法学研究室	1992.11	管理学院
11	儿童弱视和斜视研究治疗中心	1993.06	校医院
12	信号统计处理中心	1993.09	信息科学技术学院
13	统计研究所	1993.09	管理学院
14	理论物理研究所	1994.04	物理学院
15	材料化学与膜技术研究所	1994.12	化学与材料科学学院
16	石油天然气研究中心	1994.12	地球和空间科学学院
17	微波毫米波工程研究中心	1996.10	信息科学技术学院
18	科技考古实验室	1996.10	人文与社会科学学院

续表

学校设立科研机构			
序号	名　　称	成立时间	挂靠单位
19	国际经济研究所	1996.11	管理学院
20	极地环境研究室	1999.05	地球和空间科学学院
21	辐化技术研究所	1999.10	化学与材料科学学院
22	免疫学研究所	2001.10	生命科学学院
23	烟草与健康研究中心	2002.02	化学与材料科学学院
24	交叉学科理论研究中心	2002.05	物理学院
25	知识管理研究所	2002.09	人文与社会科学学院
26	科学传播研究与发展中心	2006.11	人文与社会科学学院
27	粒子科学与技术研究中心	2009.07	物理学院
28	高速流动与推进研究中心	2009.07	工程科学学院
29	CFC 金融信息研究中心	2009.07	管理学院
30	可持续发展与创新研究中心	2010.02	管理学院
31	燃烧研究中心	2010.02	国家同步辐射实验室
32	磁约束聚变堆总体设计研究中心	2011.03	核科学技术学院
33	地震与地球内部物理实验室	2012.09	地球和空间科学学院
34	中国科学技术大学医学中心	2012.12	独立机构
35	量子材料物理实验室	2013.05	物理学院
36	生物医学工程中心	2013.05	中国科学技术大学医学中心
37	未来网络实验室	2013.05	中国科学技术大学先进技术研究院
38	无线光通信与网络研究中心	2013.12	信息科学技术学院
39	服务科学与技术实验室	2013.12	管理学院
40	长三角科技战略前沿研究中心	2019.05	管理学院

科 研 项 目

2022年获批百万元及以上民口纵向科研项目(课题)一览表

项目类别	项 目 名 称	负责人	获批经费(万元)
科技部国家重点研发计划项目	生物大分子相分离/相变及无膜细胞器的形成机制及生物学意义	姚雪彪	2600
	用于极端环境防护的结构功能一体化纳米复合材料及应用探索	张 忠	2500
	动力型锂离子电池的催化反应机理及器件构筑	余 彦	2400
	无机二维纳米材料热绝缘极限研究	谢 毅	2000
	多尺度壳幔流变特征及其对地震和火山活动的作用机制	张海江	2000
	臭氧及前体物多源卫星高分辨遥感与集成解析技术	刘 诚	1987
	新型拓扑和超导材料在强磁场下的量子调控	吴 涛	1900
	GeV能区超高亮度正负电子加速器和探测器关键技术研究	彭海平	1750
	互联网信息推荐算法安全评估理论与方法	谢洪涛	1500
	高分辨热相干散射、安全因子、中子探测诊断技术研究	吴征威	1500
	一/二价高选择性离子交换膜制备及应用技术	葛 亮	1253.92
	自由曲面设计、分析与制造一体化的数学方法及应用	杨周旺	1213
	面向深海的空海多模态光通信系统研究	徐正元	1200
	森林-城镇交界域火灾预测与防控技术研究	胡 源	1180
	高强度森林火灾大尺度蔓延预测技术与系统	刘乃安	1124
	高温质子导体电解制氢技术	占忠亮	987
	重要数据分类、识别与安全评估技术	左晓栋	850
	随机偏微分方程与相关前沿问题	张土生	572
	异质结光催化剂的改性及其光催化 CO_2 转化合成C2＋产物的性能与机理研究	刘敬祥	100

续表

项目类别	项　目　名　称	负责人	获批经费（万元）
科技部科技创新2030重大项目	博弈智能场景应用	李厚强	1000
科技部国家重点研发计划青年项目	基于同步辐射光电离质谱方法对自由基中间体催化反应探测及调控	赵　龙	500
	衰老及肿瘤氧化还原微环境的高通量实时成像及靶向干预	袁　月	500
	微重力环境下小行星形成过程研究	汤浩岚	500
	大规模关联性网络中潜在因子结构的统计检验方法	郑泽敏	300
	高动态彩色激光全息三维显示关键技术研究	黄　坤	300
	高稳定均相离子交换膜的设计与制备	李兴亚	300
	长效 PEMFC 非贵金属催化剂研制与电极可控构筑	葛君杰	300
	森林草原火灾的高效炭化阻隔带防火技术研发与应用示范	胡伟兆	300
	甲烷高精度光谱数据参考	谈　艳	200
科技部国家重点研发计划课题	相分离驱动着丝粒形成与染色体凝集的分子机制	姚雪彪	1014
	关联过渡金属化合物异质界面的原子级设计和构筑	廖昭亮	871
	钴镍锰酸锂正极多物理场调控及表界面催化稳定机制	余　彦	840
	染色体凝集调控细胞分裂模式的分子机制	刘　行	832
	极端环境防护机理分析、检测技术与性能评价	张　忠	800
	人类视知觉学习的优化与调控机制	周逸峰	768
	高分辨热相干散射测量技术研究	吴征威	765
	强磁场下新型强关联电子材料的量子调控及其机理研究	项子霁	760
	里德堡原子新奇非平衡物态研究	丁冬生	700
	恶性肿瘤中肿瘤细胞与免疫微环境交互及转录调控机制	宋晓元	668.46
	基于悟空号的反粒子等稀有事例的探测研究	张云龙	660
	多尺度壳幔结构综合地震成像研究	张海江	650
	高精度主被动复合一体温度控制技术	程文龙	640
	储存环物理设计与束流测量及稳定性关键技术研究	罗　箐	591.22
	夸克物质电磁信号的实验研究	查王妹	575

续表

项目类别	项 目 名 称	负责人	获批经费(万元)
科技部国家重点研发计划课题	表观遗传分子机器调控细胞分化与发育的分子机制	光寿红	572
	强磁场下新型非常规超导材料的量子调控及其机理研究	吴 涛	570
	光催化表界面演化及原位动态研究	张晓东	550
	高活性磷负极催化剂的创制及催化机理	季恒星	528
	低热导无机二维结构基元精准设计与合成	谢 毅	500
	互联网信息推荐算法安全评估平台与示范应用	谢洪涛	500
	重大传染病病原、微生态和宿主免疫的互作机制研究	陈永艳	500
	海气交互关键层同步观测设备研制(观测系统)	王 雨	498
	东亚陆缘中生代岩浆作用与壳幔物质循环	戴立群	495
	人类活动对长江中下游湖泊流域关键带演化的影响	周 鑫	495
	内径迹探测器的关键技术研究	徐来林	485.4
	低热导无机二维材料的跨尺度可控组装与热绝缘极限设计	倪 勇	480
	磁层-电离层-中高层大气多圈层耦合影响临近空间环境的过程与机理	刘 宇	464
	孕震环境和岩浆动力学数值模拟与成灾机制研究	胡 岩	460
	环境干扰效应与噪声的数据预处理方法研究	冯 畅	458
	日地空间天气传播链事件识别与物理参量建模	刘 睿	455
	变线距闪耀光栅制作技术研究	刘正坤	450
	多模态融合脑成像方法学研究	闻 捷	447
	偶极磁场位形下哨声波的激发、传播和加速粒子机制研究	陆全明	437
	国内外多源卫星臭氧垂直廓线及前体物遥感算法	刘 诚	422.4
	海量多源数据的融合分析算法	王学钦	420
	空海多模态光通信系统与立体网络架构总体设计	徐正元	396
	精子发生障碍的致病因素	史庆华	393.75
	综合鱼群探测传感系统集成与产品化	季海波	390
	一/二价高选择性阳离子膜的制备技术	葛 亮	356.54
	电解堆连接、密封与成堆关键技术	占忠亮	350

续表

项目类别	项 目 名 称	负责人	获批经费（万元）
科技部国家重点研发计划课题	分布式光纤声波传感装备与衍生灾害监测技术	李泽峰	350
	设计与分析一体化系统	杨周旺	340
	深海复杂环境无线光通信关键技术	黄 诺	336
	影响 O3 和 PM2.5 的大气-地表跨层关键过程智能模拟技术	赵 纯	336
	融合 AI 内生的大规模协同接入和自主干扰协调技术研究	赵 明	315
	非氟 PEM 材料流变性质及膜规模化连续制备	蒋晨啸	314.6
	基于 T 网格样条的三维设计几何内核	邓建松	310
	多细胞协同互作构建胎盘关键功能的机制	傅斌清	310
	高精度与定制化的信息推荐算法研究	冯福利	300
	高分辨率飞行时间质谱仪研制	刘世林	300
	基于 SLM 增材制造工艺的毛细微孔/层板主动发汗材料/结构设计理论及其主动冷却机理研究	贺 菲	284.04
	多模态网络节点系统架构与操作系统	谭小彬	280
	CAD/CAE 一体化的统一离散模型表示理论与计算方法	刘利刚	280
	建筑光伏多物理场耦合作用机理及建模技术研究	季 杰	279
	森林-城镇交界域可燃物调控及火灾阻隔技术研究	邢伟义	266.5
	森林-城镇交界域火灾引燃危险性及风险分级技术研究	陈海翔	245.7
	森林火灾高强度燃烧与超快蔓延的预测预警技术	刘乃安	242.1
	通感算融合的原生绿色通信组网理论、架构与方法	张四海	230
	列车火灾全景扫描式监测预警与联动控制技术	唐 飞	225
	大尺度森林火灾蔓延预测与扑救辅助决策系统	高 威	202.4
	多场景灵巧作业的交互式技能学习与自主发育技术研究	阚 震	189
	大规模机构与公共网络中重要数据发现、甄别与责任追究关键技术研究	刘 斌	165.5
	高级信号分析与应用软件开发	宋克柱	161
	夏商时期金属产地调查及溯源方法研究	范安川	160
	星系级暂现源科学研究	王挺贵	157.5

续表

项目类别	项 目 名 称	负责人	获批经费（万元）
科技部国家重点研发计划课题	Monge-Ampere 方程，Allen-Cahn 方程及极小曲面	陈世炳	150
	非线性随机偏微分方程的理论及分析	张土生	145
	重要数据识别规范和分类分级方法研究	左晓栋	131
	空间科学实验通信技术国际标准研制	李 杨	125
科技创新2030重大项目课题	人类视知觉学习的优化与调控机制	周逸峰	768
	基于数据驱动和领域知识引导的博弈智能学习方法	周文罡	200
	博弈智能问题建模理论与方法	王 杰	200
	基于强化学习的博弈进化学习推理模型及多维评估方法研究	秦家虎	160
科技部其他项目	基于 MLU 的智能语音算法领域算子开发	郭 武	500
	智能语音模型移植和算法工具包研发	凌震华	500
	纳米级中红外面形测量仪关键部件研制	冯志华	500
	高集成度射频前端器件模组	程 林	250
基金委重大项目	近红外短波集成微腔光梳及调控机理研究	董春华	350
	功能导向的仿生跨尺度多级结构固体材料设计及精准制备	俞书宏	349
	再生水的生态效应及关键风险因子识别	刘贤伟	329
	光/热、电/热耦合促进的 C-C/O 键选择性活化转化	傅 尧	300
	政策智能关键技术与应用示范	魏玖长	250
	质子束在生物组织内的能量输运观测装置	郑 睿	134
基金委联合基金	等离子体与兆电子伏离子协同辐照下钨损伤及表面原位氘滞留特性研究	叶民友	315
	强 α 放射性溶液辐射分解产氢的机理和模型研究	林铭章	259
	仿肌腱驱动的柔性机器人关键技术研究	尚伟伟	256
	无耐药的新型大分子抗生素构建及应用	尤业字	255
	高镁锂比盐湖卤水离子精馏分离机理及锂富集过程强化研究	蒋晨啸	255
	脂肪酸代谢紊乱通过 GPR31 导致冠脉钙化的作用机制和干预手段研究	段亚君	255
	面向光/电催化 CO_2 高值转化的金属有机框架基材料合成与性能研究	江海龙	255

续表

项目类别	项 目 名 称	负责人	获批经费（万元）
基金委联合基金	全感知智能力控机器人系统设计及安全人机协作控制方法研究	李智军	255
	基于机器学习和情感计算的思政闭环学习关键技术研究	杨 勋	249
基金委重大研究计划	调控类器官细胞可塑性生物大分子动态修饰研究	许 超	800
	飞秒调控光场与能量转移动力学研究	叶树集	700
	细胞分泌过程货物运输和内膜互作机制解析	姚雪彪	221
	蛋白质合成化学新技术及泛素化修饰合成、编辑与功能研究	刘海燕	205
	基于超导、声子和光子混合集成的量子芯片	邹长铃	340
	基于金刚石量子体系的单电荷探测与高精度定位技术实验研究	王 亚	340
	湍流结构与复杂边界相互作用的致声机理和噪声控制	孙德军	300
	碳基能源转化利用的催化科学战略研究	包信和	125
基金委重点项目	细胞外基质高阶复杂变形场测量方法和细胞病变损伤力学机制研究	张青川	390
	非均匀材料中的内禀热效应	牛 谦	378
	非共价界面微纳结构材料多尺度力学和强韧化设计	吴恒安	377
	基于高斯随机场的复杂结构数据分析	王学钦	376
	红外自由电子激光诱导的二氧化钒超快相变动力学研究	邹崇文	372
	基于 WFST 大视场多波段巡天数据的时变天体研究	孔 旭	367
	高效甲烷直接转化的光催化体系及其表界面化学调控	熊宇杰	364
	离子-分子反应的重原子同位素效应	田善喜	364
	基于薄膜集成与薄膜体声波的异构集成射频无源电路研究	左成杰	359
	大火成岩省岩浆中挥发分及其环境和生态效应：以峨眉山和塔里木为例	肖益林	355
	菲律宾群岛中酸性岩浆活动与斑岩型铜金成矿响应	杨晓勇	352
	地球辐射带中合声波的粒子模拟、卫星观测和实验研究	陆全明	352
	利用地震和重力联合反演构建中国区域岩石圈参考速度模型	张海江	350
	piRNA 的产生与作用机制	光寿红	350
	语义通信的信息理论与技术	张文逸	349
	基于单一分子量精准聚乙二醇衍生物的药物递送功能体系	刘世勇	349

续表

项目类别	项 目 名 称	负责人	获批经费（万元）
基金委重点项目	赤霉素促进株高的分子表观遗传机制研究	丁 勇	348
	太阳能光伏光热/催化洁净墙体机制构建及对建筑能耗/健康环境的影响研究	季 杰	340
	氧化镓p型原位掺杂与高性能功率器件研究	胡 芹	105
基金委国际（地区）合作与交流项目	超辐射时间晶体微波激射及其在量子计量中的应用	荣 星	300
	应用于5G移动通信系统中的超高带宽包络跟踪技术	程 林	170
	笼目结构薄膜中的关联拓扑物态研究	王震宇	140
	多离子体系分离的高性能电渗析膜制备及应用	吴 亮	105
	利用规整结构纳米晶催化剂在分子层次理解光催化甲醇制甲醛反应机理	黄伟新	150
	功能分子修饰半导体及其光催化 CO_2 转化合成多碳产物的性能与机理研 究	熊宇杰	150
	成瘾记忆线索导致冲动控制异常的神经网络机制从计算模型到闭环调控	韦正德	100
基金委-海外青年学者合作研究基金	人多能干细胞来源的外囊泡在组织修复与再生中的应用研究	程临钊	160
中国科学院战略性先导科技专项A	局域截止波长涂层及其在太阳能高温真空集热管中的应用	裴 刚	200
	低成本长寿命钠离子电池材料体系研究	余 彦	200
	基于铠甲催化剂的高性能碱性电解水技术	吴宇恩	100
中国科学院战略性先导科技专项B	面向化学研究新范式的精准与智能化学	李震宇	10000
	高致病性病毒感染及致病机制	魏海明	3210
	复杂化学体系的高精度多域表征	张 杨	2500
	基于机器人科学家的智能化学	刘世勇	2500
	反应路径与材料性能的精准调控	吴宇恩	2500
	面向精准智能化学的理论与机理研究	李震宇	2500
	复杂化学过程的微观机理研究	刘进勋	1250
	分子与材料体系的精准合成	刘世勇	1250
	基于探针及谱学技术的高精度结构表征	张 杨	1250
	后塑料时代的新型仿生材料	管庆方	1250

续表

项目类别	项　目　名　称	负责人	获批经费（万元）
中国科学院战略性先导科技专项B	化学动力学与化学反应的原位实时表征	周　蒙	1250
	面向氮资源综合利用的反应调控	吴宇恩	1250
	具有化学智能的机器人科学家	尚伟伟	1250
	面向精准智能化学的理论与方法研究	李震宇	1250
	广谱、高效的新一代抗体筛选及组合	邱香果	1000
	病毒感染诱发天然免疫信号过激的机制研究	高大兴	920
	广谱、长效、稳定的新型疫苗设计与制备	王育才	870
	高致病性病毒致病机制与防治新策略（直接经费）	潘　文	819
	高致病性病毒感染及致病机制	李丰银	590
	面向图计算的基于 DRAM 的存储融合芯片	康　一	400
	抗原表位筛选与 T/B 细胞协同抗病毒机制研究（直接经费）	王　剑	310
	高致病性病毒致病机制与防治新策略	马　欢	150
	衰老的遗传和表观遗传调控	唐爱辉	150
中国科学院稳定支持基础研究领域青年团队计划	免疫反应的选择性切断	周荣斌	2000
	无机热绝缘极限材料	吴长征	2000
	新一代磁共振成像理论与关键技术	石发展	2000
	单分子精准识别	谭世倞	2000
	温和条件下 CO_2 与 N_2 的活化与精准转化	曾　杰	2000
	光学衍射极限本源与突破	孙方稳	2000
	利用基本物理常数可直接复现多参量的量子计量芯片	李　林	2000
	Hodge 猜想	盛　茂	1500
	常压室温超导物理与材料	应剑俊	750
	精密光谱测量极限	程存峰	320
	集成光频梳芯片	董春华	180
	大尺度暗物质分布和演化与星系形成	王慧元	160
	DAMPE 实验中宇宙线核素的分析研究	魏逸丰	150
	类生命机器人智能	刘　嵘	100
	激光驱动粒子加速与极端强场效应	时　银	100

续表

项目类别	项目名称	负责人	获批经费（万元）
中国科学院其他	提升原始创新能力专项-火灾安全全国重点实验室重组国家队	刘乃安	1000
	提升原始创新能力专项-重组认知智能国家队	陈恩红	500
	半导体缺陷与激发态载流子寿命相关性研究软件与数据库	赵　瑾	450
	利用强磁场条件研究关联电子体系中的演生物理	项子霁	300
	原位同步辐射红外光谱新方法及二氧化碳合成燃料研究	韦世强	200
	重组磁约束核聚变物理研究国家队	庄　革	180
	子午工程2022年度运行合同	薛向辉	149
	面向第一性原理的HPC＋AI智能计算平台及其应用示范	胡　伟	140
	重组磁约束核聚变物理研究国家队	郑　坚	120
	城镇污水处理厂智能监控和优化运行关键技术及应用	俞汉青	100
	基于量子信息技术研究量子物理基本问题	李传锋	100
	科学传播研究中心运行专项	汤书昆	100
其他部委	中国免疫学杂志(英文版)	田志刚	200
安徽省科技重大专项	植保药物噁草酮绿色创制及产业化项目	傅　尧	1000
	废旧磷酸铁锂电池全元素综合利用技术与示范	苗春光	300
	基于里德堡原子的量子精密测量	丁冬生	200
	低铂高效氢燃料电池技术	梁海伟	200
	耦合酶及电催化原位产过氧化氢的棉纤维绿色前处理技术研发及应用	刘东风	150
	太阳能光伏光热综合利用建筑构件及建筑源荷匹配调控策略研究与示范	裴　刚	150
	高速量子随机数发生器芯片关键技术攻关	聂友奇	150
	三维设计与分析一体化工业软件研发	杨周旺	150
	新型高效非贵金属有机废气净化催化剂和智能装备研制及工程应用	张　颖	150
	超快激光多材料三维制造新型装备研制	胡衍雷	150
	面向密植果园的农业机器人高效采摘关键技术研究及应用示范	马麒超	150

续表

项目类别	项 目 名 称	负责人	获批经费(万元)
安徽省科技重大专项	生物质绿色溶剂吡咯烷酮高效制备技术	傅 尧	150
	智能驾驶场景下基于深度学习的视觉感知新方法及其应用研究	凌 强	150
	高浓度酿酒废水低碳资源化处理技术装备和示范	王允坤	150
	基于人工智能的空天地协同林火监测关键技术与装备研发及应用示范	张启兴	150
	高安全车用固态锂离子电池开发与产业化	陈立锋	108
	高时空分辨率光声成像仪器	田 超	100
	面向自适应康复训练的下肢外骨骼机器人关键技术研究	张世武	100
	适用于大温区的跨临界 CO_2 新能源汽车热管理系统	赵 锐	100
	用于颅脑术后康复监测的植入式柔性脑机接口研发	赵 刚	100
安徽省自然科学基金	电力储能用磷酸铁锂电池性能退化机理及高效运行技术研究	毛 磊	100
	基于低/非贵金属的亲水疏气仿生氢电极研究	葛君杰	100
安徽省其他项目	安徽省科学教育教材建设重点研究基地	周荣庭	100
	城镇污水处理厂智能监控和优化运行关键技术及应用	俞汉青	100
	基于量子信息技术研究量子物理基本问题	李传锋	100
其他项目	片上量子密钥分发系统关键技术研究	陈 巍	300

2022 年职务专利授权一览表

序号	专利(申请)名称	类型	申请日	申请号	授权日	发明人
1	一种基于共同训练的机动车尾气遥测与车检结果一致性方法	发明专利	20171226	201711429055.4	20220111	康　宇　赵振怡　李泽瑞
2	一种锂离子电池危险性评估方法	发明专利	20171229	201711497625.3	20220111	王青松　黄沛丰　陈昊东　孙金华
3	一种锂金属电池用电极片及其制备方法以及一种锂金属电池	发明专利	20180723	201810813168.2	20220111	朱彦武　余　晗　王欣媛　谢　兼
4	一种二值运动描述子的计算方法及系统	发明专利	20180810	201810907725.7	20220111	刘　斌　方　米　俞能海　张燕翔
5	用户感兴趣商品的推荐方法	发明专利	20190313	201910201617.2	20220111	陈恩红　刘　淇　于润龙　程明月　叶雨扬
6	一种基于智能手表的皮肤式手指手势识别方法	发明专利	20190329	201910248707.7	20220111	杨盘隆　曹书敏　李向阳
7	一种环氧丙烷的制备方法	发明专利	20191111	201911094191.1	20220111	黄伟新　熊　伟　张振华
8	基于铁电隧道结的阻变存储器及阻变存储器的写入方法	发明专利	20191125	201911167166.1	20220111	马　超　罗　振　殷月伟　李晓光
9	基于声音能量的球磨机工作状态检测方法	发明专利	20191220	201911328038.0	20220111	叶中付　杨会超　王鹏宇

续表

序号	专利(申请)名称	类型	申请日	申请号	授权日	发明人
10	一种电化学合成偕二氟烯烃的方法	发明专利	20200120	202010064845.2	20220111	傅尧 王冠 陆熹
11	一种金属有机骨架作为功能层的薄膜复合膜及其制备方法以及金属有机骨架的制备方法	发明专利	20200317	202010187027.1	20220111	徐铜文 葛亮 赵璋
12	无氟 Mo_2CTx MXenes 材料、其制备方法及应用	发明专利	20200610	202010523800.7	20220111	王昌达 宋礼
13	一种本征阻燃腰果酚基酚醛型环氧树脂及其制备方法	发明专利	20200629	202010606127.3	20220111	王鑫 胡源 宋磊 郭文文
14	一种 Python 语言特征自动识别系统和方法	发明专利	20200710	202010663123.9	20220111	张昱 彭昀 胡明哲
15	一种螺旋形聚焦光场的生成方法	发明专利	20200903	202010915414.2	20220111	胡衍雷 冯文飞 吴东 李家文 褚家如
16	螺旋共振亚稳态束流产生装置和原子阱衡量分析试验设备	发明专利	20201109	202011240066.X	20220111	严京文 蒋蔚 卢征天 夫劳瑞·瑞特布什 杨国民
17	一种有机-无机双层复合壁材磁性相变微胶囊的制备方法	发明专利	20201123	202011324326.1	20220111	葛学武 蒋卓妮 汪谟贞
18	硅烷化石墨烯/硅橡胶复合材料及其制备方法和应用	发明专利	20201204	202011391568.2	20220111	闫立峰 王家珂
19	一种高柔性高弹性低模量磁流变弹性体的3D 打印方法	发明专利	20201211	202011453272.9	20220111	龚兴龙 曹旭峰 宣守虎
20	一种基于 2 维簇结构的稀疏贝叶斯学习信道估计方法	发明专利	20210121	202110081476.2	20220111	张枫 邱玲

续表

序号	专利(申请)名称	类型	申请日	申请号	授权日	发明人
21	一种用于皮肤疾病自动诊断分类的便携式设备装置	实用新型	20210201	202120281037.1	20220111	申书伟 徐梦娟 姚 鹏 邵鹏飞 张 帆 李晨梦
22	一种近红外二区七甲川菁染料及其制备方法	发明专利	20210203	202110150077.7	20220111	闫立峰 钱红云
23	一种螺旋火药加速器	实用新型	20210207	202120347228.3	20220111	马宏昊 陈子俊 王鲁庆 赵 凯 孙玉玲 沈兆武
24	生物组织声速成像系统	实用新型	20210302	202120456764.7	20220111	田 超 郑鑫烨 杨明春
25	一种极性和幅值可调的高压超快电脉冲信号发生装置	实用新型	20210517	202121048020.8	20220111	蔡 俊 罗 振 王梓鉴 刘士成 殷月伟 李晓光
26	一种耦合器横向场分布测量装置	实用新型	20210520	202121090721.8	20220111	汤振兴
27	基于维弗法的单边带调制控制电路及应用其的 PCB 板	实用新型	20210520	202121094821.8	20220111	杨光灿烂 邹长铃
28	一种用于石英喷嘴精密研磨的定位旋转夹具	实用新型	20210528	202121174475.4	20220111	杨 蒙 杨玖重 许鸣皋 潘 洋 王占东 周忠岳 齐 飞
29	一种基于量子弱测量放大的晶体温度测量装置	实用新型	20210618	202121359000.2	20220111	朱 洁 胡孟军 张永生
30	一种大通量精子优选装置	实用新型	20210714	202121595242.1	20220111	周成刚 李金坤
31	一种自漂浮便携式黑磷基光热蒸汽转换材料及其制备方法	发明专利	20200426	202010336777.0	20220114	桂 宙 李兆欣 蔡 炜 宋 磊 胡 源

续表

序号	专利(申请)名称	类型	申请日	申请号	授权日	发明人
32	一种半导体-固体电解质型双模式传感器及其在气体识别中的应用	发明专利	20200601	202010484970.9	20220114	易建新 张 红
33	一种缺电子烯烃的 α-选择性硼氢化反应方法	发明专利	20201214	202011469689.4	20220114	汪义丰 靳小慧 黄云帅 张凤莲
34	一种参数计算方法、装置及设备	发明专利	20180525	201810516079.1	20220128	卢德唐 杜 鑫 徐栋哲 何 力
35	最小化信息在轨传输时延的方法	发明专利	20190719	201910655197.5	20220211	姜晓枫 谢金森 李德政 杨 坚 谢海永 刘弋锋
36	正压力颗粒拥塞的变刚度穿戴系统	发明专利	20210408	202110377990.0	20220215	夏海生 刘天鑫 李智军
37	一种中长链脂肪醇及其酯的制备方法	发明专利	20180411	201810324281.4	20220301	邓 晋 傅 尧 刘晌旸
38	一种基于用户行为区别建模的序列推荐方法	发明专利	20180503	201810414330.3	20220301	陈恩红 刘 淇 李 徵 赵洪科 张 凯
39	一种多阶段视频动作检测方法	发明专利	20180511	201810449678.6	20220301	王子磊 赵 琰
40	单阶段的视频行为检测方法	发明专利	20180613	201810607804.6	20220301	王子磊 刘志康
41	一种人群密度估计方法	发明专利	20180621	201810645250.9	20220301	刘 斌 赵 坤 李卫海 俞能海
42	图像降噪方法	发明专利	20180713	201810782106.X	20220301	熊志伟 陈 畅 田新梅 吴 枫

续表

序号	专利(申请)名称	类型	申请日	申请号	授权日	发明人
43	具有变换不变能力且表达一致的卷积神经网络	发明专利	20180727	201810861718.8	20220301	田新梅　何岸峰　沈　旭
44	一种数字锁相放大器相位同步方法及系统	发明专利	20180809	201810901606.0	20220301	阴泽杰　吴彤宇　张　伟　徐修峰
45	多对级个性化推荐方法	发明专利	20181009	201811172906.6	20220301	陈恩红　刘　淇　于润龙　叶雨扬
46	使用三维卷积神经网络的视频烟雾识别方法	发明专利	20181115	201811360602.2	20220301	张启兴　张永明　林高华　王文佳　徐　高　王进军
47	一种机器学习的训练数据选择方法	发明专利	20190322	201910222007.0	20220301	李向阳　范　阳　张　兰
48	脑胶质瘤区域自动分割方法	发明专利	20190627	201910567803.8	20220301	张勇东　徐　海　谢洪涛
49	一种基于语法分类器的视频连续手语识别方法及系统	发明专利	20190808	201910732178.8	20220301	李厚强　周文罡　魏承承
50	一种电化学合成吲哚类化合物的方法	发明专利	20191024	201911018524.2	20220301	汪志勇　胡康飞　查正根
51	一种卤代硝基苯选择性加氢催化剂、其制备方法和催化卤代硝基苯选择性加氢的方法	发明专利	20191028	201911030071.5	20220301	江海龙　李璐妍
52	一种芳香酸的绿色合成方法	发明专利	20191120	201911146553.7	20220301	傅　尧　吴雅楠　尚　睿　付明臣
53	一种 i-motif 杂交分子及其制备方法和应用	发明专利	20191230	201911393323.0	20220301	李　涛　史丽丽

续表

序号	专利(申请)名称	类型	申请日	申请号	授权日	发明人
54	一种半导体制冷器与天空辐射制冷体耦合的复合制冷装置	发明专利	20200110	202010027015.2	20220301	关学新　赵　斌　裴　刚
55	马尔科夫切换拓扑条件下的二分同步性控制方法及系统	发明专利	20200115	202010043461.2	20220301	康　宇　杜　库　吕文君
56	量子芯片封装结构及其制作方法、谐振频率的提高方法	发明专利	20200115	202010045686.1	20220301	梁福田　邓　辉　龚　明　吴玉林　彭承志　朱晓波　潘建伟
57	一种水稻蛋白 OsSWC6 在调控水稻株型中的用途	发明专利	20200410	202010284013.1	20220301	丁　勇　王世亮　阿齐兹
58	一种水稻蛋白 OsARP6 在调控水稻株型中的用途	发明专利	20200410	202010284142.0	20220301	丁　勇　王世亮　阿齐兹
59	一种锂离子电池火灾危险性登级分级试验检测方法	发明专利	20200528	202010466696.2	20220301	王青松　毛斌斌　段强领　李　煌　孙金华
60	由呋喃二甲酸制备己二酸的方法	发明专利	20200604	202010498039.6	20220301	傅　尧　徐冬冬　解光霞　李兴龙　孔庆山
61	一种光催化氧化制备己二酸的方法	发明专利	20200604	202010498040.9	20220301	傅　尧　周龚宇　朱　瑞　徐冬冬
62	一种封隔器、封隔器的加工方法以及封隔器的坐封方法	发明专利	20200713	202010668328.6	20220301	咸玉席　卢德唐
63	一种光电催化系统及其制备方法	发明专利	20200724	202010723993.0	20220301	熊宇杰　王晓农　龙　冉
64	一种带自修复和自校准功能的腕带式手势识别设备及方法	发明专利	20200728	202010735102.3	20220301	陈　香　秦文博　曹　帅　张　旭　胡若晨

续表

序号	专利(申请)名称	类型	申请日	申请号	授权日	发　明　人
65	分析污染物与单颗粒相互作用的装置及方法	发明专利	20200819	202010840193.7	20220301	刘贤伟　姜　迪
66	无信号交叉路口行车风险态势评估方法及系统	发明专利	20200902	202010911975.5	20220301	高洪波　朱菊萍　李智军　郝正源　何　希
67	能对流量整形的物联网安全网关、终端设备和系统	发明专利	20200921	202010994147.2	20220301	李向阳　张燕咏　郭　星　俞小萌　李　强
68	一种多智能体系统分层最优一致性控制方法和装置	发明专利	20201010	202011077415.0	20220301	秦家虎　李　曼　马麟超　万艳妮
69	一种用于电解水制氧的高熵配位聚合物催化剂及其制备方法和应用	发明专利	20201012	202011084825.8	20220301	曹瑞国　雷占武　焦淑红
70	大规模物联网场景下基于分布式秘密共享的信任管理方法	发明专利	20201021	202011128192.6	20220301	苗付友　周星灿　于　跃　黄文超　熊　焰
71	一种具有低起始电位的光阳极材料及其制备方法	发明专利	20201022	202011151839.7	20220301	俞书宏　刘国强　阳　缘
72	电动汽车充电策略的确定方法及装置	发明专利	20201023	202011152225.0	20220301	秦家虎　万艳妮　李　曼
73	一种用于电解水析氧的贵金属单原子催化剂及其制备方法和应用	发明专利	20201113	202011273064.0	20220301	曹瑞国　蔡文斌　雷占武　焦淑红
74	一种催化燃烧催化剂、其制备方法及应用	发明专利	20201113	202011270440.0	20220301	李文志　吴明伟　洪紫薇
75	一种面向人机协作仿生绳驱动四自由度手臂	发明专利	20201116	202011278084.7	20220301	尚伟伟　庞顺翔　张　飞　丛　爽

续表

序号	专利(申请)名称	类型	申请日	申请号	授权日	发明人
76	一种使铁电材料获得大伪塑性变形的方法	发明专利	20201209	202011449439.4	20220301	初宝进 陈 攀
77	基于无人机的绝缘子清洗方法、系统、设备、存储介质	发明专利	20210108	202110024121.X	20220301	常 征 季海波 邸 健 金 涛 谈高勇 张贺朋 张晨旭
78	一种用于水体多参数检测的微流控芯片的制备方法	发明专利	20210121	202110088295.2	20220301	田扬超 刘 刚 熊 瑛
79	一种用于烯醇硅醚制备、分离和提纯的一体化装置	实用新型	20210129	202120256397.6	20220301	汪志勇 戚 鸣 邢浩然
80	一种复合锌空气电池中具有高效反应界面的一体化正电极的制备方法	发明专利	20210202	202110141566.6	20220301	谈 鹏 尚文旭 俞文涛 马彦义
81	一种用于反应堆热工实验教学的超临界二氧化碳装置	发明专利	20210207	202110168687.X	20220301	李远杰 金毅轩
82	一种气体分子嵌入 CL-20 的主客体炸药及其制备方法	发明专利	20210225	202110211705.8	20220301	张增明 孙晓宇 代如成 王中平
83	一种建模合作竞争效应的比赛预测方法及装置	发明专利	20210325	202110319873.9	20220301	刘 淇 陈恩红 顾 垠 张 凯 黄振亚
84	一种含吲哚骨架的稠环化合物的制备方法	发明专利	20210401	202110353762.X	20220301	徐允河 李 曼
85	多层增压驱动的踝关节步态增稳系统	发明专利	20210408	202110377989.8	20220301	夏海生 李智军
86	一种稳定诱骗态脉冲的强度调制方法及强度调制器	发明专利	20210414	202110400041.X	20220301	王 双 卢奉宇 陈 巍 银振强 何德勇 周 政 范元冠杰 王纺翔 郭光灿 韩正甫

续表

序号	专利(申请)名称	类型	申请日	申请号	授权日	发明人
87	光纤集成得金刚石负电荷氮空位色心传感器	实用新型	20210507	202120956479.1	20220301	刘文昭 刘航宇 王 亚 刘昭昕 王孟祺 余 佩 叶翔宇 孙浩宇 石发展 杜江峰
88	一种用于外场试验的便携式等离子体实验装置	实用新型	20210514	202121028338.X	20220301	刘祥群 刘 宇 余鹏程 张 逍 雷久侯 曹金祥
89	一种气体保护的扫描电镜样品盒	实用新型	20210528	202121174012.8	20220301	周宏敏 付圣权 李 明
90	一种适用于扑灭锂离子电池火灾的有机/无机杂化核壳结构灭火剂及其制备方法	发明专利	20210610	202110650206.9	20220301	张和平 付阳阳 张忠心 赵军超 薛 峰 闫明远
91	一种螺旋导流微针装置	实用新型	20210625	202121423076.7	20220301	周戎刚 周典法 王秀霞 孙 剑
92	原位电化学和频光谱测试的平面电解池装置及其控制系统	实用新型	20210722	202121681348.3	20220301	周 达 陈艳霞
93	一种基于相变材料的具有短时高热流密度的喷雾冷却系统	实用新型	20210930	202122398720.6	20220301	程文龙 赵 锐 郑 磊 付 豪 潘宇晖 陈 健
95	一种到点 MOF 材料及其制备方法与应用	发明专利	20210713	202110787790.2	20220325	刘美欢 程位任 李园利 刘庆华
96	基于系综氮-空位色心的装置	发明专利	20220328	202210308792.3	20220328	沈梦泽 杨志平 孔 熙 石发展 杜江峰
97	非标准型离散时间非线性系统的自适应控制方法及系统	发明专利	20200928	202011042312.0	20220401	张纪峰 张言军 康 宇 赵延龙 吕文君
98	一种光电探测器的固定装置	发明专利	20210820	202110962346.X	20220401	冯 林 汪 箭

续表

序号	专利(申请)名称	类型	申请日	申请号	授权日	发明人
99	一种钨箔爆炸焊接的方法	发明专利	20201109	202011236548.8	20220401	马宏昊 田启超 沈兆武 王晓明 赵阳 滕涛 李壬栋
100	可阻断紫外线的光致变色纳米材料及其制备方法和用途	发明专利	20170824	201710733741.4	20220408	吴长征 杨波 谢毅
101	共价七嗪聚合物、其制备方法及产生过氧化氢的催化方法	发明专利	20210204	202110158689.0	20220408	徐航勋 程浩 王磊 程俊
102	一种水稻蛋白 OsYAF9a 在调控水稻株型中的用途	发明专利	20200410	202010284015.0	20220410	丁勇 王世亮 阿齐兹
103	一种小型低流阻的旋流喷雾喷嘴	实用新型	20210929	202122379956.5	20220415	程文龙 赵锐 郑磊 付豪 潘宇晖 陈健
104	一种刚度放大绳驱动单自由度关节	发明专利	20201224	202011549389.7	20220419	尚伟伟 庞顺翔 张飞 丛爽
105	一种 IL-15/SuIL-15Rα-dFc-γ4 复合体蛋白及其构造方法、应用	发明专利	20191113	201911105963.7	20220419	肖卫华 徐欢 郭雨刚 邬婧 邵长胜 李浩
106	一种 IL-15/SuIL-15Rα-mFc-γ4 复合体蛋白及其构造方法、应用	发明专利	20191113	201911105976.4	20220419	肖卫华 徐欢 郭雨刚 邬婧 邵长胜 李浩
107	基于肌肉协同理论的柔性外骨骼机器人控制方法及系统	发明专利	20200902	202010911978.9	20220419	李智军 魏冬 魏强 高洪波
108	一种提高铁电材料表观挠曲电效应的方法	发明专利	20170912	201710817074.8	20220419	初宝进 章小同
109	一种氧化亚钴薄片、其制备方法和其在可见光催化全分解水中的应用	发明专利	20180416	201810338954.1	20220419	孙永福 徐嘉麒 谢毅

续表

序号	专利(申请)名称	类型	申请日	申请号	授权日	发明人
110	一种水性荧光指甲油其制备方法以及使用方法	发明专利	20180705	201810730400.6	20220419	张国庆　张学鹏　廖　凡
111	一种单视彩色图像深度图获得方法及装置	发明专利	20190731	201910703005.3	20220419	陈雪锦　陈啸天
112	一种多囊孔结构石墨烯基微米棒及其制备方法	发明专利	20191010	201910959187.0	20220419	俞书宏　张　龙　潘　钊　马　涛　刘逸飞
113	侧信道分析中的能量轨迹提取方法及系统	发明专利	20190530	201910462530.0	20220419	胡红钢　戴　立
114	一种具有有序编织结构的细菌纤维素复合材料的制备方法	发明专利	20190618	201910526568.X	20220419	俞书宏　管庆方　韩子盟　杨怀斌　凌张弛
115	一种具有管状结构的细菌纤维素复合板材的制备方法	发明专利	20190618	201910526115.7	20220419	俞书宏　管庆方　韩子盟　杨怀斌　凌张弛
116	一种远红外探测器及近场显微镜	发明专利	20200605	202010499983.3	20220419	向　奎　王纪浩　黄秋萍　陆轻铀　陆亚林
117	一种锂离子电池负极用黑色钛酸锂材料及其制备方法以及应用	发明专利	20200520	202010429997.8	20220419	江　俊　朱　青　罗　毅　李　鑫　杨　丽　陈晓露　汤　乐
118	一种铁镍双金属硒化物纳米材料、其制备方法及锂离子电池	发明专利	20200728	202010738334.4	20220419	杨　晴　杨　静
119	一种铁钴双金属硒化物纳米材料、其制备方法及锂离子电池	发明专利	20200728	202010738346.7	20220419	杨　晴　杨　静
120	一种近红外-可见光谱宽频吸收超材料及其制备方法	发明专利	20200724	202010722614.6	20220419	熊宇杰　王晓农　邵天一　高　超

续表

序号	专利(申请)名称	类型	申请日	申请号	授权日	发　明　人
121	一种蜂窝状陶瓷材料的制备方法	发明专利	20200907	202010927959.5	20220419	俞书宏　秦　冰　于志龙
122	一种具有防晒作用的聚合物、其制备方法及应用	发明专利	20201102	202011202339.1	20220419	张国庆　侯智耀
123	超高亮度真空紫外灯	发明专利	20201222	202011524714.4	20220419	王　杰　夫劳瑞·瑞特布什　卢征天　蒋　蔚　胡水明　杨国民
124	一种镧系金属掺杂钴酸镧型纳米管材料及其制备方法、以及电解水制氢的方法	发明专利	20200928	202011041966.1	20220419	俞书宏　余自友
125	一种多对象的采集控制方法、装置及控制设备	发明专利	20201214	202011474770.1	20220419	秦家虎　王杰　李孟林
126	一种脑电图伪影去除方法及装置	发明专利	20201209	202011449582.3	20220419	梁凯晴　张闻哲　杨文轩　秦　熙　杜江峰
127	质谱仪器及其离子透镜装置	发明专利	20201126	202011347294.7	20220419	于同坡　周晓国　刘世林　单宝坤
128	一种硫掺杂含氧空位的三氧化钼材料以及电化学还原处理氯霉素的方法	发明专利	20201208	202011442754.4	20220419	陈洁洁　程瑞芬　俞汉青
129	一种压电陶瓷及其制备方法	发明专利	20201209	202011454031.6	20220419	初宝进　陈　攀
130	一种柔性自支撑各向异性电致变色聚苯胺薄膜及其制备方法，以及电致变色器件	发明专利	20210208	202110180739.5	20220419	马明明　李航宇
131	相位解包裹方法及装置	发明专利	20210419	202110418705.5	20220419	金　一　郑亚兵　段明辉　陈恩红　竺长安

续表

序号	专利(申请)名称	类型	申请日	申请号	授权日	发明人
132	具有散热机构的密闭式户外通信机柜	发明专利	20170112	201710021603.3	20220419	刘珊珊 吕松 孙炜 胡灯运 胡中停 罗炳庆
133	一种用于波前曲率传感器的拼接装置	实用新型	20211020	202122527783.7	20220419	王坚 曾锋 张军 陈金挺 张鸿飞
134	强化学习多智能体沟通与决策方法	发明专利	20180612	201810606662.1	20220419	查正军 李厚强 温忻 李斌 王子磊
135	基于单个参考光脉冲单零差探测的连续变量量子密钥分发系统	发明专利	20180912	201811062834.X	20220419	邹密 陈腾云 潘建伟
136	基于本地本振光方案的连续变量量子密钥分发相干探测系统	发明专利	20180912	201811063468.X	20220419	邹密 陈腾云 潘建伟
137	一种保护隐私的图像交易方法	发明专利	20190322	201910222012.1	20220419	张兰 李向阳 肖翔
138	在基于光电路交换机的数据中心中的在线调度协流的方法	发明专利	20190527	201910446028.0	20220419	谈海生 徐超 李向阳 张弛
139	时序感知的动态社交场景推荐方法	发明专利	20190830	201910815466.X	20220419	徐童 陈恩红 刘阳 李徵 黄威
140	一种机器人的位置误差补偿方法	发明专利	20200228	202010127990.0	20220419	尚伟伟 张飞 从爽 李智军
141	一种可变结构的绳索牵引并联机器人的运动学速度求解方法	发明专利	20200318	202010191720.6	20220419	尚伟伟 张飞 王晓燕 从爽 李智军
142	可变结构的绳索牵引并联机器人及其运动学多解求解方法	发明专利	20200318	202010191743.7	20220419	尚伟伟 张飞 王晓燕 从爽 李智军

续表

序号	专利(申请)名称	类型	申请日	申请号	授权日	发明人
143	通过监控视频实现球磨机设备工作状态检测的方法及系统	发明专利	20200518	202010419796.X	20220419	叶中付
144	基于肌肉核心激活区域的电极校正及肌电模式识别方法	发明专利	20200710	202010661289.7	20220419	陈　香　胡若晨　张　旭　李　宇
145	一种抑制帧间残差信号失真传播的视频隐写方法	发明专利	20200817	202010824448.0	20220419	姚远志　俞能海
146	一种绳驱动三自由度偏置关节	发明专利	20201112	202011260420.5	20220419	尚伟伟　庞顺翔　张　飞　从　爽
147	用于气味识别的模块化检测装置及相关方法	发明专利	20201208	202011443898.1	20220419	王宁诚　许　磊　汪　进
148	用于振荡器型自由电子激光器的光学谐振腔及激光器	发明专利	20210311	202110266596.X	20220419	李和廷　朱云鹏
149	基于单词重要性加权的问题生成方法	发明专利	20210426	202110454046.0	20220419	毛震东　张勇东　于尊瑞
150	提高 IP 网络中 BGP 对等体抖动告警信息可读性的方法	发明专利	20210611	202110654194.7	20220419	张致江　凌震华　王智国　鲍中帅
151	应用于麦克风阵列的语音增强方法	发明专利	20180319	201810225373.7	20220419	叶中付　贾翔宇　童仁杰
152	一种超声联合腹压版的运动管理方法	发明专利	20210222	202110195438.X	20220419	杨益东　李婉清
153	一种用于甲状旁腺识别的双激光激发系统	实用新型	20210402	202120687096.9	20220419	邵鹏飞　陈　伟　刘　鹏

续表

序号	专利(申请)名称	类型	申请日	申请号	授权日	发明人
154	一种用于水体多参数快速检测装置及检测方法	发明专利	20210121	202110088299.0	20220419	田扬超 刘 刚 熊 瑛
155	一种便于组成网状可控电路的继电器模块和网状可控电路	实用新型	20211028	202122637550.2	20220419	郑佳楠 王汉春 汤 洋 刘 文 陈方才 凡流露 陈宇轩
156	一种手性巴比妥酸类化合物及其制备方法	发明专利	20201110	202011244937.5	20220419	郭 昌 常西浩 张家殷
157	一种手性 α-二氟甲基氨基酸类化合物及其制备方法	发明专利	20210412	202110389209.1	20220419	郭 昌 彭凌子 王弘毅
158	一种基于面颈部表面肌电的无声语音识别方法	发明专利	20210520	202110552597.0	20220419	张 旭 邓志航 陈 希 陈 香 陈 勋
159	一种分布式拉曼光纤多目标探测系统	发明专利	20210520	202110553633.5	20220419	邵鹏飞 邢金玉 徐 亮
160	冬凌草甲素在制备预防或治疗 NLRP3 炎症小体相关疾病的药物中的应用	发明专利	20180213	201810153535.0	20220419	周荣斌 江 维 何鸿宾
161	一种醇脱氢酶及其制备醇的应用	发明专利	20190415	201910298596.0	20220419	傅 尧 李向杰 刘孝龙 汪哲仑 周金龙
162	一种仿生灵巧手及其控制方法	发明专利	20190617	201910524354.9	20220419	张世武 杨 浩 许 旻 金 虎
163	动态环境下的双目视觉定位方法及系统	发明专利	20190712	201910634021.1	20220419	秦家虎 余 雷 陈宇航
164	用于无人驾驶车辆的数据采集方法与系统	发明专利	20190910	201910856083.7	20220419	秦家虎 王 帅 高 炤

续表

序号	专利(申请)名称	类型	申请日	申请号	授权日	发明人
165	无人机飞行路径的控制方法、系统、电子设备及介质	发明专利	20190830	201910822046.4	20220419	秦家虎　金松柏　陈宇航
166	一种生物质板材及其制备方法	发明专利	20190821	201910776833.X	20220419	俞书宏　管庆方　韩子盟　杨怀斌　杨怀斌
167	一种生物质海绵及其制备方法和应用	发明专利	20200119	202010063231.2	20220419	俞书宏　管庆方　韩子盟　杨怀斌　凌张弛
168	分拣机器人调度方法、装置、分拣机器人及存储介质	发明专利	20200717	202010696738.1	20220419	丁　斌　余玉刚
169	三种工作模式的低温兼容压电纳米位移台	发明专利	20201116	202011282167.3	20220419	程光磊　蔡方煦　黄成园　王浩远　杜江峰
170	基于氮化镓的极性翻转型波长可分辨光探测器及制备方法	发明专利	20201113	202011275293.6	20220419	孙海定　汪丹浩　康　阳　刘　鑫
171	一种烯烃插入率可控的可降解聚 α-烯烃材料的制备方法	发明专利	20201009	202011075092.1	20220419	尤业字　谢伟祥
172	一步法制备一氯甲烷的方法	发明专利	20201012	202011083083.7	20220419	熊宇杰　马　军　龙　冉
173	一种液晶高分子基板及其加工方法	发明专利	20201124	202011332151.9	20220419	李良彬　赵浩远
174	一种液晶高分子膜及其制作方法	发明专利	20201124	202011331377.7	20220419	李良彬　赵浩远
175	一种制备液晶高分子薄膜的方法及制备装置	发明专利	20201124	202011328939.2	20220419	李良彬　赵浩远

续表

序号	专利(申请)名称	类型	申请日	申请号	授权日	发明人
176	MIMO 可见光通信系统的信号处理方法	发明专利	20201208	202011426234.4	20220419	魏佳琦 龚晨 李上宾 徐正元
177	基于 LED 阵列的 MIMO 可见光通信系统	发明专利	20201208	202011426235.9	20220419	魏佳琦 龚晨 李上宾 徐正元
178	提高光化学气体传感器探测灵敏度的方法	发明专利	20201216	202011490816.9	20220419	鲁雪纯 陈伟国 樊逢佳 杜江峰
179	结合新型冠状病毒(SARS-CoV-2)核衣壳蛋白的核酸适配体及其用途	发明专利	20210114	202110051785.5	20220419	罗招锋 方晓娜 张海燕 张立云 周宏敏
180	一种活细胞内检测 CLK3 激酶活性的生物探针及其应用	发明专利	20201112	202011261815.7	20220419	刘丹 曹旭 陈丰
181	一种由生物质材料制备乙腈联产丙腈的方法	发明专利	20210127	202110108575.5	20220419	张颖 贾挺挺
182	多机器人系统有毒气体泄露源头搜寻方法	发明专利	20211031	202110354139.6	20220419	秦家虎 付维明 马麒超
183	无线传感器网络的分布式融合估计方法	发明专利	20210331	202110354211.5	20220419	秦家虎 付维明 马麒超
184	时钟同步网络、时钟触发网络及实时触发处理方法	发明专利	20210421	202110440342.5	20220419	曹平 解立坤 李嘉雯 黄锡汝 李超 袁建辉 安琪 岳琼申
185	一种金属螺旋微纳机器人的制备方法和金属螺旋微纳机器人	发明专利	20210604	202110629208.X	20220419	李家文 蒋谟东 李瑞 刘顺利 陶源 吴东 胡衍雷 褚家如
186	结合新型罐装病毒(SARS-CoV-2)棘突蛋白 S1 亚基的核酸适配体及其用途	发明专利	20210329	202110331605.9	20220419	罗招锋 方晓娜 张立云 张峥 何磊

续表

序号	专利(申请)名称	类型	申请日	申请号	授权日	发明人
187	集成光量子计算芯片	实用新型	20210305	202120488016.7	20220419	王　辉　彭礼超　覃　俭　钟翰森　何玉明　陆朝阳　潘建伟
188	多功能光量子计算机教学系统	实用新型	20210407	202120711342.X	20220419	陆朝阳　潘建伟　何玉明
189	用于富单烯烃气氛中乙炔或丁二烯选择性加氢的 NiCu 催化剂的制备方法及产品和应用	发明专利	20210628	202110717973.7	20220429	路军岭　古　健
190	固体氧化物燃料电池超薄电解质膜的制备组件	实用新型	20210922	202122286859.1	20220510	谢　斌　李　明
191	应用于固体氧化物燃料电池半电池生产工艺的成型结构	实用新型	20210726	202121703248.6	20220510	谢　斌　李　明
192	基于数字孪生的柔性下肢外骨骼康复单元构建方法及系统	发明专利	20210416	202110413726.8	20220513	李智军　吕　航　李琴剑
193	一种光致变色材料及其应用	发明专利	20180408	201810305969.8	20220513	吴长征　杨　波　谢　毅
194	一种基于人工神经网络的分子属性预测方法	发明专利	20181026	201811258268.X	20220513	刘　淇　陈恩红　陆承镪　王　超　黄振亚
195	一种取向螺旋结构的细菌纤维素材料及其制备方法	发明专利	20190618	201910526112.3	20220513	俞书宏　管庆方　韩子盟　杨怀斌　凌张弛
196	基于自适应抗噪声神经网络的轴承故障诊断方法及系统	发明专利	20191009	201910957332.1	20220513	金国强　金　一　王浩璇　陈怀安　竺长安　陈恩红
197	一种进样装置	发明专利	20191014	201910973052.X	20220513	王兴安　周　林

续表

序号	专利(申请)名称	类型	申请日	申请号	授权日	发明人
198	一种碳载钯基合金催化剂、其制备方法及催化制备苯乙烯的应用	发明专利	20191128	201911190265.1	20220513	梁海伟 王正树
199	压电产生装置及其制作方法、微机电系统	发明专利	20200707	202010645796.1	20220513	初宝进 田冬霞
200	一种聚丙烯多孔膜及其制备方法和医用一次性防护服	发明专利	20200622	202010573382.2	20220513	李良彬 孟令蒲 万彩霞 王道亮
201	光电探测器及其制作方法	发明专利	20200730	202010751994.6	20220513	张博健 王亮 王方莉 郭松坡
202	节点地址的分配方法及装置	发明专利	20210316	202110279941.3	20220513	杨俊峰 王天星 余宏伟
203	一种纳米银合金修饰基底及其制备方法和应用	发明专利	20200806	202010782578.2	20220513	熊宇杰 龙冉 刘敬祥
204	心电图数据分类方法、装置及系统	发明专利	20201130	202011379001.3	20220513	陈欢欢 陈傲
205	一种 SiOC 微球、其制备方法及其在锂离子电池负极材料中的应用	发明专利	20200806	202010782509.1	20220513	徐鑫 董宾宾 郝绿原 王飞鸿 柯年旺 杨雄风
206	硫化镉催化剂在催化二氧化碳电还原中的应用	发明专利	20210416	202110411180.2	20220513	高敏锐 高飞跃 包睿成
207	一种碳纳米管膜的制备方法、功能化碳纳米管膜及其在电催化产氢中的应用	发明专利	20201021	202011132616.6	20220513	曹登丰 圣蓓蓓 陈双明 宋礼
208	一种镁方解石介观晶体及形貌可调节的镁方解石晶体的制备方法	发明专利	20201015	202011103265.6	20220513	俞书宏 尚丽梅 蒋俊

续表

序号	专利(申请)名称	类型	申请日	申请号	授权日	发　明　人
209	一种用于电解水制氧的过渡金属含氮大环化合物催化剂及其制备方法和应用	发明专利	20201012	202011084809.9	20220513	曹瑞国　雷占武　焦淑红
210	红细胞冻存方法及冻存的红细胞	发明专利	20201130	202011375634.7	20220513	赵　刚　覃显慧
211	一种硫掺杂碳负载的铂基金属氧化物界面材料、其制备方法及应用	发明专利	20201217	202011496982.X	20220513	梁海伟　南　航
212	基于 MEMS 气体传感器阵列的气体检测系统	发明专利	20201218	202011503218.0	20220513	许　磊　谷文先　祁伟杰　王　晶
213	在 80 ℃下可使用的光响应有机凝胶的制备方法及应用	发明专利	20210203	202110150512.6	20220513	吴　思　杨　霓　黄云帅
214	一种高强度聚氨酯材料及其制备方法	发明专利	20210414	202110401784.9	20220513	王志刚　徐　翠　张　娟　王学会
215	具有不同晶面的磷酸银单晶催化剂在电催化丙烯环氧化中的应用、丙烯生产环氧丙烷的方法	发明专利	20210210	202110183295.0	20220513	迟明芳　柯景文　孔祥栋　耿志刚　曾　杰
216	电致变色可视化压力传感器及其构建方法	发明专利	20210723	202110837066.6	20220513	刘建伟　郑　义
217	一种低场核磁共振原位拉伸流变检测系统	发明专利	20210901	202111020900.9	20220513	陈　威　夏智杰　李良彬　李亚慧
218	一种高性能橡胶组合物及其制备方法	发明专利	20211015	202111203198.X	20220513	陈昶乐　齐美洲
219	一种熔融石英元件的损伤阈值预测方法	发明专利	20201214	202011470608.2	20220513	张增明　王　鹤　代如成　王中平

续表

序号	专利(申请)名称	类型	申请日	申请号	授权日	发明人
220	一种点燃实验模拟装置	发明专利	20210810	202110912818.0	20220513	雷　佼　赵伟杰　张林鹤　刘乃安
221	在线多量化图像检索方法	发明专利	20191018	201910993819.5	20220513	张勇东　李攀登　谢洪涛　李　岩
222	一种支持人机混合智能的通用视频压缩编码系统	发明专利	20210106	202110011758.5	20220513	陈志波　金　鑫　孙思萌　冯若愚
223	自驱动交通工具圆周编队控制方法、系统及存储介质	发明专利	20200115	202010043472.0	20220513	康　宇　陈国勇　吕文君
224	一种基于深度模仿学习的无人直升机自主特技飞行方法	发明专利	20200529	202010477408.3	20220513	康　宇　陈绍冯　王雪峰　李鹏飞　吕文君
225	一种用于水体多参数检测的微流控芯片	发明专利	20210121	202110082461.8	20220513	田扬超　刘　刚　熊　瑛
226	一种基于 Intel QAT 的同态加密卸载方法	发明专利	20191230	201911396158.4	20220513	华　蓓　周慧凯
227	一种绳驱动并联机器人实时拉力测试装置	发明专利	20210827	202110992166.6	20220513	尚伟伟　庞顺翔　张　彬
228	一种基于草图的图像生成方法	发明专利	20190924	201910909387.5	20220513	陈雪锦　李宇航
229	表面纳米晶化的含纤维素生物质材料及其制备方法和用途	发明专利	20190823	201910787712.5	20220513	俞书宏　管庆方　韩子盟　杨怀斌　凌张弛
230	日盲紫外光电化学光探测器及其产品	发明专利	20191129	201911205955.X	20220513	孙海定　汪丹浩　黄　晨　张昊宸

续表

序号	专利(申请)名称	类型	申请日	申请号	授权日	发明人
231	光电化学光探测器及其制备方法	发明专利	20191129	201911203112.6	20220513	孙海定 汪丹浩 方 师 张 伟
232	日盲紫外光电化学光探测器及其制备方法	发明专利	20191129	201911203022.7	20220513	孙海定 汪丹浩 张昊宸 黄 晨
233	L-乳酸生产的耐热酵母工程菌株的构建及应用	发明专利	20180914	201811079846.3	20220513	洪 洞 孔 昕 王冬梅
234	一种氧化镓光电探测器及其制备方法	发明专利	20200619	202010571256.3	20220513	赵晓龙 谭鹏举 侯小虎 徐光伟 龙世兵
235	与 SARS-CoV-2 RBD 结合的羊驼源纳米抗体	发明专利	20200925	202011037351.1	20220513	金腾川 马 欢 曾威红
236	与 SARS-CoV-2 RBD 结合的羊驼源纳米抗体	发明专利	20200925	202011037426.6	20220513	金腾川 马 欢 曾威红
237	通用的 CT 对轴方法	发明专利	20210406	202110375284.2	20220513	吴 朝 关 勇 刘 刚 田扬超 陈 亮
238	研究空缺高度对油池火热反馈机制影响的实验装置	实用新型	20211118	202122837055.6	20220513	纪 杰 刘春祥
239	一种基于形状记忆合金的感知驱动一体化薄板驱动器	发明专利	20200403	202010257406.3	20220513	张世武 金 虎 孙敬文 欧阳一鸣 杨 浩
240	一种基于联合字典学习和稀疏表示的单通道语音增强方法	发明专利	20200526	202010454159.6	20220513	叶中付 穆罕默德 绍希杜尔 伊斯兰姆
241	一种用于合金相变材料烟用热源的电磁加热装置	发明专利	20200911	202010955005.5	20220513	程旭东 朱思宇 张和平 龚伦伦 赵军超

续表

序号	专利(申请)名称	类型	申请日	申请号	授权日	发明人
242	一种基于液态金属的柔性抓手	发明专利	20201116	202011281394.4	20220513	张世武 张亚龙 金虎 孙帅帅
243	一种基于形状记忆合金的只能柔性手功能康复手套	发明专利	20201117	202011284541.3	20220513	张世武 随梦理 欧阳一鸣 金虎 孙帅帅
244	基于规则的混合储能系统负载自适应实时能量管理系统	发明专利	20201201	202011379214.6	20220513	陈宗海 陈旭 王丽 李民策 杨挠宇
245	一种零磁通多线圈接收的瞬变电磁法探测装置	发明专利	20201214	202011473166.7	20220513	吴小平 夏彤 岳明鑫 杨晓冬 杨涛 牛辉辉
246	面向收发端小型化的可见光通信凹凸透镜天线及其设计方法	发明专利	20210120	202110075436.7	20220513	于子晨 魏佳琦 龚晨 黄诺 徐正元
247	易于拓展可灵活配置的海洋地震探测拖缆模拟系统及方法	发明专利	20210205	202110158230.0	20220513	梁顺奕 宋克柱 杨俊峰
248	一种一步法制备聚 3-己基噻吩纤维的方法	发明专利	20210331	202110344659.9	20220513	张文华 褚朝阳 李良彬 张青
249	一种具有防爆功能的全预混低 NO_x 燃烧器	发明专利	20210402	202110359318.9	20220513	林其钊 田军见 毕浩波
250	一种弄含有膦手性中心化合物、有机过渡金属络合物及其制备方法	发明专利	20210406	202110366711.0	20220513	张青伟 刘须腾
251	调节滤波电容压差改善开关电源瞬态响应能力的系统及方法	发明专利	20210421	202110430786.0	20220513	周万鑫 宋克柱 吴传
252	一种航空煤油在线预警与抑爆复合系统	发明专利	20210628	202110718918.X	20220513	包新月 汪箭 朱霁平

续表

序号	专利(申请)名称	类型	申请日	申请号	授权日	发明人
253	多功能柔性传感装备	实用新型	20211014	202122476824.4	20220513	龚兴龙　周建宇　王　胜
254	一种应用于超算集群调度的作业运行参数优化方法	发明专利	20211021	202111268933.5	20220513	张文帅　李会民　李　京
255	一种水稻蛋白 $OsSWC_4$ 在调控水稻株型中的用途	发明专利	20200410	202010284141.6	20220513	丁　勇　王世亮　阿齐兹
256	视频异常行为实时检测方法	发明专利	20180525	201810517432.8	20220517	朱辉辉　刘　斌　李卫海　俞能海
257	实时可编程的抽样带内网络遥测的方法	发明专利	20190121	201910052756.3	20220517	朱祖勍　唐绍飞
258	基于深度强化学习的仿人机器人面部表请模仿方法	发明专利	20201127	202011355989.X	20220517	唐　冰　吴　锋
259	一种波导电控二极管移相器	发明专利	20211122	202111390080.2	20220517	夏雨龙　朱　旗
260	基于协议无感知的段路由与带内遥测融合方法	发明专利	20210316	202110280832.3	20220517	朱祖勍　郑齐涛　唐绍飞　陈波帆
261	一种自张紧式绳索伺服牵引测量装置	发明专利	20210127	202110111894.1	20220517	张　飞　尚伟伟　庞顺翔　丛　爽
262	基于视频前处理及转码的质量评估方法	发明专利	20210107	202110018829.4	20220517	陈志波　罗子源　许家华　周　玮
263	一种动物头部姿态估计方法及系统	发明专利	20190730	201910698158.3	20220517	黄章进　汪方军　贺翔翔　邹　露

续表

序号	专利(申请)名称	类型	申请日	申请号	授权日	发明人
264	债权转让匹配方法、系统、设备及介质	发明专利	20191114	201911116423.9	20220517	陈诚 秦进
265	一种生物质环保水性涂料及其制备方法和用途	发明专利	20191213	201911297013.9	20220517	俞书宏 管庆方 韩子盟 杨怀斌 凌张弛
266	一种制备癸二醇二羧酸酯及其衍生物的方法	发明专利	20191218	201911309385.9	20220517	邓晋 蒋芹竹 傅尧
267	图像分割方法、装置、电子设备及存储介质	发明专利	20200210	202010085655.9	20220517	张勇东 徐海 谢洪涛 毛震东
268	基于卷积神经网络的智能闪电识别装置	发明专利	20190123	201910063540.7	20220517	祝宝友 彭长志 刘非凡 王文伟 马明 汪仲儒 刘国进 万泽润
269	激光诱导液态金属转印电路、制备方法及柔性压力传感器	发明专利	20200312	202010170222.3	20220517	吴东 吴昊 张乐然 劳召欣 汪超炜
270	一种基于气刀和刮涂工艺制备钙钛矿发光二极管的方法	发明专利	20200521	202010440156.7	20220517	肖正国 储胜龙 陈文静 房志斌
271	一种生物质纳米复合环保水性隔热涂料及其制备方法	发明专利	20200417	202010310363.0	20220517	俞书宏 管庆方 韩子盟 杨怀斌 凌张弛
272	一种氧化镓日盲光电探测器及其制备方法	发明专利	20200619	202010571215.4	20220517	赵晓龙 谭鹏举 徐光伟 侯小虎 龙世兵
273	用于固态自旋的高效荧光收集装置及方法	发明专利	20200805	202010777532.1	20220517	于会尧 荣星 谢一进 杜江峰
274	用于偏振片保护膜的聚合物膜及其制备方法、显示装置	发明专利	20200904	202010926818.1	20220517	李良彬 张文文 孟令蒲

续表

序号	专利(申请)名称	类型	申请日	申请号	授权日	发明人
275	一种由甲烷一步法制备乙二醇的方法	发明专利	20201012	202011082675.7	20220517	熊宇杰　马　军　龙　冉
276	实现液晶高分子横向吹胀的吹膜装置及制备方法	发明专利	20201124	202011342919.0	20220517	李良彬　赵浩远
277	制备吡啶型或吡咯型铁-氮位点催化剂的方法及其产品和用途	发明专利	20201230	202011642806.2	20220517	吴长征　张　楠　周天培　谢　毅
278	基于神经辐射场的高质量人脸语音驱动方法	发明专利	20210204	202110158687.1	20220517	张举勇　郭玉东　陈柯宇
279	上转换发光聚乙烯复合树脂及其制备方法和应用	发明专利	20210222	202110200287.2	20220517	熊宇杰　王　瑶　龙　冉
280	耐热性生物基锂电池隔膜及其制备方法	发明专利	20210412	202110392061.7	20220517	傅　尧　李　锋　柯　卓
281	一种合成高亮度荧光碳量子点的方法及应用	发明专利	20210325	202110323416.7	20220517	马明明　谢小雨
282	一种定时测量方法及时间数字变换器	发明专利	20210507	202110499382.7	20220517	王永纲　张剑锋
283	量子密钥分发方法以及量子密钥分发系统	发明专利	20210712	202110793038.9	20220517	徐飞虎　李　蔚　张立康　韦克金　潘建伟
284	一种基于超网络的化工园区集中区域应急物资调配方法	发明专利	20180612	201810606661.7	20220517	王　飞　袁　玉　魏玖长
285	利用双层材料制备有序自组织纳米结构的方法	发明专利	20200918	202010991748.8	20220517	刘　颖　李金昱　杨高元　洪义麟

续表

序号	专利(申请)名称	类型	申请日	申请号	授权日	发明人
286	极低温低热耗散精密压电陶瓷旋转台	发明专利	20201116	202011282234.1	20220517	程光磊 王浩远 蔡方煦 黄成园 杜江峰
287	InP 基模斑转换器、模斑转换结构及制备方法	发明专利	20210203	202110151244.X	20220517	王亮 何伟 蒋忠君 张博健
288	上转换发光复合柔性透明树脂及其制备方法和应用	发明专利	20210222	202110200286.8	20220517	熊宇杰 王瑶 龙冉
289	机器人运动方法、装置、电子设备及存储介质	发明专利	20201125	202011353145.1	20220524	秦家虎 高炤 王帅 张展鹏
290	一种纵向弛豫速率测量系统及利用该系统的测量方法	发明专利	2022.06.23	202210714869.7	20220623	赵升 张琪 李敏 石发展 杜江峰
291	自发电式踝关节内外翻增稳系统及方法	发明专利	20210408	202110379603.7	20220624	夏海生 李智军 周梅杰 许惠
292	水凝胶传感材料的制备方法和水凝胶传感器	发明专利	20210528	202110597874.X	20220624	骆天治 从璟
293	一种基于声磁同步测量的微型单站闪电定位系统及方法	发明专利	20210903	202111033977.X	20220628	石涛 陆高鹏 李晓 樊艳峰
294	一种用于水体介电泳细菌分选的芯片	发明专利	20210601	202110088291.4	20220628	田汤超 刘刚 熊瑛
295	一种用于电催化产氢无膜流动池设备	实用新型	20220228	202220412117.0	20220701	章根强 冯亚飞
296	一种中子谱仪起始信号扇出装置	发明专利	20210524	202110563084.X	20220705	曹平 李嘉雯 李超 黄锡汝 安琪 岳琼申

续表

序号	专利(申请)名称	类型	申请日	申请号	授权日	发明人
297	一种竹制装烟筐	实用新型	20210423	202120851536.X	20220705	马建斌 徐增汉 解彩军 严沐辉 代慧娟 施伟平 李秋立 陈德清 周艳宾 张晓东
298	弱监督细粒度物体分类方法	发明专利	20190109	201910019867.4	20220708	张勇东 刘传彬 谢洪涛 李岩
299	场景文字检测方法	发明专利	20190627	201910567794.2	20220708	张勇东 王裕鑫 谢洪涛 李岩
300	超导带通滤波器	实用新型	20211223	202123300531.7	20220712	吴大超 梁福田 朱晓波
301	聚合反应装置	实用新型	20220106	202220054266.4	20220712	陈昶乐 汪全
302	用于扫描电子显微镜下进行原位拉伸力学性能测试的装置	实用新型	20220714	202123229854.1	20220712	王鹏飞 武扬帆 王德雅 卜乐虎 田杰 龚明 徐松林
303	一种锂离子电池热失控特性测试装置	实用新型	20220727	202123244283.9	20220712	张启兴 胡建 单志林 郭世伟
304	一种基于太赫兹固态源的干涉相位检测系统	实用新型	20220215	202220308241.2	20220712	毛文哲 卫子安 谢锦林 丁卫星
305	一种 SM4 算法中 S 盒的实现方法及装置	发明专利	20180313	201810203978.6	20220715	胡红钢 陈颖
306	碱性燃料电池与钼镍合金纳米材料的制备方法	发明专利	20180716	201810777387.X	20220715	俞书宏 段玉

续表

序号	专利(申请)名称	类型	申请日	申请号	授权日	发明人
307	光电跨层网络监测系统、数据处理方法及装置	发明专利	20190426	201910343542.1	20220715	朱祖勍 牛 彬
308	一种纳米纤维多层结构板材及其制备方法	发明专利	20190618	201910526586.8	20220715	俞书宏 管庆方 韩子盟 杨怀斌 凌张弛
309	红外反射和透射测量系统及方法	发明专利	20190708	201910610537.2	20220715	戚泽明 胡传圣 李承祥
310	一种纳米级二氧化钌包覆钌负载碳微米片、其制备方法及应用	发明专利	20201207	202011439061.X	20220715	章根强 李亚鹏
311	一种硒化钼基纳米复合材料的制备方法及应用	发明专利	20191212	201911278126.4	20220715	杨 晴 杨 静
312	一种 $MoSe_2/Co_9S_8$ 纳米异质结构材料及其制备方法和应用	发明专利	20200224	202010111809.7	20220715	杨 晴 程 云
313	一种精确嵌段聚合物纳米组装体及其制备方法	发明专利	20200708	202010651202.8	20220715	刘世勇 石强强
314	基于全局-局部特征增强的孤立词手语识别方法及系统	发明专利	20200608	202010513333.X	20220715	李厚强 周文罡 胡鹤臻 蒲俊福
315	一种纳米塑料毒性的检测方法	发明专利	20200804	202010771253.4	20220715	童中华 马喜文
316	一种钠离子电池负极材料、其制备方法及应用	发明专利	20201217	202011492700.9	20220715	章根强 李 杰
317	非蒸散型四元 Ti-Zr-V-Cu 真空吸气剂薄膜及其制备方法	发明专利	20211126	202111014293.5	20220715	王思慧 朱邦乐 尉 伟 王 勇

续表

序号	专利(申请)名称	类型	申请日	申请号	授权日	发明人
318	控制策略的确定方法及装置、存储介质及电子设备	发明专利	20210510	202110505118.X	20220715	秦家虎　周承港　李　曼
319	一种阵列天线系统故障诊断方法及装置	发明专利	20201224	202011556274.0	20220715	孙　锐　陈　力　卫　国　张文逸
320	一种 $AgInTe_2$ 纳米晶体的制备方法及光电探测器	发明专利	20201126	202011352182.0	20220715	杨　晴　游　苏
321	基于基态氧原子主导的光催化剂在污染物光催化降解中的应用	发明专利	20201221	202011518829.2	20220715	江　鸿　朱　忍
322	CPU 超分比的配置方法及装置	发明专利	20210112	202110038338.6	20220715	张燕咏　张致江　刘年超
323	一种碳-氧化物复合载体纳米材料、其合成方法与应用	发明专利	20210120	202110075096.8	20220715	梁海伟　沈善成
324	一种多功能的轻质高强抗冲击纳米复合材料及其制备方法	发明专利	20201229	202011590002.2	20220715	俞书宏　高怀岭　张振邦　潘晓峰
325	一种双波长法定量检测碳 14 同位素的装置及光谱仪	发明专利	20210312	202110268351.0	20220715	胡水明　程存峰　谭延东
326	一种等离子体电流计算方法及装置	发明专利	20210317	202110286660.0	20220715	刘自结　罗正平　李建刚　肖炳甲
327	一种 $Mo_2C@MoS_2$ 异质结及其制备方法和应用	发明专利	20210423	202110442588.6	20220715	王昌达　祝　爽　初旺盛　宋　礼
328	钴掺杂钌基催化剂、其制备方法及作为酸性氧析出反应电催化剂的应用	发明专利	20210312	202110270734.1	20220715	曹瑞国　刘　洋　雷占武　焦淑红

续表

序号	专利(申请)名称	类型	申请日	申请号	授权日	发明人
329	空气中〈sup〉85〈/sup〉Kr 气体分离提取及含量的自动连续测量系统	发明专利	20210409	202110381593.0	20220715	储艳清 卢征天 蒋 蔚 胡水明 杨国民 夫劳瑞·瑞特布什 赵 磊
330	一种花型催化剂、其制备方法及应用	发明专利	20210325	202110318819.2	20220715	李文志 陈 锟 李存朔 袁 亮
331	一种生物炭基硬质泡沫碳、其制备方法和在电催化中的应用	发明专利	20210414	202110401806.1	20220715	俞汉青 季翔宇 刘武军
332	网络设备端口描述信息的生成方法及装置	发明专利	20210422	202110436242.5	20220715	张致江 宋 彦 王智国 鲍中帅
333	一种网络故障信息的同步方法及装置	发明专利	20210422	202110436220.9	20220715	张致江 宋 彦 王智国 鲍中帅
334	一种金-氧化铋催化剂及其制备方法和应用	发明专利	20210407	202110371935.0	20220715	陈乾旺 陈 静 王长来 宗此畅
335	一种炭黑负载高度有序的 PtCo 金属间化合物及其合成方法以及应用	发明专利	20210508	202110501524.9	20220715	梁海伟 曾维杰
336	一种海藻酸钠、纤维素纳米晶、碳酸钙三元纳米复合材料及其制备方法	发明专利	20210518	202110539409.0	20220715	俞书宏 陈思铭 李欣雨 吴 双 张思超 高怀岭
337	一种文本转图像方法和装置	发明专利	20210521	202110557602.7	20220715	陈恩红 刘 淇 阮书岚 张 琨
338	金属磷化物负载的单原子催化剂及其制备方法和作为析氢反应电催化剂的应用	发明专利	20210604	202110625735.3	20220715	王功名 牛淑文 方延延 裴志彬
339	一种镍氢二次电池用正极及其制备方法以及一种镍氢二次电池	发明专利	20210531	202110601261.9	20220715	陈 维 孟亚寒

续表

序号	专利(申请)名称	类型	申请日	申请号	授权日	发明人
340	一种电催化甲醛制1,2-丙二醇的方法	发明专利	20210630	202110741685.5	20220715	王银银 曹聪 刘彬 鲍骏 曾杰
341	一种高拉伸水凝胶导电光纤、其制备方法及应用	发明专利	20210805	202110896404.3	20220715	马明明 霍子昱
342	一种量子密钥分发组网系统及量子密钥分发方法	发明专利	20210714	202110794640.4	20220715	范元冠杰 王双 陈巍 银振强 何德勇 周政 王纺翔 郭光灿 韩正甫
343	一种Na离子修饰的Bi纳米催化剂、其制备方法和应用	发明专利	20210809	202110908909.7	20220715	邢雨林 郑汉 耿志刚 曾杰
344	一种阿秒电子脉冲输出装置和输出方法	发明专利	20211018	202111209677.2	20220715	何志刚 李成
345	一种模型训练方法、数据处理方法及相关设备	发明专利	20220330	202210321507.1	20220715	刘东 马海川 吴枫
346	一种图像匹配方法、装置和电子设备	发明专利	20220402	202210353580.7	20220715	张天柱 张哲 高源 何建峰 张勇东 吴枫
347	一种图像匹配方法和装置	发明专利	20220330	202210322040.2	20220715	张天柱 张哲 何建峰 张勇东 吴枫
348	心肌肌钙蛋白Ⅰ特异性核酸适配体及其筛选方法和应用	发明专利	20180307	201810190653.9	20220715	罗昭锋 王进军 方晓娜 何磊 杨伟丽 何金龙
349	一种降解百草枯的蛋白及其编码基因与应用	发明专利	20191122	201911164323.3	20220715	向成斌 黄一阶
350	一种局部路径规划算法及装置	发明专利	20190704	201910602244.X	20220715	秦家虎 高炤 王帅

续表

序号	专利(申请)名称	类型	申请日	申请号	授权日	发明人
351	特异性结合卵巢浆液性腺癌细胞的核酸适配体及其用途	发明专利	20190926	201910916997.8	20220715	方晓娜 王晶 罗昭锋 吴强 张海燕 张晨晨
352	心肌肌钙蛋白Ⅰ特异性核酸适配体及其应用	发明专利	20190305	201910162322.9	20220715	罗昭锋 方晓娜 何军林 王进军 张立云
353	由果糖制备糠醛的方法	发明专利	20200604	202010498054.0	20220715	傅尧 徐冬冬 解光霞 李兴龙 孔庆山
354	一种生物质纳米复合环保水性抗菌涂料及其制备方法	发明专利	20200417	202010310364.5	20220715	俞书宏 管庆方 韩子盟 杨怀斌 凌张弛
355	高计数率多气隙电阻板室探测器的制备方法	发明专利	20200624	202010594354.9	20220715	周意 王旭 孙勇杰 尚伦霖 张广安 鲁志斌 刘建北 张志永 邵明
356	高计数率电阻板室探测器的制备方法	发明专利	20200624	202010594355.3	20220715	周意 王旭 孙勇杰 尚伦霖 张广安 鲁志斌 刘建北 张志永 邵明
357	多气隙全阻性盲孔型探测器的制作方法	发明专利	20200628	202010600566.3	20220715	周意 吕游 宋国锋 尚伦霖 张广安 鲁志斌 刘建北 张志永 邵明
358	一种氧化镓光电探测器及其制备方法	发明专利	20200721	202010707827.1	20220715	赵晓龙 谭鹏举 侯小虎 徐光伟 龙世兵
359	一种半导体光电探测器及其制备方法	发明专利	20201009	202011075162.3	20220715	赵晓龙 谭鹏举 侯小虎 徐光伟 龙世兵
360	具有改变出射光偏振状态的有机发光显示装置	发明专利	20200904	202010926819.6	20220715	李良彬 张文文 孟令蒲

续表

序号	专利(申请)名称	类型	申请日	申请号	授权日	发　明　人
361	用于多机器人系统的编队控制方法、装置、设备及介质	发明专利	20201027	202011177472.6	20220715	秦家虎　张　聪　马麒超　李　曼
362	一种连通介孔碳基复合物电极材料的制备方法	发明专利	20200918	202010992044.2	20220715	余　彦　王　斌　杨　海
363	一种呋喃二甲酸的制备方法	发明专利	20201016	202011108401.0	20220715	傅　尧　李兴龙　徐冬冬　沈鸿波
364	一种羰基还原酶及其应用	发明专利	20200903	202010915499.4	20220715	傅　尧　何　鑫　刘孝龙
365	极性聚烯烃材料及其制备方法和应用	发明专利	20210120	202110078800.5	20220715	陈昶乐　徐梦贺
366	基于不确定性引导训练的弱监督时域动作定位方法及系统	发明专利	20210301	202110227890.X	20220715	张天柱　张勇东　杨文飞　吴　枫
367	一种基于关系建模的弱监督视频动作定位模型的训练方法	发明专利	20210210	202110186978.1	20220715	张天柱　张勇东　占永昆　吴　枫
368	用于图像分类的基于类别自适应模型的无监督域使用方法	发明专利	20210205	202110171322.2	20220715	张天柱　张勇东　钱柄乔　吴　枫
369	可降解高分子材料及其制备方法和应用	发明专利	20210205	202110170788.0	20220715	徐航勋　张　颖
370	一种富含钒空穴的三氧化二钒纳米材料的制备方法	发明专利	20210329	202110333299.2	20220715	宋　礼　朱可夫　魏世强　陈双明
371	铜修饰的钯-二氧化钛纳米复合材料及其制备方法与应用	发明专利	20210413	202110398064.1	20220715	熊宇杰　段美林　胡灿宇　龙　冉

续表

序号	专利(申请)名称	类型	申请日	申请号	授权日	发明人
372	串联电容直流-直流转换器的零电压开关实现装置	发明专利	20210524	202110569158.0	20220715	程林 黄迪 苑竞艺
373	金属离子诱导的水系锌锰二次电池	发明专利	20210524	202110568669.0	20220715	陈维 揣明艳
374	水系普鲁士蓝衍生物-氢气二次电池	发明专利	20210603	202110634462.9	20220715	陈维 朱正新
375	在线视频课程内容概要生成方法	发明专利	20210617	202110675318.X	20220715	张兰 张忆楠 李向阳
376	利用醇制备烃类化合物的方法	发明专利	20210604	202110629164.0	20220715	熊宇杰 段美林 胡灿宇 龙冉 陈瑞天
377	一种冷热联供系统及工作方法	发明专利	20210617	202110675259.6	20220715	舒歌群 张永浩 石凌峰 田华 王轩 孙孝存
378	基于斜切角衬底的晶体管及其制备方法和气体传感器	发明专利	20210622	202110695078.X	20220715	孙海定 张晨宸 刑宠 杨磊 孙越 梁坤
379	基于斜切角衬底的Ⅲ族氧化物薄膜制备方法及其外延片	发明专利	20210630	202110759245.2	20220715	孙海定 方师 汪丹浩 梁方舟
380	产生纠缠光子对的器件及其制作方法	发明专利	20220401	202210336557.7	20220715	葛臻璇 霍永恒 潘建伟
381	无线信号源的定位方法、装置、设备及介质	发明专利	20220330	202210321045.3	20220715	陈彦 杨帅 张东恒 张冬 孙启彬 吴枫 吴曼青
382	目标定位模型训练方法、目标定位方法及装置	发明专利	20220414	202210387877.5	20220715	张天柱 张哲 张勇东 孟梦 吴枫

续表

序号	专利(申请)名称	类型	申请日	申请号	授权日	发明人
383	外骨骼膝关节模组及外骨骼机器人	发明专利	20220421	202210417573.9	20220715	孙帅帅 王文盼 张世武 龚兴龙
384	一种基于非对称环形腔的量子环形器	发明专利	20170622	201710481900.6	20220715	郭国平 杨鑫鑫 孔伟成 贾志龙 段 鹏 薛光明 郭光灿
385	用于大科学装置控制系统的分布式数据存档参数配置方法	发明专利	20180724	201810821096.6	20220715	宋一凡 陈 鑫 李 川 宣 科 王季刚 刘功发
386	基于磁场聚焦技术的无线能量传输系统及方法	发明专利	20181217	201811561874.9	20220715	朱 旗
387	一种保护隐私数据的梯度下降计算方法	发明专利	20190423	201910329267.8	20220715	张 兰 李向阳 刘建东
388	通过尾气数据空间插值实现尾气排放估计及预警的方法	发明专利	20190530	201910463539.3	20220715	康 宇 许镇义 李泽瑞
389	可解释时尚服装个性化推荐方法	发明专利	20190613	201910511378.0	20220715	陈恩红 刘 淇 侯 旻 李 徵
390	针对高科技公司的深度技术追踪方法	发明专利	20190909	201910864843.9	20220715	刘 淇 陈恩红 武 晗 张 琨 吕广奕 于润龙 赵伟豪 马建辉
391	准确提取髋关节影像中关键点的方法	发明专利	20191018	201910993780.7	20220715	张勇东 武 海 谢洪涛
392	髋关节影像中的关键点提取及骨龄预测方法	发明专利	20191018	201910994501.9	20220715	张勇东 武 海 谢洪涛
393	手语识别系统	发明专利	20191219	201911319045.4	20220715	李厚强 周文罡 周 浩

续表

序号	专利(申请)名称	类型	申请日	申请号	授权日	发明人
394	切换式目标跟踪方法	发明专利	20191223	201911337671.6	20220715	李厚强　周文罡　王　宁
395	基于自监督域感知网络的零样本训练及相关分类方法	发明专利	20200109	202010021866.6	20220715	张勇东　张天柱　伍佳敏
396	基于中心对齐和关系显著性的无监督域适应目标检测方法	发明专利	20200220	202010104273.6	20220715	张勇东　张天柱　吴泽远
397	基于监控相机和无线定位的行人重识别系统	发明专利	20200316	202010180502.2	20220715	李厚强　周文罡　刘一衡
398	基于区块链安全属性的自组网动态路由学习方法	发明专利	20200630	202010624016.5	20220715	姜晓枫　程思雨　曹琬廑　陈双武　何华森　杨　坚
399	多类型车牌识别方法	发明专利	20200821	202010851716.8	20220715	王子磊
400	基于多语言协同的连续手语识别系统	发明专利	20200930	202011060272.2	20220715	李厚强　周文罡　蒲俊福　胡鹤臻
401	一种基于跨模态数据增广的连续手语识别方法	发明专利	20200930	202011060274.1	20220715	李厚强　周文罡　胡鹤臻　蒲俊福
402	基于数据挖掘的分子生成方法	发明专利	20201120	202011309108.0	20220715	刘　淇　陈恩红　朱健甫　郝中楷　阴　钰　陆承镪
403	能安全认证物理感知设别的物联网网关装置及其接入方法	发明专利	20201125	202011341306.5	20220715	李向阳　郭　星　阴漫江
404	一种手模型感知的孤立词手语识别方法	发明专利	20210107	202110016997.X	20220715	李厚强　周文罡　胡鹤臻

续表

序号	专利(申请)名称	类型	申请日	申请号	授权日	发明人
405	褶皱文档图像矫正系统	发明专利	20210119	202110068838.4	20220715	李厚强 周文罡 冯浩
406	一种微服务应用的 openwhisk 无服务框架迁移方法	发明专利	20210128	202110117329.6	20220715	余东波 金泽文 李诚 许胤龙 吕敏
407	一种纠正推荐系统流行度偏差的因果推理方法	发明专利	20210226	202110218946.5	20220715	何向南 魏天心 冯福利 陈佳伟 易津锋
408	一种基于知识蒸馏的图像压缩质量增强方法	发明专利	20210408	202110375987.5	20220715	刘东 杨闰宇 吴枫
409	一种基于 Wi-Fi 信号的室内定位方法	发明专利	20210414	202110399973.7	20220715	郑翰 张兰 李向阳
410	一种大规模 MIMO 系统的低复杂度预编码方法	发明专利	20210426	202110452848.8	20220715	周武旸
411	一种基于参考麦克风优化的多通道语音增强方法	发明专利	20210510	202110505085.9	20220715	张结 陈星宇 戴礼荣
412	基于去中心化图神经网络的社交推荐方法	发明专利	20210519	202110547821.7	20220715	何向南 陈佳佳 辛鑫 梁先锋 刘军
413	一种可预训练手模型感知表征的手语识别系统	发明专利	20210520	202110553174.0	20220715	李厚强 周文罡 胡鹤臻 赵伟超
414	模型感知的手势迁移方法	发明专利	20210520	202110554286.8	20220715	李厚强 周文罡 胡鹤臻 王炜伦 赵伟超
415	无监督的基于相机和无线定位的多模态行人重识别方法	发明专利	20210604	202110623624.9	20220715	李厚强 周文罡 刘一衡

续表

序号	专利(申请)名称	类型	申请日	申请号	授权日	发明人
416	图结构增强的小样本学习方法、系统、设备及存储介质	发明专利	20210616	202110665737.5	20220715	何向南　江顺宇　陈伟健
417	一种磁谐振充电系统中提高能量传输总量的方法及系统	发明专利	20210623	202110698613.7	20220715	周　颢　周王球　李向阳
418	自适应配置多模型的人体姿态估计方法	发明专利	20210625	202110713441.6	20220715	张　兰　仝雪婷　李向阳
419	视频评论生成方法、系统、设备及存储介质	发明专利	20220311	202210235882.4	20220715	毛震东　张勇东　张菁菁　方山城
420	图像语义分割网络持续学习方法、系统、设备及存储介质	发明专利	20220311	202210237914.4	20220715	王子磊　林子涵
421	域适应图像分类网络的训练方法、系统、设备及存储介质	发明专利	20220316	202210258343.2	20220715	王子磊　李俊杰
422	一种能避障的绳索牵引并联机器人连续重构规划方法	发明专利	20220318	202210268127.6	20220715	尚伟伟　王晓燕　张　彬　张　飞
423	一种绳索牵引并联机器人重构规划方法	发明专利	20220322	202210280216.2	20220715	尚伟伟　王晓燕　张　彬　张　飞
424	资源受限条件下提高强化学习探索效率的方法	发明专利	20220401	202210336685.1	20220715	王　杰　王治海　潘涛星　周　祺　李厚强
425	图像风格迁移模型的训练方法、系统、设备及存储介质	发明专利	20220402	202210340249.1	20220715	王子磊　毛语实
426	多样化视频评论生成方法、系统、设备及存储介质	发明专利	20220406	202210352708.8	20220715	毛震东　张勇东　符凤仪　方山城

续表

序号	专利(申请)名称	类型	申请日	申请号	授权日	发明人
427	一种提高激光雷达测风精度的功率谱信号处理方法	发明专利	20220417	202210400647.8	20220715	王冲 梁晨 王兴金 薛向辉 陈廷娣
428	社交群体推荐方法、系统、设备及存储介质	发明专利	20220421	202210419319.2	20220715	毛震东 张勇东 胡博 白嘉萌
429	一种仿爆炸梯度多胞子弹及其设计制造方法	发明专利	20191119	201911134113.X	20220715	郑志军 张永亮 赵凯 常白雪 张元瑞 汪高飞 虞吉林
430	一种基于形状记忆合金的气动仿生舌头	发明专利	20200403	202010257358.8	20220715	张世武 巩宁 金虎
431	基于相对速度和多普勒效应的音频信号到达时间修正方法	发明专利	20200525	202010448427.3	20220715	陈香 于萌 张旭 曹帅
432	一种对称噪声中非对称信号的稳健自适应波束形成方法	发明专利	20200611	202010531299.9	20220715	叶中付
433	一种精确控制形状记忆合金复合软体驱动器的方法	发明专利	20200612	202010534870.2	20220715	张世武 金虎 孙敬文 欧阳一鸣 杨浩
434	一种基于三维台阶阵列的方向-距离自适应波束形成方法	发明专利	20200813	202010810197.0	20220715	叶中付
435	一种车辆关键点检测方法	发明专利	20200922	202011002420.5	20220715	王子磊 杨丽
436	一种混合电位型气体传感器及其制备方法	发明专利	20210121	202110083483.6	20220715	初宝进 陈彩纹 陈攀
437	基于脉冲编码的 1.5 μm 波长气溶胶探测激光雷达及信号解码方法	发明专利	20210208	202110182596.1	20220715	王冲 李文豪 王雨 薛向辉

续表

序号	专利(申请)名称	类型	申请日	申请号	授权日	发明人
438	一种阻燃木基复合气凝胶的制备方法	发明专利	20210402	202110359401.6	20220715	程旭东　闫明远　龚伦伦　潘月磊
439	一种在电阻率法超前探测中考虑围岩各向异性影响的方法	发明专利	20210402	202110362383.7	20220715	胡代明　岳明鑫　吴小平　杨晓冬
440	一种基于原位磁场成像的锂电池组一致性检测方法及装置	发明专利	20210520	202110550511.0	20220715	毛　磊　汪　航　戴　浪　吴　强
441	一种行波天线等离子体源	发明专利	20210520	202110551062.1	20220715	李　清　朱光辉　孙　玄
442	一种在真空束源腔中精密调节束源方向和位置的束源操纵装置	发明专利	20210528	202110592242.4	20220715	王兴安　武福燕
443	利用锁相红外成像观察材料物相边界的方法	发明专利	20210624	202110705461.9	20220715	侯达之　谭浦琨
444	一种用于爆轰管道的加热方法	发明专利	20210625	202110713921.2	20220715	王鲁庆　陈　蝶　马宏昊　刘　锐　李　停　纪　田
445	一种基于光学薄膜的多功能显微成像载片	发明专利	20210628	202110716688.3	20220715	蒯　雁　张斗国
446	一种新型的 OAM 光束检测器	发明专利	20210629	202110727296.7	20220715	江新华　王安廷　姚俊娜　张家琅
447	一种基于 HVI 平台的棉纤维自动化检测系统	发明专利	20210706	202110763786.2	20220715	张廿武　王　琛　金　虎　柴　捷　鲍丙亮　陈文兵　欧阳一鸣　王二龙　杨　博　曹童发　徐向东　吴勇军　秦　屹　吴　霜　胡跃民

续表

序号	专利(申请)名称	类型	申请日	申请号	授权日	发明人
448	一种用于气固符合灭火剂的制备及充填施放一体化装置	发明专利	20210709	202110780106.8	20220715	张和平 邢浩然 陆 松 程 元
449	一种光线小角度测量方法及系统	发明专利	20210721	202110825067.9	20220715	王克逸 刘慧婷 杨 煜 赵 帅 陈 鹏 于凯洋
450	一种多目标光纤光谱望远镜参考光纤位置测量装置及方法	发明专利	20210827	202110998413.3	20220715	翟 超 张 振 顾永刚
451	一种基于无压缩技术的全景视频无线传输方法及系统	发明专利	20220331	202210327795.1	20220715	卢汉成 卢乔嘉
452	一种太阳能光伏发电-辐射制冷的综合装置	发明专利	20161207	201611116105.9	20220715	裴 刚 赵 斌 胡名科 敖显泽 黄小娜
453	一种相变材料辅助气相工质冷凝的喷雾冷却装置	发明专利	20210929	202111153461.9	20220715	赵 锐 程文龙 郑 磊 付 豪 潘宇晖 陈 健
454	一种基于连续分子束源的低压闪热解流动管反应装置	发明专利	20211015	202111203066.7	20220715	张锦阳 官觊文 王 红 王占东
455	一种无人直升机模型在线学习方法及系统	发明专利	20200529	202010476465.X	20220715	康 宇 王雪峰 张倩倩 吕文君
456	一种激光雷达扫描机构的滑模控制方法及系统	发明专利	20200727	202010733307.8	20220715	康 宇 陈 才 杨钰潇 卢峻森 吕文君
457	一种无人直升机自主飞行控制方法及系统	发明专利	20210122	202110089773.1	20220715	康 宇 陈绍冯 李鹏飞 曹 洋
458	一种无人机二自由度喷管瞄准控制方法及装置	发明专利	20210712	202110785408.4	20220715	邱 健 孙道博 王兴虎 张晨旭 郑 丹 李 鲲

续表

序号	专利(申请)名称	类型	申请日	申请号	授权日	发明人
459	基于虚实融合的大规模网络测试系统	发明专利	20220401	202210337939.1	20220715	谭小彬 汪 涛 王明洋 孙明宇 王顺义
460	基于段路由的虚拟 SDN 网络带内遥测系统的带内遥测方法	发明专利	20220406	202210352815.0	20220715	朱祖勍 陶文鹏 许子晨 田骁剑
461	一种基于复合流协同的射流增程方法及装置	发明专利	20201123	202011320767.4	20220715	王喜世 孙华中 朱小龙
462	一种超音速气流与旋流负压耦合的远程喷射方法及装置	发明专利	20201123	202011320782.9	20220715	王喜世 朱小龙 孙华中 唐 琪 赵江月
463	一种原木指纹提取与匹配方法	发明专利	20210602	202110612617.9	20220715	张 兰 唐 晨 李向阳
464	一种黑磷纳米片负载吲哚菁绿纳米体系的制备及其应用	发明专利	20210604	202110622523.X	20220715	胡 源 马小鹏 陈韦剑 潘婉婉
465	一种具有可解释性的图像隐私检测方法	发明专利	20210629	202110723826.0	20220715	张 兰 于海阔 李向阳
466	一种一体式跨尺度微纳米柱阵列的加工方法及其应用	发明专利	20220408	202210365225.1	20220715	文 莉 廖立睿 周熟能 杨俊峰
467	一种污染物排放超标车辆判断方法及系统	发明专利	20190423	201910326961.4	20220715	康 宇 李泽瑞 王晓栋 许镇义
468	一种柴油黑烟车的检测方法	发明专利	20190624	201910550952.3	20220715	康 宇 王晓栋 李泽瑞
469	一种固体氧化物燃料电池半电池的生产工艺及半电池	发明专利	20210726	202110844813.9	20220715	谢 斌 李 明

续表

序号	专利(申请)名称	类型	申请日	申请号	授权日	发明人
470	一种木制装烟筐	实用新型	20210423	202120856629.1	20220719	徐增汉 解彩军 严沐辉 陈德清 张小强 林文胜 施伟平 吕鹏辉 张石磊 张晓东
471	植物抗逆相关基因及其编码蛋白与应用	发明专利	20180322	201810242690.X	20220722	向成斌 赵娉霞
472	多相串联电容直流-直流转换器、控制方法	发明专利	20210630	202110754200.6	20220722	程林 吴枫 苑竞艺 刘泽国
473	细粒度图像零样本识别方法	发明专利	20190114	201910032246.X	20220722	张勇东 闵少波 谢洪涛 李岩
474	配合电池材料学性能检测的全固态电池压制模具	实用新型	20220118	202220127614.6	20220722	周宏敏 李明 范明慧 赵智 刘振邦 张海燕
475	文字检测方法及系统	发明专利	20200103	202010008296.7	20220729	张勇东 王裕鑫 谢洪涛
476	一种视频目标分割方法、装置和设备	发明专利	20200108	202010020091.0	20220729	张勇东 林凡超 谢洪涛
477	一种图像分级粒度迁移方法、系统、设备和介质	发明专利	20200121	202010074068.X	20220729	张勇东 闵少波 谢洪涛
478	一种图像识别方法及装置	发明专利	20200313	202010174891.8	20220729	张勇东 闵少波 谢洪涛
479	基于分层强化学习的虚拟网络功能迁移方法及装置	发明专利	20220624	202210720582.5	20220730	卢汉成 章放宇 吴枫
480	一种采用金属辅助湿法刻蚀制备硅基微针的制备方法及其应用	发明专利	20201109	202011238936.X	20220809	周成刚 马圆圆 魏钰 陈琳

续表

序号	专利(申请)名称	类型	申请日	申请号	授权日	发明人
481	基于负感知注意力框架的图像文本跨模态检索方法	发明专利	20220513	202210516499.6	20220819	毛震东 张勇东 郭俊波 张坤 郭文歆
482	一种融合公式信息的数学题求解方法及系统	发明专利	20200713	202010668286.6	20220902	陈恩红 黄振亚 刘琪 阴钰 王皓 高维博 吴金泽
483	一种剧透弹幕检测方法及装置	发明专利	20200812	202010805836.4	20220902	陈次欢 程进
484	一种具有定向结构的阻燃纳米纤维素复合气凝胶及其制备方法	发明专利	20201224	202011545594.6	20220902	程旭东 闫明远 龚伦伦 潘月磊
485	铜基氮原子合金催化剂及其制备方法、应用、二氧化碳电还原制备甲酸的膜电极电解质电池	发明专利	20210226	202110222806.5	20220902	郑婷婷 刘春晓 夏川 曾杰
486	一种炭黑负载高度有序的 PtNi 金属间化合物及其合成方法以及应用	发明专利	20210508	202110500086.4	20220902	梁海伟 曾维杰
487	一种定位方法及装置	发明专利	20210622	202110688891.4	20220902	秦家虎 刘晨昕 秦健敏 王国杰
488	一种过渡金属合金碳复合材料、制备方法及其应用	发明专利	20210630	202110744541.5	20220902	杨晴 马曼曼 孙伟 马林
489	一种高定伸低温升合成天然橡胶复合材料及其制备方法	发明专利	20211201	202111457611.5	20220902	陈永乐 黄双永
490	一种通过检测人体组织液或汗液实现人体内葡萄糖和酒精浓度监测的柔性微针贴片	实用新型	20211208	202123073583.5	20220902	周成刚 马圆圆
491	语音增强方法	发明专利	20180822	201810960226.4	20220902	叶中付 朱媛媛

续表

序号	专利(申请)名称	类型	申请日	申请号	授权日	发明人
492	一种用于鲁棒肌电控制的自适应电极配准方法	发明专利	20181120	201811414282.4	20220902	张旭 吴乐 陈勋 陈香 喻斌 丛松宇
493	视觉情感识别方法	发明专利	20191009	201910955033.4	20220902	陈恩红 刘淇 阮书岚 张琨 王怡君 吕广奕
494	基于最大化置信度的半监督语义分割方法	发明专利	20191105	201911071629.4	20220902	金一 陈怀安 陈林 陈宇旋 竺长安 陈恩红
495	一种以需求为导向的图像去噪方法	发明专利	20191127	201911183294.5	20220902	金一 陈怀安 陈林 段明辉 竺长安 陈恩红
496	用于自然场景中图像高光去除的方法	发明专利	20191216	201911293175.5	20220902	侯成刚 金一 陈怀安 竺长安 陈恩红 吕盼粮
497	非刚性注册方法及系统	发明专利	20200408	202010269838.6	20220902	张举勇 要宇馨
498	一种基于全卷积神经网络的弱监督视频目标分割方法	发明专利	20200819	202010837737.4	20220902	张勇东 林凡超 谢洪涛
499	一种动态场景下的基于概率传递模型的环境感知方法	发明专利	20200902	202010909488.5	20220902	陈宗海 李奥 王纪凯 戴德云 徐萌
500	用状态相似性进行经验回放采样的无人平台决策学习方法	发明专利	20201231	202011623599.6	20220902	庄连生 张淦霖 李厚强
501	三维目标检测中基于多视图和图像分割的多模态融合方法	发明专利	20210324	202110312813.4	20220902	张燕咏 毛秋宇 张昱 吉建民
502	一种基于 DTW 距离的手语视频关键帧采样方法	发明专利	20210326	202110324935.5	20220902	叶中付 潘威

续表

序号	专利(申请)名称	类型	申请日	申请号	授权日	发明人
503	基于骨骼关节数据的双人动作识别方法	发明专利	20210409	202110383857.6	20220902	叶中付 穆哈姆德·舒嘉·伊斯兰姆·赛米姆 潘威
504	边缘计算场景中视频组播分组和码率决策方法	发明专利	20210430	202110479954.5	20220902	谭小彬 李思敏 刘杨阳 徐磊 刘德政 杨坚 郑烇
505	一种基于虚拟拓扑的飞机组网与路由方法	发明专利	20210622	202110690020.6	20220902	何华森 孙凯旋 李峥 陈双武 姜晓枫 杨坚
506	图像压缩编码的分级加密方法、系统、设备与存储介质	发明专利	20210622	202110692069.5	20220902	陈志波 孙思萌 金鑫 冯若愚
507	资源限制下优化动作识别精度的多模型选择及融合方法	发明专利	20210629	202110729963.5	20220902	张兰 李向阳 刘梦境
508	超声髋关节骨龄评估方法、系统、设备及存储介质	发明专利	20220608	202210638349.2	20220902	谢洪涛 闫云燕 张思成 孙军 陈勋 张勇东
509	一种基于自适应卷积的快速目标检测方法	发明专利	20190225	201910136780.5	20220902	凌强 陈春霖 李峰
510	一种针对弱光图像增强的结构-纹理感知方法	发明专利	20210111	202110034979.4	20220902	金一 徐凯 陈怀安 凌鹏扬 刘卫勇 陈恩红
511	一种基于点云多视角投影图的激光里程计算法	发明专利	20210311	202110267205.6	20220902	高大兴 厉玉婷 夏尼诺
512	一种基于动态原型特征融合德少样本目标检测方法及系统	发明专利	20210511	202110511625.4	20220902	凌强 陈春霖 李峰
513	一种手性纳米针的快速制备方法	发明专利	20210520	202110550488.5	20220902	李家文 曹阳 刘顺利 吴东 胡衍雷 褚家如

续表

序号	专利(申请)名称	类型	申请日	申请号	授权日	发明人
514	一种基于自适应选择邻域的点云分类和分割方法及系统	发明专利	20210622	202110693032.4	20220902	凌　强　周　策
515	一种可使用载网的扫描电镜样品台	实用新型	20220128	202220239657.3	20220902	周宏敏　李　明　范明慧　赵　智
516	用于辅助无人机进行绝缘子清洗的水流预测方法及系统	发明专利	20210325	202110321437.5	20220902	张贺朋　邸　健　王兴虎　季海波　李　鲲
517	一种基于图像处理的轮胎 X 光图像缺陷检测方法	发明专利	20191113	201911109046.6	20220902	顾乃杰　张宇翔　张孝慈
518	一种基于纠删码存储系统的负载均衡修复调度方法	发明专利	20200420	202010313968.5	20220902	吕　敏　徐亮亮　李启亮　谢灵江　许胤龙
519	一种基于多尺度神经网络和空洞卷积的脑电信号分类方法	发明专利	20210319	202110294362.6	20220902	陈　勋　高逸凯　刘爱萍　吴　乐　梁　邓　钱若兵　张勇东　吴　枫
520	一种基于可穿戴手环的手势密码破解系统	发明专利	20210521	202110558372.6	20220902	刘　斌　白家璇　黄锦阳　郑啟嘉
521	基于自监督和半监督学习的面部特征点跟踪方法	发明专利	20200624	202010589060.7	20220906	王上飞　殷　实　王海涵
522	一种二氧化硅纳米管及其制备方法	发明专利	20171227	201711445611.7	20220906	吴长征　陈鹏鹏　谢　毅
523	一种面向可见光通信的光源识别方法及系统	发明专利	20181227	201811607817.X	20220906	刘富林　金显庆　徐正元
524	一种单目深度估计方法及系统	发明专利	20190523	201910433028.7	20220906	陈雪锦　吴　枫　王超群

续表

序号	专利(申请)名称	类型	申请日	申请号	授权日	发明人
525	一种正极活性物质负载的石墨烯基复合微米棒的制备方法	发明专利	20191010	201910959181.3	20220906	俞书宏 杨吉文 马　涛 张　龙 刘逸飞
526	一种序列信号生成方法及装置	发明专利	20190918	201910880596.1	20220906	朱明东 秦　熙 张闻哲 仝　煜 王　淋 荣　星 杜江峰
527	自具微孔离聚物及其制备方法、自具微孔离聚物膜及应用	发明专利	20191024	201911018677.7	20220906	徐铜文 杨正金 左培培
528	一种优化视频行人重识别系统特征提取的方法及装置	发明专利	20191107	201911092071.8	20220906	李厚强 周文罡 李星泽
529	一种人体行为识别方法	发明专利	20191226	201911366634.8	20220906	张信明 郑　辉
530	消息传输方法及装置	发明专利	20200630	202010620904.X	20220906	安　虹 张子豫 李名凡 韩文廷 林　晗 林　增
531	针对教育视频的信息预测方法及装置	发明专利	20200709	202010656382.9	20220906	刘　淇 陈恩红 王　新 黄　威 阴　钰 黄振亚
532	一种视频情感片段的识别方法及装置	发明专利	20200707	202010645824.X	20220906	陈恩红 徐　童 曹　卫 张　琨 吕广弈 何　明 武　晗
533	数据获取系统的构建方法及装置	发明专利	20210615	202110661714.7	20220906	杨俊峰 王天星 余宏伟 汪洪潮 孙正阳 刘若琳 张　雷 宋克柱
534	腔内补偿的光参量振荡装置及光谱仪	发明专利	20200915	202010967100.7	20220906	胡水明 程存峰 章紫覃
535	一种表面疏水的金属有机框架复合材料及其制备方法	发明专利	20200826	202010868175.X	20220906	江海龙 丁美丽

续表

序号	专利(申请)名称	类型	申请日	申请号	授权日	发明人
536	一种太阳能电池的空穴传输层材料、碲基太阳能电池及其制备方法	发明专利	20201106	202011229764.X	20220906	王政 朱长飞 陈涛
537	专利自动分类方法、装置、电子设备及存储介质	发明专利	20210205	202110167373.8	20220906	徐童 方林涛 张乐 武晗 周丁 陈恩红
538	一种基于集合补全指示图谱实体摘要的方法及系统	发明专利	20201201	202011391570.X	20220906	徐童 陈力以 李徵 何伟栋 陈恩红
539	一种碳纳米管环及其制备方法	发明专利	20201209	202011449626.2	20220906	朱彦武 许佳辉
540	一种鲁棒的逐跳可靠数据传输方法、装置及系统	发明专利	20210413	202110394450.3	20220906	何华森 侯云鹏 陈双武 姜晓枫 杨锋 杨坚
541	一种金属空气电池催化剂、其制备方法及应用	发明专利	20210420	202110423362.1	20220906	吴长征 王文杰 张楠 周天培 谢毅
542	一种目标检测方法及目标检测系统	发明专利	20210407	202110372835.X	20220906	张燕咏 褚晓萌 张昱 吉建民
543	视频去噪方法及装置、存储介质及电子设备	发明专利	20210408	202110378423.7	20220906	金一 陈怀安 陈林 陈宇璇 谭晓 陈恩红 竺长安
544	一种 PtIn@MFI 催化剂及其制备方法和应用	发明专利	20210324	202110314904.1	20220906	罗雷 李旭 周涛 李文杰 曾泽昆 鲍骏 曾杰
545	一种激光制备分子束源装置	发明专利	20210513	202110522210.7	20220906	王兴安 唐翎 陈文韬 栾志文
546	一种金属-硫-碳人工仿酶催化剂及其制备方法和应用	发明专利	20210430	202110482414.2	20220906	孙永福 李力 谢毅

续表

序号	专利(申请)名称	类型	申请日	申请号	授权日	发明人
547	一种用于锌碘液流电池的石墨毡复合电极、其制备方法和应用	发明专利	20210616	202110668160.3	20220906	王功名 米文莉 朱子轩 裴志彬 牛淑文 孙 达
548	一种聚对苯二甲酸乙二醇酯塑料的降解方法	发明专利	20210816	202110936540.0	20220906	孙永福 吴 洋 焦星辰 谢 毅
549	一种气凝胶复合隔热层及其制备方法和应用	发明专利	20210913	202111068131.X	20220906	吴长征 谢 毅
550	一种3D目标检测模型的构建方法、装置和电子设备	发明专利	20220402	202210340988.0	20220906	张天柱 张 哲 刘嘉诚 王楚鑫 张勇东 吴 枫
551	一种岩土热导率分布的热响应测试方法	发明专利	20201228	202011578350.8	20220906	年永乐 王湘阳 程文龙
552	基于集成学习与噪声感知训练的语音增强方法	发明专利	20181120	201811385650.7	20220906	王兮楼 郭 武
553	边缘计算中结合功能按需配置的有依赖关系任务的调度方法	发明专利	20190410	201910286347.X	20220906	谈海生 刘柳燕 李向阳 黄浩强
554	降低离线手写数学公式识别时网络训练过拟合的方法	发明专利	20190410	201910287121.1	20220906	董兰芳 刘汉超
555	行人再识别数据生成方法	发明专利	20190529	201910466234.8	20220906	查正军 刘嘉威
556	改进类别不平衡的目标检测方法	发明专利	20190605	201910494701.8	20220906	徐 童 陈 卓 刘东 陈恩红
557	非对称负相关搜索方法	发明专利	20190624	201910559830.0	20220906	陈恩红 刘 淇 于润龙 叶雨扬

续表

序号	专利(申请)名称	类型	申请日	申请号	授权日	发明人
558	多语言场景文本检测与识别方法	发明专利	20190628	201910577855.3	20220906	张勇东 周 宇 谢洪涛
559	知识追踪方法	发明专利	20190805	201910717085.8	20220906	陈恩红 刘 淇 沈双宏 赵伟豪 黄振亚
560	基于内容颜色交叉相关的图像情感分类方法	发明专利	20200529	202010472717.1	20220906	陈恩红 徐 童 阮书岚 张 琨
561	基于区块链安全属性的自组网弹性传输控制方法	发明专利	20200630	202010622189.3	20220906	姜晓枫 程思雨 曹琬潼 陈双武 何华森 杨 坚
562	一种基于地震分布特征构建断层三维结构的方法	发明专利	20200724	202010734421.2	20220906	王炳文 张海江 高 级 林 叶
563	一种多指灵巧手分拣规划方法	发明专利	20200731	202010762978.7	20220906	尚伟伟 赵增智 何浩源 张 飞 从 爽
564	基于单图像生成对抗网络的语义图像类比方法	发明专利	20200922	202011001562.X	20220906	熊志伟 李家丞 刘 东
565	车检数据生成方法	发明专利	20190808	201910721437.7	20220906	康 宇 赵振怡 李泽瑞 许镇义 吕文君
566	面向嘈杂中型量子设备的逻辑-物理比特重映射方法	发明专利	20190909	201910865893.9	20220906	张 昱 李权熹 邓皓巍
567	长期目标跟踪方法	发明专利	20191122	201911155393.2	20220906	凌 强 汤 峰 李 峰
568	一种法律类案相似度判别及推送方法	发明专利	20200117	202010055473.7	20220906	陈欢欢 何慧敏

续表

序号	专利(申请)名称	类型	申请日	申请号	授权日	发明人
569	一种精确的三维手部姿态估计方法	发明专利	20200228	202010127820.2	20220906	叶中付　张兄全
570	脉冲卷积神经网络神经形态硬件及其图像识别方法	发明专利	20200302	202010136018.X	20220906	汪　晶　陈　松
571	立体匹配方法	发明专利	20200421	202010316524.7	20220906	张举勇　徐豪飞
572	彩瓦质量检测方法	发明专利	20200421	202010316550.X	20220906	叶中付　朱媛媛
573	基于主动学习的降低性能建模开销的方法	发明专利	20200422	202010322601.X	20220906	孙广中　张杰鹏　孙经纬
574	基于最优宽带波束形成的大型电抗器故障检测方法及系统	发明专利	20200430	202010365007.9	20220906	叶中付　杨会超　王鹏宇
575	图像识别层间并行流水线型二值化卷积神经网络阵列架构	发明专利	20200508	202010383601.0	20220906	陈　松　刘百成　康　一
576	一种多特征融合手语识别方法及网络模型	发明专利	20200922	202011003283.7	20220906	叶中付　潘　威
577	针对深度人脸篡改的主动防御方法	发明专利	20210222	202110198508.7	20220906	周文柏　张卫明　俞能海　黄启栋　张　杰
578	基于物体尺寸先验信息的单目视觉 SLAM 方法	发明专利	20210325	202110319979.9	20220906	陈宗海　李晓晗　王纪凯　戴德云　林士琪　徐　萌
579	运用单语料回译的手语翻译方法及系统	发明专利	20210408	202110378622.8	20220906	李厚强　周文罡　周　浩

续表

序号	专利(申请)名称	类型	申请日	申请号	授权日	发明人
580	一种机器人三维点云地图构建与扩充方法	发明专利	20210412	202110389259.X	20220906	尚伟伟　何　果　张　飞　崇宝辰
581	面向自动驾驶的多传感器深度融合 3D 目标检测方法	发明专利	20210412	202110391620.2	20220906	张燕咏　祝含颀　吉建民　张　昱
582	无偏机器学习方法	发明专利	20210420	202110424290.2	20220906	陈佳伟　董汉德　何向南　邱　阳　辛　鑫　林古立　杨可苹
583	基于 1T1R 的可实现带符号权重系数的突触阵列电路	发明专利	20210430	202110481139.2	20220906	刘　畅　宣自豪　李　元　康　一　吴　枫
584	基于图卷积网络的视频人物社交关系图生成方法	发明专利	20210610	202110646096.9	20220906	徐　童　陈恩红　吴世伟　陈　卓
585	一种全质量守恒的多相流数值模拟方法	发明专利	20210625	202110710110.7	20220906	蔡海亮　咸玉席　郝有志　卢德唐
586	辅助理解的对话系统人工评估方法、装置及存储介质	发明专利	20220425	202210436767.3	20220906	李华庆　何向南　向元新
587	小样本知识图谱补全方法、系统、设备及存储介质	发明专利	20220507	202210492838.1	20220906	徐　童　陈恩红　罗鹏飞　朱　熹
588	零样本图像分类方法、系统、设备及存储介质	发明专利	20220517	202210534202.9	20220906	王子磊　胡效鸣
589	自然场景下人脸表请识别方法、系统、设备及存储介质	发明专利	20220520	202210546946.2	20220906	陈恩红　徐　童　赵思蕊　李弘毅
590	一种环境风作用下高层建筑立体火行为模拟实验装置	发明专利	20160930	201610874967.1	20220906	任　飞　胡隆华　孙协鹏　邝　辰　陆　勇　尚峰举　张晓磊

续表

序号	专利(申请)名称	类型	申请日	申请号	授权日	发明人
591	一种锂离子电池三维简化模型的仿真方法	发明专利	20181229	201811637180.9	20220906	王青松　梅文昕　孙金华
592	一种基于车载图像的目标车辆压线检测方法	发明专利	20190527	201910444082.1	20220906	王子磊　邱　康
593	一种基于双参考平面的快速大范围相位解包裹方法	发明专利	20200401	202010248074.2	20220906	金　一　段明辉　郑亚兵　孙　正　陈恩红　吕盼稂
594	虚拟现实与增强现实场景下弱监督深度学习语义解析方法	发明专利	20200507	202010375881.0	20220906	谢德峰　吉建民
595	一种基于深度强化学习的图书采访方法	发明专利	20201012	202011083599.1	20220906	谭小彬　秦　川　周国华　杨　坚　郑　烇
596	一种多功能大尺度立面火蔓延防控阻隔的实验装置	发明专利	20201201	202011383598.9	20220906	孙金华　李　宓　王　禹　勾福海　张曼曼
597	一种智能排序候选框的目标跟踪方法及系统	发明专利	20210105	202110008485.9	20220906	凌　强　汤峰　李　峰
598	一种局域多音素选择的唇型伪造视频检测方法及系统	发明专利	20210120	202110076775.7	20220906	周文柏　张卫明　俞能海　林佳滢　刘泓谷
599	一种质谱成像数据的自动配准方法	发明专利	20210205	202110162870.9	20220906	黄光明　田双双　侯壮豪　王晓群
600	一种面向 3D 多目标追踪的运动补偿优化方法及系统	发明专利	20210305	202110245922.9	20220906	张　昱　王顺洪　张燕咏　吉建民
601	纯状态的出发动作编程范式到时间驱动系统的转换方法	发明专利	20210318	202110290814.3	20220906	张　昱　王　博　耿佳宁　李向阳

续表

序号	专利(申请)名称	类型	申请日	申请号	授权日	发明人
602	一种基于智能合约的多级认证与访问控制系统及方法	发明专利	20210507	202110493565.8	20220906	林宪正 周 旺 金 铭
603	一种检测 miRNA-198 的荧光壳聚糖纤维及其制备方法	发明专利	20210510	202110506189.1	20220906	余 跃 冯宵晖
604	一种深度强化学习网络设置合理性的判别方法	发明专利	20210511	202110509439.7	20220906	朱 进 魏俣童
605	一种基于低频字存储记忆的文本识别方法及系统	发明专利	20210513	202110522161.7	20220906	杨争艳 吴嘉嘉 张为泰 宋 彦
606	一种基于整字和偏旁部首的层次化建模方法及系统	发明专利	20210513	202110523430.1	20220906	杨争艳 吴嘉嘉 张为泰 宋 彦
607	一种基于车道结构先验的车道线检测方法及系统	发明专利	20210611	202110654503.0	20220906	凌 强 刘彬辉
608	基于时空卷积网络的机动车尾气遥测数据的多重补全方法	发明专利	20210622	202110694200.1	20220906	凌 强 费习宏 李 峰
609	基于磁共振影像的经颅电刺激个体化优化平台	发明专利	20210625	202110713904.9	20220906	张效初 张 为
610	基于表面波定向性检测亚波长介质纳米线形貌的检测装置	发明专利	20220509	202210495830.0	20220906	唐 西 张斗国
611	一种网络化双模自适应时域模型控制方法及系统	发明专利	20200529	202010479297.X	20220906	康 宇 李鹏飞 王 涛 陈绍冯 吕文君
612	一种利用机动车 GPS 轨迹预测空气污染趋势的方法及系统	发明专利	20200727	202010732206.9	20220906	康 宇 赵振怡 曹 洋 吕文君

续表

序号	专利(申请)名称	类型	申请日	申请号	授权日	发明人
613	一种主动学习样本选取方法、系统及计算机可读存储介质	发明专利	20200922	202011003427.9	20220906	吕文君 康　宇 昌　吉 许　婷 李　婧 李泽瑞
614	基于卷积神经网络的岩性剖面图构建方法、系统及设备	发明专利	20201111	202011253782.1	20220906	康　宇 许　婷 吕文君 昌　吉 李　婧 李泽瑞
615	一种动态行驶工况构建方法、系统及设备	发明专利	20201123	202011320811.1	20220906	康　宇 裴丽红 许镇义 赵振怡 刘斌琨 曹　洋 吕文君
616	可靠主动域适应方法、环境感知方法、装置及存储介质	发明专利	20210203	202110150615.2	20220906	吕文君 康　宇 李泽瑞
617	一种球形机器人	发明专利	20210518	202110540392.0	20220906	秦家虎 王国杰 翟宇毅
618	一种基于状态感知的虚拟机内存动态调节方法	发明专利	20190729	201910690018.1	20220906	李永坤 李佳伟 许胤龙
619	一种基于指令队列的分布式深度神经网络性能建模方法	发明专利	20181220	201811592739.0	20220906	李陈圣 秦晓卫 裴梓茜 李晓敏 杨渡佳
620	基于对抗学习的角度鲁棒的个性化人脸表情识别方法	发明专利	20200302	202010136966.3	20220906	王上飞 王　灿
621	一种正常表情辅助的微表情识别方法	发明专利	20200304	202010143177.2	20220906	王上飞 夏　斌 王伟康 陈恩红
622	一种与用户无关的肌电动作识别与控制装置	发明专利	20201225	202011558641.0	20220906	张　旭 郑　浩 吴　乐 陈　希 陈　勋 陈　香
623	一种基于一致性正则化的半监督脑电信号分类方法	发明专利	20210531	202110600569.1	20220906	陈　勋 梁　邓 刘爱萍 张勇东 吴　枫

续表

序号	专利(申请)名称	类型	申请日	申请号	授权日	发明人
624	一种需求导向的瓷砖铺排与切割方法	发明专利	20211227	202111614989.1	20220906	徐　洋　杨周旺
625	一种基于轻量级循环单元 LRU 的文本预测方法	发明专利	20191120	201911142981.2	20220906	顾乃杰　张孝慈　张宇翔　宁卓睿
626	一种基于生成对抗网络的低码率人体运动视频编码系统及方法	发明专利	20190604	201910479249.8	20220907	陈志波　吴耀军　何天宇
627	一种识别异常地震信号的方法	发明专利	20200828	202010893043.2	20220907	张　捷　张　基
628	移动机器人路径规划控制方法及其控制装置、存储介质	发明专利	20210526	202110581588.4	20220909	秦家虎　高　炤
629	基于卷积神经网络的智能闪电识别方法	发明专利	20190123	201910063035.2	20220909	祝宝友　彭长志　王文伟　刘非凡　马　明　汪仲儒　刘国进　万泽润
630	可扩展的超导量子比特结构	发明专利	20190124	201910070950.4	20220909	朱庆玲　陈福升　王石宇　邓　辉　龚　明　吴玉林　梁福田　廖胜凯　彭承志　朱晓波　潘建伟
631	一种与植物抗逆性相关基因 AGL103 及其编码蛋白与应用	发明专利	20190917	201910874834.8	20220909	向成斌　赵娉霞
632	一种物品配送时间优化方法及其系统	发明专利	20191010	201910961227.5	20220909	余玉刚　刘兵兵　郭晓龙　周　强　黄雨辰
633	一种糠酸酯的制备方法	发明专利	20200323	202010207334.1	20220909	傅　尧　李兴龙　徐冬冬　解光霞　孔庆山
634	一种含金属的高效阳离子抗菌聚合物及其制备方法和应用	发明专利	20200714	202010673006.0	20220909	尤业字　聂　旋　张　泽　夏　磊　陈　光

续表

序号	专利(申请)名称	类型	申请日	申请号	授权日	发明人
635	时序数据多层次语义裁剪方法、装置、电子设备及介质	发明专利	20200616	202010551677.X	20220909	蒋典哲 张 兰 李向阳
636	分子属性测定方法、装置、电子设备及存储介质	发明专利	20200624	202010594496.5	20220909	刘 淇 陈恩红 郝中楷 陆承镪 黄振亚
637	含阴极缓冲层的反型钙钛矿太阳能电池及其制备方法	发明专利	20200702	202010629349.7	20220909	杨上峰 方志敏 李 丹
638	一种获取地震参数估计的方法及系统	发明专利	20200818	202010834813.6	20220909	张 捷 朱慧宇
639	远距离非视域成像方法、装置、设备及介质	发明专利	20201111	202011264640.5	20220909	徐飞虎 刘健江 黄 鑫 潘建伟
640	高时空分辨率周期运动三维测量方法、装置	发明专利	20200924	202011019703.0	20220909	张青川 薛伟伟 赵江成
641	用于多机器人系统的追踪控制方法、装置、设备及介质	发明专利	20201027	202011177473.0	20220909	秦家虎 张 聪 马麒超 李 曼
642	一种糠酸的制备方法	发明专利	20201016	202011108544.1	20220909	傅 尧 李兴龙 徐冬冬 沈鸿波
643	用于离子阱量子实验的电子学装置及其控制方法	发明专利	20201201	202011391569.7	20220909	闫 林 朱明东 秦 熙 林毅恒 杜江峰
644	自动化任务管理及日支管理方法、系统、电子设备和介质	发明专利	20201217	202011500581.7	20220909	王 坚 张 谦 贾明皓 张光宇 王之越
645	基于优化理论的无线电信号三维成像方法及系统	发明专利	20201029	202011206745.5	20220909	陈 彦 何 莹 张 冬 孙启彬 吴曼青

续表

序号	专利(申请)名称	类型	申请日	申请号	授权日	发明人
646	基于双向特征语言模型的自然场景文本识别方法及装置	发明专利	20210115	202110059600.5	20220909	张勇东　方山城　谢洪涛
647	伪造图像识别模型训练方法及伪造图像识别方法	发明专利	20210111	202110032849.7	20220909	张勇东　李家铭　谢洪涛
648	基于时序特征聚合和条件卷积的快速视频目标分割方法	发明专利	20201231	202011643939.1	20220909	张勇东　林凡超　谢洪涛
649	端到端文本识别方法、模型训练方法及装置	发明专利	20210210	202110186700.4	20220909	张勇东　周　宇　谢洪涛
650	基于无线信号的人体姿势成像方法及装置	发明专利	20201223	202011544374.1	20220909	陈　彦　俞　聪　张　冬　孙启彬　陆　军
651	腺相关病毒介导的新型冠状病毒抗体诱导物及疫苗组合物	发明专利	20200901	202010903143.9	20220909	薛　天　金腾川　才　源　章　梅　童大力
652	奥沙利铂偶联物及其制备方法和应用	发明专利	20201204	202011420447.6	20220909	李　丽　刘扬中
653	锂离子电池复合隔膜及其制备方法、锂离子电池	发明专利	20210122	202110094106.2	20220909	李良彬　赵浩远
654	基于病灶感知建模的糖尿病视网膜病变自动评估系统	发明专利	20210129	202110134108.X	20220909	张天柱　张勇东　孙　锐　吴　枫
655	一种基于部件感知的弱监督物体定位装置及方法	发明专利	20210128	202110124291.5	20220909	张天柱　张勇东　孟　梦　吴　枫
656	基于部位感知建模的遮挡场景下的行人重识别方法	发明专利	20210129	202110139873.0	20220909	张天柱　张勇东　李昱霖　吴　枫

续表

序号	专利(申请)名称	类型	申请日	申请号	授权日	发明人
657	基于记忆机制前景感知建模的弱监督物体定位装置及方法	发明专利	20210128	202110124202.7	20220909	张天柱 张勇东 孟 梦 吴 枫
658	基于记忆网络的弱监督时域动作定位方法及系统	发明专利	20210127	202110122077.6	20220909	张天柱 张勇东 罗 网 吴 枫
659	基于结构网络的弱监督时域动作定位方法及系统	发明专利	20210127	202110122080.8	20220909	张天柱 张勇东 杨文飞 吴 枫
660	基于一致性图建模的语义对应方法	发明专利	20210202	202110145841.1	20220909	张天柱 张勇东 何建峰 吴 枫
661	呋喃聚合物涂覆液、锂电池隔膜及其制备方法	发明专利	20210412	202110392062.1	20220909	傅 尧 李 锋 柯 卓
662	水系金属离子二次电池及水系电解液	发明专利	20210524	202110568789.0	20220909	陈 维 胥 燕
663	一种识别地震有限断层破裂参数的方法及系统	发明专利	20210524	202110568788.6	20220909	张 捷 朱慧宇
664	动态随机存取存储器系统通信架构	发明专利	20210622	202110690605.8	20220909	杜海涛 康 一
665	一种生成对抗多关系图网络的训练方法和检测方法	发明专利	20210621	202110685127.1	20220909	杨英光 谢海永 吴曼青
666	一种可解释性推荐模型训练方法与装置	发明专利	20210702	202110754850.0	20220909	赵愉悦 谢海永 吴曼青
667	基于图像块特征提取的双流网络图像伪造检测方法及系统	发明专利	20210701	202110746406.4	20220909	章雪琦 谢海永 吴曼青

续表

序号	专利(申请)名称	类型	申请日	申请号	授权日	发明人
668	一种光电探测器及其制备方法	发明专利	20210624	202110707371.3	20220909	赵晓龙　丁梦璠　于舜杰　龙世兵　徐光伟
669	一种固态自旋磁传感器及磁场测量方法	发明专利	20210818	202110952833.8	20220909	谢一进　荣　星　朱云彬　靖　克　杜江峰
670	基于 UCl3 型晶格的框架导体、制备方法及应用	发明专利	20210908	202111056096.X	20220909	姚宏斌　殷逸臣　杨竞天　罗锦达
671	晶圆表面缺陷的检测方法及其检测系统	发明专利	20211112	202111340689.9	20220909	邓华夏　马孟超　龚兴龙
672	1548nm 多普勒测风激光雷达发射激光波长绝对锁定装置及方法	发明专利	20220425	202210436695.2	20220909	孙磊磊　方　欣　王　冲　李　陶　窦贤康
673	行人重识别模型的训练方法及行人重识别方法	发明专利	20220421	202210420255.8	20220909	张天柱　刘　翔　张勇东　姜孔竹　吴　枫
674	对抗样本生成方法、模型训练方法、处理方法及电子设备	发明专利	20220516	202210525752.4	20220909	张天柱　张　哲　张勇东　徐楠青　冯巍巍　吴　枫
675	对抗样本生成方法、模型训练方法、处理方法及电子设备	发明专利	20220516	202210525739.9	20220909	张天柱　张　哲　张勇东　冯巍巍　徐楠青　吴　枫
676	动作定位模型的训练方法、装置及动作定位方法	发明专利	20220422	202210423969.4	20220909	张天柱　张　哲　张勇东　杨文飞　吴　枫
677	图像分析方法及装置	发明专利	20220426	202210442535.9	20220909	刘　际　李中中
678	外骨骼	发明专利	20220425	202210436992.7	20220909	孙帅帅　麦贤龙　张世武　龚兴龙　杨　健

续表

序号	专利(申请)名称	类型	申请日	申请号	授权日	发明人
679	图像划分方法和装置	发明专利	20220429	202210463095.5	20220909	刘　东　冯傲林　李　礼
680	基于建模偶然不确定性的物品推荐方法、装置和设备	发明专利	20220512	202210512081.8	20220909	何向南　王晨旭　冯福利　张　洋　张勇东
681	驱动装置及其电梯设备	实用新型	20211203	202123022907.2	20220909	龚兴龙　李　颜　汪伯潮
682	应用在量子计算中的射频系统	实用新型	20211222	202123272674.1	20220909	梁福田　龚　明　邓　辉　吴玉林　彭承志　朱晓波　潘建伟
683	超导印刷电路板	实用新型	20220125	202220220947.3	20220909	梁福田　杨威风　彭承志　朱晓波　潘建伟
684	基于受激参量下转换的测量装置	实用新型	20220107	202220033329.8	20220909	陆朝阳　覃　俭　邓宇皓　钟翰森　何玉明　潘建伟
685	数据传输系统	实用新型	20220325	202220681777.9	20220909	林　金　丁朱正奇　徐　昱　孙丽华　郭　成　李宇怀　李东东　彭承志　朱晓波　潘建伟
686	一种辅助潜水用踝关节外骨骼机器人系统	发明专利	20210408	202110379649.9	20220916	夏海生　李智军
687	数据分类方法及装置、存储介质及电子设备	发明专利	20210406	202110366455.5	20220922	秦家虎　叶百家　付维明
688	一种棉纤维收纳推进器	发明专利	20210706	202110763190.2	20220923	金　虎　张世武　杨　博　欧阳一鸣　秦　屹　鲍丙亮　王　琛　王二龙　陈文兵　吴勇军　曹　建　曹童发　徐向东　许　可

续表

序号	专利(申请)名称	类型	申请日	申请号	授权日	发明人
689	中文拼写纠错方法、系统、设备及存储介质	发明专利	20220325	202210298135.5	20220923	毛震东 张勇东 李佳豪 张立成
690	一种道边机动车尾气检测点选址方法	发明专利	20170614	201710461305.6	20220930	康宇 李泽瑞 昌吉
691	一种基于瓶状微型谐振腔的谐振式光学陀螺	发明专利	20181226	201811600235.9	20220930	王克逸 王梦宇 沈远 杨煜 蔡柏林 方清华 张磊
692	一种机动车车辆合成数据生成方法	发明专利	20190812	201910738871.6	20220930	王子磊 靳路康
693	一种基于有监督逐像素生成对抗网络的人脸超分辨率方法	发明专利	20190918	201910879159.8	20220930	凌强 张梦磊 李峰
694	一种基于身份先验生成对抗网络的人脸超分辨率重建方法	发明专利	20190918	201910879168.7	20220930	凌强 张梦磊 李峰
695	一种在双变换域上的单通道语音分离方法	发明专利	20200603	202010492043.1	20220930	叶中付 穆罕默德 绍希杜尔 伊斯兰姆
696	一种半监督瞬态噪声抑制方法	发明专利	20200616	202010548061.7	20220930	叶中付 瑞兹万·乌拉赫
697	一种基于异型双麦克风阵列的儿童声音特征检测方法	发明专利	20200723	202010719147.1	20220930	叶中付
698	一种多功能大尺度内外交互立体火蔓延实验装置	发明专利	20201201	202011389052.4	20220930	孙金华 李宓 王禹 勾福海 张曼曼
699	一种防弹窗帘及其制备方法	发明专利	20210311	202110264557.6	20220930	龚兴龙 周建宇 王胜

续表

序号	专利(申请)名称	类型	申请日	申请号	授权日	发明人
700	一种基于多粒度物体模型的室内语义地图构建方法及系统	发明专利	20210326	202110326761.6	20220930	陈宗海 林士琪 王纪凯 徐萌 周路鹏 包鹏 戴德云 赵皓
701	一种基于以太网的深地勘探井下高速数据传输系统及方法	发明专利	20210618	202110677201.5	20220930	吴传 宋克柱 赵弘炜 陈卓
702	一种多导经颅时间干涉电刺激电流参数的优化方法和系统	发明专利	20210624	202110706837.8	20220930	张效初 张为
703	一种火灾烟气下板级 BGA 封装可靠性检测方法	发明专利	20210628	202110723049.X	20220930	赵梦珂 李倩 陆守香 林锦
704	一种简易测量液体导热系数的实验装置	发明专利	20210816	202110939441.8	20220930	焦冬生
705	一种能量收集-储存可穿戴防护设备及其制备方法	发明专利	20211213	202111542375.7	20220930	龚兴龙 周建宇 王胜
706	一种基于重复博弈的中间人攻击应对方法	发明专利	20211224	202111604797.2	20220930	朱进 张景龙
707	利用多属性信息增强网络表征学习的方法	发明专利	20180724	201810820414.7	20220930	乔立升 陈恩红 刘淇 徐童
708	一种基于激光雷达风速数据的湍流参数反演方法	发明专利	20190221	201910129881.X	20220930	王璐 夏海云 王冲 吴云斌 魏天问
709	无限长圆柱体直流电场求解的最优化波数选取及应用方法	发明专利	20190301	201910156571.7	20220930	高兰 吴小平
710	保护数据隐私和查询隐私的结果可验证的数据查询方法	发明专利	20190315	201910197749.2	20220930	李向阳 钱建威 杜皓华 侯嘉慧

续表

序号	专利(申请)名称	类型	申请日	申请号	授权日	发明人
711	边缘计算系统中有带宽限制的在线任务分派调度方法	发明专利	20190409	201910281012.9	20220930	李向阳　谈海生　孟佳颖
712	骨骼年龄评估方法	发明专利	20190627	201910568724.9	20220930	张勇东　刘传彬　谢洪涛
713	针对医学图像的细胞核自动检测方法	发明专利	20191209	201911281620.6	20220930	王明会　胡　渝　李　骜
714	分布式望远镜设备远程控制和观测系统	发明专利	20191227	201911379269.4	20220930	王　坚　贾明皓　张光宇　张　谦　王之越
715	一种可变结构的绳索牵引并联机器人的运动学优化求解方法	发明专利	20200318	202010192426.7	20220930	尚伟伟　张　飞　王晓燕　丛　爽　李智军
716	采用高级特征融合的端到端多通道语音识别方法	发明专利	20200528	202010468201.X	20220930	郭　武　刘　谭
717	一种对密码设备实现实时侧信道泄露评估的方法与设备	发明专利	20200827	202010880355.X	20220930	时争光　胡红钢
718	对抗批隐写方法	发明专利	20201224	202011550056.6	20220930	张卫明　俞能海　李　莉
719	一种自发微表情识别方法	发明专利	20201225	202011559343.3	20220930	陈恩红　徐　童　赵思蕊　冷文昊　李弘毅
720	解决码流结构化图像编码方法中对象重叠问题的编码方法	发明专利	20210129	202110125199.0	20220930	陈志波　孙思萌　金　鑫　冯若愚
721	语音识别任务中的保持注意力机制单调性方法	发明专利	20210308	202110250627.2	20220930	杨周旺　杜叶倩　王　昊

续表

序号	专利(申请)名称	类型	申请日	申请号	授权日	发明人
722	一种深度图像/视频压缩网络的训练方法	发明专利	20210401	202110357098.6	20220930	陈志波 郭宗昱
723	一种绳索牵引并联机器人快速终端滑模同步控制方法	发明专利	20220517	202210534218.X	20220930	张彬 邓槟槟 尚伟伟 从爽
724	一种位姿测量板及机械臂自动操作通用离心机的方法	发明专利	20220519	202210544133.X	20220930	尚伟伟 张旭春 张飞 江俊 从爽
725	基于深度神经网络的多指灵巧手抓取手势规划方法	发明专利	20220524	202210566231.3	20220930	尚伟伟 何浩源 汤新胜 张飞 江俊
726	一种绳索牵引并联机器人高精度自适应协同控制方法	发明专利	20220606	202210627091.6	20220930	张彬 邓槟槟 尚伟伟 从爽
727	一种移动机器人化学实验操作系统及方法	发明专利	20220614	202210664595.5	20220930	尚伟伟 汤新胜 张飞 江俊
728	一种基于无监督学习的非对称双目立体匹配方法及系统	发明专利	20220620	202210695991.4	20220930	熊志伟 陈西豪 张越一
729	无监督异常检测方法、系统、设备及存储介质	发明专利	20220621	202210706273.2	20220930	王子磊 索浩银
730	一种低复杂度免授权大规模多址接入方法、系统及设备	发明专利	20220622	202210707814.3	20220930	邓锐 张文逸
731	基于测试功能虚拟化的可重构网络测试系统与方法	发明专利	20220711	202210808810.4	20220930	徐正欢 陈双武 杨坚 吴枫 谭小彬 郑烇
732	一种配体及其配合物以及制备方法和应用	发明专利	20190220	201910139317.6	20220930	陈昶乐 王国洪

续表

序号	专利(申请)名称	类型	申请日	申请号	授权日	发明人
733	一种语境集合与回复集合的匹配方法及装置	发明专利	20190517	201910411042.7	20220930	顾佳宸 凌震华 刘 权
734	姿态测量方法及装置	发明专利	20191024	201911019549.4	20220930	金国强 金 一 王浩璇 陈怀安 竺长安 陈恩红
735	一种基于 WO_3 薄膜的非互补吸收型电致变色器件及其制备方法	发明专利	20200709	202010656790.4	20220930	徐春叶 沈 奎 郑建明
736	一种具有图灵结构的硒化银-二硒化钴复合材料、其制备方法及应用	发明专利	20200408	202010277690.0	20220930	高敏锐 张晓隆 高飞跃 杨朋朋
737	一种钙钛矿负载的单原子催化剂及其制备方法以及应用	发明专利	20200622	202010572959.8	20220930	赵婷婷 余浩然 李 明 王海千
738	掩膜版及其制作方法	发明专利	20200618	202010559376.1	20220930	陈 琳 周成刚 魏 钰 王秀霞
739	一种单行载流子光电探测器及其制作方法	发明专利	20200724	202010722626.9	20220930	张博健 王 亮 王方莉 郭松坡
740	一种电池隔膜及其制备方法	发明专利	20210318	202110290244.8	20220930	李良彬 万彩霞 孟令蒲
741	一种主从集群控制方法、装置及系统	发明专利	20210616	202110668156.7	20220930	田 野 李咸海 陈 炜 李明政
742	一种钾、氯、碘共掺杂氮化碳及其制备方法、光催化制备过氧化氢的方法	发明专利	20210702	202110752423.9	20220930	陈洁洁 刘练练 陈 飞 俞汉青
743	一种金属相氧化钨的制备方法与金属相氧化钨的应用	发明专利	20210914	202111074573.5	20220930	江 俊 王育才 朱 青 蒋 为

续表

序号	专利(申请)名称	类型	申请日	申请号	授权日	发 明 人
744	一种锂二氧化碳电池正极催化剂及制备方法	发明专利	20210514	202110523958.9	20220930	谈 鹏 肖 旭 张卓君
745	一种织物型拉力传感器阵列、驱动方法及智能物	发明专利	20210611	202110657113.9	20220930	程敬原
746	一种织物型压阻传感器阵列及智能物	发明专利	20210611	202110657122.8	20220930	程敬原
747	基于数字孪生的网络技术和协议测试平台及其测试方法	发明专利	20220520	202210421442.8	20220930	谭小彬 孙明宇 王明洋 汪 涛 王顺义
748	面向用户体验质量的 360 度视频视口预测方法	发明专利	20220712	202210813281.7	20220930	谭小彬 徐 祥 王顺义 刘卓林 郑 烇 徐正欢
749	水稻氮高效利用基因 OsNLP4 及其编码蛋白的应用	发明专利	20180315	201810216180.5	20220930	向成斌 吴 杰
750	一种与植物抗逆性相关基因及其编码蛋白与应用	发明专利	20190627	201910566844.5	20220930	向成斌 赵娉霞
751	WUSCHEL 基因及其编码蛋白在植物抗病毒中的应用	发明专利	20190830	201910822220.5	20220930	赵忠 武海军 田朝霞
752	一种抗人 PBX1 单克隆抗体,其制备方法及其在复发性流产临床诊断中的用途	发明专利	20190115	201910037029.X	20220930	魏海明 周永刚 徐秀秀 傅斌清 孙 汭 田志刚
753	一种多尺度结构植物纤维空气过滤材料及其制备方法和用途	发明专利	20200410	202010283439.5	20220930	俞书宏 管庆方 凌张弛 韩子盟 杨怀斌
754	一种糠醇酯的制备方法	发明专利	20201016	202011108592.0	20220930	傅 尧 李兴龙 徐冬冬 沈鸿波 李 闯

续表

序号	专利(申请)名称	类型	申请日	申请号	授权日	发明人
755	一种烷基糠醇酯的制备方法	发明专利	20201016	202011109016.8	20220930	傅尧 李兴龙 沈鸿波 徐冬冬 李闯
756	质子交换膜燃料电池运行状态的检测方法及装置	发明专利	20210301	202110227889.7	20220930	毛磊 孙誉宁 张晨 刘忠勇 吴强
757	生物基锂电池隔膜及其制备方法	发明专利	20210412	202110392063.6	20220930	傅尧 李锋 柯卓
758	水系导电聚合物-氢气二次电池	发明专利	20210518	202110542916.X	20220930	陈维 彭洽
759	基于多算法融合的图像质量评价方法及评价模型	发明专利	20210622	202110691115.X	20220930	陈志波 彭燕定 许家华 罗子源
760	模斑转换器中楔形结构的制备方法及楔形结构	发明专利	20210708	202110775301.1	20220930	王亮 罗丹洋 蒋忠君 何伟
761	基于超表面器件的全光图像处理系统及处理方法	发明专利	20210729	202110861903.9	20220930	付伟伟 黄坤 赵东
762	生物样品中细菌鉴定及抗生素敏感性测试的分析方法	发明专利	20210812	202110923179.8	20220930	黄光明 詹柳娟 侯壮豪
763	微波磁场测量方法及微波磁场测量系统	发明专利	20220609	202210643510.5	20220930	王哲成 孔飞 赵鹏举 石发展 杜江峰
764	适用于氦共振荧光激光雷达的激光光源系统	发明专利	20220614	202210663928.2	20220930	赵东锋 肖增军 王兆峰 顾洁琼 张强 陈旸
765	基于动态原型学习的小样本视频目标分割方法	发明专利	20220519	202210536170.6	20220930	张天柱 张哲 张勇东 罗乃淞 吴枫

续表

序号	专利(申请)名称	类型	申请日	申请号	授权日	发明人
766	基于图像-实例对齐网络的训练方法和跨域目标检测方法	发明专利	20220530	202210595693.8	20220930	张天柱　张　哲　张勇东　姜　涵　吴　枫
767	抑制近场强回波信号的方法和系统	发明专利	20220517	202210531927.2	20220930	王兴龙　方　欣　王　冲　薛向辉　李　陶
768	生物表面微动成像方法、装置及生物信号检测装置	发明专利	20220601	202210610984.X	20220930	陈　彦　陈金波　张东恒　张　冬　孙启彬　吴曼青
769	隔绝空气条件下的样品传输装置	实用新型	20220512	202221158179.X	20220930	周宏敏
770	基于纳米金刚石探针顺磁共振的分子信息检测方法及系统	发明专利	20220531	202210603124.3	20220930	秦卓杨　王哲成　赵鹏举　孔　飞　石发展　杜江峰
771	一种软包电池用应力变化原位测试装置	发明专利	20220217	202210146336.3	20220930	谈　鹏　张志远
772	一种非高斯 Lévy 噪声下的锂离子电池 SOC 估计方法	发明专利	20220120	202210067494.X	20220930	龚莉莉　谈　鹏　孙　凯　刘永富
773	基于忆阻器的低功耗脉冲卷积神经网络的硬件架构	发明专利	20201102	202011203894.6	20221004	吴启樵　孙文浩　蔡元鹏　陈　松
774	基于超光谱卫星的全球乙二醛浓度遥感反演方法及系统	发明专利	20210716	202110804541.X	20221004	刘　诚　陈羽佳　张成歆　苏文静
775	多相串联电容直流-直流转换器控制电路、控制方法	发明专利	20210630	202110754199.7	20221004	程　林　刘泽国　吴　枫
776	脉冲宽度调制直流-直流转换器、控制方法、电子设备	发明专利	20210630	202110754197.8	20221004	程　林　苑竞艺　吴　枫

续表

序号	专利(申请)名称	类型	申请日	申请号	授权日	发明人
777	一种高密集可见光阵列的信号处理方法	发明专利	20220613	202210658780.3	20221004	魏佳琦　龚　晨　黄　诺　徐正元
778	一种基于多维融合技术的道路场景目标检测方法及系统	发明专利	20201019	202011119635.5	20221004	高洪波　何　希　李智军　朱菊萍　郝正源
779	基于气相催化的流动管反应器	发明专利	20211126	202111446883.5	20221021	张锦阳　徐　强　官觊文　王占东　王　红　于同坡
780	一种散叶堆烟支架	实用新型	20220422	202220968541.3	20221021	解彩军　徐增汉　陈德清　郑建荣　林文胜　吕鹏辉　张晓东　余金钗　曹秋英　黄慧敏　张雪芹　程思逸　张小强
781	一种棉纤维转运与收纳设备	发明专利	20211109	202111322786.5	20221025	张世武　金　虎　唐　维　吴勇军　杨　博　鲍丙亮　欧阳一鸣　褚德扬　孟宪民　秦　屹　王二龙
782	一种气动消防机器人	发明专利	20170721	201710600165.6	20221028	宋卫国　宋京涛　黄中意　夏　龙
783	高通量单分子磁共振的测量装置以及测量方法	发明专利	20190422	201910324002.9	20221028	王鹏飞　蔡明诚　郭忠智　石发展　杜江峰
784	一种锂插入式硒类化合物、其制备方法及应用	发明专利	20190515	201910405725.1	20221028	商春彦　郑婷婷　曹　聪　周仕明　曾　杰
785	一种基于神经网络的锁相放大器	发明专利	20191021	201911001982.5	20221028	秦　熙　张闻哲　朱明东　王　淋　荣　星　杜江峰
786	序列信号发生器	发明专利	20200323	202010208085.8	20221028	仝　煜　秦　熙　张闻哲　王　淋　荣　星　杜江峰

续表

序号	专利(申请)名称	类型	申请日	申请号	授权日	发明人
787	一种固态自旋传感器及其磁场测量方法	发明专利	20210625	202110713222.8	20221028	朱云彬 荣 星 谢一进 杜江峰
788	一种从含铬污水中回收氮磷制备鸟粪石的方法	发明专利	20210113	202110042978.4	20221028	周根陶 张 培 姚奇志
789	一种具有气味识别功能的集成式气体检测系统	发明专利	20201229	202011589851.6	20221028	许 磊 谷文先 王 晶 祁伟杰
790	一种两级内插时间数字转换器电路	发明专利	20210511	202110512172.7	20221028	封常青 董文豪 刘树彬 王 君
791	一种气体探测器编码处理方法及装置	发明专利	20210413	202110395805.0	20221028	沈仲弢 刘建国 王 宇 张志永 刘树彬 封常青 安 琪
792	一种聚电解质材料、其制备方法与聚电解质膜	发明专利	20210915	202111079824.9	20221028	徐铜文 葛晓琳 吴 亮 宋晚杰 葛 亮 杨正金 汪耀明
793	金属间化合物催化剂及采用双金属络合物制备金属间化合物催化剂的方法	发明专利	20210616	202110668739.X	20221028	梁海伟 李 帅 童 磊
794	一种 Ga-GaSb 硅基近红外光电探测器及其制备方法	发明专利	20210604	202110625743.8	20221028	杨 晴 李焕然
795	一种尖晶石型 $ZnFeMnO_4$ 纳米材料、其制备方法及应用	发明专利	20211108	202111315356.0	20221028	李文卫 郭智妍 司 洋 柳后起 王 帆
796	连续波钠测温测风激光雷达距离分辨实现方法	发明专利	20180827	201810986186.0	20221028	李 丰 方 欣 李 陶
797	路网普查设施选址布点方法	发明专利	20180927	201811132399.3	20221028	康 宇 吕文君 李泽瑞 许镇义

续表

序号	专利(申请)名称	类型	申请日	申请号	授权日	发明人
798	积木模型生成系统	发明专利	20181127	201811448371.0	20221028	陈雪锦 周 杰
799	相册的知识图谱的构建方法	发明专利	20181229	201811637485.X	20221028	李向阳 张 兰 郑达人 韩 风
800	基于知识图谱的图片操作方法	发明专利	20181229	201811637546.2	20221028	张 兰 李向阳 郑达人 韩 风
801	适用于批自适应隐写的安全嵌入方法	发明专利	20190125	201910073105.2	20221028	张卫明 俞能海 于心智
802	3D 网格模型隐写方法	发明专利	20190227	201910146687.2	20221028	张卫明 俞能海 周 航 陈可江
803	一种基于自回归生成模型的可证安全隐写方法	发明专利	20190313	201910189703.6	20221028	张卫明 杨 宽 陈可江 俞能海
804	基于内容的信息检索方法	发明专利	20190321	201910217511.1	20221028	张 凯 李 斌
805	机器人在危险工作环境中的态势评估方法	发明专利	20190325	201910228230.6	20221028	于星橦 孙朝岳 李金龙 邓文杰 鲜文瀚 陈俊羽 姜博文 郑 非 戢凯文
806	序列动态阅读的自然语言语义匹配方法	发明专利	20190325	201910228242.9	20221028	陈恩红 刘 淇 张 琨 吕广奕 吴 乐
807	跨领域关键词提取方法	发明专利	20190326	201910235391.8	20221028	陈恩红 王亚楠 刘 淇 秦 川 徐 童 王怡君 熊 辉
808	文本与图像联合建模的面向人物的视频摘要提取方法	发明专利	20190411	201910291983.1	20221028	徐 童 周培伦 尹智卓 刘 东 吕广奕 陈恩红

续表

序号	专利(申请)名称	类型	申请日	申请号	授权日	发明人
809	一种提高超分辨率算法重构性能的方法	发明专利	20190422	201910323916.3	20221028	熊志伟 陈畅 吴枫
810	序列全局关注和局部动态关注的自然语言语义匹配方法	发明专利	20190509	201910391956.1	20221028	陈恩红 刘淇 张琨 吕广奕 吴乐
811	一种基于层次化卷积神经网络和注意力机制的文本匹配方法	发明专利	20190520	201910419010.1	20221028	李俊 杜洋 李宏广 李鹏 田文凤
812	保护用户隐私的共同活动检测与数据共享方法	发明专利	20190617	201910521563.8	20221028	张兰 韩风 李向阳
813	零平行语料多模态神经机器翻译方法	发明专利	20190624	201910550612.0	20221028	陈恩红 刘淇 王怡君 魏天心
814	一种基于差分隐私的社会化推荐方法	发明专利	20190628	201910583416.3	20221028	魏凌波 周雪翎 张驰 李旭东 刘斌 张勇东
815	一种社交用户的多行为偏好预测方法	发明专利	20190806	201910721441.3	20221028	陈恩红 王皓 徐童 刘淇
816	一种基于神经网络的对齐外插帧方法	发明专利	20190826	201910790385.9	20221028	刘东 霍帅 李厚强 吴枫
817	评估网络空间中文本信息真实性的方法	发明专利	20190925	201910911775.7	20221028	李金龙 吴钰泽
818	支持机器智能的通用视频压缩编码方法	发明专利	20200831	202010895946.4	20221028	陈志波 金鑫 孙思萌 冯若愚 冯润森
819	一种对比预测编码自监督结构联合训练的语音识别方法	发明专利	20210121	202110081797.2	20221028	杨周旺 王昊 杜叶倩

续表

序号	专利(申请)名称	类型	申请日	申请号	授权日	发明人
820	一种高效直接功能函数映射模数转换电路	发明专利	20210430	202110481335.X	20221028	刘畅 宣自豪 李元康 一吴枫
821	一种数据库场景中优化分布式存储延迟的方法	发明专利	20210611	202110653004.X	20221028	张致江 凌震华 王智国 王芝斌
822	基于生成对抗网络的侧信道防护方法	发明专利	20210630	202110732997.X	20221028	胡红钢 谷睿哲
823	可编程 PWM 微热板控温系统	发明专利	20211130	202111447990.X	20221028	许磊 王昱东 任旭东 孙东博
824	GPU 设备间高效内存置换的方法、系统、设备及存储介质	发明专利	20220713	202210793333.9	20221028	王海权 李诚 周泉 于笑颜 吕敏 许胤龙
825	针对深度伪造的双向人脸数据保护方法、系统及设备	发明专利	20220707	202210796847.X	20221028	周文柏 张卫明 俞能海 刘泓谷
826	并行训练中突破内存限制的方法、系统、设备及存储介质	发明专利	20220711	202210809408.8	20221028	于笑颜 李诚 周泉 王海权 吴思 许胤龙
827	一种基于差拍采样的高精度频率测量方法、装置及系统	发明专利	20220713	202210822239.1	20221028	沈仲弢 水雁斌 王宇 刘树彬 封常青 安琪
828	一种基于热-力耦合模型的锂离子电池放电过程中热应力和温度的确定方法	发明专利	20190813	201910743313.9	20221028	王青松 梅文昕 段强领 孙金华
829	一种采用部分有源负反馈技术及正反馈技术的超宽带低噪声放大器	发明专利	20200116	202010046767.0	20221028	张昊 闫旭 时家惠 林福江
830	一种基于生成对抗网络的无监督重建三维人脸方法	发明专利	20200804	202010771403.1	20221028	李金龙 张星星

续表

序号	专利(申请)名称	类型	申请日	申请号	授权日	发明人
831	一种基于软件锁相环的 PAM4 信号始终数据恢复方法	发明专利	20201215	202011468743.3	20221028	吴　桐　宋克柱　徐自有　陈　卓　赵弘炜　余　晗
832	基于多组件融合时间网络的车辆尾气排放预测方法及系统	发明专利	20201218	202011507315.7	20221028	凌　强　费习宏　李　峰
833	一种模拟喷管中高超声速凝结过程的装置及诊断方法	发明专利	20210827	202110993827.7	20221028	金　熠　黄生洪　王新宝　陈龙奎　王浩楠　李建斌
834	一种模块化棉纤维快速平衡设备	发明专利	20211110	202111326320.2	20221028	张世武　金　虎　王二龙　鲍丙亮　欧阳一鸣　吴勇军　曹童发　褚德扬
835	一种高层见着自动喷水火焰阻隔消防系统	发明专利	20211210	202111510858.9	20221028	桂　佳　唐伟伟　丁　超　杨立中
836	基于双模并行电法的真三维观测系统布置及真三维数据体合成方法	发明专利	20211221	202111575441.0	20221028	陈兴海　岳明鑫　吴小平　杨晓冬
837	一种音频室内定位系统基站自标定方法	发明专利	20211221	202111576418.3	20221028	陈　香　刘嘉诚　张　旭　曹　帅
838	一种 TIADC 系统失配误差校正方法及系统	发明专利	20210331	202110347067.2	20221028	秦家军　赵　雷　曹　喆　刘树彬　安　琪　董若石
839	一种快速无损转移二维层状材料的方法	发明专利	20211126	202111425365.5	20221028	闫文盛　李　智　段恒利　王　超
840	针对高速移动场景的星地联合多媒体传输架构的传输方法	发明专利	20220714	202210822969.1	20221028	谭小彬　刘杨阳　王顺义　王明洋　杨　坚　郑　烇

续表

序号	专利(申请)名称	类型	申请日	申请号	授权日	发明人
841	相邻比特耦合强度可调的超导量子比特结构	发明专利	20190124	201910070948.7	20221028	叶杨森 李少炜 查 辰 邓 辉 龚 明 吴玉林 梁福田 廖胜凯 彭承志 朱晓波 潘建伟
842	可扩展的超导量子比特结构	发明专利	20190124	201910070947.2	20221028	邓 辉 龚 明 吴玉林 梁福田 廖胜凯 彭承志 朱晓波 潘建伟
843	数据处理装置及方法、计算机系统	发明专利	20181226	201811606383.1	20221028	崔 进 宗 瑜 邱本胜
844	一种糠醛制备糠酸的方法	发明专利	20200323	202010207417.0	20221028	傅 尧 李兴龙 徐冬冬 解光霞 孔庆山
845	一种铜/氧化亚铜异质结纳米片催化剂的制备方法	发明专利	20200509	202010387369.8	20221028	张晓东 金 森 谢 毅
846	质子化氨基引发 NPCA 聚合制备端基高保真度聚多肽的方法	发明专利	20200629	202010602564.8	20221028	刘世勇 李 磊
847	一种超薄碳层稳定的金属纳米颗粒催化剂及其制备方法	发明专利	20200831	202010902510.3	20221028	吴宇恩 周 煌
848	微波脉冲幅相的自适应控制方法、装置、设备及介质	发明专利	20201020	202011129879.1	20221028	唐雷雷 周泽然
849	痕量气体探测装置及方法	发明专利	20210105	202110011017.7	20221028	胡水明 王 进
850	应用于等离激元直写光刻的光场调控芯片及制备方法	发明专利	20201231	202011644926.6	20221028	王 亮 许 凯 郭松坡
851	一种水系卤素-氢气二次电池	发明专利	20210129	202110133200.4	20221028	陈 维 朱正新

续表

序号	专利(申请)名称	类型	申请日	申请号	授权日	发明人
852	氢气氧化与还原双功能催化电极及制备方法	发明专利	20210602	202110616903.2	20221028	陈　维　蒋涛立
853	用于金属镍镀层的电解液及其应用	发明专利	20210524	202110569431.X	20221028	陈　维　王明明
854	一种制备改性硫化橡胶的方法及改性硫化橡胶	发明专利	20210816	202110940030.0	20221028	陈昶乐　齐美洲　黄永双　谭　枕
855	一种带隙基准电路	发明专利	20220110	202210021717.9	20221028	雒　超　薛棋文　郭国平
856	无背景宽场与低损超分辨两用成像装置及成像方法	发明专利	20220531	202210602811.3	20221028	张　琪　燕一皓　殷　俊　石发展　杜江峰
857	基于毫米波雷达的人体姿态估计方法、装置及电子设备	发明专利	20220722	202210859873.2	20221028	陈　彦　解春阳　张东恒　张　冬　孙启彬　吴曼青
858	针对图数据不变特征的图神经网络模型的训练方法和装置	发明专利	20220622	202210714507.8	20221028	王　翔　李思杭　何向南　张　岸
859	基于离散量子游走公钥加密系统的量子通信方法	发明专利	20220722	202210859830.4	20221028	杨　威　钱云潇　黄刘生
860	用于光脉冲调制的斩波器及基于调制脉冲的成像装置	实用新型	20220620	202221550336.1	20221028	王启宇　陈向东　孙方稳
861	基于空时域多维融合的道路场景他车检测系统和方法	发明专利	20201019	202011120818.9	20221028	高洪波　黄逸飞　李智军　朱菊萍　何　希
862	一种辅助潜水的髋关节外骨骼机器人系统	发明专利	20210408	202110378005.8	20221028	夏海生　李智军　李琴剑

续表

序号	专利(申请)名称	类型	申请日	申请号	授权日	发明人
863	一种立体感知环境的智能助盲眼镜系统	发明专利	20210416	202110413733.8	20221028	李智军 徐滇军 李琴剑
864	基于实时实例分割的下肢假肢地形识别与运动预测系统	发明专利	20210709	202110780493.5	20221028	李智军 徐梁睿 李琴剑
865	一种基于 SLAM 的移动机械臂推车任务规划与控制方法	发明专利	20210729	202110865506.9	20221028	李智军 周丙睿 李国欣
866	一种基于导联注意力机制的多类心律失常检测方法	发明专利	20191125	201911167791.6	20221028	陈勋 张静 梁邓 高敏 张旭 陈香
867	一种检出芥子气的荧光探针及其检测试纸及制法	发明专利	20200909	202010942337.X	20221028	宋钦华 薛敏杰 刘石磊 冯伟 邢中方 张巧利
868	一种快速拉曼扫描成像仪	发明专利	20210520	202110552768.X	20221028	邢金玉 邵鹏飞 郑致远
869	一种用于特种阴离子精细化筛分的阴离子精馏系统及其应用	发明专利	20210730	202110868710.6	20221028	徐铜文 蒋晨啸 陈秉伦
870	一种用于特种阳离子精细化筛分的阳离子精馏系统及其应用	发明专利	20210730	202110868560.9	20221028	徐铜文 蒋晨啸 陈秉伦
871	一种用于特种混合离子精细化筛分的离子协同精馏系统及其应用	发明专利	20210730	202110868737.5	20221028	徐铜文 蒋晨啸 陈秉伦
872	一种由盐湖卤水一步制取电池级锂产品的双极膜辅助离子精馏方法	发明专利	20210825	202110980248.9	20221028	徐铜文 陈秉伦 蒋晨啸

2022 年获科技奖励情况一览表

奖励类别	项目名称	获奖等级	获奖人	备注
安徽省自然科学奖	高功率密度锂电池电极材料的界面工程	一等奖	季恒星 金洪昌 金 松 孔祥华 杜真真	专业(学科)评审结果
安徽省自然科学奖	大尺度森林火灾蔓延的燃烧机理与预测方法	一等奖	刘乃安 雷 佼 陈海翔 谢小冬 张林鹤	专业(学科)评审结果
安徽省自然科学奖	无机功能材料的表界面合成化学研究	一等奖	吴长征 储旺盛 谢 毅	专业(学科)评审结果
安徽省自然科学奖	智能教育中精准学习理论和方法	一等奖	陈恩红 刘 淇 王士进 黄振亚 胡国平	专业(学科)评审结果
安徽省自然科学奖	非传统稳定同位素的分馏机理研究	一等奖	黄 方 吴忠庆 李王晔 王文忠	专业(学科)评审结果
安徽省自然科学奖	软件定义网络资源优化分配机理研究	一等奖	徐宏力 黄 河 赵功名 黄刘生	专业(学科)评审结果
安徽省技术发明奖	高性能双极膜产业化及示范应用	一等奖	徐铜文 吴 亮 汪耀明 蒋晨啸 王晓林 郑春磊	专业(学科)评审结果
安徽省科技进步奖	计算、存储、传输一体化的智能网络技术与设备	一等奖	吴 枫 杨 坚 刘新民 陈双武 谭小彬 孙松儿 郑 烇 卢汉成 薛开平 宋 涛	专业(学科)评审结果
安徽省科技进步奖	肿瘤放射治疗智能化质量保证和控制系统平台的建立和应用	一等奖	徐 榭 钱 东 吴爱东 裴 曦 陈 志 张红雁 程 勇 周解平 闫 冰	专业(学科)评审结果
安徽省自然科学奖	植物干细胞适应环境变化的可塑性调控机制	二等奖	赵 忠 武海军 曾 健 罗林杰 钟佩桥	专业(学科)评审结果
安徽省自然科学奖	智简通信理论研究	二等奖	张文逸 陈 力 秦晓卫 陈晓辉 卫 国	专业(学科)评审结果
安徽省科技进步奖	清洁高效细水雾防灭火抑爆关键技术及工程应用	二等奖	王喜世 倪小敏 朱小龙 周 扬 王志刚 秦 俊 廖光煊 刘申友	专业(学科)评审结果
安徽省科技进步奖	变刚度磁流变智能减振关键技术研发及应用	二等奖	龚兴龙 邓华夏 宣守虎 王 胜 李 俊 李斌商 马孟超 钟 翔	专业(学科)评审结果

续表

奖励类别	项目名称	获奖等级	获奖人	备注
安徽省 自然科学奖	废弃生物质的新型增值化应用过程机制研究	三等奖	江 鸿 司马小峰 江顺风 张 顺 程彬海	专业(学科)评审结果
安徽省 科技进步奖	坐着时间去飞行—互动探索自然奥秘的科学之旅	三等奖	张燕翔 叶 卉 张伟伟 孙雪莲 孔 莉 沈易润	专业(学科)评审结果
自然奖	仿生结构材料的高效精准制备与性能研究	一等奖	俞书宏 茅瓅波 高怀岭 于志龙 吴振禹 陈思铭	会议 评审结果
自然奖	胞外呼吸微生物降解有毒污染物的机制与调控	一等奖	俞汉青 李文卫 院士杰 孙 敏 刘东风	会议 评审结果
发明奖	全媒体环境下智能内容风控关键技术及应用	一等奖	张勇东 毛震东 谢洪涛 靳国庆 何向南 邓旭冉	会议 评审结果
安徽省 社会科学奖 (社科类)	风险耦合与级联:社会新兴风险演化态势的复杂性成因	二等奖	魏玖长	2019—2020年度
安徽省 社会科学奖 (社科类)	梵蒂冈图书馆藏明清中西文化交流史文献丛刊(第二辑)	三等奖	石云里 汪前进	2019—2020年度
安徽省 社会科学奖 (社科类)	Science, society and planning: Joseph Needham's report to Chiang Kai-shek in 1946(科学、社会与计划:李约瑟 1946 年给蒋介石的报告)	三等奖	付邦红	2019—2020年度

2004—2022年入选国际重大进展成果一览表

年份	项 目 名 称	完成人	类 别
2004	Five-Photon Entanglement	潘建伟 等	国际物理学重大进展(美国物理学会)
2004	Entanglement breaks new record	潘建伟 等	国际物理学重大进展(欧洲物理学会)
2006	Attack of the Teleclones	潘建伟 等	国际物理学重大进展(美国物理学会)
2008	Slow but sure progress towards quantum computing	潘建伟 等	国际物理学重大进展(欧洲物理学会)
2008	New High-Temperature Superconductors	陈仙辉 等	年度十大科学进展(《Science》)

续表

年份	项 目 名 称	完成人	类 别
2012	Data teleportation: The quantum space race	潘建伟 等	Features of the Year(《Nature》)
2012	Quantum hops	潘建伟 等	2012 Science News Top 25 (《Science News》)
2013	Foiling quantum hackers	潘建伟 等	国际物理学重大进展(美国物理学会)
2015	Double quantum-teleportation milestone	潘建伟 等	国际物理学十大突破
2017	A quantum communications satellite proved its potential in 2017	潘建伟 等	Top ten science stories of 2017 (《Science News》)
2017	“墨子号”量子卫星的研究成果	潘建伟 等	《Nature》杂志年度重大科学事件
2017	Particle-free quantum communication is achieved in the lab	潘建伟 等	国际物理学十大突破
2017	世界首台超越早期经典计算机的光量子计算机	潘建伟 等	年度世界互联网领先科技成果
2018	Quantum cryptography via satellite	潘建伟 等	国际物理学重大进展(美国物理学会)
2021	“祖冲之二号”和“九章二号”量子计算优越性实验	潘建伟 等	国际物理学重大进展(美国物理学会)
2022	超冷三原子分子的量子相干合成(开创超冷化学的新纪元)	潘建伟 等	国际物理学十大突破(英国物理学会)
2022	实数量子力学检验系列实验	潘建伟 等	国际物理学十大进展(美国物理学会)

2001—2022 年入选中国、世界十大科技进展新闻一览表

年份	项 目 名 称	完成人	类 别
2001	科学家成功直接观察分子内部结构	侯建国 等	中国十大科技进展新闻
2003	中国科技大学在量子通信实验领域取得重大进展	潘建伟 等	中国十大科技进展新闻
2004	我国量子信息实验领域取得重大突破	潘建伟 等	中国十大科技进展新闻
2005	我国科学家成功实现首次单分子自旋态控制	侯建国 等	中国十大科技进展新闻
2006	实现两粒子复合系统量子态的隐形传输	潘建伟 等	中国十大科技进展新闻

续表

年份	项目名称	完成人	类别
2007	实现六光子薛定谔猫态	潘建伟 等	中国十大科技进展新闻
2008	量子中继器实验被完美实现	潘建伟 等	中国十大科技进展新闻
2008	铁基超导材料研究获重大进展	陈仙辉 等	世界十大科技进展新闻
2009	量子计算研究获重大突破	杜江峰 等	中国十大科技进展新闻
2009	成功实现太阳能冶炼高纯硅	陈应天 等	中国十大科技进展新闻
2010	实现 16 公里自由空间量子态隐形传输	潘建伟 等	中国十大科技进展新闻
2012	可扩展量子信息处理获重大突破	潘建伟 等	中国十大科技进展新闻
2013	实现最高分辨率单分子拉曼成像	董振超 等	中国十大科技进展新闻
2014	量子通信安全传输创世界纪录	潘建伟 等	中国十大科技进展新闻
2015	首次实现多自由度量子隐形传态	潘建伟 等	中国十大科技进展新闻
2016	成功发射世界首颗量子科学实验卫星“墨子号”	潘建伟 等	中国十大科技进展新闻
2017	世界首台超越早期经典计算机的光量子计算机诞生	潘建伟 等	中国十大科技进展新闻
2017	量子通信“从理想王国走到现实王国”	潘建伟 等	中国十大科技进展新闻
2017	“悟空”发现疑似暗物质踪迹(参与)	安　琪 等	中国十大科技进展新闻
2019	首次观测到三维量子霍尔效应	乔振华 等	中国十大科技进展新闻
2020	科学家达到量子计算优越性里程碑	潘建伟 等	中国十大科技进展新闻
2020	科学家攻克 20 余年悬而未决的几何难题	陈秀雄 王　兵	中国十大科技进展新闻
2021	稀土离子实现多模式量子中继及 1 小时光存储	李传锋 等	中国十大科技进展新闻
2021	1400 万亿电子伏特 我国科学家观测到迄今最高能量光子(参与)	杨睿智 等	中国十大科技进展新闻
2021	我国首次火星探测任务取得圆满成功(参与)	汪毓明 等	中国十大科技进展新闻
2022	我国科学家将二氧化碳人工合成葡萄糖和脂肪酸(参与)	曾　杰 等	中国十大科技进展新闻

1998—2022 年入选中国科学十大进展一览表*

年份	项 目 名 称	完成人	类 别
1998	我国科学家关于夸克质量比的研究国际领先	闫沐霖 等	中国基础科学研究十大新闻
1999	我国科学家确定碳 60 单分子在硅表面的取向状态	侯建国 等	中国基础科学研究十大新闻
2001	中国科技大学 C_{60} 纳米材料与纳米结构研究获重要进展	侯建国 等	中国基础科学研究十大新闻
2006	在光纤通信中成功实现一种抗干扰的量子密码分配方案	潘建伟 等	中国基础科学研究十大新闻
2006	发现一种可有效通过皮肤传送大分子药物的透皮短肽	温龙平 等	中国基础科学研究十大新闻
2007	在多光子纠缠和光学量子计算的实验方面取得新进展	潘建伟 等	中国基础科学研究十大新闻
2008	铁基高温超导研究取得系列重要进展	陈仙辉 等	中国基础科学研究十大新闻
2010	实验实现最远距离自由空间量子隐形传态	潘建伟 等	中国科学十大进展
2012	可扩展量子信息处理取得系列重要进展	潘建伟 等	中国科学十大进展
2013	基于等离激元增强拉曼散射实现单分子化学成像	董振超 等	中国科学十大进展
2015	实现单光子多自由度量子隐形传态	潘建伟 等	中国科学十大进展
2015	实现对单个蛋白质分子的磁共振探测	杜江峰 等	中国科学十大进展
2016	研制出将二氧化碳高效清洁转化为液体燃料的新型钴基电催化剂	谢 毅 等	中国科学十大进展
2017	实现星地千公里级量子纠缠和密钥分发及隐形传态	潘建伟 等	中国科学十大进展
2018	首次直接探测到电子宇宙射线能谱在 1 TeV 附近的拐折(我校参与)	安 琪 等	中国科学十大进展
2019	实现对引力诱导量子退相干模型的卫星检验	潘建伟 等	中国科学十大进展
2019	首次观测到三维量子霍尔效应	乔振华 等	中国科学十大进展

续表

年份	项 目 名 称	完成人	类 别
2021	可编程二维 62 比特超导处理器"祖冲之号"的量子行走	潘建伟 等	中国科学十大进展
2021	火星探测任务天问一号探测器成功着陆火星(参与)	汪毓明 等	中国科学十大进展
2022	实现超冷三原子分子的量子相干合成	潘建伟 等	中国科学十大进展

*原为"中国基础研究十大新闻",2010 年更名为"中国科学十大进展"。

1998—2022 年入选中国高校十大科技进展一览表

年份	项 目 名 称	完成人	类 别
1998	从四氯化碳催化热解制金刚石	钱逸泰 等	中国高校十大科技进展
2000	过去 3000 年企鹅数量的变化与环境演变研究	孙立广 等	中国高校十大科技进展
2001	C_{60}单分子的高分辨表征和新型二维取向畴	侯建国 等	中国高校十大科技进展
2003	多光子量子纠缠态的操纵与鉴别	潘建伟 等	中国高校十大科技进展
2004	五光子纠缠和终端未定量子隐形传态的实验实现	潘建伟 等	中国高校十大科技进展
2007	光量子计算机的物理实现和算法应用	潘建伟 等	中国高校十大科技进展
2008	新型铁基高温超导材料的发现及相图研究	陈仙辉 等	中国高校十大科技进展
2009	基于自旋的量子调控实验研究	杜江峰 等	中国高校十大科技进展
2009	双功能单分子器件的设计与实现	侯建国 等	中国高校十大科技进展
2015	纳米尺度量子精密测量	杜江峰 等	中国高校十大科技进展
2019	"界面单位点"新型催化剂结构设计与氢气中微量 CO 的高效去除	路军岭 等	中国高校十大科技进展
2020	黑磷复合材料的"界面重构"实现高倍率高容量锂存储	季恒星 等	中国高校十大科技进展
2021	基于稀土离子的固态量子存储	李传锋 等	中国高校十大科技进展

2005—2022 年入选国内十大科技进展新闻一览表

年份	项目名称	完成人	类别
2005	中国科大在单分子选键化学研究领域获重大进展	侯建国 等	国内十大科技新闻
2005	我国实现国际最长距离实用光纤量子密码系统	郭光灿 等	国内十大科技新闻
2008	我科学家发现铁基高温超导材料	陈仙辉 等	国内十大科技新闻
2008	我科学家实现世界首个量子中继器	潘建伟 等	国内十大科技新闻
2010	我科学家首次实现远距离自由空间量子态隐形传输	潘建伟 等	国内十大科技新闻
2011	中科大制备出八光子纠缠态、刷新世界纪录	李传锋 等	国内十大科技新闻
2015	中科大首次成功实现"单光子多自由度量子隐形传态"	潘建伟 等	国际/国内十大科技新闻
2017	量子系统研发创纪录,中国实现星地量子通信	潘建伟 等	国际十大科技新闻
2017	"墨子号"实现星地量子通信	潘建伟 等	国内十大科技新闻
2019	首次验证远距离双场量子密钥分发	潘建伟 等	国内十大科技新闻
2020	微分几何学两大核心猜想 20 多年后终获证	陈秀雄 等	国内十大科技新闻
2020	"九章"量子计算机问世引发世界关注	潘建伟 等	国内十大科技新闻
2021	"祖冲之号""九章二号"量子计算原型机研制成功	潘建伟 等	国内十大科技新闻
2021	凯勒几何两大核心猜想被证明	陈秀雄 等	国内十大科技新闻
2021	"拉索"发现迄今最高能量光子(参与)	杨睿智 等	国内十大科技新闻
2021	我国首次火星探测任务天问一号着陆火星(参与)	汪毓明 等	国内十大科技新闻
2022	二氧化碳"变"葡萄糖和脂肪酸(参与)	曾　杰 等	国内十大科技新闻

2022 年发表在《Science》《Nature》《Cell》上的论文一览表

论文名称	期刊名	年、卷	作　者
我校为第一署名单位			
Second sound attenuation near quantum criticality	《Science》	2022,375	潘建伟 姚星灿 陈宇翱
Charge-density-wave-driven electronic nematicity in a kagome superconductor	《Nature》	2022,602	陈仙辉 吴　涛 王震宇
Evidence for the association of triatomic molecules in ultracold 23 Na 40 K+40 K mixtures	《Nature》	2022,602	潘建伟 赵　博 白春礼
A backbone-centred energy function of neural networks for protein design	《Nature》	2022,602	刘海燕 陈　泉
Sound induces analgesia through corticothalamic circuits	《Science》	2022,377	张　智
Thermalization dynamics of a gauge theory on a quantum simulator	《Science》	2022,377	潘建伟 苑震生
Pituitary hormone α-MSH promotes tumor-induced myelopoiesis and immunosuppression	《Science》	2022,377	周荣斌 江　维
Structural insights into auxin recognition and efflux by Arabidopsis PIN1	《Nature》	2022,609	孙林峰 刘　欣
Melanopsin retinal ganglion cells mediate light-promoted brain development	《Cell》	2022,185	薛　天
Free-space dissemination of time and frequency with 10～19 instability over 113 km	《Nature》	2022,610	潘建伟 张　强 姜海峰
Emergent charge order in pressurized kagome superconductor CsV3Sb5	《Nature》	2022,611	陈仙辉 吴　涛
Creation of an ultracold gas of triatomic molecules from an atom-diatomic molecule mixture	《Nature》	2022,378	潘建伟 赵　博

2001—2021 年发表论文情况*

年　度	SCI 论文	EI 论文	ISTP 论文	国内论文
2001	880	391	167	1499
2002	903	382	161	1395
2003	1087	629	186	1479
2004	1141	647	201	1430
2005	1499	1048	317	1544
2006	1558	1264	357	1750
2007	1509	1101	453	1668
2008	1544	1135	586	1480
2009	1568	1145	461	1329
2010	1510	1246	647	1237
2011	1663	1213	224	889
2012	1819	1199	196	929
2013	2107	1617	317	906
2014	2460	1702	313	905
2015	2624	2018	211	882
2016	2784	2195	614	759
2017	2867	2045	573	821
2018	3205	2415	546	766
2019	3417	2407	646	756
2020	3444	2956	343	738
2021	3733	3741	447	856

* 统计数据来自中国科学技术信息研究所。

2001—2021年发表论文在全国高校排名情况*

年　度	SCI 排名	EI 排名	ISTP 排名
2001	4	6	9
2002	5	7	14
2003	5	7	18
2004	5	7	18
2005	5	8	26
2006	6	7	25
2007	5	14	22
2008	8	18	23
2009	11	20	27
2010	13	24	28
2011	14	25	53
2012	16	27	65
2013	15	21	31
2014	15	21	29
2015	18	22	30
2016	18	22	19
2017	21	24	24
2018	19	24	22
2019	20	26	14
2020	21	25	19
2021	23	12	9

*统计数据来自中国科学技术信息研究所。

2011—2022年国际论文10年段被引篇次和排名一览表*

统计年度	累计被引用篇数	累计被引用次数	累计篇均被引次数	在C9高校排名（累计篇均被引次数）
2011	10275	111421	10.84	1
2012	10562	137105	12.98	1
2013	13540	150241	11.10	1
2014	13141	190591	14.50	1
2015	17493	227909	13.03	1
2016	18638	256343	13.75	1
2017	19766	298069	15.08	1
2018	21084	360758	17.11	1
2019	20134	447223	22.21	1
2020	22047	501666	22.75	1
2021	24099	591675	24.55	1
2022	25878	687316	26.56	1

*统计数据来自中国科学技术信息研究所（以2018年为例，以SCI数据库统计2009—2018年收录的我校论文截至2019年10月累计被引用情况）。

2016—2022年自然指数(NI)一览表

年份	FC指数	论文数	国内高校排名	亚太高校排名	全球高校排名
2016	262.33	688	4	6	27
2017	276.91	742	4	5	21
2018	299.53	801	4	6	18
2019	304.73	981	4	5	13
2020	455.82	1231	1	1	4
2021	448.5	1270	1	2	7
2022	502.50	1444	2	2	5

（数据以当年年报为准）

2009—2022年中国卓越国际论文情况

统计年度	SCI论文总数	表现不俗论文数	表现不俗论文比例
2009	1554	263	16.9%
2010	1568	345	22.0%
2011	1501	401	26.6%
2012	1663	696	42%
2013	1819	692	38%
2014	2107	890	42.2%
2015	2460	1148	46.7%
2016	2586	1144	44.2%
2017	2784	1529	54.9%
2018	2867	1484	51.76%
2019	3205	1651	51.51%
2020	3417	2146	62.8%
2021	3444	2163	62.8%
2022	3733	1999	53.5%

* 统计数据来自中国科学技术信息研究所，2016年"表现不俗论文"改为"中国卓越国际论文"，统计年度数据为上一年作者为第一单位发表的论文。

主办(承办)的学术刊物

中文名称	英文名称	刊号	主编	创刊年度	备注
中国科学技术大学学报	Journal of University of Science and Technology of China	CN34-1054/N	包信和	1965	月刊
低温物理学报	Chinese Journal of Low Temperature Physics	CN34-1053/04	陈仙辉	1979	双月刊
实验力学	Journal for Experimental Mechanics	CN34-1057/03	龚兴龙	1986	双月刊
化学物理学报 *	Chinese Journal of Chemical Physics	CN34-1295/06	杨学明	1988	双月刊

续表

中文名称	英　文　名　称	刊　　号	主编	创刊年度	备注
火灾科学	Fire Safety Science	CN34-1115/X	张和平	1992	季刊
中国免疫学杂志	Cellular & Molecular Immunology	CN11-4987/R	曹雪涛 田志刚	2004	月刊
数学与统计学报	Communications in Mathematics and Statistics	CN34-1335/O1	马志明	2013	季刊
研究生教育研究	Journal of Graduate Education	CN34-1319/G4	包信和	1996	双月刊
科技与法律	Science Technology and Law	CN 11-2922/N	段瑞春 宋　伟	1989	双月刊

*《化学物理学报》由中国物理学会主办、中国科学技术大学和中国科学院大连化物所承办;《低温物理学报》由中国力学学会和中国科学技术大学联合主办;《中国免疫学杂志》(英文版)由中国免疫学会和中国科学技术大学联合主办;其余均为我校主办。

持股企业情况

上　市　企　业		
序号	企　业　名　称	经　营　范　围
1	科大讯飞股份有限公司	人工智能及其行业应用
2	科大智能科技股份有限公司	智能配电网、工业机器人
3	时代出版传媒股份有限公司	出版传媒、印刷复制
4	科大国创软件股份有限公司	软件开发、系统集成
5	北京辰安科技股份有限公司	公共安全应急平台软件、应急平台装备
6	科大国盾量子技术股份有限公司	量子通信技术及其设备的研制、开发
未上市企业		
序号	企　业　名　称	经　营　范　围
7	国科量子通信网络有限公司	量子通信技术、网络科技领域内的技术开发
8	安徽问天量子科技股份有限公司	量子器件和设备
9	合肥中科微电子创新中心有限公司	集成电路销售;技术服务、技术开发
10	深圳市创新天地通信股份有限公司	通信技术
11	国仪量子(合肥)技术有限公司	量子精密测量仪器设备研发及销售
12	合肥科佳高分子材料科技有限公司	膜及膜材料的研发、生产

续表

未上市企业		
序号	企业名称	经营范围
13	安徽中科国创高可信软件有限公司	高可信软件研发、服务
14	合肥国家大学科技园发展有限责任公司	科技企业孵化器建设及管理
15	安徽科大擎天科技有限公司	安防设备、计算机软硬件产品和系统集成
16	安徽中科新研陶瓷科技有限公司	陶瓷、金属和复合材料粉体
17	微纳感知(合肥)技术有限公司	微机电系统芯片
18	安徽中科大建成科技有限公司	高新技术产品研发,软件开发
19	合肥华西科技开发有限公司	汽车检测设备、控制系统
20	合肥中科大基础教育集团有限公司	教育咨询、教育服务
21	合肥本源量子计算科技有限责任公司	量子计算
22	国耀量子雷达科技有限公司	量子传感探测、量子雷达研发生产
23	安徽中科光栅科技有限公司	光栅、光电仪器研制
24	安徽中科久安新能源有限公司	电化学储能安防系统研制
25	广东广纳新材料有限公司	防火封堵材料研制

十一、教职工队伍

教职工人员结构情况

（2022 年 9 月）

单位：人

指标名称		教职工数							另有其他人员				
		教职工总数	专任教师	行政人员	教辅人员	工勤人员	专职科研人员	其他附设机构人员	校外教师	行业导师	外籍教师	离退休人员	附属中小学幼儿园教职工
总计		4177	2140	513	355	167	927	75	192	1202	16	2321	119
其中：女		1108	370	293	159	6	249	31	50	153	6	1017	71
正高级		992	932	7	1	0	50	2	*	*	*	*	*
副高级		1210	1085	19	79	0	16	11	*	*	*	*	*
中级		1181	123	20	193	0	801	44	*	*	*	*	*
初级		66	0	4	45	0	10	7	*	*	*	*	*
其他		728	0	463	37	167	50	11	*	*	*	*	*
在编	小计	2498	1497	377	268	145	157	54	*	*	*	*	*
	其中：女	592	237	189	107	5	35	19	*	*	*	*	*
	正高级	865	807	7	1	0	48	2	*	*	*	*	*
	副高级	676	567	19	76	0	3	11	*	*	*	*	*
	中级	358	123	15	139	0	55	26	*	*	*	*	*
	初级	42	0	1	29	0	6	6	*	*	*	*	*
	无职称	557	0	335	23	145	45	9	*	*	*	*	*

专任教师分年龄情况

（2022 年 9 月）

单位：人

指标名称		合计	29 岁及以下	30～34 岁	35～39 岁	40～44 岁	45～49 岁	50～54 岁	55～59 岁	60～64 岁	65 岁及以上
总　计		2140	59	507	417	356	286	205	249	58	3
其中：女		370	18	88	69	61	56	38	35	5	0
其中：获博士学位		1967	59	503	414	343	253	164	180	48	3
其中：获硕士学位		118	0	2	3	9	26	29	42	7	0
按专业技术职务分	正高级	932	4	96	218	192	131	92	138	58	3
	副高级	1085	55	402	193	143	120	75	97	0	0
	中　级	123	0	9	6	21	35	38	14	0	0
	初　级	0	0	0	0	0	0	0	0	0	0
	未定职级	0	0	0	0	0	0	0	0	0	0
按学历分	博士研究生	1967	59	503	414	343	253	164	180	48	3
	硕士研究生	128	0	3	3	9	27	32	47	7	0
	本科	45	0	1	0	4	6	9	22	3	0

专任教师分学历情况

（2022 年 9 月）

单位：人

指标名称	合计	博士研究生			硕士研究生			本科		
		小计	博士学位	硕士学位	小计	博士学位	硕士学位	小计	博士学位	硕士学位
总　计	2140	1967	1967	0	128	0	118	45	0	0
其中：女	370	308	308	0	45	0	43	17	0	0
正高级	932	909	909	0	18	0	16	5	0	0
副高级	1085	1007	1007	0	58	0	52	20	0	0

续表

指标名称	合计	博士研究生			硕士研究生			本科		
		小计	博士学位	硕士学位	小计	博士学位	硕士学位	小计	博士学位	硕士学位
中　级	123	51	51	0	52	0	50	20	0	0
初　级	0	0	0	0	0	0	0	0	0	0
未定职级	0	0	0	0	0	0	0	0	0	0

专任教师教学领域分学科门类情况

（2022 年 9 月）

单位：人

指标名称	合计	正高级	副高级	中级
总计	2140	932	1085	123
其中：女	370	86	244	40
哲学	52	11	23	18
其中：马克思主义哲学	26	3	7	16
经济学	36	12	21	3
法学	11	3	6	2
教育学	21	1	10	10
文学	46	6	16	24
历史学	0	0	0	0
理学	1199	597	580	22
工学	596	239	323	34
农学	0	0	0	0
医学	71	43	27	1
管理学	105	20	78	7
艺术学	3	0	1	2

中国科学院院士、中国工程院院士一览表

（共63人）

姓　名	性别	出生年月	学　术　领　域	当选时间	所　属　学　部
周光召	男	1929.5	理论物理、粒子物理	1980	中国科学院数学物理学部
朱清时	男	1946.2	分子高振动态实验和理论	1991	中国科学院化学部
王　水	男	1942.4	地球物理、空间科学	1993	中国科学院地学部
何多慧	男	1939.2	加速器物理和技术	1995	中国工程院能源与矿业工程学部
马志明	男	1948.1	数学	1995	中国科学院数学物理学部
伍小平	女	1938.2	实验力学	1997	中国科学院技术科学部
施蕴渝	女	1942.4	结构生物学	1997	中国科学院生命科学和医学学部
欧阳钟灿	男	1944.1	理论生物物理	1997	中国科学院数学物理学部
魏复盛	男	1938.11	环境保护	1997	中国工程院环境与轻纺工程学部
白春礼	男	1953.9	物理化学	1997	中国科学院数学物理学部
杜善义	男	1938.8	飞行器结构力学和复合材料	1999	中国工程院机械与运载工程学部
许祖彦	男	1940.2	激光技术	2001	中国工程院信息与电子工程学部
范维澄	男	1943.1	火灾安全科学与工程	2001	中国工程院能源与矿业工程学部
郭光灿	男	1942.12	光学	2003	中国科学院技术科学部
李　灿	男	1960.1	化学	2003	中国科学院化学部
吴　奇	男	1955.3	高分子科学	2003	中国科学院化学部
李曙光	男	1941.2	地球化学	2003	中国科学院地学部
陈国良	男	1938.6	计算机	2003	中国科学院技术科学部
朱日祥	男	1955.8	地球物理学	2003	中国科学院地学部
张裕恒	男	1938.3	凝聚态物理	2005	中国科学院数学物理学部
王红阳	女	1952.1	肿瘤分子生物学与医学	2005	中国工程院医药卫生工程学部
吴一戎	男	1963.7	信号与信息处理	2007	中国科学院信息技术科学部
包信和	男	1958.8	物理化学	2009	中国科学院化学部
郑永飞	男	1959.1	地球化学	2009	中国科学院地学部
万元熙	男	1939.12	等离子体物理	2009	中国工程院能源与矿业工程学部

续表

姓　名	性别	出生年月	学　术　领　域	当选时间	所　属　学　部
崔向群	女	1951.12	天体物理	2009	中国科学院数学物理学部
潘建伟	男	1970.1	量子物理和量子信息	2011	中国科学院数学物理学部
沈保根	男	1952.9	磁性物理学	2011	中国科学院技术科学部
李天初	男	1945.11	计量技术	2011	中国科学院信息与电子工程学部
葛均波	男	1962.11	心脏病学	2011	中国科学院生命科学和医学学部
周忠和	男	1965.1	古鸟类学	2011	中国科学院地学部
高鸿钧	男	1963.8	凝聚态物理	2011	中国科学院数学物理学部
赵政国	男	1956.12	粒子物理	2013	中国科学院数学物理学部
谢　毅	女	1967.7	无机固体化学	2013	中国科学院化学部
刘文清	男	1954.1	环境监测技术研究和应用	2013	中国工程院环境与轻纺工程学部
金红光	男	1957.5	工程热物理	2013	中国科学院数学物理学部
杜江峰	男	1969.6	粒子物理与原子核物理	2015	中国科学院数学物理学部
陈仙辉	男	1963.3	凝聚态物理	2015	中国科学院数学物理学部
李建刚	男	1961.11	核科学技术应用	2015	中国工程院能源与矿业工程学部
陈晓非	男	1958.2	固体地球物理学	2015	中国科学院地学部
景益鹏	男	1964.1	天体物理	2015	中国科学院数学物理学部
孙世刚	男	1954.7	物理化学	2015	中国科学院化学部
吴伟仁	男	1953.10	深空测控通信	2015	中国工程院信息与电子工程学部
田志刚	男	1956.1	天然免疫学	2017	中国工程院医疗卫生学部
赵宇亮	男	1963.2	纳米生物效应与安全性研究	2017	中国科学院化学部
卞修武	男	1963.11	人体病理诊断和研究工作	2017	中国科学院生命科学和医学学部
蒋华良	男	1965.1	药物靶标发现和药物设计	2017	中国科学院生命科学和医学学部
张东辉	男	1967.1	物理化学	2017	中国科学院化学部
何国威	男	1963.3	流体力学	2017	中国科学院数学物理学部
陆　军	男	1964.11	机载综合电子信息系统	2017	中国工程院信息与电子工程学部
窦贤康	男	1966.1	空间物理学	2017	中国科学院地学部
王建宇	男	1959.6	空间光电技术和系统	2017	中国科学院信息技术科学部
叶向东	男	1963.3	基础数学	2019	中国科学院数学物理学部
杨金龙	男	1966.1	物理化学	2019	中国科学院化学部

续表

姓　名	性别	出生年月	学　术　领　域	当选时间	所　属　学　部
俞书宏	男	1967.8	无机化学	2019	中国科学院化学部
陆夕云	男	1963.4	流体力学	2019	中国科学院数学物理学部
常　进	男	1966.7	天文学	2019	中国科学院数学物理学部
吴曼青	男	1965.8	网络信息、雷达探测技术	2019	中国工程院信息与电子工程学部
吴汉明	男	1952.6	微电子技术	2019	中国工程院信息与电子工程学部
孙凝晖	男	1968.3	计算机系统结构	2019	中国工程院信息与电子工程学部
赵红卫	男	1966.1	离子加速器物理及技术	2019	中国科学院数学物理学部
李景虹	男	1967.12	分析化学	2019	中国科学院化学部
封东来	男	1972.10	凝聚态物理	2021	中国科学院数学物理学部

院士工作室名单

设立年份	负责院士姓名	研究方向
2018	王红阳	肿瘤学
2018	葛均波	人工智能与医学
2018	赵宇亮	肿瘤诊疗智能纳米系统
2018	卞修武	智慧病理
2018	蒋华良	药物化学生物学
2019	吴伟仁	月球与深空探测
2019	崔向群	先进天文仪器技术
2019	王建宇	量子信息工程
2020	金红光	多能互补能源转化
2020	孙世刚	能源化学
2020	吴曼青	网络安全与数据科学
2020	景益鹏	星系宇宙学
2021	李景虹	生物分析化学
2021	高鸿钧	显微学与材料物理

国家级教学名师一览表

（共 7 人）

年　度	国家级教学名师
2003	陈国良　李尚志
2006	程福臻
2007	霍剑青　施蕴渝
2009	史济怀
2011	向守平

杰出人才名单

国家自然科学基金委员会
“国家杰出青年科学基金”获得者

(共 164 人)

年　度	“国家杰出青年科学基金”获得者
1994	李晓光　郑永飞
1995	包信和
1996	叶向东
1997	程　艺
1998	赵政国　陈仙辉　谢　毅　戴子高
1999	王挺贵　李嘉禹　姚雪彪
2000	丁泽军　刘海燕　杨金龙　牛立文
2001	王官武　田志刚　陈乾旺　陆夕云
2002	陈发来　陈初升　龚为民　封东来
2003	吴文彬　俞书宏　龚流柱
2004	王少杰　杜江峰　刘世勇

续表

年度	“国家杰出青年科学基金”获得者
2005	汪毓明　陈福坤　卢建新　梁　樑
2006	郑　坚　崔　华　何陵辉　俞汉青
2007	吴明卫　史庆华　韦世强　毕国强　陆全明
2008	王俊贤　王　兵
2009	潘建伟　罗　毅
2010	沈延安　韩　良　何力新　徐铜文　谢周清　翁建平
2011	王　群　麻希南　侯中怀　龚兴龙　赵子福
2012	余玉刚　孔　旭　李　陶　黄　文　黄运锋　胡水明　李微雪　张　忠
2013	雷久侯　黄　方　李良彬　徐　宁　李传锋　傅　尧　李厚强　陈恩红
2014	陈宇翱　邓兆祥　彭新华　丁　航　吴　枫　谢庆国
2015	张华凤　陆朝阳　黄伟新　周荣斌　吴恒安　史保森　洪春雁　张勇东
2016	秦礼萍　罗喜胜　邓友金　彭海平　郭国平　李向阳　刘乃安　田善喜 尤业字　彭承志　李智军
2017	熊宇杰　许金时　江海龙　康　宇　袁业飞　单　革
2018	倪怀玮　田长麟　李震宇　盛国平　王　毅　姜海峰
2019	余　彦　袁军华　刘　睿　薛　天　曾　杰　杨上峰　吴长征　叶树集 吴忠庆　黄汉民　龙世兵
2020	江　俊　穆　杨　薛永泉　陈昶乐　路军岭　张　智　黄光明　姜洪源 陈　帅　倪　勇　刘利刚　刘树彬　魏玖长　姚　涛　王育才
2021	姚华建　刘　强　苑震生　赵　瑾　张　强　薛向辉　季恒星　刘建北 王兴安　殷月伟　孙永福　马　杰　石发展　瞿　昆
2022	杜平武　宋　礼　徐航勋　熊　伟　武晓君　胡隆华　孙方稳　刘　诚 刘贤伟　查正军　高敏锐　陈世炳　焦淑红

国家自然科学基金委员会 “国家优秀青年科学基金”获得者

(共 172 人)

年度	“国家优秀青年科学基金”获得者
2012	蔡刚 郭国平 黄汉民 李震宇 刘利刚 刘睿 刘树彬 陆朝阳 穆杨 倪勇 王宝善 吴杰 吴长征 项国勇 姚华建 张国庆 张少兵 周荣斌
2013	龙世兵 倪怀玮 彭海平 盛国平 王学钦 许金时 薛天 薛向辉 杨锋 赵瑾 赵文 朱彦武
2014	陈仁旭 高鹏 胡隆华 康宇 冷伟 李明哲 刘强 梅一德 苏振鹏 孙永福 翁清雄 姚涛
2015	陈昶乐 陈小伍 丁桂军 胡红钢 李文卫 毛竹 孙方稳 王慧元 王细胜 魏玖长 吴亮 吴涛 吴宇恩 易为 仲雷
2016	曹利明 查正军 陈伊翔 顾振华 姜洪源 刘光明 刘和福 刘衍文 陆高鹏 马杰 盛茂 王双 肖翀 殷月伟 余彦 张杨
2017	蔡一夫 仓春蕾 崔萍 丁冬生 董春华 高晓英 胡进明 纪杰 江维 蒋彬 刘诚 刘贤伟 马明明 石发展 司廷 孙道远 徐岩 许峰 张文逸 赵雷
2018	蔡辉山 戴立群 范璐璐 耿雷 龙冬 申成龙 唐建顺 王杰 夏琼霞 徐宏力 宣守虎 银振强 印娟 占成 张兰 周文罡 周鑫 朱书
2019	曹刚 陈勋 封常青 傅斌清 康彦彪 刘行 刘建伟 刘淇 彭慧 秦家虎 汪峰 王奉超 王荣生 王雪娟 杨正金 张晓东 邹长铃
2020	陈洁洁 何玉明 李丰银 连德富 刘东 刘林冬 孙成 肖斌 谢洪涛 许小冶 翟志刚 张天柱 张云龙 郑基深
2021	曹平 陈耕 丁举春 胡衍雷 林岳 刘武军 龙冉 田超 汪耀明 王朝 王辉 张红欣 张举勇 张磊 郑权 郑小虎 周小蓉
2022	高怀岭 郭昌 郭璇 侯志博 黄建 雷佼 沈晓蓓 孙昊昱 田新梅 吴尚犬 徐童 郑旭升 周宗权

校学术荣誉体系名单

（共 195 人）

荣誉称号	获得者
荣誉讲席教授	何多慧 钱逸泰 施蕴渝 王　水 伍小平 张裕恒
资深讲席教授	郭光灿 朱清时
杰出讲席教授	包信和 陈仙辉 陈秀雄 戴子高 杜江峰 封东来 李传锋 李嘉禹 卢征天 陆夕云 陆亚林 罗　毅 牛　谦 潘建伟 彭承志 申　勇 舒歌群 田志刚 吴　枫 谢　毅 杨金龙 叶向东 俞汉青 俞书宏 张振宇 赵政国 郑永飞
讲席教授	安　琪 毕国强 曾　杰 曾长淦 陈昶乐 陈初升 陈恩红 陈发来 陈福坤 陈启瑾 陈乾旺 陈　卿 陈　帅 陈卫东 陈向军 陈宇翱 程临钊 程　艺 褚家如 崔　华 单　革 邓友金 邓兆祥 丁　航 丁卫星 丁泽军 董振超 傅　尧 龚流柱 龚为民 龚兴龙 光寿红 郭国平 韩　良 韩正甫 何力新 何陵辉 洪春雁 侯中怀 胡水明 胡　源 黄　方 黄光明 黄汉民 黄伟新 黄　文 黄运锋 季　杰 江海龙 江　俊 姜海峰 姜洪源 康　宇 孔　旭 雷久侯 李厚强 李良彬 李　陶 李微雪 李向阳 李晓光 李震宇 李智军 刘海燕 刘利刚 刘连新 刘乃安 刘乃乐 刘　睿 刘世勇 刘树彬 刘万东 刘　文 龙世兵 卢建新 陆朝阳 陆轻铀 陆全明 路军岭 罗喜胜 麻希南 穆　杨 倪怀玮 倪　勇 牛立文 彭海平 彭新华 秦礼萍 盛国平 石云里 史保森 史庆华 孙东松 孙金华 孙晓艳 汤书昆 田善喜 田长麟 汪毓明 王　兵 王东进 王官武 王俊贤 王　琳 王　群 王少杰 王挺贵 王学钦 王　毅 王育才 韦世强 魏海明 魏玖长 翁建平 吴恒安 吴文彬 吴宇恩 吴长征 吴忠庆 向成斌 谢周清 熊宇杰 徐　宁 徐铜文 徐　榭 徐正元 许金时 薛　天 薛永泉 杨上峰 姚　涛 姚雪彪 叶邦角 叶民友 叶树集 尤业字 余　彦 余玉刚 俞能海 袁军华 袁业飞 张海江 张和平 张华凤 张梦萍 张　群 张土生 张　希 张燕咏 张勇东 张　智 赵　忠 赵子福 郑　坚 周丛照 周江宁 周荣斌 周正威 朱俊发 朱长飞

正高级专业技术职务人员名单

（2022 年 9 月，共 994 人）

单　位	正高级专业技术职务人员
校领导	舒歌群 包信和 潘建伟 蒋　一 王晓平 杨金龙 杜江峰 罗喜胜 傅　尧 褚家如 吴　枫 周丛照 邓建松 薛　天

续表

单　位	正高级专业技术职务人员
少年班学院	陈洪佳　卢征天　李震宇
数学科学学院	薄立军　曹　阳　陈发来　陈景润　陈　峻　陈　卿　陈仁杰　陈世炳　陈小伍　陈秀雄　程　艺　韩邦先　胡　森　黄　文　蒋　琰　库　伦　赖颖蕾　李皓昭　李嘉禹　李俊钢　李　平　李　新　梁　兴　梁永祺　刘聪文　刘利刚　刘世平　刘　勇　麻希南　马　杰　欧阳毅　任广斌　邵　松　盛　茂　孙　雯　孙　哲　王　兵　王　毅　王作勤　韦　勇　徐　宽　徐　岩　杨　迪　杨金榜　杨周旺　叶向东　叶　郁　殷　峥　于树澄　张举勇　张　磊　张梦萍　张土生　张　希　张先得
物理学院	曹　刚　曹利明　陈　耕　陈　凯　陈　帅　陈　巍　陈仙辉　陈向军　陈宇翱　程光磊　戴汉宁　戴子高　邓友金　丁冬生　丁桂军　丁泽军　董春华　段昌奎　樊逢佳　范璐璐　方文娟　封常青　冯　畅　高道能　高　阳　龚　明　郭国平　韩　良　韩永建　韩正甫　何俊峰　何力新　黄光顺　黄　坤　黄民信　黄运锋　霍永恒　姜海峰　蒋景华　蒋　蔚　金　革　孔　旭　李传锋　李海欧　李　剑　李明哲　李晓光　李　阳　梁文轩　林　箐　林毅恒　林子敬　刘　东　刘桂琳　刘建北　刘树彬　刘　文　刘衍文　柳必恒　卢建新　鲁　楠　罗文涛　罗希望　马锦秀　牛　谦　潘必才　彭晨晖　彭海平　彭新华　浦　实　乔振华　秦胜勇　任希锋　荣　星　容　昱　邵　明　沈胜春　石发展　史保森　宋克柱　苏吉虎　孙学峰　唐建顺　唐泽波　陶　靖　童　华　完绍龙　汪　骞　王安民　王恩亮　王冠中　王　鸿　王慧元　王　坚　王进红　王俊贤　王　亮　王　沛　王　群　王少杰　王　双　王挺贵　王文阁　王晓方　王　亚　王永纲　王　臻　王震宇　吴明卫　吴雨生　武　帅　席　铮　夏慷蔚　项国勇　肖正国　徐飞虎　徐来林　徐　宁　许金时　许小亮　许小冶　严　飞　杨洪洮　杨睿智　杨　涛　杨益东　叶邦角　易　波　易　为　殷月伟　银振强　尹春明　尹　民　应剑俊　郁司夏　袁军华　袁业飞　苑光辉　苑震生　张斗国　张红欣　张宏俊　张颉颃　张榕京　张　扬　张一飞　张云龙　张增明　张志勇　赵　瑾　赵　雷　赵　文　赵政国　郑　炜　周双勇　周小蓉　周幸祥　周正威　朱　弘　朱林繁　朱文光　朱晓波　朱晓东　邹旭波　邹长铃
化学与材料科学学院	曹瑞国　查正根　陈昶乐　陈初升　陈春华　陈东明　陈　涛　陈　维　陈艳霞　初宝进　崔　华　崔昆朋　崔林松　戴懿涛　邓兆祥　杜平武　葛君杰　葛学武　顾振华　郝绿原　洪春雁　胡进明　胡水明　胡祥龙　黄光明　黄汉民　黄伟新　季恒星　江海龙　江　鸿　江　俊　蒋　彬　康彦彪　李储鑫　李　闯　李全新　李群祥　李　涛　李微雪　梁海伟　廖结楼　刘　波　刘　东　刘光明　刘和文　刘建伟　刘进勋　刘世林　刘世勇　刘扬中　路军岭　马　骋　马明明　孟　征　闵元增　任晓迪　尚　睿　邵　翔　宋钦华　苏育德　唐凯斌　田善喜　田仕凯　汪　峰　汪耀明　汪义丰　汪志勇　王成威　王　川　王功名　王官武　王龙海　王细胜　王兴安　王延梅　王志刚　王中夏　吴　亮　吴　思　吴宇恩　武晓君　夏长荣　向　斌　肖　斌　谢　毅　熊宇杰　徐航勋　徐集贤　徐瑞雪　徐铜文　徐　鑫　闫立峰　严　欢　杨　晴　杨上峰　杨正金　姚宏斌　尤业字　余　彦　俞书宏　袁　月　占忠亮　张　洁　张清伟　张　群　张晓东　张　振　章根强　周　敏　周晓国　朱平平　朱彦武　庄涛涛　邹　纲

续表

单位	正高级专业技术职务人员
工程科学学院	陈海波 陈立锋 陈杨 程万 程文龙 邓华夏 翟超 翟志刚 丁航 丁举春 冯志华 高鹏 公泽 龚明 龚兴龙 何陵辉 胡芃 胡小方 胡衍雷 黄海波 季杰 姜洪源 李二强 李桂强 李文志 梁海弋 林其钊 刘诚 刘罗勤 刘明侯 刘难生 龙林爽 卢德唐 陆夕云 骆天治 毛磊 缪泓 倪勇 潘挺睿 裴刚 彭良明 盛东 司廷 孙德军 孙帅帅 谈鹏 田超 汪国睿 汪洋 王奉超 王海龙 王洪波 王克逸 王柳 王晓宏 文鹤鸣 吴东 吴恒安 夏维东 徐松林 徐晓嵘 许峰 宣守虎 闫锐 叶宏 扎克 张青川 张世武 张忠 赵旸 郑津津 朱锡锋
信息科学技术学院（含网络空间安全学院、微电子学院）	陈卫东 陈雪锦 陈勋 陈彦 陈志波 陈宗海 程林 丛爽 戴礼荣 戴旭初 冯福利 高洪波 高南 龚晨 何向南 洪佩琳 胡红钢 胡芹 季海波 阚震 康一 李斌 李厚强 李荐 李礼 李鹏 李智军 林福江 林璟锵 凌强 凌震华 刘东 刘发林 刘际 龙世兵 吕頔 毛震东 尼古拉 秦家虎 邱本胜 邱玲 石媛媛 宋彦 孙海定 孙利国 孙启彬 孙晓艳 王刚 王杰 王卫东 王翔 王永 卫国 吴刚 肖力 肖鹏 谢洪涛 谢庆国 熊军林 熊志伟 徐云生 徐正元 许磊 杨坚 杨勋 叶中付 殷保群 俞能海 张天柱 张卫明 张文逸 张勇东 赵峰 赵刚 赵云波 周文罡 周武旸 周熠 朱冰 朱明 朱旗 朱祖勍 左成杰
计算机科学与技术学院	安虹 陈恩红 陈欢欢 陈雪 程敬原 丁虎 龚伟 顾乃杰 华蓓 李诚 李京 李向阳 连德富 刘淇 糜相行 尼克 彭攀 邵帅 孙广中 谈海生 王上飞 肖明军 谢希科 熊焰 徐宏力 徐林莉 徐小华 徐云 许胤龙 薛吟兴 杨盘隆 张兰 张信明 张燕咏 赵阳明 周学海
软件学院	李曦 吴敏
地球和空间科学学院	陈出新 陈福坤 陈仁旭 陈伊翔 戴立群 傅云飞 高晓英 耿雷 郭静楠 郝记华 胡岩 黄金水 姜哲 雷久侯 冷伟 李俊伦 李锐 李陶 李毅 李云国 李泽峰 刘斌 刘桂建 刘睿 刘晓东 刘贻灿 卢三 陆高鹏 陆全明 栾晓莉 毛竹 倪怀玮 秦礼萍 任保华 沈延安 苏振鹏 孙道远 孙东松 汤浩岚 唐俊 陶鑫 汪毓明 王宝善 王传兵 王荣生 王雨 魏春生 吴小平 吴忠庆 伍新明 夏海云 夏琼霞 肖益林 薛向辉 杨晓勇 杨永太 袁仁民 张海江 张少兵 赵纯 赵子福 甄军锋 郑惠南 郑永飞 仲雷 周根陶 周鑫 朱仁斌
生命科学与医学部	白丽 包巍 鲍坚强 毕国强 蔡刚 仓春蕾 曾筑天 陈林 陈宇星 程临钊 单革 丁勇 段屹 方芳 冯雪竹 符传孩 傅斌清 高大兴 龚庆国 光寿红 何立 胡兵 胡青松 黄成栋 黄的 江维 金腾川 李丰银 刘北明 刘步云 刘承武 刘丹 刘海燕 刘连新 刘强 刘行 龙冬 马世嵩 梅一德 倪芳 牛立文 潘文 彭慧 钱洪武 邱香果 阮科 佘继 申勇 施炯 史庆华 宋晓元 孙宝林 孙成 孙林峰 孙汭 谭树堂 唐爱辉 唐姗 陶余勇 田长麟 田志刚 汪铭 王朝 王东方 王剑 王雪娟 王毅 王育才 魏海明 温泉 翁建平 吴清发 向成斌 项晟祺 肖卫华 谢文兵 熊伟 许超 薛林 杨帆 杨新星 杨昱鹏 杨振业 姚雪彪 臧建业 占成 张华凤 张凯铭 张效初 张志勇 张智 赵忠 郑基深 郑小虎 周荣斌 周少华 周文超 周逸峰 朱书 朱涛

续表

单 位	正高级专业技术职务人员
管理学院	毕功兵 曹 平 陈华平 崔志坚 冯 锋 苟清龙 古继宝 韩 潇 胡太忠 金百锁 梁 樑 刘和福 刘林冬 刘 彦 刘志迎 宋 歌 王熹徽 王 潇 王学钦 翁清雄 吴 杰 吴 强 吴耀华 杨 青 杨亚宁 殷 哲 余玉刚 张 洪 张恺人 张曙光 张伟平 郑 权 郑泽敏
公共事务学院	黄加顺 宋 伟 魏玖长 张 姝 左晓栋
人文与 社会科学学院	陈纪梁 褚建勋 龚德才 关瑜桢 何晓松 纪娇娇 孔 燕 莫 汉 钮卫星 石云里 史玉民 孙 蓝 汤书昆 王程韡 王 珏 夏文彧 徐 飞 杨玉璋 周荣庭 朱孟潇
马克思主义学院	刘 立 钱 斌 魏 荣
环境科学与 工程系	蔡 琛 陈洁洁 花正双 李文卫 刘江涛 刘启帆 刘武军 刘贤伟 吕兴霖 穆 杨 盛国平 王 红 王允坤 谢周清 杨 一 俞汉青 张常勇 张 宁
核科学 技术学院	蔡辉山 陈红丽 丁卫星 封东来 胡国军 贾 青 冷用斌 李 俊 李 倩 廖昭亮 林铭章 刘万东 龙 冉 时 银 孙 玄 吴征威 谢锦林 徐 榭 姚 涛 叶民友 赵 龙 郑 坚 祝曹祥 庄 革 邹崇文
国家同步 辐射实验室	鲍 骏 陈 凯 冯光耀 冯雪飞 高 辉 韩聚广 何晓业 洪义麟 焦学琛 李良彬 李为民 刘 超 刘 刚 刘功发 刘啸嵩 潘 洋 尚 雷 宋 礼 孙葆根 孙 喆 田扬超 王 琳 王秋平 王占东 韦世强 韦业龙 徐法强 徐宏亮 闫文盛 叶逸凡 张国斌 朱俊发 朱自安
合肥微尺度 物质科学 国家研究中心	包小辉 曾华凌 陈殿峰 陈 杲 陈家富 陈启瑾 陈乾旺 陈腾云 陈晓剑 陈 旸 程存峰 崔 萍 丁延伟 董振超 范其瑭 付 强 高敏锐 龚为民 郭 昌 何 骏 何玉明 侯达之 侯中怀 胡 伟 姜 娟 孔 飞 李东海 李俊云 李 宇 李玥琪 廖胜凯 林 岳 刘乃乐 刘永强 鲁 非 陆朝阳 陆轻铀 陆亚林 罗 毅 彭承志 任继刚 芮 俊 石 磊 史朝为 孙永福 谭世倞 万 雍 汪冬冬 汪苏靖 王 兵 王德亮 王海千 王 辉 王凌飞 王义林 王征飞 王志凯 吴 涛 吴文彬 项子霁 肖 翀 徐安武 徐春叶 闫亚军 姚星灿 叶树集 印 娟 约翰纳斯 张国庆 张 汇 张进一 张 军 张 俊 张 强 张顺洪 张学鹏 张 杨 张 尧 张振宇 赵 博 赵东锋 周经纬 周 蒙 朱梅俊
火灾科学国家 重点实验室	桂 宙 胡隆华 胡 勇 胡 源 纪 杰 蒋 勇 刘乃安 陆守香 石 龙 宋 磊 宋卫国 孙金华 唐 飞 汪 箭 王海晖 王青松 王喜世 王 禹 肖华华 杨立中 余 彬 张和平 张 俊 张永明 朱纪欣
苏州高等研究院	屠 兢
先进技术研究院	胡岳东 康 宇
党政办公室、 机关党委、 网络安全和 信息化办公室	周先意 朱长飞

续表

单 位	正高级专业技术职务人员
党委组织部(党校)、党委统战部	申成龙 张 玲
党委宣传部、新闻中心	朱霁平
党委教师工作部、人力资源部	曾 杰 查正军
发展和改革办公室、发展规划处	杜少甫 孙方稳
研究生院(校学位委员会办公室)	龚流柱 李思敏 姚华建
本科生院	柴 松 任晓涛
招生就业处	杨 锋
教务处	曾长淦 李 蓓 汤家骏 左达峰
科研部	黄 方 薛永泉
科技成果转移转化办公室	吴长征
国际合作与交流部(含港澳台办公室)、国际学院	蔡一夫 瞿 昆
保卫与校园管理处、实验室安全办公室	徐允河
工 会	史明瑛
网络信息中心	李会民 薛开平 张焕杰
出版社	高哲峰 伍传平
附属中学	黄严生 汤 胜

我校教师担任第五届安徽省学位委员会委员名单

姓　名	性别	专业技术职务	学科方向
包信和	男	教授	物理化学
潘建伟	男	教授	量子信息物理学
谢　毅	女	教授	无机化学
田志刚	男	教授	细胞生物学
叶向东	男	教授	基础数学
徐　飞	男	教授	科学技术哲学

2022 年中国科学技术大学博士生导师一览表

一级学科代码/名称	学科代码	二级学科	指导教师(校内)
数学科学学院			
0701 数学	070101	基础数学	韦　勇　张　磊　韩邦先　黄　文　欧阳毅　梁永祺　王　毅　王作勤　叶　郁　陈　杲　郭经纬　陈洪佳　邵　松　刘永强　陈小伍　曹　阳　杨　迪　叶向东　王　兵　张　希　李皓昭　梁　兴　麻希南　李思敏　任广斌　盛　茂　李嘉禹　陈　卿　刘世平　赵立丰　刘　勇　陈世炳　刘聪文　许小卫　杨金榜　殷　浩
	070102	计算数学	张举勇　韦　勇　徐　岩　陈发来　夏银华　邓建松　徐　宽　李　新　陈仁杰　刘利刚　张梦萍　蒋　琰
	070103	概率论与数理统计	韩邦先　张土生　薄立军　赖颖蕾
	070104	应用数学	张举勇　张先得　欧阳毅　马　杰　王　毅　侯新民　库　伦　杨周旺
	070105	运筹学与控制论	杨周旺
	070120	生物数学	梁　兴
	070121	数学物理	左达峰　杨　迪　陈　卿　殷　峥　胡　森

续表

一级学科代码/名称	学科代码	二级学科	指导教师(校内)
物理学院			
0702 物理学	070201	理论物理	曹利明 邓友金 卢建新 王文阁 王　群 高道能 黄民信 周双勇 丁桂军 李明哲 张　扬
	070202	粒子物理与原子核物理	徐来林 吴雨生 刘衍文 林　箐 刘建北 邵　明 张一飞 赵政国 张宏俊 王　群 叶邦角 韩　良 浦　实 苏吉虎 唐泽波 黄光顺 蒋　一 彭海平 张仁友 张云龙 周小蓉 李　阳 鄢文标
	070203	原子与分子物理	朱林繁 林毅恒 陈向军 陈腾云 戴汉宁 蒋　蔚 许金时 单　旭 苑震生 卢征天 陈宇翱 陈　帅 陈　凯 郑　炜
	070204	等离子体物理	杨益东 任海骏 马锦秀 朱晓东 王晓方 王少杰 梁文轩
	070205	凝聚态物理	张志勇 秦胜勇 朱晓波 尹春明 曾长淦 袁军华 童　华 王　鸿 何俊峰 乔振华 王震宇 应剑俊 何力新 汪　骞 王　兵 李晓光 张增明 刘　东 樊逢佳 殷月伟 丁泽军 朱　弘 宋　礼 张顺洪 王晓平 段昌奎 张榕京 高　阳 程光磊 徐　宁 潘必才 朱文光 曾　杰 陈仙辉 赵　瑾 吴明卫 王冠中 林子敬 肖正国 陶　靖 彭晨晖 沈胜春 牛　谦
	070207	光学	任希锋 王安廷 李海欧 丁冬生 柳必恒 黄　坤 唐建顺 张斗国 许金时 项国勇 邹旭波 董春华 郭光灿 易　为 曹　刚 李传锋 孙方稳 王　沛 史保森 韩永建 张永生 银振强 陈　巍 周正威 黄运锋 王　双 邹长铃 龚　明 周幸祥 韩正甫 许立新 陆亚林 席　铮 陈　耕 吴玉椿 苑光辉 罗希望
	070220	量子信息物理学	林毅恒 邓友金 陈腾云 荣　星 朱晓波 戴汉宁 石发展 尹春明 徐飞虎 霍永恒 杜江峰 江　晓 苑震生 王　亚 印　娟 段昌奎 陈　帅 郭国平 陈　凯 彭新华 张　强 郁司夏 潘建伟 陆朝阳 夏慷蔚
0704 天文学	070401	天体物理	薛永泉 范璐璐 张红欣 王俊贤 孔　旭 蔡一夫 王慧元 杨睿智 袁业飞 朱青峰 戴子高 王挺贵 刘桂琳 方文娟 赵　文 周宏岩 冯　畅 罗文涛 李　剑

续表

一级学科代码/名称	学科代码	二级学科	指导教师(校内)
0803 光学工程	080300	光学工程	王安廷 许小冶 柳必恒 黄 坤 张斗国 王 亮 董春华 王 坚 孙方稳 王 沛 史保森 洪义麟 陈 巍 王 双 韩正甫 许立新 鲁拥华 武 帅
0809 电子科学与技术	080901	物理电子学	刘树彬 姜海峰 张 军 荣 星 王永纲 宋克柱 王 坚 江 晓 武 杰 赵 雷 封常青 梁 昊
	080903	微电子学与固体电子学	王 坚 殷月伟 郭国平
0827 核科学与技术	082702	核燃料循环与材料	
	082703	核技术及应用	
0854 电子信息 (专业学位)	085401	新一代电子信息技术(含量子技术等)	廖胜凯 江 晓 武 杰 陈宇翱 陈 旸 赵 雷 王 坚 霍永恒 荣 星 宋克柱 丁冬生 刘树彬 封常青 杜江峰 梁 昊 朱晓波 曹 刚 王 亚 胡 伟 张 强 李海欧 邹长铃 黄运锋 姜海峰
	085402	通信工程(含宽带网络、移动通信等)	宋克柱
	085407	仪器仪表工程	陆轻铀 赵 雷 封常青
	085408	光电信息工程	孙方稳 陈 巍 王 坚 霍永恒 封常青 张斗国
0856 材料与化工 (专业学位)	0856	材料与化工	胡 伟
0858 能源动力 (专业学位)	0858	能源动力	杨益东
9901 量子科学与技术	990100	量子科学与技术	许小冶 柳必恒 唐建顺 项国勇 李传锋 何力新 孙方稳 陈宇翱 史保森 张永生 银振强 黄运锋 王 双 陈 凯
管 理 学 院			
0701 数学	070103	概率论与数理统计	韩 潇 杨 青 杨亚宁
0714 统计学	071400	统计学	张 洪 张伟平 王学钦 韩 潇 杨 青 郑泽敏 胡太忠 张曙光 吴耀华 金百锁
	071402	金融工程	王 潇 张曙光

续表

一级学科代码/名称	学科代码	二级学科	指导教师(校内)
0854 电子信息(专业学位)	085406	控制工程	余玉刚
	085411	大数据技术与工程	余玉刚 魏玖长 翁清雄 刘和福 杨 锋 毕功兵 王学钦
1201 管理科学与工程	120100	管理科学与工程	毕功兵 余玉刚 魏玖长 刘和福 李勇军 刘林冬 苟清龙 杜少甫 杨 锋 朱孟潇 王熹徽 吴 强 吴 杰 翁清雄 陈华平 梁 樑 叶五一 郑 权 曹 平
1202 工商管理	120200	工商管理	魏玖长 褚建勋 刘和福 古继宝 殷 哲 苟清龙 崔志坚 杜少甫 杨 锋 刘志迎 吴 强 吴 杰 翁清雄 梁 樑 宋 歌
化学与材料科学学院			
0703 化学	070301	无机化学	刘扬中 张晓东 刘 波 闵元增 姚宏斌 王功名 江海龙 熊宇杰 周 敏 朱永春 刘建伟 高 超 庄涛涛 龚兴龙 陈 维 俞书宏 谢 毅 洪 勋 李亚栋 吴长征 梁海伟 吴宇恩 唐凯斌 杨 晴 钱逸泰 刘 东 孟 征
	070302	分析化学	袁 月 李 涛 邓兆祥 崔 华 宋钦华 潘 洋 黄光明
	070303	有机化学	龚流柱 黄汉民 郭 昌 王细胜 顾振华 康彦彪 王 川 徐允河 王中夏 肖 斌 汪义丰 张清伟 田仕凯 韩志勇 傅 尧 王官武 宋钦华 马明明 汪志勇
	070304	物理化学	闫立峰 张 群 刘世林 江 俊 周晓国 陈艳霞 徐瑞雪 田善喜 李震宇 李全新 黄伟新 罗 毅 武晓君 刘进勋 李微雪 王 兵 蒋 彬 胡水明 包信和 郑 晓 路军岭 叶树集 侯中怀 邵 翔 李群祥 曾 杰 吴 奇 陈 旸 田长麟 王兴安 朱俊发 杨金龙 严 欢
	070305	高分子化学与物理	闫立峰 初宝进 陈昶乐 刘世勇 吴 思 胡进明 徐航勋 刘和文 徐铜文 尤业字 刘光明 杨正金 邹 纲 阳丽华 洪春雁 王志刚 马明明 汪 峰 王延梅 杜平武 李 闯 张 洁 崔昆朋 崔林松
	070320	可再生洁净能源	闫立峰 江 鸿 李全新 朱锡锋 傅 尧
	070322	纳米化学	姚宏斌 钱逸泰

续表

一级学科代码/名称	学科代码	二级学科	指导教师(校内)
0703 化学	0703Z2	化学生物学	刘扬中 闵元增 刘世勇 郑基深 袁 月 田长麟
	0703Z4	能源化学	张晓东 刘 波 谈 鹏 姚宏斌 王功名 陈立锋 熊宇杰 周 敏 朱永春 季恒星 陈 维 陈春华 洪 勋 吴宇恩 钱逸泰
0805 材料科学与工程	080501	材料物理与化学	张文华 黄伟新 季恒星 武晓君 阳丽华 任晓迪 章根强 曹瑞国 宋 礼 马 骋 徐集贤 朱彦武 陈 涛 陈乾旺 朱长飞 向 斌 陆亚林 焦淑红
	080502	材料学	余 彦 姚宏斌 初宝进 陈立锋 陈初升 夏长荣 杨上峰 陈春华 占忠亮 徐 鑫 杜平武 王成威
	080503	材料加工工程	胡 源 徐航勋 刘和文 李良彬 王志刚
0817 化学工程与技术	081701	化学工程	江 鸿 徐铜文 杨正金 吴 亮 汪耀明 张 颖
	081704	应用化学	刘贤伟 穆 杨 俞汉青 盛国平 吴 亮
0827 核科学与技术	082702	核燃料循环与材料	
0831 生物医学工程	083100	生物医学工程	胡祥龙
0856 材料与化工(专业学位)	0856	材料与化工	刘扬中 闫立峰 黄汉民 王细胜 刘世勇 熊宇杰 季恒星 陈 维 夏长荣 吴 亮 傅 尧 汪志勇 陈 旸 谢 毅 徐允河 张清伟 余 彦 王功名 占忠亮 黄伟新 杨上峰 徐铜文 陈昶乐 崔 华 王成威 崔昆朋 周 敏 江 俊 陈乾旺 朱彦武 唐凯斌 吴 思 陈立锋 戴懿涛 张 颖 李景虹 朱锡锋 肖 斌
生命科学学院			
0710 生物学	071005	微生物学	洪 洞 孙宝林 高 勇 朱 书 杨新星
	071006	神经生物学	汪香婷 刘 强 胡 兵 唐爱辉 仓春蕾 张 智 占 成 熊 伟 薛 天 刘新峰 张 艳 温 泉 王 朝 刘北明 周逸峰 刘步云
	071007	遗传学	鲍坚强 史庆华 何 立 光寿红

续表

一级学科代码/名称	学科代码	二级学科	指导教师(校内)
0710 生物学	071009	细胞生物学	白　丽　汪香婷　刘　强　傅斌清　周荣斌　朱　涛　唐爱辉　刘　行　姚雪彪　仓春蕾　杨振业　周文超　占　成　魏海明　王雪娟　熊　伟　梅一德　江　维　史庆华　徐索文　高大兴　张华凤　符传孩　倪　芳　王育才　田志刚　何　立　孙　成　李博峰　曾筑天　刘连新　朱　书　光寿红　潘　文　刘　丹　李丰银　王　剑　谢文兵　郑小虎
	071010	生物化学与分子生物学	谭树堂　阮　科　许　超　洪　洞　龙　冬　涂晓明　孙林峰　赵　忠　单　革　陈宇星　刘　行　姚雪彪　刘承武　丁　勇　郑基深　周丛照　项晟祺　王雪娟　张志勇　蔡　刚　金腾川　刘海燕　臧建业　陶余勇　马世嵩　王　朝　田长麟　光寿红　薛　林　包　巍　钱洪武
	071011	生物物理学	胡　兵　龚庆国　闻　捷　张效初　黄成栋　毕国强
	071020	结构生物学	阮　科　许　超　孙林峰　王雪娟　龚庆国　佘　继　刘海燕　臧建业　王　朝　田长麟　张凯铭
	071021	生物信息学	熊　伟　刘海燕　瞿　昆　吴清发　马世嵩
	071022	生物材料	王育才
0713 生态学	071300	生态学	刘贤伟　穆　杨　俞汉青　盛国平　周丛照　花正双　李文卫　谢周清
地球和空间科学学院			
0708 地球物理学	070801	固体地球物理学	姚华建　王宝善　李泽峰　伍新明　贾晓峰　倪怀玮　温联星　刘　斌　胡　岩　吴忠庆　黄金水　孙道远　冷　伟　李俊伦　毛　竹　倪四道　张　捷　张海江　吴小平　陈晓非
	070802	空间物理学	汪毓明　周　鑫　仲　雷　郑　坚　陆高鹏　王　雨　薛向辉　孙东松　苏振鹏　陆全明　陶　鑫　陈出新　袁仁民　栾晓莉　刘　睿　夏海云　刘　奇　李　陶　王荣生　姜　哲　李　锐　沈延安　雷久侯　申成龙　郭静楠　赵　纯　卢　三　张铁龙　傅云飞　王传兵　任保华　窦贤康　祝宝友　高新亮
0709 地质学	070902	地球化学	陈伊翔　陈福坤　李云国　刘贻灿　黄　方　肖益林　戴立群　郝记华　倪怀玮　杨晓勇　陈仁旭　夏琼霞　甄军锋　赵子福　周根陶　张少兵　刘桂建　高晓英　郑永飞　刘晓东　耿　雷　秦礼萍　朱仁斌

续表

一级学科代码/名称	学科代码	二级学科	指导教师(校内)
0830 环境	083001	环境科学	刘桂建 朱仁斌
0857 资源与环境(专业学位)	0857	资源与环境	姚华建 伍新明 郝记华 陆高鹏 王雨 黄金水 李陶 李俊伦 刘桂建 李锐 张捷 耿雷 吴小平 胡岩 杨晓勇 薛向辉 孙东松 朱仁斌
工程科学学院			
0801 力学	080102	固体力学	宣守虎 骆天治 许峰 姜洪源 汪洋 龚兴龙 缪泓 王海龙 何陵辉 张青川 王奉超 徐建中 胡小方 梁海弋 陈海波 吴恒安 倪勇 邓华夏 张忠 汪国睿
	080103	流体力学	翟志刚 李二强 司廷 罗喜胜 丁航 高鹏 程万 卢德唐 陆夕云 黄海波 孙德军 闫锐 刘难生 刘罗勤 丁举春 李祝飞
	080104	工程力学	徐松林 汪洋 郑志军 马宏昊 黄生洪 文鹤鸣
	080120	生物工程力学	姜洪源 陆夕云
	080121	材料力学与设计	许峰 何陵辉 梁海弋 彭良明 吴恒安 倪勇
	080124	工程安全与防护技术	
0804 仪器科学与技术	080401	精密仪器及机械	毛磊 盛东 田超 吴东 翟超 冯志华 赵旸 刘诚 孙明斋 张世武 徐晓嵘 郑津津 王秋平 王克逸 褚家如 孙帅帅 陈杨 胡衍雷 Zachary Smith(储扎克)
	080402	测试计量技术及仪器	毛磊 田超 翟超 冯志华 张世武 王克逸 孙帅帅 王洪波
0807 动力工程及工程热物理	080701	工程热物理	胡芃 谈鹏 龙林爽 程文龙 王晓宏 舒歌群 叶宏 刘明侯 黄海波 李桂强
	080702	热能工程	陈立锋 胡茂彬 赵旸 李文志 舒歌群 刘明侯 裴刚 朱锡锋 季杰
	080705	制冷及低温工程	胡芃 程文龙 裴刚 季杰
0854 电子信息(专业学位)	085407	仪器仪表工程	徐晓嵘 田超 翟超 刘诚 毛磊 胡衍雷 褚家如 潘挺睿 郑津津

续表

一级学科代码/名称	学科代码	二级学科	指导教师(校内)
0855 机械(专业学位)	0855	机械	许 峰 龚兴龙 张世武 黄生洪 郑津津 陈海波 徐晓嵘 田 超 翟 超 刘 诚 毛 磊 胡衍雷 潘挺睿 吴 东 孙帅帅 骆天治 郑志军 张 忠 王克逸
0858 能源动力(专业学位)	0858	能源动力	胡 芃 谈 鹏 许 峰 程文龙 马宏昊 王晓宏 李文志 舒歌群 徐建中 裴 刚 季 杰 黄生洪 陈海波 王奉超 龚兴龙 司 廷 李桂强 宣守虎 陈立锋 丁举春 程 万 郑志军 徐松林
信息科学技术学院			
0809 电子科学与技术	080904	电磁场与微波技术	王 刚 陈卫东 王卫东 朱 旗 刘发林 徐云生 朱 冰
0810 信息与通信工程	081001	通信与信息系统	徐正元 王 刚 朱祖勍 戴旭初 陈卫东 薛开平 王卫东 吴 枫 张文逸 邱 玲 卢汉成 徐云生 朱 冰 龚 晨
	081002	信号与信息处理	周少华 陈志波 徐正元 谢洪涛 刘 东 凌震华 何向南 熊志伟 赵 刚 周文罡 李 礼 王 杰 戴礼荣 毛震东 李 斌 吴 枫 邱本胜 张勇东 孙晓艳 李 骜 陈 勋 李厚强 俞能海 杨 勋 田新梅 陈雪锦 肖 鹏 谢庆国 肖 力
0811 控制科学与工程	081101	控制理论与控制工程	李智军 康 宇 谭小彬 尚伟伟 季海波 阚 震 赵云波 凌 强 吴 刚 秦家虎 殷保群 熊军林 杨 坚
	081102	检测技术与自动化装置	
	081103	系统工程	陈宗海
	081104	模式识别与智能系统	陈宗海 李智军 康 宇 王子磊 张天柱 曹 洋 凌 强 秦家虎 殷保群 熊军林 查正军 赵 峰 高洪波
	081105	导航、制导与控制	季海波
	081120	网络传播系统与控制	赵云波 朱 明 吴 刚
	081121	信息获取与控制	陈宗海
0831 生物医学工程	083100	生物医学工程	刘 际 赵 刚 丁 航 邱本胜 温 泉 李 骜 陈 勋 周逸峰

续表

一级学科代码/名称	学科代码	二级学科	指导教师(校内)
0839 网络空间安全	083900	网络空间安全	王　双
0854 电子信息 (专业学位)	085401	新一代电子信息技术(含量子技术等)	刘　东　韩正甫　谢庆国　肖　鹏　杨　勋　李　礼 王　刚　王卫东　赵　刚　陈卫东　刘发林　李　鳌
	085402	通信工程(含宽带网络、移动通信等)	李　斌　卢汉成　李厚强　龚　晨　朱祖勍　徐正元 邱本胜　刘　东　吴　枫　张文逸
	085406	控制工程	康　宇　谭小彬　赵云波　吴　刚　秦家虎　杨　坚 查正军　李智军　陈宗海　尚伟伟　凌　强　殷保群 张天柱
	085409	生物医学工程	刘　际　赵　刚　邱本胜　李　鳌
	085410	人工智能	周少华　凌震华　何向南　熊志伟　周文罡　张天柱 赵云波　凌　强　张勇东　殷保群　孙晓艳　陈　勋 查正军　赵　峰　李厚强　谢庆国　杨　勋　谢洪涛 陈宗海　王　杰　李　礼　王子磊　戴礼荣　赵　刚 毛震东　吴　枫　陈志波
人文与社会科学学院			
0101 哲学	010108	科学技术哲学	褚建勋　王高峰　古继宝　纪娇娇　朱孟潇　张效初 何晓松　吕凌峰　陈　霖　刘　立
0712 科学技术史	071200	科学技术史	关瑜桢　范安川　杨玉璋　石云里　刘桂建　钮卫星 潘建伟　丁兆君
核科学与技术学院			
0702 物理学	070201	理论物理	
	070203	原子与分子物理	
	070204	等离子体物理	吴征威　庄　革　时　银　郑　坚　李　弘　陆全明 谢锦林　蔡辉山　李　俊　孙　玄　叶民友　贾　青 兰　涛
	070205	凝聚态物理	李　倩
	070207	光学	李　倩
0827 核科学与技术	082701	核能科学与工程	庄　革　彭常宏　谢锦林　孙　玄　陈红丽　叶民友 万元熙　彭　蕾　祝曹祥　胡国军

续表

一级学科代码/名称	学科代码	二级学科	指导教师(校内)
0827 核科学与技术	082702	核燃料循环与材料	林铭章
	082703	核技术及应用	吴征威 刘树彬 陈 志 徐 榭
	082704	辐射防护及环境保护	陈 志 徐 榭
	082720	同步辐射及应用	龙 冉 邹崇文 李 倩 赵 龙 封东来 姚 涛 廖昭亮
0854 电子信息(专业学位)	085406	控制工程	
0856 材料与化工(专业学位)	0856	材料与化工	宋 礼 姚 涛
0858 能源动力(专业学位)	0858	能源动力	吴征威 陈 志 宋 礼 陈红丽 叶民友 李 倩 蔡辉山 邹崇文 贾 青 李 俊 郑 坚 庄 革 时 银 李 弘 孙 玄 谢锦林 彭常宏 彭 蕾 万元熙 林铭章 徐 榭 赵 龙 廖昭亮 姚 涛 龙 冉 兰 涛 祝曹祥 胡国军 赵 雷 刘树彬 陆全明 封东来 刘庆华
计算机科学与技术学院			
0812 计算机科学与技术	081201	计算机系统结构	安 虹 孙广中 龚 伟 周学海 华 蓓 许胤龙 李 京 李 曦 张燕咏 陈国良 李 诚 顾乃杰 王 超 谈海生
	081202	计算机软件与理论	孙广中 张信明 薛吟兴 陈欢欢 肖明军 丁 虎 尼 克 徐林莉 李向阳 许胤龙 李 京 徐宏力 张燕咏 陈国良 陈华平 顾乃杰 徐小华 彭 攀 陈 雪 邵 帅
	081203	计算机应用技术	陈恩红 周少华 安 虹 程敬原 陈发来 薛吟兴 陈欢欢 龚 伟 丁 虎 尼 克 谢希科 王上飞 华 蓓 金培权 徐林莉 李向阳 张 兰 刘 淇 徐宏力 张燕咏 韩 恺 卢德唐 连德富 杨盘隆 赵阳明
	081220	信息安全	张信明 徐宏力 糜相行

续表

一级学科代码/名称	学科代码	二级学科	指导教师(校内)
0854 电子信息 (专业学位)	085404	计算机技术	陈恩红 周少华 安 虹 孙广中 张信明 程敬原 薛吟兴 陈欢欢 龚 伟 肖明军 丁 虎 王上飞 周学海 华 蓓 金培权 李向阳 许胤龙 张 兰 刘 淇 李 京 徐宏力 李 曦 张燕咏 韩 恺 连德富 顾乃杰 王 超 谈海生 徐林莉
	085405	软件工程	周少华 陈恩红
	085410	人工智能	李向阳 张燕咏 陈恩红 徐林莉
公共事务学院			
1202 工商管理	120200	工商管理	黄加顺
环境科学与光电技术学院			
0702 物理学	070207	光学	
0804 仪器科学与技术	080401	精密仪器及机械	
0830 环境	083001	环境科学	
	083002	环境工程	
0854 电子信息 (专业学位)	085401	新一代电子信息技术(含量子技术等)	
	085403	集成电路工程	
	085408	光电信息工程	
	085409	生物医学工程	
0857 资源与环境 (专业学位)	0857	资源与环境	
先进技术研究院			
0854 电子信息 (专业学位)	085401	新一代电子信息技术(含量子技术等)	王 坚 肖 鹏 李厚强 郭国平
	085402	通信工程(含宽带网络、移动通信等)	谭小彬 陈 彦 田 超 邱本胜

续表

一级学科代码/名称	学科代码	二级学科	指导教师(校内)
0854 电子信息 (专业学位)	085403	集成电路工程	谢庆国
	085404	计算机技术	宋克柱 谭小彬 谢庆国 肖 鹏 杨 勋 田 超 朱孟潇 孙晓艳 毛震东 张天柱 张燕咏 吴 枫
	085405	软件工程	陈 旸 瞿 昆 毕国强 邱本胜
	085406	控制工程	李智军 翟 超 张世武 曹 洋 赵云波 康 宇
	085409	生物医学工程	唐爱辉 张效初 瞿 昆 田 超 邱本胜
	085410	人工智能	杨 勋 孙启彬 瞿 昆 谢洪涛 孙晓艳 王子磊 毛震东 刘 东 刘 淇 李厚强 高洪波 赵云波 康 宇 周文罡 熊志伟 张勇东
	085411	大数据技术与工程	毛震东 张勇东
	085412	网络与信息安全	张勇东
0856 材料与化工 (专业学位)	0856	材料与化工	徐允河 季恒星 李良彬 刘建伟 耿志刚 曾 杰 占忠亮 闫立峰 徐铜文 陈初升 崔昆朋 俞书宏 吴 亮 杨正金 汪耀明
0857 资源与环境 (专业学位)	0857	资源与环境	穆 杨 王允坤 耿志刚 曾 杰 盛国平 刘贤伟 俞汉青 李俊伦 纪 杰 宋卫国 陆守香
微电子学院			
0809 电子科学与技术	080902	电路与系统	许 磊 程 林 龙世兵 康 一 张勇东 刘发林
	080903	微电子学与固体电子学	胡 芹 霍永恒 许 磊 高 南 孙海定 左成杰 龙世兵 吕 頔 李 鹏
0854 电子信息 (专业学位)	085401	新一代电子信息技术(含量子技术等)	
	085403	集成电路工程	胡 芹 许 磊 程 林 高 南 孙海定 左成杰 龙世兵 康 一 谢庆国 李海欧 吴 枫
马克思主义学院			
0101 哲学	010108	科学技术哲学	钱 斌
网络空间安全学院			
0839 网络空间安全	083900	网络空间安全	陈志波 张先得 马 杰 谢洪涛 叶 郁 凌震华 熊志伟 戴旭初 郭光灿 李传锋 华 蓓 陈洪佳 孙方稳 张 驰 张卫明 薛开平 李向阳 毛震东

续表

一级学科代码/名称	学科代码	二级学科	指导教师(校内)
0839 网络空间安全	083900	网络空间安全	史保森 陈小伍 李 斌 孙启彬 张文逸 库 伦 陈 彦 银振强 陈 巍 张勇东 胡红钢 杨 坚 林璟锵 盛 茂 韩正甫 查正军 彭新华 李厚强 刘乃乐 龚 晨 俞能海 潘建伟 冯福利 王 翔 刘 斌
0854 电子信息(专业学位)	085401	新一代电子信息技术(含量子技术等)	
	085404	计算机技术	
	085410	人工智能	毛震东
	085412	网络与信息安全	薛开平 李向阳 李 斌 陈 彦 陈 巍 张勇东 杨 坚 林璟锵 查正军 俞能海 潘建伟 刘 斌 马 杰 廖胜凯 谢洪涛 冯福利
软 件 学 院			
0854 电子信息(专业学位)	085405	软件工程	周学海 许胤龙 李 京 李 曦 陈华平 王 超 谢希科
苏州高等研究院			
0701 数学	070102	计算数学	陈景润
0703 化学	070301	无机化学	
	070304	物理化学	江 雷
	070305	高分子化学与物理	
	070322	纳米化学	苏育德
	0703Z2	化学生物学	
0804 仪器科学与技术	080401	精密仪器及机械	潘挺睿 褚家如
0805 材料科学与工程	080501	材料物理与化学	李储鑫
0810 信息与通信工程	081002	信号与信息处理	

续表

一级学科代码/名称	学科代码	二级学科	指导教师(校内)
0811 控制科学与工程	081104	模式识别与智能系统	
0812 计算机科学与技术	081202	计算机软件与理论	薛吟兴
	081203	计算机应用技术	谢希科
0817 化学工程与技术	081704	应用化学	李文卫 戴懿涛
0831 生物医学工程	083100	生物医学工程	周少华 刘　东 翁建平 潘挺睿 孙明斋 徐晓嵘 汪苏靖 储开芹 褚家如 张　琪
0854 电子信息(专业学位)	085405	软件工程	薛吟兴 王　超
	085409	生物医学工程	周少华 刘　东 胡祥龙 张效初 徐晓嵘 潘挺睿 储开芹 孙明斋 梁文轩 王育才
0855 机械(专业学位)	0855	机械	褚家如
0856 材料与化工(专业学位)	0856	材料与化工	江　雷 刘　东 戴懿涛 苏育德
大数据学院			
0701 数学	0701J1	数据科学(数学)	胡　伟 侯新民 刘利刚 杨周旺
0714 统计学	0714J1	数据科学(统计学)	余玉刚 杨亚宁 瞿　昆 温　泉 金百锁
0810 信息与通信工程	0810J1	数据科学(信息与通信工程)	程敬原 刘　东 何向南 周文罡 李　礼 王　杰 李　斌 李厚强
0812 计算机科学与技术	081203	计算机应用技术	查正军
	0812J1	数据科学(计算机科学与技术)	陈恩红 安　虹 张信明 程敬原 陈欢欢 肖明军 丁　虎 谢希科 王上飞 胡　伟 李向阳 张　兰 刘　淇 瞿　昆 连德富

续表

一级学科代码/名称	学科代码	二级学科	指导教师(校内)
0854 电子信息(专业学位)	085404	计算机技术	陈恩红 安　虹 张信明 程敬原 陈欢欢 王上飞 何向南 周文罡 胡　伟 李向阳 张　兰 李　斌 刘　淇 杨周旺 连德富 查正军 李厚强 冯福利
	085405	软件工程	杨周旺
	085410	人工智能	杨周旺
	085411	大数据技术与工程	朱　书
国家同步辐射实验室			
0703 化学	070301	无机化学	姚　涛
	070304	物理化学	鲍　骏 孙世刚
0805 材料科学与工程	080501	材料物理与化学	储旺盛
0827 核科学与技术	082702	核燃料循环与材料	
	082703	核技术及应用	何晓业 冯光耀 王　琳 洪义麟 徐宏亮 刘啸嵩 刘功发 孙葆根 尚　雷 何多慧 韦业龙 刘　超 李和廷
	082720	同步辐射及应用	储旺盛 孙　喆 孙治湖 鲍　骏 龙　冉 焦学琛 韩聚广 罗震林 闫文盛 李良彬 宋　礼 张国斌 叶逸凡 田扬超 刘　刚 戚泽明 王秋平 潘　洋 韦世强 朱俊发 徐法强 王占东 孙世刚 刘庆华 陈　凯 冯雪飞
0856 材料与化工(专业学位)	0856	材料与化工	储旺盛 鲍　骏 焦学琛 李良彬 宋　礼 潘　洋 韦世强 姚　涛 孙世刚
0858 能源动力(专业学位)	0858	能源动力	何晓业 储旺盛 孙　喆 鲍　骏 冯光耀 焦学琛 韩聚广 罗震林 王　琳 李良彬 洪义麟 宋　礼 叶逸凡 徐宏亮 田扬超 刘啸嵩 刘功发 潘　洋 孙葆根 韦世强 朱俊发 王占东 姚　涛 尚　雷 孙世刚 邹崇文 闫文盛 刘庆华 李和廷 刘　超 何多慧
火灾科学国家重点实验室			
0837 安全科学与工程	083700	安全科学与工程	王青松 王　禹 肖华华 胡　源 纪　杰 刘乃安 桂　宙 唐　飞 胡隆华 杨立中 张　俊 张和平 方　俊 王喜世 孙金华 宋　磊 宋卫国 朱霁平 余　彬 蒋　勇 陆守香 朱纪欣 石　龙 胡　勇

续表

一级学科代码/名称	学科代码	二级学科	指导教师(校内)
0857 资源与环境 (专业学位)	0857	资源与环境	王青松 王　禹 肖华华 胡　源 纪　杰 刘乃安 桂　宙 唐　飞 胡隆华 杨立中 张　俊 张和平 王喜世 孙金华 宋　磊 宋卫国 余　彬 蒋　勇 陆守香
合肥微尺度物质科学国家研究中心			
0701 数学	070101	基础数学	朱梅俊 李　宇
0702 物理学	070203	原子与分子物理	陈向军 陈腾云 姚星灿 徐飞虎 田善喜 程存峰 包小辉 赵　博 罗　毅 卢征天 胡水明 陈启瑾 陈　旸 潘建伟 万　雍
	070205	凝聚态物理	曾华凌 崔　萍 张振宇 侯达之 李震宇 肖　翀 吴　涛 胡　伟 王　兵 王征飞 姜　娟 闫亚军 郑　晓 王凌飞 陆轻铀 张　杨 董振超 陈启瑾 曾　杰 王义林 谭世倞 吴文彬 张　汇 封东来 杨金龙 王海千 项子霁
	070207	光学	陈　旸
	070220	量子信息物理学	任希锋 李海欧 张　军 丁冬生 尹春明 姚星灿 唐建顺 许金时 包小辉 董春华 易　为 曹　刚 薛向辉 赵　博 曹　原 印　娟 韩永建 陈　巍 周正威 任继刚 龚　明 李俊云 韩正甫 张　强 刘乃乐 何玉明 陆朝阳 张进一 周经纬 徐　凭 孔　飞 Johannes Majer
0703 化学	070301	无机化学	孙永福 汪苏靖 王　辉
	070302	分析化学	李玥琪 李景虹
	070303	有机化学	郭　昌 张国庆 徐安武
	070304	物理化学	张　凤 陈艳霞 程存峰 赵东锋 张文华 张　尧 胡　伟 李微雪 周　蒙 张　杨 曾　杰 谭世倞 张国庆 陈家富 张学鹏 耿志刚 付　强 李东海 江慧军 范其瑭
	070305	高分子化学与物理	徐春叶 陈殿峰
	070322	纳米化学	江海龙 熊宇杰 刘建伟 肖　翀 俞书宏 谢　毅 高敏锐 杨上峰 唐凯斌 杨　晴 徐安武
	070323	单分子科学	刘世林 王　兵 张　杨 董振超 李群祥 张　汇

续表

一级学科代码/名称	学科代码	二级学科	指导教师(校内)
0710 生物学	071010	生物化学与分子生物学	史朝为　龚为民
	071011	生物物理学	史朝为　毕国强
	071021	生物信息学	瞿　昆
0804 仪器科学与技术	080401	精密仪器及机械	程存峰　胡水明　夏海云
0805 材料科学与工程	080501	材料物理与化学	崔　萍　张宏俊　王征飞　徐春叶　王凌飞　张顺洪　徐安武　王海千　林　岳
0809 电子科学与技术	080901	物理电子学	廖胜凯　彭承志
环境科学与工程系			
0830 环境	083001	环境科学	刘江涛　周　鑫　花正双　谢周清　沈延安　耿　雷　王　红　蔡　琛
	083002	环境工程	刘武军　刘江涛　刘贤伟　杨　一　吕兴霖　穆　杨　俞汉青　盛国平　陈洁洁　李文卫　王允坤　张常勇
0857 资源与环境(专业学位)	0857	资源与环境	刘贤伟　吕兴霖　穆　杨　俞汉青　盛国平　谢周清　刘江涛　王允坤　杨　一　花正双　刘武军　张常勇　蔡　琛　王　红　李文卫　陈洁洁
附属第一医院			
0710 生物学	071009	细胞生物学	方　芳　王　毅　翁建平　胡青松　祝怀平
	071010	生物化学与分子生物学	段亚君　唐丽琴　韩舒欣
	071011	生物物理学	徐维平
1002 临床医学	100201	内科学	周　敏　朱小玉　陈　竹　王　炜　翁建平　王兴兵　马礼坤　余　跃　郑昌成　陶金辉
	100203	老年医学	殷　实
	100204	神经病学	汤其强　孙　文　刘新峰
	100207	影像医学与核医学	吕维富
	100208	临床检验诊断学	王保龙　伍　权　沈佐君　马筱玲　李　庆

续表

一级学科代码/名称	学科代码	二级学科	指导教师(校内)
1002 临床医学	100210	外科学	尹大龙 肖峻 牛朝诗 荚卫东 尚希福 王嘉倍 刘连新 葛建军 解明然 王继洲
	100211	妇产科学	周颖 夏百荣 吴丽敏 郑圣霞 赵卫东
	100212	眼科学	董凯
	100214	肿瘤学	王哲 潘跃银 钱东 钱立庭 吴海波
	100217	麻醉学	王胜 李娟
	100221	重症医学	周敏
生物医学工程学院			
0831 生物医学工程	083100	生物医学工程	
未来技术学院			
0702 物理学	070203	原子与分子物理	
	070205	凝聚态物理	
合肥物质研究院			
0702 物理学	070201	理论物理	郝宁
	070204	等离子体物理	黄娟 夏天阳 高翔 李国强 揭银先 周海山 臧庆 王亮 项农 徐国盛 曾龙 胡立群 吴振伟 丁锐 钱金平 张新军 沈飙 匡光力 李建刚 刘海庆 吴斌 吕波 毛玉周 赵君煜 孙有文 秦成明 倪国华 刘甫坤 胡建生 万宝年 龚先祖 丁伯江 李亚东 梁云峰
	070205	凝聚态物理	杨杰 郝宁 王钊胜 宁伟 李永钢 孙玉平 罗轩 朱雪斌 王贤龙 张蕾 方前锋 薛飞 鲁文建 吴学邦 杨晓萍 张昌锦 郝林 屈哲 徐文 杨昭荣 陈峰 宋文海 郑小宏 盛志高 张永胜 周建辉 邹良剑 田明亮 曾雉 戴建明 邵定夫 Eugene Gregoryanz
	070207	光学	王先华 秦敏 魏合理 刘锟 李昂 孙敦陆 于磊 黄印博 毛庆和 桂华侨 翁宁泉 孙晓兵 赵卫雄 阚瑞峰 熊伟 万松明 刘勇 何亚柏 胡顺星 徐青山 司福祺 钱仙妹 刘东 张玉钧 詹杰 赵南京 王英俭 谢晨波 倪友保 张为俊 谢品华 范承玉 江海河 刘文清 刘建国 吴海信

续表

一级学科代码/名称	学科代码	二级学科	指导教师(校内)
0702 物理学	070207	光学	方勇华 罗海燕 李　新 郑小兵 黄宏华 吴晓庆 洪　津 朱文越 高晓明 饶瑞中 黄晨光 侯再红 张庆礼 张天舒
0703 化学	070302	分析化学	杨良保
0710 生物学	071009	细胞生物学	方志友
	071010	生物化学与分子生物学	姚建铭
	071011	生物物理学	冯慧云 马祖长 吴丽芳 王　军 方志友 黄超群 杨武林 蒋焱熠 王宏志 刘方邻 许　安 谷红仓 赵国平 王俊峰 姚建铭 刘　勇 张　欣 刘　静 刘青松 郑之明 王文超 谢　灿 戴海明 韩　伟 吴正岩 黄　青 胡清源 张　钠 钟　凯 储焰南 林文楚 江力玮 徐维平
	071021	生物信息学	方志友
	071022	生物材料	王俊峰 谢　灿
0801 力学	080103	流体力学	黄晨光
	080104	工程力学	黄晨光
0803 光学工程	080300	光学工程	王先华 于　磊 黄印博 毛庆和 孙晓兵 王英俭 李健军 江海河 徐　亮 罗海燕 洪　津 饶瑞中 张庆礼
0804 仪器科学与技术	080401	精密仪器及机械	陈池来 孔德义 胡仁志 熊　伟 邓国庆 王晓杰 杨庆喜 谢晨波 孙少明 李健军 陈思跃 朱锟鹏
	080402	测试计量技术及仪器	杨庆喜 李　新 郑小兵
0805 材料科学与工程	080501	材料物理与化学	赵邦传 尹华杰 陈　林 宁　伟 费广涛 李永钢 王先平 徐伟宏 周海山 韩方明 朱雪斌 王贤龙 王　辉 杨良保 陈长伦 蒋长龙 方前锋 罗广南 孟　钢 潘　旭 童　鹏 张海民 张云霞 孙敦陆 陈俊凌 胡林华 吴学邦 杨晓萍 陈　斌 李　越 汪国忠 刘长松 郝　林 张发培 杜海峰 屈　哲 胡小晔 孔令涛 王　化 黄行九 伍志鲲 王振洋 吴正岩 宋文海 盛志高 李家星 倪国华 王命泰 田明亮 曾　雉 梁长浩 戴建明 田兴友 赵爱武 李　亮 陈健(John Jian Chen)
	080502	材料学	汪国忠 黄群英

续表

一级学科代码/名称	学科代码	二级学科	指导教师(校内)
0807 动力工程及工程热物理	080701	工程热物理	蒋洁琼　邢献军
	080705	制冷及低温工程	谢远来　周　超　张启勇　郑金星　欧阳峥嵘
0809 电子科学与技术	080904	电磁场与微波技术	王晓洁
0811 控制科学与工程	081101	控制理论与控制工程	陈池来
	081102	检测技术与自动化装置	陈池来　黄超群　王焕钦　孔德义　梁华为　沈成银　邓国庆　孙怡宁　杨先军　张玉钧　储焰南　朱锟鹏　牛润新　张　龙　侯再红
	081104	模式识别与智能系统	高理富　王红强　王焕钦　王儒敬　梁华为　宋全军　李　海　吴仲城　孙丙宇　杨先军　崔超远　宋　博　孔　斌　宋良图
0812 计算机科学与技术	081203	计算机应用技术	马祖长　王红强　王焕钦　汪建业　王儒敬　吴宜灿　李晓风　吴仲城　崔超远　肖炳甲　宋　博　徐　亮　张　龙　吴晓庆
0827 核科学与技术	082701	核能科学与工程	秦经刚　高　翔　李国强　谢远来　王晓洁　刘松林　胡纯栋　陈长伦　傅　鹏　周　超　徐昆东　徐国盛　武　玉　汪建业　吴杰峰　罗广南　曾　龙　陈俊凌　陆　坤　吴宜灿　张新军　沈　飙　刘智民　许留伟　匡光力　刘长松　刘华军　宋云涛　李建刚　奚维斌　宋执权　武松涛　吴　斌　宋　勇　吕　波　张启勇　毛玉周　蒋洁琼　肖炳甲　郑金星　潘皖江　刘　方　秦成明　陈思跃　郑明杰　陈文革　胡建生　黄懿赟　高　格　李　格　黄群英　郁　杰　李桃生　郑善良　欧阳峥嵘
	082703	核技术及应用	吴宜灿　武松涛　宋　勇　蒋洁琼　黄　青
	082704	辐射防护及环境保护	刘松林
0830 环境	083001	环境科学	徐伟宏　秦　敏　李　昂　许　安　胡仁志　翁宁泉　沈成银　徐青山　殷高方　罗　涛　刘　东　赵南京　邢献军　张为俊　谢品华　李家星　刘建国　方勇华
	083002	环境工程	冯慧云　张海民　桂华侨　孔令涛　殷高方

续表

一级学科代码/名称	学科代码	二级学科	指导教师(校内)
0854 电子信息 (专业学位)	085404	计算机技术	陈池来 徐昱东 王儒敬 刘 勇 孙怡宁 杨先军 蒋洁琼
	085406	控制工程	王焕钦 刘智民 肖炳甲
	085407	仪器仪表工程	陈池来 黄超群 熊 伟 赵南京 孙少明 郑小兵
	085408	光电信息工程	黄印博 孙晓兵 熊 伟 徐青山 司福祺 王英俭 谢晨波 谢品华 江海河 罗海燕 丁伯江 郑小兵 张 龙 朱文越
	085410	人工智能	王焕钦 梁华为
0855 机械 (专业学位)	0855	机械	陈池来 周海山 周 超 吴杰峰 刘华军 杨庆喜 孙少明 陈思跃
0856 材料与化工 (专业学位)	0856	材料与化工	费广涛 罗 轩 周海山 杨良保 陈长伦 蒋长龙 罗广南 潘 旭 孙敦陆 陈俊凌 吴学邦 李 越 汪国忠 孔令涛 王 化 伍志鲲 郑之明 王振洋 吴正岩 李家星 梁长浩 张庆礼
0857 资源与环境 (专业学位)	0857	资源与环境	刘方邻 胡仁志 汪国忠 赵卫雄 沈成银 孔令涛 徐青山 殷高方 刘 东 赵南京 王英俭 谢晨波 吴正岩 李健军 张为俊 谢品华 刘建国 张天舒
0858 能源动力 (专业学位)	0858	能源动力	秦经刚 高 翔 谢远来 王晓洁 傅 鹏 周 超 武 玉 罗广南 陈俊凌 吴宜灿 匡光力 李建刚 刘海庆 宋执权 吴 斌 宋 勇 吕 波 张启勇 蒋洁琼 刘 方
中国科学院金属研究所			
0805 材料科学与工程	080501	材料物理与化学	杜 奎 刘洪阳 张炳森 刘 伟 任卫军 陈星秋 李 昺 卢 磊 王振华 刘增乾 陈春林 李 达 张广平 齐 伟 张哲峰 胡青苗 唐云龙 徐东生 杨金波 胡卫进 王宇佳 潘庆松 孙 岩
	080502	材料学	郝玉琳 段德莉 李金国 隋国鑫 王镇波 雷家峰 刘 岗 金海军 张 波 张 洁 王爱民 崔传勇 陶乃镕 袁 超 李 峰 刘 畅 邰凯平 李述军 王建强 王京阳 李阁平 王清江 王 莉 王玉敏 张 健 杜金红 尹利长 楼琅洪 孙晓峰 张 兴 周兰章 曾 尤 杨 锐 白 朔 任文才 孙东明 卢 柯 周亦胄 汤素芳 成会明 孙文儒 朱正旺 徐 川 马英杰 徐 磊 李秀艳

续表

一级学科代码/名称	学科代码	二级学科	指导教师(校内)
0805 材料科学与工程	080503	材料加工工程	赵明久 肖伯律 王 培 陆善平 谭丽丽 戎利建 严 伟 马宗义 宫 骏 刘 实 李艳芬 姜海昌 倪丁瑞 孙明月 李殿中 栾义坤 汤素芳 胡小强 马颖澈 何 杰 王全兆 王吉强
	080520	腐蚀科学与防护	宋影伟 郑玉贵 朱圣龙 孙 成 许道奎 鲍泽斌 辛 丽 王俭秋 吴欣强 刘福春 李 瑛 陈 健
0856 材料与化工 (专业学位)	0856	材料与化工	刘洪阳 李金国 刘 岗 朱圣龙 卢 磊 郎凯平 谭丽丽 王 莉 张 健 杜金红 楼琅洪 姜海昌 张 兴 吴欣强 卢 柯 汤素芳 倪丁瑞 马英杰 孙 岩 唐云龙 刘增乾 张 洁 李秀艳 马颖澈 王京阳 严 伟 王振华 齐 伟 李 昺 孙明月 王镇波 王俭秋 张哲峰 李 峰 崔传勇 张广平 张炳森 王全兆 杜 奎 李 瑛 金海军 肖伯律 段德莉 徐 磊 宋影伟 孙东明 王建强 许道奎 白 朔 何 杰 周亦胄 王清江 赵明久 李殿中 刘 畅 胡小强 曾 尤 栾义坤 杨 锐 任文才 尹利长 马宗义 郑玉贵 潘庆松 陆善平 徐东生 雷家峰 鲍泽斌 王 培 孙晓峰 戎利建 张 波
长春应用化学研究所			
0703 化学	070301	无机化学	刘孝娟 林 君 唐金魁 曲晓刚 任劲松 周 亮 马平安 宋术岩 张新波 王立民 陈 继 冯 婧 张洪杰 尤洪鹏 张海元 黄 岗 蒲 芳 赵传奇 汪 啸 邹兵林 张 粟 王樱蕙
	070302	分析化学	王振新 唐纪琳 金永东 张 强 逯乐慧 段太成 于 聪 王宏达 姜秀娥 徐国宝 牛文新 董绍俊 周 敏 李 敬 汪尔康 董献堆 李冰凌 杜 衍 杨秀荣 李 壮
	070303	有机化学	康传清 董德文 李胜海 张所波 刘 波 韩福社
	070304	物理化学	刘长鹏 王晓辉 徐维林 武志坚 刘志强 明 军 王宏宇 杨向光 葛君杰 邢 巍 赵凤玉 宋凤瑞 肖梅玲 刘 舒 祝建兵
	070305	高分子化学与物理	石恒冲 谢志刚 庞 烜 白晨曦 汤朝晖 张会良 朱 峰 孙德文 王献红 闫东航 苏朝晖 聂 伟 门永锋 杨小牛 孙昭艳 徐文生 贺超良 罗传富 王保力 童 辉 程延祥 章培标 陈 全 石 强 李 杲 韩艳春 栾世方 李 茂 邓鹏飚 唐 涛 李宏飞 边新超 姬相玲 简忠保 谢志元 杨宇明

续表

一级学科代码/名称	学科代码	二级学科	指导教师(校内)
0703 化学	070305	高分子化学与物理	崔冬梅 王大鹏 姜 伟 邱雪鹏 安立佳 田洪坤 庄秀丽 姚占海 季生象 秦川江 程建华 陈学思 刘 俊 王利祥 刘顺杰 刘向东 丁建勋 赵晓礼 宋万通 刘 剑 刘焱龙 郇 彦 卢宇源
0805 材料科学与工程	080501	材料物理与化学	李 茂
0817 化学工程与技术	081703	生物化工	唐纪琳 王晓辉 马平安 贺超良 段太成 王宏达 刘志强 赵凤玉 宋凤瑞 李冰凌 杜 衍
	081704	应用化学	石恒冲 王振新 唐金魁 曲晓刚 刘长鹏 周 亮 白晨曦 张会良 金永东 朱 峰 闫东航 苏朝晖 聂 伟 康传清 童 辉 于 聪 陈 全 徐维林 石 强 栾世方 邓鹏飏 姬相玲 王立民 陈 继 明 军 杨向光 姜 伟 邢 巍 邱雪鹏 董绍俊 周 敏 姚占海 韩福社 汪尔康 董献堆 杨秀荣
	0817Z1	材料化学工程	刘孝娟 林 君 谢志刚 任劲松 庞 烜 汤朝晖 宋术岩 孙德文 王献红 门永锋 杨小牛 孙昭艳 徐文生 张 强 逯乐慧 罗传富 王保力 程延祥 章培标 董德文 武志坚 李胜海 李 杲 韩艳春 张所波 唐 涛 李宏飞 边新超 简忠保 张新波 谢志元 杨宇明 姜秀娥 崔冬梅 王宏宇 徐国宝 王大鹏 刘 波 葛君杰 安立佳 牛文新 冯 婧 田洪坤 庄秀丽 季生象 张洪杰 尤洪鹏 李 敬 秦川江 程建华 张海元 陈学思 刘 俊 李 壮 王利祥
0856 材料与化工 (专业学位)	0856	材料与化工	石恒冲 曲晓刚 任劲松 周 亮 王晓辉 白晨曦 门永锋 杨小牛 孙昭艳 逯乐慧 于 聪 章培标 陈 全 栾世方 边新超 姬相玲 王立民 王大鹏 秦川江 张海元 李冰凌 陈学思 刘 俊 张新波 宋术岩 杜 衍 王宏达 谢志元 黄 岗 王献红 姜 伟 赵晓礼 明 军 庞 烜 李宏飞 邱雪鹏 唐金魁 杨宇明 张所波 杨秀荣 丁建勋 简忠保 唐 涛 汪 劲 王利祥 李 敬 汪尔康 张洪杰 冯 婧 韩艳春 崔冬梅 祝建兵 林 君 卢宇源 姜秀娥 汤朝晖
中国工程物理研究院			
0701 数学	070102	计算数学	成 娟

续表

一级学科代码/名称	学科代码	二级学科	指导教师(校内)
0702 物理学	070204	等离子体物理	朱少平 赵宗清 王 峰 李正宏
	070205	凝聚态物理	黄 兵 杨延强 张 莉
0703 化学	070305	高分子化学与物理	芦 艾
0803 光学工程	080300	光学工程	粟敬钦 王 逍 朱启华
0805 材料科学与工程	080502	材料学	张海斌 刘 渝
0827 核科学与技术	082701	核能科学与工程	桑 革
	082703	核技术及应用	邓建军
广州能源研究所			
0803 光学工程	080300	光学工程	吕建成
0807 动力工程及工程热物理	080701	工程热物理	李 刚 蒋方明 闫常峰 卜宪标 曹 晏 李 军 汪小憨 陈朝阳 梁德青
	080702	热能工程	徐 莹 亓 伟 王 屹 李小森 袁浩然 李栋梁 陈 勇 龚宇烈 舒 杰 阴秀丽 廖玉河 王晨光 黄宏宇 蔡国田 赵增立 张 郁 冯自平 肖秀娣 汪 鹏 谢建军 董凯军 崔演斌
	080704	流体机械及工程	盛松伟
0817 化学工程与技术	081701	化学工程	庄新姝 王忠铭 亓 伟 吕鹏梅 曹 晏 刘丽华 袁浩然 李栋梁 朱顺妮 陈 勇 汪小憨 阴秀丽 陈朝阳 王晨光 陈新德 梁德青 赵增立
	081703	生物化工	孙永明 庄新姝 孔晓英 朱顺妮
	081704	应用化学	徐 莹 闫常峰 刘琪英 张灵志 曹 晏 徐雪青 李新军
0856 材料与化工(专业学位)	0856	材料与化工	徐 莹 庄新姝 闫常峰 孔晓英 亓 伟 吕鹏梅 张灵志 曹 晏 袁浩然 陈 勇 王晨光 陈新德 徐雪青 李 军 肖秀娣 王忠铭 朱顺妮 崔演斌 陈朝阳 廖玉河 张 郁 李新军 赵增立

续表

一级学科代码/名称	学科代码	二级学科	指导教师(校内)
0858 能源动力(专业学位)	0858	能源动力	孙永明 庄新姝 蒋方明 闫常峰 卜宪标 刘丽华 袁浩然 陈 勇 舒 杰 汪小憨 蔡国田 盛松伟 冯自平 李 军 肖秀娣 董凯军 谢建军 黄宏宇 龚宇烈 李栋梁 汪 鹏 王忠铭 崔演斌 王 屹 李 刚 廖玉河 张 郁 赵增立
赣江创新研究院			
0703 化学	070301	无机化学	刘孝娟 廖伍平 毛江高 张 绘 尤洪鹏 卢灿忠 洪茂椿
	070303	有机化学	肖吉昌
	070304	物理化学	陈庆军 杨向光 郑诗礼 张锁江 张香平
	070322	纳米化学	刘小龙
0805 材料科学与工程	080501	材料物理与化学	满其奎 张伟刚 朱浩淼 李 江 苏良碧 沈保根 张 云 罗双江 杨 帆 陈学锋 陈仁杰 齐 涛 刘永升 刘恩克 赵同云 沈 俊
	080502	材料学	苏良碧 张 云 武安华 张 颖 蔡建旺 闫阿儒
0830 环境	083002	环境工程	贺 泓 王 志 朱廷钰 孙晓琦 余运波 王 勇 李庭刚 李会泉 曹宏斌 孙 峙 万印华
0856 材料与化工(专业学位)	0856	材料与化工	廖伍平 沈保根 张伟刚 张 绘 张锁江 杨向光 赵同云 尤洪鹏 齐 涛 陈学锋 陈庆军
0857 资源与环境(专业学位)	0857	资源与环境	王 志 杨 帆 李庭刚 贺 泓 余运波 张锁江 万印华
南京分院			
0703 化学	070304	物理化学	王强斌 赵建文 樊熠川 马昌期 陈 琪 高雪峰 赵志刚 周小春 苏文明 姜 江 周 超 邓宗武 邸江涛 裴仁军 张永毅 马宏伟 崔 义 张学同 张 凯 潘革波 蔺洪振 李清文 张 珽 邓 浇 沈炎宾
	070305	高分子化学与物理	吕卫帮 方望熹
	070322	纳米化学	蔺洪振
	0703Z4	能源化学	蔺洪振

续表

一级学科代码/名称	学科代码	二级学科	指导教师(校内)
0704 天文学	070401	天体物理	敖宜平 张　毅 马　涛 韦大明 郑宪忠 吴雪峰 黄晓渊 吴德金 杜福君 范一中 徐伟彪 金志平 颜景志 李国亮 李　婧 袁　强 毛瑞青 纪　丽 吴昀昭 张　文 缪　巍 任　远 苏　杨 宁宗军 李　瑛 封　莉 陈学鹏 宿英娜 史生才 赵金松 徐　烨 常　进 冯　磊 陈　果 房　敏 李江涛 蔡岳霖
	070402	天体测量与天体力学	邓雪梅 王　歆 季江徽 孙荣煜 平一鼎 赵长印 赵海斌 吴昀昭 熊建宁 张晓祥 谢　懿 赵玉晖
	070420	天文技术与方法	郭建华 李　婧 张　文 缪　巍 任　远 姚骑均 史生才 张晓祥 常　进 胡一鸣 娄　铮
0710 生物学	071009	细胞生物学	王强斌 费　浩 朱毅敏 李春炎 姜　江 李　炯 裴仁军 马宏伟 陈艳艳 程国胜 索广力 戴建武 陈光村 王金娥
0803 光学工程	080300	光学工程	梁　伟
0805 材料科学与工程	080501	材料物理与化学	樊炤川 马昌期 李春炎 陈　琪 高雪峰 赵志刚 李加东 周小春 苏文明 蒋春萍 曾雄辉 周　超 邓宗武 邸江涛 方望熹 孙　钱 裴仁军 张永毅 崔　义 张宝顺 吴晓东 张学同 程国胜 刘建平 曾中明 潘革波 蔺洪振 徐　科 蔡　勇 王建峰 陆书龙 张书明 黄　勇 李清文 杨　辉
	080502	材料学	吕卫帮 董建荣
0809 电子科学与技术	080901	物理电子学	宋贺伦
	080902	电路与系统	宋贺伦 吴晓东 刘　欣
	080903	微电子学与固体电子学	陈　琪 张兴旺 赵志刚 李加东 宋贺伦 蒋春萍 曾雄辉 刘争晖 孙　钱 秦　华 梁　伟 崔　义 张宝顺 沈文江 刘建平 张　凯 曾中明 徐　科 蔡　勇 王建峰 陆书龙 张书明 刘　欣 黄　勇 杨　辉 张　珽 吴东岷 董建荣 时文华 孙建东
	080904	电磁场与微波技术	宋贺伦 秦　华

续表

一级学科代码/名称	学科代码	二级学科	指导教师(校内)
0831 生物医学工程	083100	生物医学工程	张　威　崔继承　孙敏轩　董文飞　庄　杰　杨晓冬　郭　振　董建飞　殷　建　熊大曦　史国华　缪　鹏　王弼陡　巩　岩　贾宏博　孙海旋　尹焕才　周连群　梅　茜　宋一之　高　静　邵维维　简小华　张京钟　戴亚康　张若冰　高　欣　黎海文　郑　健　赵凌霄　武晓东　马汉彬　张　春　杨西斌　崔峤峣　于海利　唐玉国　杨洪波　佘　爽　马　勇　李　辉　郑岷雪　张运海　周志勇
0854 电子信息(专业学位)	085401	新一代电子信息技术(含量子技术等)	陈　琪　李加东　秦　华　张宝顺　任　远　曾中明　赵建文　蔡　勇　刘建平　孙　钱　张　凯　杨　辉　吴东岷　王建峰
	085403	集成电路工程	孙　钱　宋贺伦　曾中明　刘　欣　沈文江　徐　科
	085404	计算机技术	马　涛
	085405	软件工程	赵凌霄
	085407	仪器仪表工程	郭建华
	085408	光电信息工程	张兴旺　李加东　陈　琪　陆书龙　蒋春萍　梁　伟　苏文明　刘争晖
	085409	生物医学工程	庄　杰　史国华　周连群　梅　茜　高　欣　杨西斌　崔峤峣　唐玉国　杨洪波　李　炯
	085410	人工智能	张　珽
0855 机械(专业学位)	0855	机械	孙海旋　周连群　唐玉国　杨洪波
0856 材料与化工(专业学位)	0856	材料与化工	陈　琪　周小春　方望熹　裴仁军　崔　义　陈艳艳　张学同　赵建文　赵志刚　马昌期　张永毅　沈炎宾　邓宗武　邸江涛　吕卫帮　李清文　蔺洪振　王强斌　李春炎　吴晓东　邓　浇　张　珽　高雪峰　苏文明　潘革波

国家自然科学基金委员会创新研究群体

序号	年度	团 队 名 称	负责人
1	2001	纳米结构的制备、组装与表征	侯建国
2	2001	量子信息	郭光灿
3	2001	重要细胞活动和生物分子识别的结构生物学基础	施蕴渝
4	2003	纳米材料和纳米结构的化学制备与性质	谢 毅
5	2004	新型类钙钛矿氧化物功能材料的合成、微结构与性能研究	李晓光
6	2007	天然免疫系统与重大疾病的发生发展	田志刚
7	2008	分布系统的协调优化与风险管理	梁 樑
8	2009	大陆俯冲化学地球动力学	郑永飞
9	2011	地球空间环境及其对太阳活动的响应	窦贤康
10	2011	表面单分子量子行为的表征与调控	杨金龙
11	2012	基于光子与冷原子的量子信息物理和技术	潘建伟
12	2013	基于同步辐射装置的新方法与能源材料研究	吴自玉
13	2014	星系和类星体	王俊贤
14	2015	纳米材料制备与能源转换性能研究	俞书宏
15	2016	具有旋涡和界面的复杂流动	陆夕云
16	2016	着丝粒动态组装与调控	姚雪彪
17	2017	TeV 强子对撞机上电弱精确测量与新物理新现象寻找	韩 良
18	2017	稳定同位素生物地球化学	沈延安
19	2017	几何分析	李嘉禹
20	2018	量子光学与量子信息	李传锋
21	2018	废水污染控制与资源转化	俞汉青
22	2018	固有免疫识别和调控	周荣斌
23	2019	平台化供应链运作管理研究	余玉刚
24	2020	响应性高分子功能材料	刘世勇
25	2020	多媒体智能计算	吴 枫
26	2021	脑认知及相关疾病的神经机制	薛 天
27	2021	多媒体内容安全	张勇东
28	2022	计算赋能的蛋白质研究与蛋白质设计	刘海燕
29	2022	催化剂的活性和稳定性设计基础	李微雪

近年来博士后人数变动情况

（2022 年 9 月）

年　度	当年在站人数	当年进站人数	当年出站人数
2007	201	85	62
2008	232	108	77
2009	289	133	76
2010	337	152	104
2011	415	160	82
2012	469	193	139
2013	478	128	119
2014	473	151	156
2015	390	155	238
2016	455	200	135
2017	478	161	138
2018	584	263	157
2019	544	232	272
2020	676	324	192
2021	785	309	200
2022	729	310	419

十二、国内外学术交流与合作

接收外国留学生情况

单位：人(人次)

	毕(结)业生数	授予学位数	招生数	在校学生数					
				合　计	第一年	第二年	第三年	第四年	第五年
总计	92	79	223	1088	214	220	230	179	245
其中：女	29	27	52	316	59	76	68	48	65
分层次									
博士	47	46	144	746	139	132	147	121	207
硕士	36	31	61	306	64	75	76	56	35
本科	2	2	3	16	1	3	7	2	3
专科									
培训	7		15	20	10	10			
亚洲	60	54	150	755	146	145	158	112	194
非洲	28	22	59	260	54	60	52	53	41
欧洲	3	2	7	43	7	10	12	8	6
北美洲	1	1	7	20	6	1	6	4	3
南美洲				9	1	4	1	2	1
大洋洲				1			1		
国际组织资助									
中国政府资助	71	69	206	1018	200	201	210	178	229
本国政府资助									
学校间交换									
自　费	21	10	17	70	14	19	20	1	16

公派出访人员出国(境)情况

单位:人

总数	学科类别		人员类别								出国(境)类别			
			教职工					学生						
	自然科学	社会科学	教授	副教授	讲师	助教	其他	博士研究生	硕士研究生	本科生	考察访问	合作科研	学术会议	其他
287	252	35	42		20		0	101	22	102	16	133	31	107

近年来接待外宾情况

(一) 按国别分类

单位:人

年度 \ 人数 \ 国别	合计	美国	日本	德国	英国	加拿大	澳大利亚	法国	俄罗斯	其他
2013	775	280	28	47	32	29	25	2	14	318
2014	1083	453	58	58	50	32	49	38	30	315
2015	1350	523	56	69	72	35	41	47	32	475
2016	1385	641	59	112	78	57	49	36	11	342
2017	1579	776	45	75	68	40	76	47	22	430
2018	1836	825	138	98	69	66	84	53	23	480
2019	2122	719	187	112	132	69	89	70	29	715
2020	159	58	3	3	8	15	6	12	1	53
2021	19	0	0	5	0	0	1	0	1	12
2022	78	40	0	1	7	4	4	2	0	20

(二) 按来访性质分类

单位:人

性质 人数 年度	合计	主请	接待来访
2013	775	590	185
2014	1083	1007	76
2015	1350	1163	187
2016	1385	1222	163
2017	1579	1421	158
2018	1836	1614	222
2019	2122	1903	219
2020	159	101	58
2021	19	0	19
2022	78	5	73

与国(境)外机构合作科研项目情况

外国青年学者研究基金项目 2 项,外国青年人才计划 7 项,高端外国专家引进计划 10 项,"一带一路"创新人才交流外国专家项目 1 项,外国专家重点支撑计划 1 项,111 基地 8 项(含 111 基地 2.0 2 项)。

(一) 科技部 2022 年度获批引智项目

项目类型	项目申请人	所在单位	国拨经费批复金额(万元)
高端外国专家引进计划	周熙人	计算机科学与技术学院	35
高端外国专家引进计划	马步青	管理学院	18
高端外国专家引进计划	江海龙	化学与材料科学学院	35
高端外国专家引进计划	朱俊发	国家同步辐射实验室	32
高端外国专家引进计划	韩舒欣	附属第一医院	40

续表

项目类型	项目申请人	所在单位	国拨经费批复金额（万元）
高端外国专家引进计划	陈艳霞	化学与材料学院化学物理系	14
高端外国专家引进计划	唐　飞	火灾科学国家重点实验室	26
高端外国专家引进计划	毛甜甜	管理学院	40
高端外国专家引进计划	丁泽军	物理学院	40
高端外国专家引进计划	李智军	自动化系	40
“一带一路”创新人才交流外国专家项目	崔志坚	管理学院	30
外国青年人才计划	刘世平	数学科学学院	30
外国青年人才计划	陈昶乐	化学与材料科学学院	30
外国青年人才计划	王允坤	环境科学与工程系	30
外国青年人才计划	裴　刚	工程科学学院	30
外国青年人才计划	郑　坚	核科学技术学院	30
外国青年人才计划	王允坤	环境科学与工程系	30
外国青年人才计划	从　爽	自动化系	30
元宇宙的公平与隐私保障方法研究	周鹏远	计算机科学与技术学院	50
外国学者研究基金项目	熊宇杰	合肥微尺度物质科学国家研究中心	30
外国学者研究基金项目	陈昶乐	化学与材料科学学院	30

（二）111 基地历年获批名单

项目类别	申请单位	基地名称	基地负责人	获批年度
111 计划 2.0	数学科学学院	计算科学与应用创新引智基地	陈发来	2019
111 计划 2.0	生命科学学院	蛋白质相互作用网络学科创新引智基地	牛立文	2018
111 计划	物理学院	暗物质暗能量的观测与理论研究学科创新引智基地	杜江峰	2022

续表

项目类别	申请单位	基地名称	基地负责人	获批年度
111 计划	火灾科学国家重点实验室	大尺度火灾防控科学与技术创新引智基地	刘乃安	2021
111 计划	化学与材料科学学院	复杂化学体系多尺度动力学学科创新引智基地培育项目	严以京	2017
111 计划	合肥微尺度物质科学国家研究中心	可拓展量子信息处理创新引智基地	潘建伟/陆朝阳	2016
111 计划	地球和空间科学学院	稳定同位素地球化学创新引智基地	沈延安	2014
111 计划	合肥微尺度物质科学国家研究中心	新型能源材料的量子设计创新引智基地	张振宇	2013

(三) 中国科学院 2022 年度获批引智项目

项目类别	中方合作者	所在单位	外方合作国别/境外合作地区	获批金额（万元）
全球共性挑战专项	曾　杰	合肥微尺度物质科学国家研究中心	澳大利亚	154
中伊丝路科学基金项目	李桂强	工程科学学院	伊朗	75
中伊丝路科学基金项目	汪　峰	高分子科学与工程系	伊朗	75
中国科学院-土耳其科技研究理事会协议项目	江海龙	化学与材料科学学院	土耳其	90
中国科学院-土耳其科技研究理事会协议项目	何俊峰	物理学院	土耳其	90
国际访问学者-延续	裴　刚	工程科学学院	也门	27.5
国际访问学者	江海龙	化学与材料科学学院	巴基斯坦	27.5
国际杰出学者	张　捷	地球与空间科学学院	美国	3.5
国际访问学者	蔡文静	公共事务学院	荷兰	36
国际访问学者	王　禹	火灾科学国家重点实验室	英国	36
国际杰出学者	王占东	火灾科学国家重点实验室	德国	7
ANSO 联合研究合作专项计划	舒歌群	工程科学学院	一带一路国家	150
ANSO 访问学者计划（大科学装置）	孙　喆	国家同步辐射实验室	巴基斯坦	20

主办、承办国际大型学术会议情况

会议名称	起止时间	代表数	
		国内	国外
中国科学技术大学-美国化学会精准化学联合论坛	2022 年 5 月 27 日	8	4
第一届国际氢安全科学与工程会议	2022 年 8 月 21—23 日	270	30
亚太电子顺磁电子自旋共振国际研讨会	2022 年 11 月 4—7 日	100	100
第二届计算社会科学研究方法前沿论坛暨国际传播学会(ICA)第 72 届学术年会“区域中心”中国分会场	2022 年 5 月 28—29 日	105	5
东亚研究型大学协会第 51 届理事会暨第 28 届全体会	2022 年 11 月 29 日	25	15
第五届中国神经控制代谢国际会议	2022 年 11 月 29—30 日	80	20
第一届精准高分子化学与功能材料国际研讨会	2022 年 11 月 3—6 日	102	50

2021—2022 学年度在聘外籍语言教师情况

NATOLI KYLE WILLIAM	美国	2022.07.01—2024.06.30
RICHARD DAVID DUNCAN CORMACK	英国	2022.07.01—2023.06.30
HAYDEE AVELLANEDA	菲律宾	2022.07.01—2024.06.30
DAVID GARCIA	美国	2022.07.01—2023.06.30
TSUNYOTA KOHET	英国 & 澳大利亚	2022.07.01—2023.06.30
DONALD ROGERS HENRY	加拿大	2022.07.01—2023.06.30
JULIA BORDUKOVA	俄罗斯	2022.07.01—2024.06.30
AARON DEAN LEHMAN	美国	2022.09.01—2023.06.30
RENAE ELIZABETH LEHMAN	美国	2022.09.01—2023.06.30
AUSTIN RUSSELL STRUTZ	美国	2022.09.01—2023.06.30

续表

JESSICA KIYOMI STRUTZ	美国	2022.09.01—2023.06.30
MURRAY WAYNE SHERK	加拿大	2022.09.01—2023.06.30
BRADLEY THOMAS HOTLE	美国	2022.07.01—2023.06.30
BEATA KATARZYNA DREWNOWSKA	波兰	2022.07.01—2024.06.30
HEIKO HANSJUERGENS	德国	2021.07.01—2023.06.30
CURT PATRICK EVANS	爱尔兰	2021.07.01—2023.06.30
HANNA SWIATCZAK	波兰	2021.07.01—2023.06.30
EDMUND MORTON	英国	2021.07.01—2023.06.30
THOMAS YIFANG XIAO	美国	2021.07.01—2023.06.30
JOHN DAVID GANDY	英国	2022.07.01—2023.06.30

与国(境)外机构签订交流协议情况

编号	协 议 名 称	签订日期	有效期限	合作单位
2201	中国科大-根特大学学生交换协议	2022.01.21	5年	根特大学
2202	中国科大-西澳大学学生交换协议附件	2022.03.07	2年	西澳大学
2203	中国科大-都灵劳工组织合作备忘录	2022.03.15	2年	都灵劳工组织国际培训中心
2204	中国科大-斯坦福 UGVR 项目协议	2022.03.15	1年	斯坦福大学
2205	中国科大-以色列理工学院学生交换协议	2022.03.28	5年	以色列理工学院
2206	中国科大-香港科技大学合作备忘录	2022.04.12	5年	香港科技大学
2207	中国科大-牛津展望项目协议	2022.04.22	2025.05.19	牛津大学
2208	中国科大-法国驻华大使馆 France Science Excellence 项目协议	2022.04.30	1年	法国驻华大使馆
2209	中国科大-布鲁塞尔自由大学合作备忘录	2022.05.11	4年	布鲁塞尔自由大学
2210	中国科大-香港城市大学学生交换协议	2022.05.16	3年	香港城市大学
2211	中国科大-之江实验室关于建立国际学生实习实践基地和指导就业的合作协议书	2022.05.27	4年	之江实验室

续表

编号	协 议 名 称	签订日期	有效期限	合作单位
2212	中国科大-加拿大麦克马斯特电子医疗暑期项目协议	2022.06.10	1年	麦克马斯特大学
2213	中国科大-中国科学院曼谷创新合作中心合作协议	2022.07.01	1年	中国科学院曼谷创新合作中心
2214	中国科大-美国化学会出版合同	2022.07.01	2027.12.31	美国化学会
2215	中国科大-日本理化研究生联合培养协议	2022.07.21	5年	日本理化学研究所
2216	中国科大-香港中文大学合作备忘录	2022.08.05	5年	香港中文大学
2217	中国科大-东京大学合作备忘录	2022.08.28	5年	东京大学
2218	中国科大-中国科大加入欧亚-太平洋大学联盟的声明	2022.10.14	/	欧亚-太平洋大学联盟(EPU)
2219	中国科大-德国斯普林格出版社出版合同	2022.11.18	2023.01.01—2023.12.31	斯普林格出版社
2220	中国科大-斯坦福IHP暑期项目协议	2022.11.29	3年	斯坦福大学
2221	中国科大-东京工业大学学生交换协议	2022.11.30	5年	东京工业大学
2222	中国科大-东京工业大学合作备忘录	2022.12.01	5年	东京工业大学

十三、全院办校、所系结合

与中国科学院研究院所签署合作共建协议一览表

序号	与科大签署协议的研究院所	协议签署时间
1	中国科学院数学与系统科学研究院	2003.11
2	中国科学院上海生命科学研究院	2003.11
3	中国科学院合肥物质科学研究院	2004.04
4	中国科学院长春光学精密机械与物理研究所	2004.04
5	中国科学院长春应用化学研究所	2004.04
6	中国科学院南京分院	2004.05
7	中国科学院上海分院	2004.05
8	中国科学院武汉分院	2004.06
9	中国科学院长春分院	2004.08
10	中国科学院成都分院	2004.09
11	中国科学院兰州分院	2004.09
12	中国科学院广州分院	2004.09
13	中国科学院沈阳分院	2004.10
14	中国科学院西安分院	2004.12
15	中国科学院昆明分院	2004.12
16	中国科学院高能物理研究所	2005.05
17	中国科学院生物物理研究所	2005.07
18	中国科学院西双版纳植物园	2005.07
19	中国科学院新疆分院	2005.08
20	中国科学院广州能源研究所	2005.05
21	中国科学院上海应用物理研究所	2005.09
22	中国科学院沈阳计算技术研究所	2005.09
23	中国科学院北京分院	2007.03
24	中国科学院苏州纳米技术与纳米仿生研究所	2007.05(2012.03)
25	中国科学院工程热物理研究所	2007.05
26	中国科学院动物研究所	2008.09
27	中国科学院沈阳金属研究所	2009.06

续表

序号	与科大签署协议的研究院所	协议签署时间
28	中国科学院力学研究所	2009.07
29	中国科学院物理研究所	2009.07
30	中国科学院深圳先进技术研究院	2010.03(2012.05)
31	中国科学院国家天文台、中国科学院紫金山天文台、中国科学院上海天文台	2010.06
32	中国科学院光电技术研究院	2010.11
33	中国科学院上海微系统研究所	2012.03
34	中国科学院近代物理研究所	2012.04
35	中国科学院宁波材料技术与工程研究所	2012.05
36	中国科学院上海药物研究所	2012.06
37	中国科学院广州能源研究所	2014.05(2015.10)
38	中国科学院工程热物理研究所	2019.05
39	中国科学院苏州生物医学工程技术研究所	2020.05
40	中国科学院赣江创新研究院	2020.10
41	中国科学上海光学精密机械研究所	2020.11
42	中国科学院计算技术研究所	2021.04
43	中国科学院近代物理研究所	2021.04
44	中国科学院大连化学物理研究所	2021.06
45	中国科学院上海有机化学研究所	2021.06
46	中国科学院武汉病毒研究所	2022.03

聘请中国科学院研究院所领导和专家兼任学校院系领导一览表

序号	姓　名	所属单位和职务	我校聘任职务	聘任时间
1	洪茂椿	中国科学院福建物质结构研究所，院士	化学系主任	2003.11.27
2	李国杰	中国科学院计算技术研究所所长、院士	中国科学技术大学计算机科学技术系主任	2004.06

续表

序号	姓 名	所属单位和职务	我校聘任职务	聘任时间
3	王利祥	中国科学院长春分院院长	高分子科学与工程系主任	2004.09.30
4	刘 钝	中国科学院自然科学史研究所原所长	人文与社会科学学院院长 科技史与科技考古系主任	2005.10.13
5	欧阳钟灿	中国科学院理论物理研究所原所长、院士	物理学院院长	2009.04.26
6	李 灿	中国科学院大连化学物理所学位委员会主任、院士	化学与材料科学学院院长	2009.04.26
7	陈 颙	国家地震局原副局长、院士	地球和空间科学学院院长	2009.04.26
8	马志明	中国科学院数学与系统科学研究院，院士	数学科学学院院长	2009.12.08
9	许祖彦	中国科学院理化技术研究所，院士	光学与光学工程系主任	2009.12.08
10	裴端卿	中国科学院广州生物医药与健康研究院院长	医药生物技术系主任	2009.12.08
11	严 俊	中国科学院国家天文台台长	天文学系主任	2010.01.14
12	杜善义	哈尔滨工业大学复合材料研究所所长、中国工程院院士	工程科学学院院长	2010.06.11
13	叶甜春	中国科学院微电子研究所所长	电子科学与技术系主任	2010.09.18
14	沈保根	中国科学院物理研究所研究员、院士	物理系主任	2012.04.28
15	吴以成	中国科学院理化技术研究所，院士	材料科学与工程系主任	2012.12.21
16	魏复盛	中国科学院生态环境研究中心博士生导师、中国环境监测总站研究员、中国工程院院士	环境科学与光电技术学院院长	2013.04.19
17	刘文清	中国科学院安徽光学精密机械研究所所长、中国工程院院士	环境科学与光电技术学院执行院长	2014.01.24
18	杨 辉	中国科学院苏州纳米技术与纳米仿生研究所所长	纳米技术与纳米仿生学院院长	2016.06.17
19	刘佩华	中国科学院苏州纳米技术与纳米仿生研究所党委书记	纳米技术与纳米仿生学院常务副院长	2016.06.17
20	吴一戎	中国科学院电子学研究所所长、院士	信息科学技术学院院长	2016.06.19
21	徐 波	中国科学院自动化研究所所长	自动化系主任	2016.06.25
22	刘 明	中国科学院微电子研究所、院士	微电子学院院长	2018.01.25
23	左 良	中国科学院金属研究所所长	材料科学与工程学院院长	2018.05.07

续表

序号	姓　名	所属单位和职务	我校聘任职务	聘任时间
24	张东辉	中国科学院大连化学物理研究所分子反应动力学国家重点实验室主任、院士	化学物理系主任	2018.05.07
25	杨小牛	中国科学院长春应用化学研究所所长	应用化学与工程学院院长	2018.09.15
26	许瑞明	中国科学院生物物理研究所所长	生命科学学院院长	2018.10.15
27	刘　岗	中国科学院金属研究所副所长	材料学与工程学院常务副院长	2019.03.24
28	李　扬	中国科学院金属研究所研究生教育处处长	材料学与工程学院副院长	2019.03.24
29	常　进	中国科学院紫金山天文台台长、院士	天文与空间科学学院院长	2019.05.11
30	吴雪峰	中国科学院紫金山天文台副台长	天文与空间科学学院常务副院长	2019.05.11
31	朱日祥	第三世界科学院院士，中国科学院地质与地球物理研究所研究员、院士	地球和空间科学学院院长	2020.01.11
32	孙凝晖	中国科学院计算所所长、中国工程院院士	计算机科学与技术学院院长	2020.01.11
33	吴汉明	中国工程院院士	微电子学院院长	2020.01.11
34	左　良	中国科学院金属研究所所长	材料科学与工程系主任	2020.01.11
35	曹　荣	中国科学院福建物质结构研究所所长/中国科学院城环所所长	化学系主任	2020.01.11
36	杨小牛	中国科学院长春应化所所长	高分子科学与工程系主任	2020.01.11
37	何国威	中国科学院力学研究所研究员、院士	近代力学系主任	2020.01.11
38	李天初	中国计量科学研究院研究员、中国工程院院士	精密机械与精密仪器系主任	2020.01.11
39	朱俊强	中国科学院工程热物理所所长、研究员	热科学与能源工程系主任	2020.01.11
40	陈新文	中国科学院广州生物医药与健康研究院院长，国家杰出青年基金获得者，中国科学院人才计划入选者	医药生物技术系主任	2020.01.11
41	汪寿阳	发展中国家科学院院士、国际系统与控制科学院院士	管理科学系主任	2020.01.11
42	张新雨	中国科学院数学与系统科学研究院/预测中心研究员	统计与金融系主任	2020.01.11

续表

序号	姓　名	所属单位和职务	我校聘任职务	聘任时间
43	常　进	国家天文台台长、院士	天文学系主任	2020.03.19
44	唐玉国	中国科学院苏州生物医学工程技术研究所所长	生物医学工程学院(苏州)院长	2020.04.27
45	马隆龙	中国科学院广州能源研究所所长	能源科学与技术学院院长	2020.05.09
46	李建刚	中国科学院等离子体物理研究所研究员、中国工程院院士	核科学技术学院院长	2020.05.15
47	刘文清	中国科学院安光所学术所长、中国工程院院士	环境科学与工程系主任	2020.06.04
48	欧阳钟灿	中国科学院理论物理研究所研究员、院士	物理系主任	2020.07.16
49	沈保根	中国科学院物理研究所研究员、中国科学院院士、发展中国家科学院院士	物理学院院长	2020.07.16
50	周忠和	中国科学院古脊椎动物与古人类研究所研究员、所长,中国科学院院士、发展中国家科学院院士	人文与社会科学学院院长	2020.07.16
51	王俊峰	中国科学院合肥物质科学研究院副院长	中国科技大学研究生院科学岛分院院长	2020.08.12
52	赵红卫	中国科学院近代物理研究所党委书记、副所长、院士	加速器科学与工程物理系主任	2020.11.16
53	曹则贤	中国科学院物理所研究员	科技传播系主任	2020.12.07
54	潘建伟	中国科学院院士、发展中国家科学院院士	科技哲学系主任	2020.12.07
55	陈　霖	中国科学院院士、第三世界科学院院士	心理学系(筹)主任	2020.12.07
56	刘庆峰	科大讯飞董事长	语言科学交叉研究中心主任	2020.12.07
57	向　涛	中国科学院院士、发展中国家科学院院士	近代物理系主任	2020.12.29
58	王建宇	原中国科学院上海技术物理研究所所长,原中国科学院上海分院院长,院士	工程与应用物理系主任	2020.12.29
59	邓　强	中国科学院苏州纳米所党委书记、副所长(主持工作)	纳米技术与纳米仿生学院副院长(主持工作)	2021.02.01
60	吕建成	中国科学院广州能源研究所所长	能源科学与技术学院院长	2022.02.27

续表

序号	姓　名	所属单位和职务	我校聘任职务	聘任时间
61	齐　涛	中国科学院赣江创新研究院院长	稀土学院院长	2022.06.20
62	万宝年	中国科学院等离子体所首席科学家、院士	等离子体物理与聚变工程系主任	2022.06.26

与中国科学院研究院所联合创办“科技英才班”

校级“科技英才班”一览表

序号	科技英才班名称	合　作　单　位	签署协议时间
1	华罗庚数学科技英才班	中国科学院数学与系统科学研究院	2009.03.18
2	师昌绪材料科学科技英才班	中国科学院金属研究所	2009.06.11
3	贝时璋生命科技英才班	中国科学院生物物理研究所 中国科学院上海生命科学研究院	2009.07.09
4	严济慈物理科技英才班	中国科学院物理研究所	2009.07.09
5	王大珩光机电科技英才班	中国科学院长春光学精密机械与物理研究所	2009.07.09
6	赵忠尧应用物理科技英才班	中国科学院上海应用物理所	2009.07.09
7	钱学森力学科技英才班	中国科学院力学研究所	2009.07.09
8	卢嘉锡化学科技英才班	中国科学院化学研究所、中国科学院上海有机化学研究所	2010.06.09
9	王绶琯天文科技英才班	中国科学院国家天文台、中国科学院紫金山天文台、中国科学院上海天文台	2010.06.09
10	赵九章现代地球和空间科技英才班	中国科学院地质与地球物理研究所	2010.06.09
11	华夏计算机科技英才班	中国科学院计算技术研究所	2010.06.09
12	信息科技英才班	中国科学院电子学研究所	2016.01.06
13	新能源英才班	中国科学院广州能源研究所	2016.08.26
14	精密光机电与环境英才班	中国科学院合肥物质科学研究院	2016.12.15
15	环境科学与工程科技英才班	中国科学院城市环境研究所	2020.12.16

院级“科技英才班”一览表

序号	科技英才班名称	合 作 单 位	签署协议时间
1	钱三强英才班	中国科学院高能物理研究所	2013.06.03
2	黄昆英才班	中国科学院半导体研究所	2013.06.04
3	技术物理英才班	中国科学院上海技术物理研究所	2013.07.03
4	尚光英才班	中国科学院上海光学精密机械研究所	2013.09.01
5	王淦昌英才班	中国科学院等离子体物理研究所	2013.09.29
6	杨澄中英才班	中国科学院近代物理研究所	2013.10.16
7	天眷英才班	中国科学院武汉物理与数学研究所	2013.11.12
8	吴自良超导英才班	中国科学院上海微系统与信息技术研究所	2015.01.07
9	吴仲华英才班	中国科学院工程热物理研究所	2015.03.02
10	稀土英才班	中国科学院赣江创新研究院	2022.09.01

近年来接收中国科学院研究院所代培研究生情况一览表

年 度	人 数
1999	302
2000	379
2001	522
2002	750
2003	835
2004	859
2005	896
2006	995
2007	961
2008	996
2009	1074

续表

年　度	人　数
2010	1065
2011	1075
2012	1106
2013	1050
2014	822
2015	841
2016	774
2017	784
2018	815
2019	857
2020	845
2021	809
2022	842
合　计	20254

近年来向中国科学院研究院所推荐免试研究生情况一览表

年　度	人　数
1999	52
2000	52
2001	85
2002	167
2003	201
2004	150
2005	180
2006	221
2007	198

续表

年　度	人　数
2008	191
2009	188
2010	194
2011	177
2012	153
2013	145
2014	124
2015	112
2016	84
2017	82
2018	62
2019	56
2020	56
2021	50
2022	40
合　计	3020

近年来本科生在中国科学院研究院所开展实践教学情况一览表

年　度	大学生研究计划	专业实习	毕业论文	合　计
2004	223	397	157	777
2005	238	350	101	689
2006	301	368	94	763
2007	487	554	107	1148
2008	284	303	112	699
2009	329	309	108	746
2010	292	335	185	812

续表

年　度	大学生研究计划	专业实习	毕业论文	合　计
2011	228	358	174	760
2012	162	423	172	757
2013	131	690	198	1019
2014	73	469	164	706
2015	104	561	146	811
2016	47	602	139	788
2017	48	547	110	705
2018	30	587	113	730
2019	11	355	55	421
2020	5	262	57	324
2021	6	285	52	343
2022	2	274	56	332

中国科学院研究院所在学校设立奖学金一览表

序号	奖学金名称	设　立　单　位	设立时间
1	力学攀登奖	中国科学院力学研究所	1994 年
2	祖同奖学金	中国科学院西安光学精密机械研究所	2003 年
3	李薰奖学金	中国科学院沈阳金属研究所	2005 年
4	长光奖学金	中国科学院长春光学精密机械与物理研究所	2006 年
5	黄鸣龙奖学金	中国科学院上海有机化学研究所	2006 年
6	成都光电奖学金	中国科学院光电技术研究所	2006 年
7	赵九章奖学金	中国科学院空间科学与应用研究中心	2007 年
8	地学攀登奖学金	中国科学院地质与地球物理研究所	2007 年
9	吴学周奖学金	中国科学院长春应用化学研究所	2007 年
10	微系统所奖学金	中国科学院上海微系统与信息技术研究所	2007 年
11	国家天文台奖学金	中国科学院国家天文台	2009 年
12	大连化学物理研究所优秀学生奖学金	中国科学院大连化学物理研究所	2010 年

续表

序号	奖学金名称	设 立 单 位	设立时间
13	化学所英才奖学金	中国科学院化学研究所	2011 年
14	广州能源所奖学金	中国科学院广州能源研究所	2011 年
15	电子所奖学金	中国科学院电子学研究所	2011 年
16	近代物理所奖学金	中国科学院近代物理研究所	2012 年
17	林兰英奖学金	中国科学院半导体研究所	2012 年
18	卢嘉锡奖学金	中国科学院福建物质结构研究所	2013 年
19	华罗庚奖学金	中国科学院数学与系统科学研究院	2015 年
20	赵忠尧奖学金	中国科学院“粒子物理前沿卓越创新中心”、教育部“基本粒子与相互作用协同创新中心(筹)”	2015 年
21	中国科学院广能所奖学、奖教金	中国科学院广州能源所	2016 年
22	上海硅酸盐研究所大学生奖学金	中国科学院上海硅酸盐研究所	2016 年
23	中国科学院苏州纳米所奖学金	中国科学院苏州纳米技术与纳米仿生研究所	2018 年
24	中国科学院广州能源所大学生奖学金	中国科学院广州能源所	2018 年

近年来与中国科学院研究院所共建科教结合平台一览表

序号	机构名称	共建单位	成立时间
1	系统生物学系	中国科学院上海生命科学研究院	2005.09
2	强子物理研究中心	中国科学院近代物理研究所	2006.03
3	医药生物技术系	中国科学院广州生物医药与健康研究院	2006.07
4	核科学技术学院	中国科学院合肥物质科学研究院	2009.01
5	计算机科学与技术学院	中国科学院计算技术研究所、中国科学院软件研究所、中国科学院沈阳计算技术研究所	2009.05

续表

序号	机构名称	共建单位	成立时间
6	光学与光学工程系	中国科学院上海光学精密机械研究所、 中国科学院光电技术研究所、 中国科学院西安光学精密机械研究所、 中国科学院长春光学精密机械与物理研究所、 中国科学院安徽光学精密机械研究所	2009.12
7	数学科学学院	中国科学院数学与系统科学研究院	2011.05
8	中国科学院国家数学与交叉科学中心——合肥分中心	中国科学院数学与系统科学研究院	2011.05
9	合肥物质科学技术中心	中国科学院合肥物质科学研究院	2011.09
10	环境科学与光电技术学院	中国科学院合肥物质科学研究院	2011.09
11	中国科学院核能安全技术研究所	中国科学院合肥物质科学研究院	2011.09
12	生态与环境研究生交叉学科中心	中国科学院生态环境研究中心	2012.07
13	苏州纳米科技协同创新中心	中国科学院纳米技术与仿生研究所、 苏州大学、东南大学、西安交通大学、 苏州园区管委会	2012.07(组建) 2013.05(揭牌)
14	量子信息与量子科技前沿协同创新中心	中国科学院上海技术物理研究所、 中国科学院半导体研究所、 南京大学、国防科技大学	2012.07(组建) 2014.01(揭牌)
15	粒子物理前沿卓越创新中心	中国科学院高能物理研究所、 中国科学院大学、清华大学、 上海交通大学、北京大学、南开大学、 山东大学、南京大学、北京航空航天大学、 中国科学院理论物理所、中山大学、湘潭大学	2014.01
16	国家示范性微电子学院	中国科学院长春光学精密机械与物理研究所	2015.12
17	合肥能源研究院	中国科学院广州能源研究所、合肥市人民政府	2016.11

近年来与中国科学院研究院所共建实验室一览表

序号	实验室名称	共建(合作)单位	成立时间
1	星系和宇宙学联合实验室	中国科学院上海天文台	2005.01
2	核探测技术与核电子学联合实验室	中国科学院高能物理研究所	2005.04
3	化学物理联合实验室	中国科学院大连化学物理研究所	2005.06
4	智能科学与技术联合实验室	中国科学院自动化研究所	2005.07
5	蛋白质科学联合实验室	中国科学院生物物理研究所	2005.07
6	网络与通信联合实验室	中国科学院沈阳计算技术研究所	2005.09
7	绿色合成化学联合实验室	中国科学院上海有机化学研究所	2005.11
8	数学物理联合实验室	中国科学院武汉物理与数学研究所	2005.12
9	科技传播研究所	中国科学院科学时报社	2006.02
10	强子物理研究中心	兰州重离子国家实验室	2006.03
11	网络传播系统与控制联合实验室	中国科学院声学研究所	2006.11
12	新能源材料联合实验室	中国科学院上海硅酸盐研究所	2007.04
13	无机固体联合实验室	中国科学院福建物质结构研究所	2007.05
14	高分子薄膜与溶液联合实验室	中国科学院长春应用化学研究所	2007.09
15	分析化学研究伙伴小组	中国科学院长春应用化学研究所	2008.01
16	中国科学院星系宇宙学重点实验室(星系和宇宙学联合实验室)	中国科学院上海天文台	2008.12 (2005.01)
17	核探测与核电子学国家重点实验室(核探测技术与核电子学联合实验室)	中国科学院高能物理研究所	2008.12 (2005.04)
18	中国科学院网络传播系统与控制重点实验室(培育建设)(网络传播系统与控制联合实验室)	中国科学院声学研究所	2008.12 (2006.11)
19	中国科学院能量转换材料重点实验室(新能源材料联合实验室)	中国科学院上海硅酸盐研究所	2008.12 (2007.04)
20	超精密控制与系统联合实验室	中国科学院长春光学精密机械与物理研究所	2010.05
21	微纳电子系统集成研究中心	中国科学院微电子研究所	2010.09
22	环境污染控制联合实验室	中国科学院城市环境研究所	2012.01

续表

序号	实验室名称	共建(合作)单位	成立时间
23	中国科学院空间信息处理与应用系统技术重点实验室	中国科学院电子学研究所	2013.04
24	生物质催化转化联合实验室	中国科学院广州能源研究所	2013.12
25	中国科学院城市污染物转化重点实验室(环境污染控制联合实验室)	中国科学院城市环境研究所	2014.08 (2012.01)
26	天然活性多肽联合实验室	中国科学院昆明动物研究所	2015.03
27	超导量子器件与量子信息联合实验室	中国科学院上海微系统与信息技术研究所	2015.10
28	中国科学院微观磁共振重点实验室(量子生物物理联合实验室)	中国科学院生物物理研究所、中国科学院物理研究所、中国科学院化学研究所	2016.08 (2014.10)
29	国家合成生物技术创新中心	中国科学院天津工业生物技术研究所	2017.06
30	中国科学院比较行星学卓越创新中心	中国科学院地球化学研究所及遥感所、地理所、国家空间科学中心、广州地化所、紫金山天文台、国家天文台及中山大学、南京大学、中国地质大学(武汉)、武汉大学、北京大学、山东大学、吉林大学、桂林理工、成都理工、澳门科技大学、香港大学	2019.01
31	海洋物理联合实验室	中国科学院深海科学与工程研究所	2021.03

注:学校与中国科学院研究院所共建的上述联合实验室中,已有部分实验室升格为国家或省部级重点实验室。

近年来与中国科学院研究院所共建科教融合学院一览表

学科领域	研究所	共建学院	成立时间或进展情况
化学化工与材料学科领域	中国科学院金属研究所	材料科学与工程学院	2015.09.02
	中国科学院苏州纳米技术与纳米仿生研究所	纳米技术与纳米仿生学院	2016.06.17
	中国科学院长春应用化学研究所	应用化学与工程学院	2017.08.26

续表

学科领域	研究所	共建学院	成立时间或进展情况
物理天文学科领域	中国科学院合肥物质科学研究院	核科学技术学院	2008.12.18
	中国科学院合肥物质科学研究院	环境科学与光电技术学院	2011.09.28
	中国科学院紫金山天文台	天文与空间科学学院	2016.06.17
生物医学学科领域	中国科学院苏州生物医学工程技术研究所	生物医学工程学院(苏州)	2020.05.16
能源科技与工程领域	中国科学院广州能源研究所	能源科学与技术学院	2020.05.09
稀土领域	中国科学院赣江创新研究院	稀土学院	2020.10.09

十四、办学支撑条件

图书馆馆藏情况

类别/数量/项目		纸质文献总计	电子文献总计	图书							期刊			报纸	视听资料
				合计	中文			外文			合计	中文	外文		
					小计	社科	科技	小计	社科	科技					
总藏书量 2022		2615961 万册		2052025 万册	1813358 万册	807456 万册	1005902 万册	238667 万册	23053 万册	215614 万册	563936 万册	266901 万册	297035 万册	6625 册	0
2013 年购置	种	15793	5610000	14274	13630	7600	6030	644		644	1454	1282	172	65	0
	册	42671	5610000	40857	40180	22800	17380	677		677	1677	1505	172	137	0
2014 年购置	种	22690	5840000	21717	20952	11524	9428	765		765	943	798	145	30	0
	册	55806	6110000	54495	53712	29542	24170	783		783	1271	1125	146	40	0
2015 年购置	种	20375	6090000	19534	18878	12428	6450	656	172	484	795	684	111	46	0
	册	43351	6630000	42164	41493	24548	16945	671	173	498	1097	985	112	90	0
2016 年购置	种	22121	6350000	21280	20410	13458	6952	870	51	819	795	684	111	46	0
	册	46175	7180000	44988	44095	26328	17767	893	56	837	1097	985	112	90	0

续表

项目	数量	纸质文献总计	电子文献总计	图书							期刊			报纸	视听资料
				合计	中文			外文			合计	中文	外文		
					小计	社科	科技	小计	社科	科技					
2017年购置	种	26290	6650000	25726	24281	13356	10925	1445	68	1377	519	480	39	45	0
	册	48265	7780000	47413	45841	24060	21781	1572	68	1504	764	725	39	88	0
2018年购置	种	15346	6950000	14829	13665	8178	5815	1164	100	1064	473	445	28	44	0
	册	32097	8380000	31293	29901	15206	14697	1392	163	1229	712	684	28	92	0
2019年购置	种	24205	7250000	23863	22856	9761	13095	1007	94	913	302	274	28	40	0
	册	44572	8980000	44064	42995	17117	25878	1069	98	971	434	406	28	74	0
2020年购置	种	18013	7550000	17731	17260	8161	9099	471	42	429	260	243	17	22	0
	册	38156	9580000	37737	36849	15501	21348	488	43	445	370	353	17	49	0
2021年购置	种	34413	7850000	34165	33740	14296	19444	425	29	396	228	211	17	20	0
	册	58495	10180000	58124	57667	25519	32148	457	34	423	327	310	17	44	0
2022年购置	种	27332	8150000	27067	26639	15046	11593	428	18	410	245	231	14	20	0
	册	56961	10780000	56547	56093	26910	29183	454	18	436	360	346	14	54	0

出版社出版图书数据

年度	品种		总印数（万册）	总印张（千印张）	新出图书版面字数（万字）	定价总金额（万元）
	总量	新版				
2016	454	222	216	24067	8039	8562
2017	496	244	169	27242	11195	8016
2018	530	233	195	30180	8265	9532
2019	555	184	185	33166	7082	11945
2020	533	251	178	28275	8621	9032
2021	582	257	178	33585	10650	9302
2022	576	293	173	33445	11203	10787

档案馆馆藏情况

单位:卷、件

类别＼年度	2019	2020	2021	2022
教学类档案	40496 件	32565 件	44571 件	54429 件
科研类档案	757 卷	785 卷	662 卷	722 卷
先导专项类档案	157 卷 1668 件	32 卷 25 件	113 卷 11 件	0 卷 0 件
产品类档案	1 卷	0 卷	2 卷	0 卷
党群类档案	60 件	1029 件	1415 件	1046 件
行政类档案	1251 件	1625 件	8572 件	70 件
外事类档案	101 件	3231 件	2877 件	528 件
财会类档案	7549 卷	7294 卷	7253 卷 100 件	6806 卷
基建类档案	1993 卷	604 卷	3735 卷	1494 卷
设备类档案	35 卷	0 卷	91 卷	348 卷
人物类档案	3 卷	0 卷	0 卷	3 卷
出版物类档案	81 件	124 件	115 件	140 件

续表

年度 / 类别	2019	2020	2021	2022
声像类档案	293 件	1580 件	425 件	2548 件
寄存类档案				7616 件
实物类档案	730 件	10 件	36 件	29 件
文博类档案			158 件	71 件
资料(不计入)	149 件	2223 件	1546 件	1638 件
年度进馆总数	10495 卷 44680 件	8715 卷 40189 件	11856 卷 58280 件	9373 卷 66477 件
馆藏总数	152049 卷 464067 件	160764 卷 504256 件	172620 卷 562536 件	181933 卷 629013 件

注：1. 党群、行政、教学类档案根据国家有关规定自 2001 年起由案卷级改为文件级。
2. 寄存类档案 2022 年移出 91 件。
3. 本表更新于 2022 年 12 月 19 日。

近年来校园网络建设情况

年份	联网计算机数(台)	用户数(人)	带宽(MBps)	光缆长度(km)*	网络设备数(台)*	经费投入(万元)*
1996	280	350	0.064	7.3	38	201
1997	1400	1800	0.128	11.5	45	226
1998	2900	5400	0.256	19.8	94	276
1999	4500	8800	0.512	28.1	115	531
2000	6800	13000	155	39.6	347	807
2001	7820	14589	410	48.2	766	1407
2002	8500	16800	665	52.8	886	1857
2003	9820	19990	665	55.1	993	1984
2004	13500	22393	2800	56.1	1123	2284
2005	16000	23500	6000	57.1	1173	2584
2006	18000	24330	8750	62.1	1379	2915
2007	20000	29246	8850	66.1	1627	3250
2008	21000	33620	8850	69.7	1782	3765
2009	22000	39370	11200	71.2	1897	4990

续表

年份	联网计算机数(台)	用户数(人)	带宽(MBps)	光缆长度(km)*	网络设备数(台)*	经费投入(万元)*
2010	23000	45120	11355	72.2	2022	6343
2011	24000	50870	11855	75.2	2047	7668
2012	35000	50259	11855	78.5	2358	9141
2013	44000	61528	13500	79.4	2473	10214
2014	46000	62925	13600	81.9	2990	11482
2015	46000	65657	14500	85.3	3552	12239
2016	46000	74891	17100	87.5	4641	13553
2017	46000	74669	23200	90.6	5708	15353
2018	46000	82841	23200	94.9	9008	17281
2019	46000	85914	25000	94.9	8089	19069
2020	46000	87927	30000	94.9	10619	20627
2021	46000	97533	30000	94.9	12701	22457
2022	46000	106664	30000	94.9	15221	24365

注：带*为逐年累计数。

年度举办展览情况

序号	展 览 名 称	主 办 单 位	开幕时间
1	虎虎生福——2022 壬寅虎年新春生肖文物(图片)联展	档案文博院	2 月 20 日
2	郭沫若严济慈老校长纪念室	档案文博院	9 月 19 日
3	永恒的东风——郭沫若先生诞辰 130 周年纪念展	档案文博院 郭沫若纪念馆 党委宣传部	11 月 17 日
4	格物穷理　德厚流光——赵忠尧先生诞辰 120 周年纪念展	档案文博院 浙江省诸暨中学 中国两弹城	12 月 12 日
5	中国科大与日本学术交流与合作——纪念中日邦交正常化 50 周年展	国际合作与交流部 档案文博院 党委宣传部	12 月 12 日

年度教学科研仪器设备统计表

单位：万元

单位名称	仪器设备拥有量				其中：10 万元以上			
	年初数		年末数		年初数		年末数	
	台件	金额	台件	金额	台件	金额	台件	金额
合计	110472	625490.16	116515	690695.87	10241	481083.13	11432	535768.29
少年班学院(少年班、教改试点班	239	188.79	187	151.40	1	11.35	1	11.35
信息管理与决策科学系	305	294.83	312	306.03	2	54.15	2	54.15
管理科学系	583	551.28	691	642.17	3	102.00	4	128.20
统计与金融系	395	422.70	414	458.78	4	72.47	4	74.50
工商管理培训部	30	25.42	36	30.23	0	0.00	0	0.00
MBA 中心	10	5.23	18	7.56	0	0.00	0	0.00
化学院院属	582	1498.53	580	1387.38	28	1079.45	27	968.24
化学物理系	2620	15239.26	2668	16239.61	310	10861.76	330	11619.97
材料科学与工程系	2543	9646.55	2715	10199.57	208	6667.47	220	7017.36
化学系	5670	16150.37	5847	16835.72	356	9991.88	379	10488.25
高分子科学与工程系	1699	5517.88	1811	6093.34	122	3963.03	134	4439.65
数学科学学院	1161	2223.42	1331	2494.19	29	989.74	33	1100.59
化学院实验教学中心	2615	7655.73	2660	8316.38	119	5428.15	127	6024.89

续表

单位名称	仪器设备拥有量				其中：10万元以上			
	年初数		年末数		年初数		年末数	
	台件	金额	台件	金额	台件	金额	台件	金额
地球和空间科学学院	6256	38699.34	6637	41232.92	688	29318.44	726	31296.82
生命学院院属	8150	42318.15	8759	47044.46	704	30756.49	790	34399.97
分子生物学与细胞生物学系	2031	10813.70	2042	10891.87	205	7726.53	206	7777.05
神经生物学与生物物理学系	713	3607.39	747	3670.01	72	2417.40	73	2428.58
系统生物学系	79	339.46	76	310.55	6	206.61	5	179.67
医药生物技术系	43	397.70	53	401.55	10	337.47	10	337.47
工程学院院属	713	1662.00	689	1646.99	36	1153.88	36	1153.88
近代力学系	2047	10519.73	2055	11020.41	223	7059.88	229	7384.66
精密机械与精密仪器系	1805	5797.82	1725	6120.24	138	3490.63	147	3840.05
物理学院院属	242	628.97	247	631.35	5	425.07	5	425.07
热科学和能源工程系	1457	3838.05	1317	4061.15	66	2115.31	73	2459.44
安全科学与工程系	1	0.54	1	0.54	0	0.00	0	0.00
信息学院院属	1981	2487.96	1876	3000.95	36	1089.72	41	1591.94
电子工程与信息科学系	2846	10903.99	3239	18319.06	241	6737.41	461	13320.04
自动化系	1996	3547.45	2029	3644.01	55	1425.56	58	1491.36
电子科学与技术系	2254	6303.20	2399	7133.55	85	4779.72	97	5471.67
信息安全专业	372	1534.62	457	1815.74	34	997.94	44	1209.62
信息中心	1429	3773.67	1485	4180.67	36	2653.35	46	2994.69

续表

单位名称	仪器设备拥有量				其中：10万元以上			
	年初数		年末数		年初数		年末数	
	台件	金额	台件	金额	台件	金额	台件	金额
军事与空间研究基地	19	136.28	19	136.28	5	115.01	5	115.01
教育部微软重点实验室	669	3921.37	705	4383.27	125	3039.29	150	3490.10
物理系	2274	14183.42	2156	15476.85	260	10922.24	293	12115.76
未来网络实验室	422	1299.99	492	976.48	19	928.97	21	551.22
人文学院院属	311	495.37	243	466.52	5	151.66	7	185.51
外语系	204	101.08	119	59.42	0	0.00	0	0.00
科技史与科技考古系	571	2030.68	614	2138.38	40	1545.30	44	1631.19
科技传播与科技政策系	276	333.79	375	531.12	2	47.77	6	159.66
科技哲学教学研究部	57	27.24	66	34.87	0	0.00	0	0.00
人文素质教学研究部	21	54.12	16	51.86	2	40.00	2	40.00
马克思主义理论教学研究部	0	0.00	3	1.63	0	0.00	0	0.00
体育教学部	237	205.66	235	252.25	1	55.80	2	72.70
陶瓷艺术中心	12	14.02	8	12.61	0	0.00	0	0.00
近代物理系	7450	35927.12	7827	41091.04	709	23720.96	816	27956.82
经济学院院属	3	2.17	3	2.17	0	0.00	0	0.00
烟草科学系	18	8.38	18	8.38	0	0.00	0	0.00
食品科学与工程系	18	6.03	18	6.03	0	0.00	0	0.00
机电工程系	14	4.69	14	4.69	0	0.00	0	0.00

续表

单位名称	仪器设备拥有量				其中：10万元以上			
	年初数		年末数		年初数		年末数	
	台件	金额	台件	金额	台件	金额	台件	金额
核科学技术学院	1506	6994.46	1404	6662.09	189	4421.73	176	4070.32
计算机科学与技术学院	3562	9091.43	4125	10366.18	180	4884.23	199	5472.18
软件学院	1366	1202.62	1373	1213.07	16	382.31	16	382.31
公共事务学院	614	499.40	608	492.65	3	62.35	3	62.35
继续教育学院	52	52.90	1	18.00	1	18.00	1	18.00
国家同步辐射实验室	6734	55070.85	7288	60857.58	888	42209.57	1004	47188.39
天文与应用物理系	1695	4918.75	1746	5136.57	111	3022.36	116	3097.71
火灾科学国家重点实验室	2366	12577.80	2523	14547.45	202	9477.56	236	11157.57
合肥微尺度物质科学国家研究中心	12360	172651.69	12079	174197.92	1932	154627.43	1922	156513.60
核探测与核电子学国家重点实验室	409	2029.89	507	2721.34	38	1433.88	52	2005.98
中国科学院 量子信息重点实验室	2655	32024.51	2749	33773.17	630	27250.21	678	28821.01
非线性中心	225	787.85	219	780.83	13	544.77	13	544.77
烟草与健康研究中心	134	248.58	128	195.82	4	137.03	2	95.53
图书馆	1269	3843.59	1494	4247.26	85	2137.37	90	2256.99
理化科学实验中心	122	584.14	121	583.68	2	535.27	2	535.27
工程科学实验中心	390	7626.19	385	8571.88	91	7242.75	91	8207.23
信息科学实验中心	410	6110.72	413	6341.83	87	5243.97	89	5474.10
光学与光学工程系	864	3124.20	915	3579.73	62	1765.49	74	2062.84

续表

单位名称	仪器设备拥有量				其中：10 万元以上			
	年初数		年末数		年初数		年末数	
	台件	金额	台件	金额	台件	金额	台件	金额
生命科学实验中心	358	5966.57	372	6349.66	50	5686.46	51	6068.22
量子信息与量子科技创新研究院	374	11585.15	517	14523.17	127	11032.92	176	13678.22
工程与应用物理系	289	949.38	218	828.93	19	524.58	21	524.72
类脑智能技术及应用国家工程实验室	458	5142.72	536	9992.31	150	4611.18	164	9314.05
工程科学实验教学中心	1005	3455.16	1032	3727.73	59	2217.49	69	2430.92
大数据学院	12	12.12	12	12.12	0	0.00	0	0.00
创新创业学院	13	16.18	13	16.18	0	0.00	0	0.00
马克思主义学院	42	18.48	37	17.60	0	0.00	0	0.00
应用化学系	114	208.55	163	348.96	3	81.71	6	142.57
环境科学与工程系	1210	4079.19	1463	5122.96	72	2946.89	87	3706.35
物理实验教学中心	3271	7582.17	3382	8657.38	190	5211.89	218	5958.86
信息与计算机实验教学中心	9	6.03	261	187.79	0	0.00	0	0.00
未来技术学院	0	0.00	1239	11058.90	0	0.00	185	9167.25
苏州高等研究院	0	0.00	42	62.76	0	0.00	0	0.00
心理学系	0	0.00	2	3.37	0	0.00	0	0.00
本科生院院属	1	2.97	58	102.88	0	0.00	2	52.76
管理学院院属	1140	1680.77	1056	1473.86	47	893.82	35	751.08

2022 年经费收入情况统计表

单位：万元

项　　目	本　年　收　入
一、教育经费拨款	176781.12
二、科研经费拨款	162206.72
三、基本建设拨款	27356.09
四、其他经费拨款	10365.60
五、上级补助收入	—
六、教育事业收入	66675.98
七、科研事业收入	166700.07
八、经营收入(所属单位对外收入)	19943.77
九、附属单位缴款	—
十、其他收入	136984.00
十一、拨入专款	155.94
合计	767169.29

2022 年经费支出情况统计表

单位：万元

项　　目	本　年　支　出
一、教育事业支出	264462.97
二、科研事业支出	204848.74
三、院拨科研经费支出	167512.44
四、经营支出(所属单位对外支出)	15228.06
五、专款支出	107.15
六、基本建设支出	47976.67
合　　计	700136.03

2022 年固定资产情况表

单位：万元

项　　目	金　　额
固定资产原值	1244233.16
其中：1. 房屋建筑物原值	400662.30
2. 专用设备原值	410292.84
3. 通用设备原值	326764.64
4. 图书原值	33402.83
5. 其他固定资产	73110.54

2022 年科研经费到款情况表

单位：万元

类　　别	金　　额
一、科研事业费	5788.67
二、主管部门专项费	156324.18
三、国家发改委、科技部专项费	29826.34
四、国家自然科学基金项目费	62549.19
五、国务院其他部门专项费	24198.45
六、省、市、自治区专项费	27001.22
七、企、事业单位委托经费	23124.87
八、其他	155.94
合　　计	328968.86

教育基金会 2022 年捐赠收入统计

序号	科　目	金　额
1	创新创业基金	1000000.00
2	基础教育基金	1027860.00
3	人才建设基金	3104000.00
4	校园建设基金	10000.00
5	立德树人基金	8499574.06
6	社会公益基金	45500.00
7	科技攻关基金	1.66
8	通用基金	17859302.03
9	海外校友基金	142100.00
10	新创基金	768000.00
11	郭永怀李佩奖基金	10000.00
12	唐仲英基金	4280000.00
13	庆峰基金	2000000.00
14	杨亚基金	300000.00
15	江淮蔚来基金	1000000.00
16	陈林义基金	300000.00
17	蓝风基金	400000.00
18	人文发展基金	1320000.00
19	2019-nCov 疫情抗击	410000.00
20	校友会基金	284616.89
21	少年班学院基金	320000.00
22	数学科学学院基金	1840800.00
23	化学与材料科学学院基金	540000.00
24	工程科学学院基金	296500.00
25	信息科学技术学院基金	683000.00

续表

序号	科　　目	金　　额
26	地球和空间科学学院基金	94000.00
27	生命科学与医学部基金	4492000.00
28	计算机科学与技术学院基金	264750.00
29	管理学院基金	859348.60
30	公共事务学院基金	130000.00
31	核科学技术学院基金	120000.00
32	火灾科学国家重点实验室基金	1098656.00
33	微电子学院基金	625000.00
34	合肥微尺度物质科学国家研究中心基金	100000.00
35	国家同步辐射实验室基金	320000.00
36	附属第一医院基金	2270000.00
37	环境科学与工程系基金	230000.00
38	网络空间安全学院基金	150000.00
39	大数据学院基金	30000.00

年度竣工和在建校舍情况

单位：万元、m^2

项　目　类　别	投资资金来源			房屋建筑面积		
	完成投资合计	其中		施工面积	其中	
		国家预算内总投资	自筹总资金		竣工面积	在建面积
一、教学科研	61758	63067	32834	172663	5492	167171
东区人文楼改扩建项目	428		5000	8000		8000
中国科学院先导C科技专项《高精度电磁测量核心技术装备》示范工程西区新建洁净室项目	2996	5100		2400		2400
合肥综合性国家科学中心协同创新交叉研究平台	37352	44129	18913	126871		126871

续表

项目类别	投资资金来源			房屋建筑面积		
	完成投资合计	其中		施工面积	其中	
		国家预算内总投资	自筹总资金		竣工面积	在建面积
量子信息技术协同创新平台	18539	13838	5931	29900		29900
西区学术交流空间建设项目	446		500	450	450	
中校区学习空间项目	438		500	1200	1200	
中校区艺术教学中心	1559		1990	3842	3842	
二、生活用房	42328		96700	164587	95850	68737
高校校区学生宿舍楼	37600		45700	95000	95000	
西区水泵房改造项目	806		1000	850	850	
苏州教师公寓项目	3922		50000	68737		68737
合计	104086	63067	129534	337250	101342	235908
校园总面积	1636798 m^2		校园总建筑面积	1244221 m^2		

十五、2022 年大事记

1 月

5 日 校党委常委、副校长吴枫作党的十九届六中全会精神宣讲报告。

5 日 美国《物理评论快报》在线发表我校工程科学学院近代力学系姜洪源课题组在生物力学领域取得的重要进展。他们建立了上皮组织断裂破坏的理论模型，揭示了上皮细胞单层的脆韧转变机制。

5—6 日 学校举办 2022 年冷冻电镜原位成像研讨会与培训班。

6 日 学校举办“从网络空间到元宇宙的展望：我们将何去何从”线上国际研讨会。

6 日 学校举办第八届交叉科学与应用论坛——“迈向太空”。

7 日 学校成立欧美同学会（留学人员联谊会）。

7 日 学校举办 2021 年度优秀创新创业项目总结交流座谈会。

10 日 校党委常委、副校长周丛照作党的十九届六中全会精神宣讲报告。

10 日 学校举办少年班学院专业班班主任聘任仪式。

11 日 英国《自然》杂志子刊《自然 · 通讯》在线发表我校郭光灿院士团队在硅基半导体自旋量子比特操控研究中取得的重要进展。该团队郭国平教授、李海欧研究员与中国科学院物理所张建军研究员等人和美国、澳大利亚的研究人员及本源量子计算公司合作，实现了硅基自旋量子比特的超快操控，其自旋翻转速率超过 540 MHz，它是目前国际上已报道的最高值。

12 日 学校举办第六期创新创业教育沙龙。

13 日 学校召开人大代表、政协委员和政府参事等党外代表人士新年茶话会。

13 日 校党委书记舒歌群调研马克思主义学院。

13 日 校纪委召开 2021 年度院级党组织纪检委员述责述廉会议。

13 日 学校召开 2021 年度实验教学可持续发展研讨会（第二届）。

13 日 学校举办科技部国家重点研发计划“原初引力波理论科学及观测台址大气科学的交叉研究”项目启动会暨实施方案论证会。

13—17 日 我校工程科学学院与生态环境部卫星环境应用中心共建的大气环境遥感创新与研发基地采用完全自主开发的大气污染物超光谱遥感算法，成功捕获汤加火山喷发产生的二氧化硫烟羽分布。

14 日 英国《自然》杂志子刊《自然 · 天文学》在线发表我校天文学系活动星系研究团队与广西民族大学、北京大学、南京大学等单位合作研究成果。研究人员首次探测到活动星系演化进程中恒星形成率的反弹现象。

14 日 美国《物理评论快报》在线发表我校郭光灿院士团队李传锋、项国勇研究组与复旦大学朱黄俊和北京理工大学尚江伟合作研究成果。他们首次在实验上实现了基于局域操作的最优量子门检验。

14—15 日 学校召开中共中国科学技术大学第十二届代表大会 2021 年年会暨第十届教职工代表大会第三次会议。

15 日 学校召开仿生纳米材料学科建设研讨会。

17 日 学校召开党史学习教育总结会议。

17 日 英国《自然》杂志子刊《自然·光子学》在线发表我校郭光灿院士领导的中国科学院量子信息重点实验室的韩正甫教授及其合作者王双、银振强、何德勇、陈巍等研究成果。他们实现了830公里光纤信道量子密钥分发，将安全传输距离的世界纪录提升了200余公里，向实现千公里陆基量子保密通信迈出了重要的一步。

18 日 我校郭光灿院士团队的“稀土离子实现多模式量子中继及1小时光存储”入选2021年度“中国十大科技进展新闻”。我校杨睿智教授作为共同通讯作者参与的研究成果“1400万亿电子伏特 我国科学家观测到迄今最高能量光子”、地球和空间科学学院空间有效载荷研制团队参与的“我国首次火星探测任务取得圆满成功”同时入选。

18 日 《细胞研究》在线发表我校生命科学与医学部陈宇星教授和周丛照教授课题组研究成果。他们发现人类胆汁酸外排蛋白ABCB11的一种新颖底物结合和转运机制。

18—19 日 学校召开2021年度院级党组织书记抓基层党建述职评议考核暨中层领导班子和领导人员述职评议考核会议。

19 日 2022 ASC世界大学生超级计算机竞赛启动，学校成为该赛事的东道主。

20 日 我校俞书宏院士获2021年度中国科学院杰出科技成就奖。

20 日 学校收到中国铁路上海局集团有限公司合肥站来信，感谢我校地球和空间科学学院及微尺度国家研究中心科研团队利用自主研发的高性能地球物理仪器定位了合肥南站空调管线地下漏水点，协助解决车站地源热泵空调系统工作不正常的问题。

20 日 学校召开第十六届“困学守望”教学奖颁奖典礼。

20—21 日 我校九三学社基层委获社省委多项集体和个人表彰。

21 日 学校召开《自动驾驶感知数据融合接口规范》安徽省地方标准审查会议。

21 日 学校组织召开研究生教育创新计划核心课程建设2022年第一次研讨会。

21 日 《基础研究》杂志在线发表我校地球和空间科学学院吴忠庆教授团队研究成果。他们发现地幔岩在地幔过渡带底部的波速不仅依赖于平均温度，而且还受控于温度的分布，可用于反推温度横向不均一程度。

21—24 日 党委书记舒歌群、校长包信和带队开展春节前走访。

22 日 学校召开碳中和研究院成立暨重点项目启动大会。

23 日 安徽应用数学中心年度总结汇报会暨第二次学术委员会和发展指导委员会会议在学校召开。

24 日 美国《物理评论快报》发表我校潘建伟、陆朝阳、朱晓波等和西班牙塞维利亚大学Cabello教授合作研究成果。他们利用超高精度超导量子线路实现确定性纠缠交换，以超过43个标准差的实验精度证明了实数无法完整描述标准量子力学，确立了复数的客观实在性。

25 日 美国《细胞》杂志子刊《细胞报告》在线发表我校生命科学与医学部陈宇星教授和周丛照教授课题组研究成果。他们揭示了细胞质膜鞘磷脂辅助胞内胆固醇外排的分子机制。

25 日 美国《地球化学与宇宙化学学报》在线发表我校地球和空间科学学院陈伊翔教授研究组研究成果。他们在全球典型的大陆俯冲带中发现了地幔楔蛇纹岩来源流体反向交代深俯冲陆壳的地球化学证据，制约了从大洋俯冲到大陆碰撞过程中的壳源流体交代地幔和幔源流体交代地壳这两类壳幔相互作用。

26 日 《美国国家科学院院刊》发表我校中国科学院微观磁共振重点实验室杜江峰、石发展等和生命科学与医学部魏海明教授等合作研究成果。他们首次建立了肿瘤组织免疫磁显微成像技术，实现了组织水平微米分辨率的磁成像，其具有高稳定性、低背景和肿瘤标志物绝对定量的优势，同时实现了磁和光的多模态成像。

30 日 我校入选国家区块链创新应用试点单位。

本月 校督导组开展中层领导班子党史学习教育专题民主生活会督导工作。

本月 我校新申四项国家留学基金委 2022 年创新人才项目均已成功立项。

本月 我校荣获“典赞 · 2021 科普中国”年度科普人物和科普作品 4 项提名。

本月 我校本科生作品《原子尺度下的毛细凝聚》入选“2020 年度全国优秀科普微视频”。

本月 我校火灾科学国家重点实验室胡隆华研究员课题组应邀在英国《能源与燃烧科学进展》杂志发表长篇综述论文。文章结合课题组十五年来在建筑外立面火溢流行为的研究成果和国际研究动态，总结、归纳了不同边界条件下建筑火溢流的动力学演化规律与理论，并对建筑外立面火溢流行为研究进行了未来展望。

2 月

4 日 美国《科学》杂志发表我校潘建伟、姚星灿、陈宇翱等与澳大利亚科学家胡辉合作研究成果。他们首次在处于强相互作用(幺正)极限下的费米超流体中观测到了熵波衰减的临界发散行为，揭示了该体系存在着一个可观的相变临界区，并获得了热导率与黏滞系数等重要的输运系数。

4 日 英国《自然》杂志子刊《自然 · 通讯》发表我校物理学院李晓光教授团队研究成果。该团队基于对铁电畴形态和翻转动力学的设计，在铁电量子隧道结中实现了亚纳秒电脉冲下电导态可非易失连续调控的类脑突触器件，可用于构建人工神经网络类脑计算系统。

9 日 英国《自然》杂志在线发表我校合肥微尺度物质科学国家研究中心、物理学院、中国科学院强耦合量子材料物理重点实验室陈仙辉、吴涛和王震宇等团队研究成果。他们在笼目超导体 CsV_3Sb_5 中观测到电荷密度波序在低温下演化为由 three state Potts 模型所描述的电子向列相。

10 日 英国《自然》杂志发表我校生命科学与医学部刘海燕教授、陈泉副教授团队研究成果。他们建立并实验验证了给定主链结构设计氨基酸序列的 ABACUS 模型，进而发展了能在氨基酸序列待定时从头设计全新主链结构的 SCUBA 模型。

10 日 英国《自然》杂志发表我校潘建伟、赵博等与中国科学院化学所白春礼小组合作研究成果。他们在钾原子和钠钾基态分子的 Feshbach 共振附近利用射频场将原子和双原子分子相干地合成了超冷三原子分子，向基于超冷原子分子的量子模拟和超冷量子化学的研究迈出了重要一步。

11 日 美国《物理评论快报》发表我校郭光灿院士团队任希锋研究组与浙江大学光电

科学与工程学院/现代光学仪器国家重点实验室戴道锌团队合作研究成果。他们首次实现了片上波导模式编码的两比特量子逻辑门操作。

12日 美国《科学》杂志子刊《科学进展》在线发表我校天文学系王挺贵教授与刘桂琳教授团队特任副研究员何志成博士研究成果。他们创建了一套全新的测量星系电离气体物理性质的方法，首次发现活动星系中心高速外流在百光年尺度上的加速现象，该尺度超出经典的黑洞-吸积盘风尺度两个数量级以上。

15日 德国《先进材料》发表我校朱彦武教授团队与中国科学院上海高等研究院、常州第六元素材料科技股份有限公司和上海交通大学合作研究成果。他们采用具有百微米尺寸和连续流动特征的微通道反应器，充分利用微通道内高效传质传热等特点，实现高效且本质安全的石墨氧化过程。

15日 《国家科学评论》杂志在线发表我校核科学技术学院蔡辉山教授和中国科学院物理研究所李定教授综述文章。他们基于十年来的研究成果，对高能量粒子与撕裂模的相互作用，及其对等离子体稳定和约束性能的影响进行了综述。

17日 英国《自然》杂志子刊《自然・通讯》发表我校合肥微尺度物质科学国家研究中心耿志刚副教授团队研究成果。他们通过可控合成制备了系列暴露晶面单一的 $AgPO_4$ 催化剂，并深入研究了 $AgPO_4$ 的晶面效应对丙烯电催化氧化制备环氧丙烷催化性能的调控机制。

18日 德国《先进材料》发表我校物理系、中国科学院强耦合量子材料物理重点实验室肖正国教授团队研究成果。该团队通过刮涂过饱和的钙钛矿溶液来调控成核生长过程，成功制备出了大面积、高效率的天蓝光钙钛矿 LED，向钙钛矿 LED 照明的商业应用迈进了重要一步。

18—19日 学校召开 2022 年务虚会。

23日 美国《科学》杂志子刊《科学进展》发表我校中国科学院微观磁共振重点实验室杜江峰院士、樊逢佳教授等人与多伦多大学 Oleksandr Voznyy 教授合作研究成果。他们在量子点合成过程中引入晶格应力，调控量子点的能级结构，获得了具有高度发光方向性的量子点材料，此材料应用在量子点发光二极管中有望大幅提升器件的发光效率。

24日 学校召开 2022 年度人才引进工作动员会。

24日 学校以视频方式参加中国科学院组织召开的巡视巡察工作交流研讨会。

24日 英国《自然》杂志子刊《自然・通讯》发表我校地球和空间科学学院孙道远教授课题组与瑞士伯尔尼大学 Dan J. Bower 合作研究成果。他们获得了位于北太平洋下方迄今为止发现的最大尺度的 ULVZ 的三维结构，对认识地球下地幔的动力学过程具有重要意义。

25日 国家航天局、安徽省人民政府、中国科学技术大学共同举行深空探测实验室（天都实验室）揭牌仪式。

25日 美国《地质学》杂志发表我校地球和空间科学学院黄建副教授和国内外同行合作研究成果。他们利用 Zn-Mg-O 等多稳定同位素体系联合示踪，证实南非 Roberts Victor 金伯利岩中地幔榴辉岩可以由深部地幔熔体高压结晶形成。

27日 英国《自然》杂志子刊《自然・光子学》发表我校物理学院、中国科学院强耦合量子材料物理重点实验室、合肥微尺度物质科学国家研究中心肖正国教授团队研究成果。他们利用空间限制法生长出高质量、大面积、超薄的钙钛矿单晶，并首次制备出亮度超过 86000 cd/m^2，寿命高达 12500 h 的钙钛矿单晶 LED，向钙钛矿 LED 应用于人类照明迈出了重要一步。

28 日 我校牵头的“可编程二维 62 比特超导处理器‘祖冲之号’的量子行走”及参与的“我国首次火星探测任务天问一号着陆火星”同时入选 2021 年度中国科学十大进展。

28 日 学校召开管理岗位人员轮岗交流启动会。

28 日 美国《物理评论快报》发表我校合肥微尺度物质科学国家研究中心、物理学院、中国科学院强耦合量子材料物理重点实验室曾长淦教授研究组与吴涛教授研究组合作研究成果。他们在顺磁性笼目晶格材料 CoSn 中观测到了费米能级附近的平带电子结构并揭示了由平带电子导致的输运和磁性的反常各向异性。

本月 中国科大高精度光纤温度监测技术、多语种专项科技成果、全色激光投影“雪屏幕”等服务北京冬奥会。

本月 我校附一院科研处、呼吸与危重症医学科副主任医师王东升分别获“全国科技系统抗击新冠肺炎疫情先进集体”“全国科技系统抗击新冠肺炎疫情先进个人”。

本月 我校国家示范性微电子学院程林教授课题组设计的两款电源管理芯片（高效率低 EMI 隔离电源芯片和快速大转换比 DC-DC 转换器芯片）亮相集成电路设计领域最高级别会议 IEEE International Solid-State Circuits Conference (ISSCC)。

本月 我校人文与社会科学学院孙蓝教授和校出版社联合申报的《自然语言计算机形式分析的理论与方法》（英文版）项目获 2021 年度国家社科基金中华学术外译项目立项。

3 月

1 日 美国《物理评论快报》发表我校中国科学院微观磁共振重点实验室杜江峰教授、王亚教授等合作研究成果。他们以希拉德热机为例，展示了量子热机中量子关联的独特作用，为建立量子信息和量子热力学的桥梁提供了新的思路。

2 日 《细胞研究》杂志在线发表我校生命科学与医学部、安徽省多肽药物工程实验室田长麟教授团队与华中科技大学生命学院、教育部分子生物物理重点实验室刘剑峰教授团队合作研究成果。他们在揭示神经元代谢型谷氨酸受体 3 激活新模式的结构机制研究中取得重要进展。

2 日 湖南省教育厅来我校调研交流。

2 日 校党委理论学习中心组召开第一次集中学习会。

2—8 日 校出版社与安徽省科协共同举办“弘扬科学家精神”进校园活动。

3 日 学校召开 2022 年春季学期校教学督导委员会第一次工作会议。

3 日 德国《先进材料》发表我校俞书宏院士课题组茅瓅波副研究员等研究成果。他们提出一种新的仿生增韧路径，并运用于人工珍珠母的矿化生长，显著提升了仿珍珠母陶瓷块材的韧性放大效率（16.1±1.1）。

3—4 日 学校完成校内巡视“回头看”暨“机动式”巡视反馈。

7日 学校召开2022年度定点帮扶工作领导小组第一次工作会议。

7日 《中国日报》国际版整版推出关于我校的专题报道，介绍我校国际人才工作的亮点和成果。

7日 我校化学实验教学中心荣获首届中国科学院三八红旗集体表彰，我校工会女教职工委员会荣获中国科学院先进基层妇女组织表彰。

8日 学校召开"安徽省资助中国科大学生创新创业计划"实施方案首场专家论证会。

8日 校工会举办女教职工趣味运动会。

9日 河海大学党委书记唐洪武院士一行来校调研。

9日 英国《自然》杂志子刊《自然·通讯》发表我校材料科学与工程系杜平武教授课题组研究成果。他们实现了首个具有黎曼曲面的弯曲碳纳米螺线管材料，填补了分子基弯曲碳螺旋材料领域的空白。

9日 我校火灾科学国家重点实验室纪杰研究员入选国际燃烧学会2022年度国际燃烧学会会士。

10日 学校召开老同志座谈会。

10日 美国《物理评论应用》在线发表我校郭光灿院士团队与卢征天教授合作研究成果。该团队邹长铃课题组将独立设计的磁场芯片与光栅芯片结合，实现了基于双芯片的冷原子磁光阱系统。

11日 校党委书记舒歌群带队赴附一院专题调研党建工作。

11日 美国《科学》杂志发表我校医学英才班本科生姜家桢的通讯短评《A pandemic education》。

14日 学校召开2022年研究生招生复试工作会议。

14日 学校召开"安徽省资助中国科大学生创新创业计划"实施方案第二场专家论证会。

14日 《科学通报》在线发表我校地球和空间科学学院赵纯教授课题组与计算机科学与技术学院安虹教授课题组联合国内同行合作研究成果。他们在新一代神威超级计算机上首次实现了长达7天的全球3公里空间分辨率大气物理-化学全耦合数值模拟试验。

15日 学校召开新冠肺炎疫情防控专项工作会议。

15—18日 学校召开教师代表座谈会。

16日 英国《自然》杂志子刊《自然·通讯》发表我校生命科学与医学部朱涛教授课题组研究成果。他们发现了乳腺癌肿瘤干细胞调控铁死亡及转移的克隆化增殖新机制。

16日 美国《天文望远镜仪器和系统杂志》发表我校核探测与核电子学国家重点实验室王坚研究员带领的相机研制团队研究成果。他们完成了CCD290相机及CCD测试系统，为大视场巡天望远镜主焦相机的研制奠定了坚实的基础。

16—20日 我校核科学与技术学院等离子体物理与聚变工程系开发的"医用外源性大气冷等离子体射流装置"获2022年日内瓦国际发明展金奖。

17日 学校召开2022年全面从严治党暨党风廉政建设工作会议。

17日 学校召开党委扩大会议。

17日 学校召开教授干部大会。

17 日 校党委召开第六轮巡视动员部署会。

18 日 《大气科学进展》杂志发表我校地球和空间科学学院赵纯教授课题组研究成果。他们首次使用全球变空间分辨率模式在青藏高原地区加密至公里尺度(4 公里),开展了数值模拟试验,研究了高原复杂地形对夏季水汽输送和降水的影响机制。

19 日 民革中国科大支部召开换届大会。

21 日 美国《细胞》杂志子刊《材料》在线发表我校俞书宏院士团队陈思铭、高怀岭等人合作研究成果。他们首次将珍珠母中的非连续“砖-泥”结构特性引入布利冈结构设计中,成功创制出一种新型的轻质高强仿生非连续布利冈结构纳米复合材料,实现了非连续纤维桥连和布利冈构造诱导裂纹偏转的协同增韧。

22 日 我校联合蜀山团区委举办疫情防控志愿服务预备队第一次线上培训。

23 日 包信和校长带队考察教育部文房四宝工艺文化传承基地的“纸”“墨”“笔”“砚”课程工作坊。

23 日 美国《纳米快报》发表我校合肥微尺度物质科学国家研究中心耿志刚副教授研究组研究成果。他们通过制备一类具有不同孔径的 Cu 多孔外壳 Ag 内核的 Ag@Cu 核壳催化剂,深入研究了 Cu 外壳不同孔径的限域效应与 CO_2 电还原制 C_{2+} 产物选择性的作用机制。

24 日 美国《物理评论快报》发表我校郭光灿院士团队李传锋、许金时、孙凯等人研究成果。他们对多体量子导引的关系结构进行了实验研究,首次观测到多体量子导引的非单配性共享关系,即其中一方的量子态可以被另外两方同时导引。

24 日 英国《流体力学杂志》在线发表我校近代力学系罗喜胜教授课题组研究成果。他们揭示了构成气层的多道界面之间的耦合以及气层内的反射波系对不稳定性的影响,首次提出通过调控界面耦合强度和气层内的波系来实现对流体界面不稳定性的有效控制。

24 日 包信和校长带队调研人文与社会科学学院。

24—28 日 我校《大规模测量设备无关量子密钥分发网络》在第十七届“挑战杯”竞赛“揭榜挂帅”专项赛中获特等奖。

25 日 包信和校长带队调研数学科学学院。

25 日 学校召开 2022 年预算工作领导小组会议。

26 日 我校火灾科学国家重点实验室召开学术委员会第六届第二次会议。

27 日 我校牵头承担的国家重点研发计划“全天候多模式森林火险监测预报与火灾早期精准探测研究”项目启动暨实施方案论证会在合肥召开。

28 日 校党委理论学习中心组召开第二次集中学习会。

28 日 我校图书馆负责建设的安徽省网络课程学习中心(e 会学)平台获邀首批接入国家智慧教育平台。

28 日 英国《自然》杂志子刊《自然 · 合成》发表我校合肥微尺度物质科学国家研究中心郭昌教授团队研究成果。他们开发了一种金属/有机小分子协同催化立体发散性合成策略,从相同的反应原料出发,通过改变镍或方酰胺手性催化剂的构型,以高产率、高立体选择性实现炔丙基取代产物所有四种立体异构体的合成。

29 日 中国科大牵头制订的智能驾驶安徽省地方标准——“智能驾驶激光雷达与摄像

头的感知数据融合接口规范”正式发布。

29 日 《美国科学院院报》发表我校物理系袁军华、张榕京课题组研究成果。他们通过联合使用细菌三维追踪技术与鞭毛丝动态荧光观察技术，发现了铜绿假单胞菌的新游动模式。

29 日 《细胞研究》杂志发表我校生命科学与医学部、安徽省多肽药物工程实验室田长麟教授团队与清华大学化学系、有机磷化学及化学生物学教育部重点实验室刘磊教授团队合作研究成果。他们揭示了 HPT 内分泌轴中内源肽和口服肽类药物激活促甲状腺激素释放受体的结构基础。

30 日 《美国科学院院报》在线发表我校生命科学与医学部周丛照教授和陈宇星教授课题组合作研究成果。他们利用单颗粒冷冻电镜技术解析了人类磷脂翻转酶 ATP8B1-CDC50 及其与生理底物磷脂酰丝氨酸复合物的三维结构，并借助一系列生化实验阐明了 ATP8B1 的底物特异性及其活性调控的分子机制。

30 日 学校举办“青春心向党 奋进新征程”2022“云赏樱”直播活动。

30 日 学校召开 2021—2022 学年春季学期第一次学生社团大会。

30 日 我校国家同步辐射实验室和火灾科学国家重点实验室入选《2021—2025 年第一批全国科普教育基地名单》。

31 日 学校召开第十一届校学术委员会第五次全体会议。

31 日 学校召开 2022 年第一季度书记调度会暨机关部处长联席会。

31 日 学校召开 2022 年第一次校学业指导工作会议。

本月 校党委书记舒歌群带队到物理学院、火灾科学国家重点实验室、附属第一医院就基层党建工作开展实地调研和座谈。

本月 中国科学院中国科学技术大学科学数据中心正式通过中国科学院所级数据中心认定以及由校网络信息中心主任薛开平兼任校科学数据中心主任的提名，科学数据中心将纳入中国科学院科学数据中心体系统一管理。

本月 我校公共事务学院魏玖长教授作为首席专家申报的“数字中国”主题案例“汽车产品召回监管的数字化转型示范案例”获得教育部立项。

4 月

1 日 学校召开青年挂职干部座谈会。

2 日 党委书记舒歌群带队调研马克思主义学院教师队伍和课程建设工作。

2 日 中国科大附一院举行赴上海安徽方舱医院医疗队出征仪式。

2 日 《美国化学工程会志》以快讯形式发表我校化学与材料科学学院徐铜文教授团队研究成果。该团队原创性地提出一种“离子精馏”概念并首次应用于高镁锂比盐湖提锂，极大地提升了特种物料间的分离效率，解决了高镁锂比盐湖卤水提锂的技术难题。

5 日 英国《自然》杂志发表对我校合肥微尺度物质科学国家研究中心和化学物理系曾杰教授的专访文章。重点讲述他在二氧化碳催化转化领域的最新研究进展。

6 日 第二届“九章杯”数学竞赛圆满举办。

6 日 美国《物理评论快报》发表我校工程科学学院陈杨研究员、吴东教授、褚家如教授联合团队和新加坡国立大学电气与计算机工程系 Cheng-Wei Qiu 教授团队合作研究成果。他们首次实现弱手性物质诱导下的两个光学模式之间的强耦合，并理论验证了对手性物质圆二色性(CD)信号增强三个数量级。

6 日 美国《科学》杂志子刊《科学进展》发表我校工程科学学院吴恒安教授研究团队与澳大利亚蒙纳士大学化学与生物工程系王焕庭教授研究团队合作研究成果。他们提出的纳米限域空间内金属离子/质子的双向快速整流传输机制，为人工离子通道的结构设计提供了新的思路，有望推动高通量选择性膜技术的进一步发展。

6 日 学校举行 2022 年入党积极分子示范培训班暨青年马克思主义者培养工程“六有”大学生“青马计划”班开班仪式。

8 日 学校举行全国爱国主义教育示范基地揭牌暨国家同步辐射实验室《追光》展厅开幕仪式。仪式结束后，全体人员参观了《追光》展厅。本次活动是我校党史学习教育常态化长效化现场教学、2022 年度党委理论学习中心组第三次集中学习的重要内容。

8 日 校纪委召开大学生廉洁教育专项工作会议。

8 日 安徽省委常委、省委宣传部部长郭强一行来我校人文与社会科学学院调研。

9—10 日 学校举办 2022 年中国大学生物理学术竞赛校内比赛。

11 日 美国《地球物理研究通讯》发表我校地球和空间科学学院李泽峰研究员研究成果。他利用机器学习方法，总结了全球 3000 多个 5.5 级以上地震的震源时间函数特征，全景式地展示全球地震破裂过程的相似性和多样性，深化了对地震能量释放模式的认识，对地震早期预警具有启示意义。

12 日 中国科大附一院接管的上海安徽方舱医院 A 舱首批 184 名患者出院。

12 日 我校与中国银行安徽省分行举行“智慧科大”合作专题座谈会。

12 日 我校与香港科技大学举行线上签约仪式暨战略合作研讨会。

12 日 我校召开第九届校学位评定委员会第八次工作会议。

12 日 我校牵头承担的“十四五”国家重点研发计划催化科学重点专项“基于晶态孔材料的仿酶催化体系研究”项目启动暨实施方案论证会召开。

12 日 我校 3 个集体和 3 名个人受安徽省教科文卫体工会表彰。

13 日 学校召开第二季度书记调度会暨机关部处长联席会。

13 日 学校召开审计委员会第一次会议。

13 日 英国《第四纪科学评论》在线发表我校环境科学与工程系、极地环境与全球变化安徽省重点实验室谢周清教授课题组与意大利比萨大学 Carlo Baroni 教授课题组合作研究成果。他们提出废弃巢区年代和面积测定相结合的方法，系统恢复了全新世以来的企鹅种群数量变化和巢区迁移过程，揭示南极罗斯海最古老企鹅繁殖地栖息历史。

14 日 学校召开研究生教育分管院长工作会议。

14 日 学校召开院士座谈会。

14 日 学校召开少年班学院新版培养方案研讨会。

14 日 英国《自然》杂志子刊《自然 · 通讯》发表我校郭光灿院士团队史保森、丁冬生课题组研究成果。他们利用人工智能的方法实现了基于里德堡原子多频率微波的精密探测，在基于里德堡原子的多频率微波无线传感方面取得重要进展。

15日 中国《科学通报》发表我校郭光灿院士团队李传锋、周宗权研究组研究成果。他们提出并证实了替位二铕离子可实现偏振态的量子存储。

16日 学校举办“四国大战”书院体育对抗赛。

16日 由我校牵头承担的“十四五”国家重点研发计划“大科学装置前沿研究”重点专项“面向氢能源关键催化过程的多尺度原位同步辐射研究平台”项目启动暨实施方案论证会召开。

17日 学校开展疫情防控应急处置演练。

17日 学校举办第一届“瀚海杯”趣味运动会。

17日 学校举行施蕴渝院士捐献珍贵生平档案资料仪式暨从事教学科研五十二周年座谈会。

19日 校长助理薛天带队到附一院和临床医学院专题调研教学工作。

19日 英国《自然》杂志子刊《自然·通讯》发表我校郭光灿院士团队李传锋、许金时、韩永建等人研究成果。他们将携带不同轨道角动量的光子(又称为涡旋光子)束缚在简并光学谐振腔内,通过引入光子的自旋轨道耦合人工合成了一维的拓扑晶格,为拓扑量子模拟开创了一种新的方法。

19日 英国《自然》杂志子刊《自然·通讯》发表我校国家同步辐射实验室闫文盛教授研究组与孙治湖副研究员合作研究成果。他们提出了通过调控催化剂的反应环境来优化催化剂催化性能的技术策略。

19日 《美国科学院院报》发表我校工程科学学院/太阳能光热综合利用安徽省重点实验室裴刚教授和国家同步辐射实验室/核科学技术学院邹崇文研究员合作研究成果。他们提出了一种全新的能量利用方法,实现对太阳和深空的连续冷热能量捕获和利用。

20—26日 学校开展全国知识产权宣传周系列活动。

21日 学校召开疫情防控工作会议。

22日 学校举办2022年度“华米创新创业基金”项目评审会,并确定资助项目7个。

25日 学校举办“坚持四个面向 勇攀科学高峰”系列报告会。

26日 校党委理论中心组召开第四次集中学习会。

26日 我校学生工作部(处)、人武部党支部联合六枝特区基层党支部以网络视频连线形式举行“学习习近平总书记重要指示及党建促进乡村振兴支部联建”主题党日活动。

26日 美国《物理评论快报》在线发表我校潘建伟、彭承志、陈宇翱、印娟等合作研究成果。他们首次实现了地球上相距1200公里两个地面站之间的量子态远程传输,向构建全球化量子信息处理和量子通信网络迈出重要一步。

27日 美国《科学》杂志子刊《科学进展》发表我校俞书宏院士团队与姚宏斌、倪勇教授团队合作研究成果。他们提出了在不牺牲锂离子电池能量密度的前提下,在石墨负极内部引入颗粒尺寸以及孔隙率的梯度异质分布结构设计,实现了石墨负极快充性能提升。

27日 美国《物理评论应用》在线发表我校郭光灿院士团队郭国平教授、李海欧教授等人与中国科学院物理所张建军研究员、纽约州立大学布法罗分校胡学东教授以及本源量子计算有限公司合作研究成果。他们在硅基锗空穴量子点中实现了自旋轨道耦合强度的高效调控，对该体系实现自旋轨道开关以及提升自旋量子比特的品质具有重要指导意义。

27 日 我校聘任刘立教授为马克思主义学院执行院长。

28 日 校领导看望慰问疫情防控一线工作人员。

28 日 学校召开本年度第二次国际合作与交流工作例会。

28 日 英国《自然》杂志子刊《自然 · 催化》发表我校合肥微尺度物质科学国家研究中心和化学物理系曾杰课题组与电子科技大学材料与能源学院夏川课题组、中国科学院深圳先进技术研究院合成生物学研究所于涛课题组合作研究成果。他们首先通过电催化将二氧化碳和水合成高纯乙酸，再以乙酸及乙酸盐为碳源经生物发酵合成葡萄糖和脂肪酸等长碳链分子。

28 日 学校举办“学术诚信与科技伦理”系列报告会。

本月 我校团员青年开展清明祭扫老科学家雕像活动。

本月 学校举办“4 · 15”全民国家安全教育日系列活动。

本月 我校 9 名教师入选“安徽省优秀青年科技人才”。

本月 校党委书记舒歌群、校长包信和于“五一”节前夕走访慰问劳模代表。

5 月

2 日 美国《实验医学杂志》发表我校生命科学与医学部田志刚教授与彭慧教授团队研究成果。他们首次揭示了肝脏定居 NK 细胞的异质性，发现其由两个不同起源和功能的细胞亚群组成。

2 日 美国《物理评论快报》发表我校潘建伟、张强等与济南量子技术研究院王向斌、刘洋等合作研究成果。他们实现了一套融合量子密钥分发和光纤振动传感的实验系统，在完成光纤双场量子密钥分发的同时，实现了 658 公里远距离光纤传感，定位精度达到 1 公里，大幅突破了传统光纤振动传感技术距离难以超过 100 公里的限制。

2 日 美国《物理评论快报》发表我校郭光灿院士团队李传锋、周宗权研究组研究成果。他们基于自主加工的激光直写波导，实现了光子偏振态的可集成固态量子存储，存储保真度高达 99.4%±0.6%，显著推进了可集成量子存储器在量子网络中的应用。

3 日 学校召开智慧科大建设工作组会议，推进高新园区试点工作。

3 日 英国《自然》杂志子刊《自然 · 通讯》发表我校合肥微尺度物质科学国家研究中心和化学物理系曾杰教授团队研究成果。他们设计构筑了铜-碳化铁界面型催化剂，实现了常压下二氧化碳加氢高选择性制备长链烯烃。

4 日 学校举行“喜迎二十大、永远跟党走、奋进新征程”五四升旗仪式。

4 日 校长包信和与医学英才班同学座谈，并宣布“中科大医学英才大讲堂”启动。

5 日 学校召开国家重点研发计划 2022 年度项目申报动员会。

7 日 中国科学技术大学未来技术学院揭牌。

9 日 美国《地球物理学研究杂志：固体地球》发表我校地球和空间科学学院倪怀玮教授团队研究成果。他们通过实验技术创新，建立了用电导率突变在高温高压富水条件下原位确定岩石熔融温度的方法，为解决关于地球俯冲带熔融条件的争议奠定了基础。

10日 学校召开教材工作研讨会暨教材建设推进会。

10日 英国国际燃烧学会《燃烧理论与模型》杂志在线发表我校火灾科学国家重点实验室肖华华研究团队研究成果。他们采用自主研发的高精度数值计算方法结合动态自适应网格技术求解可压缩反应性 Navier-Stokes 方程，模拟了半开口管道内氢-空气预混火焰的传播动力学过程，可为可燃气燃爆和氢安全的研究及应用提供理论和数值方法支持。

11日 学校举行党委常委会议，专题学习习近平总书记在庆祝中国共产主义青年团成立100周年大会上的重要讲话精神。

12日 校党委巡视组向附一院党委反馈巡视情况。

12日 英国《自然》杂志子刊《自然·合成》发表我校合肥微尺度物质科学国家研究中心郭昌教授团队研究成果。他们发展了一类新型双金属协同催化立体发散性合成策略，通过 Ni/Cu 双金属协同催化体系，两种金属手性催化剂分别活化两种底物并控制手性中心的立体构型，以优异的对映选择性和非对映选择性合成了具有相邻手性中心季碳氨基酸衍生物的所有四个立体异构体。

13日 安徽省政协主席唐良智来我校调研。

15日 校团委第十三届委员会召开第一次全体会议。

15日 学校召开第十三次团员代表大会、第二十六次学生代表大会、第十一次研究生代表大会。

16日 美国《电子器件快报》在线发表我校微电子学院左成杰教授团队研究成果。他们在铌酸锂压电薄膜上设计并实现了 Q 值超过 100000 的高频(6.5 GHz)微机电系统谐振器，与文献中现有的工作相比，把 Q 值提升了 2 个数量级。

16日 英国《自然》杂志子刊《自然·方法》在线发表我校生命科学与医学部瞿昆教授课题组研究成果。他们通过设计一整套分析流程，系统性评估了 16 种空间转录组和单细胞转录组数据整合算法在预测基因或细胞类型空间分布方面的性能。

17日 德国《应用化学》杂志在线发表我校胡进明课题组与刘世勇教授课题组、肖石燕课题组合作研究成果。他们报道了一种耐氧型光氧化还原催化调控 NO 释放的策略，并成功用于细菌感染治疗。

17日 美国《物理评论快报》发表我校高能核物理课题组与美国劳伦斯伯克利国家实验室、布鲁克海文国家实验室等单位合作研究成果。他们在 RHIC-STAR 质心能量 3 GeV 和 7.2 GeV 的重离子打靶实验中实现了超氚核(H3L)与超氢-4 核(H4L)寿命目前最精确的测量，并首次测量了 3 GeV 能量下这两种超核的产额。

18日 学校举行 2022“永远科大人”毕业纪念系列活动开幕式暨“See You”拔河比赛。

19日 英国《自然》杂志子刊《自然·通讯》发表我校熊宇杰教授、龙冉教授团队与杨金龙院士团队付岑峰副研究员、南京大学邹志刚院士团队姚颖方教授合作研究成果。他们发展了光催化甲烷无氧偶联(NOCM)方法，实现了高选择性制备乙烷和氢气，效率达到中温热催化 NOCM 水平。

19日 《美国化学会志》在线发表我校化学与材料科学学院徐铜文教授团队研究成果。他们报道了一种具有多层次通道结构的多孔有机笼(POC)离子分离膜，该膜表现出优异的一价阳离子渗透性和一/二价离子选择性。

20日 学校举办2022年度科级干部培训班。

20日 《美国国家科学院院刊》发表我校郭光灿院士团队李传锋、许金时、孙凯等人与意大利巴勒莫大学 Rosario Lo Franco 教授等合作研究成果。他们通过调控光子的空间不可分辨性,实现了量子相干性的生成,并展示了其在量子计量任务中的实际应用。

21日 学校举办2022年科技活动周暨第十八届公众科学日活动。

23日 学校召开党建"双创"工作推进交流会。

24日 《美国国家科学院院刊》在线发表我校工程科学学院刘罗勤特任研究员研究成果。他在国际上首次获得了适用于整个常规中性大气边界层的速度、风向、湍流剪切力预测的解析表达式,其结果与高精度数值模拟和大气观测数据一致。

27日 学校召开中央巡视整改落实情况"再总结"工作部署会。

27日 学校召开2022年安全稳定工作会议。

27日 中国科学技术大学-美国化学会精准化学联合论坛在线上举办。

28日 学校召开2021届毕业生就业工作总结暨表彰会。

28日 学校召开2021年本科招生表彰会暨2022年本科招生出征动员会。

28日 学校举办第二届计算社会科学研究方法前沿论坛暨国际传播学会第72届年会"区域中心"中国分会场。

28日 学校与中国科学院金属所联合举办中国科大第三届工程类研究生学术论坛。

28日 学校举办2022中国科大"飞跃重洋-环太平洋"高等教育主题交流日。

29日 学校举办第四届"中国科大庆峰杯"创新创业大赛暨2022年"挑战杯""互联网+"大学生创新创业大赛校内选拔赛决赛。

30日 我校田志刚教授当选欧洲人文和自然科学院院士。

30日 英国《自然》杂志子刊《自然·通讯》发表我校环境科学与工程系俞汉青教授课题组与美国耶鲁大学 Menachem Elimelech 教授等合作研究成果。他们揭示了非均相催化过硫酸盐氧化体系中普遍存在一种占主导的直接氧化转移过程(DOTP),并将该过程发展成为一种新的水处理技术。

31日 校机关党委召开党员大会,选举产生新一届机关党委委员。

31日 《美国国家科学院院刊》发表我校物理系彭晨晖教授团队和香港科大张锐教授团队合作研究成果。他们以各向异性的液晶材料为研究对象,利用光学构型的方法制备了可编程控制的三维拓扑结构,为实现可编程的生物分子自组装,以及智能活性材料等研究提供了广阔的空间。

4—5月 学校举办"复兴杯"系列体育赛事。

4—5月 学校举办"USTC寻味之旅"第九届美食文化节。

4—5月 学校开展就业"百日冲刺"系列活动。

本月 学校举办2022年第二十一届5.25心理健康教育系列主题活动。

本月 学校完成校团委学生兼职副书记和学校党政部门工作助理选拔工作。

本月 我校张晓东教授获中国化学会"青年化学奖",孙永福教授获第六届"中国化学会-赢创化学创新奖"。

本月 我校独立完成的"基于稀土离子的固态量子存储"入选2021年度"中国高等学校

十大科技进展”。

本月 由我校工程科学学院刘诚教授团队牵头与中国科学院合肥物质科学研究院、生态环境部卫星环境应用中心共同完成的“国产超光谱卫星痕量气体遥感及应用”入选2021年度“中国生态环境十大科技进展”。

本月 《美国化学会志》以封面论文形式发表我校合肥微尺度物质科学国家研究中心曾杰教授团队研究成果。他们从原子尺度揭示了单原子锚定位点对其电催化性能的调控机制，为设计高效的电化学阳极析氧反应催化剂提供了新的思路。此前，英国《自然》杂志子刊《自然·通讯》也曾报道相关成果。

6月

1日 校纪委召开2022年度第二次院级党组织纪检工作推进会。

1日 学校召开2021—2022学年学生社团管理建设评议会。

1日 校工会举办“弘扬劳动精神 铭刻科大印记”教职工健步走活动。

1日 荷兰《地球与行星科学通讯》发表我校沈延安课题组和美国康涅狄格大学教授、国际沉积学会副主席Tracy Frank课题组合作研究成果。他们以高精度硫同位素分析为主要手段对澳大利亚悉尼盆地陆相二叠-三叠纪地层进行了系统研究，提出西伯利亚大火成岩省喷发产生的硫酸盐气溶胶在全球范围内的扩散和沉降是陆相二叠纪末生命大灭绝的重要因素这一新观点。

2日 学校举办“共建清洁美丽世界——世界环境日活动周”系列活动。

3日 美国心脏协会杂志《循环》在线发表我校附一院神经内科胡伟主任团队牵头的ATTENTION登记研究项目新进展。他们发现对于急性基底动脉闭塞导致的脑卒中患者，与最佳药物治疗相比，血管内介入手术治疗可显著提高患者的生存质量，降低死亡率。

5日 中国科大流媒体处理技术应用于神舟十四号载人飞船返回舱图像，显著提升了图像的清晰度和画质。

6日 苏州市委常委沈觅一行到我校苏州高等研究院调研。

6日 英国《自然》杂志子刊《自然·纳米技术》在线发表我校合肥微尺度物质科学国家研究中心单分子科学团队研究成果。他们利用自主发展的具有亚纳米空间分辨的电致荧光成像技术，以铂酞菁(能量供体)和锌酞菁分子(能量受体)为模型体系，通过STM操纵可控地改变供体-受体分子的间距与取向等结构特征，同时监控受体分子发光强度随着分子间距减小的变化特征，从实空间成像的角度研究了分子间能量转移机制的演化过程。

6日 澳大利亚马丁格林效率表《太阳能电池效率表(版本60)》主表收录我校化学与材料科学学院徐集贤教授团队在钙钛矿太阳电池方面的研究成果。他们创造了大面积单结钙钛矿电池稳态认证效率23.7%的世界纪录。

6日 国际阿尔茨海默病协会杂志《阿尔茨海默症与痴呆症》在线发表我校附一院脑衰老及脑疾病研究中心申勇教授团队研究成果。他们基于老年痴呆临床队列，首次系统性的在中国人群中研究了阿尔茨海默病核心生物标记物的变化，提出了中国阿尔兹海默病的血液诊断新标准。

8日 深空探测实验室(天都实验室)召开理事会第一次会议。

8日 学校与金华市人民政府、浙江师范大学签署合作协议。

8日 学校举办2022年上半年教工支部书记论坛。

8日 美国《科学》杂志子刊《科学进展》发表我校电子工程与信息科学系刘际研究员课题组与美国Rutgers大学Zhiping Pang教授和生命学院占成教授等合作研究成果。他们揭示了下丘脑胰高血糖素样肽调控血糖代谢的新机制。

8日 英国《自然》杂志子刊《自然·通讯》在线发表我校生命科学与医学部陈宇星教授和周丛照教授课题组合作研究成果。他们利用单颗粒冷冻电镜技术揭示了人类超长链脂酰辅酶A转运蛋白ABCD1的底物识别与转运机制。

9日 英国《自然》杂志子刊《自然·通讯》发表我校化学与材料科学学院姚宏斌教授课题组研究成果。他们报道了一种由仿生非经典结晶过程驱动的具有手性多级结构的铜碘团簇基圆偏振发光材料,表现出32%的高光致发光量子产率和1.5×10^{-2}的高发光不对称因子,该方法为构筑高效圆偏振发光材料提供了新思路。

9日 美国《物理评论快报》发表我校中国科学院微观磁共振重点实验室彭新华团队研究成果。他们首次提出和验证了Floquet自旋量子放大技术,该技术克服了以往只在单个频率处量子放大的局限性,实现了多频段极弱磁场信号的量子放大,灵敏度达到了飞特斯拉水平。

9—10日 校党委书记舒歌群率队赴芜湖市调研科技成果转移转化和毕业生就业工作。

10日 学校举办首届科教融合单位教育管理人员、研究生辅导员(班主任)业务培训会。

10日 英国《自然》杂志子刊《自然·通讯》在线发表我校地球和空间科学学院陆全明和王荣生团队研究成果。他们基于地球磁层多尺度卫星原位探测数据,首次发现磁场重联扩散区可演化为湍流态。

10日 美国《科学》杂志子刊《科学进展》发表我校生命科学与医学部王朝教授课题组与上海交通大学Bio-X研究院朱金伟教授课题组合作研究成果。他们揭示了特异定位于第一层静纤毛顶端的Gpsm2-Gαi复合物定义最高层静纤毛特征的分子机制,为未来听力损失相关患者的诊疗提供了潜在的新思路。

10日 美国《物理评论快报》发表我校工程科学学院盛东教授与物理学院卢征天教授课题组合作研究成果。他们开发了高精度的氙同位素共磁力仪,并利用该原子器件探索超越标准模型的新物理,对核子与中子间的单极-偶极相互作用强度在亚毫米尺度上设定了新的上限。

11日 学校举行2022年上半年全国大学英语四、六级考试。

11日 学校举办2022年第三届"基础学科英才班"学生学术交流会。

12日 学校举办第一届师生校园接力赛。

12日 我校徐榭教授获国际医学物理与工程科学联盟医学物理优秀奖。

12日 学校召开2021—2022学年学生社团统一换届暨履职培训会。

13日 《美国化学会·纳米》杂志在线发表我校信息科学技术学院赵刚教授与附一院刘会兰主任合作研究成果。他们基于二维碳化钛($Ti_3C_2T_x$) MXene纳米片的协同抑冰效应,实现了活细胞的高效深低温冷冻保存。

14 日 安徽省科学技术厅厅长罗平一行来校调研“双碳”领域相关工作。

14 日 校长包信和一行赴学校在建工程项目现场调研。

15 日 美国《光波技术杂志》发表我校光学与光学工程系王亮教授课题组研究成果。他们通过设计金属-分布式布拉格反射器优化单光子探测器芯片的光学性能,完成低本征暗计数的单光子探测器芯片的全自主化设计与制备,实现了单光子探测器芯片的全国产化,为解决国家亟须的前沿科技问题迈进了重要一步。

16 日 我校 11 个参赛项目在第十届“挑战杯”安徽省大学生创业计划竞赛中共斩获 8 金 3 银。

16 日 校党委书记舒歌群为 2022 届毕业生讲授思政课。

16 日 我校与西南科技大学签署“十四五”期间对口支援协议。

17 日 学校举办首场“众言沙龙”活动。

17 日 学校举办赴港就读工作入境安排政策线上宣讲会。

17 日 美国《科学》杂志子刊《科学进展》发表我校赵瑾教授研究团队与王兵、谭世倞教授以及北京大学李新征教授等合作研究成果。他们发现固体-分子界面的超快电荷转移与质子的量子动力学有很强的耦合,揭示了电荷转移过程中核量子效应的重要作用。

18 日 学校举办第九届显微摄影比赛颁奖仪式。

18 日 学校举办 2022 年“永远科大人”毕业纪念系列活动之“See You”毕业纪念晚会。

18 日 校长包信和到苏州高等研究院调研。

19 日 学校举办第一届校园水陆“趣味三项”挑战赛。

20 日 学校举办 2022 届毕业生到西部基层和部分国家重点单位工作表彰会。

21 日 我校离退休干部党委举办“光荣在党 50 年”纪念章颁发仪式。

21 日 学校举行研究生支教团座谈会暨第二十四届支教队出征仪式。

21 日 英国《自然》杂志子刊《自然·通讯》发表我校化学与材料科学学院杜平武教授与杨上峰教授课题组合作研究成果。他们合成了首个具有聚集可调双发射性质的手性双环分子,并通过 AIE 效应实现了圆偏振发光性质的增强。

22 日 美国《光学快报》杂志发表窦贤康教授激光雷达团队在相干测风激光雷达方面的研究成果。他们首次实现 3 米和 0.1 秒的全球最高时空分辨率的高速风场观测,这在航空航天安全、高价值目标保障、数值天气预报等方面具有重大意义。

22 日 我校与匈牙利驻上海总领事馆举行线上会议。

22 日 党委常委、副校长王晓平作党风廉政教育专题党课。

23 日 第九届校学位评定委员会召开第九次工作会议。

24 日 我校俞书宏院士团队应邀在《材料研究述评》杂志发表评述文章,评述了一种被命名为“气溶胶辅助生物合成”的复合材料原位制备新策略,并从其普适性、可控性、三维可设计性、可扩展性和可持续性等方面全面论述了该复合材料制备策略的巨大潜力。

24 日 我校举办 2022 年微博云招生直播活动。

27 日 2022 中国科大——未来科学家国际夏令营开幕。

27 日 学校举行“纪念赵忠尧先生诞辰 120 周年学术研讨会”。

27 日 英国《风湿病年鉴》杂志发表中国科大附一院风湿免疫科陈竹教授团队研究成果。他们揭示了年龄相关的 B 细胞通过活化成纤维样滑膜细胞促进类风湿关节炎发病的作用及分子机制，为今后开发靶向特异性 B 细胞治疗 RA 提供了依据。

28 日 学校举行 2022 年毕业典礼暨学位着装授予仪式。

28 日 学校举行“吴伟仁深空探索奖学金”捐赠仪式。

29 日 江苏省委常委、苏州市委书记曹路宝一行到苏州高研院实地调研。

29 日 美国《生物工程与转化医学》杂志发表我校等离子体物理科学与聚变工程系吴征威研究员团队研究成果。他们首次揭示了冷空气等离子体(CAP)对类风湿关节炎的治疗效果，并通过自主研发设计的装置将 CAP 引入关节内，为类风湿关节炎提供一种潜在的微创靶向治疗手段，有利于提高患者的生活质量。

30 日 中国科大四业融合研究中心成立。

30 日 学校举办“科研初心”青年学者联谊会首场沙龙。

30 日 学校举行暑期“三下乡”社会实践活动出征仪式暨培训会。

本月 学校举办 2023 届选调培训。

本月 我校 15 位民主党派成员在新一届民主党派安徽省委员会任职。

本月 我校基层党组织赴龙马村开展党建帮扶活动。

本月 校纪委学习贯彻习近平总书记关于一体推进“三不腐”的重要论述，编印《警示教育典型案例汇编》发放到各基层教工党支部。

本月 学校开展学生骨干履职培训研讨工作。

7 月

1 日 苏州高研院与苏州工业园区东方医疗器械产业科技创新中心签署合作备忘录。

1 日 学校召开 2022 年预算工作领导小组第二次会议。

1 日 中国节能环保集团有限公司总经理刘家强一行来校调研。

4 日 合肥市长罗云峰来校调研。

4 日 学校举办希格斯粒子发现 10 周年纪念科普报告会。

4 日 英国《自然》杂志发表希格斯粒子的最新性质测量结果。我校 ATLAS 实验组在相关工作中做出了重要贡献。

6 日 美国《现代物理评论》杂志发表我校潘建伟团队的长篇综述论文。文章从量子信息理论的基本概念、早期量子通信和量子信息相关原理性实验、面向卫星的地面大空间尺度验证实验，以及“墨子号”卫星从立项、研制、在轨运行到最终在国际上率先完成一系列星地量子科学实验，进行了系统性的阐述和总结。

7 日 中国科大附一院(安徽省立医院)在国家卫健委 2020 年度三级公立医院绩效考核国家监测指标考核中排名居全国第 22 位。

7 日 阜阳市党政代表团来校调研。

7 日 英国《自然》杂志子刊《生物医学工程》杂志发表我校生命科学与医学部朱书教授与王育才教授团队研究成果。他们开发了一种新型口服抗生素递送载体，该载体能够高效促进抗生素的口服吸收，同时有效降低抗生素对肠道菌群稳态的破坏。

8日 学校举办第二期“众言沙龙”活动。校党委常务副书记兼党委组织部部长蒋一主讲。

8日 美国《科学》杂志发表我校生命科学与医学部张智团队与美国国立卫生研究院刘元渊团队、安徽医科大学陶文娟团队合作研究成果。他们揭示了与环境噪音的声强差对声音缓解疼痛的重要性以及声音镇痛的精细神经环路机制。

8日 我校国家同步辐射实验室/核科学技术学院刘庆华研究组应邀在美国化学学会《化学研究评述》发表综述论文。文章系统全面地介绍了如何通过联合原位同步辐射红外谱学和X射线吸收谱学有效地获取氧关联能量转换过程中固-液界面的动态“电影”，同时也指出了该研究领域存在的挑战和未来的发展方向。

8—10日 我校代表队在2022年中国大学生物理学术竞赛华东地区赛中获团队特等奖。

9—12日 学校举办2022年度青年骨干教师研修班。

10日 学校苏州高等研究院获批苏州市外籍院士工作站。

11日 校党委理论学习中心组赴安徽创新馆开展现场教学，这也是党委理论学习中心组第五次集中学习会。

12日 学校“智慧科大”试点项目“外事综合数据子中台”通过验收。

12日 学校启动“学生创新创业和成果转化行动计划”。

12日 学校获批临床医学、集成电路科学与工程、人工智能三个博士学位授权点。

13日 美国《物理评论快报》发表我校郭光灿院士团队李传锋、柳必恒研究组与奥地利Armin Tavakoli博士等人合作研究成果。他们使用超纠缠实现基于对称联合测量的纠缠交换，并研究了双局域贝尔不等式和全量子网络非局域性。

13—14日 校党委召开2022年中央巡视整改落实情况“再总结”工作汇报会。

14日 学校举行安徽省第十五届运动会（高校部）体育代表团出征仪式。

14日 美国《物理评论应用》发表我校郭光灿院士团队的最新研究成果。该团队史保森、丁冬生课题组实现了一种基于里德堡原子的微波频率梳谱仪，在宽带微波的探测领域具有应用前景。

14日 美国《物理评论快报》发表我校合肥微尺度物质科学国家研究中心国际量子功能材料设计中心与物理系乔振华教授研究组的最新研究成果。他们基于单层过渡金属氧化物发现了理论上陈数可调的量子反常霍尔效应。

15日 学校举办第三期“众言沙龙”活动，党委常委、副校长王晓平主讲。

15日 学校召开碳达峰碳中和人才培养体系建设工作组会议。

15日 美国《科学》杂志发表我校潘建伟、苑震生等与德国海德堡大学、奥地利因斯布鲁克大学、意大利特伦托大学相关研究人员合作研究成果。他们使用超冷原子量子模拟器，对格点规范场理论中非平衡态过渡到平衡态的热化动力学进行了模拟，首次在实验上证实了规范对称性约束下量子多体热化导致的初态信息“丢失”，取得了利用量子模拟方法求解复杂物理问题的重要进展。

16日 英国《自然》杂志子刊《自然·通讯》发表我校合肥微尺度物质科学国家研究中

心、化学与材料科学学院阳丽华课题组研究成果。他们揭示了纳米颗粒的弹性如何影响其体内血液循环寿命，以及如何通过调控其蛋白冠从而实现这种影响，表明纳米颗粒弹性未来可望作为一个易于调节的参数用于合理利用蛋白冠。

16 日 美国《光学》杂志在线发表我校郭光灿院士团队韩正甫教授团队及王双、银振强、陈巍等合作研究成果。他们实现了抗环境干扰的非可信节点量子密钥分发网络，全面提高了量子密钥分发网络的安全性、可用性和可靠性，向实现下一代量子网络迈出了重要的一步。

16 日 美国《天文学与天体物理学》发表我校地球和空间科学学院甄军锋、秦礼萍团队研究成果。他们在复杂有机团簇分子的形成和演化研究方面取得新进展，为星际大分子自下而上的生长过程中复杂有机化合物的形成提供了一条气相生长的路径，并为进一步深入了解它们在星际介质中的化学演化行为提供了理论和实验数据支持。

16 日 中国科大与大全集团有限公司签署共建联合实验室协议。

16—17 日 学校召开 2022 年本科教学内部研讨会。

18 日 2022 年青少年高校科学营中国科大分营开营。

18 日 美国《物理评论快报》发表我校郭光灿院士团队邹长铃研究组研究成果。他们提出了在单个光学模式中利用极弱的光学非线性实现光子阻塞的新原理和新方案，并分析了其在集成光学芯片上实现的实验可行性。

18 日 美国《地球物理研究通讯》发表我校地球和空间科学学院姚华建教授团队研究成果。他们采用背景噪声和地震面波成像获得了华北克拉通大尺度岩石圈精细速度结构，并联合大地测量结果揭示了华北克拉通岩石圈新生代改造的特征，对于认识该地区地震活动性分布特征和地震灾害评估具有重要价值。

18 日 《美国化学会志》在线发表我校俞书宏院士团队研究成果。他们建立了一种制备高比表面积钙钛矿氧化物材料的新方法，确立了一种有效的中性 OER 活性描述符号，为今后设计更加高效的中性 OER 催化剂提供了崭新思路。

19 日 校通识教育指导委员会召开 2021—2022 学年度全体会议。

19 日 美国《物理评论应用》杂志发表我校郭光灿院士团队史保森、丁冬生课题组研究成果。他们利用非共振外差方法实现了基于里德堡原子的低频射频电场精密探测，提高了 MHz 电场的原子传感器灵敏度。

20 日 学校苏州高等研究院举行第二届优秀大学生夏令营开营仪式。

21 日 学校召开 2021—2022 学年研究生课程教学评价与质量管理研讨会。

21 日 英国《自然》子刊《自然计算科学》发表我校生命科学与医学部刘海燕教授、陈泉副教授团队与信息科学技术学院李厚强教授团队合作研究成果。他们开发了一种基于深度学习为给定主链结构从头设计氨基酸序列的算法 ABACUS-R，其在实验验证中设计成功率和设计精度超过了原有统计能量模型 ABACUS。

21 日 德国《应用化学》杂志发表我校化学与材料科学学院姚宏斌教授课题组与张国桢副研究员合作研究成果。他们报道了一种高效稳定的基于一维离子型铜碘链的热致变色磷光粉杂化材料，并揭示了独特的铜碘链结构随温度可逆转变引起发光性质改变的热致变色机制。

22 日 学校召开第二十二期辅导员班主任培训班开班仪式暨 2022 级新生辅导员班主任集中学习培训会议。

23—24 日 校党委副书记、定点帮扶工作领导小组副组长傅尧带队赴贵州省六枝特区推进定点帮扶、研究生支教工作。

23—25 日 学校在安庆举办 2022 年度副处级干部和党务工作者培训班。

23—25 日 学校组织党外人士开展“喜迎二十大 同心跟党走”主题教育活动。

23—26 日 学校在金寨干部学院举办 2022 年度管理岗培训班。

25 日 由我校牵头的国家重点研发计划“发育编程及其代谢调节”重点专项“心脑跨器官代谢调控”项目启动会召开。

26 日 美国《物理评论快报》发表我校中国科学院微观磁共振重点实验室彭新华教授、江敏副研究员等研究成果。他们利用超灵敏量子精密测量技术实现了超越标准模型的新玻色子直接搜寻，质量大于 65 μeV 的轴子观测界限提升国际纪录至少 10 个数量级。

27 日 我校与中国高等教育学会校史研究分会共同主办召开“科学家精神与大学校史研究论坛”。

27 日 由合肥国家实验室、中国科大、中国科学院上海技术物理研究所、中国科学院上海微小卫星创新研究院、济南量子技术研究院等联合研制的世界首颗量子微纳卫星在酒泉卫星发射中心搭载“力箭一号”运载火箭发射升空。

27 日 美国《地质学》杂志在线发表我校地球和空间科学学院、中国科学院壳幔物质与环境重点实验室肖益林教授团队与戴立群教授合作成果。他们明确揭示了镁铁质岩浆岩的锂同位素组成可以很好地指示其地幔源区经历的熔体交代作用类型。

27—31 日 我校和定点帮扶的金寨县燕子河镇龙马村分别开展结对党建系列活动。

28 日 学校召开“语音及语言信息国家工程研究中心”揭牌仪式暨理事会首届一次会议及技术委员会首届一次会议。

28 日 学校举办“鲲鹏计划”校地合作成果转化首批在肥项目评审会。

28 日 美国《物理评论快报》在线发表我校潘建伟院士团队及张强、徐飞虎等研究成果。他们通过发展设备无关理论协议和构建高效率的光学量子纠缠系统，首次在国际上实验实现了设备无关量子密钥分发的原理性演示。

28 日 美国《物理评论快报》发表我校潘建伟院士团队及包小辉、张强等研究成果。他们将长寿命冷原子量子存储技术与量子频率转换技术相结合，采用现场光纤在直线距离 12.5 公里的独立量子存储节点间建立纠缠。

28 日 美国《物理评论快报》在线发表我校郭光灿院士团队韩正甫教授团队及王双、银振强、陈巍等合作研究成果。他们提出一种新型的半设备无关量子随机数发生器协议并进行了实验验证，为半设备无关量子随机数发生器的实用化奠定了坚实基础。

28 日 我校研制的空间站舱内辐射环境测量模块顺利在轨运行。

28—31 日 由我校承办的第二十届全国激波与激波管学术会议在合肥召开。

30 日 德国《先进材料》杂志发表我校物理学院肖正国教授课题组和化学与材料科学学院陈涛教授课题组合作研究成果。他们利用表面能很低的聚二甲基硅氧烷衬底，实现了钙钛矿薄膜的巨量转移。

30—31 日 我校在第十三届全国周培源大学生力学竞赛“理论设计与操作”团体赛中获得一等奖。

31 日 我校陈杲教授获颁第九届世界华人数学家大会(ICCM)数学奖银奖。

本月 学校举行教职工羽毛球混合团体赛、教职工拔河比赛。

本月 校领导分别带队开展实验室安全专项检查。

本月 学校举行 2022“知行中国——中国科大国际青年领袖营”活动。

本月 《美国物理学会新闻》报道了中国科大卢征天、蒋蔚团队关于氩-39 原子阱痕量分析技术的最新进展,该团队长期以来致力于发展氪-81、氩-39 等极稀有的长寿命惰性气体同位素的超灵敏检测技术,使其能够真正应用于前沿地球科学研究。

本月 我校合肥微尺度物质科学国家研究中心曾杰教授团队的“二氧化碳制化学品”项目在第二十二届英国国际发明展中获得年度国际发明“钻石奖”、自然地球奖“铂金奖”和工业“金奖”。

本月 我校“老一辈科学家精神”教育电影入选中国科协 2022 年度“学风传承行动”精品资助项目。

8 月

1 日 我校获得第 42 届国际企业管理挑战赛暨第 26 届中国区总决赛一等奖。

1—3 日 学校举办合肥光源 2022 年用户学术年会暨先进光源国际研讨会。

1—7 日 学校线上举办第四届“行星科学暑期学校”。

2 日 英国《自然》杂志发表我校生命科学与医学部孙林峰教授团队研究成果。他们报道了与植物中生长素极性转运蛋白 PIN1 相关的三个高分辨率结构,并结合功能实验阐释了 PIN1 蛋白的工作机制,为理解植物生长素运输调控,以及针对 PIN 蛋白的农业用除草剂和植物生长调节剂的设计开发提供了重要基础。

3 日 美国《物理评论快报》发表我校郭光灿院士团队李传锋、柳必恒研究组研究成果。他们将高维纠缠光子的总体探测效率提升到 71.7%,从而首次实现了无探测漏洞的高维贝尔不等式检验,为进一步实现同时关闭探测漏洞和非局域性漏洞的高维贝尔不等式检验及设备无关的高维量子通信过程奠定了重要基础。

3 日 美国《光学》杂志在线发表我校郭光灿院士团队韩正甫教授及其合作者银振强、王双、陈巍等合作研究成果。他们提出了兼具高稳定性和高安全性的误差容忍测量设备无关量子密钥分发协议,并从安全性分析和实验验证两方面证实了该协议对源端非理想特性具有极强的容忍能力,有力地推动了新一代量子密钥分发技术的实用化进程。

4 日 学校举办“贝时璋国际青年学者论坛”第一期。

4 日 美国《科学》杂志发表我校生命科学与医学部周荣斌、江维教授团队和转化医学与创新药物国家重点实验室唐任宏团队合作研究成果。他们报道了下丘脑-垂体轴及其产生的激素 α-MSH 在介导肿瘤诱导的髓系造血和免疫抑制中的关键作用。

4 日 美国《血液》杂志在线发表我校生命科学与医学部魏海明教授课题组与附一院血液内科孙自敏教授、朱小玉教授团队合作研究成果。他们揭示了急性髓系白血病(AML)接受异基因造血干细胞移植(allo-HSCT)后早期复发的机制，为防止 AML 患者移植后复发提供了新的思路和策略，对进一步提高 allo-HSCT 的疗效和推动其广泛应用具有重要指导意义。

5 日 我校学子在第十五届全国大学生节能减排社会实践与科技竞赛中获佳绩。

5 日 美国《物理评论快报》发表我校郭光灿院士团队董春华教授及其合作者邹长铃等研究成果。他们将微腔内的光辐射压力引起的机械振荡加载到泵浦光上，经过 5 km 长的单模光纤传输后激发另一微腔内的机械振荡，通过光学模式和机械模式的有效调控从而实现了两个光力系统的全光远程同步，为构建复杂的同步光力系统网络奠定了基础。

5 日 安徽应用数学中心入选首批“科创中国”产学研协作类创新基地。

7 日 学校举办 1987 级校友值年返校活动。

8 日 美国《细胞》杂志发表我校生命科学与医学部薛天教授、鲍进特任研究员团队研究成果。他们发现了发育早期视觉(光)感知促进大脑高级认知区域神经元突触协同发育的感光、神经环路和分子机制，并揭示了发育早期光感知对成年脑高级认知能力的影响。

9 日 英国《能源与环境科学》杂志在线发表我校应用化学系徐铜文、杨正金团队研究成果。他们报道了一种磺化的超微孔聚氧杂蒽基离子膜，揭示了软物质限域下的离子传递特性，利用膜内亚纳米的亲水微孔实现了极高的离子选择性，提高了盐差能发电的效率。该膜材料的设计理念将盐差能发电的概念从海水-河水体系，拓展到无浓差盐溶液甚至工业废水体系。

9 日 《美国国家科学院院刊》发表我校地球和空间科学学院郝记华研究员与美国西南研究院 Christopher Glein 研究员等学者合作研究成果。他们首次揭示了生命关键营养元素磷在土卫二冰下海洋中可以积累较高浓度，填补了土卫二海洋宜居性研究的重要空白。

10 日 美国《科学》杂志发表我校杜江峰、石发展、孔飞等人合作研究成果。他们基于金刚石氮-空位色心量子传感器实现了皮特斯拉水平的高灵敏微波磁场测量。

11 日 中国航空工业空气动力研究院-中国科学技术大学“先进气动力热预测与推进技术联合创新中心”举行签约暨揭牌仪式。

11 日 英国《自然》杂志子刊《自然 · 光子学》发表我校潘建伟、包小辉等合作研究成果。他们将里德堡相互作用与高效单光子接口技术相结合，首次成功制备基于里德堡超原子的多光子纠缠，为单向量子中继等应用奠定了基础。

14 日 美国《地球化学与宇宙化学学报》发表我校地球和空间科学学院陈伊翔教授研究组研究成果。他们在世界典型的大陆碰撞造山带中发现了形成于碰撞结束之际的多个同折返花岗岩体，揭示了矿物分离结晶作用对花岗质熔体地球化学成分的影响，查明了高硅花岗岩的重 Fe 同位素组成特征受控于熔体的矿物结晶分异作用，这对理解造山带岩浆作用、深俯冲陆壳化学分异以及高温 Fe 同位素体系都具有重要意义。

15 日 《美国化学会志》在线发表我校工程科学学院 Zachary J. Smith 教授团队和华中师范大学化学学院高婷娟教授团队合作研究成果。他们提出了一种基于线扫描拉曼成像系统和偶氮增强拉曼探针相结合的快速生物成像方法，实现了对细胞器动态过程的高分辨率、低功耗的影像。

16 日 荷兰《地球与行星科学通讯》发表我校地球和空间科学学院姚华建教授团队研

究成果。他们联合地震背景噪声和远震面波数据反演得到了郯庐断裂带中南段地壳上地幔高分辨的横波速度结构模型，揭示了区域内多个以前未发现的速度异常体，并获得了三维方位各向异性特征，这对认识郯庐断裂带的形成和演化起到了重要约束作用。

16 日 《美国国家科学院院刊》发表我校杨上峰教授课题组最新研究成果。他们合成了两种新型的基于过渡金属钒的内嵌金属富勒烯，结合这两种分子结构上的关联性，提出一种全新的内嵌金属富勒烯形成机制——自驱动单原子碳注入机制，在内嵌金属富勒烯领域取得了重要进展。

17 日 我校与 OPPO 公司签署协议，合作共建智能计算联合实验室。

17 日 英国《微生物组》杂志在线发表我校生命科学与医学部周丛照教授课题组研究成果。他们从巢湖中成功分离五株侵染伪鱼腥藻 Chao 1806 的噬藻体 Pam1～Pam5，揭示了 Pam1～Pam5 的进化多样性及它们在巢湖自然水体中的相对丰度，并以这五株实验室纯化的噬藻体基因组序列作为参考基因组，鉴定了十株尚未培养的噬藻体。

19 日 学校 2022 级本科新生入学报到。

19 日 美国《物理评论快报》发表我校卢征天教授团队研究成果。他们利用激光冷原子方法对镱-171 原子的固有电偶极矩进行了首次测量，获得了该电偶极矩小于 1.5×10^{-26} e cm 的上限结果，并对镱-171 原子核的席夫极矩设定了上限。

19—21 日 由我校参与承办的“秒聚青科・强国有我”论坛在合肥举办。

19—22 日 由我校参与承办的第三届长三角力学论坛在合肥举办。

21 日 学校举行合肥微尺度物质科学国家研究中心-生物分析化学院士合作研究中心揭牌仪式。

21 日 我校学子在第十三届丘成桐大学生数学竞赛中取得优异成绩。

21 日 由我校承担的国家重点研发计划“纳米尺度下蛋白质的电学测量与多模态表征新方法研究”项目启动会在合肥召开。

21—23 日 由我校主办的第一届国际氢安全科学与工程会议在合肥召开。

22 日 由我校作为项目依托单位的中国工程院-云南省政府 2022 年院地合作重点项目“云南森林火灾智慧防控咨询研究”项目开题启动会在昆明召开。

24 日 国家自然科学基金委绩效调研组来校调研座谈。

24 日 我校领导干部暑期读书班在铜陵举行开班仪式。

25 日 校党委召开党委扩大会议。

25 日 我校党委理论学习中心组召开集中学习（扩大）会，这也是校党委理论学习中心组第六次集中学习。

25 日 我校与铜陵市举行市校合作座谈交流会暨签约仪式。

25 日 英国《自然》杂志子刊《自然・物理》在线发表我校中国科学院微观磁共振重点实验室杜江峰院士团队与南京大学合作研究成果。他们利用抗磁悬浮力学系统在实验室环境中对一种重要的暗能量理论——变色龙理论进行了实验检验，未发现该理论预言的“第五种力”，从而排除了其作为暗能量的可能。这是所有暗能量理论中的首个确定性的实验检验。

8 月 25 日—9 月 1 日 由我校承办的第四届全国科学实验展演汇演活动在线上举办。

26日 我校与池州市举行市校合作交流座谈会暨战略合作协议签约仪式。

28日 我校苏州高等研究院召开第一届理事会第三次会议。

28日 由我校承担的“安徽省能源转型发展与乡村振兴融合发展战略研究”项目启动会暨专家咨询会在合肥召开。

28日 我校自审增设“知识产权”硕士专业学位类别授权点专家论证会在合肥召开。

29日 我校举行“喜迎二十大”2022级新生升旗仪式。

29日 国家知识产权局副局长胡文辉一行来校调研。

29日 英国《自然》杂志子刊《自然·通讯》在线发表我校俞书宏院士团队与合肥工业大学陆杨教授研究组、康斯坦茨大学 Helmut Cölfen 教授团队合作研究成果。他们报道了一种新型的高性能磁共振成像对比剂，这是一种可宏量制备的顺磁性无定形钆掺杂碳酸钙纳米簇。

29日 美国《地球物理研究通讯》发表我校地球和空间科学学院吴忠庆教授课题组与美国哥伦比亚大学 Renata Wentzcovitch 教授课题组及美国康奈尔大学 Geoffrey Abers 教授合作研究成果。他们在俯冲带浅部地震波速各向异性成因上取得重大进展，对认识俯冲带的物理化学过程及地球内部水循环等方面产生重要影响。

30日 中国科学院副院长张亚平一行来校调研。

30日 故宫博物院党委书记都海江一行来校调研。

本月 我校和美国化学会出版部举行线上签约仪式，宣布合作出版新刊《Precision Chemistry》(《精准化学》)。

本月 我校在第二届国际计算机教育数据挖掘大赛中获得三项冠军。

本月 我校体育代表团在安徽省第十五届运动会暑假七项目比赛中共获得16金11银8铜。

9月

1日 我校2022级研究生新生入学报到。

2日 学校举行2022级本科生军训总结大会。

2日 英国《自然》杂志子刊《自然·通讯》在线发表我校生命科学与医学部许超教授、张凯铭教授与西班牙分子生物学中心 Encarna Martínez-Salas 教授合作研究成果。他们利用单颗粒冷冻电镜技术解析了人源 Gemin5 羧基端结构域(G5C)的三维结构，揭示了 G5C 结合 mRNA 并调控其翻译的分子机制。

2—4日 由我校承办的2022年爆炸与冲击动力学发展战略研讨会在合肥召开。

3日 学校举行2022级本科新生开学典礼，校长包信和作“科学与社会”新生研讨课主题报告的第一讲。

3日 学校举办2022级本科新生急救知识和健康知识培训。

3日 学校举办第八届青年教师教学竞赛。

5—11日 我校开展2022年国家网络安全宣传周系列活动，校长包信和院士应邀在开幕式上作主题报告。

6 日 《美国国家科学院院刊》在线发表我校生命科学与医学部张凯铭团队与美国斯坦福大学 Rhiju Das、Wah Chiu 教授团队合作研究成果。他们揭示了错误折叠四膜虫核酶的拓扑交叉中心，为剖析范式模型系统中的详细动力学机制和后续功能研究奠定了基础。

7 日 《美国化学工程师学会志》发表我校应用化学系江鸿教授课题组研究成果。他们使用热氛围处理与溶液辅助配体交换的方法将异氰酸酯键（—N=C=O）与铜络合的巯基（—SCu）接枝到 ZIF-8 晶体上，得到改性的 MOFs（NIF-SCu），显著提高了 SMX 的降解效率及能量效率。

7 日 美国《纳米快报》杂志发表我校工程科学学院热科学和能源工程系特任教授谈鹏团队研究成果。他们设计了一种具有高度有序阵列结构的碳包覆阳极氧化铝空气电极，重新认识了锂氧电池的放电电压突降行为和固体产物过氧化锂生长路径。

8 日 学校举行第四届教职工荣休典礼。

8 日 学校召开 2022 级本科生“科学与社会”研讨课导师研讨会。

8 日 学校举办“喜迎二十大，起跑新时代”荧光夜跑活动开幕式。

8 日 《国家科学评论》杂志在线发表我校化学与材料科学学院罗毅、江俊团队与自动化系尚伟伟等合作研究成果。他们通过开发和集成移动机器人、化学工作站、智能操作系统、科学数据库，研制出数据智能驱动的全流程机器化学家。

9 日 学校召开人才工作会议。

9 日 学校教学督导委员会召开 2022 年秋季学期第一次工作会议。

9 日 学校举办第四期“众言沙龙”活动，校长包信和院士主讲。

9 日 《细胞发现》杂志发表我校教育部细胞动力学重点实验室联合攻关团队研究成果。他们新解析的人源 CCAN（constitutive centromere-associated network）复合物结构与功能草图为系统理解人类着丝粒复合物在有丝分裂过程的动态重构以及染色体区室化的调控模式提供了新工具与范式。

10 日 包信和校长赴高新园区调研，看望慰问师生员工。

10 日 学校举办 2022 年校迎新晚会。

13 日 学校双创学院实训基地在庐阳区揭牌。

15 日 我校生命科学与医学部薛天教授获得 2022 年“科学探索奖”——“医学科学”奖。

15 日 我校与阿里巴巴集团成立智能计算联合实验室。

15 日 我校与宁波大学签署战略合作协议。

15 日 英国《自然》杂志子刊《自然·代谢》在线发表我校生命科学与医学部熊伟教授课题组研究成果。他们揭示了酒精和大麻素化合物靶向小脑浦肯野细胞突触前的大麻素受体 CB1R 和突触外的甘氨酸受体 esGlyR 从而协同导致运动失调的神经机制，并提出开发基于 esGlyR 的新型药物，为临床治疗酒精和大麻滥用提供了新的思路。

15 日 英国《自然》杂志子刊《自然·通讯》发表我校俞书宏院士团队研究成果。他们设计了一种胶体化学合成法，实现了铜基四元硫属多形体纳米晶的可控制备，这类多形体表现出优于纯物相的光催化产氢性能。

15 日 荷兰《地球与行星科学通讯》和美国《地球化学和宇宙化学学报》杂志在线发表我校地球和空间科学学院黄方教授团队研究成果。他们利用金属稳定同位素，在流体活动稀有金属运移和富集过程的研究中取得了重要进展。

16日 我校与中国银行签署战略合作协议。

16日 我校与同兴环保科技股份有限公司签署共建联合实验室协议。

17日 学校举行2022级研究生开学典礼暨入学教育。

17日 由我校承担的国家磁约束聚变能发展研究专项——“高分辨热相干散射、安全因子、中子探测诊断技术研究”实施方案论证暨项目启动会在合肥召开。

19日 学校举办“郭沫若、严济慈老校长纪念室”开展仪式。

19日 校党委巡视组向机关党委反馈巡视情况。

19日 德国《先进材料》杂志发表我校合肥微尺度物质科学国家研究中心王凌飞、吴文彬教授课题组与西北大学物理学院司良教授合作研究成果。他们生长了高质量的铁磁半金属性锰氧化物外延薄膜，并通过在薄膜中引入Ru元素掺杂诱导了可观的自旋阻挫效应和室温下3个数量级的反常霍尔电阻增强。

19日 德国《先进材料》杂志发表我校俞书宏院士团队刘建伟特任教授课题组研究成果。他们研制了一种新型柔性Janus螺旋结构的纳米线组装体光热电器件，发展了一种将辐射冷却和选择性光谱吸收材料协同利用的策略。

19—20日 我校纪委举办2022年纪检工作培训班。

20日 学校召开纳米科学与工程一级学科专家论证会。

20日 中国科大艺术教学中心正式启用。

20日 中国石油天然气集团有限公司董事长、党组书记戴厚良来校调研。

20日 学校举办第五期“众言沙龙”活动，校党委书记舒歌群主讲。

20日 《细胞发现》杂志在线发表我校生命科学与医学部周丛照教授和陈宇星教授课题组研究成果。他们利用单颗粒冷冻电镜技术解析了蓝藻光合固碳关键酶——核酮糖-1,5-二磷酸羧化酶/加氧酶（RuBisCO）同时结合两个分子伴侣Raf1和RbcX的三维结构，揭示了这两个分子伴侣协同调控蓝藻RuBisCO组装和成熟的分子机理。

21日 国际生物学综合期刊《eLife》杂志发表我校生命科学与医学部冯雪竹、光寿红团队与南京大学陈迪团队合作研究成果。他们发现组蛋白修饰H3K9me1/2与胰岛素通路协同作用在调节寿命和抗应激能力方面起着关键作用，有助于更全面地理解衰老调控。

21日 学校举行“小米青年学者”签约仪式。

22日 学校召开青年教师挂职工作座谈会。

22日 学校举行“青年之声”畅谈会高新园区新生专场活动。

22日 《国家科学评论》杂志在线发表我校俞书宏院士团队陈思铭、高怀岭等研究成果。他们运用多尺度成像和多模态力学性能研究的协同策略，系统分析并明确了竹节的空间多级次纤维组装结构，提出了三种纤维增强结构的设计方案，为今后开展仿生纤维复合结构材料的创制研究提供了最优的设计方案，并构筑了一种基于竹节的光热水蒸发装置。

22—25日 学校举办2022年度社团游园会。

23日 我校化学与材料科学学院陈维教授课题组受邀在美国化学会《化学评论》杂志发表综述文章。文章深入探讨了二次电池用于电网级大规模储能应用的现状、前景和挑战，尤其是新兴电池技术实用化过程中的问题和解决策略，并系统性地总结和讨论了一系列典型的具有优越前景的大规模储能电池技术。

23日 美国《科学》杂志子刊《科学进展》发表我校中国科学院微观磁共振重点实验室杜江峰、王亚团队研究成果。他们发展了一种全新的基于自对准的光子学器件制备加工技术，可将氮-空位色心这一原子级量子传感器以纳米级精度加工到金刚石器件最佳工作位置，实现接近最优光学探测性能的量子传感器阵列。

23日 《国家科学评论》杂志在线发表由我校和南京大学、中国空间技术研究院合作研究成果。他们发现“嫦娥五号”取回的月壤可以进行原位资源化利用(ISRU)，作为电催化剂驱动地外燃料和氧气的生产，并进一步展示了利用机器人实现从催化剂制备到地外燃料和氧气生产的全过程无人化操作，有望推动人类文明向地外定居点发展。

24日 学校举办首期“先进智造”科创试点班招生宣讲会。

25—29日 由我校参与承办的中国化学会第十二届全国有机化学学术会议在合肥召开。

26日 《美国国家科学院院刊》发表我校卢征天、蒋蔚教授单原子探测团队与云南大学田立德研究员冰川学团队合作研究成果。他们首次对冰芯进行了氩-39同位素定年测量，为青藏高原羌塘冰川冰芯建立了上千年的精准年代标尺。

26日 我校俞书宏院士团队应邀于《美国化学会志》在线发表综述文章。文章提出了一种受生物矿物体内生长过程启发的制造策略，通过学习生物矿物在预结构化模板诱导下的受控生长，实现具有多级次结构的矿物基仿生新材料的可控制备。

26日 美国《物理评论快报》发表我校潘建伟、陆朝阳、张强等与济南量子技术研究院等单位的科研人员合作研究成果。他们在国际上首次关闭定域性、测量独立性以及纠缠源独立性等漏洞，利用类空间隔的纠缠交换光量子网络对实数形式的量子力学进行了检验，以超过5.3个标准差的实验精度验证了实数无法完整地描述标准量子力学，严格确认了量子力学中复数的必要性。

26—30日 学校领导带队开展校园安全大检查。

27日 学校召开研究生支教团第25届支教队组队会。

27日 《细胞研究》杂志在线发表我校生命科学与医学部张凯铭团队与复旦大学生命科学学院麻锦彪团队合作研究成果。他们阐明了MACOM复合物结构核心区域的组成及结构细节，并提出了MAC-MACOM甲基化修饰RNA的合理模型，有助于人类疾病的潜在治疗。

28日 校党委书记舒歌群给2022级本科新生讲第一堂思政课。

29日 学校召开2022年度党委理论学习中心组第七次集中学习会。

29日 英国《自然》杂志子刊《自然·通讯》发表我校郭光灿院士团队李传锋、唐建顺研究组与匈牙利魏格纳物理研究中心AdamGali等人合作研究成果。他们实验研究并理论解释了六方氮化硼中带负电硼空位(VB-)色心受磁场调制的自旋相干动力学行为，揭示了hBN中VB-色心电子自旋与核自旋之间的相干耦合和弛豫机制，对发展基于二维范德瓦尔斯材料的相干自旋系统及低维量子器件具有重要意义。

30日 学校召开第三季度书记调度会暨机关部处长联席会。

30日 我校火灾科学国家重点实验室外国专家藤·晃由(Koyu Satoh)博士获得2022

年度“中国政府友谊奖”。

7—9 月 我校团学组织开展“喜迎二十大·我是科大人”新生启航系列活动。

8—9 月 学校组织开展 2022 级新生心理健康普查。

本月 学校深入学习贯彻《习近平谈治国理政》第四卷和习近平系列重要讲话精神。

本月 饶子和院士一行参加我校特色文科建设专家座谈会。

本月 我校学子在第十届未来设计师·全国高校数字艺术设计大赛全国总决赛中获得系列奖项。

本月 我校入选首批“国家级创新创业学院”建设单位。

本月 我校马克思主义学院入选安徽省高校重点马克思主义学院名单。

本月 我校获批承担“国际标准化组织油气燃烧器技术委员会(ISO/TC 109)”国内技术对口单位。

10 月

3 日 英国《自然》杂志子刊《自然·纳米技术》发表我校陈杨、吴东、褚家如课题组，华中科大王凯、陆培祥课题组与新加坡国立大学仇成伟课题组联合团队研究成果。他们首次实现了基于混合纳米波导的 WS_2 谷光子的长距离保真传输与定向分发，为下一步搭建大规模谷电子器件网络提供了方案。

3 日 德国《先进材料》杂志发表我校物理学院肖正国课题组与南京工业大学王建浦、王娜娜课题组合作研究成果。他们通过在钙钛矿表面形成的纳米结构，增加了光子在薄膜表面的散射，实现钙钛矿 LED 器件效率极限的突破。

4 日 美国《物理评论快报》发表我校郭光灿院士团队李传锋、黄运锋等人与西班牙理论物理学家 Marc-Olivier Renou 合作研究成果。他们实验验证了基于局域操作和共享随机性理论框架下的真多体非局域性，结果表明用两体或三体非局域关联无法解释自然界产生的所有关联。

5 日 英国《自然》杂志在线发表我校潘建伟及张强、姜海峰、彭承志等与中国科学院上海技术物理研究所、新疆天文台、中国科学院国家授时中心、济南量子技术研究院和宁波大学等单位合作研究成果。他们首次在国际上实现百公里级的自由空间高精度时间频率传递实验，时间传递稳定度达到飞秒量级，频率传递万秒稳定度优于 4E－19，有效验证了星地链路高精度光频标比对的可行性，向建立广域光频标网络迈出了重要一步。

6 日 美国化学会《分析化学》杂志发表我校国家同步辐射实验室潘洋教授团队研究成果。他们利用自行研发的解吸电喷雾电离/二次光电离质谱成像平台结合多孔聚四氟乙烯印迹技术，实现对多种植物叶片中代谢物的空间成像。

9 日 学校召开定点帮扶工作领导小组 2022 年度第二次工作会议。

10 日 安徽省财政厅谷剑锋一行来校调研。

10 日 德国《应用化学》杂志发表我校合肥微尺度国家研究中心高敏锐课题组与杨晴课题组合作研究成果。他们通过引入少量钴改良钼镍合金催化剂，创制出一种低成本、CO 耐受性好的非贵金属氢氧化催化剂。

10 日 美国《物理评论快报》在线发表我校郭光灿院士团队与胡水明教授团队合作研究成果。他们揭示了原子分子精密光谱测量中的一种类 Fano 共振的新机制，发现在驻波场中对超窄线宽跃迁的激发会受到远失谐的强跃迁的影响，这对基于原子分子超窄跃迁的精密测量将产生重要的影响。

12 日 校党委召开“潜心立德树人”专项巡视动员部署会。

12 日 美国《科学》杂志子刊《科学进展》发表我校微纳光学与技术课题组王沛教授和鲁拥华副教授等研究成果。他们利用光学超表面设计了一种简捷的光场偏振态空间编码，结合精巧的光学系统设计，发展了一种大量程（百微米量级）、高灵敏（亚纳米）、简捷实用的位移感测技术。

14 日 团省委书记陈明生一行来学校调研。

14 日 英国《自然》杂志子刊《自然・通讯》发表我校信息科学技术学院特任副研究员姜帅等研究成果。他们提出了一个普适性的工作流程，用于训练基于深度神经网络的精确反应性分子力场，并进一步将基于深度神经网络-分子力场的分子动力学所得到的碰撞速率系数与团簇动力学模型进行耦合，为大气气溶胶成核模拟最终走向全从头算指明了研究方向。

14 日 美国《IEEE 移动计算学报》杂志发表我校吴曼青院士团队陈彦教授、孙启彬研究员等人研究成果。他们实现了基于毫米波雷达的非接触人体心电图实时监测，突破了百余年来心电图仅能通过接触式传感器获取的局限。

15 日 学校高新园区举办“喜迎二十大 逐梦新征程”2022 迎新晚会。

16 日 学校组织集中收看党的二十大开幕会，这也是校党委理论学习中心组第八次集中学习。

17 日 我校合肥微尺度物质科学国家研究中心田善喜教授应邀在美国《化学研究述评》在线发表综述文章。文章报道了团队系列研究进展及其建立的“气液界面研究”新实验方法。

17 日 英国《自然》杂志子刊《自然・物理》发表我校郭光灿院士团队史保森、丁冬生课题组与丹麦奥尔胡斯大学 Klaus Mølmer 和英国杜伦大学 Charles S. Adams 合作研究成果。他们发展了里德堡原子临界点与微波电场的耦合技术，利用强关联系统的相变提高了里德堡原子对微波电场测量的精度和灵敏度。

17 日 《美国化学会志》在线发表我校杨金龙院士课题组胡伟团队研究成果。他们采用逆向设计搜索了同时具有 Rashba 效应和铁电性的二维非磁性半导体，确定了三种同时具有 Rashba 效应和铁电性的潜在结构类型。

18 日 学校举办 2022 年度科研管理业务培训交流会。

19 日 学校召开 2023 年留学生招生启动会暨 2022 年留学生招生工作表彰会。

19 日 美国《细胞》杂志子刊《细胞报告物质科学》发表我校工程科学学院毛磊特任研究员团队研究成果。他们提出的基于磁场成像的氢燃料电池无损检测理论及方法，突破了现有氢燃料电池性能表征依赖于材料分析、电流分布等侵入式检测手段的瓶颈。

20 日 英国《自然》杂志子刊《自然・通讯》在线发表我校郭光灿院士团队邹长铃、李明研究组研究成果。他们提出人工合成光学非线性过程的通用方法，在集成芯片微腔中实验观测到高效率的合成高阶非线性过程，并展示了其在跨波段量子纠缠光源中的应用潜力。

20 日 美国《地质学》杂志发表我校地球和空间科学学院、中国科学院壳幔物质与环境重点实验室郑永飞院士研究团队戴立群教授研究组研究成果。他们在俯冲带地球化学研究中取得了重要进展。

22 日 中国科大党委常委、副校长杜江峰院士当选为中国共产党第二十届中央委员会候补委员。

24 日 《美国国家科学院院刊》发表我校生命科学与医学部龚为民教授课题组和亚利桑那州立大学朱海宁教授课题组合作研究成果。他们揭示了 Caprin-1 对应激颗粒的阴阳双向调控作用，为能够更好地调节 SG 的动力学打下了基础，并为相关疾病潜在的治疗策略提供了新的线索和思路。

25 日 《美国化学学会应用电子材料》杂志发表我校光学与光学工程系王亮教授和韩正甫教授课题组合作研究成果。他们通过设计优化表面等离激元结构，开发成功低暗计数、高响应度、高带宽的单行载流子探测器芯片，为近红外探测器性能提升提供了开创性的方法。

25 日 德国《先进材料》杂志发表我校俞书宏院士团队研究成果。他们报道了一种由食品级安全的马尾藻纤维素纳米纤维制成的具有优异力学性能和热学性能的高性能结构材料。

26 日 由安徽省、中国科大、合肥市三方合力共建的中国科大科技商学院正式成立。

26 日 校党委召开党委常委会会议，传达学习党的二十大精神。

26 日 英国《自然》杂志发表我校曾杰课题组、华盛顿州立大学 Yong Wang 课题组、加利福尼亚大学戴维斯分校 Bruce C. Gates 课题组和亚利桑那州立大学刘景月课题组合作研究成果。他们报道了一种“纳米岛”限域的原子级分散催化剂，突破了传统催化剂活性和稳定性的矛盾。

27 日 学校召开传达学习党的二十大精神大会。大会之前，校党委理论学习中心组举行第九次集中学习，传达学习党的二十大精神。

27 日 英国《自然》杂志子刊《自然 · 通讯》发表我校郭光灿院士团队郭国平、宋骧骧等人与苏州大学 Joel Moser 及本源量子计算有限公司合作研究成果。他们实现了基于石墨烯的可滑动纳米机电谐振器，展示了在纳米尺度上实现新型固定方式的可能。

27 日 《光:科学与应用》杂志在线发表我校郭光灿院士团队史保森教授、周志远副教授等研究成果。他们提出了一种基于谐波辅助实现光学相位放大的基本原理，并且利用级联三波混频过程初步实现了干涉仪中相对相位的 4 倍放大。

29 日 学校召开加强基础研究工作座谈会。

29 日 英国《自然》杂志子刊《自然 · 通讯》发表我校与中国科学院深圳先进技术研究院双聘教授毕国强团队和美国加州大学洛杉矶分校周正洪教授合作研究成果。他们开发了一套基于深度学习的 cryoET 数据处理算法和软件 IsoNet，有效解决了 cryoET 成像中的缺失锥效应和低信噪比问题。

31 日 英国《自然》杂志子刊《自然 · 通讯》发表我校化学系梁海伟教授课题组及合作者研究成果。他们实现了碳载小尺寸铂基金属间化合物燃料电池催化剂的普适性制备，所制得的催化剂展现出优异的低铂燃料电池性能。

31日 美国《物理评论快报》发表我校郭光灿院士团队史保森、丁冬生课题组研究成果。他们利用磁场操控技术结合钟态制备的方法实现了基于冷原子系综的光子高维轨道角动量态的长时间存储，对构建高容量量子网络具有重要价值。

31日 美国《物理评论快报》发表我校郭光灿院士团队李传锋、黄运锋、陈耕等与瑞士学者合作研究成果。他们构造了一种新的真多体纠缠态检验方法，可以在不对测量设备做任何假设的前提下检验多体系统的真纠缠性质。这是国际上首个可以检验任意多体系统真纠缠性质的实验工作。

本月 学校完成2023级推免生接收工作，拟录取推免生的数量和质量均再创新高。

本月 由我校牵头承担的国家重点研发计划“面向先进高分子薄膜加工与功能改性的同步辐射研究平台”项目中期检查会议在合肥召开。

11月

1日 校党委书记舒歌群赴高新园区调研疫情防控工作。

1日 学校召开人工智能伦理与治理课程群虚拟教研室试点建设启动会。

2日 学校举办第二十三期学生骨干培训班暨团校第二十九期培训班开班仪式。

3日 英国《自然》杂志子刊《自然·化学》发表我校化学与材料科学学院、中国科学院软物质化学重点实验室刘世勇教授课题组研究成果。他们报道了精准编码两亲性高分子的合成和在质谱测序、数码胶束构建以及复杂生物体系中无标记定量中的研究。

3日 英国《自然》杂志子刊《自然·通讯》在线发表我校微电子学院龙世兵团队与复旦大学芯片与系统先进技术研究院刘琦团队合作研究成果。他们利用深紫外光电突触结合忆阻器的构架实现了基于储备池计算的指纹识别系统。

3—4日 由我校联合举办的第一届精准高分子化学与功能材料国际研讨会在线上召开。

4日 学校召开学习党的二十大精神系列交流座谈会。

4日 学校召开党外人士学习贯彻中共二十大精神交流座谈会。

4日 美国《细胞》杂志子刊《焦耳》发表我校化学与材料科学学院徐集贤团队与武晓君团队、中国科学院苏州纳米所陈琪研究员、蔺洪振研究员团队合作研究成果。他们通过实验测试和理论计算的相互印证，揭示钙钛矿/高分子界面多种模式的相互作用，以及这些作用与深能级缺陷钝化的对应关系，为大幅提高器件效率以及进一步开发广谱类钝化策略提供重要参考。

5日 英国《自然》杂志子刊《自然·通讯》发表我校化学与材料科学学院、合肥微尺度物质科学国家研究中心黄伟新教授课题组研究成果。他们研究了氧化物半导体光催化甲烷和双氧水制含氧化合物反应，发现了氧气作为分子助剂大幅提高双氧水利用率和光催化甲烷制含氧化合物效率的普适性策略，以及 TiO_2 晶面控制的光催化活性和选择性。

5—7日 由我校承办的首个“磁性、超导与拓扑研讨会”在东莞举行。

8日 我校火灾科学国家重点实验室孙金华教授获“安徽省先进工作者”称号。

8日 我校8项成果获2021年度安徽省科学技术奖一等奖。

9日 校党委理论学习中心组召开2022年度第十次集中学习，校党委常委会召开会议部署学习宣传贯彻党的二十大精神。

9日 美国《科学》杂志子刊《科学进展》发表我校合肥微尺度物质科学国家研究中心郭昌教授团队研究成果。他们通过电化学阳极氧化生成了亲电型 α-羰基自由基，与烯丙基锡/硅试剂发生反应，成功实现了不对称电化学烯丙基化反应。相关成果还曾发表于德国《应用化学》杂志。

9日 美国《科学》杂志子刊《科学进展》发表我校心理学系何晓松特任研究员等研究成果。他们揭示了患者大脑中控制能量消耗异常与葡萄糖代谢异常的关联，为网络控制理论在心理学和脑科学研究中的应用提供了潜在的生理基础。

10日 学校举办“化学工程与技术”学科建设专家咨询研讨会。

10日 我校人文与社会科学学院科学教育与传播安徽省哲学社会科学重点实验室、科技考古与文化遗产保护安徽省哲学社会科学重点实验室获批立项。

10日 英国《自然》杂志子刊《自然・天文学》在线发表我校地球和空间科学学院、深空探测实验室陆全明和王荣生教授团队研究成果。他们发现行星际太阳风中湍动磁场重联的直接证据，揭示了行星际太阳风中湍动磁场重联发生率和背景太阳风风速的关系，证实了湍动磁场重联可以有效地加速和加热行星际等离子体，突破了之前普遍认为的太阳风磁场重联是准稳态的看法。

11日 美国《科学》杂志子刊《科学进展》发表我校化学与材料科学学院姚宏斌课题组联合张群、林岳和张国桢团队合作研究成果。他们提出金属卤化物钙钛矿亚稳相结晶策略，有效消除了混合卤素钙钛矿 $CsPbI_{3-x}Br_x$ 晶粒内部的面缺陷，从而制备了高效的纯红光钙钛矿发光二极管，其外量子效率达17.8%，亮度为9000 $cd \cdot m^{-2}$。

11日 美国《地球化学与宇宙化学学报》接收发表我校地球和空间科学学院陈伊翔教授团队研究成果。他们通过对蛇纹岩天然样品的系统分析，首次清晰揭示了橄榄岩蛇纹石化过程中存在显著的Mg同位素分馏，对理解海水化学组成变化和地幔Mg同位素不均一性具有重要意义。

14日 民进中国科大支部顺利完成换届工作。

14日 德国《先进材料》杂志发表我校化学与材料科学学院陈涛课题组研究成果。他们通过深能级瞬态谱技术探测温度驱动的硒硫化锑点缺陷特性，再结合退火过程中材料组分变化，揭示其点缺陷的形成和演化机制。该缺陷演化机制为设计薄膜制备方法以抑制深能级点缺陷的形成提供了关键参考依据。

15日 学校在新一代神威超级计算机上首次实现250万原子超大规模复杂金属异质结体系的电子结构计算模拟，该成果入围国际戈登・贝尔奖提名并在全球超级计算大会上答辩。

15日 学校组织参加全国高校毕业生就业创业工作网络视频会议。

15日 美国《物理评论快报》发表我校郭光灿院士团队李传锋、周宗权课题组研究成果。他们基于掺铒波导实现了通信波段光子的按需式量子存储，向构建大尺度光纤量子网络迈出了重要一步。

16日 中国科大创新发展推进会暨安徽省社会稳定风险评估促进会第一次会员大会在合肥召开。

16日 我校化学物理系蒋彬课题组应邀在美国《威利跨学科评论:计算分子科学》杂志发表综述文章。文章介绍了原子神经网络模型的基本概念和其背后的物理思想,并以课题组发展的方法为牵引,分类讨论了各种原子神经网络方法中提升原子环境描述效率和表达力的策略。

16日 美国《物理评论快报》发表我校物理学院朱林繁教授课题组和同济大学李文斌教授课题组合作研究成果。他们基于薄膜平面腔体系首次在实验上证实了新的Fano线形——直线线形的存在,并揭示了其背后机理——连续通道和分立通道的干涉项完全抵消了原子共振分立态的强度,从而抹除了共振散射信号,实现原子"隐身"。这项研究为X射线谱学探测边前弱结构如四极跃迁提供了新思路。

17日 学校举行《科学的春天》微电影首映式暨郭沫若先生诞辰130周年纪念展揭幕式。

17日 学校召开2023年度国家基金人才类项目申报工作会。

17日 英国《自然》杂志子刊《自然·通讯》发表我校合肥微尺度物质科学国家研究中心郭昌教授团队研究成果。他们利用镍催化不对称炔丙基取代反应多样性地合成了一系列手性联烯化合物,通过开发新型BDPP配体实现了镍催化的手性含膦三取代联烯化合物的高对映选择性合成。相关成果还发表在《美国化学会志》上。

17日 英国《自然》杂志子刊《自然·催化》发表我校合肥微尺度国家研究中心高敏锐教授课题组与南京理工大学兰司教授课题组合作研究成果。他们设计并研制了一种用于碱性膜燃料电池阳极氢氧化反应的镍-钼-铌三元合金玻璃催化剂,实现了比肩铂的催化活性和稳定性。

18日 中国科大鸿雁队再获"2022世界声博会十大人工智能新锐团队"。

18日 校党委书记舒歌群作我校学习贯彻党的二十大精神宣讲团首场宣讲报告。

19日 我校与滨湖国家森林公园举办共建劳动教育基地签约仪式。

20—21日 校党委书记舒歌群赴金寨县调研指导定点帮扶工作。

21日 苏州市委常委沈觅一行到学校苏州高等研究院调研。

21日 我校数学科学学院叶向东院士当选发展中国家科学院院士。

21—22日 我校参加科技部国家重点研发计划变革性技术关键科学问题重点专项"超临界地质流体的性质和效应"项目年度总结交流会。

21—25日 我校举办2022年度安徽省转业军官进高校专项培训班。

23日 学校举办第八届中国科大节能减排创新大赛暨第十五届全国大学生节能减排社会实践与科技竞赛颁奖典礼。

23日 校党委常委会召开会议,坚决维护党中央集中统一领导,锲而不舍落实中央八项规定精神。

23日 校举行网络安全工作专项培训会。

23日 英国《自然》杂志发表我校陈仙辉院士团队吴涛教授团队研究成果。他们在笼目超导体CsV_3Sb_5中观察到一种由压力诱导的电荷有序态,并发现该电荷有序态与超导态之间存在强烈的相互竞争。这一发现不但为理解笼目超导体中复杂的演生物理现象提供了重要的实验依据，也为进一步在笼目超导体中探索新奇超导态提供了新的方向。

24 日 校党委书记舒歌群面向基层党组织作宣传贯彻党的二十大精神宣讲报告。

24 日 我校与阜阳市举行战略合作签约仪式。

25 日 我校 2022 级“先进智造”“新先产研”科创试点班开班。

25 日 学校举办 2022 年环球数码科技奖学金颁奖典礼。

25—26 日 我校苏州高等研究院举办 2022 年独墅论坛暨第二届青年学术论坛。

26 日 学校举办 2023 届安徽省定向选调生云宣讲。

26 日 学校举办第十三届中国科大家长论坛 2022 年会。

26—27 日 学校开展 2022 年度新进教职工岗前培训。

27 日 我校中国科学院城市污染物转化重点实验室学术委员会召开 2022 年会议。

27 日 我校联合举办 2022 黄山数学论坛。

28 日 由我校牵头承担的国家重点研发计划“文物建筑火灾蔓延机理与评估预警关键技术研究”项目第二年度工作总结暨专家组联席会议以线上线下相结合的方式召开。

29 日 校党委副书记、纪委书记、国家监委派驻监察专员、校学习贯彻党的二十大精神宣讲团成员毕金初作宣传贯彻党的二十大精神宣讲报告。

30 日 校党委巡视组反馈“潜心立德树人”专项巡视情况。

30 日 学校召开第四季度书记调度会(扩大)暨机关部处长联席会。

30 日 我校受邀参加第四届中法非三方高等教育论坛。

30 日 校党委书记舒歌群为工程科学学院 2022 级本科生作《工程科学前沿》讲座。

30 日 《美国化学会志》发表我校化学与材料科学学院、合肥微尺度物质科学国家研究中心杨上峰教授课题组研究成果。他们成功合成了首例内嵌单金属氮杂富勒烯，并发现通过对富勒烯碳笼进行骨架修饰可以调控内嵌金属富勒烯的电子性质。

30 日 美国《物理评论快报》发表我校合肥微尺度物质科学国家研究中心、物理学院、中国科学院强耦合量子材料物理重点实验室曾长淦教授课题组和深圳大学李晓光研究员课题组实验与理论合作研究成果。他们通过调节石墨烯的费米能级，设计并引入了一个额外的衰减通道，从而实现了耦合等离激元寿命的远程调控，并结合理论阐明了其衰减调控机制。

11 月 29 日—12 月 2 日 学校举办 2022 国际周“飞跃重洋”全球化学习系列宣讲会。

本月 中国科学技术大学-紫金山天文台大视场巡天望远镜定名为“墨子”巡天望远镜。

本月 我校网络空间安全学院薛开平教授团队在 ACM 计算机与通信安全会议上发表文章并获最佳论文荣誉奖。他们实现了在用户无感知、无交互、无需恶意程序配合的情况下，通过蓝牙协议漏洞对目标设备进行有效攻击，这对保障移动设备的信息安全具有重要的现实意义。

本月 我校保卫与校园管理处和实验室安全办公室开展 2022 年消防宣传月系列活动。

12 月

1 日 学校召开 2022 年度重大科研项目档案管理培训与交流会。

1日 学校召开2022年警示教育大会。

1日 包信和校长调研中国科学院临床研究医院(安徽临床研究医院)建设项目。

1日 校党委副书记、校学习贯彻党的二十大精神宣讲团成员傅尧作宣传贯彻党的二十大精神宣讲报告。

2日 美国《科学》杂志发表我校潘建伟、赵博等研究成果。他们利用相干合成方法在国际上首次制备了高相空间密度的超冷三原子分子系综,向基于超冷分子的超冷量子化学和量子模拟研究迈出了重要一步。

2—4日 我校学子在第十六届上海大学生化学实验竞赛中获佳绩。

3日 由我校承办的第十九届长三角能源论坛在合肥举办。

4—8日 学校举办纪念“一二·九”线上跑活动。

6日 学校组织集中收看江泽民同志追悼大会。

6日 校学位评定委员会召开第九届第十次工作会议。

6日 校党委委员、校长助理、校学习贯彻党的二十大精神宣讲团成员邓建松作宣传贯彻党的二十大精神宣讲报告。

7日 安徽省纪委副书记、省监委副主任桂青一行来校调研。

7日 校党委常委、副校长、校学习贯彻党的二十大精神宣讲团成员周丛照作宣传贯彻党的二十大精神宣讲报告。

8日 校党委常委、副校长、校学习贯彻党的二十大精神宣讲团成员吴枫作宣传贯彻党的二十大精神宣讲报告。

8日 第二十届中央候补委员、校党委常委、副校长、中国科学院学习贯彻党的二十大精神宣讲团成员、学校学习贯彻党的二十大精神宣讲团成员杜江峰作宣传贯彻党的二十大精神宣讲报告。

8日 学校举办“中鑫继远创新创业奖教金”捐赠仪式。

8日 学校举办2022年度“雏鹰基金”“雄鹰基金”项目启动会。

8日 学校举办第六期“众言沙龙”,我校常务副校长潘建伟院士主讲。

8日 由我校潘建伟、赵博等与中国科学院化学所白春礼团队合作完成的研究成果“超冷三原子分子的量子相干合成”,和美国哈佛大学John Doyle团队合作完成的研究成果“多原子分子的磁光俘获和亚多普勒冷却”,共同入选英国物理学会2022年国际物理学领域十大突破。

9日 学校举行橄榄球队成立仪式。

9日 美国《物理评论快报》发表我校郭光灿院士团队董春华教授研究组研究成果。他们将光力微腔与磁振子微腔直接接触,证明该混合系统支持磁子-声子-光子的相干耦合,进而实现了可调谐的微波-光波转换。

10日 学校完成2022年下半年大学英语四、六级考试工作。

10日 英国《自然》杂志子刊《自然·通讯》发表我校化学系梁海伟教授课题组研究成果。他们使用原位X射线衍射技术研究了金属间化合物(IMCs)催化剂在高温下的形成机制,理解了相变温度依赖的结构演变过程,并通过拆分合金化和有序化步骤,实现了高度有序铂基合金催化剂的制备。所制得的催化剂展现出优异的低铂燃料电池性能。

11 日 学校举办 FIND 论坛之暗物质沙龙“科学与艺术融合的新尝试”活动。

12 日 学校举办“教学相长·与时俱进”青年学者联谊会第二期沙龙。

12 日 我校召开科技人文高等研究院建设方案专家论证会。

12 日 《中国科学:技术科学》接受发表以我校物理学院单旭副教授为主任设计师,地球和空间科学学院和物理学院组成的空间等离子体科学探测载荷研制团队,与航天五院 513 所等单位合作研究成果。他们成功研制北斗三号卫星低能离子探测载荷,发表首次在轨观测结果。

13 日 我校与四川省人民政府签署战略合作协议。

13 日 英国《自然》杂志子刊《自然·通讯》发表我校近代力学系倪勇、何陵辉团队研究成果。他们从仿贝壳结构出发,提出一种利用不同结构来匹配冲击速率变化的混合结构抗冲击设计策略,为抗冲击性能优化的微结构仿生设计提供了新的思路。

13 日 校党委委员、校长助理、校学习贯彻党的二十大精神宣讲团成员薛天作宣传贯彻党的二十大精神宣讲报告。

14 日 中国科学技术大学中法数学中心揭牌成立。

14 日 由我校牵头承担的科技部国家重点研发计划“原初引力波理论科学及观测台址大气科学的交叉研究”项目 2022 年度工作总结会在合肥召开。

14 日 美国《物理评论快报》发表我校中国科学院微观磁共振重点实验室杜江峰、林毅恒等与中国科学院量子信息重点实验室罗希望等合作研究成果。他们通过发展高自旋离子阱体系的调控技术,实现了对三重简并拓扑单极子的量子模拟,观测到具有不同拓扑荷的单极子之间的相变,并展示了自旋张量在其中的重要作用。

15 日 英国《自然》杂志子刊《自然·通讯》发表我校信息科学技术学院赵刚教授与基础医学院史庆华教授、安徽医科大学第一附属医院生殖医学中心曹云霞教授合作研究成果。他们基于结构仿生和空间物理场的协同抑冰效应,成功实现了小鼠卵泡的高质量深低温保存。

15 日 校党委常委、副校长、校学习贯彻党的二十大精神宣讲团成员王晓平作宣传贯彻党的二十大精神宣讲报告。

15 日 校党委常委、党委统战部部长、校学习贯彻党的二十大精神宣讲团成员褚家如在苏州高等研究院作宣传贯彻党的二十大精神宣讲报告。

16 日 学校召开 2022 年课程思政建设研讨会。

16 日 校党委常委、总会计师、校学习贯彻党的二十大精神宣讲团成员黄素芳作宣传贯彻党的二十大精神宣讲报告。

19 日 学校召开第一届科技伦理委员会成立大会暨第一次全体会议。

19—27 日 由我校承办的第五届全国科学实验展演汇演活动在线上举办。

20 日 由我校潘建伟、陆朝阳、朱晓波、张强等完成的研究成果“实数量子力学检验系列实验”入选美国物理学会 2022 年国际物理学领域十项重大进展。

20 日 我校与复旦大学联合举办首期“科创导师工作坊”。

20 日 我校九三学社基层委荣获“2021—2022 年社会服务先进集体”“九三学社全国宣传思想工作先进单位”。

20 日 英国《自然》杂志子刊《自然 · 细胞生物学》发表我校细胞动力学教育部重点实验室姚雪彪、刘行联合团队研究成果。他们阐明了 EB1 蛋白相分离调控纺锤体动力学与细胞分裂命运抉择的物理化学机制，向解析生物大分子凝聚态调控细胞命运可塑性理论研究迈出了重要一步。

21 日 美国《纳米快报》在线发表我校合肥微尺度国家研究中心高敏锐课题组研究成果。他们设计并研制了一种完全由非贵金属驱动的碱性膜燃料电池，在氢气-氧气和氢气-空气条件下分别展现了 256 $mW \cdot cm^{-2}$ 和 151 $mW \cdot cm^{-2}$ 的功率密度。

22 日 英国《自然》杂志子刊《自然 · 通讯》发表我校环境科学与工程系刘贤伟课题组研究成果。他们通过表面化学调控，原位成像分析了层状二维电催化材料的充电电荷密度分布和电催化界面电荷交换过程，建立了催化剂导电性和电催化性能之间的关系，对设计新型高效污染控制电催化纳米材料具有重要的意义。

23 日 我校刘海燕、陈泉团队建立蛋白质骨架结构设计新方法的研究成果入选国内十大科技新闻。

24—25 日 学校开展 2023 年全国硕士研究生招生考试工作。

26 日 由我校曾杰教授团队联合电子科技大学和中国科学院深圳先进技术研究院相关团队共同完成的研究成果“二氧化碳人工合成葡萄糖和脂肪酸”入选 2022 年国内十大科技新闻。

26 日 英国《自然》杂志子刊《自然 · 通讯》发表我校物理学院张斗国课题组研究成果。他们提出并实现了一种基于介质多层薄膜的多阶光学微分运算元器件，将该微分器件应用于常规透射式光学显微系统中，可以对入射光场信息进行 1 阶至 4 阶的微分运算。

29 日 学校教育基金会召开第六届第八次理事会。

30 日 校长包信和看望慰问疫情防控一线的工作人员。

11—12 月 学校获评“第三届全国高校心理委员工作示范单位”，我校信息科学技术学院 2020 级本科生钟成莉、工程科学学院 2020 级硕士生李桦楠获评“全国百佳心理委员”。

本月 我校国家示范性微电子学院龙世兵教授课题组在第 68 届国际电子器件大会上发表两篇研究论文。他们在高功率氧化镓肖特基二极管和氧化镓光电探测器方面取得重要进展。

本月 我校 8 名民主党派成员当选民主党派中央委员。

本月 由我校和新华网联合出品的微电影《科学的春天》获中国科协“风启学林”2022 年度风云榜“优秀传播作品”奖。

十六、各学院、国家实验室介绍

少年班学院

一、学 院 概 况

1978 年,在李政道教授等人的大力倡导下,在邓小平等党和国家领导人的支持下,中国科学技术大学按照中国科学院指示,创建了少年班。

1985 年,针对高三学生创办了不分系科、强化基础的“教学改革试点班”,即现在的“理科试验班”,又称“零零班”。

2008 年,少年班管委会升格为少年班学院。

2010 年,经教育部批准,启动少年班“创新试点班”招生办法。

2016 年,创建交叉学科英才班,实行弹性学制和个性定制培养方案。

二、学生思想政治教育

学院党总支以“潜心立德树人”为宗旨,积极发挥党组织政治核心和战斗堡垒作用,2022 年顺利完成全省党建工作标杆院系的验收。

1. 加强支部组织建设,做好各类基础性党务工作,加大本科生党员发展力度。学院新发展党员 68 名,9 月设立师生联合第二党支部。截至 2022 年底,学院共有党员 71 名,其中教工党员 15 名,学生党员 56 名。

2. 加强政治理论学习,以学习二十大为主题开展党日活动,举办 2022 年度新发展党员和新任支部书记、支委培训班,举行党员先锋讲坛,将专题党课融入入学教育、召开毕业生党员分享交流会,形成思政育人闭环。

3. 师生联合支部开展人人讲党课和学生党员“1+1”活动,完成首批校级党建工作样板支部验收。

4. 全力推动党建带团建,开展丰富多彩的团学活动。团委认真组织团代表大会和学生代表大会,首次开展院级提案工作,鼓励学生建言献策。“梨花风起正清明”活动获校优秀主题团日,院团委获评校“优秀院级团组织标兵”。

5. 选聘高年级优秀学生担任助理班主任,组织郭奖国奖学生编写心得感悟《筑梦 · 自强 · 飞翔》,动员学生会举办专业选择介绍会和转专业经验交流会,组织四校荣誉学院支教团队赴新疆库尔勒若羌县米兰镇支教。

三、学生培养与管理

学院学生入学时不分专业,本科期间一直一起学习、生活。学院始终以学生为主体,进行贯穿大学全程的、基础与创新并重的自主化学习和研究培养,形成了基础“宽、厚、实”、专业“精、新、活”的宽口径个性化教育模式。

1. 优化培养方案，继续开设“少年班精品课”，促进教育资源开放共享。3月B站上线《线性代数B1》，完成大一数理基础课的录制。4月14日，学校组织召开学院新版培养方案研讨会。2022年增设“导论类”课程和“大一限选必修课”，高年级设立学科交叉选修课（约16学分）。

2. 引导学生自主选择专业，探索学科交叉。学院为高年级成立专业班，共聘请38位专业班班主任。5月，开设“少年班学院系列宣讲”课堂，帮助同学了解各院系专业架构。2022年初开始编写《科学、技术与工程导论》讲义。

3. 倡导科教结合，践行理实交融。6月7日，第二届“少年遇伯乐”科研实践师生交流会成功举办。12月11日，杜江峰院士为“少年遇伯乐——实验室来啦”首场宣讲报告会作主题报告。此外，学院还举办了少年班论坛和“少年遇伯乐——参观实验室”活动，帮助同学接触科研一线；通过整理境外导师信息，帮助同学申请暑研。

4. 举办“英语提升营”，开展发音、文书写作等专题讲座和口语角活动，帮助学生提高英语听说读写和思辨能力。2022年500余人次参加提升营课程。

5. 在马东敏校友捐赠成立的“蔷薇基金”的资助下，学院策划蔷薇访学活动，带领同学前往高新企业和科研院所访问学习；评选蔷薇奉公德育、奋进、远志奖学金，140余名同学获奖。

6. 倡导学生全面发展，举办两期体育提升营和素质拓展提升营，组织各班参加学校劳育基地活动。

7. 深化落实学生荣誉提升方案，开展“我是科大人”新生入学教育和“初心如锦时，归来仍少年”毕业教育，首次举办学院新生开学典礼和毕业生毕业典礼，强化警示教育，树牢底线思维。

8. 关心学生心理健康，举行专题讲座，认真做好学校因新冠疫情采取封闭管理期间学生思想引导和生活保障工作，首次组织70余名修读信智方向大四学生搬往高新校区住宿，安排学院老师在高新校区值班。

四、招生就业

学院与校招办密切合作，严格规范招生流程，优化招生方案。6月校长工作会议明确理科试验班在大一学生入学后进行二次选拔，7月与人文学院“少年大学生认知研究所”合作举办复试。

2022年共招收299名学生，其中少年班45人，少年班“创新试点班”233人，理科试验班21人。班级管理上对不同招生类型进行混合编班，促进不同背景学生间的融合。学院获“2022年度学校招生工作特等奖”。

学院注重生涯规划，完善就业服务，举办“职因有你”职业生涯规划辅导报告和境外深造申请、考研、就业经验分享会，开设考研英语政治辅导班，建立就业学生群，提供精细化和个性化指导。2022年毕业本科生370人，出境深造率22.4%，境内深造率60.8%，直接工作率10.5%，初次就业率达93.7%。学院荣获“2022年本科生就业先进奖”。

五、学院发展建设

学院不断加强党的建设，强化团队管理，重视宣传工作，探索学院高质量发展道路。

1. 学院党总支认真落实好“第一议题”学习制度，理论学习中心组及各支部加强学习，夯实理论基础；教工支部坚持“党工共建凝聚合力、党群联动促进发展”，获批建设第二批校级党建工作样板支部。

2. 加强管理团队的思想引领，坚持召开每周学院例会和每月学工例会，强化师德师风教育。10 月 14 日，组织参观校史馆“郭沫若、严济慈老校长纪念专展”。

3. 加强学工队伍管理，实行专兼职班主任并行制度，邀请在职优秀班主任分享班级管理经验，相互交流和学习；召开四次意识形态领域专题工作会议，切实提升班主任意识形态工作责任感；组织班主任参加业务培训交流，提升学工队伍专业化水平；评选“初心校友奖教金”，实施班级管理质量考核机制。

4. 严格管理各类宣传平台，加强政治把关，严格审核机制。10 月，学院完成前厅展览的升级改造，打造全新现代化思政宣传平台。

5. 积极争取校友支持，设立 82 少班友纪念基金，助力学院发展。

数学科学学院

一、党 建 工 作

学院坚持以习近平新时代中国特色社会主义思想为指导，深入学习贯彻党的十九届历次全会、党的二十大精神，深入贯彻落实习近平总书记关于教育的重要论述和对中国科大系列重要指示精神，扎实开展巡视整改落实情况“再总结”工作和“潜心立德树人”专项巡视工作，推动巡视整改走深走实，持续巩固扩大整改成果，在学校党委的正确领导下，学院党政领导班子积极谋划部署、实干为先，基本完成了校党委下达的各项任务和年度党建工作计划。

学院现有师生党员 236 人，其中教工党员 53 人，学生党员 183 人。党委委员为(以姓氏笔画为序)：万宏艳、王莉、王毅、左达峰、刘利刚、李嘉禹、黄文、盛茂共 8 人，党委书记兼任统战委员左达峰，副书记王莉，纪检委员盛茂，宣传委员万宏艳，组织委员王毅，青年委员刘利刚。党委下设 9 个党支部，其中 3 个教工支部，6 个学生支部。

1. 履行基层党建工作责任情况

学院党委组织各党支部认真学习贯彻习近平新时代中国特色社会主义思想和党的十九届历次全会精神、党的二十大精神，学习《习近平谈治国理政》第四卷，始终坚持以习近平新时代中国特色社会主义思想为指导，忠诚拥护“两个确立”、坚决做到“两个维护”，切实履行全面从严治党主体责任。

党委书记认真履行抓党建第一责任人职责，严格执行《数学科学学院党委会会议议事规则》，定期召开党委会，院党委27次以第一议题形式学习习近平总书记的最新讲话、最新文章、最近指示、最新要求等，积极贯彻上级党组织决定；落实《数学科学学院党政联席会议议事规则》，坚持和完善党委领导下的院长负责制，健全学院领导班子议事决策机制，落实"三重一大"决策制度，做到科学决策、民主决策、依法决策，全年共召开29次党政联席会。相关会议记录完整可查；班子其他成员履行"一岗双责"、抓好分管领域基层党建。学院党委加强党务各项管理规章制度建设，落实基层党建工作责任制。根据《关于学习宣传贯彻〈习近平谈治国理政〉第四卷的通知》，学院党委列出学习专题，将其作为党委理论学习中心组、党支部"三会一课"、主题党日的重要内容。

2. 贯彻落实《中国共产党普通高等学校基层组织工作条例》情况

认真贯彻落实《2022年度基层党建工作"三个清单"》《中国科学技术大学师生党支部建设标准》，优化支部设置，提升党支部组织生活质效，落实党员领导干部、教师联系支部制度，落实"三会一课"和主题党日等基本制度，确保所有党支部全达标。认真开展支部组织生活会、民主评议党员、领导干部双重组织生活；持续开展"支部特色年"和党建"双创"工作，立足"七个有力"，2022年度新增应用数学教师党支部、研究生基础数学第二党支部入选"第二批校级党建工作样板党支部"。学院基层党支部在省级、国家级样板支部评选中也实现新的突破，研究生计算与应用第二党支部入选"省级研究生样板支部"，基础数学教师党支部入选第三批"全国党建工作样板支部"。认真落实《学院、实验室党组织作用发挥工程（红专工程）实施方案》，激励学院各党支部和党员发挥"两个作用"；强化学院党委政治把关作用，在发展规划、课程建设、教材选用、学术活动、教师引进、职务聘用、考核奖励等重要工作中严把政治关；学院党委班子成员积极联系青年教师入党积极分子，与青年教师保持经常性思想交流指导，加强对青年教师的思想政治、道德素养等教育，引导青年教师爱岗敬业、为人师表、刻苦钻研，强化法规意识和责任感，树立良好的师德师风。2022年度共开展23人次的新进人员党委谈话。对本单位近3年新引进优秀人才，均逐一进行谈心谈话，做到全覆盖。落实党员领导联系支部制度，每人联系1～2个师生党支部，每学期至少参加1次联系师生党支部的组织生活。

3. 基础性党务工作情况

强化理想信念教育引领学生树立正确价值观，培养家国情怀，积极在优秀大学生和青年教师中发展党员，本年度共发展学生党员55名，其中研究生党员15名，本科生党员40名，2名教工党员被列为发展对象。超额完成年度党员发展计划，尤其是本科生党员发展实现井喷；指导各支部在换届阶段做好工作交接并对党支部书记与委员进行了党员发展、支部工作开展等业务知识培训。做好党员组织关系转接和党员档案管理工作。本年度严格执行党费按月缴纳。

4. 思想政治与群团、统战工作情况

加强思想政治队伍建设，关心学生思想动态和心理状况。配齐建强思想政治工作队伍，2022级配备新生辅导员3人、班主任6人、助管3人，及时掌握学生思想动态和心理状况。在本科生和研究生新生入学教育期间加大宣传力度，加大团支部推优入党力度。落实学院党员领导干部与党外代表人士联谊交友工作制度，每学期与党外代表人士主动联系至少1

次。学院党委关心困难职工、退休职工生活，通过走访慰问、座谈交流等方式给予困难职工、退休职工关心和照顾。做好新冠肺炎疫情防控期间学生教育管理服务，织密“学校-学院-班级-学生”联动网，做细学生信息精准摸排，做好健康教育管理和防控舆情引导工作，提高学生战胜疫情的信心和勇气。

5. 落实全面从严治党主体责任和意识形态工作责任制情况

学院党委履行主体责任，纪检委员强化专责监督，推动党风廉政建设和反腐败工作向纵深发展。实现政治监督具体化常态化，积极推进惩治和预防腐败体系建设，扎实开展反腐倡廉教育，切实加强对权力运行的监督制约，强力推进基层党组织和党员队伍建设。经常与党员群众面对面交流，把问题消灭在萌芽状态。积极组织学院教职工参加警示教育大会。加强班子作风建设，加强班子成员之间的沟通，互相促进。加强作风建设，持之以恒纠“四风”树新风。认真组织巡视整改“回头看”工作，学院6月1日召开党委会进行了工作部署，对照《中共中国科学技术大学委员会巡视整改落实方案》128项巡视整改任务以及本单位巡视整改落实方案，逐条梳理重点难点和长期坚持项，认真开展自查，深入分析研判，持续深化整改。从“回头看”自查情况来看，院党委高度重视，建立了“党委抓支书、支书抓党员、党员带教师”的活动机制；建立了党员领导干部发挥模范带头作用制度，带头落实整改方案，带头解决师生反映的突出问题，确保“回头看”工作落到实处。落实“潜心立德树人”专项巡视整改主体责任，结合学院实际，制定整改举措，明确整改责任，确定整改期限，完善整改台账。坚持“党政同责、一岗双责”，加强意识形态阵地管理，层层压实责任。加强课堂和各类宣传思想文化阵地管理以及师生的教育管理，宗教及宗教思想传播的管理，对外学术交流合作、对外文化交流活动以及留学生的管理，积极组织课程思政建设工作，切实履行意识形态工作主体责任。

6. 党建业务融合发展情况

进一步加强领导班子建设，围绕学院发展的中心工作，旗帜鲜明讲政治，疫情期间，学院党委坚决贯彻中央决策部署和学校工作要求，切实调整工作安排，组织教师科研攻关，学院疫情防控工作取得良好成效。遵照“党建+”的原则，将党建工作与教学、科研、学科建设相结合，在参与学校“双一流”建设、推动教学科研管理、维护校园安全稳定、抗击新冠肺炎疫情等中心任务和各项工作中，基层党组织战斗堡垒作用和党员先锋模范作用得到充分发挥。师德师风建设不断加强、科学研究创新成果大批涌现、教师队伍建设稳步推进、人才培养体系不断完善。2022年，基础数学教师党支部入选第三批“全国党建工作样板支部”；研究生计算与应用第二党支部入选“省级研究生样板支部”。2022年，学院教师在一系列重要的数学问题上取得重要突破，研究成果论文发表在《JEMS》《Math. Ann.》《Adv. Math.》《CMP》《JFA》《ACM TOG》《TVCG》等国际学术期刊上，共计270余篇。在大数据、图形图像处理、3D打印等方面取得国际顶级成果。数学基础学科研究中心平台建设在大力推进，安徽应用数学中心入选首批“科创中国”产学研协作类创新基地。新增数学与医疗健康交叉重点专项。院刊《Communications in Mathematics and Statistics》被SCIE、Scopus、Mathscinet等知名数据库收录。学院本年度先后引进的3名国家青年人才项目教授、2名特任研究员全职到岗；引进20名博士后研究员，其中3名博士后研究员转为特任副研究员。

二、人才队伍建设

经过多年努力，学院在人才队伍建设方面发展稳健。拥有 2 位中国科学院院士，3 位长江学者特聘教授，10 位杰出青年基金获得者，4 位国家高层次人才特殊支持计划教授，15 位“海外高层次人才引进计划”教授，10 位“优青”或“海外优青”，3 位青年长江学者，1 位青年拔尖人才，8 位中国科学院人才计划教授。目前拥有固定岗位教师 100 人，其中教授 51 人（国家级冠名教授 33 人），副教授 33 人，讲师 4 人，行政人员 12 人，聘期制科研人员 67 人。

2022 年，叶向东教授当选发展中国家科学院院士，程艺教授获国家高层次人才特殊支持计划教学名师，1 人获国家杰出青年科学基金资助，1 人获国家高层次人才特殊支持计划科技创新领军人才，2 人入选海外优青项目，1 人入选中国科学院人才计划 A 类项目，2 人入选中国科学院人才计划 B 类项目，2 名博士后分别获得墨子杰出青年一等、二等资助。

2022 年，共召开人才引进会 3 次，累计面试人数 13 人，确定引进 11 人。其中，学院 4 名特任教授转为正教授。3 名特任教授、2 名特任研究员全职到岗工作；3 位博士后转为特任副研究员；新引进 19 位博士后研究员。

三、科 研 工 作

2022 年，新申请到国家自然基金项目共计 12 项，其中杰青 1 项，总经费 841 万元；在研项目 105 项，总经费 11739 万元。组织完成国家自然基金、科技部、科学院以及校级项目申报、中期检查、结题工作。配合学院学术委员会完成负面期刊清单确认工作；协助教师进行科研论文核查工作，汇总核查结果并形成递交报告；完成教师科研团队统计工作；组织完成校级科研项目意识形态自查工作，形成统计报告。

四、教 学 工 作

学院教学质量工程建设在 2022 年度取得重要成效。程艺荣获国家高层次人才特殊支持计划教学名师称号；陈发来获安徽省教书育人楷模称号；欧阳毅获霍英东教育基金会“高等院校教育教学奖”二等奖；左达峰获安徽省教学名师称号；邵松获安徽“高水平导师”称号。同时，学院还获得 1 项安徽省教学团队项目（梁兴）、2 项安徽省课程思政示范课程项目（左达峰/王莉；徐岩/刘利刚）、1 项安徽省线上课程项目（李书敏）、1 项安徽省线上线下混合式课程项目（李平）、1 项安徽省一流教材建设项目（段雅丽）。另外，还分获 1 项课程思政研究项目、2 项“十四五”规划教材项目。

学院积极组织申报了 2 项国家级教学成果奖：《数学基础课程“分层设计”改革与实践》（本科）、《潜心长周期育人，执着高水平创新，构建数学基础学科高层次人才卓越培养体系》（研究生）。

继续落实“潜心立德树人”核心任务。落实教材管理，积极推进完善教材选用确认流程。配合教务处完成教材专项排查工作。2022 年 1 月，微积分课程组召开“校定通修课程（数学分析)教学研讨会”。2022 年 2 月,计算方法课程组召开“校定通修课程(计算方法)教学研讨会”。两场教学研讨论会的召开切实推进了工作交流和课程组建设。

教学工作管理方面,坚持教学工作周例会制度,常态化沟通和安排教学相关事宜。2022 年继续发布《院教学简报》(共 6 期),向一线老师们及时通报学院教师在教学工作各项方面的相关进展,交流各类教学信息。

常规教学工作稳步进行。2021—2022 学年,学院承担了 225 个本科课堂的教学工作,共完成教学工作 14600 课时。学院参与本科课程教学的教师共 95 人,目前教授授课率及本科生授课率依然维持在近 100%的水平。2021 秋季学期,全校教学测评分≥90 分的本科计划内课程中有 54 门是学院开设课程,占比 16%。2022 春季学期,全校教学测评分≥90 分的本科计划内课程中有 56 门是学院开设课程,占比 19%。同时,学院教学工作组积极做好各类排课、考试以及试卷整理归档等工作。

学院学生积极参加各类竞赛与大研大创项目。在 2022 年丘成桐大学生数学竞赛中获得 2 项全能铜奖,2 项单项银奖,8 项单项铜奖,2 项团体铜奖。在第十三届全国大学生数学竞赛初赛中,17 名同学成绩优异,获得了 2022 年全国决赛资格(因疫情决赛尚未开展)。21 位同学获“大学生研究计划”项目,12 组同学获“国家大学生创新创业训练计划”项目。

学院制定颁布《华罗庚数学科技英才班管理办法(2020 版)》,多次组织召开华罗庚班师生座谈会。推进“华罗庚讨论班特邀报告”建设,邀请 16 位国内著名青年领军学者作报告。学院在五教 5103 开设了国际数学家大会的线下专场,既开拓了数学视野,又备受鼓舞。2018 级 15 名华班学生顺利毕业,3 名同学(郭龙欣、张国宇、杨笑东)荣获郭沫若奖,6 名同学将出国从事研究生阶段学习(前往哈佛大学、巴黎七大、麦吉尔大学、布朗大学、不列颠哥伦比亚大学、华盛顿大学),8 名同学将留在国内继续深造。

强基班修改完善了新的培养方案。本学年有 29 名同学获得英才班奖学金。根据《中国科学技术大学强基计划教学管理规定(暂行)》,学校启动 2021 级全校性转专业工作,经过学生报名,组织审核,共录取了 2 名同学。

2019 级首届中法数学英才班的朱启孟、张晟俊以优异成绩考取巴黎高等师范学院数学系(全球仅录取 3 名国际生),陈睿恺、陈子安、张乐、李子骏成功考取巴黎理工学院,欧阳子琨、罗家麒、陈宇翔成功申请图卢兹大学、波尔多大学、蔚蓝海岸大学硕士生项目。中法数学英才班举办首届毕业生欢送会暨师生交流会,祝贺陈睿恺、张乐提前毕业。2022 级中法数学英才班录取 30 名学生,其中 9 名学生曾获全国数学奥林匹克竞赛银牌,3 名学生曾获全国数学奥林匹克竞赛铜牌。

五、学 术 交 流

《Communications in Mathematics and Statistics》期刊由中国科学技术大学数学科学学院主办,中国科学技术大学数学科学学院院长、中国科学院院士马志明教授任主编,内容涵盖基础数学、应用数学、计算数学、概率统计等数学各个研究方向,每年出刊 4 期,每期 6～9 篇论文,由德国 Springer 出版社全球出版发行,是一本综合类国际数学学术期刊。2013 年正式创刊。2019 年 8 月,期刊被 Science Citation Index Expanded (SCIE),Journal Citation

Reports/Science Edition 等数据库正式收录；2022 年 6 月，期刊影响因子 0.868，目前是中国数学会 T1 区期刊；2020 年 9 月，期刊申请中国科技期刊卓越行动计划高起点新刊项目并获资助，资助金额 50 万元；2021 年 2 月，期刊获批 CN 号。2022 年，期刊获安徽省精品出版期刊。2022 年，期刊被中国科学院 CSCD 数据库收录。

2022 年 1 月至 2022 年 12 月，学院期刊《Communications in Mathematics and Statistics》共收到投稿 359 篇，正式出版稿件 34 篇，拒稿 312 篇，全年正式出版 4 期。截止到 2022 年 12 月，期刊论文下载总量超过 12 万次，期刊主页 2022 年浏览量超过 4 万次。2022 年，协助主编召开一次期刊线上编委会议，参加安徽省 2022 年出版单位编校人员继续教育培训班、2022 年度安徽省期刊质量管理提升专题培训班和第 17 届中国科技期刊发展论坛。截止到 2022 年 12 月，期刊已经被 SCIE，CSCD，ESCI，Mathematical Reviews，Scopus，Zentralblatt Math 等收录。

依托国家数学与交叉科学中心合肥分中心以及吴文俊重点实验室，学院一直积极开展各类学术报告、学术研讨会、短期课程和暑期学校等形式的学术交流活动，扩大了科大在数学学术交流领域的影响力，为促进与世界其他科研机构和学者开展合作奠定了基础。学院新引进人才也受这一学术氛围的影响，积极组织开办了研究生教育创新计划 GAP 研讨班，在院内外获得广泛关注与好评。一年来，组织吴文俊重点实验室学术报告 30 场，华罗庚讨论班系列报告 13 场，其他学术报告共计 167 场，各类学术会议及研讨会共 15 场。

六、研究生工作

以“高水平创新”为全动能，多层次全方位构建学科研究生教育培养体系。整合教学资源，争取国家级、省部级教学成果奖；加强教材建设，继续深入完善研究生的一流选拔与培养、质量保障体系。

规范实施和深化推进研究生课程思政建设，对 2020 年研究生课程思政建设立项申报的 9 门课程进行结题验收，对 2021 年研究生课程思政建设立项申报的 2 门课程进行中期检查。

叶向东院士等获得研究生数学教学成果奖安徽省特等奖，并申报研究生数学教学成果奖国家奖。

强化教材选用管理，对选用的 68 本教材进行了排查。对三门拟出版的优秀教材《现代偏微分方程初步》《复微分几何初步》《微分流形引论》进行了中期检查。《计算机辅助几何设计》《高等工程数学(第二版)》获评研究生教材出版。

全面提高研究生培养质量，窦欣元同学的《切片超复分析的整体理论和多元理论》获得 2022 年省级优秀博士学位论文，孙宇澄同学的《4D 打印吴天的手机与优化研究》获得 2022 年省级优秀硕士学位论文。

教育部、安徽省、学校为加强学位论文质量管理，加大了对学位论文的抽检力度。学院对 2020 年 9 月至 2021 年 12 月期间授予学位的 55 篇博士学位论文在创新性、工作量、文献综述、规范性、学科符合度等方面进行了全面排查。

严格研究生过程管理，安排 2023 年毕业的研究生按要求做好开题报告，并及时上传。

5 月应对疫情，利用腾讯会议和 B 站两大平台，进行网上研究生招生宣讲。7 月成功举办第十二届大学生数学夏令营，5 天时间里，来自全国近百所“双一流”高校、“双一流”学科建设高校的 200 余名优秀大学生齐聚云端世界，交流碰撞思想，共享数学的盛宴。

圆满完成 2022 年校内外 98 名(含 11 名直博生)免试研究生的选拔及录取工作。

顺利完成 302 名统考硕士研究生的入学阅卷、81 名同学复试及 43 名同学的录取工作。认真审查 23 名申请-考核制博士的材料。组织春、秋两季 270 余名同学的博士生资格考试，完成 59 名硕转博、申请-考核制博士的选拔工作。

为使研究生尽快融入学院，了解研究生阶段的过程，开展新生入学教育，向 67 名博士研究生和 121 名硕士研究生解读、传达研究生在校期间的培养要求、奖学金申请、学业规划及相关规章制度等。

顺利开展奖助学金评选工作。评选学业奖学金、国家奖学金、中国科学院院长奖学金、朱李月华奖学金及蒋震奖助学金等。

鼓励优秀研究生积极申请联合培养项目，共有 3 名研究生申请 CSC 项目。

42 名博士生、47 名硕士生顺利完成学业毕业；39 名研究生申请获得博士学位、46 名研究生申请获得硕士学位。

规范博士生导师指导行为，全面落实博士生导师立德树人职责，遴选 65 位博士生导师上岗。

七、学 生 工 作

2022 年，在校党委的正确领导下，在学院党政班子的领导和大力支持下，学院全体学工队伍老师坚守育人初心使命，落实立德树人根本任务，以全力服务学生成长成才为目标，认真完成学校学院的各项工作和任务。

进一步深化学生党建工作。学院党委坚持以习近平新时代中国特色社会主义思想为指导，深入学习贯彻党的十九届六中全会精神和党的二十大精神，深化不忘初心、牢记使命主题教育成果，继承和发扬抗大精神、“两弹一星”精神和老一辈科学家精神，推进党史学习教育常态化长效化，牢固树立“四个意识”，坚定“四个自信”，做到“两个维护”。根据校党委部署，认真做好学生党支部“三会一课”、主题党日等日常工作。结合学院特色，深入实施“传承老科学家精神 弘扬新时代科学家精神在行动”专项工作，结合《2022 年中央巡视整改落实情况“再总结”工作方案》，认真落实《2022 年度基层党建工作“三个清单”》，立足“七个有力”，加强基层党支部建设。进一步加强在优秀大学生中发展党员工作，共发展本科生党员 40 名，研究生党员 15 名。

强化学工队伍建设和思想政治工作。2022 级本科新生共分三个班，共 171 人，实行小班管理，其中 2022 级本科 2 班为强基班学生，本科 3 班为英才班，包括华罗庚数学英才班和中法数学英才班的学生。2022 级英才班配备学术班主任，并积极开展班级特色活动。2022 级研究生新生共分三个班，共 188 人，其中硕士生 121 人、博士生 67 人。细化新生入学教育方案，加强新生思想政治教育，激发学生使命感、责任感和学习积极性，持续做好思想引领工作。

做好团学工作，加强学院文化建设。根据院党委和校团委的部署，院团委积极完成各类主题团日活动，加强学生的思想引领工作。鼓励学生积极参加各类文体活动，引导学生树立积极向上的人生观和健康的生活方式。受疫情影响，学校运动会等大型体育赛事暂缓举办，学院在遵守疫情防控规定的前提下，针对同学们的心理需求，组织了形式多样的文体活动，例如院团委组织羽毛球友谊赛、乒乓球赛。院研究生会承办了第一届“瀚海杯”趣味运动会、组织了“五一”操场K歌、协办“盛世中华”，这些活动为疫情下的校园生活增添了活力。学院学生依旧组队参加了学校的“巾帼杯”女子足球赛、“科星杯”篮球赛、“雏鹰杯”男子足球赛等。权益服务方面，学生会编写了今年的《薪火相传》和《青空》杂志，为学院学生提供了不同方面的参考和帮助；经过长期筹备，延续经典院刊《蛙鸣》，全校范围内印制发放第65期《蛙鸣》，为传播学院文化作出了积极贡献。学研两会开展了选专业讲座、保研出国经验交流会、数分讲座、论文写作指导讲座等活动，并积极配合协办学院第三期“北斗讲坛”讲座，在同学们的学习、科研和职业规划方面发挥了切实的指导作用。学习老科学家精神方面，学院今年组织华班同学参加清明节祭扫华老雕像活动，希望英才班的同学更了解我国老一辈科学家对党对国的忠心和热爱。新生入学教育中，组织新生观看老科学家微电影，使同学们进校就了解科大“科教报国”的情怀。加强“文化自信”推动工作，在端午、中秋、国庆等时间点举办主题活动，弘扬爱国主义精神和中国传统文化。今年是召开中国共产党第二十次全国代表大会的重要年份，同时也是建团100周年的重要年份，学院各团支部都开展了“喜迎二十大”和“建团100周年”的相关主题团日活动，积极学习党的二十大精神和习近平总书记在庆祝中国共产主义青年团成立100周年大会上的讲话精神。今年学校召开了第十三次团代表大会、第二十六次学生代表大会和第十一次研究生代表大会。院团委也召开了学院第二次团代会、第九次学代会和第九次研代会。组织建设方面，2022年院团委在请示院党委和校团委并获批后，院团委下设职能中心，做细做好专项工作。同时申请了院团委专属微信公众号，建立新的宣传阵地，开辟走近青年新途径。加强诚信教育、心理健康教育、安全教育和感恩教育工作，通过各类主题班会、教师节制作感谢视频等活动培养学生的感恩意识、诚信意识和安全意识。加强引导同学们积极参加劳育活动和志愿者活动。协助院党委关注后进学生，特别是处在退学边缘的学生，帮助他们调整状态、继续学业。积极加强推优入党工作，在新生入学教育阶段举行推优入党介绍会，并请本科生党支部做好宣传和推优转接工作，吸引优秀学生和学生干部入党。规范团组织推优入党流程，发挥团支部推优作用，今年由团组织推荐为入党积极分子的学生在50人以上。积极组织开展“青年大学习”，使同学们更加关心和了解国家制度和政策。积极跟进“智慧团建”工作，做好学社衔接和团支部对标定级、党史学习教育、团内激励等工作；推进“第二课堂”相关工作，确定学院第二课堂的学时标准。加强宣传和培训工作，严格活动审核，促进学生德智体美劳全面发展。学院1名学生获校最美“六有”大学生。

抓实抓细学生日常管理工作。认真完成学校学生工作相关部门的各项工作和任务，如学生奖、助、贷、勤、减、免工作以及各类评议工作等，加强对学习困难学生的帮扶和心理疏导，及时有效地处理突发事件。多措并举全力做好疫情防控期间学生教育管理服务工作，加强组织领导，主动担当作为，当好学生“主心骨”，“线上+线下”不断电，努力织密“学校-学院-班级-学生”联动网，做细学生信息精准摸排，不断加强健康教育管理和防控舆情引导工作，积极落实各项关心关爱学生措施，用职责扛起防疫担当，用行动传递数院学工人独有的温暖与力量。

重视学生创新能力培养。除了对学生日常学业加强督促和指导外，学院积极组织学生参加全国大学生数学竞赛、数学建模、九章杯数学竞赛、丘成桐大学生数学竞赛等学科竞赛，鼓励学生出去交流，参与大学生研究计划、国家创新创业计划等科研实践活动，努力提升对学生创新能力和自主学习能力的培养。在 2022 年丘成桐大学生数学竞赛中获得 14 块奖牌，其中银牌 2 块、铜牌 12 块。

积极开展就业指导和服务工作。学院 2022 届毕业生共 200 人，其中本科生 122 人，硕士研究生 47 人，博士研究生 31 人。在学校领导及相关部门尤其是校招生就业处的大力帮助和支持下，在学院各毕业班班主任辅导员以及广大毕业生的共同努力下，学院扎实开展 2022 届毕业生就业工作，压实工作责任，落实“一把手”工程，精准施策，多方发力，取得了较好的成效，本科生初次就业率达 97.5%，硕士生初次就业率达 83%，博士生初次就业率达 93.5%。2022 年毕业本科生总体深造率 74.6%，出国、出境深造 26 人，国内保研 60 人，考取研究生 5 人，担任科研助理 16 人，直接就业 12 人。硕士毕业生 47 人，其中国内深造 2 人，出国深造 1 人，直接就业 36 人。博士毕业生 31 人，其中直接就业 16 人，申请到博士后 13 人。结合“我为师生办实事”实践活动，积极开展“北斗讲坛”第三期活动，邀请中科寒武纪科技股份有限公司副总裁喻歆博士与同学们面对面交流，助力学院学生就业工作。学院荣获 2022 年“本科生就业工作先进集体奖”。

八、工 会 工 作

2022 年，在校工会和院党委的正确领导下，院分工会紧紧围绕学院发展目标、强化自身建设，结合自身特点，围绕学院工作全局，推进学院民主管理，加强师德建设，充分调动学院教职工教书育人的积极性和创造性，引导教职工积极开展了一系列利和谐、促发展的主题活动。

1. 加强政治学习，建设思想政治合格的教工队伍

分工会为进一步加强和推进学校工会思想政治引领工作，深入推进工会改革创新，紧密围绕党中央关于高校思想政治工作和工会工作的具体要求，立足学校工会工作实际，以“喜迎二十大 建功新时代”为主题，聚焦爱党、爱国、爱校主题，弘扬爱国主义精神、科学家精神、劳模劳动精神，传承科大精神等主题，策划新形式、提供新思路、组织新活动，发挥群团工作优势，用喜闻乐见、生动活泼的形式开展教职工思想引领工作。

组织学院教工积极参加“中国梦·劳动美——永远跟党走 奋进新征程”全国职工线上运动会、“弘扬劳动精神，铭刻科大印记”教职工健步走活动。3 月，分工会还举办了学习百年党史和科学家精神“知识竞赛”活动。一系列活动期间，大家学习了 16 位曾在我校工作过的“两弹一星”元勋的故事，讲述他们为科学进步、国家发展作出的卓越贡献和感人事迹，鼓舞广大教职工永远跟党走，奋进新征程。加深了教工对于党史和科学家精神的学习，增强教职工的归属感、自豪感和信任感。11 月，组织参加校工会举办的“学思践悟二十大 踔厉奋发建新功”线上知识竞赛。在院党委统一领导下，充分调动教职工参与的积极性和主动性，通过以赛促学、以学促用的方式，引导教职工全面深入学习宣传贯彻党的二十大精神。

2. 紧扣中心、把握重点,加强教职工职业道德建设

积极争取校工会支持,多方筹集资金,经常性开展健康向上、丰富多彩的活动。积极开展文体活动,极大丰富了教职工业余生活,营造良好的校园文化氛围。6 月 12 日,分工会组织参加了"中国科大第一届师生校园接力赛",展示了学院师生团结向上的精神风貌,为师生交流搭建平台,体验跑步乐趣,推动全民健身运动发展,以实际行动迎接党的二十大胜利召开。6 月 19 日,组织学院老师参加了 2022 年教职工足球嘉年华活动。10 月,积极组织参加"献礼二十大 建功新时代"教职工合唱比赛,组织参加中国科学技术大学第五十一届教职工运动会,以上活动虽因疫情延期举办,但是也在平时的合唱排练、体育训练中营造了昂扬向上、爱岗敬业、热爱生活的氛围。

学院一直高度重视人才队伍建设,围绕"潜心立德树人",开展教书育人、立德树人实践活动,加强师德师风建设,举办了一系列的服务青年教职工和广大学生成长成才的青年教职工沙龙、与"师"俱进系列活动。其中"数学科学学院青年教师成长沙龙"已经成为一个标杆、典型,得到校工会的大力支持并在全校范围内推广。

3. 突出维护智能,依法维护教职工的合法权益

院工会通过各种形式倾听教职工的意愿,了解教职工家庭情况和困难,并将带有普遍性和代表性问题及时向学校反馈,提出自己的意见和建议。工会代表教职工广泛参与学校有关教职工具体利益的决策,把教职工的正当意愿和要求通过教代会提出,认真履行维护和参与职责。

分工会以扶贫帮困为立足点,将"送温暖"工程落到实处,对学院困难教职工建立了档案,做到了对困难教工的困难原因和家庭状况心中有数。同时,采取有效措施,制定解困计划、方案,积极申请校工会的专项"送温暖基金",用于对困难教职工的资助或看望慰问,对教职工中生病、丧亲的,及时慰问。

分工会关心女教工的工作、生活和权益,开展了大量工作。通过座谈会等各种形式积极倾听女教工的正当意愿,并切实保障女教工合法权益。同时,还组织了各项适合女教工身心健康的活动,丰富了女教工的业余生活。

努力做好教工福利发放工作。工会按惯例,做好节日福利慰问品或款项的发放工作。10 月份配合校工会确定了会员生日慰问和教职工节日慰问采购方案,并组织分工会采购小组完成 2022 年度定点扶贫产品采购,11 月份完成了会员生日慰问券和扶贫产品的发放工作。

物 理 学 院

2022 年,学院坚持以习近平新时代中国特色社会主义思想为指导,深入学习贯彻党的十九届六中全会精神、党的二十大精神,贯彻落实习近平总书记关于中国科大系列重要指示精神,围绕"潜心立德树人、执着攻关创新"两大核心任务,党政齐抓共管,在全体师生的共同努力下,过去一年学院各项事业均取得了长足的发展。

2022年,学院积极参与国家基础及应用研究领域的重大研究课题以及大科学工程建设,承担了大量国家级科研项目。全年到款竞争性经费总计31413.25万元。获批国家自然科学基金49项,其中杰青项目1项、优青项目3项、重点项目2项、面上项目22项、青年项目20项、联合基金外国学者项目1项。截至2022年12月,共有在研项目485项。发表SCI论文1000余篇,高端论文亮点突出,其中《Nature》和《Science》正刊7篇,《Physical Review Letters》47篇。

一、教师荣誉

徐飞虎入选"美国光学学会会士"(Optica Fellow);陆朝阳荣获"全球华人物理学会亚洲成就奖";刘树彬荣获中国科学院第三届"科苑名匠"称号;赵瑾荣获第十八届中国青年女科学家奖;石发展、彭新华入选"安徽省优秀青年科技人才";杜江峰团队的"电子顺磁共振技术与产业化"获2021年度安徽省科技进步一等奖;乔振华、韩玉磊、任亚飞的"低维体系拓扑态的研究"获2021年度安徽省自然科学一等奖;朱林繁团队的"原子分子动力学参数实验基准研究"获2021年度安徽省自然科学三等奖;潘建伟及其同事与合作者的"超冷三原子分子的量子相干合成"入选Physics World 2022年十大年度突破;实数量子力学检验系列实验入选国际物理学十大进展。

2022年,程福臻荣获"李佩奖教金";王群荣获"宝钢优秀教学奖";杜江峰、许金时、丁桂军、苑震生、柳必恒、王俊贤荣获中国科学院2022年度优秀导师奖;任希锋荣获陈林义基金"孺子牛精神奖";肖正国荣获海外校友基金会"青年教师事业奖";潘海俊荣获海外校友基金会"优秀教学奖";刘建党、张斗国荣获"王宽诚育才奖";方昀达荣获杨亚基金——爱岗敬业奖;奉兴荣获江淮蔚来——爱岗敬业奖;褚耀泉、谢行恕、汪晓莲荣获"困学守望"育人终身成就奖;段昌奎、朱林繁、王少杰、浦其荣、朱晓东荣获"困学守望"杰出教学奖;刘衍文、刘国柱、殷月伟、陈巍、潘海俊、朱莹春、易为、孙霞、朱文光、邵明、任希锋、任海骏、赵伟荣获"困学守望"优秀教学奖;石发展、王中平、荣星、许克标等研制的金刚石量子计算教学机荣获第十一届全国高等学校物理实验教学研讨会"教学仪器评比一等奖"。

二、科研成果

潘建伟团队首次观测到费米超流中熵波临界发散;在超冷原子双原子分子混合气中首次实现三原子分子的相干合成;与合作者首次在国际上实现百公里级的自由空间高精度时间频率传递实验;利用相干合成方法在国际上首次制备了高相空间密度的超冷三原子分子系综。陈仙辉团队在笼目结构超导材料研究中取得重要进展;在笼目超导体的竞争电子序研究中取得重要发现。赵政国团队在希格斯粒子实验研究中作出重要贡献。曾长淦课题组在石墨烯耦合等离激元衰减调控方面取得重要进展。李晓光团队在高性能类脑突触原型器件方面取得重要进展。袁军华、张榕京课题组发现了铜绿假单胞菌的新游动模式。彭晨晖团队在光控活性物质拓扑结构转换方面取得重要进展。乔振华研究组基于单层过渡金属氧化物发现了理论上陈数可调的量子反常霍尔效应。杜江峰团队在金刚石氮-空位色心量子精密测量技术的生物医学应用方面取得重要进展；完成首个确定性的暗能量理论实验检验；在暗能量探测领域取得重大进展。黄光顺、鄢文标研究团队测得陶-粲能区的最高精度强子产生截面 R 值；高能核物理团队在实现了轻超核（超氚核与超氢——4 核）寿命目前最精确的测量。朱林繁教授课题组基于薄膜平面腔体系首次在实验上证实了新的 Fano 线形——直线线形的存在。天文学系活动星系研究团队首次探测到活动星系演化进程中恒星形成率的反弹现象。王挺贵、刘桂琳、何志成团队首次发现星系中心高速外流在百光年尺度上的加速现象。李传锋课题组构造了一种新的真多体纠缠态检验方法。史保森、丁冬生课题组实现了基于冷原子系综的光子高维轨道角动量态的长时间存储。郭国平课题组实现了基于石墨烯的可滑动纳米机电谐振器。韩正甫课题组提出了一种新型的半设备无关量子随机数发生器协议并进行了实验验证。许立新课题组成果助力北京 2022 年冬奥会智慧显示。蒋蔚团队首次对冰芯进行了 39Ar 同位素定年测量，青藏高原羌塘冰川冰芯建立了上千年的精准年代标尺。杨益东课题组首次提出一种基于蒙特卡罗模拟的小动物质子 CT 最优射束能量的方法。

三、师资队伍建设

截至 2022 年 12 月，共有教职员工 446 人，其中教授（含相当专业技术职务人员）116 人，副教授（含相当专业技术职务人员）118 人，讲师、助教 10 人，管理支撑 43 人，聘期制科研人员 159 人。现有中国科学院与中国工程院院士（含外聘）17 人，国家级教学名师 2 人，教育部人才计划（含青年学者）20 人，国家高层次人才特殊支持计划入选者（含青年人才）20 人（新增 1 人），国家杰出青年基金获得者 43 人（新增 1 人），国家创新人才计划入选者（含青年人才）65 人（新增 9 人），国家优秀青年基金获得者 35 人（新增 3 人），中国科学院人才计划学者 50 人（新增 6 人）。2022 年，学院成功举办了中国科学技术大学第六届和第七届“墨子・云论坛——物理科学分论坛”。引进 4 位教授，9 位特任教授，7 位特任研究员，32 位特任副研究员，以及 40 位博士后研究员。学院通过 2022 年第一批次、第二批次校“USTC FELLOWSHIP”共引进 13 位“国际访问教授”。孙方稳获国家杰出青年基金资助；霍永恒入选国家人才计划科技创新领军人才；何志成、侯志博、周宗权获国家优秀青年基金资助；赵雷入选青促会优秀会员；查王妹入选青促会会员；杨益东、周宗权、杨睿智入选校学术领军人才培养计划。

四、人才培养与教学

2022 年，学院共毕业本科生 332 人，研究生 327 人，其中博士生 101 人，硕士生 226 人，呈现总就业率高、深造率高的特点。截至 2022 年 12 月，学院毕业生总就业率为 94.1%，其中硕士就业率为 96.7%、博士就业率为 96%。学院获“本科生就业先进奖”和“研究生就业先进奖”，连续 11 年获评学校“就业工作先进集体”。

2022 年，213 名教员承担 271 门本科理论课堂教学，总授课 15381 学时；144 名教员承担 102 门研究生课程，总授课 7580 学时；完成各英才班面试选拔工作；“电磁学”课程组成功入选教育部第二批虚拟教研室建设试点名单;《计算物理》获安徽省“三全育人”试点暨高校思想政治工作能力提升计划省精品教材项目立项。《天体物理概论(第二版)》获批校级本科“十四五”规划教材。

2022年,“面向世界科技前沿、服务国家发展战略、打造量子科技交叉人才培养体系”获得安徽省教学成果奖特等奖;“相对论系列课程建设与改革探索”获批省级研究生教育教学改革研究项目重点项目;“基于创新和实践能力培养的光学专业研究生实验教学探索与实践”获批省级研究生教育教学改革研究项目一般项目。出版“十四五”时期国家重点出版物、量子信息前沿丛书《量子光学》《单自旋量子信息物理学》《量子信息导论》等。完成物理学、天文学一流学科动态数据填报,编写物理学学位授权点建设年度报告,修改完善物理学第二轮“双一流”建设方案。我国第一个量子科学与技术方向的博士学位授权点——量子科学与技术交叉学科博士学位授权点,获批省级特色学位点建设项目,自2022年起,招收第一批博士研究生。

2022年,学院负责浙江、重庆、甘肃、云南、宁夏等4省1市的本科生招生工作,共录取281人;以直播形式进行研招网络宣讲,共接收推免硕士研究生246人。承办第十三届物理与化学夏令营,成功举办第九届“未来物理学家国际夏令营”,荣获2022年度国际学院招生团队一等奖、先进个人一等奖。

邓宇皓入选教育部2022年“最美大学生”,荣获2022年度“安徽省大学生年度人物”称号;郑佳楠、杨木获安徽省研究生创新创业之星;关浩森等12位同学获得本科生“国家奖学金”;潘帅唯等5位同学获“郭沫若奖学金”;陈俞茜、潘帅唯获严济慈奖学金;学院代表队获2022年中国大学生物理学术竞赛华东地区赛特等奖;刘正昊、刘祥干获中国科学院院长特别奖;储胜龙等11位同学获中国科学院院长优秀奖;孙辉、郭钰、胡维达获2022年度中国科学院优秀博士论文奖;蒯雁、张文豪获安徽省优秀博士学位论文奖;臧昊峰等31位同学获研究生国家奖学金;赵锟获大恒光学优秀奖学金;郑佳楠、徐博获校最美“六有”大学生称号;赵宏泽、刘宗凯获校最美“六有”大学生提名奖;张洋、周锐获中国科学技术大学“励学之星”称号;3个班级获“五四红旗团支部标兵”称号;5个团支部获“五四红旗团支部”称号;19个团支部获“校优秀团支部”称号;182位同学获校级优秀学干团干和优秀团员;4个班级获先进毕业班集体称号;8个班级获优秀班集体称号。

五、特色活动

2022年,学院设置并邀请学术带头人、讲席教授等举办2场“学科前沿与发展”系列研讨会,5场“物理科学与工程导论”系列讲座。

2022年,“悟理有术”物理学院学生学业与发展指导项目成功举办9场关于学习方法、生涯规划、考研保研、留学申请等方面的“学海领航”系列活动。

2022年春季学期正式启动朋辈助学计划第一期,成立12个朋辈助学小组;2022年秋季学期启动朋辈助学计划第二期,采用学习小组的形式,聚焦“力学A”和“数学分析B1”两门课程的重点和难点,为大一学习较为吃力的学生提供辅导。

学院分工会在校工会和学院党委的领导下,积极组织教职工参加学校工会举办的各项文体活动。完成职工福利采购及发放，积极采购贵州六枝、安徽金寨帮扶地区农产品。深入了解职工工作、生活情况，为困难职工申请补助，把党的温暖送到职工心里。

2022 年学院师生齐心协力在党建、队伍建设、人才培养、教学、科研、学生工作、工会等方面取得了骄人的成绩，学院全体师生必将奋发努力，再创佳绩。

化学与材料科学学院

学院由化学物理系、应用化学系、化学系、材料科学与工程系、高分子科学与工程系和化学实验教学中心 6 个单位组成。院长李灿院士，执行院长刘世勇，分党委书记、副院长闫立峰，副院长邓兆祥、武晓君、杨上峰，分党委副书记周小东、千坤，挂职副院长蒋彬。

学院现有教职工（固职）227 人，其中教授 121 人，副教授 39 人。中国科学院院士 18 人（含兼任），教育部“长江计划特聘教授”10 人，国家杰出青年基金获得者 37 人，中组部青年拔尖人才 6 人，国家优秀青年基金获得者 26 人，教育部“新世纪优秀人才”18 人。

学院拥有中国科学院能量转换材料重点实验室、中国科学院软物质化学重点实验室、精准智能化学重点实验室、先进功能材料安徽普通高校重点实验室、生物质洁净能源安徽省重点实验室、表界面化学与能源催化安徽普通高校重点实验室、安徽省仿生材料工程实验室、安徽省功能膜材料与技术工程实验室。根据 ESI 数据的统计分析，化学学科、材料科学学科已进入国际前万分之一，在国际学术界产生了重要影响。2022 年在校党委领导下，学院开展了如下工作。

一、党 建 工 作

学院各级党组织和全体党员深入学习贯彻习近平新时代中国特色社会主义思想，深入学习领会党的十九大、二十大精神，深入学习领会习近平总书记系列重要讲话，特别是关于中国科大系列重要指示精神、关于教育和科技创新工作系列重要指示精神和关于党史学习教育重要论述，推进党史学习教育常态化长效化，引导学院师生深刻领悟“两个确立”的决定性意义，自觉增强“四个意识”、坚定“四个自信”、坚决做到“两个维护”。团结和凝聚广大师生围绕“潜心立德树人、执着攻关创新”两大核心任务，切实做好人才培养和学科发展本职工作，以实际行动全面推进一流大学建设。

截至 2022 年底，学院共有党支部 56 个（含代培生支部），其中教工党支部 11 个，学生党支部 45 个；学生党员 1033 名，教工党员 182 名。学院党委结合巡视巡察整改任务，不断强化学生党支部建设、配齐配强党支部书记，选配优秀党员教师担任学生党支部书记，选拔品学兼优的学生党员担任支委会成员。结合党团组织和工会活动切实增强师生思想政治引领，全年发展研究生党员 102 人，本科生党员 32 人。

二、平台建设与期刊创办

1. 学院参与中国科学院国家重点实验室重组，筹建精准智能化学重点实验室，已获中国科学院批准建设。精准智能化学重点实验室面向世界科技前沿，聚焦如何改变化学研究范式这一关键科学问题，探索建立化学研究的精准化、智能化双驱动模式。将发展先进的理论计算与实验表征方法，构建大数据与智能模型驱动的机器化学家平台，实现对反应路径与材料物性的精准调控，大幅提升化学研究的效率，引领国际精准智能化学的发展。

2. 中国科大与美国化学会（ACS）联合，共同出版新刊《Precision Chemistry》（《精准化学》），旨在发表以精准化为导向的高水平原创论文，共同推进精准化学领域的学科发展和国际交流。对标世界一流期刊，目标成为代表化学及其交叉学科领域前沿水平的国际旗舰期刊。2022 年 12 月开放投稿，2023 年 3 月上线首期。

三、教 学 工 作

在教育部高等教育司指导、中国高等教育学会主办的第二届全国高校教师教学创新大赛全国赛中，朱平平团队荣获部属高校正高组一等奖，为安徽省部属高校首次在该项比赛中获奖。

在第三届全国大学生化学实验创新设计大赛总决赛中，本科生王潇宇、邹骏希和刘旋组成的团队荣获特等奖；在华中分赛区的初赛中，获得 2 个一等奖和 1 个三等奖。在第十六届上海大学生化学实验竞赛中，吴宇桁获特等奖、刘亮获一等奖、刘天骐获二等奖。

学院获批省级研究生教学成果一等奖 1 项，二等奖 1 项，省级研究生课程思政示范课程 1 项，研究生教育教学改革研究项目 7 项，校级本科质量工程项目 16 项，“十四五”规划教材 2 项，英文授课推进计划课程 4 门，研究生教育创新计划核心课程项目 2 项，研究生教育创新计划教材出版项目 2 项，研究生教育创新计划教学改革研究项目 4 项。

四、科 研 成 果

学院教师获批科技部国家重点研发计划重点专项牵头项目 3 项，青年科学家项目 3 项，获批经费 5740 万元；获批国家自然科学基金项目 70 项，其中创新群体项目 1 项、杰出青年基金项目 4 项、优秀青年基金项目 3 项、重点项目 3 项、重大项目课题 2 项、重大研究计划培育项目 1 项、联合基金重点支持项目 3 项、面上项目 29 项、青年项目 21 项、国际合作项目 3 项，获批直接经费 9014 万元；获批中国科学院战略性先导 B 类科技专项 1 项、稳定支持基础研究领域青年团队计划 1 项，获批经费 12000 万元；获批安徽省重点研发计划 2 项、科技重大专项 2 项、省杰出青年基金项目 4 项、面上项目 1 项、青年项目 8 项，获批经费 905 万元。今年纵向科研经费到账（除去外拨）19764 万元，横向经费到账 2175 万元。

学院教师以科大为第一单位发表通讯作者的 SCI 论文 740 篇，其中 JCR Q1 论文 552 篇，Q2 论文 127 篇，高区论文比例达 92%。申请专利 224 项，授权 183 项。

五、人才引进和师资队伍建设

学院高度重视人才引进和培养工作,积极配合学校墨子云论坛活动,给予学院相关学科与国际科研前沿对接、沟通、交流的良好机会。引进国家创新人才计划青年项目 3 人,中国科学院人才计划 2 人,聘用 21 名特任副研究员。

杜平武、武晓君、焦淑红、徐航勋获国家基金委杰出青年基金资助;刘进勋、焦龙、葛亮获国家基金委优秀青年基金资助。余彦获中国青年女科学家奖、安徽省三八红旗手称号,千坤获安徽省最美辅导员称号,俞书宏获中国科学院杰出科技成就奖,陈昶乐获中国科学院青年科学家奖,谢毅获李佩奖教金,武晓君获平凡基金教育奖,张晓东获海外校友基金会"青年教师事业奖",朱彦武、方思敏获校友基金会王宽诚育才奖,顾若水获江淮蔚来——爱岗敬业奖,霍磊获杨亚基金——爱岗敬业奖。化学实验教学中心荣获中国科学院三八红旗集体。

六、合 作 交 流

学院成功举办了中国科学技术大学-美国化学会精准化学联合论坛、"量子计算机时代的理论化学"战略研讨会、2022 年度纳米与界面催化研讨会、中国化学会第十二届全国有机化学学术会议、第一届精准高分子化学与功能材料国际研讨会等学术会议,举办了 1 场"郭永怀讲坛"、35 场"郭永怀讲座"、16 场"化学材料学科'双一流'学术前沿讲座"。

工程科学学院

一、学 院 概 况

学院成立于 1998 年,其前身是由功勋科学家钱学森先生于 1958 年创建并担任首届系主任的近代力学系。目前学院由 4 个系组成,分别是近代力学系、精密机械与精密仪器系、热科学和能源工程系、安全工程系。2001 年由钱学森先生倡导成立的中国科学院材料力学行为和设计重点实验室也归属于工程科学学院。现任院长杜善义院士,执行院长吴恒安教授。

学院设有 5 个本科专业,即理论与应用力学、机械设计制造及其自动化、测控技术与仪器、热能与动力工程、安全科学工程,其中理论与应用力学专业为全国仅有的两个理科力学人才培养专业之一。设有一级学科博士点 3 个,二级学科博士点 12 个,其中国家一级重点学科 1 个,国家重点培育学科 1 个,省重点学科 3 个;学院还设有 3 个博士后流动站和 13 个硕士点。

学院拥有一支优秀的师资队伍,目前有教授(含相当技术职务)69 人,副教授(含相当技术职务)51 人,"两院"院士 4 人,长江学者 2 人,国家杰出青年基金获得者 10 人,国家优秀青年基金获得者 14 人，国家高层次青年人才计划 24 人，中国科学院人才计划 21 人，国家新世纪百千万人才工程 2 人。

二、本科教学工作

1. 2022 年招收本科生 225 人，毕业学生 122 人；目前在校生人数 659 人；2022 年度春、夏、秋季共为学院内外开设本科生理论课程 170 个课堂，实验约 20000 多课时。

2. 国家大学生创新实验计划结题 16 项，申请新项目 22 项。

3. 我校代表队获第十三届全国周培源大学生力学竞赛“理论设计与操作”团体赛一等奖，取得参加团体赛以来的最佳成绩。郑航、徐旭获优秀指导教师奖。

4. 13 人获安徽省周培源大学生力学竞赛特等奖，8 人获一等奖，4 人获二等奖，2 人获三等奖。

5. 2022 年度学院共申报省级和校级教学研究项目 25 项，其中省级一流课程 4 门，国家级课程思政 1 门，省级课程思政 4 门，省级教学团队 4 个，省级教学名师 3 人，省级教学成果二等奖 2 项，教材项目 4 项，省级重点项目 2 项，一般项目 1 项。

6. 做好 2019 级本科生推荐免试研究生工作，推荐 54 名优秀学生免试攻读研究生学位。

7. 承办“科技活动周”工程科学科普点活动。线下活动接待约 1100 名观众。线上活动同步在新华网、央视频、中国科大官方微博以及微信视频号等平台直播。

8. 组织 60 余名来自全国各省市的青少年营员参加了高校科学营科大分营工程科学的线上科研实践活动。

9. 承办校第二十二届 RoboGame 机器人大赛决赛，主题为竞技组——冰壶机器人、展示组——变形机器人，从 44 支队伍中选出 34 支参赛队伍。

10. 朱雨建、罗喜胜、杨基明、尹协振、张青川、王海龙的“面向创新人才培养的本科力学实验教学改革与实践”获 2021 年高等学校省级质量工程项目安徽省教学成果奖二等奖。

11. 叶回春获中国科协和教育部评选的“青少年高校科学营活动十周年(2012—2021)优秀科技工作者”称号。

12. 倪向贵获长三角科技志愿服务联盟(一市三省科协)2022 年度“长三角优秀科技志愿者”称号。

三、研究生工作

1. 2022 年学院招收硕士生 276 人，博士生 135 人，其中工程博士 22 人，科研博士 23 人，代培生 95(硕、博)人。取得硕士学位 90 人、博士学位 104 人。

2. 吴开金博士、王启博士荣获 2022 年度中国科学院优秀博士学位论文奖，张世武教授、倪勇教授、孙德军教授荣获中国科学院优秀导师奖。

3. 伍鲍、王储、陈怡遐、张奕元 4 位博士获得 2022 年度中国科学院院长优秀奖。

4. 安徽省 2021 年硕士学位论文抽检结果显示，学院被抽检论文合格率 100%。

5. 学院开设了三门本硕贯通课：“固体缺陷与强度”“微流体力学”“计算流体与传热传质”。

6. 重新修订了专业学位"机械""电子信息""能源动力"三个专业的培养方案。

7. 全年举办"工程科学论坛"38 场，总参加人次为 4769，单场平均参加人次为 125，2019 年至今，总举办论坛 140 场，总参加人次为 18533，单场平均参加人次为 132。

8. 通过研究生复试，学院共招收统考生 106 人。举办线上"第十届工程科学夏令营"活动，1300 余人报名，经遴选后录取营员 470 人，"双一流"及以上高校营员占比达 100%，其中"985"高校营员占比达 65.7%。通过网络面试及夏令营，学院接收推免生 200 人，"双一流"及以上生源达 100%。

9. 高大统、任晓、黄一航、刘维新的作品《一种基于热电材料和天空辐射的新型全天制冷系统》获"丹佛斯杯"第六届中国制冷学会创新大赛研究生组一等奖，裴刚教授获评优秀指导教师。

10. 姚亭亭、汤雅云、田忻怡设计的作品《使用新型列管式换热器的环路热管光伏光热综合利用系统》获第十五届全国大学生节能减排社会实践与科技竞赛一等奖。另有 3 个作品获二等奖，5 个作品获三等奖，是近 5 年来最佳成绩。

11. 王启获 2021 年度中国力学学会优秀博士学位论文优秀奖，梁煜获 2020 年度中国力学学会优秀博士学位论文优秀奖，余昊获 2021 年度中国力学学会优秀博士学位论文提名奖，彭泽瑞获 2019 年度中国力学学会优秀博士学位论文提名奖。

四、科 研 工 作

1. 2022 年度立项纵向项目共 69 项，合同经费共 8517 万元。其中，1 人获批国家自然科学基金杰青项目，1 人获批国家自然科学基金优青项目，3 人获批国家自然科学基金重点项目。4 人获批 6 项科技部重点研发计划项目(课题)，合同金额共计 3262 万元。8 人获批安徽省重大科技专项，合同金额共计 1038 万元。1 人获批科技部攻关项目，合同金额 500 万元。2022 年度立项民口横向项目共 42 项，合同经费共 2136 万元。

2. 到账科研经费 8401 万元，其中纵向经费 6585 万元，横向经费 1816 万元。

3. 4 个项目获得学院青年创新重点资助，50 万元/项。

4. 学院共申请专利 79 项，授权专利 66 项。共有 2 项赋权试点项目。

5. 学院教职工以科大为第一单位共发表 SCI 收录论文 605 篇。

6. 重要科研成果：

(1) 近代力学系倪勇教授、化学与材料科学学院姚宏斌教授团队提出增强仿珍珠层结构抗冲击性的预应力策略。相关研究成果发表在《Advanced Science》上。

(2) 近代力学系、中国科学院材料力学行为和设计重点实验室姜洪源课题组建立了上皮组织断裂破坏的理论模型，揭示了上皮细胞单层的脆韧转变机制，相关研究成果在线发表于《物理评论快报》。

(3) 渗流实验室将"云端+高性能计算"应用于页岩气压裂实时监测与评价，目前已在浙江油田完成 12 口页岩气井的监测评价任务，浙江油田负责人高度评价该技术的落地应用。

(4) 俞书宏院士团队与姚宏斌、倪勇教授团队合作提出了在不牺牲锂离子电池能量密度的前提下，在石墨负极内部引入颗粒尺寸以及孔隙率的梯度异质分布结构设计，实现了石墨负极快充性能提升。相关成果发表在国际期刊《科学进展》上，被英国 NewScientist 选为研究亮点报道。

(5) 近代力学系刘罗勤特任研究员在大气边界层的理论研究方面取得突破性进展，相关研究成果在线发表在《美国国家科学院院刊》上，前期相关工作还发表在《物理评论快报》上。

(6) 近代力学系罗喜胜教授课题组研究发现激波诱导的气层失稳呈现了与经典Richtmyer-Meshkov(RM)不稳定性的不同，首次提出通过调控界面耦合强度和气层内的波系来实现对流体界面不稳定性的有效控制。相关进展已在流体力学著名期刊《Journal of Fluid Mechanics》上发表4篇系列论文，并在2021年12月的国际激波学术研讨会上以特邀报告进行了介绍。

(7) 精密机械与精密仪器系陈杨研究员、吴东教授、褚家如教授课题组，华中科大王凯教授、陆培祥教授课题组与新加坡国立大学仇成伟教授课题组组成的联合团队在谷电子学与微纳光子学交叉领域取得重要进展，首次实现了基于混合纳米波导的 WS_2 谷光子的长距离保真传输与定向分发。研究成果发表在《Nature Nanotechnology》上。

(8) 精密机械与精密仪器系先进感知、数据融合及智能运维课题组毛磊特任研究员团队在氢燃料电池无损检测方面取得突破性进展，研究成果发表在 Cell Press 期刊《Cell Reports Physical Science》上。

(9) Zachary J. Smith 教授团队和华中师范大学化学学院高婷娟教授团队在拉曼生物成像研究领域取得新进展，相关研究成果在线发表于著名学术期刊《Journal of the American Chemical Society》上。

(10) 盛东教授与物理学院卢征天教授联合课题组开发了高精度的氙同位素共磁力仪，并利用该原子器件探索超越标准模型的新物理，对核子与中子间的单极-偶极相互作用强度在亚毫米尺度上设定了新的上限。相关成果发表在《物理评论快报》上。

(11) 陈杨研究员、吴东教授、褚家如教授联合团队与新加坡国立大学电气与计算机工程系 Cheng-Wei Qiu 教授团队合作，在国际知名学术期刊《Physical Review Letters》上发表论文，首次实现弱手性物质诱导下的两个光学模式之间的强耦合，并理论验证了对手性物质圆二色性(CD)信号增强三个数量级。

(12) 学院与生态环境部卫星环境应用中心共建的大气环境遥感创新与研发基地采用完全自主开发的大气污染物超光谱遥感算法，成功捕获1月汤加火山喷发产生的大量二氧化硫烟羽分布。

(13) 工程科学学院/太阳能光热综合利用安徽省重点实验室裴刚教授和国家同步辐射实验室/核科学技术学院邹崇文研究员联合研究团队提出了一种全新的能量利用方法，相关研究成果发表在国际著名期刊《Proceedings of the National Academy of Sciences of the United States of America》上。

(14) 热科学和能源工程系谈鹏特任教授团队在新型金属空气电池方面取得突破性进展，报道了一种可在无氧环境中运行且具有超快自充电能力的新型锌空气电池，打破了锌空气电池依赖于空气运行的短板，研究成果发表在 Cell Press 旗下期刊《Cell Reports Physical

Science》上。

(15) 热科学和能源工程系特任教授谈鹏团队设计了一种具有高度有序阵列结构的碳包覆阳极氧化铝(C-AAO)空气电极,重新认识了锂氧电池的放电电压突降行为和固体产物过氧化锂生长路径。相关成果发表在《Nano Letters》上。

(16) 安徽省科学技术厅发布的《关于下达 2022 年安徽省科技重大专项(公开竞争类)项目计划的通知》中,学院 5 个项目入选,为学院历年之最。

(17) 国家标准化管理委员会正式批准由我校承担"国际标准化组织油气燃烧器技术委员会(ISO/TC 109)"国内技术对口单位,这是我校第一次获批技术对口单位。

7. 获奖情况:

(1) 刘诚团队的"痕量气体的卫星超光谱遥感关键技术与数据应用"获安徽省科技进步奖一等奖。张青川团队"基于力学原理的微纳机械传感方法"获安徽省自然科学奖二等奖。

(2) 罗喜胜、司廷、翟志刚"激波诱导界面不稳定性机理和实验研究"获第六届中国力学学会科学技术奖自然科学奖二等奖。

(3) 虞吉林、郑志军"泡沫金属在冲击与多轴加载下的力学行为及机理"获第七届中国力学学会科学技术奖自然科学奖二等奖。

(4) 何国威院士获第十二届周培源力学奖。

(5) 司廷获第十七届中国力学学会青年科技奖。

(6) 刘诚团队牵头完成的"国产超光谱卫星痕量气体遥感及应用"入选 2021 年度"中国生态环境十大科技进展",在全国十项入选成果中排名第一。

(7) 爱思唯尔(Elsevier)重磅发布 2021 中国高被引学者(Highly Cited Chinese Researchers)榜单。舒歌群、季杰、裴刚、吴清松 4 位教授入选(动力工程及工程热物理)。其中季杰教授已连续 6 年入选。

(8) 近代力学系徐松林教授团队的"压剪联合冲击实验技术及脆性材料动态失效机理研究"获安徽省力学科技进步奖特等奖。

五、党 建 工 作

1. 院党委坚持党委会"第一议题"制度。2022 年度共组织召开党委会会议 9 次。

2. 院党委理论学习中心组集中学习+研讨 4 次,召开 1 次党委理论学习中心组学习扩大会议。

3. 院党委制定了"党员领导干部、教师联系学生党支部工作"制度,每学期不少于 1 次列席学生支部活动。

4. 2022 年共发展党员 137 位。院党委不断规范党支部设置,督促并落实党内政治生活制度。定期开展党支部书记、委员培训工作,每季度召开 1 次党支部书记工作例会。

5. 完善党建宣传等功能,在学院公众号、学院官网推送新闻 70 篇,在科大新闻网、党委组织部官网等校级平台推送新闻 23 篇。

6. 院党委充分发挥活动育人、典礼育人作用,举办了首届"传承钱学森精神"主题演讲比赛、"喜迎二十大、青春谱华章"拔河比赛、"工成之日"毕业庆典等多项活动。

7. 院党委举办了“跟院长聊天”、“科研小组进课堂”、“考研交流课堂”、心理健康团体工作坊等“我为师生办实事”活动7项。

六、杰出校友

学院9606校友吕盼稂创办的合肥中科君达视界技术有限公司获2022年首届“金燧奖”中国光电仪器品牌榜银奖，是安徽上榜的两家公司之一。

信息科学技术学院

一、学院概况

学院由电子工程与信息科学系、自动化系、微电子学院、网络空间安全学院、信息与计算机实验教学中心、信息科学实验中心等单位组成。学院拥有1个语音及语言信息处理国家工程实验室、1个类脑智能技术及应用国家工程实验室、1个未来网络国家基础设施和7个省部级重点实验室，即多媒体计算与通信教育部-微软重点实验室、中国科学院电磁空间信息重点实验室、中国科学院空间信息处理与应用系统技术重点实验室(与电子学研究所共建)、中国科学院无线光电通信重点实验室、网络传播系统与控制安徽省重点实验室、无线网络通信安徽省重点实验室、未来网络安徽省重点实验室。此外，学院还拥有中国科大-中国通服、教育部-微软重点实验室、中国科大-安广网络公司3个国家级工程实践教育中心。

目前，学院拥有电子信息工程、通信工程、自动化、电子科学与技术、信息安全、人工智能等6个本科专业，其中，电子信息工程、自动化、电子科学与技术、信息安全等4个专业为国家级一流本科专业。学院拥有信息与通信工程、电子科学与技术、控制科学与工程、网络空间安全等4个国家一级学科，1个工程博士和4个专业硕士学位授权点，3个博士后流动站。

二、师资队伍

学院现有教授94人(含特任教授21人，特任研究员6人，正研级高工1人)，副教授107人(含特任副研究员39人)，其中中国科学院院士2人，欧洲科学院院士1人，IEEE FELLOW 7人，长江特聘1人，长江青年4人，杰青8人，优青14人，领军7人，青拔2人，中国科学院人才项目16人，教育部优秀人才12人，国家创新人才计划青年项目15人。

三、学生管理情况

学院完成了1153名本科生和2297名研究生的日常管理工作，形成了规模适度、质量较高、专兼职相结合的学生管理队伍，认真做好学业追踪、奖学金、助学金、贷款、学费减免的评定与发放，疫情期间出入校审核、离返校登记、津贴发放、学生评优、学生干部培训、突发事件处理、信息收集、维护校园安全与稳定等常规性工作，通过《信息学院班主任手册》、老带新等方式，促进了班主任辅导员工作相互交流学习。

2022 年学院本科生获各类奖学金共计 18 项，384 人次获奖，占全院二年级及以上学生人数比例超过 40.8%，获奖面比上一年度略有扩大；研究生获各类奖学金共计 13 项（含微电子学院、网络空间安全学院，研究生学业奖学金除外），124 人次获奖，占全院研究生（硕士一年级除外）总人数百分比约 11.2%，获奖面比上一年度有小幅收缩。2022 年学院各类本科生获助学项目共计 19 项，约 638 人次获得了包括国家助学金、勤工助学及各类社会冠名助学金在内的多种资助，覆盖了 100%的家庭经济困难学生。

四、本科生教学

1. 本科教学。2022 年，学院有 136 位教师承担了我院开设的本科通修课、专业基础课、专业核心课及选修课共计 203 个课堂的教学，总授课学时达 12504 学时，选课人数共计 10082。本年度安排期末考试和开学补考累计 104 门。在 2021 届全校毕业生参与投票的受益最深课程中，学院开设的“计算机程序设计”位列前 10。“计算机程序设计”和“计算机网络”两门基础课进行了慕课建设，“计算机程序设计”课程浏览总量 326552，访问总人数 27540，“计算机网络”课程热点视频浏览量累计 175 万。

2. 培养方案。学院对 4 个本科专业“电子信息工程”“通信工程”“自动化”“人工智能”培养方案进行了再次修订与核对，增加国内外专业方案对比分析，增加了通识学分、自由选修学分并对部分课程的开课学期进行了梳理和调整。信息科技英才班与人工智能英才班分别更新了培养方案，信息科技英才班增加 1 门必修课程，人工智能英才班申报了 2 门荣誉课程。各系组织了本硕贯通课程的遴选和申报。

3. 学生培养。加强学生的专业引导，培养他们对未来专业前景的憧憬，面向 2022 级新生开设系列的专业前沿与职业发展报告，多达 14 场次，跨度为一个学期，涉及学院三个专业领域。全校专业选择前夕，学院也组织多场各专业的宣讲报告，加大对全校学生的宣传和吸引。学院目前有本科生共 805 人（含电子科学与技术专业学生 19 级 58 人，20 级 40 人）。2021 级全校专业选择中，转出 75 人，转入 52 人。学院 4 位学业指导专家在 2022 年春和 2022 年秋季学期共计指导警示生累计 56 人次，每位专家每学期与学困生谈话约 3 次。为加强学生国创的动员与指导工作，学院组织安排讲座进行经验分享与交流。2022 年学生申报国创项目 21 项，其中国家级 10 项，省级 11 项。共 14 项国创项目完成结题。完成了 2018 级 193 名学生的毕业论文开题及中期检查，共安排了 250 人毕业论文答辩（含外院申请到学院答辩学生）、成绩录入及校优论文推荐。2018 级毕业派遣生 297 名，继续深造学生 203 人，深造率为 68.4%。2019 级学生共 203 人，保研 110 人，保研率达到 54.2%。

4. 教学支撑。学院首次成立院教学督导委员会，本年度院教学督导共听课 53 学时，完成评教 52 次。学院制定加强教学激励的方案，鼓励学院教师开展教学建设，切实提高教学水平，加强精品教材和教学项目培育。学院配合学校完成本科毕业论文抽检专家库建设及本科教育教学评估专家推荐。本年度学院教学委员会召开会议 3 次，审议通过 7 门新开课程的申请和教材选用，审议通过2门课程评分制的变更。讨论并通过人工智能英才班培养模式的变更。学院党委会、教学委员会、党政联席会依次审议通过全院84门本科生课程思政方案设计，并对2023年春季所开课程使用的50本教材进行了审核。

5. 质量工程项目。2022年申报获批省级重点项目1项，一般项目2项，校级教研项目重点2项，一般7项。组织申报“十四五”规划教材项目4项。荣获省级教学成果一等奖2项，二等奖1项，三等奖2项。俞能海教授获批省级教学名师，陈勋教授获批省级教坛新秀。

6. 学科竞赛。在2022年校RoboGame大赛中，学院信息与计算机实验教学中心老师带队分别获得竞技组一等奖、亚军、季军，展示组冠军、二等奖、三等奖，在第十七届全国大学生智能车竞赛安徽赛区比赛中荣获一等奖1队(兼国赛三等奖)，二等奖3队，三等奖2队。学院组织学生参加第十三届大学生数学竞赛，21人获一等奖，20人获二等奖，24人获三等奖。学院有172位同学报名参加第十四届大学生数学竞赛。

7. 科技英才班。对人工智能英才班培养模式进行了调整，从2022级开始招收第一届英才班学生。为丰富同学们的学习渠道，拓宽学生视野，学院制定并开始实施英才班同学图书报销政策，营造良好的学习氛围。信息科技英才班夏季学期组织了二、三年级同学的创新创业企业见习活动，参观合肥当地信息领域高新技术企业，并安排杰出校友与同学们座谈。

8. 公共实验教学平台的建设。2021年，由刘勇老师牵头建立了“计算机程序设计”自主实验实训平台，张飞老师牵头建立“人工智能实践实训平台”，陆伟老师建设了“电子设计实践”课程网站，提供给学生多渠道的学习模式。虚拟仿真实验建设中申报的省级一流课程“基于深度学习的智能机器人抓取虚拟仿真实验教学项目”，已部署在学校实验教学平台使用，60名本科生选修并完成了实验。综合项目“虚拟仿真实验教学中心”建设也取得较大进展，处于内部测试试用阶段，功能即将上线。

五、研究生教育

1. 研究生教学培养

2022年春季学期，各学科按培养方案安排了36门研究生课程，选课总人数达2465。由于其中2门本研贯通课有本科生选课、1门学科基础课照顾到东西区其他学院研究生选课、1门专业基础课选课人数多而无大教室安排的原因开设了2个课堂，绝大多数课程安排在高新校区图教楼及先进技术研究院报告厅。

2022年秋季学期，随着其他学院研究生、学部高年级本科生入住高新校区，高新校区图书馆教学楼的大教室更加缺乏，学校紧急在师生活动中心楼改造了部分大教室，使秋季学期开设的45门课得以安排落实，选课总人数达3548。其中6门课程开设了2个课堂。

根据全国工程教指委《关于电子信息等8种专业学位类别专业领域指导性目录的说明》文件要求和学校招收硕博连读工程博士类型的需要，学院牵头组织完成了电子信息类专业学位研究生培养方案(2022版)的修订和电子信息类硕博一体化专业学位研究生培养方案的制定工作。针对国家专项“新一代信息通信技术”“人工智能”两个关键领域招收的工程硕博生，牵头制定专项领域研究生的培养方案。

组织研究生课程思政建设项目的结题验收和中期检查工作。组织申报省教育厅新时代育人质量工程项目，获批立项 12 项。其中，省级研究生课程思政示范课程 1 项，省级优秀研究生导师团队 1 项，省级优秀青年研究生导师 1 项，省级研究生线下示范课程 1 项，省级研究生线上示范课程 1 项，省级研究生规划教材 1 项，省级研究生教育教学改革研究项目 3 项，省级优秀博士学位论文 1 篇，省级优秀硕士学位论文 2 篇。

2. 学位与学科建设工作

为提高学位论文质量，加强学位论文过程管理，在组织开题、论文送审、答辩、学位申请审核中严格执行学校的相关规定。完成 2022 届博士、硕士学位申请材料的审核申报工作，经学位委员会评审，学院本年度共有 90 名学生获博士学位，3 名学生获专业博士学位，106 名学生获工学硕士学位，129 名学生获专业硕士学位，6 名留学生获博士学位，2 名留学生获硕士学位。

针对全国博士学位论文抽检"存在问题论文"，严格按照学校要求落实整改。加强组织领导，学院成立了学位论文整改小组和教育质量督导组；强化质量意识，召开教育质量整改导师大会。深挖问题根源，提出整改举措。修订硕士、博士招生名额分配办法；增加多环节学位论文评审；正式送审前预审；上学位分委会前重点审核；刚获学位后再次重点审核。

组织推荐申报中国科学院优博学位论文、相关学会优博学位论文、学校优秀博士学位论文。周文罡老师指导的王宁同学获中国科学院优博学位论文奖；吴枫老师指导的马海川同学获中国图象图形学学会优秀博士学位论文提名奖；秦家虎老师指导的付维明同学获中国仿真学会优秀博士学位论文奖。1 名博士生获校优秀博士学位论文奖，2 名博士生获提名奖。

完成 2023 年博导上岗审定和新增博导申报遴选工作。完成首次专业学位博导申报审核工作。经学部学位分委会和学校学位委员会评定，本年度新增校内教授博导 6 名，副教授博导 1 名，校外兼职博导 4 名。协助上海人工智能实验室申报学院兼职博导 9 名；赣江创新院导师申报控制学科博导 4 名。完成实践导师常态化申请审核备案工作，新增 127 位实践导师申请备案工作。

六、科研成果

1. 科研项目情况

学院科研工作重点是紧紧围绕国家发展战略，坚持面向世界科技前沿，凝练科技发展目标，促进学科交叉，整合学院重点科研优势，积极承担如国家自然科学基金、国家重点研发计划、国家科技重大专项等一批国家级项目，同时与国内外著名信息技术企业进行紧密合作。

2022 年，学院组织了各级、各类项目的申请、评审推荐、结题工作。共组织了包括国家自然科学基金项目、国家重点研发计划项目、校青年创新基金项目等 330 余项项目的申请工作。组织了 130 余项项目的中期检查和结题工作。

2022 年，新获批国家自然科学基金项目 37 项，获批项目数创学院历年来新高。其中获得国家杰青项目 1 项，优青项目 2 项，重点项目 5 项，国际合作项目 1 项，专项项目 1 项，培育项目 1 项，面上项目 14 项，青年项目 12 项。

2022 年，新获批重要项目有中国科学院——战略性先导科技专项 B 项目 2 项，科技部——国家重点研发计划课题 4 项。

截至 2022 年 12 月 20 日，学院本年度共到款科研经费 55105.3 万元，学院到款额保持高位运行，其中纵向项目到款 38769.5 万元，军工项目到款 6268.4 万元，横向项目到款 5483.9 万元，人才科研启动经费 2817.5 万元，基地建设运行经费 1748 万元。

2. 科研成果及转化情况

2022 年，获得安徽省科技进步奖一等奖 1 项，安徽省自然科学奖二等奖 1 项、安徽省技术发明三等奖 1 项。已公示教育部高等学校研究优秀成果奖技术发明一等奖 1 项。

2022 年，学院新申请专利 327 项，专利授权 324 项，专利授权数迎来井喷式增长。

2022 年，学院成果转化 2 项，其中技术转让 1 项，赋权试点 1 项，转化知识产权 8 个，金额 400 万元。

3. 科研基地

学院以国家级、省部级重点实验室为依托平台，培养和引进高水平人才，进一步凝练方向，加强战略规划布局。2022 年，基地平台共获得建设运行经费 1748 万元。

计算机科学与技术学院

一、基 本 情 况

中国科学技术大学于 1958 年建校时就设置了计算机专业，老一辈计算机科学家夏培肃先生等亲自执教。1982 年成立计算机科学技术系，2009 年成立计算机科学与技术学院。1990 年获得计算机软件博士学位点；1995 年建成我国第一个国家高性能计算中心；2000 年获得一级学科博士学位授予权；2003 年陈国良教授当选为中国科学院院士，并获得首届国家教学名师称号；2007 年计算机软件与理论被评为国家重点学科；2010 年本学科进入 ESI 排名世界前 1%；在 2012 年全国高校学科评估中，本学科全国排名第 9；2017 年本学科入选“双一流”建设名单，学科评估 A－；2022 年入选新一轮“双一流”建设名单。

二、教学和人才培养

2022 年，学院共招收本科生 132 人，硕士研究生 270 人（科学学位 147 人、专业学位 123 人），博士研究生 87 人（学术博士 64 人、工程博士 23 人）。学院把培养一流人才放在首位，努力提高教学质量，通过实施大学生创新创业实践计划、大学生研究计划以及与华为研究院的教学类项目合作，提高本科生的实践能力。研究生招生质量不断提高，推免生 99% 来自“双一流”高校；学院严格把关培养各个环节，保证培养质量，在 2022 年教育部、安徽省论文抽检中，学院研究生学位论文全部合格，同时还获得了 2 个安徽省优硕的优秀成绩。

学院 2022 届本科毕业生 175 人，硕士毕业生 160 人，博士毕业生 28 人。学院毕业生就业率和就业质量实现双丰收，连续 12 年获得校“毕业生就业先进工作集体”称号。本科生就业率为94.3%,深造率为72.6%,深造单位包括海内外著名高校和重点科研机构;就业单位有华为、腾讯、字节跳动、科大讯飞、国网电力、比亚迪等业内优质单位,硕士毕业生约40%入职世界500强企业。研究生申请选调生和报考公务员的优秀毕业生数量显著增加,2022届有3位省级优秀毕业生入选安徽省选调生,7位毕业生入选其他省份选调生,自愿扎根基层。1名博士毕业生选择入伍,为国家军队建设贡献力量。

学院在教学方面取得多项突出成绩:安虹获得教育部"拔尖计划2.0"优秀教师奖,陈国良领导的教学团队获得安徽省教学成果特等奖,陈恩红领导的教学团队获得安徽省教学成果一等奖,李向阳领导的"计算机科学一流学科建设创新与实践"项目获得安徽省教学成果二等奖,张昱、王超主持教育部拔尖计划2.0研究课题,金培权、丁虎、罗奇鸣、李诚主持校级"十四五"规划教材项目。学生参加国内外多个科技竞赛,取得好成绩:秦沁、罗浩铭同学获得2022团体程序设计天梯赛全国二等奖;秦沁同学获得蓝桥杯大赛全国二等奖;张如凡同学获得安徽省机器人大赛——单片机与嵌入式系统赛道一等奖;吕泽龙同学获得国际大学生程序设计竞赛亚洲区决赛银牌;丁子尧同学获得第46届ICPC Asia EC Final银奖;左丰瑞同学获得全国大学生计算机系统能力培养大赛(龙芯杯)三等奖;赵思蕊同学获得ACM MM2022@国际微表情挑战赛生成赛道亚军。学院还承办了第47届ICPC国际大学生程序设计竞赛亚洲区域赛(合肥)。

三、科研与合作交流

2022年,学院在国家级人才计划申请方面取得突出成绩,新入选4位海外优青、1位国家优青。学院4位教师晋升教授,1位教师晋升副教授,新报到入职2位正高教师、3位副高教师,新聘请9位兼职教授,学院师资队伍得到进一步加强。

在科研项目方面,学院新立项各类项目67项,总合同经费9058.78万元。其中,纵向项目44项(含校内项目),合同经费7307.78万元;横向项目23项,合同经费1751万元。2022年度到账总经费7967.04元,其中纵向经费到账5854.53万元,横向经费到账2112.51万元。

学院获得多项具有显示度的大项目,包括:华蓓的安徽省发改委专项"面向高速场景的自动驾驶算法及域控制器研发项目",合同经费1260万元;陈恩红的中国科学院——提升原始创新能力专项"提升原始创新能力专项——重组认知智能国家队",合同经费500万元;张昱的工信部项目"5G核心网用高性能服务器通用CPU编译工具链",合同经费150万元;李诚参与的基金委专项项目"数据驱动的泛在存储虚拟化方法和管理机制",我方合同经费152.85万元。

2022年,以学院为第一署名单位正式发表的论文中,CCF推荐A、B类会议和期刊论文共173篇。其中,A类期刊和会议论文为110篇,B类为63篇。学院新增国家授权专利81项,均为发明专利;并有105项专利进入申请阶段。陈恩红教授入选爱思唯尔2021"中国高被引学者"榜单。

2022年,学院在科研平台建设方面取得重要突破,与科大讯飞公司共建"认知智能全国重点实验室",与中国科学院计算所共建"处理器芯片全国重点实验室",这两个实验室均是科技部发布的首批20家标杆全国重点实验室。学院还与OPPO正式签署协议，合作共建智能计算联合实验室；与阿里巴巴集团正式签署协议，共建智能计算联合实验室。

软件学院

一、学院概况

2002年3月，中国科学技术大学软件学院成立，是教育部和计委(今发改委)首批批准设立的国家示范性软件学院。学院秉承“红专并进、理实交融”的校训和“我创新故我在”的教育理念，坚持“质量优异、规模适度、夯实基础、注重实践”。

2007年10月28日，与苏州市签约共建。充分发挥苏州及长三角的区域优势，输送大批急需的高层次软件人才。并与美国克莱姆森大学、法国SKEMA商学院和日本法政大学合作，实施联合培养软件工程硕士计划。

2016年，在开展的全国第四轮学科评估中，软件工程学科获评A－。

2021年12月30日，入选首批特色化示范性软件学院，重点建设领域是新型平台软件/嵌入式软件。

2022年度，全面推进首批特色化示范性软件学院的建设工作。根据“2022软科中国大学专业排名”，我校软件工程专业在全国323所学校软件工程专业的排名中列第6位。学院以嵌入式智能方向为特色，面向国家重大战略需求，聚焦嵌入式核心软件和平台软件及其战略生态应用等关键领域。

二、党建工作

2022年上半年学院党委下设31个学生党支部。根据教育部巡察整改属地化管理要求，6月迁出19个支部总计341名党员至苏州高等研究院党委。今年毕业迁出党员195名，入学迁入学生党员18名。下半年，学院党委将学生党支部调整成3个固定党支部，现有积极分子54名，发展对象29名。2022年全年发展党员55名，其中包括1名教工。

按照学校统一部署，学院党委组织深入学习习近平总书记关于党的历史的重要论述，根据“潜心立德树人”专项巡视整改要求，学习贯彻习近平总书记关于高等教育、高校思想政治工作、研究生教育工作的重要讲话和指示批示精神，深入践行以师生为中心的发展思想，提升管理质量，巩固“我为师生办实事”实践活动成果。2022年共召开党委会13次，党政联席会14次。面向学生党支部书记及支委召开7次交流培训、工作布置相关会议，2022年年初组织学生党支部参观渡江战役纪念馆，后面受疫情影响，支部相继开展了党史知识竞赛、参观校史馆、新党员入党宣誓、集中收看二十大开幕式等室内或线上活动。

2022年，学院党委着眼于全面贯彻党的教育方针，牢记为党育人、为国育才使命，修订《中国科学技术大学软件学院各学年奖学金评选办法》，具体体现在以国家战略为引导，向去国防军工等国家重点单位实习的学生倾斜。

学院党委将2022年作为管理质量提升年，在学院各个部门推进管理质量提升。联通合肥、苏州管理，精简、明确各项办事流程，提升管理服务质量。出台了系列管理办法和办事流程，简化了办事手续，整合了合肥和苏州的学生服务工作。

三、教 学 培 养

2022年，学院围绕特色化示范性软件学院建设，积极探索创新型合作人才培养模式，依托学院信息化平台及学校的平台，对学生从入学到毕业实行了严格的教学质量过程管理。

根据教育部异地办学管理相关规定，学院首次在合肥高新校区开展2022级苏州专业方向新生第一学期的培养工作，学院克服远程、分散管理产生的各种困难，积极对课程设置进行调整，充分利用了校本部的师资资源，同时充分利用苏州地方的优质实验实践资源和产业资源，变困难为优势，不断提升人才培养的特色和质量。

2022年度学院为2021级和2022级全日制工程硕士、工程博士、学术硕士合计1162位学生共开设98门次课程。组织线上、线下讲座40多场。共开展了126组工程实践项目，其中与中国科学院计算所、OPPO等知名企业及科研院所合作开展了20余组工程实践项目。

今年共有571位工程硕士、3位学术硕士顺利通过论文答辩。

四、 招生、实习与就业

2022年度研究生报名人数1430人，趋于合理。依托苏州高等研究院推免夏令营开展了2023级推免生源的提前吸引工作，入营学生59名，最终确定优质生源8名。

学院2022年开展我为师生办实事，着力打造面向研二和研三学生的“扬帆起航”助力成长的活动平台和面向研一和研三学生的“软件铸魂”再启新程的活动平台，两个平台系列活动自2022年3月份启动，先后开展政策宣介、生涯导航讲座、学长经验分享等报告会20余次，邀请中国科学院上海微系统所、中兴通讯、华为、美团、鼎甲、德清阿尔法研究院等多家重点单位和知名企业来校，活动参与学生超过3000人次，并与校就业办联合举办了为期三周的线上“中国科学技术大学2022年实习供需洽谈会(2021级软件工程专业专场)”，吸引了逾百家单位报名，通过严格审核，60余家高质量单位参加，提供了260余个优质岗位，约500名同学参会。5月8—15日期间，线上实习招聘宣讲活动共安排了33家单位的宣讲，累计5000人次参加。

学院2022届初次就业率为95%，截至12月26日就业率为97.4%，总毕业结业人数509人，其中已就业496人，暂不就业拟升学2人，待就业11人。平均起薪38万元，与去年保持相当水平。

五、科研与教改

2022年，学院围绕教学形成了系列成果，其中“新工科软件工程教学改革”“强基筑实，产教研融合创特色培养范式 重德厚专，应国家需求育紧缺软件人才”获得安徽省教学成果二等奖；制定了学院十四五教材建设计划，出版的《实时嵌入式系统设计方法》为软件工程教指委首批规划教材，出版了《深入浅出 Java 虚拟机设计与实现》《寄存器分配引论》《代码中的软件工程》等 3 本专业教材，另有《多媒体编码技术实用教程》《领域专用计算：结构与应用》等多本教材在出版流程中；“面向创新型软件工程专业学位研究生的层次化与实践性教学体系改革”获得安徽省教改项目，“智能计算系统”课程入选安徽省精品课程建设项目。

2022 年学院教师在科研项目方面取得重要进展，承担了国防科工委研究项目 2 项、军科委重点项目课题 1 项、江苏省自然资源厅项目 1 项、OPPO 教育部协同育人项目 1 项，在研的项目包括中国科学院先导 C、国家自然科学基金项目等，各类项目经费超过 1000 万元。在校企合作方面，针对业界著名的科研院所如航天 805 研究所、中国科学院长光所等重点单位的需求开展技术攻关，与小米、OPPO 等重点企业开展实践基地建设及科研合作，产生了一系列技术成果。

本年度学院科研成果的质量及数量继续提升，在 CCF A/B 类国际顶级会议及期刊如《DAC》《TKDE》《ICCD》等上发表了高水平论文。

六、师 生 荣 誉

2022 年共计 608 人次获奖，包括国家奖学金 13 人次，学业奖学金 552 人次，各类校专项奖学金 43 人次。4 个班级获得校级“先进班集体”称号，5 个班级获得校级“先进毕业班集体”称号。24 名同学获得省级优秀毕业生，90 名同学获得校级优秀毕业生荣誉称号。

2022 年，学院团委坚持思想引领，凝聚团员青年，共有 183 人获评校级优秀团员、99 人获评优秀共青团干部或优秀学生干部，20 个支部获得校级优秀团支部、4 个支部获得五四红旗团支部称号。

2022 年，学院在就业工作中积极推动学生去重点单位以及西部、基层单位就业，经评审被授予“2022 年毕业生就业工作先进集体奖”，赵振刚、郭成、陶晓东、唐朝舜 4 位老师获得“2022 年毕业生就业工作先进个人”称号。

地球和空间科学学院

一、学 院 概 况

地球和空间科学研究领域由地球内部延伸到行星际空间，包括这个广大区域中不同层次的结构和物质，以及物质的运动和各种物理化学过程，其目标是以物理或化学为基础，认识我们生活的地球及其周围的宇宙空间，了解地球本身的运动规律和其他星体对她的影响，为更加有效地利用资源、保护环境、防灾减灾、实现可持续发展奠定科学基础。

学院前身为 1958 年中国科大建校时设立的应用地球物理系、地球化学和稀有元素系，经多次系科调整，于 2001 年 12 月成立学院。目前，中国科学院院士朱日祥教授担任院长，汪毓明教授担任执行院长，刘斌教授担任党委书记、副院长，倪怀玮教授、李锐教授担任副院长，熊成担任党委副书记。

二、党建工作

学院 2022 年召开党委理论学习中心组学习会 5 次，召开党委会议 14 次。通过理论中心组学习和党委会议“第一议题”，及时学习党的二十大报告，学习中国共产党章程（二十大修正），深入学习《习近平谈治国理政（第四卷）》，及时学习党的第三个历史决议、总书记在省部级主要领导研讨班上的讲话、总书记考察中国人民大学的指示精神等重要会议精神。

2022 年发展党员 68 人，其中教工 3 人、本科生 30 人、研究生 35 人。2022 年办理组织关系转入 76 人，转出 87 人，办理保留党籍 17 人，恢复党籍 5 人。2022 年收缴党费 171499.88 元，使用党费和党建工作经费 31009.2 元。

三、学科建设

学院下设地球物理与空间科学技术系、地球化学与行星科学系以及地球和空间科学实验教学中心。一级学科包含地球物理学、地质学两个博士点以及大气科学硕士点。地球物理学（含固体地球物理学和空间物理学）是国家一级重点学科，在教育部一级学科评比中排名第一；地球化学是国家二级重点学科，在地质学一级学科评比中排名第五。本科培养专业包括地球物理学、空间科学与技术、大气科学、地球化学。赵九章地球物理学拔尖学生培养基地（赵九章现代地球和空间科技英才班）是教育部首批基础学科拔尖学生培养计划 2.0 基地。地球和空间科学实验教学中心是安徽省级本科实验教学示范中心。

四、师资队伍

学院师资力量雄厚，现有教授 55 名，特任教授 17 名，特任研究员 6 名，副教授 32 名，其中中国科学院院士 3 名，“大师讲席”教授 4 名，国家高层次人才 4 名，“国家杰出青年基金”获得者 15 名，教育部“长江学者”特聘教授 3 名，教育部“长江学者”讲座教授 2 名，“四青”人才 40 名，省级教学名师 3 名。

学院持续推进人才引进和师资队伍建设工作，2022 年李锐老师成为国家高层次人才特殊支持计划入选者，郭璇和黄建获基金委优秀青年项目资助。2022 年入选了五位海外优青，2021 年入选的四位海外优青和 2022 年入选的两位海外优青全职到岗。2022 年多位老师因为成绩突出获奖：郑永飞团队和吴小平团队分别获得安徽省教学成果特等奖，伍新明获得中国地球物理科学技术进步奖二等奖。

五、科研基地

学院拥有中科大第二个卓越创新中心——“中国科学院比较行星学卓越创新中心”；国

家级观测研究平台——蒙城“国家野外地球物理观测研究站”；两个中国科学院重点实验室——“壳幔物质与环境实验室”和“近地空间环境实验室”；一个省级重点实验室——“安徽省全球变化与极地环境重点实验室”。

2022 年，学院获批新增科研经费总额 8687.08 万元，其中纵向经费 7900.32 万元，横向经费 786.76 万元。获批立项各类纵向科研项目总计 65 项，获批立项各类横向科研项目总计 18 项。

六、招 生 就 业

2022 年，学院招收本科生 94 人、硕士研究生 123 人、博士研究生 94 人。硕士研究生中通过推免接收 98 人。

截至 2022 年 10 月，学院共有 2022 届毕业生 209 人，其中本科生 57 人，就业比例 93%；硕士生 49 人，就业比例 91.8%；博士生 82 人，就业比例 96.3%。

七、人 才 培 养

学院通过优化英才班、学业导师计划、开展野外实习、国际大研计划、推进实验教学中心建设、成立教研组进行教学研讨、组织教材建设及教学研究课题、创建地球和空间科学杰出讲座等多种举措，探索教学与学生培养新措施。

学院继续优化赵九章现代地球和空间科学科技英才班培养模式，探讨淡化专业的可能性。学院通过面试确定了 30 位 2022 级赵九章现代地球和空间科学科技英才班学生。对 2019 级、2020 级、2021 级英才班成员进行了调整。

2022 年确定了 14 位教授担任 2022 级本科生“科学与社会”课导师；同时学院实施了本科生一生一导师方案。2 位同学开展并完成了大学生研究计划，33 位同学组成的 18 个小组完成了大学生创新计划项目，28 位同学组成的 18 个小组成功申请大学生创新计划项目，受疫情影响 2022 年取消了支持同学出国出境参加暑期学校和研究实习的计划。

2022 年本科培养成效显著。大气科学专业获批国家级一流本科专业建设点。学院增设了“行星科学”专业。

生命科学与医学部

一、学 部 概 况

中国科大生命科学与医学部的前身是 1958 年创校之初的 13 个系之一的生物物理系，由时任中国科学院生物物理所所长、中国生物物理学的奠基人贝时璋院士担任首任系主任。1978 年成为生物系(8 系)。1998 年成为生命科学学院。2017 年 12 月 23 日，在生命科学学院基础上组建生命科学与医学部，由安徽省、国家卫健委、中国科学院三方共建。国际知名学者程临钊教授担任创始部长、薛天教授担任执行部长。安徽省立医院作为中国科大直属附属医院，成为生命科学与医学部的重要组成部分，命名为“中国科学技术大学附属第一医院（安徽省立医院）”。

生命科学与医学部现包括生命科学学院、基础医学院、临床医学院、生物医学工程学院、中国科大附属第一医院（安徽省立医院）以及生命科学实验中心和生命科学实验教学示范中心。现有生物科学、生物技术 2 个国家级一流本科专业，生物医学科学入选国家“双一流”建设学科。中国科大生命科学与医学部负责或参与合肥微尺度物质科学国家研究中心的 4 个研究部（分子与细胞生物物理、神经环路与脑认知、分子医学、Bio-X 交叉科学）的建设，同时作为依托单位建有结构生物学、天然免疫与慢性疾病、脑功能和脑疾病、无膜细胞器与细胞动力学、分子医学、细胞动力学和化学、生物医学与健康、衰老生物医学、血细胞研究及应用 9 个中国科学院、安徽省及教育部重点实验室与安徽省医药生物技术工程研究中心、中国科学院临床研究医院（合肥）。拥有 1 个国家重点学科（生物学）和 4 个一级学科博士学位授权点（生物学、生态学、临床医学、生物医学工程）。

生命科学与医学部坚守“精品办学、英才教育”的办学理念，坚持“基础宽厚实、专业精新活”的优良传统，履行“潜心立德树人，执着攻关创新”的国家使命，发挥中国科大前沿学科交叉的优势，依托中国科学院实施“全院办校，所系结合”的办学方针整合优质资源，按照“高端化、精英化、国际化”的要求，构建有国际竞争力的生物医学科学家、医生科学家和卓越医生三大生命科学与医学人才培养体系，培养具有深厚理工背景和人文素养关怀的生命健康科技领域领军人才。

二、教 学 工 作

生命科学与医学部设有研究生基本奖学金和学业奖学金（覆盖率 100%），以及十余项研究生专项奖学金；近几年培养了大量的优秀研究生。2022 年，有 2 人获得中国科学院优秀博士学位论文奖，1 人获得中国科学院院长特别奖，9 人获得中国科学院院长优秀奖。

三、科 研 工 作

科学论文产出表现优异。截至 2022 年 12 月底，共发表 SCI 收录论文 1498 篇，其中第一单位论文 707 篇，合作单位论文 791 篇。以第一单位发表 CNS 正刊论文 5 篇（《CELL》1 篇，《NATURE》2 篇，《SCIENCE》2 篇），在《NEJM》上发表首篇论文。以第一单位在《NATURE METHODS》《IMMUNITY》《CIRCULATION》《NATURE METABOLISM》《NATURE BIOMEDICAL ENGINEERING》《NATURE CANCER》《CELL RESEARCH》等代表性期刊上发表Ⅰ区论文 145 篇，Ⅱ区论文 265 篇，以第一单位发表影响因子 9 以上论文 135 篇，以合作单位发表影响因子 9 以上论文 213 篇。

科学研究项目与科研经费保持较高水平。截至 2022 年 12 月 31 日，纵向项目到款总经费 2.65 亿元，去除外拨到款 2.12 亿元。新增国家重点研发计划首席科学家项目 1 项（姚雪彪），基金委创新研究群体项目 1 项（刘海燕），基金委杰青入选者 1 人（熊伟），基金委优青入选者 1 人（孙昊昱），基金委重点项目 2 项（丁勇，光寿红），中国科学院稳定支持基础研究领域青年团队计划 1 项（周荣斌），中国科学院创新仪器研制项目 1 项（田长麟）。

四、人 才 建 设

2022 年校本部到岗新引进“杰出人才”10 名，分别是施炯、段屹、唐姗、黄的、杨帆、徐桂凤、段亚君、李海、王东方、张晓峰。

五、相 关 奖 励

1. 薛天教授荣获 2022 年“科学探索奖”。

2. 魏海明教授入选教育部全国高校黄大年式教师团队——临床免疫学教师团队。

3. 赵忠教授获宝钢优秀教师奖。

4. 张效初获中国产学研合作创新奖（个人）。

5. 在国际遗传工程机器竞赛（iGEM）中，由生医部教师负责组织和指导、全校本科生组成的两支队伍均取得很好的成绩，获得 2 枚银牌。

六、大 事 记

1. 2022 年，在教育部第五轮学科评估中，我校生物学学科评估晋升 A+。

2. 2022 年 7 月，接国务院学位委员会通知，我校获批新增临床医学（博士专业学位授权类别）。

3. 2022 年 8 月 28 日，作为生命科学与医学部的初创时下属四个学院之一，中国科学技术大学生物医学工程学院揭牌仪式在苏州举行。

4. 2022 年 11 月 16 日，中国科学技术大学公共卫生研究院揭牌成立。

5. 中国科学技术大学刘海燕、陈泉团队建立蛋白质骨架结构设计新方法的研究成果入选国内十大科技新闻。

6. 生命科学与医学部 6 项成果及其团队入选 2022 年度杰出研究校长奖。“数据驱动的蛋白质从头设计”（刘海燕、陈泉等，《NATURE》）、“急性基底动脉闭塞血管内治疗临床研究”（胡伟，《NEJM》）、“声音镇痛的神经机制”（张智，《SCIENCE》）、“早期光感知促进小鼠幼年大脑突触发育并增强成年后学习能力的神经机制”（薛天，《CELL》）、“植物生长素极性运输的分子机理”（孙林峰，《NATURE》）、“肿瘤免疫的神经内分泌调控机制及治疗新靶点”（周荣斌，《SCIENCE》）。

7. 生命科学与医学部创新平台建设取得新进展。生物安全三级实验室通过 CNAS 年度监督评审；临床研究医院启动建设；合肥综合性国家科学中心大健康研究院建设步入发展正轨。生物医学与健康安徽省实验室现场考核满分通过。

管 理 学 院

一、基 本 情 况

学院共设有工商管理、管理科学、统计与金融3个系，以及MBA（工商管理硕士）、EMBA（高级工商管理硕士）、MF（金融硕士）专业学位教育中心、EDP高层管理者培训与发展项目中心、新商科实验中心以及招生与品牌推广中心。同时，学院还设有USTC-UW全球商业与金融创新研究所（教育部CSC资助）、现代物流与供应链实验室（安徽省重点实验室）、工商管理创新研究中心（安徽省人文社会科学重点研究基地）、安徽省区域科技创新综合智库（安徽省重点智库）、安徽省科技金融融合综合智库（安徽省重点智库）、NUS-USTC商业数据分析中心（教育部CSC资助）、USTC-UIUC市场营销联合实验室、USTC-City U商业与金融科技联合实验室、USTC-UCAS数字决策联合研究中心、决策科学实验室等研究机构；中国科学技术大学国际金融研究院（合肥市-中国科大共建，以下简称"国金院"）依托管理学院运行。

学院现有教职工274人。其中，专职教师84人，聘期制科研人员与博士后94人，管理支撑96人。学院教授28人，副教授40人。学院目前拥有国家自然科学基金委"创新研究群体"2个，国家级领军人才10人（不重复计算）和国家级青年拔尖人才21人（不重复计算）。

2022年，国金院立足于"服务一流学科建设，服务地方经济调转促"的使命，在学校、学院和省市区政府的大力支持下，教学科研、创新创业及高端智库建设等工作开展如火如荼，亮点突出。

二、工作重要进展

1. 教学工作

2022年，全院教学管理人员恪尽职守，为教学秩序的正常展开和学生培养质量持续提高提供了有力保障，推动学院教学工作稳中求进发展，成效显著。

亮点一：多个团队和教师获得省部级教学奖项和项目，位居全校前列。学院获省级教学成果奖3项、青年教师教学基本功竞赛二等奖1项、第二届全国高校教师教学创新大赛（安徽赛区）二等奖1项；15项教学工程项目获批2021年高等学校省级质量工程项目（2022年4月公布），获批项目数在全校位居前列。

亮点二：案例建设赋能实践实训实战教学，位居全国前列。学院4篇案例入选第十三届"全国百篇优秀管理案例"，截至2022年底，学院共有34篇案例入选"全国百篇优秀管理案例"，位居全国第十名；288篇案例入选中国管理案例共享中心案例库，位居全国第三名。

2. 科研工作

2022年，学院全年累计获批各类项目51项，经费总金额达到2048.3万元。

亮点一：获批22项国家自然科学和社会科学基金项目。获批20项国家自然科学基金项目，其中优秀青年科学基金持续两年达到2项，重点项目1项，面上项目2项，青年项目14项，重大项目子项目1项；获批2项国家社会科学基金项目。

亮点二：国家级大项目再获突破，获批中国科大首项国家社科重大项目。刘志迎教授"创新链与产业链耦合的关键核心技术实现机理与突破路径研究"课题获批2022年度国家社科基金重大项目，系中国科大首次获批国家社科重大项目。

亮点三：SCI/SSCI论文发表继续位居"C9"商学院首位。2022年全院师生发表SCI/SSCI论文291篇，继续"C9"领航。学院SCI/SSCI论文发表数呈快速增长趋势，已持续多年位居"C9"商学院首位。

亮点四：国际顶级期刊论文发表持续位于国内前列。2022年UTD论文Web of Science检索20篇，位居"C9"商学院第二位；统计四大论文Web of Science检索4篇，位居"C9"高校第一位。

3. 学科建设

亮点一：深度参与科技商学院建设，为管理学科发展争取支持和资源。省校共建的中国科大科技商学院于2022年10月26日正式成立，于11月6日召开指导委员会第一次会议，为管理学科发展争取省校支持和外部资源，包括：前五年每年投入2.4亿元，后续常态化每年投入1亿元；为相关学科建设不少于13.6万平方米办学用房，另外有2000个地下停车位等。

亮点二：新增3个国家级、省部级平台，平台建设成果显著。国金院获批设立国家级博士后科研工作站；由刘林冬教授牵头、联合安徽理工大学申报的"智能决策博弈与数字经济创新"实验室入选安徽省哲学社会科学重点实验室首批建设立项；由翁清雄教授牵头的"四业融合研究中心"获批安徽省高等学校人文社会科学重点研究基地，建立起产业、专业、就业、创业之间的联动机制。

4. 国际交流与合作

2022年，全球新冠疫情形势仍不容乐观。面对新形势下的国际学术交流与合作的发展机遇，学院坚持"创寰宇学府，育天下英才"的国际化理念，不断探索国际交流合作新思路，创新合作模式。

亮点一：国际化招生连续三年荣获团队特等奖。2022年学院留学生招生工作因在生源结构的优化、生源质量的提高等方面工作的出色表现，受到了国合部的表彰，连续三年获得校留学生招生团队特等奖，王熹徽同志获留学生招生工作优秀个人。

亮点二：成功举办多场国际化论坛。学院共邀请144人次海外专家举办线上讲座交流。2022年5月，学院主办首届中国科大运筹优化青年学者国际论坛暨中国科学院青促会——信管分会中国科大青年论坛；2022年9月23日，邀请中国工程院外籍院士、诺贝尔生理学或医学奖得主Barry Marshall教授做客中国科大"大师论坛"，以"以科学之方，诠释创业之道"为主题，为全校师生、校友和社会各界人士作了一场精彩的学术报告。

5. 其他

亮点一：新增国家级人才数追平2020年历史最高纪录。2022年新增国家级人才数高达6人，追平2020年历史纪录，位居全国商学院最前列。6位国家级人才分别为岳晓航、刘彦、沈晓蓓、詹东远、卢冠一、郭晓龙。

亮点二：全年引进海内外高端人才 8 位。涉及统计（曾靖——佛罗里达州立大学、陈刘军——复旦大学、贺百花——武汉大学、张靖南——香港城市大学）、管理信息系统（潘然——香港城市大学）、运营管理（李宜福——香港科技大学）、会计（梁鹏——西安交通大学）、战略与创业（张玮梁——伊利诺大学香槟分校）等专业。

亮点三：国金院创新创业氛围日益浓厚。国金院成立了校园孵化器、科技创新中心，并与长丰县共建国金院长丰科创中心。国金院校园孵化器已经孵化成立公司 32 家，国金院科创中心年底前有 22 家公司完成注册或迁入，长丰科创中心孵化项目 16 个，注册 9 家公司。组织各创新创业活动和报告 30 余次。

公共事务学院

一、学院概况

学院成立于 2010 年，是学校为实施“双一流”建设发展战略，提升高校服务社会功能，促进经济社会发展和公共管理创新而设立的新型特色学院。学院紧扣“潜心立德树人、执着攻关创新”两大核心任务，围绕公共事务领域的发展与安全问题，着力打造深度融合政策智能应用场景和数据分析技术的“科技”型公共管理学科与法学学科。

学院拥有公共管理一级学科硕士学位授权点，有公共管理硕士（MPA）、法律硕士（JM）2 个专业学位授权点，设有公共管理硕士（MPA）教育中心与法律硕士教育中心。学院有科技创新与区域发展研究中心、知识产权研究院等研究机构。学院承办的《科技与法律》杂志是科技法领域的重要期刊，2019 年入选 CSSCI 扩展版来源期刊。学院已形成了与国家治理现代化战略相适应，与学校整体学术导向相匹配的特色研究领域，包含风险治理与应急管理、网络空间治理与数据安全、双碳政策与环境管理、创新管理与科技政策、政府绩效与机关事务管理、健康科技与健康治理等方向。公共管理硕士（MPA）使中国科学技术大学成为首批获得 MPA 教育办学权的 24 所试点院校之一，教育品牌步入国内一流，截至 2022 年，累计招收学员 3700 多人。法律硕士（JM）致力于打造数据保护与安全、知识产权、专利代理等特色行业或法律机构等社会急需的复合性、应用型人才的培养体系。

二、党建与思政工作

2022 年，学院党委全面加强党的政治建设，认真学习党的二十大精神、《中国共产党章程》、《习近平谈治国理政（第四卷）》等。认真做好校内巡视“回头看”整改和“潜心立德树人”专项巡视整改工作，持续深化以巡促改、以巡促建。认真落实党委会会议议事规则和党政联席会议议事规则，落实党委会“第一议题”制度。扎实开展“党旗在基层一线高高飘扬”“我为师生办实事”实践活动。研究制定《公共事务学院党委“我为群众办实事”年度工作任务清单》,并将“12.4 国家宪法日普法活动、法律咨询活动”纳入“我为师生办实事”长效机制。

学院现有师生党员 176 人,其中教工党员 49 人,学生党员 127 人。学院持续优化调整教工党支部,打造党建品牌。党委下设 9 个党支部,包括 3 个教工党支部和 6 个研究生党支部,其中 2 个研究生党支部新入选学校第二批校级样板建设党支部。认真落实团员推优入党,加强入党积极分子过程管理,严把党员发展质量入口关。院党委通过新党员培训会、党内表彰座谈会、党务工作培训会、支部书记例会暨党建工作述职会、样板支部建设讨论会等,充分发挥基层党组织战斗堡垒作用,党员党性得到很好锻炼。

三、教学工作

加强制度建设,提升学生管理水平。学院先后出台了《公共事务学院学术型硕士研究生学位论文相关环节管理实施细则》《公共事务学院教材出版项目立项管理办法》;重实效,优化研究生管理,出台了《公共事务学院硕士生导师科学学位研究生名额分配办法》《公共事务学院专业学位硕士研究生校内导师遴选与管理办法》《公共事务学院研究生自习室管理规定》。各类规章制度的修订和完善,充分发挥了优秀导师在培养研究生方面的潜能,建立了与学科发展相适应的生源分配机制,促进了学院研究生管理工作有序开展,保障了研究生培养质量。

强化生源管理,提高招生工作质量。基于 2022 级研究生录取和 2023 级推免生数据,学院各类学生生源质量稳步上升,尤其是科学学位研究生录取数量和质量大幅提升,考生基本来自于“211”“985”及“双一流”建设高校,如中国科学技术大学、北京大学、上海交通大学、浙江大学、南京大学等国内知名高校。院研究生部和院办公室配合两中心成功举办第五届公共管理与法学夏令营。学院留学生工作获得全校留学生招生团队年度二等奖,共有将近 40 位来自各个国家和地区的留学生申请攻读学院公共管理硕士学位。

潜心立德树人,促进教学质量提升。学院开展了专业学位实践导师遴选,从政府机关、法院、检察院、律师事务所、社科院、大型国有企业等单位聘任了 45 位优秀的校外实践导师,充实了专业学位导师队伍;积极组织学院教师申请校研究生创新计划项目,学院 3 位教师获得 2022 年度中国科学技术大学研究生教育创新计划教材出版项目支持,2 位教师获得研究生教育创新计划教学改革研究项目支持;学院制定了教材出版项目立项管理办法,鼓励学院教师编写出版具有专业特色、实用性强的高质量教材。

推进案例教学研究,确保学生培养质量。经过“院校审核推荐”“专家交叉评议”“案例专家委审核确认”三级审核,学院魏玖长教授作为首席专家申报的“数字中国”主题案例“汽车产品召回监管的数字化转型示范案例”在众多申报项目中脱颖而出,成功获得教育部主题案例征集立项,魏玖长教授申报的主题案例是我校唯一立项项目,是学院积极推进案例研究与开发工作的重要成果之一。学院积极组织中国科学技术大学第二届管理人文创新实践论坛工作,做好公管与法律分论坛的组织实施,充分动员公共管理科学学位和专业学位研究生参与论坛,最终获得校级优秀创新实践报告奖 1 项、校级优秀创新实践报告提名奖 1 项、院级优秀创新实践报告奖 5 项、院级优秀创新实践报告提名奖 3 项。

四、科 研 工 作

新增项目与经费取得历史突破。截至 2022 年底，学院共有在研项目 43 项，累计到账项目经费 557 万元，其中纵向项目 32 项，经费合计 374 万元；横向项目 6 项，经费合计 143 万元；校级项目 5 项，经费合计 40 万元。2022 年新增科研项目 19 项，包括科技部重点研发计划重大专项 1 项（国拨 850 万元，总经费 3150 万元），国家自然科学基金重大项目课题 1 项（250 万元），教育部哲学社会科学研究重大课题攻关项目 1 项（80 万元），国家自然科学基金青年基金 1 项（30 万元），各类省部级项目 10 项（98 万元），市级及校级项目 5 项，累计项目经费 1400 余万元，与去年同期相比，重大项目数量获得历史上零的突破，项目总数增长也超 100%，项目经费增加 550%。魏玖长教授的成果“风险耦合与级联：社会新兴风险演化态势的复杂性成因”于 2022 年获得 2019—2020 年度安徽省社会科学奖二等奖。

社会服务能力大幅增强。2022 年学院主导成立了安徽省社会稳定风险评估促进会。该促进会在安徽省委政法委员会指导下，我校作为主发起单位，合肥工业大学、安徽大学、中徽建等 14 家高校、律所、第三方稳评公司为联合发起单位成立；学院作为学校与省委政法委建立的关于政研融合创新发展战略合作机制的具体落实单位，双方发挥各自优势，通过共建研究平台，在社会风险管理、社会综合治理课题研究、体制机制、政策等方面联合开展研究；学院左晓栋等团队承担了中共中央网络安全与信息化委员办公室、国家市场监督总局、安徽省机关事务管理局委托的多项研究课题或任务，并获得国家机关事务建设主题论文评选全国二等奖；学院同时向中央有关单位报送多项政策建议和报告。

在各类平台积极发挥专家影响力。2022 年学院魏玖长教授、左晓栋教授等接受省级以上媒体采访 30 余次。其中左晓栋教授接受中央电视台采访便达 7 次，接受光明网等中央媒体采访 20 余次，接受新华社内参记者采访 6 次，为新华社撰写上报中央领导的内参提供大量素材和观点。学院同时积极承担国家相关部门与各级党委或政府的理论培训和报告任务，2022 年组织各类培训班 14 次，学院教师受邀为各级党委或政府作报告 80 余次。

五、人 才 工 作

加大人才引进力度。2022 年学院围绕重点学科发展方向，通过平台广告、校友推荐、墨子论坛等渠道加大人才引进力度，特别是高端人才的引进工作取得重大突破。一年来，学院吸引海内外人才申请学院各类岗位 42 人次，经过评审遴选，成功引进/转聘人才 11 人，其中教授 3 人（通过校高端人才引进会引进 1 人），特任研究员 1 人，副教授 2 人，特任副研究员 3 人，博士后 2 人。同时，拟通过中国科学院人才计划引进 3 人。本年度学院合计组织 9 场人才引进评审会，申请人博士均毕业于世界名校或国内“双一流”大学。

多方位组织导师培训及学术交流。院领导多次以院内学术交流会的方式与青年教师及院聘人员进行交流，及时了解解决青年教师工作生活中遇到的问题，提升了教师凝聚力。学院不定期举办学术交流午餐会，邀请学科点导师交流有关科研、教学以及学生指导方面的做法和思考，促进导师之间的交流沟通，互相激励，共同成长。全年度学院组织 7 场各类项目评审会与专项基金申请交流会，组织专家对青年科研人员项目申报进行辅导。

看似寻常最奇崛，成如容易却艰辛。学院将继续不忘初心，砥砺前行，聚焦国家重大需求，突出人才培养效果，夯实科研基础，集中精力，为打造国内一流的公共管理学科与独具特色的法学学科继续奋斗。

人文与社会科学学院

一、学院概况

学院设有科技史与科技考古系、科技传播系、科技哲学系、心理学系、语言科学交叉研究中心、艺术与科学研究中心。科技人文高等研究院依托我院建设。在编教职工55人(其中教授12人，特任教授1人)，聘期制科研人员32人(其中特任研究员6人)。本科生45人，各类研究生587人(含留学生32名以及延期生、单证生)。2个本科专业，2个一级学科博士点，4个一级学科科学学位硕士点，3个专业学位硕士点，其中科学技术史学科为A+学科；1个"985"二期国家文科基地，1个省级重点学科，2个省哲学社会科学重点实验室，2个省文科科研基地，1个省级本科特色专业。

党委有3个党总支、1个院属党支部，下辖5个教工党支部和10个学生党支部，共有党员254人。

3月，搬南区过渡办公。

二、政治思想工作

教工党支部书记100%符合双带头人要求，学生党支部由党员教师担任支部书记达到25%。建立了15个标准化规范化党支部。

党委会会议第一议题学习25次，党委理论学习中心组学习15次，积极开展党支部书记例会、纪检工作例会，各党支部、团支部开展"三会一课"、主题党日、主题团日、班会等活动。学习贯彻党的二十大精神专题11次，落实"党委书记讲党课"活动，学习《党章》《习近平谈治国理政(第四卷)》，及时学习习近平总书记系列重要讲话精神。举办3场专题活动弘扬科学家精神与中华优秀传统文化。

24系教工党支部获学校样板党支部、8个团支部获优秀团支部称号。

4月份召开院团代会、院级学研两会代表大会。开展团日活动80多项，多名同学获"优秀共青团干部"称号，75位同学获"优秀共青团员"称号。

三、行政工作

制定了《人文与社会科学学院实验室安全应急预案》《人文学院外聘教师管理暂行办法》

《人文学院研究生入学考试抽签命题工作暂行办法》,规范院级公共经费使用,调整学生工作委员会、留学生工作委员会、安全工作小组、教授委员会人员组成,成立了学院人才引进工作办公室。

优化行政团队,由党务、行政、教学、科研与外事、财务与信息化、团委六部分组成。建立院级管理队伍例会制度。

科技哲学系重新定位,理顺了遗留的公共课教学问题,重新调整语言科学交叉研究中心人员构成。

引进教授 2 人,特任教授 1 人,其中袁家宏、王程韡已入职;王珏特任研究员报到,刘锐转副教授,特任副研究员、博士后报到 10 人。

石云里、汤书昆获聘学校“杰出讲席教授”,何晓松、朱盂潇获中国科学院青年人才择优支持计划(中国科学院人才计划 B 类)、“安徽省海外引才计划”(安徽省人才计划)支持,张兴香副教授获学校“学术领军人才”培养计划支持,李为亚获“博士后国际交流计划引进项目”支持,杭雨霑、娜仁图雅获校墨子青年基金支持,叶斌在聘期制科研人员考核中获“特优”。

四、教 学 工 作

本科增设网络与新媒体专业,分流 28 人;招收学硕 36 人(含留学生 1 人),专硕 94 人,博士生 25 人(含留学生 2 人)。继续举办夏令营,录取 2023 级学硕和专硕推免生各 16 人。

开设本科课程 52 门次,77 个课堂,选课 4519 人次,比去年增加 50%;研究生课程 89 门次,158 个课堂,选课超过 10400 人次。

获批省级质量工程项目 6 项,5 项研究生教育教改项目入选安徽省新时代育人质量工程。获批校级研究生教育创新计划 10 项,本科校级质量工程 4 项。

五、科研与学科建设工作

在研纵向项目 81 项(新增 24 项,其中国家级 12 项,重大 1 项、面上 3 项、青年 1 项、一般 5 项、其他 2 项),经费累计 1970 万元(新增 620 万元);在研横向项目 23 项(新增 11 项),经费 830 万元(新增 146 万元)。

发表学术论文 194 篇,出版学术专著 13 种,译著 4 种。《中国手工纸文库》亮相“奋进新时代”主题成就展。

科学教育与传播实验室、科技考古与文化遗产保护实验室获批首批安徽省哲学社会科学重点实验室。

著名天文学史期刊《Journal of Astronomical History and Heritage》正式落户我校,转入后第一期(第 25 卷)第 3 期正式出版。

“科技·历史·遗产”学术沙龙、“科技人文讲堂·科技史前沿讲座”、心理学大师讲堂、心理学前沿论坛、心理学沙龙等品牌论坛举办报告 30 场,学术讲座 20 余场。

六、对外交流与合作工作

分别与南京艺术学院、中国科学院深圳先进技术研究院、语音及语言信息处理国家工程研究中心、科大讯飞、中国科大附一院等单位签订合作协议，与苏州大学合作翻译科学传播和科学教育领域国际顶刊最新论文摘要 11 期，与北京民生书法公益基金会联合成立“人文与书法研究中心”，“科学・艺术・人文系列讲座”首讲。

举办国际传播学会第 72 届年会（中国分会场）、中国自然辩证法研究会科学技术学专业委员会学术年会、安徽省自然辩证法研究会学术年会、第九届全国科学社会学学术会议、第五届全国英语教学与测评学术研讨会（高校分会场）、中国社会科学论坛——新时代语音学前沿问题国际研讨会、第二届中国科大科技传播高峰论坛等 7 场大型学术会议。

学院教师在国内外知名学术会议上作报告 25 场。

伊利诺伊理工大学 Judith Sweeney Lederman 教授访问我校并开设“科学教育研究与测评”研究生选修课程，语言中心与法国斯特拉斯堡大学副教授 Noe XIU 合作开展病理语音学研究，发表 SCI 期刊论文 1 篇，合作编写教材 1 部。

七、学 生 工 作

本科毕业 15 人，硕士毕业 94 人，博士毕业 15 人。

发展入党积极分子 82 人，预备党员 63 人，转正 58 人。

疫情期间严格执行外出请假和核酸检测制度，完成常态化防疫工作任务。组织辅导员班主任参加新生班主任培训、心理育人等工作，二级心理工作站开展心理健康主题教育活动。举办安徽省首届大学生数字创意大赛。

4 个班级获“先进班集体”称号，在学生暑期社会实践和见闻征文比赛中获组织一等奖。

整体就业率达 92％，硕士就业率达 92.6％，本科就业率达 93.34％，获研究生就业先进集体奖。

八、获 奖 情 况

王晓燕获省教学成果特等奖，张燕翔获省教学成果奖一等奖，石云里、王高峰等获省优秀教学成果奖三等奖；张雲涵获省优秀硕士学位论文奖；张燕翔的作品获安徽省优秀科普作品一等奖；刘欢的作品获评中国科学院优秀科普图书、安徽省优秀科普作品；张燕翔获全国高校艺术设计教师教学创新大赛省赛三等奖；“In The Lab”获 2022 年中国科学院科普视频图片大赛图片类二等奖；付邦红的论文获省社科论文三等奖。

张燕翔获中国科协“典赞・科普中国 2021 年度科研科普人物”称号，王晓燕获省优秀研究生辅导员称号，褚建勋入选团省委全省“青马班”优秀师资。

吴毅龙、段文浩获全国高校数字艺术设计大赛一等奖，张贝佳获二等奖，秦庆获省研究生“创新创业之星”称号，多名同学获“跨学科视域下的外国语言文学学术研讨会”优秀奖、第三届创新英语综合能力赛二等奖。

马克思主义学院

一、学 院 概 况

学院成立于 2016 年 3 月 10 日，由中国科学技术大学与中共安徽省委党校（安徽行政学院）联合共建。共建双方定期召开工作联席会和业务研讨会，任课教师实行双聘制，共建课程教学由双方教师合作开展，校内外教育教学基地实行共享，并合作开展教学研究与学术研究。学院现有 9 个教研室（课程组），承担全校本科生和研究生思政课，以及学院研究生专业课的教学任务。2022 年 9 月获批安徽省重点马克思主义学院。

二、党 政 工 作

学院党总支深入学习贯彻党的十九届六中全会和党的二十大精神，认真落实上级组织决策部署，全面对标落实新时代马克思主义学院建设要求，在党的建设、师资队伍建设、思政课改革创新、学科建设、办学条件改善等方面取得显著进展。

持续深化理论武装。通过党总支理论学习中心组集体学习、“第一议题”学习、举办“习近平新时代中国特色社会主义思想”系列讲座、“理实交融”马理学科系列讲座、专家辅导报告、集体备课，以及赴安徽省干部现场教学基地（岳西）举办思政课教师暑期研修班等多种形式，深入学习习近平新时代中国特色社会主义思想和党的二十大精神，推进学习成果有效融入思政课教学。制定《马克思主义学院党总支关于推动党史学习教育常态化长效化的实施方案》《马克思主义学院党总支关于开展传承老科学家精神 弘扬新时代科学家精神在行动专项工作方案》，采取集中学习、专家辅导、实践研学等方式，继续把党史学习教育引向深入。

支持思政课骨干教师开展马克思主义理论和党的路线方针政策宣讲。2 名教师入选安徽省委讲师团，1 名教师入选“青年马克思主义者培养工程”全国研究培训基地（安徽师范大学）培训师资库专家，1 名教师入选团省委“青年大学习宣讲进校园”讲师团成员，3 名教师担任学校学习贯彻党的二十大精神宣讲团成员。

全面落实上级组织重要决策部署。5—7 月，扎实完成中央巡视整改落实情况“再总结”工作。10 月，认真落实校党委“潜心立德树人”专项巡视工作。扎实推进“支部特色年”建设，原理纲要教工党支部顺利通过第一批校级党建工作样板党支部验收，研究生党支部成功入选第二批党建工作校级样板党支部。

加快新时代马克思主义学院建设步伐。认真落实《关于加强新时代马克思主义学院建设的意见》，积极申报安徽省重点马克思主义学院，9 月获批。制定《安徽省重点马克思主义学院建设任务书》（2023—2025）。

加强领导班子建设。4 月，学校任命刘立教授为执行院长，6 月增选该同志为学院党总支委员。严格落实党总支委员会会议、党政联席会议两个议事规则和“三重一大”决策制度。

努力改善师生学习、工作条件。在学校有关部门的大力支持下，12 月 19 日，学院新办公楼正式启用。

三、教 学 工 作

顺利完成思政课和研究生专业课教学任务，其中本科生思政课 106 个课堂、6180 学时，硕士研究生思政课 70 个课堂、1624 学时，研究生专业课 1060 学时。

加强课程组(教研室)建设。设立“课程组(教研室)能力建设专项经费”。3 位教师的专题课入围 2021 年安徽省高等学校思想政治理论课“精彩一课”。“中国近代史纲要”课、“新时代中国特色社会主义理论与实践”课获 2021 年度安徽省级质量工程线下课程支持，“思想道德与法治”课获 2021 年度安徽省级质量工程线上线下混合式课程支持。“充分发挥‘自然辩证法概论’对培养研究生科学精神和理论思维的功能”获安徽省教学成果三等奖。

全面开设“习近平中国特色社会主义思想概论”等课程，不断完善课程体系和教学管理。从 2022 年春季学期起，开设“马克思恩格斯列宁经典著作选读”，作为全校硕士生思政选择性必修课。成立“习近平新时代中国特色社会主义思想概论”课程组，制定开课方案，2022 年秋季学期起面向大一新生全面开课。引进“中国共产党史”“新中国史”作为我校“四史”选择性必修课。

严格执行学院教学督导和领导听课等制度，加强教学质量管理。2021—2022 学年本科生思政课优秀课堂 46 个，比上学年本科生思政课优秀课堂数增加了 21 个。在 2022 年春季学期教学测评 45 个思政课课堂中，30 个课堂≥90 分，优秀率达 66.7%。

四、学科建设与科学研究

筹建依托学院的中国科学技术大学新时代科技创新思想研究中心，5 月校党委常委会研究通过，为马克思主义理论学科建设提供平台支撑。

6 月成立院学术委员会，由学院、共建教学单位、校内相近学科专家组成，魏荣教授担任学术委员会主任。

一年来，学院教师共承担各类科研项目 19 项(新增 9 项，在研 10 项)。其中，刘立教授的国家社会科学基金重点项目结项通过，青年教师赵琼获 2022 年国家社科基金后期资助项目，颜惠箭获 2022 年度教育部人文社会科学研究青年基金项目。钱斌教授主编的《君子与时代新人丛书》获评安徽省社会科学奖著作类三等奖，专著《〈天工开物〉的世界》获评安徽省优秀科普作品三等奖、安徽省科普作家协会优秀科普作品奖三等奖以及首届“长三角优秀科普作品”。

五、教师队伍建设

继续开展面向优秀博士毕业生的常态化思政课专职教师招聘、优秀人才引进和校内管理岗遴选转入工作。新招聘 4 名博士毕业生，引进教授 2 名、副教授 1 名，从校内管理岗遴选 1 名年轻博士转任专职思政课教师。推动落实思政课教师职称评审“三单”（单列计划、单设标准、单独评审）政策，在本年度职称评审中，教学通道、管理与人文学科组分别晋升副教授 1 名，教学通道晋升教授 1 名。

建立青年教师“一对一”学习制度，联系国内高水平大学或研究机构的马克思主义理论学科领域的专家作为指导老师，指导青年教师开展教学和科研工作；设立“新进青年教师教学科研能力提升专项”，帮助他们在学术上起好步；出台支持教师出版著作和教材的办法，以提升教师科研和教研水平。2 名教师任安徽省高校思政课教指委委员，1 名教师获学校第八届青年教师教学竞赛二等奖。

六、学 术 交 流

举办中国科大“理实交融”马理学科系列讲座，先后邀请清华大学马克思主义学院艾四林教授、肖广岭教授等作报告 4 场。

举办“学习研究阐释党的二十大精神”——中国科大 · 合工大 · 安大马克思主义理论研究生学术论坛。组织研究生参加安徽省“新时代 · 新思想 · 新青年”马克思主义理论学科大赛，获得二等奖 1 项，三等奖 2 项。

七、研究生培养

招收硕士研究生 15 名。从中共安徽省委党校（安徽行政学院）聘请 10 位优秀教师与学院教师共同担任 2021 级硕士研究生导师。探索“辅导师”制，多位年轻教师积极申报担任。

成立马克思主义学院研生部，统筹学院研究生招生、培养等工作。修订 2022 年版《马克思主义理论学科研究生学位授予标准》，经公共管理与人文学科学位分委员会讨论通过。

狠抓学风建设，严格落实培养过程要求。自 2022 年起，实施硕士研究生毕业论文全盲审制度，严把学位论文质量关。2022 届 7 位研究生硕士学位论文，全部一次性通过盲审和答辩。

面向 2022 级新生开展相关学术训练活动，包括研究生入学学术诚信教育、图书馆数字资源使用培训、研究生学术方法座谈会等，定期举办“书香马院”系列研究生读书会。学院研究生在安徽省“大学生讲思政课”展示活动中，荣获皖中片区赛二等奖。

八、团 学 工 作

组织学生深入学习贯彻党的二十大精神，及时学习习近平总书记最新重要讲话和指示批示精神。抓好“青年大学习”网上主题团课常态化学习，学院研究生学习率连续两年保持全校前列。

以高度政治责任感抓好疫情防控、学生心理健康教育。做好就业服务等工作。2022 届

7名毕业生全部顺利就业，就业质量良好。学院2位老师获学校毕业生就业工作先进个人称号。

学院2020级研究生班荣获校级“先进毕业班集体”创建资格，2021级研究生班荣获2021—2022学年度“先进班集体”。

环境科学与工程系

一、系况简介

环境科学与工程系(简称环境系)于2019年8月成立，拥有环境科学与工程国家一级学科，环境科学与工程本科专业，1个工程博士学位授权点及1个博士后流动站，研究方向特色鲜明，涉及大气污染监测、极地环境、水污染控制等重点领域。现任主任为刘文清院士，执行主任为俞汉青，党总支书记为张文真。

目前，我系拥有大气环境监测技术与装备国家工程实验室、中国科学院城市污染物转化重点实验室、安徽省极地环境与全球变化重点实验室、安徽省废水资源化利用工程实验室，以及全球环境变化与大气污染成因解析平台和水污染控制微观分析平台两个“双一流”学科平台。

二、党建工作

2022年，环境系党总支坚持以习近平新时代中国特色社会主义思想为指导，全面推动党建工作与事业发展同向发力、深度融合，并以党的二十大为契机，组织系师生开展各类主题活动，引导师生深入学习习近平新时代中国特色社会主义思想和党的二十大精神，全面提升师生思想政治觉悟。

2022年，环境系党总支严格履行党建主体责任，高度重视党风廉政建设、作风建设、意识形态专项、统一战线等工作，持续推动落实党史学习教育常态化长效化机制，深入开展“我为师生办实事”实践活动，积极配合校党委做好校内巡视、中央巡视整改落实情况“再总结”、潜心立德树人专项巡视工作。环境系年内共召开党总支会议14次、党政联席会议15次，印发系党字文件7份，系字文件10份。

2022年，环境系党总支持续加强支部建设与党员发展工作，严格落实学校“红专工程”“支部特色年”方案和环境系“红启工程”。

完成“一支部一特色”党支部工作新格局的构建，教工党支部申请获批第二批校级样板党支部创建，累计发展22名中共预备党员(含8名本科生)、22名入党积极分子(含12名本科生)，党员总人数超140。

三、师资队伍建设

高水平人力资源是增强学校核心竞争力和促进学科建设与发展的关键所在,为吸引优秀人才和团队加盟,环境系充分利用系微信公众号、学校官网以及老师自身人脉资源,广泛宣传、拓宽选拔视野,积极吸纳海内外优秀青年学者。2022 年依托国家各项人才计划,环境系推荐的 3 位人选入选"国家海外引才计划",4 位中国科学院人才计划 B 类特任研究员已通过学校优秀人才引进委员会评审,其中 2 位已到岗工作。

在坚持做好高层次人才引进工作的同时,环境系高度重视人才的培养,有力地促进了教师岗位结构的不断优化。2022 年 1 位教师获聘杰出讲席教授,3 位教师获聘讲席教授,1 位教师入选国家自然科学基金——杰出青年基金资助,2 位教师聘期制科研人员获得学校选聘固定教职。另有 2 位特任副研究员和 11 位博士后入职,以加强环境系后备师资力量。

截至 2022 年底,环境系有教职工 71 人,其中教学科研人员 63 人,教授 15 人,副教授/副研究员 5 人,特任研究员 4 人,特任副研究员 8 人,博士后 31 人。其中,中国工程院院士 1 人,教育部"长江学者奖励计划"特聘教授 2 人、青年学者 2 人,国家杰出青年科学基金获得者 5 人,国家海外引才项目入选者 8 人,国家优秀青年科学基金获得者 6 人,中国科学院人才项目入选者 10 人,国家高层次人才特殊支持计划入选者 1 人,科技部中青年科技创新领军人才 2 人。

四、本科生教学

环境系围绕学校两大核心任务,着力本科英才教育,在教学课程方面,为提升学生对环境学科的兴趣,环境系面向全体本科生积极推动科学探索计划,并依托优质平台资源提供了各类实践学习机会,2022 年环境系与安徽美自然环境科技有限公司、安徽天马国家级自然保护区管理局签署共建实践教学基地协议,揭开了环境系"校地合作"学生培养新篇章。同时,做好本科生生涯启航引导工作,环境系组织开展 3 次新师沙龙暨师生交流会活动,强化本科生对专业的认同和归属感;举办 3 次"飞跃重洋"活动,激起本科生对境外交流与国际留学的向往,为本科生走向全球指明方向。

在教学研究项目方面,环境系刘武军老师教学研究项目校级质量工程项目立项,俞汉青老师、盛国平老师获得课程思政示范课程省级质量工程项目立项。

2022 年度环境系本科生在各类创新实践赛事中大放异彩,本科生参与团队共计获奖 13 项,其中全国级奖项 2 项,省级奖项 4 项,张相梓和方明生所在团队更是在第十五届全国大学生节能减排社会实践与科技竞赛中荣获全国二等奖。

五、研究生工作

为吸引全国优秀大学生来环境系攻读研究生,环境系加大研究生招生宣传力度,开展了由研究生院主办、环境系承办的"中国科大第六届环境科学与工程暑期夏令营",来自全国多所著名高校环境科学与工程学科的几百名大三学生参加了夏令营活动。

在研究生招生录取工作方面，3月份根据学校相关工作要求，完成了2022级硕士研究生复试相关工作。5月份完成了硕转博、申请-考核制博士以及工程博士进行笔试及相关复试工作。11月份环境系根据学校要求完成了研究生专业课命题工作。

在研究生教学培养方面，我系俞汉青老师、穆杨老师等12位老师共同获得省级研究生教学成果二等奖，陈洁洁老师获得省级研究生课程思政示范课程项目立项，黄卫东老师获得省级研究生规划教材项目立项，李凤和获得省级优秀博士学位论文奖，高书贤获得省级优秀硕士论文奖，杜蒙、刘宏志获得省级研究生创新创业实践项目立项，蒋婷、陈卓、刘练练、杜蒙、许仕林、杨旭丹、柯明坤、宫博、吴景行获得省级研究生“创新创业之星”，在研究生创新计划项目支持下，环境系半年时间内邀请了国内外专家为师生们举行了“双一流”学术前沿讲座线上、线下共计10余次。12月份，环境系举办了第三届环境科学与工程专业研究生学术年会，邀请了企业及外校专家参加，多名研究生也参与其中。

2022年，环境系共20名研究生完成论文答辩，顺利毕业，其中博士13名，硕士7名。1名硕士生和2名博士生获得国家奖学金。

六、科研成果

2022年，环境系共发表SCI论文126篇，其中JCR Ⅰ区论文110篇，占比约87%，包括《Nature Communications》2篇、《Proceedings of the National Academy of Sciences of the United States of America》3篇、《Advanced Materials》1篇、《Angewandte Chemie-International Edition》1篇、《Journal of the American Chemical Society》1篇，以及环境领域高影响力期刊《Environmental Science & Technology》9篇和《Water Research》3篇；共获授权发明专利13项。

在项目方面，2022年环境系获批国家杰出青年科学基金项目1项、国家自然科学基金优秀青年基金(海外)项目3项、国家自然科学基金重大项目课题1项、安徽省重大项目2项、安徽省杰出青年基金项目1项。2人获中国科学院优秀导师奖，1人获安徽省优秀青年科技人才称号，1人获美国化学会James J. Morgan Early Career Award荣誉奖，1人获科睿唯安高被引学者称号。

七、主要荣誉

1. 刘贤伟老师获安徽省优秀青年科技人才称号；
2. 陈洁洁老师申报的2022年省级研究生课程思政示范课程项目立项；
3. 黄卫东老师申报的2022年省级研究生规划教材项目立项；
4. 俞汉青等12位老师获2022年省级研究生教学成果奖二等奖；
5. 陈洁洁老师获James J. Morgan Early Career Award荣誉奖；
6. 俞汉青老师获校优秀博士论文指导教师称号；
7. 杨一老师获校第八届青年教师教学竞赛最佳教学设计奖；

8. 穆杨老师获中国科大陈林义基金——孺子牛精神奖；

9. 陈洁洁老师获中国科大王宽诚育才奖；

10. 闵媛同学获安徽省2022届优秀毕业生称号；

11. 闵媛、张颖捷、黄贵祥老师获墨子杰出青年特资津贴一等资助，徐丽老师获二等资助；

12. 陈洁洁、花正双老师入选校“学术领军人才培养计划”；

13. 闵媛老师获学校小米青年学者奖；

14. 环境系获校2022年研究生就业工作先进集体奖。

核科学技术学院

一、学 院 概 况

学院于2008年12月由中国科学技术大学和中国科学院合肥物质科学研究院联合共建，是国内唯一同时依托国家级实验室和大科学装置，具有鲜明大科学工程特色的学院，设立有加速器科学与工程物理系(51系)、等离子体物理与聚变工程系(52系)、核科学与工程系(53系)。学院瞄准国家战略需求，大力培养高层次核科学技术人才，以促进人类社会发展及科学前沿探索。现任院长李建刚院士，执行院长封东来院士，分党委书记李良彬教授。

学院拥有“核科学与技术”国家一级重点学科，在多次全国学科评估中本学科均排名前列，获评A+学科，并分别于2017年和2022年入选国家“双一流”建设学科。

学院具有本-硕-博完整的教育体系，设有“核工程与核技术”“工程物理”“应用物理学”三个本科专业，并设有核科学与技术学科博士后流动站。硕士/博士研究生教育涵盖了核科学与技术下的五个二级学科——核能科学与工程、核燃料循环与材料、核技术及应用、辐射防护及环境保护和同步辐射及应用，此外还包括等离子体物理和核电子学两个二级学科。在工程类学位方面，学院可培养核能与核技术工程硕士和能源与环保类工程博士。

二、党 建 工 作

国家同步辐射实验室党委(核科学技术学院党委)深入学习贯彻习近平新时代中国特色社会主义思想和党的二十大精神，贯彻落实《中国共产党普通高等学校基层组织工作条例》，推进新时代高校党建示范创建和质量创优工程建设等，辐射防护与环境保护教研室研究生党支部通过“首批全省党建工作样板支部”验收。认真贯彻落实学校党委的重大决策部署，认真履行全面从严治党主体责任，落实党委会和党政联席会议事制度，通过建章立制来落实整改并长期坚持，积极做好政治思想、组织和作风建设，党建工作围绕学院核心任务开展，为学院的发展保驾护航。

三、学 科 建 设

“核科学与技术”一级学科，2022 年入选新一轮的“双一流”建设学科，属于其中的 A+学科。2022 年编写“科学第一课”丛书之一“核科学技术第一课”。

1. 2022 年实验课程及本科教学实验平台建设取得进展。2022 实验中心组织各类专业实验研讨会共 19 次，编写出版《核工程基础实验》教材 1 部，完成《工程物理基础实验》的教学讲义，编撰《核工程综合实验》以及《等离子体物理综合实验》讲义。实验中心荣获 2022 年安徽省教坛新秀奖、教学大赛一等奖。

2. 加强本科教学研讨。学院召开 4 次教学委员会工作会议，研讨学院本科教学工作；举办两期教学研讨沙龙，刘万东教授作“本科基础课教学之感悟”报告，复旦大学侯晓远教授分享“教学和科研之外还应做点啥”报告，教师们交流好的教学经验和方法。加强教学队伍建设，鼓励国家同步辐射实验室支撑、科研岗教师承担教学工作。

四、招生与教学培养

1. 本科生招生。2022 年学院招收本科生 75 人，含“核工程与核技术”专业强基班 28 人。学院完成三个专业的课程体系建设；完成所有本科课程的课程思政设计及教材自查；完成学院设置的 32 门专业课程(核心和选修)教材选定。

2. 本科生培养。做好本科生培养，深化所系结合，积极组织 2022 级新生前往中国科学院等离子体物理研究所参观；结合开展大研、毕业设计等工作，鼓励 2021 级和 2022 级本科生尽早参与大科学装置的实验、数据分析、物理与工程研究；邀请国内外专家为英才班学生定期开展专题讲座，拓宽视野。

3. 研究生招生。做好前期招生宣传工作，制定导师招收研究生名额分配制度，规范导师招生制度，开展提前面试、优秀大学生夏令营、推免生面试等工作。2022 年招收硕士生 68 人，博士生 53 人；硕士毕业生 25 人，博士毕业生 30 人。

4. 研究生培养。进一步优化各培养环节：加强对研究生培养计划的梳理，加强开题报告、中期考核、专业实践等必修环节的审查；鼓励学生以多种形式听取学术报告，参加学术论坛，开拓学术视野，提高学术水平；加强研究生毕业论文预评审、盲审等环节的审核。完成各项奖学金的评审，包括国家奖学金、学业奖学金、专项奖学金。

5. 学生工作重点突出。坚持本科生班级小班管理，选优配强班主任；遴选政治素质高、责任心强的优秀青年教师担任本科生学业导师，师生比高达 1∶2，发挥引路人作用。坚持文化育人和实践育人，注重新生入学教育和学院特色系列活动，如“核院诵读时间”“晨读夜跑”“‘核’你面对面”的开展。学院全年举办各类团学实践活动 30 多项，旨在锻炼和提升学生的综合素质和实践能力。加强学生管理上的制度化和规范化建设。全院师生抗击疫情，共渡难关。

五、科 研 工 作

1. 新增科研项目及经费。2022 年学院新增科研项目 34 项，总经费 3696.71 万元，其中新增纵向项目 17 项，含科技部重点研发计划青年项目 1 项、子课题 2 项；国家自然科学基金项目 4 项；中国科学院前沿科学重点研究和稳定支持项目 3 项；中国科学院合肥大科学中心协同创新培育基金项目 7 项。

2. 论文发表及专利。2022 年学院以中国科大为第一单位发表论文 81 篇，其中 SCI 论文 58 篇，申请专利 3 项，已授权专利 2 项。

3. 科普、学术活动。封东来院士、李建刚院士作科普报告《我爱“大眼睛”的九个理由》和《托起明天的太阳——磁约束聚变的发展现状及未来展望》；等离子体物理与聚变工程系研究生学术论坛成功举办；万宝年院士在王淦昌大讲堂作《托卡马克物理基础和 ITER 科学研究概述》报告；共举办 8 期学院专题学术讲座。

六、人才引进和师资队伍建设

学院现有教授(正高)57 人，副高 34 人，中国科学院与中国工程院院士 6 人(含兼任)，教育部长江特聘教授 1 人，国家创新人才计划入选者 7 人，国家自然基金委杰青获得者 4 人，国家自然基金委优青获得者 3 人，中国科学院人才计划资助者 9 人。2022 年新增人员 18 人，包括教授(研究员)2 人，特任教授(研究员)5 人，副教授 1 人，兼职教授 1 人，国际访问教授 1 人，特任副研(博士后)7 人，项目聘用 1 人。

学院一直坚持本科教育优先的工作理念，特别强调在人才引进时首先考虑相关课程的授课水平。

2022 年，学院执行院长封东来院士、加速器科学与工程物理系主任赵红卫院士荣获何梁何利基金科学与技术奖；加速器科学与工程物理系姚涛教授荣获中国科学院青年科学家奖；核科学与工程系徐榭教授荣获 IUPESM 医学物理优秀奖。另有 20 位教师荣获校级和院级各类奖项。

七、交流合作与文化建设

为了应对全球新冠疫情的影响，2022 年国际交流与合作主要在线上开展，全年共 5 位教职工参加在线国际会议或受邀作大会报告。

徐榭教授赴新加坡参加 2022IUPESM 世界医学物理和生物医学工程大会。庄革教授邀请都灵理工大学 Francesco Porcelli 教授来访。2022 年国际访问教授项目获批 1 项。学院共录取 2 名留学生，境外 2 人已线上注册。

与中国科学院合肥物质科学研究院共建“可控聚变物理前沿”全国重点实验室。聘任万宝年院士担任等离子体物理与聚变工程系系主任。

秉承“学术优先、教授治学、追求卓越、快乐成长”的学术文化，学院资源向年轻人倾斜已达成共识，2022 年学院内部经费共计 400 万元用于支持 7 位年轻教师。

环境科学与光电技术学院

一、学 院 概 况

中国科大环境科学与光电技术学院是中国科学院领导在践行科教结合、教育创新的基础上，进一步推进“寓教于研”的重要举措。学院经中国科学院批准，由中国科学院合肥物质科学研究院和中国科学技术大学共同筹建，由中国科学院安徽光学精密机械研究所为主，负责落实中国科大环境科学与光电技术学院的合作事宜。以培养环境科学与光电技术交叉学科方面具有实际科研能力的高层次精英人才和领军人才为目标。

中国科学院合肥物质研究院与中国科大在物质科学研究领域具有深厚的基础和优势，其中安徽光学精密机械研究所（安徽光机所）拥有大气光学、环境光学及环境遥感监测技术、激光技术等有特色、有优势的学科领域，现有国家“863”计划大气光学重点实验室、中国科学院通用光学辐射定标与表征技术创新重点实验室、中国科学院环境光学与技术重点实验室、安徽省环境光学监测技术重点实验室，形成了在国内具有较鲜明特色的一流科研团队。

2011 年 9 月 28 日，白春礼院长出席环境科学与光电技术学院揭牌仪式并亲自为学院题名。学院将按照科教结合的崭新方式，对学生进行个性化培养。在中国科大完成基础课和专业基础课教育，在科学岛完成专业方向课学习，并依托在科学岛相关研究单元雄厚的科研能力和条件完成毕业论文。研究院所将选派相关领域专家承担相应的教学任务，学生将深入研究院所进行专题讨论和科研实习。在校期间，学院还将选派有丰富经验的教授作为学生的学业导师，并聘请国内一流的院士、专家亲自指导学生的学习和科研工作。

二、学院建设基本思路

以“科教结合、协同创新”为宗旨，发挥中国科大和合肥物质科学研究院综合优势，面向国家环境科技需求和光电技术前沿，探索科技创新与人才培养紧密结合、协同发展的运行机制，培养和造就具有国际视野、立志造福社会，既掌握环境科学又拥有光电技术的高科技综合型实用人才。

三、专 业 设 置

学院现有两个一级学科：物理学、环境科学与工程。

物理学目前的主要专业方向有：环境光学、大气光学、光学遥感、光电子技术、激光技术等。

环境科学与工程目前的主要专业方向有：大气物理化学、环境毒理学、环境监测。

四、师资队伍

学院师资力量雄厚，现有教授22名，其中中国工程院院士2人、高科技人才6人。

五、研究生工作

2022年招收27名硕士研究生(其中学硕9人、专硕18人)，18名博士研究生(其中学术型博士15人、工程博士3人)。

2022年毕业6名硕士研究生，转博15人，就业率达100%。毕业11名博士研究生，就业率达100%。部分毕业生考取选调生或做博士后；大部分毕业生进入国内的高新技术企业和高校工作，深受用人单位青睐。

六、科研成果

承担的科研项目：

国家重点研发项目：大气自由基及反应活性精细化监测与定量表征技术(谢品华)；

国家重点研发项目：太阳绝对光谱辐照度测量基准载荷工程技术(郑小兵)；

国家重点研发项目：临近空间大气参量超光谱探测技术(熊伟)；

ZF项目：大气测量单元研制与评估技术(朱文越)；

JKW项目：大气XX(王英俭)。

七、主要荣誉

航天产品质量保障团队荣获“全国巾帼文明岗”称号；

熊伟荣获安徽省“特支计划”创新领军人才称号；

朱文越荣获安徽省第九届“省直机关十大杰出青年”提名奖。

材料科学与工程学院

一、学院概况

中国科学技术大学材料科学与工程学院的成立是学校按照中国科学院“率先行动”计划部署，深化科教融合、协同创新，丰富“全院办校、所系结合”的新形式和新内涵的重要举措。学院经中国科学院批准，由中国科学技术大学和中国科学院金属研究所(以下简称金属所)共同建设，于2015年9月2日正式成立，以培养材料科学与工程学科研究生和高年级本科生为目标。

金属所所长左良教授任学院院长，副所长刘岗研究员任常务副院长，刘世勇教授、李扬任副院长。2016 年 2 月 22 日成立中国科学技术大学金属所学位评定分委会，现任主任为左良教授，副主任为刘岗研究员。

金属所成立于 1953 年，是新中国成立后中国科学院新创建的首批研究所之一，是涵盖材料基础研究、应用研究和工程化研究的综合型研究所，创建者是我国著名的物理冶金学家李薰先生，现任所长左良教授。金属所以“创新材料技术，攀登科技高峰，培育杰出人才，服务经济国防”为使命，在高温合金、钛合金、特种合金、钢铁、铝合金、镁合金、金属基复合材料、陶瓷等先进结构材料领域和纳米材料、碳材料、磁性材料、生物材料、能源材料等新型功能材料领域，开展材料的成分设计、结构表征、制备加工、性能测试和使役行为研究。

金属所加快综合性科技创新平台建设，在基础研究领域，2017 年，国家科技部依托金属所建立沈阳材料科学国家研究中心，这是我国首批组建的 6 个国家研究中心之一。在高技术研究领域，2019 年，金属所贯彻中国科学院党组的决策部署，在国防科工局大力支持下，联合所内外优势创新力量，成立师昌绪先进材料创新中心，致力于提升我国重点工程先进材料自主创新能力和自主可控制备能力。2020 年成立材料腐蚀与防护中心，重新整合力量开展材料腐蚀基础研究及重大工程腐蚀防护技术研究。此外，金属所还拥有 2 个国家级工程技术中心、2 个中国科学院重点实验室、1 个中国科学院工程实验室。这些平台共同构筑形成了开放融合、多元协同的材料学科全链条、全要素、贯通式科技创新体系。

二、专业设置

学院按材料科学与工程一级学科培养硕士、博士研究生，设材料物理与化学、材料学、材料加工工程、腐蚀科学与防护(自主增设)四个二级学科和材料与化工一个专业学位类别。

三、师资队伍

截至 2022 年底，金属所共有在职职工 2109 人，包括“两院”院士 5 人。博士生导师 103 人，硕士生导师 270 余人，新增博士生导师 15 人。现共有院级引进人才计划项目入选者 34 人，2022 年新引进院级人才计划项目入选者 5 人。现有所“引进优秀学者”31 人；入选国家“WR 计划”27 人，其中杰出人才 1 人，科技创新领军人才 20 人，青年拔尖人才 4 人。2022 年新获得科技创新领军人才 1 人、青年拔尖人才 1 人。获得国家杰出青年基金资助 17 人，2022 年新增 1 人。国家优秀青年基金资助 10 人。2022 年新增中国青年科技奖获得者 1 人，中国科学院青年科学家奖获得者 1 人。

四、课程教学

本年度共开设研究生课程 45 门，开课 1800 余学时，聘用教师 50 余人。首次在科大本部开设本科课程，共有 43 人选课，其中校本部学生有 18 人。送 69 名学生到校本部上课。

五、招 生 就 业

2022 年招收硕士生 185 人，招收国内博士生 157 人，博士留学生 4 人。2022 年争取到 14 个材料专项博士招生指标。截至 2022 年底，在学研究生 1180 人，其中博士生 666 人（含留学生 39 人）、硕士生 461 人、合培生 53 人。全年毕业博士生 138 人，硕士生 53 人，年终就业率 94%。2022 年共举行 41 场招生宣讲会，积极发动导师、在校生、未入学新生参与到宣传工作中，以学术科普、所内生活展现、考研经验分享等丰富内容吸引考生。今年共吸引 800 余人报名，379 人参加考核，录取 79 名推免生。此外本年度继续利用 QQ 群、微信公共平台、论坛等新媒体开展招生宣传。招生质量不断提高，共享学校教育资源，实现课程教学等多方面与中国科大的深度融合。

六、培 养 学 位

为进一步提升研究生培养质量，持续完善研究生培养体系，启动学位论文盲审工作，修订了《中国科学院金属研究所研究生学位论文抽检管理办法》和《中国科学院金属研究所优秀研究生创新研究项目管理办法》；2022 年学位论文盲审比例为 12.4%，其中 62.5%的学位论文出现了复审或不通过的情况；抽检学位论文 48 篇，较去年相比，“国际先进”评价比例有一定上升，达到了 23.6%，修改替换学位论文 31 篇，占抽检学位论文的 65%；加强研究生创新能力培养，9 人获得研究生创新项目资助，完成 8 名研究生的短期出访，中外联合培养 1 名，博士出国留学支持计划 1 名；搭建外部交流平台，组织推荐了 11 名研究生参加了“第三届工程类研究生学术论坛”“第五届中国科大化材学院-科教融合学院学术年会”“第十届全国高校材料学科研究生凌峰论坛”“第五届苏州纳米所-中国科大科教融合研究生学生论坛”，我所研究生获多项奖励。

2022 年有 2 名博士研究生获得中国科学院优秀博士学位论文奖，7 名博士研究生获得中国科学院院长奖。

七、合 作 交 流

积极与地方政府、企业开展了多元化、深层次的政产学研合作。全年科技成果转化合同额 6525 万元。

持续推进先进适用科技成果转移转化。经费收支继续保持快速增长态势，截至 2022 年底，经费收入合计 20.6 亿元。

重大科技任务和重大成果产出：

科研工作呈现出良好态势。在面向世界科技前沿方面，在《Science》《Nature》及其子刊发表学术论文 30 篇。获得 2021 年辽宁省技术发明一等奖 2 项，辽宁省自然科学二等奖 1 项，科学技术进步二等奖 1 项。刘岗研究员获得 2022 年“科学探索奖”。

面向国家重大战略需求，牵头承担的“高端轴承自主可控制造”C 类先导专项攻关任务进展顺利，研制的直径 3 m 主轴承在沈阳地铁一号线东延线隧道工程顺利试车；牵头承担的“两机”专项 300 MW 级重型燃气轮机首台份透平叶片与护环研制任务进展顺利，总共研制了 12 种热端部件，其中 9 种进入小批量生产阶段，3 种正在进行首件鉴定。

研制的微型热电制冷芯片助力“力箭一号”运载火箭首飞；研制的新型铝基复合材料成功应用于制造“问天实验舱”和“梦天实验舱”太阳翼柔性展开机构关键部件和多个实验机柜转接件；商飞发动机用钛铝合金叶片项目通过了发动机试验考核，为国产大飞机安装“中国心”奠定了重要基础。

创新创业学院

一、学 院 概 况

学院成立于 2019 年 11 月，以铸造学生创新灵魂、提升学生创新能力和创业意识、培养顶尖科技创新创业人才为目标，致力于打造具有我校特色的创新创业教育培养体系，建立多元化、高层次创新创业教育师资队伍，搭建全覆盖、立体化创新创业教育实践平台，汇聚校内外创新创业教育资源形成特色品牌。

2022 年，学院以“中国科学技术大学学生创新创业和成果转化行动计划”（以下简称“行动计划”）的设计、启动与实施为重心，以“铸就创新灵魂，实现创业梦想，赋能经济发展”为目标，全力推进“安徽省资助中国科大学生创新创业计划”的落实，通过精心组织两项“计划”（“雏鹰计划”“雄鹰计划”）、三项任务（项目资助、双创教育、平台建设），深入探索中国科大特色的双创教育体系建设。

二、重要发展情况

(一) “行动计划”的设计、启动与实施

2021 年 12 月 3 日，安徽省委书记郑栅洁考察创新创业学院，高度赞赏我校创新创业教育模式和取得的成果，提议省委、省政府设立专项基金支持我校学生、校友创新创业项目，推动科大模式的进一步放大和探索，进而带动全省“双创”事业发展。在郑栅洁书记、王清宪省长等省委省政府主要领导的关心和指导下，由省财政厅牵头组织的“安徽省资助中国科学技术大学学生创新创业计划”正式设立。

自 2022 年 2 月起，舒歌群、包信和、周丛照等学校领导高度重视“行动计划”的规划与实施，多次亲自指导并主持召开专项工作研讨会。学院会同教务处、研究生院等多部门对“行动计划”进行起草、论证，先后制定《中国科学技术大学学生创新创业和成果转化行动计划“学生创新创业基金”实施细则》等 14 项制度性文件及 20 余项工作方案、工作计划。

学院领导班子对“行动计划”各项任务明确分工，成立专项工作组，专人负责推进。2022 年 6 月，《安徽省资助中国科学技术大学学生创新创业计划》《“科大硅谷”建设实施方案》正

式印发，将“行动计划”列为重要内容。

2022 年 7 月，校长包信和院士宣布中国科大“行动计划”正式启动，“行动计划”的各项工作随之全面展开。

1. 实施双创项目资助。经过资格审查、尽职调查、评审会投票、立项公示等环节，2022 年“雏鹰基金”“雄鹰基金”共立项 110 项，直接参与项目师生超过 800 名，项目资助总额 2250 万元。

2. 推进特色双创教育。学院先后与先进技术研究院、工程科学学院共建了“新先产研”“先进智造”科创试点班，全校科创试点班数量达到了 3 个。同时，新开设了“双创表达与沟通”“创业与创业计划”等课程，并在暑假期间首次举办了学生基金管理团队专题培训班。

3. 加速实践平台建设。学院先后开发了“双创项目管理系统”“蒲公英科产信息平台”等信息化平台，并先后与化学与材料科学学院共建创新创业开放实验室，与合肥市庐阳区共建双创实训基地，创新工场、设备图书馆等实践空间也正在筹划。

（二）“四金”助力“雏鹰”“雄鹰”振翅高飞

学院以人才培养为主线，深度探索“四金”双创教育体系，助力我校“雏鹰计划”“雄鹰计划”的全面实施。

1. 深化产教融合，丰富“金课”课程体系。目前，学院已开设课程达 16 门，50 多家科创企业参与课程建设。2022 年，《破土：中国科大“新苗计划”创新创业案例 2》《科创独角兽：中国科大创新创业案例集》先后正式出版，校党委书记舒歌群、副校长杜江峰分别为上述教材撰写序言。

2. 甄选双创名师，壮大“金牌”导师队伍。目前，我校双创导师已达到 80 位，为基金评审、课程开设、项目辅导等提供了强有力的支撑，学院还先后组织了多场“创新创业教育沙龙”等师资交流培训会。

3. 重在人才培养，培植“金奖”项目团队。2022 年，学院共举行了“双创训练营”“创新创业大讲堂”等 96 场项目辅导会，组织全校 200 余支创新创业项目团队参加各类双创赛事，共获得“互联网＋”“挑战杯”省赛金奖 32 项，奖牌总数再创新高。

4. 汇聚多方资源，打造“金字”教育品牌。学院与校科研部、外联处、华米科技、福昕软件等单位紧密合作，扎实推进我校公益性创新创业基金体系建设和发展。2022 年，共有 93 个项目获得“双创基金”“福昕基金”“华米基金”共 885 万元资金支持。

（三）学院大事记

1 月 16 日，我校首期“博创汇”（“量子计算”主题）创新创业沙龙活动正式启幕；1 月 20 日，我校 2020 年度“双创基金”项目结项汇报会举行，共有 57 个项目符合结项标准，我校首期“双创基金”完美收官。

2 月 21 日，学院新开设创新创业课程“双创表达与沟通”“创业与创业计划”正式开课。

3 月 9 日，“安徽省资助中国科学技术大学学生创新创业计划”实施方案首场专家论证会召开，对我校实施方案进行了认真论证和热烈讨论；3 月 10 日，我校学生基金管理团队举办 2022 年度首场业务培训会——“小微科技型企业尽职调查的认识和分享”；24—28 日，我校“大规模测量设备无关量子密钥分发网络”在第十七届“挑战杯”全国大学生课外学术科技作品竞赛“揭榜挂帅”专项赛中荣获特等奖。

4月22日，我校2022年度“华米创新创业基金”立项评审会召开，最终确定立项资助“选择性双极膜电渗析关键膜材料及膜堆组器件开发”等7个项目。

5月29日，第四届“中国科大庆峰杯”创新创业大赛圆满落幕，参赛项目总数再创历史新高，“高性能离子分离膜及膜组器件”等项目脱颖而出。

6月16日，第十届“挑战杯”安徽省大学生创业计划竞赛落下帷幕，我校以硬核科技创新创业为鲜明特色的11个参赛项目共斩获8金3银，比赛成绩再创辉煌；6月21日，我校首个化学“创新创业开放实验室”揭牌，由学院和化学与材料科学学院联合共建。

7月9日，我校第二本创新创业案例集《破土：中国科大“新苗计划”创新创业案例2》正式出版发行，中国科大党委书记舒歌群教授撰写序言；7月12日，我校“学生创新创业和成果转化行动计划”正式启动，标志着“安徽省资助中国科学技术大学学生创新创业计划”及我校“雏鹰计划”“雄鹰计划”“鲲鹏计划”开始实施。

8月12日，我校学生创新创业团队在第八届安徽省“互联网＋”大学生创新创业大赛中共斩获22个金奖、16个银奖、23个铜奖，奖牌总数再创历史新高；8月23日，我校创新创业教育案例集《破土——中国科大“新苗计划”创新创业案例》、创新创业课程“设计创新思维”双双入选“2015—2020深化高校创新创业教育改革优秀成果”。

9月9日，我校第三本创新创业案例集《科创独角兽：中国科大创新创业案例集》正式出版发行，中国科大副校长杜江峰撰写序言；9月13日，我校与庐阳区携手共建的创新创业学院实训基地——“红专1号”科创驿站揭牌；9月14日，经过自主申报、省教育厅公示推荐、教育部审核，学院入选首批“国家级创新创业学院”建设单位。

10月21日，我校2022年度“福昕创新创业基金”立项课题顺利结题，福昕创新实验室取得了创新人才培养、创新课题研究双丰收。

11月5日、6日，我校2022年度“雏鹰基金”“雄鹰基金”立项评审工作如期完成，“一种基于磁流变技术的手部增强外骨骼设计”等67个项目获得“雏鹰基金”立项资助，“光生物科研系列仪器产品开发及产业化”等43个项目获得“雄鹰基金”立项资助；11月25日，学院与工程科学学院、先进技术研究院联合设立的2022级“先进智造”科创试点班、“新先产研”科创试点班正式开班。

12月8日，我校2022年度“雏鹰基金”“雄鹰基金”立项项目正式启动，启动会上，我校创新创业导师、安徽中鑫继远信息技术股份有限公司董事长、906校友徐强向母校捐资设立“中鑫继远创新创业奖教金”；12月11日，我校创新创业学院入选安徽省“首批省级创业研究院”；12月20日，我校创新创业学院与复旦大学创新创业学院联合举办的首期“科创导师工作坊”在线上线下同步举行。

国家同步辐射实验室

一、基本情况

国家同步辐射实验室（“NSRL”）是1983年我国批准建设的第一个国家级实验室，建有我国第一台从远红外到软 X 射线的专用同步辐射光源（“合肥光源”）和我国第一台用户型红外自由电子激光装置，同时积极推进世界上综合性能最先进的低能区第四代光源——合肥先进光源的建设，目标是形成先进光源集群，推动创新人才集聚、前沿研究集聚和产业研发集聚，建设基于大科学装置的爱国科普教育基地，助力国家科技战略布局。

合肥光源是国家“七五”重点建设工程，于 1984 年动工建设，1991 年通过国家验收。后历经二期工程建设（1999—2004 年）和重大维修改造（2012—2016 年），极大提升了整体性能。建有 800 MeV 直线加速器注入器、800 MeV 电子储存环和 10 条光束线及相关实验站。目前装置性能良好，运行水平先进。

依托国家重大科研仪器设备研制专项建设的“基于可调谐红外激光的能源化学研究大型实验装置”，于 2022 年 3 月通过验收，目前已开始运行。装置建有一套具有国际先进水平的覆盖中、远红外波段的可调谐红外自由电子激光光源和 5 条能源化学研究实验线站。

作为合肥综合性国家科学中心的重要组成部分，NSRL 将继续面向世界科技前沿、面向经济主战场、面向国家重大需求、面向人民生命健康，提供先进的研发平台。

二、合肥光源运行开放

1. 运行开放

合肥光源 2022 年运行 6815.09 小时，供光 4859.46 小时，圆满完成了年度运行计划。光源运行有效机时率（availability）达到 99.75%，平均两次故障间隔时间（mean time between failures）为 179.97 小时，平均故障修复时间（mean time to repair）为 0.45 小时，运行水平处于世界同步辐射用户装置最优行列。

在 2022 年疫情防控常态化的形势下，10 条光束线及实验站正常稳定向国内外用户开放，并创新服务模式，帮助用户远程完成实验。共执行用户课题 466 个，累计实验机时 41179.33 小时，课题涉及物理学、化学、生物学、医学、能源、环境科学技术、材料科学与工程等多个领域。

2. 成果产出

2022 年，用户依托合肥光源取得了一系列重要成果，发表论文 436 篇，其中Ⅰ区 331 篇，占 75.9%，发表在《Nature Catalysis》《Nature Nanotechnology》《Nature Communications》《JOULE》《Physical Review Letters》《Advanced Materials》《Journal of the American Chemical Society》《Energy & Environmental Science》《Advanced Energy Materials》等国际著名期刊上。获得省部级以上奖励 3 项，发明专利授权 36 项，实用新型授权 2 项。

3. 装置发展和性能提升

完成“光电子能谱光束线维修改造”项目。替换新的能量分析器，提高数据采集效率，增加 Ag 靶，增强次表层探测能力。改造后的线站配有高温高压反应腔和红外测试系统等特色原位装置，实现多种反应的原位表征测量，为能源材料物化性质研究提供强有力的研究手段。

三、合肥先进光源项目推进

合肥先进光源（Hefei Advanced Light Facility，HALF）是我校瞄准量子信息、集成电路、生命健康、脑科学等前沿基础研究领域，以及新一代信息技术、生物技术、新能源、新材料、航空航天等国民经济领域的重大需求，建设的低能量区第四代同步辐射光源，其发射度和亮度的设计指标世界领先。

HALF 项目可行性研究报告于 2022 年 1 月完成编制工作及中国科学院评审，5—7 月完成中咨公司评审，于 7 月 12 日通过国家发改委批复，7—8 月，组织多轮初步设计内部评审，9 月 1 日，项目初步设计方案（工艺部分）通过中国科学院条财局评审，12 月 13 日，初步设计方案（建安部分）及投资概算通过中国科学院条财局评审。

2022 年落实解决 HALF 国家项目资金筹措，保证可研国家批复；落实配套项目由合肥市立项；完成初步设计阶段节能、规划、环评、绿建、消防、人防等专项审查工作。

同时，进一步完善 HALF 工程的组织框架。2022 年 11 月 11 日，中国科学院条财局批复成立 HALF 工程指挥部。

四、队 伍 建 设

继续施行《国家同步辐射实验室队伍建设总体实施方案》，进一步探索适应大科学装置建设及发展需求的队伍结构和评价激励机制。多渠道、多模式引进关键岗位人才，逐步优化队伍结构。截至 2022 年 12 月，实验室职工总人数 207 人（含在编员工及聘期制科研人员）。2022 年引进和招聘各类人才共计 42 人，包括正高级人才 2 人，副高级人才 18 人，博士后 11 人，项目聘用 11 人。

实验室充分发挥现有高端人才力量，注重现有人才培养，新增国家杰出青年科学基金获得者 1 人，国家优秀青年科学基金获得者 1 人，中国科学院青年创新促进会会员 2 人，中国科学院技术支撑人才项目获得者 1 人，中国科学院人才计划择优支持 2 人。

五、科研及成果转化

2022 年实验室主持在研科研项目 173 项（其中纵向科研项目 156 项，横向科研项目 17 项）；2022 年到账经费 6413.96 万元（其中纵向科研项目经费 5900.07 万元，横向科研项目经费 513.89 万元）；2022 年新增国家和省部级各类项目 35 项，批准经费合计 4481.22 万元。

2022 年实验室作为第一单位发表论文 149 篇，其中 SCI 收录 120 篇，Ⅰ区论文 44 篇。2022 年实验室申请专利 58 项，其中发明专利 57 项、实用新型 1 项；授权专利 34 项，其中发明专利 32 项、实用新型 2 项。

2022 年，实验室“基于同步辐射在线研究平台的锂电池隔膜加工关键技术开发及产业化”项目荣获安徽省科技进步奖一等奖，“能源材料表界面结构动态演变过程的原位同步辐射研究”项目荣获安徽省自然科学奖一等奖。

六、学 生 培 养

实验室依托大科学装置的办学优势和特色，加强我校核科学技术学院加速器科学与工程物理系的建设，面向国家重大战略需求和高新产业的迅猛发展，培养具有创新思维、坚实数理基础和全面实验能力的复合型领军人才。

2022 年实验室共录取博士研究生 45 人，硕士研究生 91 人；毕业博士研究生 33 人（含 1 名外国留学生），硕士研究生 13 人。

思政教育贯穿学生培养全过程，人才培养工作进步显著。实验室团委获“中国科学院五四红旗团委”，曹登丰获“中国科学院院长特别奖”，张浩然、李博文获中国科学院优秀博士学位论文奖，李云龙获“郭永怀奖学金”等。

七、科普活动及国内外合作与交流

2022 年，为应对全球新冠疫情的影响，实验室以线上、线下相结合的形式开展科普宣传及国内外交流合作。

2022 年科技活动周期间，在参观储存环大厅、讲解科普展板等线下活动的基础上，通过科普讲座、科普博物馆、实验室全景 VR、互动直播等形式，实现了线上同步“云开放”。

定期举办“启明论坛”系列高水平讲座、与核科学技术学院合办“王淦昌大讲堂”系列专题报告会，进行交流与研讨。

外国专家“引进来”：2022 年实验室获批国际访问教授项目 3 项；获批中国科学院特别交流计划项目 1 项；ANSO 大科学装置访学计划 1 项。

实验室人员“走出去”：2022 年实验室 3 人获批国家基金委及中国科学技术大学公派访问学者项目，其中 1 人已出访法国 Soleil 光源。此外，多人以在线形式参加国际会议，或受邀作大会报告。

合肥微尺度物质科学国家研究中心

2017 年 11 月，科技部正式发布《关于批准组建北京分子科学等 6 个国家研究中心的通知》（国科发基〔2017〕358 号），批准组建包括合肥微尺度物质科学国家研究中心（以下简称国家研究中心）在内的 6 个国家研究中心。

2018 年 3 月，国家研究中心建设运行实施方案通过专家论证。

至此，国家研究中心以全新的结构和面貌，清晰定位，面向世界科技前沿、面向经济主战场、面向国家重大需求，聚焦未来信息、新能源和生命健康等重大创新领域，继续以纳米科技、生物科技、信息科技和认知科学的多学科交叉创新为导向，开展微尺度物质体系的基础和应用基础研究，汇聚一流创新资源，完善协同创新体制机制，抢占科学研究制高点，产出一批源发性创新成果，将建设成为微尺度物质科学领域科研与人才培养高地。

国家研究中心现包含 11 个研究部、2 个高水平公共科研创新支撑平台和 6 个交叉型高端研究平台，涵盖物理、化学、生物、材料、信息 5 大学科。国家研究中心以多学科交叉融合为指导思想，聚集微观尺度科学并产生重大原创性成果，在光与冷原子物理、单分子物理与化学、低维物理与化学、纳米材料与化学、纳米催化与能量转化、分子与细胞生物物理、神经环路与脑认知、分子医学、Bio-X 交叉科学、理论与计算科学和尖端测量仪器等 11 个重要研究领域开展基础性研究。

党的二十大报告提出，要实施科教兴国战略，强化现代化建设人才支撑。人才是实现民族振兴、赢得国际竞争主动的战略资源。2022 年，国家研究中心进一步完善人才管理制度，引进和培养并重，为稳步推进高水平人才队伍建设奠定了坚实的基础。国家研究中心充分运用国家各类人才工作的方针政策，吸引和培养了大批高素质人才，进一步加强了创新队伍建设。本年度新增 6 位国家杰出青年科学基金获得者，2 位国家优秀青年基金获得者，1 位国家高层次人才特殊支持计划青年拔尖人才。本年度获得的荣誉有：第六届“中国化学会——赢创化学创新奖”、中国化学会“青年化学奖”、第四届“科学探索奖”——“医学科学”奖项、2022 年度“中国化学会唐敖庆理论化学青年奖”等。国家研究中心现有固定人员 472 位，科研人员 392 位，支撑人员 66 位，管理人员 14 位。科研人员队伍中，有 17 位院士，10 位国家创新人才计划长期项目获得者，84 位国家杰出青年基金获得者，20 位长江特聘教授，29 位国家高层次人才特殊支持计划领军人才，107 位国家创新人才计划青年项目获得者，72 位中国科学院人才计划获得者，56 位国家优秀青年基金获得者以及 14 支国家自然科学基金创新研究群体。

2022 年，国家研究中心发表 SCI 收录论文 1190 余篇，其中包括《Cell》《Nature》和《Science》论文 15 篇、国内期刊论文 146 篇；出版专著 3 部；获得授权发明专利 294 项。

2022 年，国家研究中心承担和参与的纵向项目共 728 项，累计已到位经费约 6.3 亿元，按项目来源统计如下：科技部项目（课题）等经费约 15427 万元，占 24%；国家自然科学基金委项目（课题）经费约 20130 万元，占 32%；中国科学院战略性先导科技专项等经费约 24455 万元，占 39%；省部级及其他项目（课题）经费约 3370 万元，占 5%。本年度在研横向项目 93 项，已到位经费 8506 万元。

国家研究中心已在国家“重大研究计划”中领衔承担项目 20 项，名列国内研究机构前列；承担国家“重点研发计划”47 项。另外，还承担了中国科学院——战略性先导科技专项、信息化专项、重大科技基础设施开放研究项目、稳定支持基础研究领域青年团队计划和基金委——创新群体、国家重大科研仪器研制项目、重大项目、重大研究计划、重点项目、国际合作等重点重大科研项目，体现了国家研究中心研究人员承担国家各类重大项目的科研实力。国家研究中心支撑的“量子信息与量子科技前沿卓越创新中心”成为中国科学院首批启动的 5 个卓越中心之一；2017 年中国科学院量子信息与量子科技创新研究院正式成立，聚焦国家长远目标和重大需求开展大体量大协作的技术攻关，为我国在第二次量子革命中赢得战略主动权奠定坚实基础。

国家研究中心科研人员在国际学术领域不断争取话语权，让世界听到中国的声音。杨金龙院士课题组胡伟团队与计算机科学与技术学院安虹教授课题组在新一代神威超级计算机上采用低标度高精度第一性原理计算软件 DGDFT 首次实现 250 万原子复杂金属异质结(锂钠金属合金)的超大规模材料模拟,这是中国科大第二次作为第一完成单位入围戈登·贝尔奖提名;曾杰教授团队的"二氧化碳制化学品"项目在第二十二届英国国际发明展中荣获年度国际发明"钻石奖"、自然地球奖"铂金奖"和工业"金奖"。

平台建设是学科交叉和科研创新的必要支撑。2022 年,国家研究中心购置仪器设备价值约 9500 万元;综合表征与测试平台总测试样品 27 万个,总测试机时超过 32 万小时,近四年测试量稳步提升,支撑各类科研项目 383 项。2022 年上半年,顺利完成年度内审和管理评审,并通过国家评审组的现场评审,获得 CMA 检验检测机构资质认定证书。新启用电感耦合等离子体原子发射光谱仪、双球差透射电子显微镜等大中型仪器。开展了技术讲座 8 次,线上线下参加人数 150 余人,培训上机人数 681 人。2022 年,先进材料制备与微纳加工平台总测试机时超过 8 万小时,总测试样品达 24 万个,支撑发表论文 354 篇、各类科研项目 342 项。

2022 年,国家研究中心招收博士生 210 人,其中享受政府奖学金的外国留学生 3 人,硕士生 132 人。毕业并授学位的博士生共 84 人,硕士生共 13 人。为进一步提高研究生教学质量,鼓励教师授课,2022 年国家研究中心 30 多位教师承担了学校 35 门研究生和本科生理论讲授与实验操作课程,总学时 2133 学时,选课人数 3281 人,选课学生几乎遍及全校的理科专业。

在当前全球疫情的大环境下,国家研究中心依托 3 个引智基地,采用线上线下融合模式开展国际合作与交流。科研人员在"云端"参与了全球各类重大国际会议。例如,中国科学院大学卡弗里理论科学研究所主办,国家研究中心和松山湖材料实验室联合承办的"磁性、超导与拓扑研讨会"成功举行。来自中国、美国、英国等国家的 130 余位专家学者和研究生现场或线上参会,累计 3.6 万人次在线观看直播。国家研究中心对不同层次、不同专业的学生,举办了诸多针对性、专业性更明确的学术报告。开展两场线上直播,邀请物理、化材、量子领域知名专家学者开设专题讲座,吸引全国优秀生源,吸引了物理、化学、材料、电子科学与技术、仪器科学与技术、量子科学与技术等专业 3000 余名学生,5978 人次参与;承办了线上"微尺度物理化学夏令营"及"未来学院交叉科学夏令营"等活动。有 42 位国内外学者通过多种形式受邀国家研究中心进行学术交流,共作学术报告 42 场次。2022 年,国家研究中心严格按照疫情防控要求,共接待 20 余位专家领导、学者来国家研究中心参观访问,开展研究与学术交流。

国家研究中心科研成果亮点频出,得到主流媒体的广泛深入报道。据不完全统计,2022 年全年国内外主流媒体报道国家研究中心各类新闻、科研成果 180 余篇/条,其中包括《人民日报》9 篇、新华社 7 篇、中央广播电视总台 9 条、《光明日报》20 篇、《科技日报》14 篇。

附录　新闻媒体有关我校的报道索引

国际新闻媒体有关我校的报道索引

媒体名称	时间	文　章　标　题
Breaking U.S. News	1.2	Qinghai to host complex telescopes
EurekAlert!	1.3	The next big thing: A new technology for directly converting carbon dioxide into pure formic acid
EurekAlert!	1.3	The oasis of new physics in the dune of the baby universe: Breakthrough in the nonlinear generation of primordial gravitational waves
PV Magazine	1.3	Antimony selenosulfide solar cell with 10.7% efficiency
Mixpoint	1.3	Breakthrough in the nonlinear generation of primordial gravitational waves
Medindia	1.4	New way to diagnose tumor at an early stage
Science.org	1.6	Quantum computational advantage via high-dimensional Gaussian boson sampling
Biz News Post	1.6	Traditional Xuan paper inspires development of new high-haze transparent film
EurekAlert!	1.6	Super-resolved imaging of a single cold atom on a nanosecond timescale
EurekAlert!	1.6	Researchers detect two-dimensional kagome surface states
Berggruen Institute	1.7	Berggruen Institute's China center announces new cohort of fellows
ニコニコニュース	1.7	巨大市場を目指す量子コンピュータ開発競争に乗り遅れるな
Fuentitech	1.7	Researchers detect the surface state of two-dimensional kagome
Fuentitech	1.7	Super-resolution imaging of a single cold atom on a nanosecond timescale
Fuentitech	1.7	Traditional Xuan paper encourages the development of new high-haze transparent films
AZoOptics	1.7	Researchers make important progress in cold atom super-resolution imaging
Bioengineer.org	1.8	USTC finds a new way out for flexible electronics
EurekAlert!	1.8	USTC reveals nonequilibrium mechanism of bacterial flagellar motor switching
PlanetStoryLine	1.8	A new development method for flexible electronics

续表

媒体名称	时间	文章标题
Phys. org	1.8	Nonequilibrium mechanism of bacterial flagellar motor switching revealed
Florida News Times Today	1.8	Bacterial flagellar motor switching non-equilibrium mechanism revealed
Nanotechnology Now	1.8	Researchers detect two-dimensional kagome surface states
IFL Science	1.10	A single cold atom has been imaged for a fraction of a second
Physics World	1.12	Complex numbers are essential in quantum theory, experiments reveal
GenomeWeb	1.12	PNAS papers describe beneficial microbes' use of miRNAs to colonize plants, lncRNA repression of P53
Science. org	1.13	RAD51AP2 is required for efficient meiotic recombination between X and Y chromosomes
NewsBeezer	1.13	The solar eclipse at the North Pole led to changes in the northern lights in both hemispheres
Happy Euro Anime	1.14	Some ozone-destroying chemicals are unaccounted for
konstruktionspraxis	1.14	Chinesische forscher wandeln CO_2 in ameisensäure um
PaySpaceMagazine	1.14	Chinese university creates highly flexible NFC circuits using calligraphy paper
Hindustan Times	1.14	A four-point action plan for quantum technologies
Technology Magazine	1.16	How quantum computing can transform batteries
Acrofan [ENG]	1.17	ASC22 student supercomputer challenge preliminary: Large AI language model and AI in scientific research
Teknomers Nouvelles	1.17	ANSO yüksek lisans ve doktora burs duyurusu
Informations Dienst Wissenschaft	1.17	Amplified signal and extreme sensitivity: On the trail of light dark matter particles
Times News Express	1.17	Edible straws made by bacteria are better than paper or plastic ones
Fuentitech	1.17	Eco-friendly straws: Bacterial edible straws are better than paper and plastic straws
Roxxcloud	1.17	Big language model of AI and AI in scientific research
PR Newswire	1.18	SynBio-focused VC firm establishes group of advisors in tech, science sectors

续表

媒体名称	时间	文　章　标　题
Dope Desi	1. 18	North pole solar eclipse excited auroras on the other side of the world
Egitto Today News	1. 18	Stato delle dimensioni del mercato plastiche biomimetiche e panoramica per regioni, dinamiche, prezzo di vendita medio, tendenze e quota di business con previsioni sugli sviluppi 2022-2030
Techhq. com	1. 18	Quantum computing leaping into commercial use
Focus Online	1. 18	Strohhalme: Essbare alternative aus bakterienzellulose
Spektrum der Wissenschaft	1. 18	Essbare alternative aus bakterienzellulose
Intern Daily	1. 18	SynBio-focused VC firm establishes group of advisors in tech, science sectors
Breaking Latest News	1. 20	Breakthrough! Nature releases blockbuster paper on quantum computing | Interview with Chinese Ph. D. Student
Network World	1. 20	Cisco chases quantum tech
Engineering and Technology Magazine	1. 21	The race for quantum-resistant cryptography
MarketWatch	1. 21	Biomimetic plastic market in 2022 : 125. 8% CAGR with top countries data, what is the biomimetic plastic industry growth? | Latest 111 Pages Report
ANSA. it	1. 22	Cina, nuovo record mondiale di trasmissione quantistica
Freethink	1. 23	New biodegradable straws are made by bacteria
Jukjum	1. 24	สายวิทย์มาทางนี้! “ANSO Scholarship” ทุนเรียนฟรี ป.โท-เอก ม. ชั้นนำของจีน ปี 2022
Phys. org	1. 24	Cu interface matters during CO_2 electroreduction
Nachrichten Welt	1. 24	Die Cu-grenzfläche ist während der CO_2-elektroreduktion von bedeutung
Physics Magazine	1. 25	Quantum mechanics must be complex
Kurskaya Pravda	1. 25	Размер рынка и доля Биомиметические пластики на 2022～2030 гг. Стратегии роста, глобальные отраслевые тенденции, анализ ведущих компаний, отчет об исследовании развития ключевых регионов
ニコニコニュース	1. 26	ナノ粒子で睾丸を加熱。新たな男性用避妊法
Medium	1. 26	Straight talk about “dynamic planning”

续表

媒体名称	时间	文 章 标 题
3D News Daily Digital Digest	1.26	Китайцы приблизились к созданию квантовой системы для взлома любых современных шифров
Фокус.ua	1.26	В Китае придумали квантовый компьютер для взлома любых современных шифров
London News Today	1.26	Quantum versus conventional computing: A closer race than you think | Imperial News
EurekAlert!	1.27	Bristol team chase down advantage in quantum race
Roxxcloud	1.27	Research team chase down advantage in quantum race
Mirage News	1.27	Researchers develop eminent quantum gate testing method
The Kane Republican	1.27	Hewlett packard enterprise unveils supercomputing research that raises the bar for achieving quantum advantage
HPC Wire	1.28	HPE unveils supercomputing research for achieving quantum advantage
Before It's News	1.28	The invention of imaginary numbers
DataCenter-Insider	1.28	Die messlatte für quantenüberlegenheit verlagert sich-nach oben
Daily World Live	1.29	Arctic "ring of fire" solar eclipse of 2021 changed southern auroras. Here's how
Exame	1.30	Quer estudar no exterior? Veja mais de 30 programa de bolsas pelo mundo
Datatechvibe	1.31	Supercomputing bridging the gap against quantum advantage
Techsauce	1.31	VISTEC คว้าอันดับ 1 สถาบันการศึกษาไทย ที่มีผลงานวิจัยคุณภาพในทุกสาขา จาก Nature Index
AJN1	1.31	Quer estudar no exterior? Veja mais de 30 programa de bolsas pelo mundo
News AKMI	2.1	Crash of the titans: Imminent merger of giant black holes predicted
Videnskab.dk	2.4	Nedbrydeligt sugerør er opfundet, og forskere finder løsning til forurenet storby
Science.org	2.5	Epithelial gasdermin d shapes the host-microbial interface by driving mucus layer formation
Dailyhunt	2.5	சீனாவின் லேசர் பிக்பாஸ் - 1.3 கி.மீ அப்பால் மறைந்திருந்தாலும் கண்டுபி
ナゾロジー	2.5	衝突寸前！早ければ100日後に合併するブラックホールを発見！
Videnskab.dk	2.5	Nedbrydeligt sugerør er opfundet, og forskere finder løsning til forurenet storby

续表

媒体名称	时间	文　章　标　题
Good News Network	2.6	Are we about to witness a super-massive black hole merger?
dメニューマネー	2.9	なぜ今?「暗号技術」50 年ぶり改訂のなるほどな訳 次世代標準が今年決定、日本企業も対応必須
WICZ-TV	2.9	Biomimetic plastic market 2022 | Worldwide industry gross margin, trends, share, size, future demand, analysis by top leading player, progression status and forecast till 2027
DocCheck News	2.10	Schmerz: Puccini statt paracetamol?
Universität Bern	2.10	Drei berner forschende erhalten pfizer-preis
Physics Magazine	2.11	Race not over between classical and quantum computers
Mirage News	2.11	Molecular cage gives cryo-EM researchers new insights into cancer protein
Head Topics	2.11	Charge-density-wave-driven electronic nematicity in a kagome superconductor
Breaking Latest News	2.14	There is a reason for the deorbiting of the Starlink satellite in the lowest-level geomagnetic storm
Kurskaya Pravda	2.15	Размер рынка биомиметического пластика Доля отрасли в 2021 году, последние тенденции, возможности роста, стратегии развития бизнеса, анализ воздействия Covid-19, проблемы развития, данные по основным странам и прогнозы до 2026 года
Physics World	2.16	Ultracold triatomic molecules herald a new frontier for the three-body problem
Science Direct	2.17	"Soft Shorts" hidden in zinc metal anode research
Technology Networks	2.17	Bypassing pancreatic tumors' defensive barrier
AZoLifeSciences	2.18	Novel immune deactivation pathway offers a promising therapeutic approach for cancers
World'Vest Base	2.19	Permanent link to HPC-AI advisory council announces the 9th Annual APAC RDMA Competition Awards
ZME Science Blog	2.22	Hamsters with COVID have shrunken testicles—and some men might suffer the same fate
EurekAlert!	2.23	How humans in middle-late Neolithic China process plant food
Physics World	2.23	Classical computers race to catch up with quantum advantage
Honest Columnist	2.25	Synthesizing triatomic molecules under quantum constraints

续表

媒体名称	时间	文　章　标　题
Bioengineer. org	2.25	Ferroelectric tunnel junction enables superior neuro-inspired computing
Mirage News	2.25	Boron isotope helps to trace fluid processes in subduction zone
Scienmag Science Magazine	2.25	New evidence proves acceleration of quasar outflows at scale of tens of parsecs
Mirage News	2.25	Radio-frequency pulse enables association of triatomic molecules in ultracold 23Na40K＋40K gas
Namibia Press Agency	2.26	China establishes deep space exploration laboratory
Biz News Post	3.1	Acceleration of quasar outflows at scale of tens of parsecs discovered for the first time
Physics Magazine	3.2	Steering toward a quantum advantage
Honest Columnist	3.2	Charge-density-wave induced electronic nematicity in kagome superconductor
エキサイト	3.2	宇宙テクノロジーの先端を見据える深宇宙探査実験室が発足—中国メディア
Discover Magazine	3.3	Real-time evolution：Descendents of stressed-out roundworms mate more
New Electronics	3.4	Delivering on quantum
BFN Today	3.4	РУССКИЙ КОРАБЛЬ，ИДИ НАХУЙ!
Unite. ai	3.4	Identifying celebrity deepfakes from outer face regions
Mirage News	3.4	Superb switching uniformity of RRAM with localized nanofilaments of wafer-scale Si subulate array
Kurskaya Pravda	3.6	Размер рынка биомиметического пластика Доля отрасли в 2022 году，последние тенденции，возможности роста，стратегии развития бизнеса，анализ воздействия Covid-19，проблемы развития，данные по основным странам и прогнозы до 2026 года
読売新聞	3.8	「量子コンピューターの実現に向けて」理化学研究所・中村泰信氏
Packaging Gateway	3.8	Price is the sole factor deterring mass-market adoption of edible straws in Asia
Head Topics	3.11	Crash of the titans：Imminent merger of giant black holes predicted
Electronics Weekly	3.11	Large sky blue perovskite LED，perhaps for lighting

续表

媒体名称	时间	文　章　标　题
Breaking Latest News	3.18	The core technician Liang Jun resigned, and the market value of the cambrian evaporated by 6 billion-Hardware
Informations Dienst Wissenschaft	3.19	Brown carbon from biomass burning imposes strong arctic warming
EurekAlert!	3.21	A global variable-resolution model helps meteorologists understand the hydrological cycle throughout the Tibetan Plateau
Phys. org	3.21	Researchers fabricate large-area sky-blue PeLEDs
Times of News-USA	3.23	A huge leap: Israeli researchers build country's first quantum computer
Braga Magazine	3.26	Tamanho do mercado Dispositivo de fonte de alimentação programável 2022: Tecnologias emergentes, participação, taxa de crescimento com análise e previsão dos principais Jogadoras para 2026
Exame	3.27	Alemanha, Itália e China: veja as melhores bolsas de estudo de março
Mirage News	3.30	Extragalactic fruit and vegetable garden: Compact galaxies discovered by LAMOST
Phys. org	3.30	Compact galaxies discovered by LAMOST
Space. com	3.31	China has big plans for its new Tiandu space exploration laboratory
Nachrichten Welt	3.31	China hat große Pläne für sein neues Weltraumforschungslabor Tiandu
KEYC-TV	4.2	"OpenDEL © 3.0-DRUG DISCOVERY PARTNER" webinar offered by HitGen and endpoints news coming up on Thursday 4th August
Mirage News	4.2	Researchers synthesize carbon nanosolenoid with Riemann surfaces
VoSvetelt. sk	4.3	Priemyselné procesy sa už čoskoro môžu sta' ove'a efektívnejšie: Vedci pomaly prichádzajú na to, ako fungujú katalyzátory
ARCHYDE	4.7	Constantly updated / 4 schools in Tainan are suspended today, a list of all campus suspensions in Taiwan
WWZW-Lifestyle	4.8	Global biomimetic plastic market | Growing at CAGR 120.64%, business statistics, development data, forecast period 2022—2027
Phys. org	4.9	A pathway to high-quality ZnSe quantum wires
Nanotechnology Now	4.9	USTC found a pathway to high-quality ZnSe quantum wires
LINE NEWS	4.10	空中ディスプレイ技術の「東超科技」が資金調達、非接触操作やメタバースへの活用で黄金期迎える
Big News Network	4.12	China's wide field survey telescope verifies its primary-focus camera

续表

媒体名称	时间	文　章　标　题
Phys. org	4.15	Scientists find reworking of juvenile crust in the late Mesozoic in north Qinling, central China
The Journal of Clinical Investigation	4.16	Aberrant miR-339-5p/neuronatin signaling causes prodromal neuronal calcium dyshomeostasis in mutant presenilin mice
EurekAlert!	4.19	Ag_3PO_4 catalyst facilitates propylene oxide electrooxidation
Frontpage-News Update	4.19	Two advanced power management integrated circuits
Vietnam Explorer News Channel	4.21	Haber-Bosch at the atomic scale
Tech Explorist	4.22	Imaging a Haber-Bosch catalysis precursor at the atomic scale
PR Newswire	4.25	Freepoint CommoditiesがFreepoint Asiaの責任者にJanet Kong氏を指名
Electro Optics	4.27	Quantum race will be long: Peter Leibinger in Munich
Benzinga	4.27	Companies in the Low Earth Orbit (LEO) satellite market invest in 3D printing technology to develop more efficient and effective designs as per the business research company's Low Earth Orbit (LEO) Satellites Global Market Report 2022
Head Topics	4.28	Efficient battery could charge electric cars 60 per cent in 6 minutes
Techregister UK	4.28	Battery reaches 60 per cent charge in 6 minutes
WION	4.28	60% charge in 6 minutes: How this new battery could be a gamechanger for electric vehicles
Tim Hieu	4.28	Freepoint Commodities が Freepoint Asia の責任者にJanet Kong氏を指名
ZME Science Blog	4.28	New batteries could charge electric vehicles to 60% in 6 minutes
Mirage News	4.28	Researchers design simpler magnets for twisty facilities that could lead to steady-state fusion operation
Mirage News	4.28	Hybrid electro-biosystem upcycles carbon dioxide into energy-rich long-chain compounds
ACAPMAg	4.29	Efficient battery could charge electric cars 60 per cent in 6 minutes
GamingSym	4.29	A major breakthrough by Chinese scientists! Synthesis of glucose from carbon dioxide
Big News Network	4.29	Chinese scientists produce glucose, fatty acids with carbon dioxide

续表

媒体名称	时间	文　章　标　题
MarkTechPost	4.30	Researchers from China introduce an hybrid AI-HPC framework in their latest research to demonstrate the effectiveness of solving the quantum many-body problem via deep learning methods on the supercomputer platform
ShareInvestor	4.30	Change-announcement of appointment: Appointment of chairman and non-executive independent director—Mr Yu Jinfeng
United News	5.1	New means of synthesizing carbon dioxide can help tackle environmental issues in a big way
Biz News Post	5.1	Molecular cage reveals near-atomic level details of cancer proteins
New Atlas	5.2	Straight coils for twisty reactors give new shape to nuclear fusion
New Atlas	5.2	"Extremely fast-charging" battery hits 60 percent in under 6 minutes
Hardware Upgrade	5.2	Batterie al litio cariche al 60% in meno di 6 minuti: Possibile secondo uno studio cinese
Ruetir	5.2	Ultra-fast recharge: 60% in less than 6 minutes
Before It's News	5.2	Which parts of mars are the safest from cosmic radiation?
Physics Magazine	5.2	Seismic sensing using quantum cryptography network
eBikeTips	5.4	Porous anode enables standard lithium-ion battery to charge to 60 per cent in six minutes
News Ghana	5.6	Chinese scientists contribute new technique to production of artificial or semi-artificial food from carbon dioxide
GamingSym	5.6	An important step for quantum communication network! The "Micius" experiment broke a record and achieved long-distance transmission of quantum states between two ground stations 1,200 kilometers apart
SmartWorld	5.6	Una ricerca dalla Cina ha prodotto batterie con ricarica super rapida: 60% in 6 minuti
Medscape	5.6	Endovascular benefit finally confirmed for basilar artery stroke
LA Post	5.7	Chinese scientists contribute new technique to production of artificial or semi-artificial food from carbon dioxide
GamingSym	5.7	Chinese scientists unveil ultra-fast charging lithium-ion battery
EurekAlert!	5.9	Researchers reveal heterogeneity of liver-resident NK cells
Hebden Bridge News	5.9	Seismic sensing using quantum cryptography network
Elektroauto-news	5.10	Neue Anodenstruktur: In 11 minuten auf 80 prozent

续表

媒体名称	时间	文　章　标　题
Newsdatatoday	5.10	จีนทำลายสถิติ ส่งสถานะควอนตัมระหว่างสถานีระยะทางมากกว่า 1,200 กิโลเมตร
The National Tribune	5.12	Livestock and dairying led to dramatic social changes in ancient Mongolia, U-m study shows
Analytics India Magazine	5.12	Quantum computers vs supercomputers: How do they differ?
Worldnow Finance	5.12	Vatic investments appoints Li Deng, Ph. D., as chief artificial intelligence officer and global head of machine learning
The Magazine of the University of Hawaii-Malamalama	5.17	Board of regents honors faculty for excellence in research
Head Topics	5.17	Quantum communication system could detect earthquakes
Newsweek	5.18	Got milk: Bronze Age population soared thanks to livestock
Paint & Coatings Industry Magazine	5.18	ChemQuest announces two new directors
Breaking Latest News	5.18	Contribute youth power to promote the building of a community with a shared future for mankind
Deccan Herald	5.18	The metaverse is coming, but we still don't trust AI
RTInsights	5.19	White House signals intent to keep US ahead in quantum computing race
Vietnam Explorer News Channel	5.19	Thermalization and information scrambling in a superconducting quantum processor
GenomeWeb	5.19	Nature papers present cultivate oat genome, benchmarking of spatial and single-cell transcriptomic integration methods
중앙일보	5.20	KIST,양자암호 상용화를 위한 핵심기술 개발
エキサイト	5.23	中国の科学者が「冷熱ダブル吸収」材料を開発、「ダブル炭素」と宇宙探査に有望—中国メディア
Breaking Latest News	5.23	Demonstrating scientific and technological innovation achievements to improve citizens' scientific literacy
ITBIZ	5.23	Zdokonalovat lze i kvantové simulátory
GamingSym	5.23	A GPU simulates cloth collision effects in real time, showing the latest achievements of the Metaverse Fashion Show
The Free Library	5.24	An empirical study on the influencing factors of the returning intention of overseas talents.

续表

媒体名称	时间	文　章　标　题
Materials Today	5.24	Organic solar cells close the lab to fab gap
Seeking Alpha	5.25	Zepp Health Corporation (ZEPP) CEO Wang Huang on Q1 2022 results-earnings call transcript
GamingSym	5.25	Chinese scientific research team prepared new materials: Breaking through the bottleneck of lithium-ion batteries, charging 60% in 6 minutes
Pledge Times	5.25	The first networked teleportation paves the way for the quantum internet
Technology Times	5.26	Scientists engineer new material that can harvest energy 24-hour uninterrupted
Mirage News	5.26	Researchers achieve record-658-km quantum key distribution with vibration sensing
Giornalelora	5.26	Studio UniPa sulle sonde quantistiche indistinguibili pubblicato su Proceedings of the National Academy of Sciences of the United States of America
il Sicilia.it	5.26	Pubblicato su Pnas lo studio UniPa sulle sonde quantistiche indistinguibili
Palermo Today	5.26	Sonde quantistiche, studio Unipa pubblicato su rivista della United States National Academy of Sciences
Technology Times	5.27	Chinese scientists make breakthrough harvesting energy from sun, outer space cooling
Mirage News	5.27	Cu-Fe catalyst facilitates ambient-pressure conversion of CO_2 into long-chain olefins
Phys.org	5.27	Benchmarking transcriptomics integration methods for transcript distribution prediction and cell type deconvolution
Mirage News	5.31	Researchers construct highly selective photocatalysts for nonoxidative coupling of methane
Phys.org	5.31	Highly selective photocatalysts for nonoxidative coupling of methane
Solarify	6.1	Umwandlung von CO_2 in energiereiche langkettige Verbindungen durch hybrides Elektro-Biosystem
Scienmag Science Magazine	6.1	Optica's Quantum 2.0 promotes breakthroughs in quantum research and applied innovations
Physics World	6.1	Laser cooling of polyatomic molecules brings ultracold chemistry into the spotlight
Times News Express	6.2	Advanced quantum computer made available to the public for first time

续表

媒体名称	时间	文　章　标　题
Head Topics	6.2	Probing CP symmetry and weak phases with entangled double-strange baryons
WICZ-TV	6.2	Correcting and peplacing obsidian security strengthens engineering team to drive SaaS security innovation
ChemEurope.com	6.3	Improve industrial chemical reactions with better products and less byproducts
Nanotechnology Now	6.4	Nanoscale bowtie antenna under optical and electrical excitations
Cyber Defense Magazine	6.5	How SD-WAN enables digital transformation
ChemEurope.com	6.7	Researchers construct highly selective photocatalysts for nonoxidative coupling of methane
New Sarawak Tribune	6.8	Sarawak poised to drive telco industry
Medium	6.9	Facts explaining Liang Liang and other blockchain innovators do NOT constitute a crime
Engineers Ireland	6.9	Researchers reveal global outlook of integrated photonics for quantum technologies
BtoBプラットフォーム 業界チャネル	6.10	小惑星探査機「はやぶさ2」初期分析 化学分析チーム 研究成果の科学誌「Science」論文掲載について
BtoBプラットフォーム 業界チャネル	6.10	[発表] 小惑星探査機「はやぶさ2」初期分析 化学分析チーム 研究成果の科学誌「Science」論文掲載について
Urdu Web Hub	6.13	The image resolution of the Shenzhou 14 return capsule has been increased by 16 times, entering the 1080P era
สาลิกา	6.14	ส่อง “สถาบันบัณฑิตวิทยาศาสตร์จีน” ต้นแบบ “คลังสมอง” ยุค 5.0
Big News Network	6.14	China's deep space exploration laboratory starts operation
MeteoWeb	6.14	La Cina avvia laboratorio per l'esplorazione dello Spazio profondo
EurekAlert!	6.14	Tectonics of convergent plate margins: New insights into continental geology
Technology Times	6.15	Sulfate aerosols contribute to terrestrial extinction 250 million years ago
Phys.org	6.15	Tectonics of convergent plate margins: New insights into continental geology
@niftyニュース	6.15	中国深宇宙探査実験室、実質的な運営を開始

续表

媒体名称	时间	文　章　标　题
Vietnam Explorer News Channel	6.16	Study observes the coexistence of topological edge states and superconductivity in stanene films
EurekAlert!	6.16	USTC medicine and heath researcher Tian Zhigang elected member of Academia Europaea
Phys.org	6.16	Study reveals new mechanism for end-Permian terrestrial mass extinction
Newswise	6.17	Researchers reveal new mechanism of end-permian terrestrial mass extinction
MarketScreener.com	6.17	Huafa Property Services Group Company Limited
ライブドアニュース	6.19	遺跡の貝殻はどこから? 小さな遺物に隠された文明の起源
Klamm.de	6.19	Upgrade gelungen! Mäuse werden durch Nanopartikel-Injektion nachtsichtig
N-tv	6.20	Injektion mit Nanopartikeln ermöglicht Nachtsicht
Infoseekニュース	6.20	2億5000万年前の陸上生物大量絶滅、原因は「硫酸雨」か—中国メディア
The Middle East North Africa Financial Network	6.21	Establishment of Asia-Pacific Artificial Intelligence Association (AAIA) women committee
Roxxcloud	6.21	Study observes the coexistence of topological edge states and superconductivity in stanene films
Welingelichte Kringen	6.21	Op komst: Een apparaat dat kan zien als jij porno kijkt
Newsexplorer.net	6.21	Researchers reveal new mechanism of end-permian terrestrial mass extinction
MarketScreener	6.22	Quantum Computing Inc.: Entry into a material definitive agreement, completion of acquisition or disposition of assets, unregistered sale of equity securities, change in directors or principal officers, amendments to articles of Inc. or bylaws; Change in fiscal year, other events, financial statements and exhibits (form 8-K)
Logo24	6.22	Opracowali urządzenie czytające w myślach, które wykrywa... oglądanie porno
Psychology Today UK	6.23	The quantum mind
GenomeWeb	6.23	Spatial, single-cell transcriptomics data integration algorithms go head-to-head in study
Mirage News	6.23	Process to customize molecules does double duty

续表

媒体名称	时间	文　章　标　题
WND	6.23	Inventors claim to create mind-reading machine to detect porn
Happy Euro Anime	6.23	Lab draws on nature to create flexible precursors for drug and materials design
중앙일보	6.23	10년 후 中 과학기술 이끌 미래 인재 '이곳'서 나온다 (上)
Newsexplorer.net	6.23	Study reveals new mechanism for end-Permian terrestrial mass extinction
NerdsWire	6.23	Der Prozess zum Anpassen von Molekülen erfüllt eine doppelte Aufgabe
Mann TV	6.23	Medizinischer durchbruch: Injektion mit nanopartikeln ermöglicht nachtsicht
Vietnam Explorer News Channel	6.23	Researchers extend quantum amplification to Floquet systems
Technology Networks	6.23	New catalytic process may simplify drug precursor development
GamingSym	6.24	Domestic CPU leading enterprise! Godson Zhongke was listed on the science and technology innovation board, and the opening price rose by more than 60%
WHLF-FM-Lifestyle	6.24	Biomimetic plastic market size in 2022 : 130.4% CAGR with fastest growing regions and countries data, growth drivers, investment opportunity and product developments 2026
Newsexplorer.net	6.24	Observational and modeling data help to better understand the third pole
Mirage News	6.27	Direct oxidative transfer process contributes to water purification
Scienmag Science Magazine	6.27	Observational and modelling data help to decipher the third pole of the world
medRxiv	6.28	ScanTecc classifies primary cancers via cell-free extrachromosomal circular DNA in peripheral blood
워터저널	7.4	[중국] 수질 오염 제거 기술인 직접산화전환처리 연구 발표
KrASIA	7.4	The multifaceted applications of SenseTime's AI algorithms
Mirage News	7.4	Novel atomic device to search for exotic physical interactions at submillimeter range
Biz News Post	7.4	Roundworms shed light on vision loss in a rare human genetic disorder
Medium	7.4	LRC เหรียญ Layer 2 ที่มีค่าธรรมเนียมถูกกว่า 100 เท่า

续表

媒体名称	时间	文　章　标　题
Nature World News	7.4	Researchers have discovered that shrimps and worms are the first animals to recover after permian extinction
Vietnam Explorer News Channel	7.5	Magnetic fields can turn medical waste into high-value products
Mirage News	7.5	Prevalence of autism spectrum disorder among children, adolescents in US
Newsexplorer. net	7.6	Novel atomic device to search for exotic physical interactions at submillimeter range
Treatment Plant Operator Magazine	7.6	Direct oxidative transfer process contributes to water purification
Engineering News & Analysis-IHS Engineering360	7.7	Speedy charging by new lithium-ion battery design
Head Topics	7.7	Magnetic bandages with stem cells to be used to mend broken bones
Vietnam Explorer News Channel	7.7	Researchers achieve high-performance cryopreservation of living cells based on synergetic ice inhibition effects
Technology Times	7.7	Chinese scientists make significant breakthrough in hyperfine wind observation with coherent Doppler wind LIDAR
Mirage News	7.7	New styrene production method improves stability, dehydrogenation activity
Phys. org	7.8	Researchers achieve high-performance cryopreservation of living cells based on synergetic ice inhibition effects
Times News Express	7.8	Soft sounds numb pain. Researchers may now know why
EurekAlert!	7.8	Researchers discover how sound reduces pain in mice
Happy Euro Anime	7.8	Newly identified brain circuits may point to more effective pain therapies
Frontpage-News Update	7.8	How sound reduces pain in mice: Newly identified brain circuits may point to more effective pain therapies
Biz News Post	7.8	Scientists uncover neural mechanisms through which sound blunts pain in mice
San Diego Monitor News	7.8	Music to their ears: Playing classical music to injured mice can help ease their pain, study finds

续表

媒体名称	时间	文 章 标 题
Verve times-Latest News Around the World	7.8	Optical demonstration of quantum fault-tolerant threshold
Head Topics	7.9	Exercises for knee osteoarthritis and joint pain
El Confidencial	7.11	China está armándose cinco veces más rápido que EEUU
Rubber World Magazine	7.11	Researchers develop new styrene production method improving stability, dehydration activity
EDUCAUSE Review	7.11	Quantum computing: Current progress and future directions
HPC Wire	7.12	Researchers demonstrate quantum error correction with surface code
News-trueID	7.12	จีนพัฒนาเทคโนโลยี LiDAR เลเซอร์ตรวจสอบลมติดตั้งบนรถไฟความเร็วสูง
Unified Networking	7.12	Reshape security and embrace cyber resilience with hillstone networks
Head Topics	7.13	Chronic pain relief through sound: Newly identified brain circuits may point to better pain therapies
Head Topics	7.13	"The Point" project advances, replacing the Draper prison site
Head Topics	7.13	This convenient & soothing portable sound machine is perfect for traveling with your little ones — Now only $21
Infoseekニュース	7.13	中国のチームが音声で痛みを緩和する科学的メカニズムを発見—中国メディア
Head Topics	7.14	Puget sound fish farming unlikely to be the single cause of Chinook extinction, NOAA says
Breaking Latest News	7.14	The post-95 genius Cao Yuan published an article on the top of the world again, known as the graphene driver
Head Topics	7.14	Your brain may be sabotaging your financial or career success—and it's due to how you were raised
Heromag	7.14	How imaginary numbers describe the fundamental shape of nature
Head Topics	7.15	Fertilizer crisis delivers profits and pain as Ukraine fallout broadens
Heromag	7.15	Population-level risks of alcohol consumption by amount, geography, age, sex, and year: A systematic analysis for the Global Burden of Disease Study 2020
Cyber Defense Magazine	7.15	The rapid development of endpoint detection and response technology

续表

媒体名称	时间	文　章　标　题
WHLF-FM-Lifestyle	7.18	Biomimetic plastic market future trends 2022 industry growth rate, latest technologies, prominent players, industry share, global size and segments forecast to 2028
Mirage News	7.22	Scientists realize hyperfine wind observation with meter-scale and sub-second resolutions
EurekAlert!	7.22	Researchers realize hyperfine wind observation with meter-scale and sub-second resolutions
Minkabu	7.23	超絶の次世代技術､「量子コンピューター」関連株に大化け機運＜株探トップ特集＞
SwiftTelecast	7.23	Researchers realize hyperfine wind observation with meter-scale and sub-second resolutions
MONEY TIMES	7.25	人の意識は量子的効果から生まれる? 意思決定に関与する脳の量子器官を特定
@niftyニュース	7.27	テスラ車の出火事故で新エネ車の安全性が論争に—中国メディア
Flash News 11	7.27	Hiding secrets using quantum entanglement
Head Topics	7.27	Quantum entanglement makes quantum communication even more secure
Physics Magazine	7.28	Distant memories entangled
Head Topics	7.29	Physics particles fly as practical tools
Head Topics	7.29	Physicists have simulated the primordial quantum structure of our universe
Vietnam Explorer News Channel	7.29	Using quantum technology to constrain new particles
Head Topics	7.29	Limits on axions and axionlike particles within the axion window using a spin-based amplifier
Vietnam Explorer News Channel	7.29	Common table sugar key to allaying safety concern in aqueous zinc batteries
Space War	7.29	File illustration of the Chinese satellite Micius
Big News Network	8.1	Scientists design two-in-one antibodies against COVID-19 variants
StreetInsider	8.1	“OpenDELÂ © 3.0-DRUG DISCOVERY PARTNER” webinar offered by HitGen and endpoints news coming up on Thursday 4th August
TeleSUR	8.1	Scientists design two-in-one antibodies against COVID variants

续表

媒体名称	时间	文 章 标 题
Big News Network	8.3	Chinese scientists identify molecular mechanism of plant growth
Bio Med Central	8.4	RNA-Seq analysis reveals the important co-expressed genes associated with polyphyllin biosynthesis during the developmental stages of Paris polyphylla
Flash News 11	8.5	Motion synchronization goes long distance
Phys. org	8.5	Researchers report solar energetic particle event observed by China's Tianwen-1 mission
Physics Magazine	8.5	Motion synchronization goes long distance
Wirtualny Nowy Przemysł	8.6	Chiny wystrzeliły satelitę komunikacji kwantowej
XFAfinance	8.8	Chinese researchers find potential new target for cancer immunotherapy
ScienceDaily	8.10	Modeling moving 'washers' that help DNA replicate
Honest Columnist	8.11	Modeling moving 'washers' that help DNA replicate: Computations yield new insights about how motor proteins split double strands
Verve times-Latest News Around the World	8.11	Computations yield new insights about how motor proteins split double strands
Research and Markets	8.11	Global T-Cell therapy market-distribution by type of therapy, target indications, target antigens, key players and key geographies: Industry trends and global forecasts, 2022-2035
Newsexplorer. net	8.12	Researchers report solar energetic particle event observed by China's Tianwen-1 mission
GoPhotonics	8.12	Quantum researchers exhibit enhanced quantum sensing via bosonic quantum error correction codes
Pledge Times	8.16	A team of researchers claims to have demonstrated "quantum pseudotelepathy" from a game
NerdsWire	8.16	Die Verschränkung zweier Quantenspeichersysteme im Abstand von 12.5 km
Verve times-Latest News Around the World	8.16	The entanglement of two quantum memory systems 12.5 km apart from each other
Newsexplorer. net	8.16	Physics duo finds magic in two dimensions
HPC Wire	8.17	Chinese researchers demonstrate entanglement of two quantum memory systems 12.5 km apart

续表

媒体名称	时间	文　章　标　题
Tech Times	8.17	quantum entanglement for nodes successful in testing—Future quantum internet ventures?
TECHTELEGRAPH	8.17	Telepathy: Researchers use a game to demonstrate quantum pseudotelepathy | Science & Tech
The Limited Times	8.17	Researchers use a game to demonstrate quantum pseudotelepathy
Techregister UK	8.18	Record on quantum entanglement at a distance broken, pulling in the timeline for a quantum internet
DatacenterDynamics	8.18	China's exascale supercomputer goes up against US' frontier for Gordon Bell Prize
Breaking Latest News	8.18	Jointly discuss the new journey, new mission and new vision for the integrated development of the Yangtze River Delta. The high-level forum for the integrated development of the Yangtze River Delta was held in Shanghai. Li Qiang, Wu Zhenglong, Yuan Jiajun, Zheng Zhajie, Gong Zheng, Xu Kunlin, Wang Hao, and Wang Qingxian attended.
Bioengineer. org	8.18	Compact QKD system paves the way to cost-effective satellite-based quantum networks
Space War	8.19	Researchers experimentally demonstrated a space-to-ground QKD network using a compact QKD terminal aboard the Chinese Space Lab Tiangong-2 and four ground stations. (Lower panel) Satellite-based QKD transmission could be used to create a highly secure global quantum communication network.
Techregister UK	8.21	Quantum computing is even more dangerous than artificial intelligence
DNYUZ	8.21	Why quantum computing is even more dangerous than artificial intelligence
MedPage Today	8.22	Patient presents with convulsions, impaired consciousness
WRAL Tech Wire	8.25	Quantum computing is an even bigger threat than artificial intelligence—Here's why
Kurskaya Pravda	8.26	Размер рынка биомиметического пластика Доля отрасли в 2022 году, последние тенденции, возможности роста, стратегии развития бизнеса, анализ воздействия Covid-19, проблемы развития, данные по основным странам и прогнозы до 2026 года
GAMINGDEPUTY	8.26	Livre bleu: Par rapport au nombre d'articles sur les SCI publiés par les Chinois, les revues chinoises sur les SCI ne suffisent pas-Exploration Scientifique

续表

媒体名称	时间	文　章　标　题
Newsexplorer. net	8.26	Extended tests with levitated force sensor fail to find evidence of fifth force
EurekAlert!	8.27	Experimental verification of generalized eigenstate thermalization hypothesis in integrable system
Technology Times	8.28	Baidu releases world's first all-platform quantum computing system
ScienceAlert	8.29	A pair of supermassive black holes could be fated to collide within 3 years
Nachrichten Welt	8.29	Ein Paar supermassiver Schwarzer Löcher könnte dazu bestimmt sein, innerhalb von 3 Jahren zu kollidieren: ScienceAlert
Tech Times	8.29	Astronomers raise 'imminent' collision of two supermassive black holes with combined mass of 200 million suns!
Scienmag Science Magazine	8.29	Experimental verification of generalized eigenstate thermalization hypothesis in integrable system
Dailyhunt	8.30	Be prepared, two massive black holes are on the verge of colliding!
ForexRev	9.1	Australia wants to protect and promote key technologies
IT PRO	9.2	How quantum computing could change cyber security
Vietnam Explorer News Channel	9.2	Slimmed-down terminal transmits quantum keys from space
PostX News	9.2	The quantum computing arms race: Here's what it will take to win
Flash News 11	9.2	Measuring the Similarity of Photons
StorageNewsletter	9.2	R&D: On-demand multimode optical storage in laser-written on-chip waveguide
Physics Magazine	9.2	Measuring the similarity of photons
ニコニコニュース	9.3	3年以内に衝突する運命にある2つの超大質量ブラックホール
Head Topics	9.5	Optical nanomotor drives future innovations in tiny power sources
Investors Chronicle	9.5	Quantum computing: A new industrial revolution
MarketScreener	9.7	Strategic Acquisitions, Inc. announces executive changes
FORTUNE ITALIA	9.7	Riconoscimento dei modelli e intelligenza computazionale in Cina
BioWorld	9.13	MC5R antagonism enhances tumor immunity in ICT-resistant cancers
MarTech Cube	9.15	NetBase quid appoints Lei Li to CTO and executive vice president
Materials Today	9.15	Shell-like material combines best of metals and ceramics
TrialBulletin. com	9.18	Total laparoscopic distal gastroectomy for gastric cancer

续表

媒体名称	时间	文　章　标　题
Head Topics	9.19	This environmentally friendly quantum sensor runs on sunlight
Vietnam Explorer News Channel	9.19	Spin-based amplifier searches for axions
Newsexplorer.net	9.19	Picotesla magnetometry of microwave fields with diamond sensors
Physics World	9.20	Spin-based amplifier searches for axions
The Limited Times	9.20	There is another ingredient of life in the ocean of Enceladus
Newsexplorer.net	9.21	Exclusive interview: Expert shares insights on why China must have its own CPU chips
Forbes	9.22	The spring of cryobiology: One enabling technology that will help build the new industry of the future
Roxxcloud	9.22	Quantum tech titans win breakthrough prize in physics
Space News	9.23	SES-led group to deploy quantum security satellite for Europe in 2024
PV Magazine-International Edition	9.23	MXenes-based perovskite solar cell achieves 23.66% efficiency
Roxxcloud	9.24	Quantum computing: A new industrial revolution
Kurskaya Pravda	9.25	Размер рынка Биомиметический пластик в 2022 г., глобальная доля, отраслевые тенденции, драйверы роста, новые требования, возможности для бизнеса, масштабы, основные ключевые игроки Прогноз DSM, CSPC Pharma, Northeast Pharma до 2028 г.
Technology Times	9.25	Fourth and fifth booster dose is possible: China CDC
Labroots	9.26	Researchers verify new building block for life on Enceladus
Vietnam Explorer News Channel	9.26	Researchers identify how a common additive gives lithium-ion batteries a boost
Texas A&M University College of Engineering	9.27	New faculty join computer science and engineering department
ChemEurope.com	9.28	How a common additive gives lithium-ion batteries a boost
Solarify	9.29	Gängiger zusatzstoff steigert leistung von lithium-ionen-batterien
Mirage News	9.30	Scientists unveil mystery inside Li-O_2 batteries
MSN Philippines	10.2	Missing element for life may be present in ocean of Saturn's moon Enceladus
NewsBeezer	10.3	There may be a missing element for life in the ocean of Enceladus

续表

媒体名称	时间	文章标题
PrimeTimes. IN	10.5	Trio who proved quantum mechanics is really weird—and useful—honored
True Viral News	10.5	"Spooky" quantum-entanglement experiments win physics Nobel
Science. org	10.5	Trio who proved quantum mechanics is really weird—and useful—honored
Northeastern News	10.7	New form of silicon discovered by Northeastern engineers can revolutionize semiconductor industry
Technology Times	10.7	Chinese scientists successfully complete free-space dissemination of time and frequency with E-19 instability over 113 km
True Viral News	10.7	Trio who proved quantum mechanics is really weird—and useful—honored
Infoseekニュース	10.7	中国の科学者が100 km 級高精度時間・周波数転送を実現—中国メディア
UrduPoint Network	10.7	Scientists achieve long-range, high-precision time-frequency dissemination
Phys. org	10.7	New form of silicon could revolutionize semiconductor industry
ライブドアニュース	10.8	中国の科学者、100キロ級自由空間での高精度な時間・周波数伝送に成功
Big News Network	10.9	Scientists find new evidence of habitability on Saturn's moon Enceladus
UrduPoint Network	10.9	Chinese scientist-led research discovers essential element for life on Saturn's moon
Happy Euro Anime	10.10	Corralling photons to solve problems in seconds
gooニュース	10.11	中国の科学者、土星の第 2 衛星に生命のもとになるリンが存在する可能性を発見—中国メディア
Physics World	10.11	Ocean on Saturn's moon Enceladus could be rich in a key ingredient for life
Mirage News	10.12	Holistic evolution of charge transfer to photocatalyst surface sites mapped for first time
Nachrichten Welt	10.13	Thrombektomie nach Basilaris-Schlaganfall gewinnt schließlich in randomisierten Studien an Wirksamkeit
The New England Journal of Medicine	10.13	Trial of endovascular treatment of acute basilar-artery occlusion

续表

媒体名称	时间	文　章　标　题
St. Joseph News-Press	10.13	Endovascular therapy aids outcome of basilar-artery occlusion
Cyber Defense Magazine	10.13	A belt-and-suspenders approach to application security
Vietnam Explorer News Channel	10.13	Cina continentale: Sale numero di università nella top 100 mondiale
Nachrichten Welt	10.13	Akutbehandlung des Schlaganfalls vorantreiben
Naval Technology	10.14	Has the world reached an age of quantum warfare?
Big News Network	10.14	Chinese study provides evidence for improved stroke treatment
Verdict	10.14	Has the world reached an age of quantum warfare?
AZoOptics	10.14	Polarity-switchable photoconductivity in semiconductor nanowires
newsexplorer.net	10.14	Chinesische studie liefert evidenz für verbesserte schlaganfallbehandlung
Galarabia	10.15	Polarity-switchable photoconductivity in semiconductor nanowires
Deutsches Ärzteblatt	10.15	Studien aus China belegen nutzen der thrombektomie bei basilaris-thrombose
Research and Markets	10.18	CAR-T cell therapy market by target indications, target antigens, key players and Key Geographies-Global Forecast 2022-2035
Kurskaya Pravda	10.18	Рынок биомиметических пластиков 2022 | Мировая отраслевая валовая прибыль, тенденции, доля, размер, будущий спрос, анализ ведущих игроков, статус прогресса и прогноз до 2027 года.
True Viral News	10.19	Chinese team sync clocks over record distance using lasers
NewsBeezer	10.19	Chinese team synchronize clocks with lasers over record distance
Big News Network	10.19	Researchers design AI-Chemist system to facilitate chemical experiments
MSN Philippines	10.20	Refining the clock's second takes time—and lasers
Overclockers	10.20	"Китайские ученые с помощью лазера синхронизировали оптические часы на рекордном расстоянии в 113 км"
Technology Times	10.20	Chinese researchers invent AI system facilitating chemical experiments
WhatsNew2day.com	10.20	Observations shed more light on the star formation history of galaxy NGC 2915

续表

媒体名称	时间	文章标题
Verve times-Latest News Around the World	10.21	Engineers develop stable devices that don't require expensive iridium
Breaking Latest News	10.22	Implementing the strategy of rejuvenating the country through science and education to build a strong foundation for the country
Green Car Congress	10.22	New stable water-splitting catalyst doesn't require expensive iridium
Breaking Latest News	10.22	Accelerate the implementation of innovation-driven development strategy
The Namibia Press Agency	10.22	China's deep space exploration laboratory recruits young talents
Head Topics	10.23	Researchers in China use lasers to sync optical clocks over record distance
MSN.com	10.23	InPics: Researchers design AI-chemist system to facilitate chemical experiments
Mirage News	10.24	New method can quickly derive contact binary parameters for large photometric surveys
Nachrichten Welt	10.24	Neue methode kann binäre kontaktparameter für große photometrische Untersuchungen schnell ableiten
Tech Times	10.24	Researchers develop an AI-chemist that conducts chemical research and experiments
EurekAlert!	10.24	Creating carbon nanostructures using small organic molecules
Fuelcellsworks	10.25	Making hydrogen more economical and practical with ruthenium
Scientific American	10.25	Researchers use quantum 'telepathy' to win an 'impossible' game
Einnews	10.26	Low Earth Orbit (LEO) satellites market players tap into 3D printing to build an off-earth ecosystem
ライブドアニュース	10.26	「ロボット化学者」が研究を後押し
Onedio	10.26	Dünya'nın en İyi üniversiteleri açıklandı! Peki bu listede hangi üniversiteler yer aldı?
The Cardiology Advisor	10.26	Endovascular therapy aids outcome of basilar-artery occlusion
Mirage News	10.27	Nanoglues stabilize metal atoms for catalysis

续表

媒体名称	时间	文　章　标　题
WICZ-TV	10.28	Biomimetic plastic materials market size 2022—2028 analysis with top countries data with CAGR rate：Latest industry trends，growth potential analysis，upcoming opportunities，revenue by regional forecast
EurekAlert!	10.28	Scientists utilize lunar soils to sustainably supply oxygen and fuels on moon in an unmanned manner
Nanowerk	10.28	Nanoglues stabilize metal atoms for catalysis
newsexplorer.net	10.29	Scientists investigate using lunar soils to sustainably supply oxygen and fuels on the moon
El Confidencial	10.29	La inesperada ventaja de los ordenadores cuánticos：Nos ahorrarán electricidad
UrduPoint Network	10.29	Chinese scientists create new strategy to address single-atom catalyst limitations
NewsBeezer	10.29	Scientists are investigating the use of lunar soils to sustainably supply the moon with oxygen and fuel
SciTechDaily	10.30	Are Newton's Laws of Gravity wrong：Observation puzzles researchers
Posts US News	10.30	Les lois de la gravité de Newton sont-elles fausses? L'observation intrigue les chercheurs
Nachrichten Welt	10.30	Sind Newtons gravitationsgesetze falsch：Beobachtungsrätsel forscher
kriptovaliutos	10.30	Ar Niutono gravitacijos dė Sniai neteisingi：Tyrinėtojų stebė jimo paslaptys
Podery Gloria	10.30	Newton'un yerçekimi yasaları yanlı mı：Ara tırmacıların Gözlem Gizemleri
TeleAlessandria	10.30	Le leggi di gravitazione di Newton sono sbagliate：I misteri dell'osservazione dei ricercatori
Klikbulukumba	10.30	Apakah hukum gravitasi Newton salah：Peneliti teka-teki observasi
Observatoire-qatar	10.30	Les lois de la gravitation de Newton sont-elles fausses? Les mystères de l'observation des chercheurs
Vietnam Explorer News Channel	10.30	Scientists utilize lunar soils to sustainably supply oxygen and fuels on moon in an unmanned manner
The Jerusalem Post	10.30	Behavior of star clusters challenge Newton's laws of gravity
News es euro	10.30	Están equivocadas las leyes de la gravedad de Newton? Los misterios de la observación de los investigadores

续表

媒体名称	时间	文　章　标　题
PublicNewsTime	10.30	Are Newton's Laws of Gravity wrong: Observation puzzles researchers
NewsBeezer	10.31	Son incorrectas las leyes de la gravitación de Newton? Misterios de la observación de los investigadores
Vietnam Explorer News Channel	10.31	Study proves a generalization of Bell's theorem: Quantum correlations are genuinely tripartite and nonlocal
Chemical & Engineering News	11.2	Membrane efficiently removes antibiotics from wastewater
Macau Business	11.3	China's new biomedical imaging facilities to improve understanding of diseases
The Science Times	11.3	Chinese scientists converted lunar soil samples into rocket fuel, oxygen
GPS World	11.8	China investigates improving GNSS timing with lasers
SwiftTelecast	11.8	New way to boost simulation of atmospheric aerosol nucleation
News Channel Nebraska	11.9	Biomimetic plastic market size [2022—2028] | Size estimates and projections, company profiles, market dynamics, scope of current and future industry, geographical analysis and future growth prospects [2028]
Flash News 11	11.9	Paving the way for satellite quantum communications
Happy Euro Anime	11.11	Author correction: A fast radio burst source at a complex magnetized site in a barred galaxy
Asiaresearchnews	11.11	Prime focus spectrograph passes significant testing milestone to capture light from many stars at once
Mirage News	11.11	New strategy to effectively prevent component failures in metals
SwiftTelecast	11.15	Researchers reveal new mechanism for optical phase amplification
Technology Times	11.15	National biomedical imaging center will improve understanding of diseases
Vietnam Explorer News Channel	11.17	A high-order shape-morphing and high-frequency actuated 3D mesostructure with applications in multifunctional devices
News 7F	11.17	Highly variable and high frequency activated 3D mesenchymal structures with applications in multifunction devices
Mirage News	11.17	Elegant hierarchical fiber organization within bamboo node
Tech Xplore	11.18	Researchers develop software package for isotropic reconstruction for electron tomography with deep learning

续表

媒体名称	时间	文　章　标　题
Vietnam Explorer News Channel	11.18	Molybdenum isotopes reveal interaction between subducting slabs and mantles
Start Magazine	11.20	Come e perché le università cinesi minacciano il primato culturale Usa
MSN GR	11.23	Τα καλ ύτερα Πανεπιστ ήμια στον κόσμο με κριτ ήριο την επαγγελμ α τικ ή αποκατήσταση
Nanowerk	11.23	Sliding nanomechanical resonators based on a graphene substrate
Physics World	11.24	Time-frequency dissemination breaks distance record
Before It's News	11.24	Researchers study the effects of defects on electron emission of Graphene electrodes
MINING. com	11.24	How molybdenum is helping reveal secrets of the deep earth
Mirage News	11.25	Scientists unveil multi-mode reactions in perovskite solar cells
Vietnam Explorer News Channel	11.28	Chinese scientists make breakthrough harvesting energy from sun, outer space cooling
Newsexplorer. net	11.28	Researchers certify device-independent genuine multipartite entanglement
Mirage News	11.28	Scientists realize high-speed uni-traveling-carrier photodiode
NewsBeezer	11.29	Researchers attest to device-independent true multipart entanglement
Bioengineer. org	11.29	Researchers reveal new mechanism for optical phase amplification
Bioengineer. org	11.29	Emergent charge order brings new physics in pressurized kagome superconductor
EurekAlert!	11.29	Kagome superconductor study provides platform for new physics research
Mirage News	11.29	Scientists developing highly CO-tolerant fuel cell anode catalysts
New Scientist	11.29	Brain mapping in mice may explain why pain makes us lose our appetite
PublicNewsTime	11.29	Researchers realize long-lived storage of multimode quantum states
Nachrichten Welt	11.29	Forscher realisieren langlebige Speicherung von Multimode-Quant enzuständen
Sky News	11.29	A new method for small-sized platinum intermetallic fuel cell catalysts
EurekAlert!	11.29	New way to boost simulation of atmospheric aerosol nucleation

续表

媒体名称	时间	文 章 标 题
Phys. org	11.30	Developing sliding nanomechanical resonators
Nachrichten Welt	11.30	Entwicklung gleitender nanomechanischer Resonatoren
Vietnam Explorer News Channel	11.30	Researchers unveil evolution of paleodiet at Neolithic Qujialing site
Vietnam Explorer News Channel	11.30	Developing the low-energy ion spectrometer for the Chinese BeiDou-3 satellite
NewsBeezer	11.30	USTC develops onbo a low-energy ion spectrometer
Vietnam Explorer News Channel	11.30	Researchers reveal 'Yin and Yang' mechanisms of stress granules by Caprin-1
Technology Times	12.1	Developing low-energy ion spectrometer for BeiDou-3 satellite
PV Magazine-International Edition	12.1	Agrivoltaics to reduce water evaporation
SpaceDaily. Com	12.2	Stock image depicting a kagome material structure.
Big News Network	12.2	Three-atom ultracold gas created for quantum chemistry research: Study
EurekAlert!	12.2	Chinese astronomers explore origin of optical variability in emission-line galaxies
Mirage News	12.2	Scientists develop systems for improved latent fingerprint recognition
Scienmag Science Magazine	12.2	Researchers develop system for improved latent fingerprint recognition
Mirage News	12.2	Scientists realize asymmetric electrochemical radical functionalization of alkenes and allylation
Phys. org	12.3	Astronomers explore origin of optical variability in emission-line galaxies
WAM-Emirates News Agency	12.3	Chinese scientists create three-atom ultracold gas for quantum chemistry research
Power Systems Design Magazine	12.3	Researchers observe directly turbulent magnetic reconnection in solar wind
Newswise	12.3	Researchers develop system for improved latent fingerprint recognition
Vietnam Explorer News Channel	12.3	China creates three-atom ultracold gas for quantum chemistry research
News 7F	12.3	Researchers develop system to improve latent fingerprint recognition

续表

媒体名称	时间	文　章　标　题
Technology Times	12.4	Chinese scientists create ultracold gas of triatomic molecules: Report
ライブドアニュース	12.5	実験室から全産業へ 中国の量子技術が産業化の新段階に
NewsR	12.5	Researchers observe directly turbulent magnetic reconnection in solar wind
NewsR	12.5	Emergent charge order brings new physics in pressurized kagome superconductor
AZoSensors	12.5	In-sensor reservoir computing system for beter latent fingerprint recognition
SpaceDaily.Com	12.5	A schematic drawing of the heliospheric current sheet, a structure in the solar wind, and the reconnection paradigm within it.
Mirage News	12.6	Novel two-dimensional homogeneous bias device induced under moderate pressure
Phys.org	12.7	On-demand storage of photonic qubits at telecom wavelengths
newsexplorer.net	12.7	Sr-Nd isotope baseline in Silk Road regions enables archaeological plant-ash glass provenance
News 7F	12.7	New battery technology has the potential to dramatically reduce energy storage costs
Head Topics	12.7	Chinese scientists develop ECG radar that can detect heart health from a distance
MarkTechPost	12.8	This AI paper introduces a novel image editing scenario called paint by example where you can edit a scene by painting with a conditional image
УКРІНФОРМ	12.8	Китайські науковці розробили безконтактний метод моніторингу ЕКГ
Technology Times	12.9	Chinese Researchers Designs Contactless ECG Monitoring Method
EurekAlert!	12.9	Sr-Nd isotope baseline in Silk Road regions enables archaeological provenance
Mirage News	12.9	New strategy to improve H_2O_2 utilization in photocatalytic reaction
Mirage News	12.9	USTC realizes on-demand storage of photonic qubits at telecom wavelengths
Mirage News	12.9	New strategy for synthesis of axially chiral allene compounds
Vietnam Explorer News Channel	12.10	A new strategy for enhancing hydrogen peroxide utilization in photocatalytic reactions

续表

媒体名称	时间	文章标题
Physics Magazine	12.10	Microsphere Pair Converts Microwaves to Light
Note	12.10	肝マクロファージと腸内細菌叢のクロストーク。炎症関連肝疾患の重要な構成要素
EurekAlert!	12.11	USTC scientists nominated 2022 Gordon Bell Prize
EurekAlert!	12.13	Novel quantum detection method developed to solve the problem of in-situ sensitive magnetic measurement under high pressure
PublicNewsTime	12.13	Researchers achieve contactless electrocardiogram monitoring
Mfame	12.14	The quantum computing race and its global impact
Mirage News	12.14	USTC creates ultracold gas w/ high phase-space density
Physics World	12.14	Deflection of a near-Earth asteroid by DART is the physics world 2022 breakthrough of the year
Scienmag Science Magazine	12.14	USTC make breakthroughs in atomistic neural network representations for chemical dynamics simulations
Phys. org	12.15	Researchers create ultracold triatomic gas of high phase-space density
News Concerns-Latest News Update	12.15	Breakthroughs in atomistic neural network representations for chemical dynamics simulations
The Journal Of Clinical Investigation	12.16	Thalamocortical circuits drive remifentanil-induced postoperative hyperalgesia
Patheos-Peculiar People	12.20	"Unintended corruption" and other quirks in current physics
Lifestyle. 1077lakefm	12.22	Biomimetic plastic market is estimated to accelerate industry development in chemical & material sector with top key players till 2028
Roxxcloud	12.22	Telecom industry looks to quantum computing to overcome 5G, 6G bottlenecks
Infoseekニュース	12.22	AIは中国経済成長の大きな原動力になるか—中国メディア
Big News Network	12.23	Chinese scientists develop new method to preserve female fertility
Wartabuana	12.23	Tim ilmuwan China kembangkan metode baru untuk awetkan kesuburan pada wanita
Gazeta. pl	12.23	Niemal wszystko, co nam wpadnie w ręce, chcemy wykorzystać jako broń. Ze sztuczną inteligencją miałoby byćinaczej?
Breaking Latest News	12.24	A large number of retired senior CCP officials died in the outbreak of the epidemic.

续表

媒体名称	时间	文　章　标　题
Au oneニュース	12.24	気候変動や食糧不足に対処したり暗号化を破ってインターネットを破壊したりするのに役立つレベルの「量子コンピューター」開発競争、アメリカと中国のどちらが最初に実現するのか
The Free Library	12.27	A meta-analysis of the relationship between Zhongyong thinking and creativity: Evidence from China.
Advanced Science News	12.28	A smart laparoscope that self-adjusts during surgery
Mirage News	12.29	Solid-State Quantum Networks Arrive: Dawn of New Era
Phys. org	12.29	High-visibility quantum interference between two independent semiconductor quantum dots achieved
Nachrichten Welt	12.29	Hochsichtbare Quanteninterferenz zwischen zwei unabhängigen Halbleiter-Quantenpunkten erreicht

国家级新闻媒体有关我校的报道索引

综合报道篇

媒体名称	时间	文　章　标　题	作　者
中国科学报	1.11	不负青春　不负时代	陈欢欢　桂运安
CCTV13	1.14	新思想引领新征程丨踔厉奋发　建设世界科技强国	
学习时报	1.19	量子通信:未来自主可控信息安全生态的重要保障	
中国科学报	1.19	2021年中国十大科技进展新闻	柯　讯
中国科学报	1.19	“两院”院士评选2021年中国、世界十大科技进展新闻揭晓	夏　宾
中国新闻网	1.20	ASC22世界超算大赛启动会举行,中国科学技术大学成东道主	
中国科学报	1.21	中科院颁发2021年度系列奖项	倪思洁
新华社	1.21	2022 ASC世界大学生超级计算机竞赛聚焦高性能计算与人工智能融合	温竞华

续表

媒体名称	时间	文　章　标　题	作　者
新华每日电讯	1.25	“黑科技”何以在这里层出不穷	杨玉华　马姝瑞 吴慧珺
科技日报	2.14	遭遇最低级别地磁暴　美星链卫星脱轨“自”有原因	唐　芳
光明日报	2.15	红专并进，理实交融	包信和
科技日报	2.18	量子密钥分发的新纪录　让城市间量子通信网络又近一步	
光明日报	2.19	2021，我们最美的青春记忆——党史学习教育大学生访谈录	赵建国　薄洁萍 户华为　周晓菲 赵　凡　冀文亚 刘　茜　颜维琦 苏　雁　常　河 高建进　夏　静 任　爽　张哲浩 张　勇　李　慧
中国日报	2.26	深空探测实验室日前揭牌	赵　磊
中国新闻网	2.26	深空探测实验室在皖揭牌　将承担中国探月工程四期任务	马帅莎
中国科学报	2.28	“冰立方”用上光纤温度计	王　敏
中新社	2.28	深空探测实验室在皖揭牌　将承担中国探月工程四期任务	马帅莎
新华每日电讯	2.28	面向航天科技前沿　深空探测实验室揭牌成立	胡　喆　魏冠宇
中国新闻网	2.28	2021年度中国科学十大进展发布　火星探测、空间站等入选	孙自法
光明日报	3.1	2021年度中国科学十大进展发布	杨　舒
光明日报	3.1	中国科学十大进展入选理由	杨　舒
中国纪检监察杂志	3.2	中国科大纪委署名文章：严防高校纪检监察机构“灯下黑”	中国科学技术大学纪委
CHINA DAILY	3.7	Global professionals welcomed to USTC for academic success	
CHINA DAILY	3.7	University's science and tech programs lauded	
CCTV 央视新闻	3.7	两会夜话丨共赴星辰大海　迈向世界科技强国	帅俊全　刘　洁 吴经伟　苗毅萌
CCTV 新闻联播	3.9	奋进新征程　建功新时代——凝心聚力共襄伟业　奋楫扬帆再启新程	

续表

媒体名称	时间	文　章　标　题	作　者
人民日报	3.10	代表委员热议深入实施创新驱动发展战略　依靠创新提高发展质量(聚焦高质量发展)	申少铁　齐志明 孟祥夫　徐　靖 葛孟超　申　茜 潘俊强　宋　宇 刘晓宇　刘新吾 戴林峰
新华网	3.10	全国人大常委会委员包信和:打造心无旁骛、有创造力的科技人才队伍	
21世纪经济报道	3.12	专访全国人大常委会委员包信和:“先立后破”推动能源结构调整　校企联动促进“双碳”成果转化	易佳颖　卜羽勤 杜弘禹
央视网	3.20	青春大课	
人民日报	3.24	中国科学技术大学　成果转化更顺畅(新时代新作为)	徐　靖
科技日报	4.11	凝聚青年力量　开启知识产权强国建设新征程	葛章志
科技日报	4.15	上海安徽方舱医院A舱首批184名患者出院	吴长锋
人民政协报	4.15	合肥:“专精特新”秀出“硬科技”	刘甜甜　胡方玉
人民网	4.26	【沿着足迹看变化】中国科大:奔向科技创新的“星辰大海”	关　飞　张　磊
人民日报	4.29	把创新作为最大政策奋起直追　安徽以科技创新驱动高质量发展	吴　焰　韩俊杰 徐　靖
中国科学报	4.29	中国科学院5人2集体荣获全国五一劳动奖章、全国工人先锋号	陈欢欢
新华社	5.4	70后、80后、90后、00后……二十四载接力奔赴,青春之光照亮大山深处	张　端　王　鹏
CCTV13新闻联播	5.4	逐梦伟大时代　奏响青春之歌	
人民日报客户端	5.12	中国科大多项成果入选2021年各项“十大科技进展”	徐　靖
人民网	5.16	看中国・千家万户的事　安徽:“栽树工程”枝叶茂　科创花开红似火	张　磊　汪瑞华
CCTV13新闻直播间	5.20	中国科学院第十八届公众科学日明天线上举办	
中国青年报	5.30	科技自立自强　青年先锋“舍我其谁”	杨鑫宇
人民日报	6.6	沿着总书记的足迹・安徽篇　在新发展格局中实现更大作为	吴　焰　游　仪 田先进
中国青年报	6.6	攀登科技创新“制高点”	王　磊　王海涵

续表

媒体名称	时间	文　章　标　题	作　者
人民日报	6.6	把创新作为栽树工程,打造科技创新策源地	游　仪　徐　靖
新闻联播	6.6	坚持高质量发展　谱写美好安徽新篇章	
中国组织人事报	6.10	潜心立德树人　执着攻关创新——中国科学技术大学推动基层党建高质量发展纪实	
中新网	6.14	China's deep space exploration laboratory starts operation	
中国科学报	6.15	深空探测实验室进入全面建设新阶段	甘　晓
人民日报客户端	6.22	中国科技大学自然指数跃升全球第九	田先进
光明网	7.7	包信和院士:加速推动科技成果转化,将创新成果转化成看得见的“生产力”	刘梦甜
人民网	7.10	一轮医院“国考”成绩公布！中国科学技术大学附属第一医院排名居全国第22位	周　坤
央广网	7.10	新一轮医院“国考”成绩公布！中国科大附一院排名居全国第22位	鲍玉婵
光明日报	7.18	“墨子号”何以激起空间量子科学热潮	常　河
中国科技网	8.2	中国科大推出“鲲鹏计划”,力推科技成果转化落地	吴长锋
人民日报	9.14	安徽构筑高端人才创新创业高地(喜迎二十大)	吴　焰　田先进
人民日报	9.22	安徽制造向“新”而行	吴　焰　游　仪
CCTV10科教	10.4	《透视新科技》奇妙的量子(二)——量子计算机离我们有多远	
CCTV10科教	10.10	《透视新科技》奇妙的量子(三)——无法窃取的密钥	
中国青年报	10.11	不忘初心踔厉奋发培养红专并进、堪当大任的时代新人	杨晓果
CCTV新闻联播	10.14	【党的二十大】二十大各代表团全部报到	
光明日报	10.16	执着创新勇攀科学高峰——访中国科学技术大学党委书记舒歌群代表	常　河　马荣瑞　丁一鸣
科技日报	10.17	三个“第一”四个“新”　从二十大报告关键词看中国创新路径	刘　垠　操秀英
中国教育报	10.18	勇担教育新使命　共绘强国新蓝图——全国教育系统干部教师热议党的二十大报告	王志鹏

续表

媒体名称	时间	文　章　标　题	作　者
中国教育报	10.18	充分发挥基础性战略性支撑作用——代表热议教育、科技、人才助力全面建设社会主义现代化国家	高毅哲　焦以璇　储召生
中国教育报	10.18	中国教育国际影响力持续提升	王若熙　杨桂青
CCTV13 新闻直播间	10.18	二十大代表热议丨科教兴国助力中国式现代化	
人民日报	10.19	自信自强　守正创新　踔厉奋发　勇毅前行	孙　振　许　晴
中国科学报	10.19	生逢其时　使命光荣　责任重大　中科院职工学生热议党的二十大报告	陈欢欢　高雅丽　倪思洁
科技日报	10.19	“我们正处在一个大有可为的光荣时代”	吴长锋
中国教育报	10.19	夯实科技强国人才强国之基——代表热议新时代高等教育高质量发展	董鲁皖龙　储召生　刘　琴
CCTV13 新闻直播间	10.19	聚焦二十大　实施科教兴国战略　筑牢国家强盛之基	
中国科学报	10.20	中国科学技术大学为多种植物叶片代谢物“拍照”	王　敏
中国教育报	10.20	培养担当民族复兴大任的时代新人——代表热议坚持为党育人为国育才	梁　丹　储召生
CCTV13 朝闻天下	10.20	聚焦二十大　实施科教兴国战略　筑牢国家强盛之基	
中国教育报	10.20	增强教育服务国家战略能力——代表热议加快实施创新驱动发展战略	刘　钰　张湘怡　储召生
CCTV 新闻联播	10.21	实施科教兴国战略　筑牢国家强盛之基	
新华网	10.21	让青春在全面建设社会主义现代化国家的火热实践中绽放绚丽之花——党的二十大报告在全国高校青年师生中引起强烈反响	张　端
新华社客户端	10.21	党的二十大报告在全国高校青年师生中引起强烈反响	张　端
人民日报	10.22	中国科学技术大学师生——更加自觉地担负起光荣使命	徐　靖
人民日报	10.22	党的二十大代表热议——加快实施创新驱动发展战略	冯　华　金正波　常　钦　路　畅
新华社	10.22	党的二十大报告在全国高校青年师生中引起强烈反响	张　端
中国教育报	10.22	以中国式现代化全面推进中华民族伟大复兴——代表和专家热议教育如何服务中国式现代化	储召生　林焕新　梁　丹　张　东

续表

媒体名称	时间	文章标题	作者
光明日报	10.22	让青春在全面建设社会主义现代化国家的火热实践中绽放绚丽之花——党的二十大报告在全国高校青年师生中引起强烈反响	
人民日报	10.22	让青春在全面建设社会主义现代化国家的火热实践中绽放绚丽之花——党的二十大报告在全国高校青年师生中引起强烈反响	
中国青年报	10.23	做有理想、敢担当、能吃苦、肯奋斗的新时代好青年——党的二十大报告在广大高校大学生中引发强烈反响	毕若旭 梅从政 程思 聂亚栋 刘俞希 罗希 范雪 曹竞
CETV 中国教育电视台	10.24	《育见》——陈宇翱:心系国家 不忘初心 在量子领域创造新世界纪录	
人民日报海外版	10.25	广大干部群众认真学习贯彻党的二十大精神	曹文轩 龚仕建 王昊男 谢卫群 窦瀚洋 徐靖 范昊天 武少民 李家鼎 王云娜 程远州 黄娴 钟自炜 姜峰 叶传增 乔栋 罗艾桦 肖家鑫
新华社客户端	10.26	中国科学技术大学科技商学院成立	陈诺
人民日报	10.26	对标世界一流,培养科技产业组织人才！中国科大科技商学院今正式成立	田先进
中国旅游新闻网	10.26	中国手工造纸技艺传承与发展第十一届研修班在安徽泾县开班	朱文文 秦庆
央广网	10.27	中国科学技术大学科技商学院成立 近期将开学	卜叶
中国非物质文化遗传网	10.27	中科大手工纸技艺十一届研修班宣城开班	郜磊
人民论坛网	10.28	二十大·二十问——如何讲好中国故事	钱斌
CCTV 新闻联播	10.31	奋进新征程 扬帆再出发——党的二十大在广大干部群众中引发强烈反响	

续表

媒体名称	时间	文　章　标　题	作　者
科技日报	11.2	用新的伟大奋斗创造新的伟业　科技界兴起学习贯彻党的二十大精神热潮	刘　垠　刘　莉　代小佩　陆成宽　操秀英　付毅飞　张盖伦　吴长锋　华　凌　过国忠　李丽云　王祝华　陈　瑜　张佳星　付丽丽　江　耘　王迎霞　陈汝健
人民日报客户端	11.10	皖间观察丨对标世界一流,这所科技商学院的创建大有深意	田先进
新华社客户端	11.11	中国科大先研院的十年成长路	杨晓龙
中国教育报	11.14	把红旗高举起来,插上科学的高峰——深切缅怀中国科大首任校长郭沫若	包信和
光明日报	11.15	奋进新时代·展品背后的故事——大国重器　舍我其谁	丁一鸣　常　河
科技日报	11.24	想国家之所想、急国家之所急、研国家之所需——大学校长谈高等教育高质量发展	
科学网	11.30	舒歌群:聚科教人才合力　筑国家强盛之基	王　敏
光明日报	12.1	为实现中国式现代化贡献科大力量	包信和
光明日报	12.1	理实交融争一流　科教报国谱新篇——中国科学技术大学师生深入学习贯彻党的二十大精神	常　河　马荣瑞　桂运安
光明日报	12.1	为加快建设人才和科技强国添砖加瓦	常　河　丁一鸣
科技日报	12.5	量子科技开花落地创新正是关键词	吴长锋
中国科学报	12.5	大视场巡天望远镜得名“墨子”	王　敏
人民日报	12.6	量子计算——强大算力广阔前景(开卷知新)	郭光灿
中国科学报	12.8	舒歌群:聚科教人才合力　筑国家强盛之基	王　敏
科技日报	12.19	这一年,科技创新不断塑造新优势	金　凤
中国科技网	12.21	中国科大实数量子力学检验实验入选 2022 年国际物理学十大进展	吴长锋
光明日报	12.22	中科大实数量子力学检验实验入选 2022 国际物理学十大进展	马荣瑞　王　敏
中国青年报	12.23	“量子青年”为国守好科技新赛道	王　磊　代　群

续表

媒体名称	时间	文　章　标　题	作　者
CCTV1 晚间新闻	12.23	中国科大蛋白质设计研究成果入选中央广播电视总台 2022 年度国内十大科技新闻	
CCTV4 中国新闻	12.23	中央广播电视总台 2022 年度国内　国际十大科技新闻发布	
CCTV 新闻联播	12.25	国家高新区多举措积极增动能促发展	
科技日报	12.26	2022 年国内十大科技新闻解读	陆成宽
CCTV3	12.31	启航 2023 丨央视跨年晚会　潘建伟出镜送上新年祝福	

科学研究篇

媒体名称	时间	文　章　标　题	作　者
CCTV13	1.2	2021 科技新突破　密集发力　一批重大科技创新成果竞相涌现	
科技日报	1.5	受宣纸三维结构启发　新型可折叠显示膜问世	吴长锋
中国科学报	1.6	科学家模仿宣纸发明透明可折叠薄膜	桂运安
新华社	1.7	中国学者模仿宣纸发明透明可折叠薄膜	
新华社	1.7	中国の研究者､｢宣紙｣から着想した透明セルロース繊維フィルムを開発	周　畅　韩晓雨
光明日报	1.8	量子纠缠实现高效率“提纯”	詹　媛
中国科学报	1.10	可重构回收高性能柔性电子器件问世	桂运安　王　敏
中国科学报	1.10	全固态氟离子电池　“涟漪”能否成“浪潮”	桂运安
光明日报	1.10	受宣纸启发——我学者发明透明可折叠薄膜	常　河　桂运安
科技日报	1.10	活动星系演化进程中恒星形成率的反弹现象被探测到	吴长锋
科技日报	1.13	柔性电子器件制备有了新技术　或拥有广泛应用前景	吴长锋
科技日报	1.17	硅基半导体自旋量子比特实现超快操控	吴长锋
中国科学报	1.17	细菌“助攻”——“可食用”吸管来了	王　敏　桂运安
光明日报	1.18	中外学者“超快操控”硅基自旋量子比特	丁一鸣　桂运安
人民日报	1.18	中外科学家实现硅基自旋量子比特的超快操控	徐　靖

续表

媒体名称	时间	文章标题	作者
中国科学报	1.19	最优量子门检验首次实现	桂运安　王　敏
中新社	1.19	中国学者在史前人类食物加工方式演变研究中取得重要进展	吴　兰
中新社	1.19	833 公里！中国光纤量子密钥分发距离创世界纪录	吴　兰
中国科学报	1.20	833 公里！我国光纤量子密钥分发创世界纪录	桂运安　王　敏
科技日报	1.20	最优量子门检验首次实现　为容错量子计算奠定基础	吴长锋
科技日报	1.20	科学考古揭秘史前人类食物加工方式演变	吴长锋
科技日报	1.20	833 公里！我国光纤量子密钥分发距离创世界纪录	桂运安　吴长锋
光明日报	1.20	833 公里！我国光纤量子密钥分发距离创世界纪录	常　河　桂运安
人民日报	1.20	我国光纤量子密钥分发距离创世界纪录	徐　靖
新华社	1.20	全球连线 | 宣纸 2.0！中国科学家发明一种新奇薄膜	周　畅　张　端　李　妍
CCTV13 新闻	1.21	我国光纤量子密钥分发距离创世界纪录	
CCTV4 中文国际	1.21	中国光纤量子密钥分发距离创世界纪录	
CCTV 新闻联播	1.21	我国光纤量子密钥分发距离创世界纪录	
科技日报	1.25	人类胆汁酸外排蛋白 ABCB11 的分子机制揭示	吴长峰
中国科学报	1.25	新型铜催化剂助力二氧化碳变燃料	桂运安　王　敏
中国科学报	1.27	中国科学技术大学发现人类胆汁酸外排蛋白转运机制	桂运安　王　敏
科技日报	2.8	量子模拟重大突破　我科学家首次测得第二声衰减率	吴长峰
中国科学报	2.8	科学家首测费米超流第二声	桂运安　王　敏
CCTV13	2.9	我国科学家量子模拟研究取得重大突破　首次观测到费米超流中的熵波临界发散	
中国科学报	2.10	科学家首次在超冷原子分子混合气中合成三原子分子	桂运安　王　敏
CCTV 新闻联播	2.10	我国科学家建立蛋白质从头设计新方法	
中国科学报	2.11	科学家建立蛋白质从头设计新方法	桂运安　王　敏

续表

媒体名称	时间	文　章　标　题	作　者
科技日报	2.11	一天三篇　中国科大成果论文登上《自然》	吴长锋
新华社	2.11	我国科学家建立蛋白质设计新方法	周　畅
光明日报	2.14	我科学家建立蛋白质从头设计新方法	常　河　王　敏
科技日报	2.16	中国科大团队精确测量正负电子湮没中的 R 值	吴长锋
中国科学报	2.16	首次实验排除实数形式的标准量子力学	桂运安　王　敏
中国科学报	2.17	星系中心高速外流在百光年尺度上“加速”	桂运安　王　敏
中国新闻网	2.21	中国团队实现石墨烯制备新进展　2 分钟实现石墨氧化	吴　兰
光明日报	2.26	中外学者绘出太平洋下方最大尺度超低速带三维结构	丁一鸣　桂运安
中国科学报	2.28	微流反应两分钟“氧化”石墨	桂运安　王　敏
中国科学报	2.28	中国科学技术大学制备出大面积天蓝光钙钛矿 LED	桂运安　王　敏
光明日报	2.28	中外学者绘出太平洋下方最大尺度超低速带三维结构	丁一鸣　桂运安
中国新闻网	2.28	中国科学家制备出大面积天蓝光钙钛矿 LED	吴　兰
中国科学报	3.1	科学家绘出太平洋下方最大尺度超低速带三维结构	桂运安　王　敏
中国新闻网	3.3	中国学者提出增强仿生陶瓷韧性的新方法	吴　兰
中国青年报客户端	3.3	中国科学家提出增强仿生陶瓷韧性的新方法	王海涵　王　磊
CCTV 新闻联播	3.8	我国科学家首次实现三原子分子的量子相干合成	
中国科学报	3.14	研究展示量子热机优越性	桂运安　王　敏
科技日报	3.15	新方法可增强仿生陶瓷韧性	吴长锋
科技日报	3.15	2 分钟实现石墨氧化　石墨烯制备取得重要进展	吴长锋
光明日报	3.20	我国学者提出增强仿生陶瓷韧性的新方法	常　河　桂运安
中国新闻网	3.21	中国科大揭秘青藏高原夏季水循环特征	吴　兰
中国科学报	3.23	中科院国家天文台等 LAMOST 发现一个“星系果蔬园”	沈春蕾
央视新闻客户端	3.23	中科大利用全球变空间分辨率模式在公里尺度揭示青藏高原夏季水循环特征	王　宁
央视新闻客户端	3.27	中科大在量子信息基础研究中取得重要进展	王　宁

续表

媒体名称	时间	文　章　标　题	作　者
科技日报	3.29	芯片集成的冷原子磁光阱系统首次实现	吴长锋
中国科学报	3.29	研究验证多体系统中量子态可被同时导引	桂运安　王　敏
科技日报	3.30	我科学家制备出　强发光方向性量子点材料	吴长锋
科技日报	3.31	多体量子导引新特征获验证　有助多用户量子网络搭建	吴长锋
人民日报	3.31	多体量子导引科研领域取得新成果	李俊杰
中国高新技术产业导报	4.5	中科大在量子信息基础研究中取得重要进展	王　宁
中国高新技术产业导报	4.5	芯片集成的冷原子磁光阱系统首次实现	王　宁
中新社	4.5	中国科大在新一代神威超算平台填补多项大气数值模拟空白	吴　兰
中国科学报	4.6	“新神威”算天气　9小时精测7天　模拟精度达全球3公里空间分辨率	赵广立
科技日报	4.7	我科学家研制“龙虾壳”新型仿生材料	吴长锋
科技日报	4.11	释光测年技术揭开远古良渚遗址奥秘	吴长锋
中国高新技术产业导报	4.11	中国科学家揭示青藏高原夏季水循环特征	田先进
央视新闻客户端	4.11	探索良渚遗址奥秘　释光测年技术研究取得新进展	帅俊全
科技日报	4.12	我国大视场巡天望远镜　主焦相机研制取得进展	吴长锋
中国科学报	4.13	中国科学技术大学打造巡天望远镜成像探测器测试平台	王　敏
人民日报	4.18	我科学家填补大气数值模拟空白	田先进
中国科学报	4.19	中国科大获日内瓦国际发明展金奖	王　敏
光明日报	4.19	我科学家实现里德堡原子多频率微波精密探测	丁一鸣　王　敏
科技日报	4.20	基于简并腔中涡旋光子的拓扑量子模拟首次实现	吴长锋
央视新闻	4.21	从盐湖卤水直接提锂元素　中科大新技术助力锂资源保障	王　宁
科技日报	4.21	里德堡原子携手神经网络　实现多频率微波精密探测	吴长锋
科技日报	4.24	用机器学习揭示全球中大地震破裂模式	吴长锋

续表

媒体名称	时间	文章标题	作者
中国新闻网	4.25	中外学者合作揭示罗斯海最古老企鹅繁殖地历史	吴　兰
中国新闻网	4.25	中国学者利用机器学习揭示地震破裂模式	吴　兰
科技日报	4.27	线粒体功能障碍或诱发神经退行性疾病	吴长锋
科技日报	4.27	智能涂层实现全天候冷热能量捕获与利用	吴长锋
中国科学报	4.27	研究人员利用机器学习揭示全球中大地震破裂模式	王　敏
光明日报	4.28	我国科学家发明二氧化碳还原合成葡萄糖新方法	齐　芳
中国新闻网	4.28	中国科学家再次实现二氧化碳“变废为宝”:还原合成葡萄糖和油脂	孙自法
人民日报	4.29	二氧化碳能合成葡萄糖和脂肪酸(科技自立自强)	吴月辉
科技日报	4.29	我国科学家实现二氧化碳到葡萄糖和油脂的人工合成	陆成宽
中国科学报	4.29	除了“淀粉”,人工合成“粮食”又有新招　二氧化碳可“变”葡萄糖和脂肪酸	刁雯蕙
人民网	4.29	人工合成“粮食”又添新技术！我国科学家实现二氧化碳还原合成葡萄糖和脂肪酸	赵竹青　吕　骞
新华网	4.29	Chinese scientists produce glucose, fatty acids with carbon dioxide	huaxia
中国新闻网	4.29	Chinese scientists convert CO_2 to high-yield glucose	Zhao Li
中国日报	4.29	New means of synthesizing carbon dioxide can help tackle environmental issues in a big way	ZHANG ZHIHAO
中国新闻网客户端	4.30	变废为宝新路径！中国科学家实现二氧化碳合成葡萄糖和脂肪酸	孙自法
光明日报	4.30	首个国产量子芯片设计工业软件问世	常　河
人民日报客户端	5.1	中国科大利用机器学习揭示全球中大地震破裂模式	田先进
科技日报	5.3	新型双梯度石墨负极材料实现锂电池快充	吴长锋
科技日报	5.4	硅基量子芯片中自旋轨道耦合强度高效调控实现	吴长锋
央视新闻客户端	5.5	我国实现658公里远距离光纤传感　定位精度达到1公里	王　宁
光明日报	5.5	我实现远距离量子密钥分发和光纤振动传感	常　河　丁一鸣

续表

媒体名称	时间	文　章　标　题	作　者
中国新闻网	5.5	“墨子号”实验首次实现 1200 公里地面站间量子态远程传输	吴　兰
中国新闻网	5.5	中国学者实现 658 公里光纤振动传感　定位精度达 1 公里	吴　兰
人民日报客户端	5.6	中科大成功融合远距离量子密钥分发和光纤振动传感	李俊杰
中国科学报	5.6	科学家实现 658 公里　量子密钥分发和光纤振动传感	王　敏
光明日报	5.6	“墨子号”实现一千二百公里地表量子态传输	丁一鸣　马荣瑞 王　敏
中国青年报客户端	5.6	“墨子号”实现 1200 公里地表量子态传输	王　敏　王海涵 王　磊
新华网	5.7	新！纪！录！	徐海涛　陈　诺
科技日报	5.8	光子偏振态的可集成固态量子存储首次实现	吴长锋
中国青年报	5.9	“西北风”巧变“粮”　中国科学家实现二氧化碳合成葡萄糖和脂肪酸	张　茜
科技日报	5.9	“墨子号”实现 1200 公里地面站之间的量子态远程传输	吴长锋
中国科学报	5.9	1200 公里　墨子号刷新地表量子态传输纪录	王　敏
中国科学报	5.10	智能涂层实现“白天集热、夜间制冷”	王　敏
人民日报	5.11	“墨子号”实现 1200 公里地表量子态传输	徐　靖　田先进
央广网	5.12	我国科学家实现常压下二氧化碳加氢制长链烯烃	张宣剑
中国新闻网	5.13	科学家实现常压下二氧化碳加氢制长链烯烃	吴　兰
中国科技网	5.15	我科学家实现常压下二氧化碳加氢制长链烯烃	吴长锋
科技日报	5.15	我科学家实现常压下二氧化碳加氢制长链烯烃	吴长锋
中国科学报	5.17	科学家实现光子偏振态的可集成固态量子存储	王　敏
中国新闻网	5.18	中国科大学者系统评估多种空间转录组分析算法	吴　兰
新华社	5.19	中国科学家研制新材料　有望助力“双碳”和太空探测	徐海涛　周　畅
中国科学报	5.20	空间转录组分析算法哪家强?	王　敏
人民日报客户端	5.24	中国科大在 6G 滤波器领域取得重要进展	李俊杰
光明日报	5.24	我科学家实现高选择性制造乙烷和氢气	丁一鸣　王　敏

续表

媒体名称	时间	文　章　标　题	作　者
中国新闻网	5.24	轻超核寿命多长？中外学者合作实现最精确测量	吴　兰
中国青年报客户端	5.24	我国科学家利用天然气高选择性制备乙烷和氢气	王　敏
中国科学报	5.25	轻超核"寿命"迄今最精确测量结果发布	王　敏
中国新闻网客户端	5.25	中国学者利用天然气制备乙烷和氢气	吴　兰
人民日报客户端	5.25	中科大科技考古实验室青铜文明研究成果引发持续关注	李俊杰
人民日报客户端	5.25	中国科大在气体递质高分子材料领域取得系列进展	李俊杰
人民日报客户端	5.25	中科大高能核物理团队在超核研究中取得重要进展	李俊杰
中国科学报	5.26	新材料突破锂离子电池瓶颈	王　敏
中国科技网	5.26	轻超核寿命多长？中外学者合作实现最精确测量	吴长锋
科技日报	5.26	岩石熔融温度测定新技术助力解决地球物理学术争议	吴长锋
中国科学报	5.27	科学家利用甲烷高选择性制备乙烷和氢气	王　敏
中国科学报	5.30	研究实现基于粒子不可分辨性的量子相干生成	王　敏
中国新闻网	6.6	中国科大揭示距今约2.5亿年陆地生命大灭绝新"凶手"	吴　兰
科技日报	6.7	高选择性制备乙烷和氢气可利用天然气实现	吴长锋
科技日报	6.7	轻超核寿命多长？中外学者给出最精确结果	吴长锋
中国科学报	6.8	科学家构建出常规中性大气边界层理论模型	王　敏
光明日报	6.9	神舟十四号返回舱图像获增强	丁一鸣　王　敏
光明日报	6.9	二叠纪末陆地物种大灭绝之谜揭开	常　河　王　敏
人民日报客户端	6.9	中科大新发现：2.5亿年前陆地物种大灭绝或因"硫酸盐气溶胶"	徐　靖
中国科学报	6.10	硫酸盐气溶胶是2.5亿年前生物大灭绝重要因素	王　敏
人民日报客户端	6.10	中国科大流媒体技术助力神舟十四号返回舱图像增强	徐　靖
中国科学报	6.14	流媒体技术显著提升神舟十四号返回舱图像分辨率	王　敏
中新网	6.15	Sulfate aerosols contribute to terrestrial extinction 250 mln yrs ago：Study	

续表

媒体名称	时间	文　章　标　题	作　者
光明日报	6.21	我科学家在自旋量子精密测量上获重要进展	常　河　王　敏
科技日报	6.22	急性基底动脉闭塞治疗研究获突破性进展	吴长锋
人民日报客户端	6.22	中国科大在基于协同抑冰的活细胞低温保存方向取得新进展	田先进
科技日报	6.23	二叠纪末陆地生命大灭绝硫酸盐气溶胶或是重要因素	吴长锋
中国科学报	6.23	新型自旋量子放大技术灵敏度达飞特斯拉水平	王　敏
科技日报	6.23	我研究团队揭示电荷转移过程中核量子效应重要作用	吴长锋
人民日报客户端	6.25	中国科大实现具有聚集可调双发射性质的三维手性分子碳纳米环	田先进
中国新闻网	7.5	中国科大团队实现空间分辨率3米、时间分辨率0.1秒风场探测	田博群
央视新闻客户端	7.6	我国科学家实现激光雷达系统研制重大突破	帅俊全
央广网	7.6	中科大在相干测风激光雷达方面实现重大突破	汪　称
中国科学报	7.7	首个聚集可调双发射性质的手性双环分子研发成功	王　敏
光明日报	7.7	我科学家在激光雷达系统研制上获突破	马荣瑞　王　敏
中国科学报	7.8	科研人员首次实现高精度风场连续探测	王　敏
中国科学报	7.10	《科学》最新发文！科学家破译“声音”减轻疼痛的原因	吴长锋
中国新闻网	7.10	中国科大提出一种治疗类风湿关节炎新方法	吴　兰
中国青年报客户端	7.10	听音乐能“疗伤”科学家破解“声音”减轻疼痛奥秘	王　敏　王海涵 王　磊
中国新闻网	7.11	科学家破译“声音”减轻疼痛的原因	吴　兰
光明日报	7.11	我科学家破译声音减轻疼痛神经机制	常　河　王　敏
新华社	7.11	中科大科研团队发现“声音能镇痛”的科学机制	徐海涛　戴　威
新华社	7.11	全球连线丨中科大用高科技助力遗址勘探、文物保护	张　端　刘美子 曹嘉玥　宋立峰
中国科学报	7.11	“声音”为何能镇痛？科学家破译神经机制	王　敏
科学网	7.13	探访中国科大钴源装置	王　敏　桂运安 白柠语　林思纯

续表

媒体名称	时间	文　章　标　题	作　者
科学网	7.13	安徽全力推进“科大硅谷”建设	王　敏
科学网	7.13	《现代物理评论》中国科大发表空间量子实验综述论文	王　敏
CCTV13 新闻直播间	7.13	科学家破译“声音减轻疼痛”的科学机制	
中国之声	7.13	听声音能缓解疼痛？科学家破译声音减轻疼痛的原因	孙鲁晋　王　利
人民日报客户端	7.14	事关“墨子号”卫星！中国科大最新成果	徐　靖
新华社	7.15	中国科大科研团队超冷原子量子模拟获重要进展	戴　威
中国科学报	7.15	量子模拟求解格点规范场理论热化问题	王　敏
科技日报	7.15	量子模拟方法求解复杂物理问题获重要进展	吴长锋
光明日报	7.16	中科大超冷原子量子模拟获重要进展　格点规范场理论热化问题得解	常　河　王　敏
中国青年报	7.18	科学家首次建立声音镇痛的小鼠模型	王海涵　王　磊
科技日报	7.18	量子网络的非局域性得到实验检验	吴长锋
中国科学报	7.19	最新实验检验量子网络非局域性	王　敏
中国科技网	7.19	我学者发现陈数可调量子反常霍尔效应	吴长锋
中国科学网	7.19	蛋白冠研究取得最新进展	吴长锋
中国科技网	7.19	里德堡原子微波频率梳谱仪首次实现	吴长锋
中国科学报	7.20	里德堡原子微波频率梳谱仪研制成功	王　敏
中国科技网	7.20	量子密钥分发网络实现高安全性	吴长锋
央视新闻客户端	7.20	我国科学家在高安全量子密钥分发网络方面取得新进展	帅俊全
科技日报	7.20	纳米颗粒在人体内寿命与其弹性相关	吴长锋
科技日报	7.22	集成光量子器件中单光子阻塞新原理揭示	吴长锋
光明日报	7.22	量子密钥分发网络可实现高安全性	常　河　丁一鸣
中国科学报	7.22	深度学习助力提高蛋白质序列设计成功率	王　敏
中国科技网	7.23	我国学者实现基于里德堡原子的低频射频电场精密探测	吴长锋
中国科技网	7.23	深度学习助力蛋白质序列从头设计	吴长锋
中国新闻网	7.23	中国科大研究揭示纳米颗粒弹性影响血液循环寿命的机制	吴　兰

续表

媒体名称	时间	文　章　标　题	作　者
中国科学报	7.27	中国科学技术大学揭示纳米颗粒弹性影响其血液循环寿命机制	王　敏
中国科学报	7.28	科学家发现陈数可调量子反常霍尔效应	王　敏
央广网	7.28	世界首颗量子微纳卫星成功发射	卜　叶
光明日报	7.30	我国成功发射世界首颗量子微纳卫星	丁一鸣　王　敏
中国科技网	8.2	中国科大在复杂有机团簇分子的形成和演化研究取得新进展	吴长锋
中国科技网	8.2	使用普通光源即可快速生成安全的量子随机数	吴长锋
中国科学报	8.3	植物生长素“搬运工”首露真容	王　敏
中国科学报	8.3	揭示集成光量子器件中单光子阻塞新原理	王　敏
中国青年网	8.3	解密世界首颗量子微纳卫星的前世今生	王　磊　王海涵
科技日报	8.4	中国科大《自然》刊文:揭示植物生长素转运机制	吴长锋
光明日报	8.4	向日葵为何总向阳　中国科大团队揭示植物生长素运转机制	常　河　王　敏
中国新闻网	8.4	中国科大团队揭示植物生长素“搬运工”工作全貌	吴　兰
中国青年网	8.5	一场数学的“接力长跑”	李　超　尤　强
中国科学网	8.5	《科学》最新刊文:中国科大发现肿瘤免疫治疗新潜在靶点	吴长锋
光明日报	8.6	中国科大发现肿瘤免疫治疗新潜在靶点	常　河　王　敏
中国科学网	8.7	潘建伟团队首次实现独立量子存储器间的远距离纠缠	吴长锋
中国科学报	8.8	中国科学技术大学提出并实现新型量子随机数发生器	王　敏
中国科学报	8.9	科学家发现肿瘤免疫治疗新潜在靶点	王　敏
中国科学报	8.12	研究揭示光感知促进大脑发育的神经机制	王　敏
科技日报	8.16	更可靠,更安全中科大研究探索新量子随机数协议	吴长锋
科技日报	8.17	肿瘤免疫治疗潜在靶点被发现	吴长锋
中国科学报	8.17	科学家实现无探测漏洞高维贝尔不等式检验	王　敏
中国科学报	8.18	科学家实现两个光力系统全光远程同步	王　敏
中国科技网	8.18	我国学者实现误差容忍高安全量子密钥分发	吴长锋

续表

媒体名称	时间	文章标题	作者
中国科技网	8.18	我国科学家实现皮特斯拉水平的高灵敏微波磁场量子测量	吴长锋
科技日报	8.26	暗能量理论首次获确定性实验检验	吴长锋
CCTV13 新闻直播间	8.26	奋进新征程　建功新时代·非凡十年丨创新聚能　打造量子科技发展体系化能力	
光明日报	8.29	暗能量理论中的"变色龙"被排除	丁一鸣　王　敏
光明日报	8.30	我科学家实现高灵敏测量高频微波	丁一鸣　王　敏
中国科学报	8.30	近 10 万倍！量子传感探测灵敏度再获提升	王　敏
科技日报	9.5	我学者实现高效率多形式盐差能发电	吴长锋
中国科学报	9.6	科学家提出高效单原子催化剂设计新策略	王　敏
中国科学报	9.8	中国科学技术大学新型离子膜实现盐差能高效发电	王　敏
中国科学报	9.14	中国科学技术大学等揭示神经系统疾病致病机理	王　敏
中国科技网	9.25	我学者提出全新的内嵌金属富勒烯形成机制	吴长锋
中国科学报	9.26	酒精＋大麻缘何加剧运动失调	王　敏
中国科技网	9.27	大规模储能电池研究取得系列进展	吴长锋
中国科技网	9.28	中国科大揭示酒精和大麻协同导致运动失调的神经机制	吴　兰
中国科学报	9.29	研究提出内嵌金属富勒烯形成新机制	王　敏
新华社	10.5	我国科学家实现百公里自由空间高精度时间频率传递	张　泉
中国科学报	10.5	潘建伟等实现百公里自由空间高精度时间频率传递	倪思洁
中国新闻网	10.5	国际首次！中国科学家实现百公里自由空间高精度时间频率传递	孙自法
中国青年报	10.6	国际首次！我国实现百公里自由空间高精度时间频率传递	邱晨辉
光明日报	10.6	我科学家实现百公里自由空间高精度时间频率传递	常　河　齐　芳
中国之声	10.7	精确到千亿亿分之一！我国科研团队实现百公里自由空间高精度时间频率传递	刘梦雅　杨　森
中国科学报	10.10	科学家证明土卫二海洋集齐生命六大基本要素	王　敏

续表

媒体名称	时间	文　章　标　题	作　者
科技日报	10.11	量子力学基础研究获重要进展	吴长锋
中国科学报	10.11	把单原子抓进“阱”里给冰芯测年龄	王　敏
中国科学报	10.12	实现百公里自由空间高精度时间频率传递	倪思洁
中国科技网	10.13	我学者实现对多种植物叶片代谢物的空间成像	吴长锋
中国科技网	10.13	中国科大研制出高抗一氧化碳毒化的燃料电池阳极	吴长锋
中国新闻网	10.13	中国医疗团队临床研究解答世界性脑卒中难题	吴　兰
中国科学报	10.14	量子力学基础研究获新进展	王　敏
中国新闻网	10.14	中美学者合作在俯冲带地震研究方面取得重要进展	吴　兰
人民网	10.14	中国科大附一院在脑卒中临床研究中取得新突破	陶春蓉　孙　俊
中国青年报	10.17	中国团队历时 8 年打造“最强化学大脑”　机器化学家诞生记	王海涵　王　磊
中国科学报	10.17	中国科学技术大学附属第一医院等　证实治疗最凶险脑卒中首选动脉取栓	王　敏
光明日报	10.19	更多的原子，更好的传感器　科学家首次实现基于里德堡原子临界增强的高灵敏微波传感	丁一鸣　王　敏
中国科学报	10.19	“机器化学家”出手实验不再难	倪思洁
中国科技网	10.24	我学者提出氢燃料电池无损检测理论及方法	吴长锋
中国科技网	10.24	我国科学家在集成光子芯片上实现人工合成非线性效应	吴长锋
科技日报	10.25	质谱成像平台结合印迹技术实现植物叶片代谢物空间成像	吴长锋
中国科技网	10.27	“纳米岛”完美解决催化剂活性和稳定性矛盾	吴长锋
科学网	10.27	“纳米岛”新策略稳定原子级分散金属催化剂	王　敏
中国科技网	10.27	量子力学中复数的不可或缺获首次严格验证	吴长锋
科技日报	10.28	北斗三号卫星低能离子能谱仪载荷研制成功	吴长锋
中国科技网	10.28	大气气溶胶成核机制的模拟研究取得重要进展	吴长锋
光明日报	10.29	中国科大成功研制北斗三号卫星低能离子能谱仪载荷	常　河　王　敏
人民日报客户端	10.30	我国科学家首次验证量子力学中复数不可或缺	徐　靖

续表

媒体名称	时间	文章标题	作者
光明日报	10.31	传统催化剂活性和稳定性矛盾被突破——科学家获取一种原子级分散催化剂	丁一鸣　王　敏
科技日报	11.1	我国制备出纳米尺度上可滑动机电谐振器	吴长锋
中国科学报	11.2	北斗三号卫星低能离子探测载荷研制成功	王　敏
中国科学报	11.3	中国科学技术大学等实现可滑动纳米机电谐振器	王　敏
中国科学报	11.3	一“岛”一原子他们怎么做到的?	王　敏
科技日报	11.8	利用半合成生物传感器揭示辅酶A代谢平衡	吴长锋
中国科学报	11.9	多模量子态实现长时间存储	王　敏
科技日报	11.11	我科学家实现多模量子态的长时间存储	吴长锋
中国科技网	11.11	新型柔性光热电器件可被动捕获和耗散热量	吴长锋
人民日报客户端	11.11	中国科大实现设备无关的真多体纠缠检验	田先进
中国科学报	11.15	科学家发现行星际太阳风中的湍动磁场重联	王　敏
科技日报	11.22	实现谷光子的长距离保真传输与定向分发　科学家另辟蹊径,为摩尔定律“续命”	孙明源
中国科学报	11.24	笼目超导体中发现“高压”引发的新“竞争”	王　敏
科技日报	11.25	同位素考古溯源出古丝绸之路玻璃生产流通模式	吴长锋
科技日报	11.25	“高压”引发“竞争”　笼目超导体研究取得重大进展	吴长锋
光明日报	11.25	我科学家在笼目超导体研究中有重大发现	马荣瑞　王　敏
中国科学报	11.25	科学家实现通信波段按需式量子存储	王　敏
科技日报	12.8	网络控制理论模拟大脑动态进程为大脑控制能量提供生理解释	吴长锋
中国科技网	12.18	基于协同抑冰的低温技术让女性生育力实现保存	吴长锋
中国科学报	12.20	拓扑相变量子模拟获进展	王　敏
中国科技网	12.20	研究揭示生物大分子凝聚态调控细胞命运可塑性	吴长锋
科技日报	12.21	科学家实现对三重简并拓扑单极子的量子模拟	吴长锋
光明日报	12.21	我科学家实现非接触心电图实时监测	丁一鸣　王　敏
中国科技网	12.21	仿贝壳结构为抗冲击性的微结构设计提供新思路	吴长锋
中国科学报	12.26	科学家提出生育力保存新方法	王　敏

人才培养篇

媒体名称	时间	文章标题	作者
中国新闻网	1.29	中科大先研院科研团队荣获 2021 中国计算机学会大数据与计算智能大赛亚军	张　俊
中国新闻网	3.25	中国科大：志愿服务“育”新篇	刘爱华
中国之声	4.11	2022 年“强基计划”招生即将启动，相比前两年有哪些变化?	车　丽　杨守华　王　利　王成林　刘　悦　刘　涛　周　洋　孙玲娟　赵国伟
中国科学报	4.18	港科大与中科大签署合作备忘录	朱汉斌
中国教育报	4.24	为国家培养更多高素质人才——习近平总书记重要回信在高校引起热烈反响	王　阳　方梦宇　程　墨　刘　玉
中国青年报	4.26	新时代高校共青团干部与青年交流的鲜活榜样——学习《习近平与大学生朋友们》采访实录有感	汪　越
中国科学报	5.9	科研评价须把效率问题放在突出位置	赵广立
中国教育报	8.22	毕业生“对话”新生	
光明日报	9.5	中国科大：为青年人才提供足够的“试飞”天空	常　河　丁一鸣　刘爱华

校园文化篇

媒体名称	时间	文章标题	作者
科普时报	1.14	力邀四年，他终于踏上中国这片土地——纪念霍金诞辰八十周年	王渝生
新华社	1.31	新春走基层丨这个除夕　有“研”味也有甜味	张　端
央视频	8.28	“百国青年共话人类命运共同体”演讲比赛暨青年创新与发展论坛落幕	
中国新闻网	9.1	全国 124 支队伍线上同场竞技“科学实验秀”精彩纷呈妙趣横生	孙自法
中国教育电视台	9.3	百国青年共话人类命运共同体：搭建对话桥梁促进青年交流	

续表

媒体名称	时间	文章标题	作者
中国日报	9.7	科学实验秀精彩纷呈——中国科大成功承办第四届全国科学实验展演汇演活动	王　峰
中国科学报	12.19	赵忠尧先生诞辰120周年纪念展开展	王　敏

科大学人篇

媒体名称	时间	文章标题	作者
CHINA DAILY	3.7	Intl scholars contribute to advanced research	
新华社	3.7	量子世界绽放"她"力量	张　端
解放日报	3.9	他14岁考进中科大23岁博士毕业28岁回国任教，如今竟主动转型当"网红"	
学习时报	3.23	刘有成：中国自由基化学奠基人	史晓雷
中国科学报	3.25	人情物理总相融	
经济日报	4.2	开启精彩"视"界	梁　睿
中国新闻网	4.18	汤书昆："文房四宝"何以成为世界了解中国的"窗口"？	张　俊　储玮玮
光明日报	4.30	做量子领域的"孤勇者"	常　河　丁一鸣
新京报	6.6	中国科学院院士杜江峰　保送中科大少年班却经历最苦时光	吴苹苹
中国新闻网	6.17	中国科大："隐形翅膀"暖学生　钱学森用稿酬为学生买计算尺	吴　兰　刘爱华
人民日报客户端	7.12	"墨子号"首席科学家潘建伟做客《未来中国》，带观众探索量子世界	曹玲娟
科技日报	7.22	在合肥这条大道上，量子从实验室走向产业化	吴长锋
解放日报	8.17	实现"双碳"，科技创新须更有活力——访中国科学院院士、中国科学技术大学校长包信和	陈抒怡
中国石化报	8.30	化石能源与氢能融合发展中助力工业降碳	包信和
中国科学报	9.5	饶子和院士：让我们争一口气	
中央电视台综艺频道	9.8	我的艺术清单丨科学与艺术都是美的化身——施蕴渝院士的艺术清单	
人民日报	9.26	孜孜探寻生物大分子奥秘（讲述·弘扬科学家精神）	游　仪

续表

媒体名称	时间	文　章　标　题	作　者
中央电视台综艺频道	10.6	我的艺术清单丨在传统文化与先进技术中,感受郑永飞院士的艺术清单	
中国科学报	10.13	放射线穿透的百岁人生	肖　洁
光明网	10.19	本土“修行”西行“取经”　这位院士甘当科研“播种人”	谢　芸
中国教育报	11.4	在孤寂中探寻数学之光——记中国科学技术大学数学科学学院叶向东院士	王志鹏
新华社	11.29	新时代新征程新伟业・二十大代表在基层丨周雷:投身量子科创　立志产业报国	陈　诺　刘晓宇